交通与运载工程学科：

前沿技术发展与科学问题

| 第五册 |

张　军	田红旗	侯　晓	总主编
	严新平	王云鹏	
赵祥模	史忠科	安毅生	执行总主编
	项昌乐	李克强	主　编
石晓辉	王建强	刘　辉	执行主编

人民交通出版社股份有限公司

北京

内 容 提 要

本册主要阐述地面运载工程、移动作业装备与作业工程学科方向的科学问题,共分两篇:第一篇包括车辆设计与优化、车辆动力学、车辆动力传动与能源系统、车辆系统智能化与运用等方向问题;第二篇包括农业运载装备与作业工程、矿山运载装备与作业工程、特殊功能车辆与作业工程、机场和水路运输移动作业装备与作业工程等方向问题。

本书可供汽车工程、特种装备等领域科研人员以及相关专业高年级研究生工作学习参考。

图书在版编目(CIP)数据

交通与运载工程学科 : 前沿技术发展与科学问题. 第五册 / 项昌乐, 李克强主编. — 北京 : 人民交通出版社股份有限公司, 2023.11

ISBN 978-7-114-18990-6

Ⅰ.①交… Ⅱ.①项… ②李… Ⅲ.①交通工程—文集 Ⅳ.①U491-53

中国国家版本馆 CIP 数据核字(2023)第 170509 号

Jiaotong yu Yunzai Gongcheng Xueke Qianyan Jishu Fazhan yu Kexue Wenti(Di-wu Ce)

书　　名: 交通与运载工程学科:前沿技术发展与科学问题(第五册)
著 作 者: 项昌乐　李克强
责任编辑: 刘永超　李　沛　王海南
责任校对: 孙国靖　刘　璇
责任印制: 张　凯
出版发行: 人民交通出版社股份有限公司
地　　址: (100011)北京市朝阳区安定门外外馆斜街 3 号
网　　址: http://www.ccpcl.com.cn
销售电话: (010)59757973
总 经 销: 人民交通出版社股份有限公司发行部
经　　销: 各地新华书店
印　　刷: 北京印匠彩色印刷有限公司
开　　本: 787 × 1092　1/16
印　　张: 35.75
字　　数: 715 千
版　　次: 2023 年 11 月　第 1 版
印　　次: 2023 年 11 月　第 1 次印刷
书　　号: ISBN 978-7-114-18990-6
定　　价: 200.00 元

咨询委员会
Consulting Committee

审定委员会
Review Committee

编写委员会
Editorial Committee

序

Preface

科学的发展本质就是不断地发现问题和解决问题的过程，也是科学内涵、科学规律和科学理论不断形成和增长的过程。科学问题的提出、确认和求解构成了科学发展的内生驱动力，也是开启未知世界的一把钥匙。爱因斯坦在《物理学的进化》中说："提出一个问题往往比解决一个问题更为重要。因为解决一个问题也许是一个数学上或实验上的技巧，而提出新的问题、新的可能性，从新的角度看旧问题，却需要创造性的想象力，并且标志着科学的真正进步。"1900 年，德国著名数学家希尔伯特在巴黎召开的国际数学家大会上提出了 23 个数学难题，激发了众多数学家的热情，引领了数学研究的方向，对数学发展产生了难以估量的影响。由此可见，科学问题的提出，尤其是系统、清晰的科学难题更能推动科学的真正进步。

一个国家基础科学研究的深度和广度，决定着这个国家原始创新的动力和活力。不断深入探究各个领域的基础科学难题，抢占科技创新发展先机，已经成为世界各大强国的普遍共识。21 世纪初，中国科学院编辑了《21 世纪 100 个交叉科学难题》，在宇宙起源、物质结构、生命起源和智力起源四大探索方向上提出和整理了 100 个科学难题，推动了我国科学技术的前进。2015 年，教育部、科学技术部、中国科学院和国家自然科学基金委员会联合编制《10000 个科学难题》系列丛书，归纳、整理和汇集了多个学科领域当时尚未解决的科学难题，引起了广大研究人员的高度关注。由中共中央、国务院发布的《国家创新驱动发展战略纲要》指出，科技创新是提高社会生产力和综合国力的战略支撑。科学技术部联合教育部、中国科学院、国家自然科学基金委员会共同制定的《"十三五"国家基础研究专项规划》指出"基础研究是整个科学体系的源头，是所有技术问题的总机关"，这再次强调了解决基础研究问题的重要作用。

在国家自然科学基金委员会工程与材料科学部的大力支持下，交通与运载工程学科紧密结合国内外科技和交通运输领域发展趋势，面向“交通强国”等国家重大战略，开展了学科科学问题征集活动，系统归纳、整理和汇集交通与运载工程学科目前尚未解决的科学问题。在这个过程中，回顾了交通与运载工程学科的发展历程，厘清了学科内涵与外延，明确了学科发展的重大需求，研判了学科未来发展趋势及新兴学科生长点。这项工作可启迪我国交通与运载工程的广大科研工作者，引导学科研究人员尤其是青年学者和研究生聚焦关键基础理论问题和“卡脖子”技术，从源头上解决科学难题，实现关键问题和核心技术的自立自强。这项工作对于加强本学科基础科学研究的导向作用，加速学科发展的理论创新与技术突破，响应国家战略、助力国家发展，具有十分重要的意义。

一、交通与运载工程学科发展与科学问题征集

在科学技术发展的进程中，衣食住行始终是人类赖以生存和发展的基础，而交通则是人类科技文明的重要标志。伴随着历次工业革命，汽车、火车、飞机、轮船、航天飞船等交通运载工具的发展极大地提高了人类生活质量、推动了科技进步。

交通行业的快速演变发展，在全球范围内有力地催生了交通运输工程学科的诞生。20 世纪 30 年代，当汽车逐渐开始普及，美国、日本、欧洲等国家和地区以探索交通流运行规律为切入点，开始了交通工程研究。交通学科初期主要是应用科学原理和工程技术探讨有关减缓交通拥堵、保障交通安全的交通工程科学技术和方法等。20 世纪 60 年代，随着电子信息和计算机科技的应用，开始开展交通信号控制、数据分析和交通规划与管理研究，并关注交通环境问题。70 年代起，发达国家在大规模开展交通基础设施建设的同时，在交通工程领域引入系统工程理论与方法。80 年代末，世界各地的交通问题再次呈现尖锐化的趋势，基于信息科技改善交通的智能交通运输系统被提出。

20 世纪 80 年代以前，我国交通工程相关学科的发展相对滞后。伴随着改革开放，各类交通基础设施大规模建设，多种运载工具逐步实现自主研发制造。20 世纪 90 年代，伴随着我国大规模交通基础设施建设以及城镇化、机动化进程的不断加快，交通学科进入快速发展时期。2019 年，

中共中央、国务院印发《交通强国建设纲要》，指明了新时代我国交通发展的战略方针。为积极响应“交通强国”国家战略，适应交通系统与运载工具变革及多学科交叉融合发展需要，2020 年 1 月，国家自然科学基金委员会工程与材料科学部率先落实改革方案，遵循知识体系结构和逻辑演化规律及趋势，优化学科布局调整，设立了“交通与运载工程”学科。

2021 年以来，为了解决我国交通与运载工程领域“卡脖子”技术背后的基础科学问题和关键技术难题，遵循“需求牵引、问题导向”原则，在国家自然科学基金委员会工程与材料科学部交通与运载工程学科处的指导下，交通与运载工程学科学术共同体发起倡议，在全国近 140 所相关高校、科研院所、国家级学会和行业学会开展了“交通与运载工程学科前沿技术发展与科学问题”（简称“科学问题百问”）征集活动。此次征集活动历时两年，最终遴选出涵盖七大交通方式和八个二级学科领域的科学问题共 557 个，内容包括重大基础研究、前沿瓶颈研究、关键共性技术、颠覆性技术、“卡脖子”技术等多个类型。

二、交通与运载工程学科内涵与重大需求

“科学问题百问”的征集与编撰工作是解析当今科学技术飞速发展对交通与运载工程学科的影响机理，引领未来交通与运载工程学科发展的重要学术活动，其编目体系的科学性、系统性、可操作性对于顺利完成此项工作意义重大。编目体系的确立与学科内涵的挖掘和提炼紧密相关。在交通与运载工程学科处统筹安排下，借助学科发展论坛、青年学者论坛、广泛调研等多种形式，凝练出本学科的内涵为：交通与运载工程学科针对道路、轨道、水路、航空、航天、管道运输、作业运输、综合与新型交通等交通运输方式（体系），研究交通参与者、运载工具、交通设施、空间资源、环境与信息等要素构成的系统，及系统与各要素之间的相互作用和内在规律；研究系统的规划与设计、运行与控制、集成与匹配、运维与管养，实现各种交通运输方式和综合交通系统的安全、经济、高效、节能、环保。

“科学问题百问”的征集过程中，坚持“需求牵引、问题导向”，重视引导专家学者瞄准制约我国交通与运载工程领域发展的基础理论和关键核心技术瓶颈提出科学问题。具体来讲，当前学科发展面临的科学难题主要来自以下一些方面:综合立体交通多网融合给综合运输服务品质、综合交通系统整体效能带来的挑战;变革性技术和第四次工业革命给交通行业带来的新问题与新挑战;新型交通运载体系与原创关键技术对交通与运载工程学科基础理论的挑战;地面运载工具的功能与性能测试评价理论与关键技术带来的挑战;资源约束条件下交通与运载工具的可持续发展问题等。

三、交通与运载工程学科未来趋势

通过对学科发展现状的调研、对学科发展方向的梳理和对科学难题演化趋势的研判,交通与运载工程学科的未来将呈现出技术集成、交叉融通等特征。本学科与材料科学、制造科学、电气科学、自动化与控制、信息科学与人工智能、土木建筑,以及经济与管理等学科高度交叉、深度融合,是以行业需求为牵引的技术科学学科,具有鲜明的工程应用特征。基于学科特征和战略发展趋势,交通与运载工程学科未来主要工作应强化基础科学和面向重大需求领域的共性难题研究,将立足国防安全、国家重大任务及行业发展的现实需求,加强顶层设计与战略布局;深度挖掘亟须解决的行业"卡脖子"难题与工程技术背后的科学问题;围绕学科基础理论与关键技术,增强重点及重大科学项目部署;加强多学科领域协同合作、交叉融通;加快研究成果落地应用,促进交通运输行业科技进步。基于学科未来多元发展方向,瞄准世界科技前沿,服务国家重大发展战略需求,交通与运载工程学科未来将着力于交通运输系统的高度智能网联化、数字交通基础设施推动的自动驾驶的车路系统、智能电动化运载工具的设计与控制、磁浮组网、智慧码头、军民融合的航空运输网络、空天飞行器可重复使用可靠性与寿命评估、管道关键装备自主研发、城市群综合交通网络协同规划设计与运行管控、临近空间飞行器等重点领域的基础理论和关键技术研究。

总而言之,挖掘学科研究难题,探明学科发展趋势,为交通与运载工程学科健康稳定发展奠定坚实的科学基础,促进交通与运载工程学科在支撑国家重大需求、产生原创性基础研究成果等方面做出应有的贡献是本书的初心和使命。本书是全国交通与运载工程广大科研工作者的集体智慧结晶,期盼此项工作能对我国交通与运载工程相关研究产生有益的引导,激发科研工作者探索未知、努力创新的研究热情,引导广大研究人员从源头上破解学科难题,有力支撑并引领我国交通与运载工程科技和学科的发展。

中国工程院机械与运载工程学部主任

2023 年 9 月 12 日

前　言

Foreword

新一轮科技革命深入发展，科学研究的范式和组织方式正在经历深刻变革，应对全球性挑战和满足国家经济社会高质量发展对源头创新的需求愈加迫切。党的二十大报告明确了实现高水平科技自立自强和加快建设科技强国的奋斗目标，提出了社会主义现代化建设对基础研究和核心关键技术创新的新任务新要求。

基础科学研究是创新的基石，科学问题的提出和解决是推动基础科学研究不断发展的源泉。2021年初，在国家自然科学基金委工程与材料科学部大力支持下，在交通与运载工程学科处的指导帮助下，依托科学基金专项项目，全国交通与运载工程学科有关高校、科研院所、国家级学会和行业协会共同发起了“交通与运载工程学科前沿技术发展与科学问题”（简称“科学问题百问”）征集活动，旨在凝练交通与运载工程学科关键科学问题和国家重大工程中蕴含的科学技术难题。在整个科学问题百问征集过程中，始终坚持“需求牵引、问题导向”，通过汇聚行业共识，夯实学科基础，激发科研人员从源头破解科学难题的热情，以促进交通与运载工程学科健康发展，有力支撑“交通强国”建设。

科学问题百问工作由长安大学和西北工业大学牵头，同济大学、清华大学、中南大学、武汉理工大学、东南大学、北京理工大学、中国石油大学（北京）、北京航空航天大学、中国铁道学会、中国汽车工程学会等高校和学会发挥了主力军作用，包括西南交通大学、北京交通大学、哈尔滨工业大学、重庆理工大学、浙江理工大学等在内的140个依托单位的4200余名专家学者积极参与编撰工作，实现了产学研用的有机结合，形成了全国交通与运载工程学科基础研究的强大合力。

科学问题百问工作自启动以来，完成了自下而上广泛征集和自上而下顶层设计查漏补缺两个阶段的工作。由领军学者掌舵把关，优秀学者亲力亲为，按照道路、轨道、水路、航空、航天、管道运输、作业运输、综合与新型交通等各交通运输方式进行顶层设计，综合考虑覆盖度、关联度、发展历程等因素，设计科学问题百问总体架构，对最初征集的812个科学问题，通过分类、合并、提炼，经层层筛选、螺旋递进，最终确定了557个科学问题。编委会邀请交通运输各领域的领军学者为本领域的科学问题撰写综述，“学史明理、展望未来”，梳理相关领域科学问题的前世今生，总结研究热点，预判未来发展趋势及新兴学科生长点。

全书共分五册：第一册包括道路交通篇和综合与新型交通系统篇，共108个科学问题；第二册包括轨道交通篇和磁浮运载系统篇，共74个科学问题；第三册包括水路交通篇和管道运输篇，共136个科学问题；第四册包括航空交通篇和航天运载工程篇，共131个科学问题；第五册包括地面运载工程篇和移动作业装备与作业工程篇，共108个科学问题。

科学问题百问征集、编撰、审稿全过程得到了国家自然科学基金委员会工程与材料科学部交通与运载工程学科处王之中主任的悉心指导和热情帮助，在此表示诚挚的感谢！在科学问题百问的征集、审定和成书过程中得到了张军院士、翟婉明院士、田红旗院士、侯晓院士、项昌乐院士、严新平院士、王云鹏院士、李克强院士、黄维和院士、陈志杰院士等战略科学家的指导，对他们的关心和帮助表达真诚的感谢！最后，我们代表本书编写组衷心感谢参加此项工作的全国交通与运载工程学科领域的专家学者及相关工作人员。

本书凝聚了全国交通与运载工程学科专家学者的智慧和心血，是国内外最新的对该学科领域科学问题较为全面的总结和凝练，期盼能对我国交通与运载工程广大学者的科学研究和技术创新产生有益启发，引导学科研究人员尤其是青年学者和研究生聚焦共性科学问题和“卡脖子”技术，从源头上解决科学难题，实现关键问题和核心技术的自立自强。希望本书能有力支撑我国交通与运载工程学科的发展，破解我国交通与运载工程行业在高质量发展中遇到的科学问题和技术难题，引领学科研究前沿，为我国“科技强国”和“交通强国”建设做出应有的贡献。作为交通与运载工程学科科学问题的初次探索，在科学问题征集和凝练过程中虽然努力涵盖各个方向，但难免存在疏漏，各个科学问题的内涵描述也不一定十分准确，希望广大读者批评指正，以便在再版更新时进行补充和修正。

《交通与运载工程学科：前沿技术发展与科学问题》编撰工作总召集人

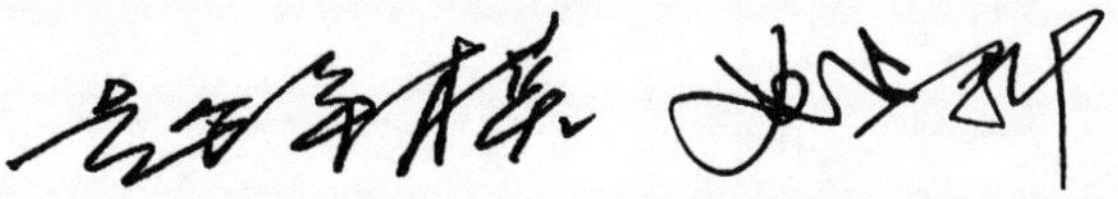

2023 年 9 月 12 日

目 录

Contents

第一篇 地面运载工程

第二篇
移动作业装备与作业工程

第一篇

地面运载工程

INTRODUCTION

绪　　论

汽车作为重要的地面运载交通工具,问世百余年来,取得了惊人的发展。目前,汽车已成为人类最常用的交通工具,全球约有 15 亿辆汽车在路上行驶,并且以每年几千万辆的速度增长。汽车一般具有四个或四个以上车轮,自身具有动力驱动装置,不依靠轨道行驶。世界上第一辆内燃机汽车于 1885 年由卡尔·本茨研制成功,亨利·福特于 1914 年将泰勒的流水生产线技术运用到汽车上,从而实现了汽车的大批量生产。第二次世界大战后,世界进入汽车时代,无论是在汽车外形上,还是在汽车性能上,都在不断地发展。1973 年和 1979 年出现的两次石油危机,使得人们开始注重汽车的节能性,同时对汽车的排放性能也有一定的促进作用,汽车的小型化及轻量化,低风阻、高传动效率等都得到了飞速发展。20 世纪 80 年代,汽车逐步进入电子化、智能化,新兴的电子控制技术取代原来传统的机电液操纵控制系统,以适应汽车在安全、排放及节能上日益严格的要求,出现了电子控制的燃油喷射及点火、车轮防抱死制动、驱动力防滑等技术。20 世纪 90 年代以后,陆续出现智能化的发动机控制、自动变速器、动力转向、车身电子稳定性控制系统、安全带、安全气囊等的智能化自动控制系统。随着汽车电子技术的不断发展,汽车智能化技术正逐步走向应用,智能座舱、线控底盘等新技术不断涌现,同时,伴随着计算机和通信技术的发展,人-车-路互动技术也正在示范应用当中。可以预见,未来的汽车将变得更加安全、环保、节能和舒适。

纵观地面运载工程的发展历程,技术的不断进步贯穿始终,其背后的驱动力是基础科学理论的不断突破。系统梳理科学问题,能够更好服务地面运载工程领域技术革新,并将之转化为学科发展的内生动力。伴随着汽车智能化、网联化、电动化、低碳化的发展趋势,地面运载工程与不同学科加速交叉融合,其内涵与外延也在不断拓展。本部分对地面运载工程领域的发展历史、发展现状及未来方向等内容进行回顾、总结与展望,并以此为基础,提出地面运载工程领域若干重要科学问题。

1　地面运载工程发展历程

根据核心关键技术的不同，地面运载工程的发展大致体现在车辆设计与优化、车辆动力学、车辆动力传动与能源系统、车辆系统智能化与运用四个方面。

车辆设计与优化方面，其发展主要与车身设计和底盘设计两个内容有关。车身设计与汽车碰撞安全、轻量化和外观紧密相关，从奔驰的冲压钢板车架，到T型车的封闭式车身，再到如今被广泛应用的承载式车身，车身结构设计与优化作为关键技术贯穿于车辆技术发展历程中。20世纪中期开始，轻量化和一体化成为车身结构设计与优化的主要目标。底盘设计主要包括悬架系统设计、转向系统设计、制动系统设计及传动系统设计。在悬架系统方面，1930年螺旋弹簧被动悬架与空气弹簧悬架相继问世；在转向系统方面，1954年液压助力转向系统(HPS)开始广泛应用，1987年电动助力转向系统(EPS)被正式推出，成为最普遍的乘用车转向系统；在制动系统方面，在鼓式制动器、盘式制动器的基础上发展出了不同类型的助力装置，1958年防抱死制动装置(ABS)问世，到70年代，电子液压制动系统(EHB)、车身电子稳定控制系统(ESC)、电子机械制动系统(EMB)等技术相继出现；在传动系统方面，20世纪30年代后期膜片弹簧离合器得到了普遍应用，随后液力自动变速器(AT)问世，从20世纪80年代至今，各种类型的自动变速器[无级变速器(CVT)、电控机械式自动变速器(AMT)、双离合变速器(DSG)、序列式变速器(SMG)等]在不同车型上得到应用。

车辆动力学方面，其发展大致可分为四个阶段：第一个阶段是从20世纪30年代到50年代，1934年Olley提出经典的不足转向特性定义，1937年Koesler等通过实验研究发现了滑移率函数，这些研究为车辆动力学研究奠定了基础。第二个阶段是从20世纪50年代到70年代，1954年Fiala轮胎模型首次通过数值方程来解析轮胎特性，是车辆动力学研究领域的重要突破。在20世纪70年代到90年代的第三阶段，车辆动力学的基础理论逐步成熟，1978年Pacejka提出了基于试验数据的魔术轮胎模型，被广泛应用于汽车设计与动力学研究中；1981年郭孔辉院士提出了统一轮胎模型，准确描述了轮胎在复杂工况下的力学特性，并在1982年进一步提出了基于预瞄跟随理论的预瞄驾驶员模型。从20世纪90年代至今为第四阶段，车辆动力学开始从理论研究向工程应用的方向发展，逐步延展出了驾驶员行为预测、车辆仿真与测试技术、车辆主动安全技术，同时人机交互等跨学科技术也开始出现。

车辆动力传动与能源系统方面，其发展大致经历了从蒸汽动力到内燃动力，再到电化学动力的演化过程。内燃动力的兴起以奥托循环煤气发动机和压燃式柴油发动机为标志，至今仍是汽车行业的主流技术。此后，可变气门技术、涡轮增压技术、高压共轨技术、电喷技术、尾气后处理技术等发动机技术不断涌现，智能化技术、电子控制技术等所占比重日益增加，发动机热效率从30%提升到50%以上，逐渐逼近其理论极限。内燃动力与电化学动力此消彼长，世界上第一辆电动汽车于1881年由特鲁夫发明，以铅酸电池为动力。铅酸电池因能量密度的劣势在与内燃机的竞争中落于下风。20世纪80年代，以诺贝尔奖获得者Goodenough为代表的科学家扩展了对钴酸锂、锰酸锂的研究，逐渐将锂离子电池实用化。迄今为止，以奔驰、宝马、特斯拉、蔚来、比亚迪、小鹏等为代表的企业，纷纷推出纯电动汽车。在车用电化学动力源中，除了以锂离子电池为代表的动力电池技术，氢能燃料电池也是非常重要的一类技术。其中，质子交换膜燃料电池以其效率高、零排放和动态响应快的特征，被广泛应用于车辆运载领域。目前，以丰田、现代、通用、奔驰为代表的跨国公司和我国上汽、北汽、广汽、宇通等企业纷纷推出了燃料电池汽车。纯电动汽车和燃料电池汽车将共同促进汽车行业迈向低碳、零碳化。与此同时，以内燃机、动力电池和电机为核心的混合动力技术也在蓬勃发展，其通过构型匹配和智能能量管理，可以提升系统效率、降低排放。

车辆系统智能化与运用方面，从1950年左右定速巡航功能技术的突破，到70年代控制器局域网（CAN）总线通信、ESC、怠速控制系统（ISC）等技术得到突飞猛进的发展，2000年左右自适应巡航控制（ACC）、全球定位系统（GPS）车辆定位、车载导航与局域互联网络（LIN）总线通信技术也得到快速应用，再到近十年协同自适应巡航控制（CACC）、车道保持系统（LKS）、环境感知、人工智能决策控制、FlexRay总线通信、车联网、自动泊车技术也得到广泛普及。目前，车辆系统智能化已实现应用的是高级辅助驾驶系统，典型功能主要包括自适应巡航功能、车道偏离预警功能、自动紧急制动功能、车道保持辅助功能、智能泊车辅助功能。在交通安全、交通效率及国防应用等方面的内在驱动下，车辆系统智能化正从高级辅助驾驶向更高级的自动驾驶方向发展。

2 地面运载工程发展现状和趋势

随着地面运载工程领域的发展及关键技术的突破，地面运载工程学科已经从传统的“机械底盘、内燃动力、车身设计、汽车电子”体系转变为以“智能化、网联化、电动化、低碳化”为特征的新体系。

地面运载工程学科基础包括机械设计与理论、材料学、人机工程学、交通科学与工程、控制理论、车辆动力学、电化学、化工材料、工程热物理、热力学、电力电子技术、认知科学、计算机科学与技术、物联网技术、人工智能与控制、空气动力学等，显现出典型的跨领域交叉学科特点。关键研究领域包括人-车-路协同控制、驾驶人行为、智能底盘、纵向牵引力控制、横摆稳定性控制、分布式驱动控制、电驱动、混合动力、车用电机、动力电池、氢能与燃料电池、内燃/涡轮动力、交通大数据、车路云协同控制、风险评估、融合感知、智能网联、智能决策、智能设计方法、轻量化与振动噪声、车辆主被动安全、材料成型、复合材料技术等。

为顺应“智能化、网联化、电动化、低碳化”的发展趋势，地面运载工程未来将在车辆设计与优化、车辆动力学、车辆动力传动与能源系统、车辆系统智能化与运用等四个方面进行突破。

3 现有科学问题梳理

在此次征集的科学百问难题中，共收集地面运载工程方向 48 个科学问题，通过对地面运载工程领域发展历史、发展现状，以及未来方向的分析，对科学问题进行了系统梳理。结合车辆设计与优化、车辆动力学、车辆动力传动与能源系统、车辆系统智能化与运用四大方向，对未来需要重点资助的研究方向进行了细分，对科学问题进行了整理、合并。

CHAPTER ONE

第 1 章
车辆设计与优化

车辆设计与优化是道路交通与地面运载工程中基础性、战略性、先导性的问题。车辆结构复杂，零部件众多，面向大批量生产和多样化用户需求，关键零部件和分总成的通用化、系列化，以及模块化成为车辆设计与优化的核心主题。

目前，在重载车辆总体构型中，将驱动、转向、悬架、制动等功能集成于模块化部件的设计思想颠覆了传统的构型理念，正在加快推进重载车辆的产品换代和产业升级。而在普通地面车辆设计中，一体式结构设计具有更加自由灵活的车身造型方式及结构形式，但由此产生的单车及队列气动噪声问题的传递机理已成为新问题；汽车主动变结构底盘及其模块化设计成为高性能汽车总体设计的关键难题，驱制动一体化电动轮及其底盘角系统设计成为电驱底盘模块化设计的技术制高点之一；车舱逐渐向人机共驾的智能座舱转变，亟待深入开展面向人机共驾的交互设计理论研究，车身等超材料的应用使多材料零部件制造过程中多物理场耦合机制与形性调控技术成为难题。另外，新材料的材料-结构-工艺-性能一体化协同设计与多材料多目标协同低碳设计成为汽车轻量化设计的核心难题，同时，由于整车复杂度提高，发生故障和功能失效的概率逐渐加大，亟须开展面向智能型新能源汽车领域的智能运维和健康管理技术体系探索。

总之，汽车“智能移动空间”的新内涵使车辆设计与优化需全面覆盖材料-结构-架构的协同、新概念造型及其空气动力学设计、总体构型与关键子系统设计、智能轻量化设计、可靠性及故障诊断等研究方向。车辆设计与优化的重点研究领域包括驱制动一体化电动轮集成设计、基于人机共驾的智能座舱、多材料多目标协同、模块化车身构型、新能源汽车故障预测与健康管理。预期突破多学科交叉优化设计，推动车身造型设计、主动变结构滑板底盘设计、智能座舱人机交互设计，提高车辆总体设计与优化能力，带动科学进步，服务交通强国建设。

驱制动一体化电动轮多物理场耦合机制与集成设计理论

Multi-physics coupling mechanism and integrated design theory of electric wheel integrated in-wheel motor and brake

1 科学问题概述

轮毂电机与制动器一体化设计的电动轮是全球汽车行业关注的焦点和学术热点。我国发布的《节能与新能源汽车技术路线图 2.0》也明确将电动轮作为一种重要的电驱动总成。驱制动一体化电动轮不仅可以颠覆传统的汽车生产制造格局，而且可以精确控制每个车轮的各向分力，是智能汽车完美的执行器。因此，亟须研发一套驱制动一体化电动轮的新结构、新理论和新技术。为了实现这一目标，一系列关键科学问题有待研究。

1.1 构建驱制动一体化电动轮新原理与新结构

驱制动一体化电动轮是将轮毂电机、制动器、轮毂轴承、转速传感器、轮辋等部件集成一体的驱动轮，可实现电动汽车的车轮独立驱动。为了增大驱动力矩，有些电动轮构型方案中会增加减速器，甚至会将轮毂电机控制器也集成一体。轮毂电机可以是径向磁场或轴向磁场，这决定了轮毂电机的工作方式与结构，进而改变了减速器、制动器、轮毂轴承的类型及彼此间的集成方式，这将严重影响电动轮的轻量化、高功率/转矩密度等指标。在车辆智能化发展的背景下，电动轮势必要能实时观测和估计更多的状态信息与参数，为整车的智能和控制提供丰富的信息。因此，考虑轮毂电机磁场方向（径向、轴向）、减速器（斜齿、行星齿轮等）、制动器（盘式、鼓式、电子机械式）、轮毂轴承、轮辋等关键子系统的特征，构建具有状态感知、智能控制和免维护的驱制动一体化电动轮新原理与新结构，是电动轮设计首先要解决的关键科学难题之一。

1.2 驱制动一体化电动轮多物理场耦合机制

驱制动一体化电动轮涉及电、磁、机、热、流、振、声等多物理场的相互作用与转换。目前，驱制动一体化电动轮的设计，往往是基于系统构型，独立地进行各子系统设计，系统中的多物理场耦合作用基本被忽略，进而会导致电动轮系统的基本性能、振动噪声品质、可靠性下降。相对于传统的集中式电驱动系统，驱制动一体的电动轮具有驱动、制动、转向等功能高度内聚的特点，也具有轮毂电机、控制器、制动器、减速器、轮毂轴承等结构高度集成的特点，还具有转速低、力矩大、多热源、驱制动力矩耦合强、路面振动冲击剧烈、扭/纵/侧/垂向运动姿态丰富的物理作用特点，这些特征使电动轮的多物理场耦合机制极其复杂。尤其是电机与制动器的热机耦合过程会极大地限制电动轮的功率密度和力矩密度,路面冲击、电机力矩波动、减速器轮齿啮合力、制动器力矩波动会在全频段范围内对电动轮系统的振动噪声提出严峻挑战。不仅如此,复杂行驶工况与运行环境、多维动态机械载荷、高热载荷,会使轮毂电机转子的动密封性能失效。因此,必须从系统科学的基础上,研究电动轮的多物理场耦合机制与功能生成,探索要素间复杂耦合作用关系,为电动轮的设计、制造和可靠运行提供系统的基础理论。

1.3 驱制动一体化电动轮多学科优化与集成设计理论

由于驱制动一体化电动轮的多物理场耦合机制尚不清晰,鲜有文献报道电动轮的集成设计与优化方法。如前文所述,目前电动轮的设计具有各子系统设计割裂的特征,没有发挥出系统的极限性能。从系统科学的角度看,电动轮的多物理场、多尺度耦合效应,使基于单子系统或单学科领域知识的串行设计方法不能满足电动轮高密度、宽域高效、高可靠性、低噪声的设计需求,需要创新电动轮多学科优化与集成设计理论,以提高电动轮的集成设计质量和效率。

2 科学问题背景

驱制动一体化电动轮是分布式驱动电动汽车的核心动力部件。相对于集中电机驱动系统,驱制动一体化电动轮具有以下优势:①结构紧凑、传动链短、传动效率和制动能量回收率高;②通过独立、快速、精确的电机控制,方便地实现各个车轮驱动力与制动力控制,具有显著的动力学控制优势,可以与智能汽车无缝衔接;③可以使动力总成模块化设计与开发,实现汽车底盘的平台化。全球重要的汽车零部件公司陆续推出了产品或概念样机,例如 Protean PD18、Elaphe M700、Schäffler E-Wheel Drive。作为一种多功能的新型复杂机电系统,在狭小的空间内实现高密度、高效、高可靠、低噪声一直是电动轮的设计目标。然而,复杂的多物理场耦合效应制约了电动轮的一体化设计,只能实现孤立的子系统设计与简单的系统装配,进而降低了电动轮的整体性能。因此,迫切需要突破驱制动一体化电动轮多物理场耦合机制与集成设计中的技术瓶颈。

2.1 面向高性能与智能化的电动轮新构型有待突破

大部分的电动轮,往往使用的是径向磁场电机,但是忽略了双转子或双定子的磁场设计,实现在狭小空间内设计新形式的径向磁场电动轮是需要解决的难题。然而,相对于径向磁场轮毂电机,轴向磁场轮毂电机的结构更有利于与盘式制动器集成,具有扁平型轻量化优势,但需克服轴向气隙不一致、定子绕组冷却难、轮毂轴承多向承载、电机与制动器热机耦合强等难题。面向高性能与智能化的电动轮新构型,开展 EMB、电子驻车制动(EPB)

等新型制动器与轮毂电机的集成；布置更多的传感器实现电动轮状态感知；实现多种子系统的构型拓扑综合，是实现电动轮高功率密度和高转矩密度的基础。

2.2 轮毂电机与制动器的热机耦合效应严重

电机本身就是一个电、磁、机、热、流耦合的机电一体化系统，而制动器具有复杂的摩擦、热、机耦合现象。轮毂电机与制动器的集成中，热机耦合问题成了制约电动轮功率密度和力矩密度的关键要素。准确的定义驱制动一体化电动轮的传热与散热边界条件并构建热机耦合模型，实现电磁材料服役特性与结构深度融合设计、突破电动轮的散热结构设计等难题，有利于揭示驱制动一体化电动轮多物理场耦合机制。

2.3 驱制动一体化电动轮振动噪声问题突出

现有的电动轮存在转矩脉动大、噪声声压级高的问题。低转速和高转矩使轮毂电机的电磁结构容易产生较大的力矩波动，制动力矩及其波动、路面冲击、齿轮非线性啮合增加了电动轮的激励复杂度，轮毂电机与轮胎传动链短使电动轮的负载适应性弱，这些特征无疑成为电动轮产生振动噪声的潜在原因，多物理场耦合效应，势必会使系统的振动噪声加剧。因此，驱制动一体化电动轮的非线性振动噪声及其传递特性，成为电动轮设计中的难题。

2.4 驱制动一体化电动轮的动密封性能容易衰退

相对于集中式电驱动系统，轮毂电机转子的直径大、最大半径处线速度高，轮毂电机转子与定子长期处于干摩擦状态，使轮毂电机动密封性能很容易衰退，而恶劣环境和复杂载荷对电动轮总成动密封零件的抗疲劳性、耐高温性及抵抗旋转磨损等性能提出了更高的要求。因此，需要研究高防水、防尘和低摩擦功率损失的动密封表面压力非线性优化问题和布置形式、结构形态、尺寸参数、关键密封材料对动密封性能的影响规律。

2.5 驱制动一体化电动轮的集成设计与优化缺失

在保证系统功能需求的前提下，电动轮的结构优化有利于抑制簧下质量负效应。在充分考虑电动轮多物理场耦合机制，以及热效应或振动冲击效应约束的条件下，建立高性能电动轮总成集成设计与优化方法，是电动轮设计的“卡脖子”难题。

综上所述，亟须进行深入的驱制动一体化电动轮多物理场耦合机制与集成设计理论研究，实现对电动轮总成的能量传递、转换与作用规律的认知。开展复杂机电系统的设计理论与方法研究，有利于驱制动一体化电动轮的工程应用，具有重要的科学价值和工程指导意义。

3　科学问题研究进展

3.1　驱制动一体化电动轮新原理与新结构

国内外已有多家科研机构和汽车企业进行了轮毂电机驱动总成的研究和样机开发应用。目前主要存在轮毂电机直接驱动结构和轮毂电机-减速器驱动结构两种结构形式。随着集成度要求的不断提高,出现了将轮毂电机、逆变器、制动器、轮辋集成的结构总成,进而出现了再将减速器、阻尼器等集成至轮辋空间的结构总成形式。轴向磁场盘式电机具有扁平型轻量化优势,但其铁心加工困难,轴承必须承受轴向力,轴向气隙一致性差;无铁心轴向磁场盘式电机定子绕组冷却困难、永磁材料用量成倍增加,成本高。因此,主流轮毂电机仍以径向磁场为主,而驱制动一体化成为电动轮设计趋势。

从电动轮系统的构型方法来看,目前尚未建立系统的理论支撑,而以考虑空间约束,定性判断适合采用直驱或减速驱动为主。从系统参数匹配来看,目前的匹配方法基本都是以汽车的纵向驱动动力平衡方程为基础,以按照动力性单一设计目标,或按照动力性与控制策略和循环工况下的燃料经济性联合设计目标,进行驱动电机及传动比的匹配,而驱动电机转矩参数则按照前后轴均分、左右车轮均分进行配置。显然,这种平均分配的方式虽然有利于实现电机的模块化,但是从系统层面不利于驱动的稳定性和能效利用提高,因为没有考虑制动器形式的差异。从液压摩擦制动系统的构型来看,目前完全沿用了传统汽车液压摩擦制动系统的构型与参数匹配方法。这种构型与匹配方法的前提是液压制动系统在所有的制动工况下都能够单独保证制动效能要求。这完全无视了电机驱动系统的再生制动能力,导致液压摩擦制动器系统工作压力要求高,制动容量大,对汽车减重、降本和节能不利。上述轮毂电机驱动系统各有特色,但其设计理念、核心技术和存在的缺点等问题尚不清楚,相关资料高度保密且结构形式受到专利保护,因此,在分析与评价现有典型结构形式的基础上,结合智能化发展趋势,提出轮毂电机驱动系统的新原理与新结构是亟须解决的一大难题。

3.2　驱制动一体化电动轮多物理场耦合机制

现有对电动轮多场耦合机制的研究成果主要包括基于电磁-热单向/双向耦合机制为主的轮毂电机温升特性模型,基于电磁-机-热-流耦合机制的电动轮正向设计方法,基于有限元的制动器瞬态热机耦合模型,基于电-磁-机-振耦合机制的电动轮纵向/垂向耦合动力学模型,基于电磁力-声辐射顺序仿真的电动轮噪声、振动与声振粗糙度(NVH)预测技术。这些研究方法或模型通常仅针对电动轮总成的单合一部件进行分析,鲜有从驱制动一体化电动轮系统出发分析系统复杂的多场耦合作用规律。

驱制动一体化电动轮存在复杂的电-磁-热-流-机等复杂物理场耦合现象,热性能问题在轮毂电机-制动器一体化集成设计中尤为突出。电机热源与温度场分析往往利用有限元法和热网络法相结合的思路,模拟电磁场、流场、温度场间的耦合关系,计算瞬态和稳态下电机温度场分布特性。摩擦制动器具有热-机-结构强耦合的特点,往往是采用顺序耦合的方法建立热-机-结构的瞬态耦合有限元模型,分析关键部件温度场、应力场、变形场和接触压力的瞬态分布特性。但是,在轮毂电机驱动系统高度集成的空间内,形成了通过热、流和结构等渠道相互耦合、相互作用的多物理场,如何建立高度集成的轮毂电机-摩擦制动器多物理场耦合模型,是设计安全、紧凑和轻量化轮毂电机驱动系统的关键。

在驱制动一体化电动轮振动噪声问题研究方面,电机转矩脉动及噪声的抑制是研究的重点。其中,引起电机振动噪声的激励包括转矩脉动、径向电磁力、转子不平衡、转子偏心等。电机定转子间存在电磁力,电磁力的切向分量产生电磁转矩,径向分量引起定子变形。电机转子旋转时,引起电机定子的机械振动,径向电磁力的大小由磁导和磁动势决定,径向电磁力波和切向电磁转矩会随转速及负载变化。绕组布置、定转子开槽、静态和动态转子偏心、磁饱和度、静态偏心、动态偏心、逆变器电压频谱、电流谐波、短路等因素会对驱动电机径向力产生影响。定子齿槽、气隙磁场、制造装配误差、电机控制器 PI 参数、逆变器开关频率、电流测量误差、电流传感器误差、滞环环宽、定子电流谐波等因素会影响电机的转矩脉动。因此,从多物理场耦合分析的角度开展低噪声低转矩脉动的驱制动一体化电动轮研究是提高电动轮性能的关键方法。

3.3 电动轮一体化集成设计

主要以电机、传动系统、制动器或轮辋各部件的单独尺寸优化为主,设计变量较少,且未充分考虑热效应或较大振动冲击效应的约束条件。由于簧下质量过大对电动轮的工作性能、强度和疲劳等提出了挑战,而电动轮在不平路面条件下的振动分析主要是采用四分之一车辆垂向动力学模型或多体动力学的方法,主要分析零件的集中质量、等效刚度或阻尼对系统振动响应的影响,不能满足多维复合载荷、振动冲击效应条件下电动轮系统结构优化的需求,因此,需要考虑电动轮的多物理场、多尺度耦合效应,打破基于单子系统或单学科领域知识的串行设计方法,创新电动轮多学科优化与集成设计理论。

综上所述,驱制动一体化电动轮多物理场耦合机制与集成设计的研究尚缺乏系统有效的基础理论。驱制动一体化电动轮的新结构创新难,多物理场耦合的建模困难,多物理场间的作用机制不清,各子系统间的参数作用关系不明,多学科设计优化的集成设计方法缺失,这些关键问题限制了驱制动一体化电动轮的性能与工程化应用。驱制动一体化电动轮多物理场耦合机制与集成设计理论的研究,具有重要的科学价值和工程指导意义,有利于建立我国车辆关键零部件及总成在国际上的领先地位,为我国汽车行业的创新驱动发展奠定基础。

主要参考文献

[1] Hiroshi S. In-Wheel Motor of Electric Automobile:JP,2003-300420[P]. 2003-10-21.

[2] 陈辛波,万钢,李晏,等. 双横臂悬架-扭杆弹簧-电动轮模块的开发与应用[J]. 机械工程学报,2005,41(12):92-95.

[3] 陈辛波,万钢,余卓平,等. 独立悬架-电动轮模块的双横臂悬架机构设计[J]. 汽车工程,2004(5):513-515.

[4] Shimizu H,Harada J,Bland C,et al. Advanced Concepts in Electric Vehicle Design[J]. IEEE Transactions on Industrial Electronics,1997,44(1):14-18.

[5] Shiro Matsugaura,Kiyomoto Kawakami,Hiroshi Shimuzu. Evaluation of Performance for the In-Wheel Drive System for the New Concept Electric Vehicle "KAZ" [J]. EVS-19, Korea,2002.

[6] Nagaya G,Wakao Y,Abe A. Development of an In-Wheel Drive with Advanced Dynamic-Damper Mechanism[J]. JSAE Review,2003,24(4):477-481.

[7] Luo Y T,Tan D. Study on the Dynamics of the In-Wheel Motor System[J]. IEEE Trans Veh Technol,2012,61(8):3510-3518.

[8] 海棠. 电动汽车革命性技术的创新设计米其林"主动车轮"新技术[J]. 新能源汽车,2008(4):36-37.

[9] Huang S. Multi-level Integration Design Method of EV Motor Based on Multi-physical Domain Service Characteristics of Electromagnetic Materials[C]// SAE 2017 Vehicle Electrification and Autonomous Vehicle Technology Forum. 2017.

[10] Cao H,Wang S,Huang S. Performance Analysis of IPMSM Based on Stress Calculation of Iron Core[C]//2017 IEEE Transportation Electrification Conference and Expo, Asia-Pacific(ITEC Asia-Pacific). IEEE,2017:1-6.

撰稿人:张立军(同济大学)　孟德建(同济大学)

一体化悬架-电驱动底盘角模块拓扑结构与协同设计方法

Topological structure and collaborative design method of integrated suspension-electric drive chassis module

1　科学问题概述

基于电动轮总成的分布驱动车辆在高效节能、低地板大空间、多模式智能运动控制和机动安全性等方面，比传统单电机集中驱动电动车辆更具技术和性能优势，因此，基于轮毂/轮边电机的分布式电动化底盘系统研发是汽车工业界的技术焦点和学术界的研究热点。特别是将轮毂电机、转向电机、制动器和独立悬架系统集成于车轮的一体化全线控底盘角模块，作为全方位移动车辆底盘系统的关键动力总成部件，成为国内外智能车辆前沿技术研究的关注焦点。但是，全线控底盘角模块系统结构复杂，集成设计难度大，导致现有结构方案尚不能满足工程应用，其机构设计及多自由度协调控制方法也不成熟，直接制约了全线控底盘角模块的研究开发和工程应用。为突破上述技术瓶颈，一系列关键科学问题有待研究。

1.1 基于机构拓扑结构理论的一体化底盘角模块系统化设计方法

从系统动力学和机构学的角度，分析驱传动系统与独立悬架一体化机构有效抑制簧下质量负效应的力学机理及影响因素，揭示其基于机构拓扑结构特征分析、结构变异和演化规律的机构原理，总结簧下质量负效应抑制的理论依据与根本途径，建立系统化的设计方法，为探索其他新方法提供科学指导。

1.2 一体化底盘角模块的系统结构设计

一体化悬架-轮毂/轮边电驱动底盘角模块由于布置空间结构所限，电动轮总成与独立悬架-转向机构匹配设计难度高，并且现有独立悬架-转向机构不适用于电动轮大转向角线控独立转向系统，因此一体化底盘角模块尚存在结构设计和应用上的难题。

1.3 一体化底盘角模块的多目标协同设计

结合不同工况和应用场景，综合考虑路径跟踪、操纵、安全、机动、舒适与经济性等多性能目标，分析目标之间存在冲突与矛盾，基于不同运动模式下的约束方程与边界条件，设计底盘角模块的协调控制策略，并建立系统的智能故障诊断和容错控制方法，确保系统安全、可靠、稳定运行，以充分发挥一体化分布式驱动底盘的技术优势。

2 科学问题背景

一体化悬架-轮毂/轮边电驱动底盘角模块是车辆底盘系统关键动力总成部件，它高度集成了轮毂电机、制动器和独立悬架-线控转向机构，具有驱动、制动、转向和承载减振多功能。作为一种多自由度、多功能的全新车用机电一体化复杂系统，现有全线控底盘角模块结构方案难于以高刚度、高集成度的模块化结构实现车辆所要求的大转向角线控转向功能，其机构设计及多自由度协调控制方法尚不成熟，直接制约了全线控底盘角模块的产业化发展。因此，迫切需要突破一体化悬架-轮毂/轮边电驱动底盘角模块在机构拓扑结构设计与协同设计上的技术瓶颈。

2.1　簧下质量负效应影响

电动轮总成普遍存在簧下质量笨重的突出问题，致使驱动轮动载增大、接地性能恶化、车辆行驶平顺性下降，即所谓因簧下质量增大而产生的负面效应（简称"簧下质量负效应"），直接影响分布式驱动电动汽车技术优势的发挥和行驶安全性的保障。现有电动汽车分布式驱动系统设计多是基于设计者的经验，如何有效抑制传动系统簧下质量负效应，还缺乏系统动力学机理分析和机构原理的深入研究。

2.2　电动轮总成与独立悬架-转向机构匹配设计难度高

沿用传统汽车独立悬架机构的全线控底盘角模块，电动轮总成与悬架-线控独立转向主销位置结构布局困难，导致其侧向或垂向占用空间过多，影响角模块纵、侧向刚度，产品工程化设计难度高。

2.3　现有独立悬架-转向机构不适用于电动轮大转向角线控独立转向系统

现有汽车独立悬架-转向系统由于转向梯形机构传力特性和结构干涉所限，难于实现全线控底盘角模块要求线控转向轮绕悬架转向主销独立旋转 ±90°以上的大转向角运动要求。

2.4　底盘多目标协同设计方法仍需进一步研究

全方位移动智能车辆具有多执行器、控制自由度冗余、运动模式多样的特点，在行驶机动性、避障灵活性、复杂道路轨迹适应性和主动安全性方面独具优势，是实现车辆行驶安全高效的底盘保障。但其控制系统模型也更加复杂，对控制算法的设计提出了更高要求。此外，基于一体化底盘角模块系统的智能故障诊断和容错控制方法尚未成熟，还需要进一步深入的研究。

综上所述，针对基于轮毂/轮边电机的分布式电动一体化底盘系统，从系统拓扑构型、轮毂和轮边电机系统设计、系统协同设计的关键技术出发，建立优化设计和协调设计的知识和技术体系，推进一体化悬架-轮毂/轮边电驱动底盘角模块的研究开发与工程应用，具有重要的科学价值与指导意义。

3　科学问题研究进展

3.1　基于拓扑结构理论的一体化底盘角模块机构设计

根据机构拓扑结构理论，对分布式驱传动系统与悬架一体化机构进行机构拓扑结构特征抽取及其图形化与数学方程化表述，以揭示驱传动系统与悬架一体化机构的结构本质；通过功能分析法、变元法、图论、颜氏创造性设计法和方位特征集法等现代机构拓扑结构设计方法的综合运用，实现驱传动系统与独立悬架一体化机构创新方法的系统化和流程的科学化。

目前研究的成果主要是基于并联空间机构拓扑结构理论的汽车独立悬架-转向机构设计方法。基于方位特征集的并联空间机构拓扑结构理论是著名机构学者杨廷力教授通过引入方位特征集、尺度约束类型和单开链单元三个新概念，构建拓扑结构学基本方程而创立的、基于方位特征集的一般机构拓扑结构设计新方法，其独特优势在于，可将空间机构拓扑结构用数学方式表达，从而极大地简化了系统拓扑结构、运动学及动力学表述，为系统拓扑结构创新提供了科学的方法。

3.2　一体化底盘角模块的系统结构设计

目前主要研究集中于解决电动轮总成与独立悬架-转向机构匹配设计、电动轮大转向角线控独立转向系统设计。为了解决因轮毂电机和制动器占据轮内空间而导致悬架机构线控转向主销偏移距过大的结构问题，现有全线控底盘角模块结构方案大多将线控转向系统及其悬架转向主销高位布置于电动轮之上，不仅占用过多的底盘高度空间，也明显削弱了全线控底盘角模块系统的纵、侧向刚度，影响车辆性能与安全，因此，探索适用于全线控底盘角模块的新型独立悬架-线控转向机构原型样机技术，成为解决全线控底盘角模块机构设计问题的关键。

3.3　一体化底盘角模块的多目标协同设计

目前的控制策略主要包括：①线性控制，如线性二次型调节器(LQR)、H 无穷控制、增益规划等方法，假设车辆轮胎在线性范围内的情况下，采用线性二自由度单轨车辆模型作为控制模型；②非线性控制，如非线性鲁棒控制、非线性模型预测控制、滑模控制等算法，解决车辆处于极限工况下的高度非线性问题；③智能控制，包括模糊控制和神经网络等算法，将人工智能与自动控制原理相结合，不依赖于被控对象精确的动力学模型，对参数变化具有较强的抗干扰性。

鉴于车辆多目标之间存在的冲突与矛盾，在不同工况与场景下设定不同的控制权重，基于不同运动模式下的约束方程与边界条件，采用冗余控制方法与多目标协调优化控制算法设计一体化底盘角模块的控制策略，对解决底盘角模块的协同设计问题具有重要的学术价值。

综上所述，一体化悬架-轮毂/轮边电驱动底盘角模块在机构拓扑结构设计与协同设计方法上还不够成熟，电动轮总成与独立悬架-转向机构匹配设计、电动轮独立转向系统设计缺乏理论支撑,多目标协同设计技术的研究还缺乏实践基础,这些关键问题限制了一体化悬架-轮毂/轮边电驱动底盘角模块的快速发展,需要进一步解决以加快全线控分布式底盘的产业化进程。

主要参考文献

[1] 杨廷力. 机器人机构拓扑结构设计[M]. 北京:科学出版社,2012.

[2] Chen X, Yin J, Wang W, et al. Approaches to Diminish Large Unsprung Mass Negative Effects of Wheel Side Drive Electric Vehicles[J]. Journal of Advanced Mechanical Design Systems & Manufacturing,2016,10(4):1-17.

[3] 陈辛波,薛松,余磊,等. 新型电动车双纵臂式悬架轮边电驱动结构:200810041741.9[P].

[4] 陈辛波,唐峰,余卓平. 电动汽车减速式轮边电驱动及其垂直跳动式悬架系统:201010532844.2[P].

[5] 陈辛波,余卓平,钟再敏,等. 一体化单摆臂悬架同步带减速式轮边电驱动系统:201120402870.3[P].

[6] 陈辛波,唐峰,陆承超,等. 具有动力吸振作用的减速式轮边电驱动系统:CN772A555772A[P].

撰稿人:陈辛波(同济大学)　孟德建(同济大学)

车辆传动系统摩擦元件热管理

Thermal management of friction discs in vehicle power chain system

1　科学问题概述

在车辆传动系统中,湿式多片离合器得到了广泛运用,目的是提高传动功率密度及整车操纵性能。为此,湿式多片离合器的接合工作油压逐步提高,在车辆行驶过程中,如果出现液压系统故障或传动系统过载,多片离合器摩擦元件容易发生长时间滑摩。由于油压较高,摩擦元件之间会产生大量摩擦热,摩擦元件温度急剧升高。正常的多片离合器在分离时摩擦元件之间通常有3~5mm间隙,但在经历了高速滑摩之后,摩擦元件可能产生平面外变形,使得离合器轴向间隙减小甚至完全消除,以至于摩擦元件不能正常分离。这种摩擦元件的平面外变形称为热翘曲变形,在比较严重的热翘曲变形过程中,摩擦元件表面会产生严重磨损、烧蚀甚至断裂现象,使整个传动系统失效。

摩擦元件产生平面外变形是导致多片离合器失效的直接原因，通过研究滑摩过程中摩擦元件芯板内部温升过程可以发现：摩擦元件相互滑摩会在径向上引起不均匀的温度分布，无论是内径还是外径温度高，径向温差总会导致平面内产生热应力。根据弯梁理论，环形薄板结构的摩擦元件存在平面外翘曲临界弯矩值，当由温差导致的平面内热应力弯矩超过该临界值之后就会产生平面外翘曲变形。摩擦元件的径向温度梯度分布跟变形模态密切相关，如果热应力超过了材料屈服极限，会产生塑性变形，即使在摩擦元件温度降低之后变形也不能恢复，最终导致离合器失效。从摩擦元件产生热翘曲的过程机理来看，根本科学问题在于环形薄板摩擦元件的径向温度分布、热应力分布与离合器工作条件、摩擦元件材料及接触滑摩过程参数的联系和变化规律，即摩擦元件的热管理问题，其中主要的科学问题包括下列内容。

1.1 摩擦片油槽形式的设计方法

在当前技术条件下，多片离合器是通过喷射润滑油对摩擦元件进行冷却的，通常是在摩擦片上加工各种形式的冷却油槽来实现。由于润滑油在油槽内从内径向外径流动的过程是一个复杂的换热过程，因此，需要建立一套完整的流体与摩擦元件的温度场动态耦合计算方法，从而获得摩擦片油槽形式的设计方法。

1.2 摩擦衬片层梯度分布设计方法

从产生摩擦热的角度来减小摩擦元件滑摩过程中产生的径向温差，可以通过改变摩擦元件衬片层材料的径向梯度分布形式来实现。这种方法改变了摩擦元件在接触滑摩过程中在不同半径处的摩擦产热密度，使摩擦元件在径向上的产热功率梯度分布，进而降低径向上的温差。关键的科学问题在于保证梯度分布衬片材料摩擦系数的稳定性，由于不同梯度材料在离合器活塞压力作用下的摩擦磨损过程及其影响规律也存在差异，有可能产生摩擦转矩不稳定或磨损加剧等问题，需要对粉末冶金衬片层进行精细设计，保证在径向温差减小的条件下摩擦系数和磨损过程变化较小。

1.3 摩擦元件表面微织构设计方法

在摩擦副表面上加工微织构，可以改善摩擦副的摩擦性能，但是将该技术应用到粉末冶金摩擦片上还鲜有先例，因此，表面微织构的形态及其摩擦磨损特性尚不清楚，表面微织构对于产热密度和温升过程的影响规律也需要进一步深入研究。因此，科学问题在于探明表面微织构对摩擦元件产热和传热的影响规律，包括表面微织构布置形式和单元体形状对接触力学性能的影响，最终形成摩擦元件表面微织构的设计方法。

1.4　超材料摩擦元件结构设计方法

在车辆传动系统的设计中,使用超材料制造摩擦元件以消除热应力是防止其翘曲的新方法,其科学问题在于如何获得摩擦元件芯板的力学特性,即由胞体单元形成摩擦元件之后的力学性能是否能够满足要求,保证摩擦元件具有足够的强度承受轴向压力并传递摩擦转矩。其中,由超材料制成摩擦元件芯板后,芯板在受到不同热流密度输入并产生非均匀温升条件下的平面内热应力变化规律是科学难点问题;由微米级胞体材料形成大尺寸摩擦元件后,在整体性能上能否满足车辆传动系统动力学的要求也是关键的科学问题。

2　科学问题背景

湿式多片离合器在车辆传动系统的实际应用中,为了传递更大功率和更大转矩,其接合压力不断提高,对液压系统的密封性能也提出了更高要求。在车辆行驶过程中,不可避免地由于路面阻力突变引起传动系统载荷突变,由于湿式多片离合器液压缸在高压状态下长时间工作,容易出现液压系统压力不稳,传动系统冲击过程中就容易产生高速高压滑摩。由于摩擦元件是环形薄板结构,不可避免地产生径向温度梯度分布,而梯度分布的温差容易导致摩擦元件产生平面外热翘曲变形,该问题已经成了制约车辆动力传动系统向更高功率密度发展的瓶颈。要解决该问题,就需要对摩擦元件滑摩过程进行良好的热管理。

3　科学问题研究进展

多片离合器摩擦元件的热翘曲问题迄今为止还没有引起车辆传动领域的广泛重视,其主要原因是在常规车辆变速器的使用过程中,由于传动系统载荷小、波动小,湿式多片离合器摩擦元件通常不会产生长时滑摩,也通常不会产生热失效。但在车辆,尤其是重型越野车辆中,该问题时有发生,如果不能解决由此导致的热应力分布不均匀问题,那么传动系统的压力将不能进一步提高,传递的功率也不能进一步提高。解决该问题的本质是抑制摩擦元件内的热应力,需要重点关注的科学问题是确定热应力产生过程中的计算方法、分布形式和优化途径等问题。

该问题的物理机理目前已经探明:这是由于摩擦元件的径向温差导致的热翘曲,所以最基本的解决途径是增加摩擦元件厚度。该方法简单,能够直接有效提高摩擦元件自身的抗热翘曲能力,可以根据实际传递功率设计合适的摩擦片和对偶钢片厚度;缺点是增加摩擦元件厚度会导致整个离合器的轴向尺寸大幅增加,降低功率密度,且该技术路线并没有从科学问题本质来解决实际工程问题,不能提高动力传动系统的技术水平。

3.1　摩擦片油槽形式设计方法研究进展

摩擦片油槽形式的设计是通过特定冷却方式实现摩擦元件的径向均匀温升。目前,常用的摩擦元件衬片表面通常加工有井形槽或圆弧槽，目的是对摩擦元件进行冷却并排出磨损颗粒，但目前缺乏充足的理论基础来设计油槽的分布形式和具体参数，一般是通过经验来设计油槽。因此，这方面当前的研究就是在现有摩擦元件的设计制造基础上，通过在摩擦元件衬片层上设计加工不同形式的油槽，实现润滑油在从内径向外径流动的过程中能够对不同半径位置上的温度进行差异化冷却，最终实现摩擦元件径向上均匀温升，降低热翘曲的可能性。

3.2 摩擦衬片层梯度分布设计方法研究进展

目前使用的衬片层都是均质材料，摩擦产热机理清楚，摩擦元件温度场计算方法成熟可靠。通过粉末冶金工艺烧结在芯板上形成摩擦片，在活塞压力均匀的条件下，从内径向外径方向产生线性分布的温度场。要在摩擦片径向上加工出梯度分布的衬片层，目前还存在一定的加工制造难度，所以当前几乎没有这方面的研究。

3.3 摩擦元件表面微织构设计方法研究进展

在摩擦片或对偶钢片表面上设计加工微织构，目的也是改变摩擦元件径向上的产热密度，使摩擦元件径向温升变得更加均匀。表面微织构是近些年随着微纳加工技术进步而兴起的一种摩擦表面性能提升方法，能降低接触表面的磨损，提高摩擦系数的稳定性，在传动系统轴承、齿轮、润滑等产品和技术中逐渐得到较好的应用，但是当前在粉末冶金材料制成的摩擦元件中还鲜有研究。

3.4 超材料摩擦元件结构设计方法研究进展

由于平面内热应力和由此导致的热翘曲是由摩擦元件内部产生的热胀冷缩过程不协调导致的，因此，在环形摩擦元件中的热应力特性对于提高摩擦元件抗热翘曲能力至关重要。在摩擦元件芯板材料方面，其科学问题是设计和使用新材料以消除或降低摩擦元件内部的平面内热应力。因此，解决途径是获得一种摩擦元件和衬片材料，使其在承受高压力、高剪切力和高速摩擦生热升温之后，不会产生热胀冷缩过程，也不会产生平面内热应力，在滑摩工作过程中，摩擦元件上就只受摩擦转矩作用。单个胞体具有零膨胀、零泊松比等特殊的热学性能和力学性能，会导致胞体材料在发生某一个方向应变时不会引起其他方向上的应力，胞体能够在剪切、弯折等方向上表现出各向异性，因此，很有希望成为减小摩擦元件热应力的理想材料。目前对超材料结构的基本性质有比较充分的研究，揭示了胞体结构超材料诸多特殊性能，如低密度、高强度、各向异性及零泊松比或负泊松比等，胞体结构超材料广泛应用在航空航天、生物医学和建筑结构等领域，但在传动系统摩擦元件上的应用及针对其热力学规律的研究却非常少。与其他方法相比，该方法的优势在于能开拓超材料在车辆传动系统关键部件中的应用研究领域，对于建立更加完整的传动系统摩擦元件热力学稳定理论具有基础科学价值，对于提升车辆的设计水平具有重要工程价值。

主要参考文献

[1] Cenbo X, Biao M, Heyan L, et al. Experimental Study and Thermal Analysis on the Buckling of Friction Components in Multi-disc Clutch[J]. Journal of Thermal Stresses, 2015, 38(11): 1323-1343.

[2] Pisaturo M, Senatore A. Simulation of Engagement Control in Automotive Dry-clutch and Temperature Field Analysis Through Finite Element Model [J]. Applied Thermal Engineering, 2016, 93: 958-966.

[3] Yevtushenko A A, Grzes P. Mutual Influence of the Sliding Velocity and Temperature in Frictional Heating of the Thermally Nonlinear Disc Brake [J]. International Journal of Thermal Sciences, 2016, 102: 254-262.

[4] Yan C, Jiang P, Jia X, et al. 3D Printing of Bioinspired Textured Surfaces with Superamphiphobicity[J]. Nanoscale, 2020, 12(5): 2924-2938.

[5] 苏永生，李亮，方明，等. 齿轮表面织构化研究现状与进展[J]. 润滑与密封，2019，44(12)：125-130.

[6] Mishra S K, Ghosh S, Aravindan S. Machining Performance Evaluation of Ti-6Al-4V Alloy with Laser Textured Tools under MQL and Nano-MQL Environments [J]. Journal of Manufacturing Processes, 2020, 53: 174-189.

[7] Mao B, Siddaiah A, Liao Y L, et al. Laser Surface Texturing and Related Techniques for Enhancing Tribological Performance of Engineering Materials: A Review [J]. Journal of Manufacturing Processes, 2020, (53): 153-173.

[8] 蒋雯，张朝阳，顾秦铭，等. 复合工艺制备的表面微凹坑织构的摩擦性能研究[J]. 润滑与密封，2019，44(11)：85-89.

[9] Codrignani A, Savio D, Pastewka L, et al. Optimization of Surface Textures in Hydrodynamic Lubrication through the Adjoint Method[J]. Tribology International, 2020, 148: 106352.

[10] Grützmacher P G, Profito F J, Rosenkranz A. Multi-scale Surface Texturing in Tribology—Current Knowledge and Future Perspectives[J]. Lubricants, 2019, 7(11): 95.

撰稿人：马彪（北京理工大学）　熊涔博（北京理工大学）　郑长松（北京理工大学）

基于人机共驾的智能座舱 HMI 与车载机器人交互设计

Intelligent cockpit HMI Design and vehicle-mounted robot emotional evaluation under cooperative driving scenarios

1 科学问题概述

全球正处在智能化发展的浪潮之中,人工智能可以完成原本由人完成的体力和认知任务,并日益成为人的合作伙伴。在此背景下,汽车座舱也在加速迭代,先进的驾驶辅助系统和智能驾驶系统可以替代绝大部分人的驾驶任务,从而使人机关系成为一个联合的认知决策系统。与此同时,车载智能机器人作为一种人机界面也给座舱提供驾驶辅助信息,提升人机交互能力。为了促进汽车座舱向基于人机共驾的智能座舱转变,亟待深入开展包括智能车载机器人在内的,面向人机交互(HMI)的设计理论与实践探索,一系列关键科学问题有待探索。

1.1 界定智能座舱内的人机关系

随着自动化水平的提高,驾驶员将从驾驶主任务中逐渐解放出来,有更多的心理认知资源用于非驾驶任务。智能座舱作为一个移动空间,提供了诸多功能以满足人的出行和娱乐需求以提高用户体验,例如语音助手、抬头显示(HUD)、多屏娱乐系统等。由此可见,智能汽车中交互主体已经发生了明显的变化。面对这种变化,有必要结合智能时代背景,分析目前以及未来汽车空间中交互主体的人机关系。

根据人和交互对象的智能化程度,可以将智能汽车中的交互主体主要分为四类:驾驶员、无自动化设备、自动化系统(ADAS)和智能自主化系统(自动驾驶系统)。与此同时,智能汽车还将会出现多个智能主体如人、智能驾驶系统、智能机器人、智能手机、智能娱乐设备等。基于以上分析,智能汽车中会出现 HMI 和人与智能体交互(HRI)两种交互范式混合的状态,因此,重新定义智能座舱中的人机关系就变得尤为重要。

1.2 建立人机团队的认知协作交互

智能座舱人机协作关系中包含多种人机交互主体(驾驶员或智能驾驶系统)与进行驾驶任务的人机团队(驾驶员或智能驾驶系统)的合作。在手动驾驶和人机共驾的不同任务中,驾驶合作中人机交互团队主体之间需要进行认知维度的信息沟通,完成智能互补,从而达成团队协作的目的。通过对人机共驾的合作层次、合作框架等的相关研究,学者们提出了新型的人机团队认知协作交互理论框架,该框架聚焦于人类驾驶员在不同类的驾驶任务中的认知合作，并提出“认知合作空间”概念，该空间中通过“协作界面”(Cooperative interface)提供人机认知信息，这类认知信息需要使用透明的设计达成理解。如何建立包含机器人在内的、新的人机团队的认知协作交互是整个“认知合作空间”研究中的关键科学难题之一。

1.3　构建和设计智能汽车认知合作空间和协作界面

研究表明，有效的沟通和协调与团队绩效呈正相关。人机团队成员通过对环境的共同理解和对绩效的共同期望来预测彼此的需求，从而进行协调。在人与人的伙伴关系中，沟通一直被视为团队合作和协作的重要方面，这种沟通通过“人的界面”语言、表情、动作、行为等实现。人与智能体伙伴之间的沟通也类似，只是这种“内部状态”的表征通过人机界面来完成。当然，这种人机认知协作最终极的方式就是脑机接口，以及研究人员所展望的人机共生(Human-Computer Symbiosis)。但在真正实现脑机接口之前，该任务还是由交互界面完成，但这种界面与传统的人机界面明显不同。

2　科学问题背景

2.1　汽车座舱内饰及屏幕的人机交互能力的发展演变

在过去100多年，汽车都是以驾驶者为中心，人机交互信息主要以安全类信息为主。随着智能化的发展，汽车应用越来越多的交通和娱乐通信信息；智能驾驶技术的不断突破，使驾驶员与乘客之间的界限变得不那么重要，汽车成为一个为人们提供便捷、舒适、愉悦、多样化体验的移动空间。随着时代的发展，内饰的设计越来越丰富，主要体现在座椅空间、中控仪表等方面。具备记忆用户习惯参数的智能座椅及针对不同人群设计的个性化座椅已经司空见惯；随着自动驾驶技术的发展，未来的座椅及空间设计逐渐将重心转移到场景上，座椅的位置不再是固定的，乘客在车里能完成的事情将会更丰富，工作、娱乐、休息都将在车内空间完成。

在整车造型设计中，车内操作系统更加多样，车内屏数量不断增多，车外显示设备也越来越多，这类影响驾驶安全性、操作便捷性，干扰用户的情况，要求设计人员优化解决车内数字化带来的问题。车内多屏系统需要简洁、直接地满足用户的需求，还需要搭建一个用户与用户之间信息互动的通道，让乘客可以协作使用除驾驶功能以外的其他服务，满足车内多人多场景的用车需求。

2.2　人-机器人交互是人工智能发展在座舱中的智能体现

近5年来，车载智能机器人的出现丰富了机器人的实际应用场景。车载机器人的任务明确，提升人车的交互体验，提升智能座舱的整体智能化水平，且由于汽车座舱是独立封闭空间，语音交互效果较佳。车载智能机器人属于人-机器人交互（HRI）领域，越来越受到各界重视，已经实现上车的车载机器人案例给学术界和工业界带来很多启发，未来在拟人化、自主交互、无人驾驶座舱的新交互方式等方面，都值得开展前瞻研究。

HRI 是关于用户与机器人之间相互作用的研究。人机交互是一个多学科领域，包括人工智能、机器人、自然语言理解、心理学、设计学和社会科学等。HRI 研究的目标是定义用户对机器人交互的期望模型，以指导机器人设计和算法开发，从而实现人与机器人之间更自然有效的交互。随着汽车功能的日益强大，人车交互的内容也越来越多，也因此，人机交互设计领域快速地融合新技术和新模式，让用户的双手和双眼聚焦在驾驶操作上，同时也要保证其他的操作。语音交互非常适用于车载领域，国内已上市的智能网联汽车基本已经配备了车载语音助手。

3 科学问题研究进展

3.1 座舱中的人机关系研究进展

智能化使汽车中人机关系发生了明显的变化，同时，驾驶员需要的信息也发生了巨大的变化。一方面，智能驾驶系统可以提供更多的情景相关变量信息，增强人的感知和认知能力（如 ADAS 中的车道偏离警告系统、自适应巡航、防碰撞、停车辅助等），另一方面，智能驾驶系统也成为一个需要关注的变量。HMI 作为这些信息的载体，也必然与传统的模式不同。更重要的是，在驾驶员不需要操控汽车时，可能会依赖自动驾驶系统，从而导致过度依赖心理模型或分心，这会使驾驶员花更少的时间关注道路，而花更多的时间从事非驾驶任务。这种情况会导致一旦出现接管场景，驾驶员无法快速恢复态势感知，就不能迅速接管车辆，导致严重事故。所以，智能自动驾驶汽车的人机界面需要保证让驾驶员处在环路中，并给驾驶员提供足够的情境意识（SA）和有效的控制界面，确保在应急时刻驾驶员能够快速有效地掌握驾驶控制权。同时，车载机器人的出现增加了智能汽车中的一个新角色，座舱中的人机关系需要重新定义。

3.2 人机团队的认知协作交互研究进展

在手动驾驶中，驾驶员根据自己的意图，结合当前的驾驶情景，先执行认知任务（感知、认知、决策），随后执行行为任务及通过 HMI 与控制系统交互并控制汽车的运动，以完成驾驶目标，此时人、车、环境形成一个相互影响的闭环。

而在自动驾驶中，人和智能系统都可以执行认知任务，并且都可以通过控制系统控制汽车运动，这是一种平行的认知和控制架构。因为即使其中一方什么都不做（认知和行动),既定的驾驶任务也可能顺利完成。此时,智能系统如同一个智能自主化的"虚拟驾驶员",是独立的、具有自主性的行为者,有对环境的反应能力及自主追求目标导向行为的能力,可以独自执行驾驶任务。这种结构使人所面对的交互对象产生了变化,人的交互对象从控制系统转变为"虚拟驾驶员",因此,人和"虚拟驾驶员"之间是HRI范式的交互,目的是共同驾驶汽车完成目标任务。他们之间的交互显然不同于人和控制系统之间HMI的交互。

在驾驶任务中人机共享车辆的控制权,团队的目标根据相应意图在驾驶任务的不同层次[战略(导航)、战术(机动)、轨迹和控制]不断变化。已有不少学者对人机团队的驾驶合作进行了研究,如Flemisch(2014)研究了人机共驾合作层级框架,认为驾驶任务分为导航级别(Navigation level)、机动级别(Maneuver level)、轨迹级别(Trajectory level)和控制级别(Control level)。Wang(2019)提出了非危机自发情况(NCSSs)的合作框架,认为人可以根据临时出现的意图更改自动驾驶的预先行动计划。Bengler(2012)针对驾驶中高复杂性、不可预测的动态场景的人机合作提出了五个层级的合作要素,即用户和机器意图、合作模式、动态任务和动作分配、人机界面和人机物理接触。

3.3　智能汽车认知合作空间和协作界面研究进展

团队认知是团队成员通过明确的交流活动形成的,即团队认知是团队成员交互之后的产物。协作界面是人机认知信息沟通的载体,通过协作界面进行团队层面的认知活动,成员通过团队认知活动交换双方的认知资源,达成共同理解。在人车协作中,理想情况下,车和人可以被看作是一个协调安全驾驶和舒适驾驶的认知协作系统。交互界面使车辆了解人类的命令和意图,让人了解到车辆所处的模式、系统状态和系统意图,最后,负责人车交互信息的传递。因此,协作界面在人车协作系统的运作中发挥着核心作用。

越来越多的学者开始研究协作界面,Walch(2017)认为协作界面的目的是使人保持在循环中,实现团队成员的实时沟通,以提高态势感知及双方对意图和行动的了解,并进一步提出设计协作界面的四个基本要求:相互可预测性(Mutual Predictability)、直接性(Directability)、共享情况表示(Shared Situation Representation)、信任度校准(Trust and Calibrated Reliance on the System)。Zimmermann和Bengler(2013)认为,人机协作界面应能显示推断用户和机器的意图、传达动态自适应系统的重新配置。

综上所述,研究基于人机共驾的人机关系,建立认知协作交互和构建协作界面具有重要意义。

主要参考文献

[1] Nass C,Moon Y. Machines and Mindlessness:Social Responses to Computers[J]. Journal

of social issues,2000,56(1):81-103.

[2] Skalski P,Tamborini R. The Role of Social Presence in Interactive Agent-based Persuasion [J]. Media psychology,2007,10(3):385-413.

[3] Biocca F, Burgoon J, Harms C, et al. Criteria and Scope Conditions for a Theory and Measure of Social Presence[J]. Presence:Teleoperators and virtual environments,2001.

[4] Foen N. Exploring the Human-car Bond through an Affective Intelligent Driving Agent (AIDA)[D]. Massachusetts Institute of Technology,2012.

[5] Nass C, Jonsson I M, Harris H, et al. Improving Automotive Safety by Pairing Driver Emotion and Car Voice Emotion[C]//CHI'05 extended abstracts on Human factors in computing systems. 2005:1973-1976.

[6] 中国汽车工程学会. 节能与新能源汽车技术路线图[M]. 北京:机械工业出版社, 2016:187-190.

[7] Cooper A,Reimann R,Cronin D. About Face 3:the Essentials of Interaction Design[M]. John Wiley & Sons,2007.

[8] Bazilinskyy P, Petermeijer S M, Petrovych V, et al. Take-over Requests in Highly Automated Driving:A Crowdsourcing Survey on Auditory,Vibrotactile and Visual Displays [J]. Transportation research part F:traffic psychology and behaviour,2018,56:82-98.

[9] Bourguet M L. Software Design and Development of Mutimodal Interaction[M]//Building the Information Society. Springer,Boston,MA,2004:409-414.

撰稿人:王建民(同济大学)

电动汽车轻量化的多材料多目标协同低碳设计理论与方法

Multi-material,multi-objective collaborative low-carbon design theory and method for lightweight of intelligent electric vehicles

1 科学问题概述

研究结果表明,电动汽车 80% 的能耗直接与整车质量相关。中国汽车工程学会基于国内上市电动汽车的统计分析结果如下:电池重量不变,无能量回收,每降重 100kg 的整备质量,新欧洲标准行驶循环测试(NEDC)工况下可节约用电 0.46kW · h/100 km;电池重量不变,有能量回收,每降重 100kg 可续驶里程为 A 级车 12.3km、C 级车 13.0km;整车整备质量不变,动力电池以外的部件降重 10kg,并将所降低重量分配给动力电池,可续驶里程为A级车12.5km、C级车9.3km。提高整车轻量化水平还是有效提升电动汽车动力性、制动性及续航里程的最有力措施之一，也是实现国家“双碳”目标的重要途径。智能电动汽车作为典型的多学科交叉多领域融合系统，由于新能源动力电池包的加入，整车设计空间及其质量分配理念发生了显著变化，带来了底盘与电池包耦合作用下的整车安全性设计及其运动姿态控制新挑战，使得整车轻量化设计区别于传统车辆，且近年来在基础材料科学的发展推动下，亟须融入新材料的低密度、耐高温、抗腐蚀、隔音降噪减振和电磁屏蔽性等物理性能，对智能电动汽车开展整车材料-结构-工艺-性能一体化协同设计，并构建其用材高品质回收再生体系。为突破上述技术瓶颈，一系列关键科学问题有待研究。

1.1　构建材料成分-组织调控-力学性能耦合影响下的结构成型工艺机制

不同的材料化学成分具备不同的微观组织，使其强度、硬度、韧性、耐蚀和耐热等性能差异较大，形成了其结构固有的成型方法及工艺，通过对材料进行热处理、固溶等组织调控方法，可以有效提高材料的力学性能，但也会影响结构的原成型性和工艺，从而影响整车轻量化一体化协同设计的可行性。

1.2　构建多材料多目标整车结构-工艺-性能一体化协同设计理论

整车轻量化是在满足结构刚度、强度、耐久性、振动噪声、被动安全性和成本的前提下，通过合理的选材、优化车身结构、采用合理的工艺，将合理的部件结构形状、尺寸和材料在合适的时间应用到合适的位置，并充分发挥车身各部分的承载、加强、吸能等作用。但是以轻质材料实现整车的轻量化不仅仅是简单的材料替换问题，还需要解决替代位置、工艺选择及结构设计相互耦合作用问题，以使整车安全性和舒适性等多目标要求得到同时满足和提升，进而形成良好的人机环境系统。

1.3　研究整车安全性设计与运动姿态控制耦合作用机制

智能电动汽车由于取消了发动机、变速箱、油箱等零部件，新加入的电池包排布方式对整车碰撞和运动响应极为敏感，电池包布置很大程度上影响着整车质心位置和转动惯量，进而影响整车主被动安全和控制响应。全面探明电动汽车正面全宽碰撞、偏置碰撞及横向、纵向动力学随整车重心位置变化的耦合作用机理，通过电池包布置方式调节车辆重心，可以优化控制电动汽车在碰撞过程中的俯仰和偏转等运动姿态，从而为碰撞安全性能优化引入新的控制因素，将单向碰撞转化为复合运动响应的碰撞运动姿态控制策略，进而解决电动汽车的电池布置空间、碰撞变形吸能设计和运动姿态控制冲突。

2　科学问题背景

得益于国家长期高度重视轻质新型材料的基础研究与技术创新，镁合金、铝合金、碳纤维等轻质新型材料因其性能上的独特优势,已经在多个重要领域得到了广泛应用。为应对车辆安全性、经济性和智能化水平不断提升的要求,多材料混用成为趋势。

目前,对于智能电动汽车实现整车轻量化,需要在融入新设计理念的前提下,开展多材料多目标设计技术的研究和应用,有助于提升车辆的轻量化开发水平,进而使车辆的生产和使用更低碳。而目前的研究主要是以传统汽车为研究对象,来提升整车或零部件的某一项或几项性能。对于智能电动汽车的底盘与电池包耦合作用机理研究不足,对从整车级设计层面考虑多材料多目标综合考量缺乏相对应的新理论、新方法和新技术。因此,迫切需要突破轻量化需求下的整车多材料多目标协同低碳设计技术瓶颈。

2.1 新设计理念下整车安全、轻量化与运动姿态控制耦合作用问题有待提升

如何与碰撞损伤生物力学、材料技术、工艺技术、数字化仿真技术和结构优化设计等学科交叉,如何降低工程实际问题的复杂性、整车碰撞安全、整车轻量化、整车响应和安全裕量等方面设计的冲突,以及制造成本的约束等,如何建立整车轻量化材料、连接接头的力学行为表征和仿真方法及其服役失效机理和预测技术等,这些问题都需要进一步研究。

2.2 现有设计方法效率需进一步提高

有限元技术的结构优化设计方法主要包括直接搜索优化方法和近似模型优化方法,均需按照某种试验设计方法(DOE)生成样本点,再经过有限元求解器分析后采用某种近似模型方法构建出近似模型,然后在近似模型的基础上结合某种优化算法,继而得到优化的设计方案。整车结构复杂,零部件众多,尤其在整车结构-工艺-性能一体化协同设计的技术需求下,计算效率极其低下。

2.3 现有结构成型工艺机制需进一步优化

现有工作大多面向结构-性能耦合作用下的结构成型工艺机制,例如,基于成本约束和工艺实现的结构-性能一体化设计方法;基于疲劳寿命的承载件轻量化设计方法、性能预测与评价;异种材料零件的连接设计、性能预测与评价;模块化非全承载车身和底盘性能分解、结构集成优化设计方法;基于新工艺(如温成形、半固态成形)的零件结构设计方法。

3 科学问题研究进展

3.1 整车安全、轻量化与运动姿态控制协同优化设计

当前主要从车身关键零部件和车身总成上进行优化设计,具体而言:首先,大多以车

身关键零部件为研究对象，先阐述其轻量化与抗撞性多目标协同确定性及不确定性优化设计；然后，以集成车身关键零部件不确定性优化设计结果的车身总成为研究对象，对其轻量化与抗撞性进行多目标确定性或不确定性优化设计，并通过多目标优化设计进行优化目标的设定，获得相应的优化结果及一系列最优设计方案；最后，从整车层面上考虑和评估当前设计方案下的空间布局对整车质心、碰撞和运动响应的影响。

3.2　高效智能优化设计方法

因 DOE 试验设计方法具有设计空间均匀性好、试验次数少、设计空间探索精度高等诸多优点，特别是在设计变量多、输入输出关系非线性强等场合有其独特优势，目前，整车轻量化优化设计均是采用该方法来获取输入输出样本数据以构建代理模型，主要的代理模型方法包括响应面法(RSM)、人工神经网络法(ANN)和克里格差值法(Kriging)等，这样可以在尽可能降低计算成本的同时，保证所构建代理模型的精度，最终进行多目标优化设计，获得点对点的优化结果。

3.3　结构成型工艺机制

针对结构-性能耦合作用下的结构成型工艺机制，包括热冲压成形、液压成形、激光拼焊板(TWB)、连续变截面辊轧板(TRB)、结构胶黏技术、异种材料连接技术等，大多从高强轻质材料、结构优化、新工艺和连接技术三个层面进行一体化协同设计。而各类高强轻质材料的涌现，其具体零部件结构的成型性和工艺将有较大的差别，导致了现有零部件结构设计是基于新工艺的零件结构设计方法，以及基于工艺可实现的结构-性能一体化设计方法，然后进一步研究在结构-性能耦合作用下的具体零部件的结构成型工艺机制。实质上，影响零部件结构的成型性和工艺的根源在于所使用的高强轻质材料的成分与组织。

主要参考文献

[1] Wang J, Besselink I, Nijmeijer H. Electric Vehicle Energy Consumption Modelling and Prediction Based on Road Information[J]. World Electric Vehicle Journal, 2015, 7(3): 447-458.

[2] Weiss M, Cloos K C, Helmers E. Energy Efficiency Trade-offs in Small to Large Electric Vehicles[J]. Environmental Sciences Europe, 2020, 32(1): 1-17.

[3] 周青，夏勇，聂冰冰，等. 汽车碰撞安全与轻量化研发中的若干挑战性课题[J]. 中国公路学报，2019，32(7)：1-14.

[4] Zhang S A, Zhou Q, Xia Y. Influence of Mass Distribution of Battery and Occupant on Crash Response of Small Lightweight Electric Vehicle[R]. SAE Technical Paper, 2015.

[5] Zhu Y M, Xu S W, Nie J F. {1011} Twin Boundary Structures in a Mg-Gd Alloy[J]. Acta Materialia, 2018, 143: 1-12.
[6] Zeng Z, Nie J F, Xu S W, et al. Super-formable Pure Magnesium at Room Temperature[J]. Nature communications, 2017, 8(1): 1-6.
[7] 高云凯，申振宇，冯兆玄，等. 多目标优化在车门轻量化设计中的应用[J]. 同济大学学报(自然科学版), 2017, 45(2): 275-280.
[8] 王根，林建平，孙鑫，等. 基于最大正应力的自升式平台悬臂梁框架轻量化优化设计[J]. 机械工程学报, 2017, 053(7): 173-179.

撰稿人：徐世伟(湖南大学)　蒋彬辉(湖南大学)

多材料车身制造过程中的多物理场耦合机制与形性调控方法

Mechanism of multi-physical field coupling and control approaches of shape and performance in the manufacturing process of multi-material autobody

1 科学问题概述

随着全球气候变化、环境污染及能源危机的日益加剧，节约能源、降低碳排放已成为各行业实现可持续发展的必经之路。《汽车产业中长期发展规划》将轻量化作为实现汽车产业节能减排的核心共性关键技术。作为汽车轻量化的三大技术路径之一，新材料的应用发挥重要作用。传统以低碳钢为主的用材体系正向着钢铝混合车身、全铝车身、复合材料、镁合金等多材料混合应用的趋势发展。与传统车身相比，多材料车身在冲压、连接、装配等制造过程中所需要遵循的约束条件多、影响因素多、需要达到的目标多、涉及的物理场多。多材料车身的开发需要面临的共性技术问题有：异种薄壁结构件的快速连接，高强轻质材料的冲压成形性，不同材料对湿热等复杂环境下的耐受性及由此产生的形性退化等。

多种轻质材料的混合应用带来了新材料连接技术的大力发展，异种材料的连接设计已成为多材料车身开发的核心技术，如何提高连接设计的可靠性、耐腐蚀性已成为行业的共性问题。烘烤、湿热是汽车常见使用环境，不同材料对热、力、湿的敏感性与响应不同，使混合材料车身连接部位在湿热环境中极易产生电化学腐蚀问题和变形不协调问题，从而诱发连接失效，最终影响汽车的安全性。现有的汽车车身结构设计体系建立在以钢为主材的车身材料体系基础上，对异种材料连接，尤其是金属与非金属材料的连接缺少系统的设计方法。

新材料的应用是多材料车身开发的一个特色，近些年研发的中锰钢具有高强度、高延伸率与低成本的特点，已被《中国制造 2025》列为重点发展的新型高强韧汽车用材料，但是这种钢在室温下成形性较差，需要温热成形。因此，为实现中锰钢的工业化应用，研究中锰钢的温热成形技术和理论，探究高精度、高性能、低氧化且轻量化的中锰钢汽车用关键部件的制备理论和方法，成为汽车用中锰钢关键成形件制备的关键问题。

因此，为提高多材料混合车身的制造质量与制造精度，探索多材料连接设计可靠性与制造过程中的形性控制方法，新型高强度钢在汽车中的应用，亟待深入开展面向多材料混合汽车零部件的连接技术、高强度钢的温热成形关键技术、控形控性方法等关键科学问题的研究，在新理论、新方法和新技术方面突破技术瓶颈，一系列关键科学问题有待研究。

1.1　异种金属薄壁结构件的连接技术

轻质金属薄壁结构件的应用面临的一个技术挑战就是不同金属薄壁结构件间的连接。一方面，由于不同金属的导电导热性能差异很大，传统的熔化焊接无法用于钢与铝合金、镁合金零件间的连接，容易烧穿。由于壁厚的限制，常用的螺纹连接、法兰连接、卡扣连接等也不适用于薄壁结构件的连接。另一方面，不同金属存在较大电位差，两者直接接触会产生电化学腐蚀，影响服役寿命。相比以上连接方法，基于塑性成形机理的塑性连接具有接头强度高、易于批量化生产，尤其适合薄壁结构件连接的特点，具有常规连接方法所不具备的优势。开展针对异种金属材料薄壁结构件的塑性连接技术研究，对因材料性能差异产生的塑性变形行为的差异进行调控，研究高效可靠的异种材料接头防腐方法，提高接头成形质量是异种金属薄壁结构件连接的共性科学问题。

1.2　湿热环境下多材料车身制造过程中的控形控性方法

混合材料汽车零部件的冲压成形与连接装配等工艺过程涉及加热塑性成形、焊接、粘接、机械连接、涂装烘烤等多种工艺环境，是一个热、力、湿多物理场耦合的过程。不同材料的耐湿耐热性能存在差异，由此诱发异种材料零件及其接头的湿热应力、变形不协调、力学性能退化等问题，以及高强度钢温热成形件的回弹问题，严重影响多材料车身制造末端的形性控制质量。冲压成形、连接、装配虽然属于不同的制造工艺，但是其本质均是基于热、力、湿等物理场的耦合作用行为，不同材料在不同物理场下的形性行为是导致多材料车身制造末端出现形性不达标的本质问题。因此，将材料、工艺、环境组成联动系统，研究混合材料汽车零部件在温热成形、湿热环境中的性能退化与湿热变形规律，揭示热、力、湿多物理场的耦合作用及其对混合材料汽车零部件的性能影响机制，提出混合材料车身在烘烤和湿热环境下的形性控制方法，进而保证混合材料车身结构的安全性和可靠性是需要解决的科学问题。

1.3 热力耦合驱动下中锰钢的微观组织调控、变形协调机制与损伤失效机理

中锰钢成形件成形质量对应力和温度非常敏感，因此，可利用这个特点通过微观组织调控实现对中锰钢的力学性能、尺寸精度及表面质量的控制。为此，需掌握中锰钢在热力耦合作用下的微观组织调控机理。中锰钢对应力状态和途径较敏感，因此，掌握中锰钢在不同应力状态和途径下的相变机制，才能实现对中锰钢关键汽车零部件性能和质量的有效控制。轻质中锰钢在温热成形过程中容易出现变形不协调，导致应力和应变在相界面集中。温热成形过程中，控制铁素体和奥氏体之间的强度差异，可改善界面附近特定相中的应变分配，避免应变局部化，实现奥氏体和铁素体双相组织的协调变形，防止双相组织的界面形成空隙或裂纹，研究双相组织的形态、晶粒尺寸、晶界等对于裂纹形成和扩展的影响规律，提高轻质中锰钢的温热成形性。因此，研究轻质中锰钢温热成形过程中双相组织内部应力和应变的分配规律、变形协调机制、相变机制，以及损伤演化及失效机理是需解决的关键科学问题。

2 科学问题背景

在碳达峰、碳中和的发展背景下，汽车的轻量化是汽车产业实现可持续发展的必经途径。在性能、轻量化效果及成本等因素的约束下，采用钢、铝合金、镁合金、复合材料等多材料制造汽车是当前技术条件和市场条件下最有效的汽车轻量化技术路线。多材料汽车开发首先需要解决的就是异种材料间的连接。由于不同材料在导热、导电、力学性能、化学稳定性等方面的差异，传统的连接方法已不能满足多材料汽车零部件的连接需求，需要研究满足汽车制造和服役边界条件下的异种材料汽车零部件的高效可靠的连接技术。多种不同材料的制造与连接过程中，影响因素多且复杂，不仅有材料自身的性能，还有制造过程中所涉及的热、电、力等多物理场的作用。另一方面，汽车零部件的设计不仅需要满足制造约束、性能约束、相邻零部件的约束等多种约束条件，还需要考虑性能最佳、轻量化效果最好、成本最小等多种目标。因此，多材料汽车零部件的成形与连接制造必须建立在对多种影响因素、多种制造约束、多种物理场、多种评价指标的准确分析与合理评价的基础上。为此，迫切需要对多因素、多约束、多目标、多物理场为边界的异种材料成形与连接技术的共性问题进行突破。

2.1 异种金属薄壁结构件的塑性连接技术与可靠性评价

针对异种金属薄壁结构件缺少高效可靠连接技术的问题，开展利用金属材料自身塑性变形来实现不同薄壁结构件连接的塑性连接方法。以钢、铝合金等轻质材料薄壁结构

件为研究对象,研究不同金属薄壁结构件塑性变形行为。结合先进分析手段,考虑成形和连接过程中所涉及的材料性能差异、热与力的耦合、复杂边界条件,系统研究异种金属薄壁结构件形成有效塑性连接所必须满足的条件。深入分析材料性能差异、加载路径的改变、温度因素对被连接薄壁结构件产生的不协调变形规律,建立接头形状精度控制的计算模型,揭示形成可靠塑性连接接头的机理。提出异种金属薄壁结构件塑性连接可行性的评价方法。考虑不同金属材料间的物理化学性能的差异,研究湿热环境中异种金属材料接触腐蚀规律,构建接头服役寿命预测模型,研究异种材料薄壁结构件连接可靠性评价方法,为多材料汽车薄壁结构件的设计与性能评价提供理论支撑。

2.2 金属与非金属材料汽车零部件在湿热环境中的形性控制

针对汽车零部件制造过程中所需要经历的涂装烘烤、自动化流水线装配的制造工艺特点,研究汽车用金属材料与非金属材料的力学性能对湿与热的敏感性、耐受性及其演变规律。分析冲压、连接、装配等关键制造过程中的多物理场耦合规律,研究多材料车身制造末端关键性能与形状精度的内在关系。综合全面分析多材料混合车身结构件在热、力、湿及其耦合作用下,零部件成形、连接与涂装过程中性能演变和装配偏差的传递传播规律,针对多材料车身关键制造过程中的多物理场、多目标、多变量与多约束等共性问题,建立考虑热、力、湿等多物理场耦合作用下异种材料汽车零部件制造全过程制造偏差精确计算模型,研究多材料汽车零部件关键制造过程中的形性控制方法和设计规范,为多材料汽车薄壁结构件连接设计提供理论参考。

2.3 中锰钢的温热成形过程中的形性调控与缺陷控制

轻质中锰钢成形性能的改善是当前汽车轻量化领域的研究热点。中锰钢在冷成形过程中需要较大的成形力,对设备和模具都提出了较高的要求,而且成形后零件的尺寸精度不高。轻质中锰钢中铝原子的添加会引起铁基体的点阵扩张和晶格能降低,从而降低弹性模量,增大回弹,降低成形零件的尺寸及形状精度。另外,轻质中锰钢在冷成形过程中会产生相变诱导塑性(TRIP)效应,随着新生相的逐步增加,弹性模量进一步降低,导致成形件回弹量增大。这也是目前汽车主机厂家及冲压公司不愿接受轻质中锰钢的原因之一。

在温热成形过程中,控制奥氏体和铁素体之间的强度差距,实现铁素体和奥氏体的协调变形,可改善界面附近特定相中的应变分配,避免应变局部化,防止在界面处形成空隙或裂纹,增大轻质中锰钢在温热成形过程中的塑性。另外,微观组织晶粒尺寸的平均值越大,材料的屈服强度越低,越能有效避免成形时局部颈缩和断裂问题,提高成形性。研究轻质中锰钢在温热成形过程中塑性流动机制及破裂机理,可为轻质中锰钢在汽车安全构件的应用提供理论指导。

温热成形是在大成形力和温度急剧变化的共同作用下完成的,材料成形过程中的温度场和应力状态比较复杂,组织性能调控因素多,表面质量和成形精度控制困难。因此,研究中锰钢成形件温热成形过程中在多因素耦合作用下的组织性能调控机理和相变机制、复相组织的应力应变分配与变形协调机制、损伤演化和失效机理、热成形回弹的影响因素,成了制备高性能高质量中锰钢成形件的关键问题。

综上,汽车轻量化是汽车工业节能减排的重要技术途径,多材料混合车身的开发成为汽车工业可持续发展的必然选择,而异种材料汽车零部件的连接技术是多材料混合车身开发的核心技术,亟须对包含金属材料与非金属材料在内的异种材料汽车零部件连接设计中的连接防腐、耐湿热性能、设计效率等共性问题进行研究,建立多种材料混合车身结构设计规范,提升多材料混合车身结构设计品质,对于汽车结构的深度轻量化及结构安全具有重要指导意义,科学价值突出。

3 科学问题研究进展

3.1 异种金属薄壁结构件的连接新技术开发

同种金属板材的连接方法有三大类,第一类是冶金意义上的连接,即通过轧制、挤压、锻造变形和摩擦生热为主要连接机制的连接方法,如冷连接、摩擦搅拌焊、摩擦焊等。第二类是以产生塑性变形为机制的塑性连接,如自冲铆、无铆连接、塞铆焊、流动钻铆、液压成形连接、电磁成形连接等。与第一类连接方法相比,第二类连接无须实现冶金学上的微观组织形成,无须去除零件表面氧化膜,也无须加热,只需控制塑性成形质量,更适合工业化生产。第三类是采用结构胶、密封胶等化学粘接剂将材料粘接在一起,这种方法在近些年得到快速发展。

随着汽车轻量化的发展,不同材料零部件的连接技术也得到了快速发展,对于金属板材而言,除了螺纹连接、铆接、粘接、焊接等传统连接方式外,还涌现了多种复合连接技术,如热融自攻丝、摩擦自冲铆、摩擦塞铆焊、搅拌摩擦盲铆,还有辊压与粘接的复合连接、粘接与挤压变形的复合连接、粘接与铆接的复合连接、粘接与螺纹连接的复合连接等。上述这些方法主要针对金属板材的连接,金属薄壁管类零件的主要连接工艺仍然是螺纹连接、焊接和粘接。对薄壁结构件而言,焊接热易烧穿结构件或引起截面畸变,螺纹连接需要在管表面加工螺纹,从而减小连接区壁厚,单纯的粘接接头对温度、湿度环境敏感,这些方法均不适合薄壁结构件的连接。因此,亟须对异种金属薄壁结构件连接的共性科学问题进行攻关,为多元材料车身的开发提供理论支持。

3.2　湿热环境下多材料车身制造过程中的控形控性方法

针对湿热环境的多物理场耦合，现有研究多从模拟单一温度场或湿度场通过应变场叠加扩展到热、力、湿的影响，鲜有从基础本构模型出发，探究多物理场耦合的综合作用。当前，针对不同温湿条件下的耦合机理研究尚不清晰，关于湿热对材料力学性能退化的研究多基于大量试验来展开，缺乏湿热对损伤演变的理论支撑，传统半经验、经验公式与实际偏差较大，且大多数实验之间测试条件不统一。多物理场耦合的仿真研究缺乏建立湿热耦合效应的本构方程，停留在对单一湿度场或温度场的模拟，缺乏损伤演变规律的具体研究。对于车身材料在湿热环境中的控形方法研究，虽有从不同角度提出解决和提升办法，但缺乏从湿热变形机理进行深入研究。因此，迫切需要一种多物理场耦合的湿热建模方法，对车用材料的复杂失效机理展开描述，在此基础上掌握湿热环境对材料力学性能退化的影响规律，从而提出合理控形方法，为工程设计提供理论指导。

3.3　中锰钢温热成形过程中的成形性与成形精度研究

近年来，鉴于高强钢冷成形困难及高温成形时变形抗力小等特点，温热成形技术在汽车工业发展中的应用发展迅速。22MnB5 钢作为目前使用最广泛的热成形高强度钢板，通常被加热至 900 ~ 950℃完全奥氏体化，然后迅速转移至水冷模具，完成冲压和淬火过程，以获得全马氏体组织。热成形 22MnB5 钢的抗拉强度可达 1500MPa，但伸长率较低，仅为 6%，限制了汽车安全性的改善。相比而言，中锰钢在 700 ~ 750 ℃温度下可以实现完全奥氏体化，同时 Mn 提高了钢的淬透性，且对成形模具的冷却速度要求不敏感。

采用温热成形的中锰钢，可减少传统热成形 22MnB5 钢裸板 900 ~ 950℃加热保温出现的表面氧化脱碳风险，有助于简化工艺，降低模具设计及加工难度，降低加工成本和设备与模具投资等。然而，由于温热成形工艺较为复杂，中锰钢在温热成形过程中受到复杂应力状态、温度变化等因素的影响，其微观组织性能调控困难。此外，目前温热成形工艺分为一步形成和两步成形，这致使中锰钢在成形时受力状态和途径复杂，而中锰钢对应力状态比较敏感，因此，探究中锰钢温热成形过程中在热力耦合作用下的微观组织调控机理，以及中锰钢在不同应力状态和途径下的相变机制，才能有效制备高性能中锰钢温热成形件。

与单相组织相比，奥氏体和铁素体双相组织的动态回复和再结晶行为更加复杂，而且与双相组织演化及微观变形协调的交互作用密切相关。轻质中锰钢的微观组织和晶体学织构会影响轻质中锰钢温热成形的流动应力。同时，加热温度、变形温度、应变速率及变形程度等工艺参数会显著影响双相组织形态、应力和应变分配。因此，研究不同热变形条件下的微观组织及位错组态，热变形过程中双相组织内部的位错密度及位错结构演变，不同变形条件下双相组织的动态软化行为，才能从介观和微观尺度研究双相组织内滑移带与晶界和相界的交互作用规律，揭示轻质中锰钢在温热成形过程中双相组织的变形协调机制。

温热成形过程中，奥氏体和铁素体之间强度、晶粒尺寸、位错密度、堆垛层错能等方面的差异，导致应力和应变在奥氏体和铁素体的分配十分复杂。而铁素体内部孔洞的形成和聚合、奥氏体内部孔洞的形成和聚合、晶界分离、相界分离等，都可能是微观裂纹的成因。因此，分析双相组织的形态、晶粒尺寸、晶界等对裂纹形成和扩展的影响规律，研究奥氏体和铁素体双相组织内部裂纹形成及扩展过程，才能明确轻质中锰钢双相组织的损伤演化及失效机理。

温热成形是在大成形力和温度急剧变化的共同作用下完成的，工件的回弹无法避免，回弹精度的控制尤为重要。热冲压工艺参数的优化虽然能使工件的回弹降低，从而建立工艺参数和回弹程度之间的联系，但难以解释产生回弹的根本原因。此外，由于影响因素较多，通过试验来验证和控制回弹需要耗费大量的人力物力且效率低下。有限元数值模拟技术的引入，通过模拟与实践相结合的方法可以实现优势互补，可大大减少试模时间，极大提高生产效率。因此，明确中锰钢的热冲压回弹机理，定量研究不同工艺参数下的组织特征，明确显微组织对力学性能和回弹行为的影响规律，提出回弹的调控方法，使中锰钢保持优秀的力学性能和回弹精度显得尤为重要。

综上所述，现有针对轻质混合材料车身连接设计，仍停留在借用传统钢制车身连接设计的方法和经验的阶段，还存在对异种材料连接设计的腐蚀机制不明确，湿热等环境引起的结构变形、性能退化的机理不清晰，连接设计多物理场耦合作用机理不明确，连接设计效率低等问题。这些关键问题制约了多材料混合车身的发展，影响了汽车轻量化的进一步深入。因此，迫切需要开展异种薄壁结构件的连接共性问题、多材料车身制造过程中所涉及的温热成形、烘烤环境下的控形控性方法等科学问题的攻关，为汽车轻量化的深入研究提供动力，为汽车工业碳达峰、碳中和目标的早日实现提供支持。

主要参考文献

[1] Ma H, Qin G, Geng P, et al. Microstructural Characterization and Corrosion Behaviour of Aluminium Alloy/Steel Hybrid Structure Produced by Friction Welding[J]. Journal of Manufacturing Processes, 2021, 61: 349-356.

[2] Agrawal A K, Narayanan R G. Experimental and Numerical Studies on Joining Steel Tubes by End Forming[J]. Journal of Constructional Steel Research, 2020, 167: 105792.

[3] 靳文豪，邢保英，何晓聪，等. 不同腐蚀环境下铝合金自冲铆接头静力学性能研究[J]. 材料导报，2019，33(16)：2725-2728.

[4] 王付才,陆卫中,杨海. 轻量化汽车自冲铆接接头腐蚀行为的研究进展[J]. 材料保护,2021,54(8):132-138.

[5] Hamdaoui M A,Benzaama M H,Mendili Y E,et al. A Review on Physical and Data-driven Modeling of Buildings Hygrothermal Behavior: Models, Approaches and Simulation Tools [J]. Energy and Buildings,2021,251:111343.

[6] Xu Q H,Li F,Mu W L,et al. Effect of Hygrothermal and Alternating Load Coupled Aging on CFRP/Al Bonded Joints[J]. International Journal of Adhesion and Adhesives,2021,109:102912.

[7] Amir B,Vahid M,Mamoon S,et al. A Multi-physics Approach on Modeling of Hygrothermal Aging and Its Effects on Constitutive Behavior of Cross-linked Polymers[J]. Journal of the Mechanics and Physics of Solids,2021,156:104614.

[8] Mohamed A B H,Boussad A,Daouadji T H,et al. Numerical Modeling of Hygrothermal Effect on the Dynamic Behavior of Hybrid Composite Plates[J]. Steel and Composite Structures,2021,39:751-763.

[9] 张娇蕊,山美娟,黄伟,等. 湿热环境对CFRP复合材料-铝合金螺栓连接结构静力失效的影响[J]. 复合材料学报,2021,38(7):2224-2233.

撰稿人:陈涛(同济大学)　余海燕(同济大学)

模块化汽车车身构型及造型设计方法

Methodology on modular auto-body configuration and styling design

1　科学问题概述

汽车车身作为造型风格的主要载体,目前在构型、结构、制造等方面已经趋于成熟、固化,特别是对大量模具及复杂装配方式的依赖,使每一种造型风格的实现都意味着巨大的资金投入和巨大的风险,造型风格的变化受到很大约束。为突破这一瓶颈,需解决一系列关键问题。

1.1　创建自由灵活的车身构型方式及结构形式

传统车身的构型主要受制于发动机、底盘等传统汽车架构,且由于性能、标准、法规等的约束,车身的内部结构为复杂的薄板成型零部件焊接而成为一体式结构(Uni-body),外观为连续、顺滑的自由曲面覆盖并以精密的方式与一体式结构配合。制造一旦完成,车身风格也被完全固定而不能再做变化。因此,如何创建新的构型方式及结构形式,使得车身形式不再是一个完全固化的整体,而可以在制造完成后仍然可以做灵活变化是首要解决的关键科学难题之一。

1.2 造型优化设计以满足未来消费群体的需求

由于造型只有在制造完成、走向市场后才能为消费者感知,其风格是否被消费者接受就成为决定整个汽车产品成败的重要因素之一。由于传统汽车设计、研发、制造方式决定了企业无法事先充分掌握消费者需求,所以设计的预测、决策风险很大,巨大的研发、制造成本反过来又使产品类型及风格不能足够丰富以满足个性化、多样化需求。因此,如何做到造型能够满足未来消费群体的要求,特别是个性化、多样化方面的需求就成为第二个关键科学难题。

2 科学问题背景

目前,我国乘用车市场每年上市的传统车型主要有轿车、运动型多用途车(SUV)、多功能车(MPV)三大类基本构型,总共约有500款不同车型,包括由三大类基本构型派生出的若干种跨界构型。但由于传统汽车架构的约束导致车身构型种类非常有限,进而导致车辆造型的严重同质化。即便是电动汽车也受到传统汽车观念的深刻影响,在基本构型方面也力求向传统汽车靠拢,造型风格方面也同样面临是否能够满足消费者审美的挑战。因此,迫切需要突破传统车身构型、造型设计策略及决策方法的瓶颈。

2.1 车身的构型、结构形式及制造方式过于固化

目前,汽车车身的基本构型只有非常有限的轿车、SUV、MPV及衍生跨界车型,对于某种构型,其造型只能在100mm左右的范围内作曲面起伏变化,而且车身结构形式为承载式,车身结构约由300~500个冲压件焊接而成,一旦确定后不易更改。通过新的构型、结构形式可以有效改善这一问题,如可以通过基本平台、座舱、车头、车尾等各大模块的排列组合,在不增加过多成本的情况下实现多种车型变化。各大模块又可以由小模块再次排列组合,形成更为丰富的细分车型。

2.2 现有汽车造型的预测、设计、决策方式较为被动,难以把握消费者需求

在传统模式下,车企主要通过两种方式来了解用户的喜好。一是前期调研,这种方式往往得不到足够真实的意见,且经过漫长的研发周期后市场情况已经改变;二是车型上市后采集市场反馈,这种方式有明显的滞后性,即便能发现问题也无法及时通过更新设计作为响应。在5G、智能设计、智能制造等技术的支撑下,如果能将消费者需求直接接入车企

的相关研发系统，让其直接介入一定程度的设计，比如对造型模块的建议、选择乃至设计，则消费者的主动参与可以转化为企业对消费者需求的精准掌握。

3　科学问题研究进展

3.1　车身模块化、构型设计及结构形式方面

现有的主流汽车已经在机械结构方面平台化，如各车企不同级别的车型平台。有的车企已采用模块化平台，如大众的横置发动机模块化平台(MQB)。而在车身方面，基本上是下车身部分在一定程度上模块化，而车头、座舱、车尾等重要区段仍为单独设计制造。在此基础上，车身的内外覆盖件、内外饰件也以单独设计、制造为主，只有极为有限的附件如后视镜等可以在不同车型中一定程度上实现共用，而不是真正意义上的模块化排列组合。当前，作为电动汽车，大众的ID系列在基本构型上突破了现有的车型，但绝大多数其他电动汽车仍然借鉴传统车的基本构型，车身结构也采用一体式(承载式)车身，并未充分发挥构型可以更为自由的潜力。随着3D打印、4D打印等技术的成熟，一些外观件，甚至关键的零部件也可以小批量、多样化形式用于汽车产品。而在汽车智能化、网联化背景下，传统的被动安全结构由主动安全技术取代，使构型、结构更为灵活，汽车由笨重的交通、运载机器转向高效的移动空间。

3.2　5G、智能技术背景下的消费者需求方面

现有的消费者研究虽然借助大数据等手段可以得到更多的样本，但作为前期调研或后期反馈，调研过程仍然有较大的主观性，且与实际的设计仍然有较大的时间错位。限于现有设计模式，消费者完全无法介入设计，所以消费者的需求看似主动选择，实际上是被动满足。凯翼的设计众包模式，以及在企业推新的互联科技层面，都在一定程度上比传统模式有明显的创新与突破，是汽车在智能时代设计模式上的有益尝试，但造型风格仍为普通的SUV车型。长城的坦克300在一定程度上将车身上大量的覆盖件及附件边界开放，允许在大范围内对基本车型进行改型设计，是产品车面向用户个性化、多样化需求的又一次有益尝试。广汽的MOKA概念车则面向网络消费模式，消费者可以根据自身的需求定制，充分发挥模块化、个性化、智能化、场景化的优势。实际上，在其他领域，如游戏领域，已实现了消费者通过简单操作给角色“捏脸”来满足自己。在新的汽车消费时代，也可以基于消费者建立共创机制，通过认知研究将造型要素视觉化，并设置为参数可调，邀请消费者进行“捏车”游戏，直接参与到设计中去，车企在后台收集数据，并用适时的数据及量化分析指导实车的设计。这种全新模式也将使企业和消费者得到更为充分的沟通，设计也能更好地满足消费者需求。

综上所述，在设计理念、设计方法上的创新，可以有效改善目前固化的车身构型、结构及制造方式，继而给个性化、多样化带来更多机遇，并实现更好满足消费者需求的目标，具有突出的科学价值及实际应用价值。

主要参考文献

[1] 穆罕默德. 汽车车身制造系统与工艺[M]. 北京：化学工业出版社，2016.

[2] 方健，史国宏. 电动汽车全新架构前期开发中的多学科集成优化设计[J]. 汽车安全与节能学报，2019.

[3] Schuetz T. Aerodynamics of Road Vehicles[M]. SAE，2016.

[4] Lewin T，Borroff R. How to Design Cars Like a Pro [M]. Motorbooks，2010.

[5] Lorenzo M，Lorenzo R Rossini，Giuseppe P. The Automotive Body Volume I：Components Design [M]. Sprinter，2011.

[6] Giancarlo G，Lorenzo M，Francesco C. The Motor Car [M]. Sprinter，2014.

[7] Li Y. A Concept Innovation on Urban Personal Mobility[C]// IOP Conference Series：Materials Science and Engineering. IOP Publishing，2019，573(1)：012021.

[8] Li Y，Zhu H. A Research on Electric Car Styling Design and Low Aerodynamic Drag[C]// IOP Conference Series：Materials Science and Engineering. IOP Publishing，2019，573(1)：012014.

[9] 李彦龙，谭嘉伟，李启良. 低风阻分体式电动汽车造型设计[J]. 同济大学学报(自然科学版)，2017，45(9)：1359-1365.

[10] 周力辉. 动感形态与汽车造型设计[M]. 北京：清华大学出版社，2012.

撰稿人：张立军(同济大学)　李彦龙(同济大学)

车队列气动减阻机理

Aerodynamic drag reduction mechanism of car platoon

1　科学问题概述

车队列行驶可以起到明显减阻效果，队列中不同位置车辆对于整个队列的减阻贡献不同，影响机理也有所区别。普遍认为，头车阻力系数减小的原因是由于车间距的减小，尾部的流场在主流方向上拖曳的距离逐渐变短，且尾部涡的强度也逐渐变小导致；而尾车气动系数减小的原因是其头部受前车尾迹影响，正压力面减小；形成队列后，单车形态、间距、相对偏置的变化都会对整车队列的流场结构造成影响，进而影响队列的气动特性。车队列周围流场具有拟序结构形态，该形态需要展开研究，进而深入研究队列气动减阻机理。

2 科学问题背景

早在2003年，我国就公布了《中国智能运输系统体系框架》，在该框架中明确提出“车辆编组运行服务”的研究框架。当多辆车排成一列，以一定的速度等速行驶，且车辆之间的纵向间距较小时，就形成了队列行驶。显然，在智能交通系统中采用队列行驶模式，可以大大提高交通通行能力，减少交通拥堵。

研究表明，当汽车行驶车速在80km/h时，其受到的气动阻力与滚动阻力几乎相等，而当车速在150km/h时，它受到的气动阻力相当于滚动阻力的2～3倍。在汽车行驶中，需要消耗燃油或电能来克服这些阻力，为克服气动阻力而消耗的发动机功率或电机功率与车速的三次方成正比，多辆车组成队列，整个车队的气动阻力具有大幅度减少的潜力，所以研究汽车队列行驶的空气动力特性，对缓解交通拥堵，保护环境和节能减排具有重大意义。

3 科学问题研究进展

2007—2019年，来自皇家墨尔本理工大学、法国波尔多大学、查尔姆斯理工大学、波兰琴斯托霍瓦大学、代尔夫特理工大学等的专家学者，均对背部不同倾角的Ahmed车身组成的车列展开过气动研究。发现气动效应主要由前车主导，两车的阻力系数与前车的尾部涡结构有关，前车阻力系数的波动趋势与尾部的压力波动趋势基本相同，而尾车的阻力系数波动趋势与头部的压力波动相同，说明该区域的流场相互作用是减阻的关键；而不同的背部倾角对队列的阻力有很大的影响，无论何种背部倾角，尾车很少能减阻，但总的队列减阻要比单车阻力相加小很多。

从2013年开始，学者们开始用实车模型进行车队列气动研究，得出不同车距对前后车及队列的减租效果有影响，且将气动特性好的车作为头车，气动特性不好的车作为尾车，在小间距时都能取得较好的减阻效果；在长队列编组中，车队列的湍动能和雷诺应力的主要分量在前进方向，队列中各车的涡脱落能量比单车要高，队列各车的侧向稳定性比单车要低。

纵观上述研究可以发现，目前的研究在车队列的气动减租效果、横风稳定性影响方面有一定成果，但多是基于定常气动分布规律分析所得，而车队列外流场具有显著的非定常特性，且车体之间的非定常湍流干扰是影响各车气动性能及车队列气动性能的关键，车队列所受气动阻力及流场所呈现的非定常流动特性皆是车体与外部流场相互作用的结果，二者之间存在必然联系，仅通过定常方法对汽车队列绕流场流动特性的研究显然不够深刻，无法剖析车队列绕流场拟序结构形态及运动状态，因此，无法彻底揭示队列行驶的低阻机理及阻力演变机理。

主要参考文献

[1] Watkins S, Vino G. The Effect of Vehicle Spacing on the Aerodynamics of a Representative Car Shape[J]. Journal of wind engineering and industrial aerodynamics, 2008, 96(6-7): 1232-1239.

[2] Pagliarella R M, Watkins S, Tempia A. Aerodynamic Performance of Vehicles in Platoons: the Influence of Backlight Angles[C]//SAE World Congress & Exhibition. 2006(2007-01-1547).

[3] Schito P. Numerical and Experimental Investigation on Vehicles in Platoon[J]. SAE International Journal of Commercial Vehicles, 2012, 5: 63-71.

[4] Zabat M, Farascaroli S, Browand F, et al. Drag Measurements on a Platoon of Vehicles[J]. Institute of Transportation Studies, Research Reports, Working Papers, Proceedings, 1994.

[5] Zabat M, Stabile N, Frascaroli S, et al. Drag Forces Experienced by 2, 3 and 4-vehicle Platoons at Close Spacings[J]. SAE transactions, 1995: 1173-1181.

[6] Hong P, Marcu B, Browand F, et al. Drag Forces Experienced by Two, Full-scale Vehicles at Close Spacing[J]. Institute of Transportation Studies, Research Reports, Working Papers, Proceedings, 1998.

[7] Marcu B, Browand F. Aerodynamic Forces Experienced by a 3-vehicle Platoon in a Crosswind[R]. SAE technical paper, 1999.

[8] Tsuei L, Savas Ö. A Wind Tunnel Investigation of the Transient Aerodynamic Effects on a Four-car Platoon during Passing Maneuvers[J]. SAE transactions, 2000: 1470-1482.

[9] Michaelian M, Browand F. Quantifying Platoon Fuel Savings: 1999 Field Experiments[J]. SAE transactions, 2001: 1401-1410.

撰稿人：贾青(同济大学)

汽车气动噪声产生及传递机理与先进抑制方法

Generation and transmission mechanism of automobile aerodynamic noise and advanced suppressing methods

1 科学问题概述

近年来，随着我国汽车保有量的突飞猛进及高速公路网的不断兴建和投入运行，车辆气动噪声抑制成为我国汽车工程界一个亟待解决的问题。为此，需对气动噪声产生机理、传递特性及机理进行深刻剖析，以利于形成先进的抑制方法及策略。针对这一复杂的系统工程，归类凝练为如下三方面的科学问题。

1.1　汽车气动噪声产生机理

高速气流流过车身表面突出物及凹凸不平处形成湍流旋涡，这是流体发声的源头。由于车辆钝体结构在车身周围及底部呈现出复杂的三维非定常流动特性，包括剪切层、涡脱落、分离泡及反旋流向涡对等多尺度流动结构的相互耦合。对这些流动结构，如何给出有效的湍流模型，仍是目前流体基础科学问题。原则上，控制了流动旋涡，即控制了旋涡本身的发声，也抑制了它诱导车身结构发声的能力。可以通过涡的控制，尝试建立涡量-速度同向理论模型来指导抑制各种分离流产生的气动噪声。在理论上如何更好地描述不同尺度流动结构的发声机制，在试验研究及数值模拟上如何有效地捕捉到期望的流场及声场细节，是汽车气动声学中越来越重要的科学问题，特别是目前如何运用大规模并行技术来高效模拟流场与声场的基础科学问题，也是湍流理论、计算气动声学关心的交叉问题。

1.2　汽车气动噪声的传递特性及机理

在明确了汽车气动噪声源形成机制之后，需研究车外的湍流及声压脉动激励车身结构，从而向车内传递噪声的特性及机理。二者在车身周围耦合在一起，首先必须对其进行解耦量化。由于二者在空间的尺度、能量及传播特性的较大差异，通过试验或仿真手段精确预测都存在较大难度，这是当前的重要科学问题。接下来，面对的挑战是如何建立准确的气-振-声耦合分析模型，实现对车内噪声的准确计算。并基于此，探明流固耦合机制，认识二者向车内的传递特性及机理。

1.3　先进的气动噪声抑制方法

目前，对汽车气动噪声的抑制技术主要是基于被动控制的原理，通过局部改变车身造型，被动改善流场结构，从噪声源上进行抑制；也可以通过增强车身结构的隔声、吸声及阻声手段实现对车内噪声的抑制。如何应用主动控制技术，通过合成射流的方式改变流动结构，以期降低湍流脉动及气动声源则是当前研究的热点问题。如何应用主被动结合的控制方式高效控制流动及抑制噪声是重要的科学问题，比如，如何对所采取的被动方式进行主动调节，在多大范围内可调，等等。

2　科学问题背景

汽车高速行驶时，车身结构上的A柱、后视镜、雨刮、行李架、天线等部件，以及车底部等产生的气动噪声历来广受关注。对气动噪声源的产生及传递机理进行深刻认知是高效抑制车内气动噪声的基础与前提。目前，针对整车气动噪声的优化控制主要采用的手段是整车气动声学风洞试验。然而，大量试验采用试错的方式，缺乏系统理论指导，也仅能通过对测试结果的观察比较，来确定试验方案的相对优劣，缺乏系统的、全局的认知，难以实现噪声抑制的高效性，且昂贵的风洞资源费用也制约着基于试验方法的产品开发。因此，开展气动噪声科学问题研究，基于理论分析结合合适的数值计算方法，再辅以风洞试验验证，即实现用理论指导产品开发，使产品开发过程的每个环节都有理有据，可以大幅度提高开发效率，降低开发成本。但目前仍存在如下主要技术瓶颈。

2.1 车身表面的湍流结构及发声机理

当前气动声学理论基础虽然能够清晰阐述简单物体发声机理，但由于汽车结构复杂，空气与汽车相互作用形成复杂的非定常流场和声场，存在声源多、各声源特征各异且相互影响、声场和流场也存在互相影响等情况，难以用现有理论进行论述，仍有必要进一步发展气动声学的基本理论。

2.2 车外湍流及声压的解耦量化

对车外的湍流及声压成分的解耦量化还需进一步深入研究，这是正确认识二者向车内传递的特性及机理的前提与基础。由于基于试验的方法存在观测点空间密度局限性等问题，且费用也需要考虑，因此，应尽可能考虑采用数值计算分析的方法。目前，基于可压流体及不可压流体仿真结合的合适后处理方法已取得一些研究成果，但仍需进一步深入探索。

2.3 主动减阻降噪

目前，基于被动控制的降低气动噪声的方法存在局部试错、效率不高的问题。基于主动减阻降噪的措施由于具有无须改变外形，环境适应性好和易实现闭环控制等优点，近年来愈发受到重视。与被动减阻措施的区别在于，主动射流技术需要额外的能量输入，按照控制是否需要反馈信号，分为开环控制和闭环控制；按照射流激励器的不同，分为定常射流、合成射流、脉冲射流、振荡射流和等离子射流等。目前，应用主动射流进行减阻技术尚不成熟，存在减阻量和净节率的矛盾，不能投入应用。此外，对于降噪的效果也需进一步探究。

因此，充分认识车身周围湍流结构，洞悉湍流发声机理，解析湍流及声压脉动的传递特性及机理，运用数值方法实现对车内噪声的精确预测，以及应用高效的方法抑制流动及噪声对于加强汽车气动噪声的研究具有重要的现实意义及科学价值。

3　科学问题研究进展

3.1　汽车气动噪声产生机理

针对汽车气动噪声产生机理，首先需清晰认知流场结构。传统基于稳态流场或脉动统计量的研究，虽然能对产生气动噪声背后的流动进行初步描述，但并未清楚揭示出流场结构，更难以阐述气动噪声形成机理。近年来，引入了一些新的流场分析方法。比如Kaiser等提出了一种基于聚类分析的降阶模型方法，提取主要的流场涡结构，他对状态变量的演化进行概率描述，结合了聚类分析和转换矩阵模型，通过深入分析这些簇和它们之间的转换来提取物理机制。Östh通过基于聚类的降阶模型(CROM)成功区分了类车体尾迹的双稳态行为，并揭示了主要的转换机理。CROM作为一种近年新提出的方法，能够预测概率分布的变化、系统的长期行为以获得最优的流动控制策略。众所周知，流动发声与涡之间存在着密切联系。20世纪60年代，Powell提出涡是流动内在的声源。70年代Howe进行了更深入的理论研究，他在所推导的涡声方程中提炼出关键的声源项涡量，这是一项十分重要的进展。但是，在气动声学研究中，Lighthill方程或其派生方程一直以来应用最为广泛，而Howe的涡声方程没有得到足够重视。近年来这方面的研究工作进展不大，需要进一步发展相关基础理论。

3.2　汽车气动噪声的传递特性

针对汽车气动噪声的传递特性及机理，现有研究就车外湍流及声压脉动的分离或提取已取得一定进展。近年来，Van Herpe、He等人基于波数理论，实现了将基于可压流体计算得到的压力脉动数据从时域到波数域的转换，并成功地重构到频率域，对比了两种压力脉动的能量，并通过车外表面传声器验证湍流压力脉动级，通过车内噪声试验间接验证了分离出的声学压力脉动级。除此之外，Ganty等人提出了薄膜模态分解理论，将侧窗区域的流场数据投影到一组声学薄膜模态正交基上，根据参与因子的大小及分布规律将湍流及声压脉动进行分离。2003年，Ewert等人对Lighthill方程进行了分解，通过过滤方程右边源项中的涡旋和熵波，基于不可压流动计算结果，提取了声学压力脉动成分并进行了验证。但该系列方法的准确性仍需进一步探究。对于二者传递的特性及机理，He基于模态解析法进行了特性分析及机理解释，但基于可压缩的N-S方程求解湍流及声压，需要高阶数值格式和无反射边界条件。对于汽车这样复杂的几何形状，可压缩计算带来高昂代价和发散问题，限制了该方法的应用。类似地，声扰动方程与不可压流体的模拟相结合来提取声压的方法，应用在车辆上也会产生收敛差、精度不高等问题。因此，该方面工作仍需进一步深入探究。

3.3 气动噪声抑制方法

现有的方法主要是基于噪声产生机理的被动抑制，比如在流动源头应用扰流器打破周期性涡脱落结构，在传递环节应用车身结构隔声、吸声及阻声手段实现对车内噪声的抑制。关于主动控制方法，Roumeas 等采用定常射流的方法控制方背体尾迹结构，并且达到了 29% 的减阻量。Evstafyeva 等利用非定常合成射流以实现线性反馈控制，可以使尾迹趋于对称并减小约 3% 的气动阻力。Brackston 等研究表明，通过在方背 Ahmed 模型背部加装可以调节的翼片和传感器形成反馈控制，可以有效抑制尾迹中大尺度的流动结构，从而降低阻力。以上的尝试均只考虑了主动射流对减阻的效果，对于噪声的抑制效果研究很少。近年来，基于仿生学与涡声理论相结合的研究表明：当涡量与速度方向垂直时，声源最强；当二者方向趋于一致时，声源最弱。因此，应用合成射流的方式，基于涡量-流速同向理论改变流动结构，促进声涡转换，从而降低流动发声是抑制气动噪声的重要研究方向。总之，如何将主被动控制结合起来，采用基于遗传算法的多参数优化方法，结合基于数据的深度学习等实现噪声的自适应高效抑制，还有很大的探索空间。

主要参考文献

[1] Ewert R, Schröder W. On the Simulation of Trailing Edge Noise with a Hybrid LES/APE Method[J]. Journal of Sound and Vibration, 2004, 270(3): 509-524.

[2] Kaiser E, Noack B R, Cordier L, et al. Cluster-based Reduced-order Modelling of a Mixing Layer[J]. Journal of Fluid Mechanics, 2014, 754: 365-414.

[3] Östh J, Kaiser E, Krajnović S, et al. Cluster-based Reduced-order Modelling of the Flow in the Wake of a High Speed Train[J]. Journal of Wind Engineering and Industrial Aerodynamics, 2015, 145: 327-338.

[4] He Y, Wan R, Liu Y, et al. Transmission Characteristics and Mechanism Study of Hydrodynamic and Acoustic Pressure through a Side Window of DrivAer Model Based on Modal Analytical Approach[J]. Journal of Sound and Vibration, 2021, 501: 116058.

[5] He Y, Schröder S, Shi Z, et al. Wind Noise Source Filtering and Transmission Study through a Side Glass of DrivAer Model[J]. Applied Acoustics, 2020, 160: 107161.

[6] Ganty B, Jacqmot J, Zhou Z, et al. Numerical Simulation of Noise Transmission from A-pillar Induced Turbulence into a Simplified Car Cabin[R]. SAE Technical Paper, 2015.

[7] Rouméas M, Gilliéron P, Kourta A. Analysis and Control of the Near-wake Flow over a Square-back Geometry[J]. Computers & Fluids, 2009, 38(1): 60-70.

[8] Evstafyeva O, Morgans A S, Dalla L L. Simulation and Feedback Control of the Ahmed

Body Flow Exhibiting Symmetry Breaking Behaviour [J]. Journal of Fluid Mechanics, 2017, 817.

[9] Brackston R D, De La Cruz J M G, Wynn A, et al. Stochastic Modelling and Feedback Control of Bistability in a Turbulent Bluff Body Wake [J]. Journal of Fluid Mechanics, 2016, 802: 726-749.

撰稿人：贺银芝（同济大学）　李启良（同济大学）　夏超（同济大学）

基于仿生结构的新型载运工具气动控制及优化

Aerodynamic control and optimization of new carrier based on bionic structure

1　科学问题概述

新型载运工具（如飞行汽车、基于地面效应的气动悬浮列车）面临的交通环境、气象环境和行驶场景更为复杂，对续航能力、行驶稳定性和安全性提出了更高要求。传统空气动力学设计方法仅针对不同运行条件下的气动特性，对外形、结构等进行设计与优化，气动特性相对固定。主动流动控制技术根据运行场景对流场进行主动干扰，要实现这个目标，传统气动结构和优化方法难以满足，需要引入仿生结构流动控制与智能优化方法。

1.1　行驶模式转换工况下新型载运工具空气动力学原理

新型载运工具如飞行汽车需要兼顾道路行驶和低空飞行技术，其空气动力学设计追求高升力，与传统汽车截然相反。在地面行驶与空中飞行转换过渡的复杂工况下，空气动力学原理对新型载运工具在地面高速行驶的稳定性和陆空连续转换可持续性有着决定性影响。因此，有必要探究和揭示新型载运工具在路面-低空行驶模式转换过程、地面效应、侧风等工况下的复杂空气动力学原理及其对载运工具姿态稳定性的影响机制，建立复杂工况下新型载运工具空气动力学理论。

1.2　仿生结构流动控制对边界层、剪切层等复杂流动的影响机理与调控机制

高速运动时载运工具表面存在边界层、剪切层、旋涡等复杂流动，增加了新型载运工具气动稳定和操控的复杂性。仿生结构广泛存在于自然界飞行生物中，利用仿生结构可调控载运工具行驶气动特性，但需揭示不同仿生结构、运动规律、主被动耦合调控方式对新型载运工具表面层流、转捩、分离、失速等不同气动问题的影响机理，探究主流变工况下，仿生结构流动控制自身结构或流动参数变化对边界层、涡流的调控机制，建立完善的

仿生结构流动调控机理和方法。

1.3 复杂、瞬态流动控制的高效智能优化方法

针对新型载运工具运行时面临的变工况、复杂瞬态气动控制问题，传统多目标加权法、约束法和目标规划法等数学规划方法存在主观性强且效率低下的问题，亟须从载运工具空气动力学优化数据与特征提取，以及数据关系分析与模式分析方法出发，探索将数据挖掘、全局优化和机器学习方法引入气动控制与优化设计中，形成一套具有自组织、自适应和自学习能力的载运工具气动控制设计的智能优化方法。高效地对载运工具各种外形参数、仿生结构流动控制方式等设计变量与气动阻力、升力、气动力矩、气动噪声、压力等目标函数进行定性和定量的分析，揭示优化目标之间相互促进和相互矛盾的关系，提高设计和优化效率，为新一代产品开发提供坚实的技术保证和行之有效的设计与优化方案。

2 科学问题背景

新型载运工具运行场景复杂，复杂工况和运行环境下空气动力学原理是气动结构与控制设计的基础，其内容包括载运工具精细流场测量、主被动流场瞬时演变与调控机理和气动全局智能优化。

目前，新型载运工具空气动力学设计研究包括以飞行汽车为对象的气动特性分析、气动设计优化等，这些研究采用简单的有限元方法对载运工具气动特征进行分析和优化，而对新型载运工具在道路行驶的气动特性和流场机理研究不足，新型载运工具开发面临诸多挑战，如道路复杂条件、环境气象条件、行驶场景连续转换造成了现阶段新型载运工具难以适应复杂道路交通环境、操控安全及稳定性等要求。因此，迫切需要突破复杂道路及环境条件下新型载运工具气动智能控制的技术瓶颈。

2.1 复杂交通环境下新型载运工具流场机理

不同于传统汽车，新型载运工具具有不同的气动外形，有必要获取复杂交通环境、气象环境和行驶场景连续转换时载运工具外流场精细特征，建立新型载运工具空气动力学理论。

2.2 流动控制与气动稳定性耦合机理

新型载运工具对气动稳定性和操控性要求更高，需要在复杂工况下进行流动控制，以获得期望的气动性能。一方面，需要进一步确定仿生结构、主动流动控制技术对载运工具敏感位置瞬时流动控制机理；另一方面，载运工具变工况运行时，如何构建多目标流动控制系统，控制对象间流场干涉机制与气动稳定性的耦合机理也需要进一步阐明，从而为新

型载运工具复杂流动控制与气动优化提供理论支撑。

2.3　多目标气动效率优化

新型载运工具具有复杂瞬态气动控制、变工况运行问题，需要量化分析多目标流动控制变量和目标函数，确定目标间干涉促进与矛盾关系，建立完善新型载运工具气动控制设计智能优化方法理论体系，提高优化效率。

综上，亟须进行深入的新型载运工具复杂瞬态空气动力学机理与多目标主被动流动控制方法实验与动态演变理论研究，实现对气动控制与优化问题的清晰认识。充分解析新型载运工具敏感位置精细化流动特征，提炼复杂瞬态气动控制及变工况下，仿生机构-主被动协同调控瞬时流动控制与气动稳定性耦合机制，进一步构建多目标气动控制智能优化方法理论体系，能够有效解决新型载运工具复杂交通环境适应性和行驶稳定安全性，对于深度优化交通方式具有重要指导意义，科学价值突出。

3　科学问题研究进展

3.1　新型载运工具气动特性研究

现有研究集中于研制新型载运工具概念设计、布局优化和运行验证。以飞行汽车为例，商业公司如波音、Uber、现代汽车、中国亿航、吉利汽车等均已推出相应飞行汽车原型，按陆空转换模式可分为固定翼飞行汽车、螺旋桨翼飞行汽车、旋翼式飞行汽车。从气动布局优化角度，研究者提出涵道式格栅翼结构、直升机翼和固定翼混合结构、涵道式固定翼等气动布局结构；从优化方法角度，研究者主要采用计算流体动力学（CFD）和风洞实验进行简单的优化设计，尚缺乏新型载运工具空气动力学原理研究。精细的流动特征是气动布局优化的基础，对于提升其气动布局设计效率意义重大。因此，基于不同外形、气动结构和复杂工况下流场精细测量，解析空气动力学原理，已成为该领域研究的热点。

3.2　载运工具主被动流动控制方法和机制

现有研究多从航空航天领域移植而来，集中于研究单一被动控制结构和主动控制方法对三维分离流的影响机制。流动控制结构主要包括扰流板、涡流发生器、附着面、表面结构等被动流动控制类结构和可动气动附件、稳态吹气、合成射流、脉冲射流、等离子体射流等主动类流动控制方法，通过研究控制结构布置方式、射流速度、机理方式对表面湍流、边界层分离流、尾流漩涡的影响，实现气动减阻、增压、增加侧风稳定性等目的。然而，现有流动控制研究局限于对传统汽车局部或者单一目标进行改善，多采用单一方法，缺乏多目标协同控制及对流动控制机理的揭示；此外，新型载运工具气动结构、交通环境和变工况运行更为复杂，气动控制目标除了地面减阻、增压，还需要考虑工况切换所需的升力、操控稳定性、燃油经济和运行安全性。因此，亟须进一步深入研究多种流动调控手段及新型发生结构在不同协同方法、道路环境和变运行参数下流动控制机理，解析精细流动特征，揭示流动控制与气动稳定性耦合机理，建立流动控制结构参数、主被动调控方式协同匹配机制，为多目标-主被动流动控制协同机制与气动问题耦合因素提供理论指导。

3.3 气动特性多目标优化算法构建

现有研究针对汽车设计开发过程多目标优化问题，通过多目标加权法、约束法和目标规划法等数学规划方法，将多目标优化问题转化为单目标优化问题。然而，这些传统方法需要在转化过程中定义一些参数，这些参数具有主观性，最终优化结果依赖权重系数的选取。另一方面，新型载运工具外部流动具有时空瞬时复杂性，多目标函数为非线性或不连续，多目标变量和目标函数间关系不能显式表示，全因子与部分因子等设计方法存在明显局限性和低效率问题。因此，亟须针对新型载运工具复杂瞬态气动特性和多目标-主被动流动协同控制优化问题，引入智能控制领域具有高鲁棒性和广泛适用性的全局优化方法，结合数据挖掘进化算法，从气动优化数据问题挖掘，遗传进化搜索价值信息，解析设计变量各因素和气动目标参数间定量关系，建立先进、高效、实用的流动控制-气动设计智能优化新方法，完善新型载运工具气动控制优化设计理论体系。

综上，现有针对新型载运工具气动特性、流动控制和气动设计优化算法的研究尚缺乏全面系统的基础理论支撑。首先，新型载运工具外部流动机理尚缺乏清楚的认识，气动敏感位置精细流动特征不清晰；同时，新型载运工具不同控制方案、道路环境和变运行参数下流动控制机理有待进一步揭示，多目标-主被动流动控制协同与气动耦合机制不明确；此外，复杂瞬态特性与流动控制非线性问题的气动优化算法效率低下，需要进一步解决。这些关键问题严重制约了新型载运工具的发展与运用，有必要逐一攻克，从而为新型载运工具空气动力高效控制与智能优化提供坚实的理论基础，实现交通方式多元、高效和安全发展。

主要参考文献

[1] Kuktae K, Kyoil H, Hoonmo K. Study of an Adaptive Fuzzy Algorithm to Control a Rectangular-shaped Unmanned Surveillance Flying Car[J]. Journal of Mechanical Science and Technology, 2013, 27(8): 2477-2486.

[2] 佚名. 飞行汽车2015年上市[J]. 中国企业家, 2013(16): 1.

[3] 陈细军, 谷正气, 何忆斌, 等. PIV技术在汽车模型风洞中的应用[J]. 汽车工程, 2009(2): 170-174.

[4] 吴云,李应红. 等离子体流动控制研究进展与展望[J]. 航空学报,2015,36(2):381-405.

[5] Debien A,Benard N,Moreau E. Streamer Inhibition for Improving Force and Electric Wind Produced by DBD Actuators [J]. Journal of Physics D: Applied Physics, 2012, 44(21):215201.

[6] Little J,Takashima K,Nishihara M,et al. Separation Control with Nanosecond-pulse-driven Dielectric Barrier Discharge Plasma Actuators[J]. AIAA Journal,2012,50(2):350-365.

[7] 赖晨光,段孟华,陈小雄,等. 基于智能算法的汽车气动外形参数多目标优化[J]. 北京工业大学学报,2017,43(9):1320-1327.

[8] 韦甘,杨志刚,李启良. 受内部空间约束的车身气动优化[J]. 同济大学学报:自然科学版,2014,42(12):1886-1889.

[9] 胡兴军,张英朝,李胜,等. 基于微分雷诺应力湍流模型的车辆气动特性的数值模拟[J]. 吉林大学学报:工学版,2008,38(3):504-507.

[10] 倪昂修,张宇飞,陈海昕. NSGA-Ⅱ算法的改进及其在多段翼型缝道参数优化中的应用[J]. 空气动力学学报,2014,32(2):252-257.

撰稿人:赖晨光(重庆理工大学)　冯帅(重庆理工大学)　钱煜平(清华大学)

面向 NVH 的车身结构智能化设计方法

NVH oriented intelligent design method for car body structure

1　科学问题概述

《中国制造 2025》要求掌握汽车低碳化、信息化、智能化核心技术,不断刺激着汽车行业对于新技术和新概念的探索。随着智能化水平的不断提升,汽车正在由单纯交通运输工具向智能化移动终端转变,带动全社会加速向智能化转型。传统的整车结构设计,面向汽车轻量化、汽车碰撞安全、NVH、空气动力学等方向的需求,大都集中于新材料、新构型的被动式设计。随着汽车智能化、集成化的要求越来越高,具有可调控特性的新型人工复合材料、结构逐步地被应用于集成化的车身设计与开发,面向未来智慧型汽车的重大技术需求,以汽车车身结构智能化设计为核心,研究面向智慧座舱的智能超材料模型、功能型结构设计、变工况多模态调控算法等理论与方法,突破智慧型、高品质汽车车身结构设计与评价的关键技术难题。

拟解决关键问题包括:①基于智能超材料的结构功能设计;②车身结构振动能量流定

向传导与俘获技术；③面向复杂工况的多模态车身智能调控算法。

2 科学问题背景

2.1 基于智能超材料的结构功能设计

传统自然材料因尺寸或材料属性的限制，不能满足人们的特殊需求。超材料是指合理设计的人工结构或材料，按照周期性或非周期性排布后能表现出自然材料所不具备的超常物理性质。在不同强度的振动激励下，车身结构与车内声腔耦合后向车内辐射低频噪声，且噪声的幅频特性、能量分布、阶次特性等存在较大差异，从而难以控制且令乘员的乘坐舒适性急剧下降，结合超材料和人工智能学科的智能超材料，具有轻量化特性且可以实现对弹性波的任意调控。结构型声学超材料根据其结构外形可分为亥姆霍兹型、超原子与超分子型、混合盘绕型、迷宫型和平板型等，对其进行周期排列，构建模块化的梁结构和板结构，用于车身结构，实现振动的智能控制。因此，需要建立智能超材料的微观和宏观多尺度结构模型，探究智能超材料对弹性波的调控机理，提出结构元胞的设计理论方法。

2.2 车身结构振动能量流定向传导与俘获技术

一些研究表明，通过对特定工况下车内主要声学贡献板件的动力修改可以控制车身板件的振动，从而达到车内减振降噪的目的。然而汽车在不同的行驶工况下，结构噪声的频谱分布是变化的，在不同的激励频率下，车身结构的模态振型也并不一致；不同工况下车内噪声的主要贡献者也不同。例如，当声子晶体板中存在缺陷态时，能量会朝向缺陷态所在位置流动，导流的总效果是声子晶体板缺陷态所在位置对应的单个点缺陷导流效果的叠加。缺陷态具有控制能量流动方向以及聚集能量的作用。通过智能超材料的模块化设计与组合，可以实现车身模态的正向设计，并利用智能材料的调控特性，在实现结构振动能量流定向传导的同时，进行振动能量的俘获，实现控制系统的自供能。因此，分析实际工况和约束条件下车身结构的模态分布、声学贡献，识别弹性波传递路径与能带结构，研究车身结构上能量分布与定向传导机制，探寻智能材料实现功能梯度分布的设计方法为亟待解决的关键问题。

2.3 面向复杂工况的多模态车身智能调控算法

由于实际车辆使用条件和道路交通情况的复杂性，车辆的行驶工况变化往往非常复杂、剧烈，其噪声振动源的特性也随着工况的变化而变化，因而对起到减振降噪作用的可变智能材料部分有很高的动态调节需要。而现有的将智能材料可变特性应用于超材料结构的研究主要集中在构建材料本构模型和材料特性改变之间的场控特性研究方面，聚焦于在不同的外场条件下智能材料体现出的不同材料特性，外场的变化和材料属性的变化都基本属于准静态的过程，对于动态调节鲜有研究。因此，针对车用工况噪声振动源变化速度快、变化幅度剧烈等实际特点，建立车辆参数与目标带隙的映射关系，开展智能材料在动态场控条件下的材料属性动态调控的方法研究，提出复杂时变工况下多模态车身智能调控算法成为亟待解决的关键问题。

3 科学问题研究进展

3.1 基于智能超材料的结构功能设计

近年来，智能材料的兴起为结构控制提供了新的思路。智能材料能够感知外界环境的变化，并能做出适当的反应，从而是一种具有感知、调整和控制功能的材料。关于功能材料在声子晶体中的应用研究，尚处于起步阶段，主要通过外加电场、磁场等对周期结构中功能材料的弹性参数进行改变，从而改变带隙。Robillard 等考虑磁致伸缩材料的非线性力磁耦合行为，将磁致伸缩应用于声子晶体，分析了带隙的某些重要变化；Zhang 等采用平面波展开法的理论，研究了在磁致伸缩材料/环氧树脂声子晶体板中的平面波传播可调性，其中还考虑了磁致伸缩材料的磁-机械耦合，讨论了磁场的振幅和方向、预应力和几何参数的影响。随着磁场振幅的增加，逐渐形成高阶带隙并变得更强，然而增加预压应力具有相反的效果。同时，填充率在控制带隙中发挥着关键作用。这些为智能超材料的智能控制和优化设计提供了可能性。但是，现阶段磁致伸缩材料结构复杂，仍缺少成熟的理论支撑。另一方面，压电声子晶体也是已有应用的智能材料，其得到的中低频带隙一般较窄，需要通过设计电路、优化电路参数进行拓宽。混合式压电声子晶体可以为中低频、多频段、宽带隙的设计提供一种新思路。然而现阶段对压电声子晶体带隙调控多采用被动控制，需要结合主动控制、半主动控制对带隙形成机理和改善带隙特性方法做深入的研究。此外，有关综合考虑实际约束条件和工作环境的压电声子晶体的研究少之又少，且多集中于理论层面的带隙频域范围拓宽，缺乏对实际结构中带隙范围内衰减量分布特性的探讨。

3.2 车身结构振动能量流定向传导与俘获技术

在传统的车内结构噪声控制方面，主要是通过控制结构噪声的传播途径实现降噪。在被动控制方面，90 年代以来，对于车内噪声的分析和改进设计主要使用板件声学贡献量法；2000 年以后，在车内板件辐射噪声分析的基础上，研究人员进行声场优化与边界结构的改进。部分学者在原有的技术基础上，进行新的研发，如在原有阻尼材料的基础上提出了主动约束阻尼、磁流变阻尼等进行板件减振。可见，对车身结构振动的控制的确可以有效地实现车内降噪目的，但目前多采用结构优化的手段。由于车身结构的决定因素很多，结构优化方法可以改进的范围有限，且隔振的效果不显著。另外，车身结构在不同激励下结构振型是不同的，因此，针对某阶模态的优化结果可能会使其在另一阶模态下没有效果，甚至增加车内噪声。赵树恩等人提出从抑制振源、隔振和消振三种减振方法入手，利用声子晶体的振动带隙特性，设计有带隙特性的声子晶体梁、板类结构，用作车内部件，如发动机舱盖、副车架、车身顶棚等结构件，从而吸收振动系统的能量，以抑制带隙范围内由发动机引起的振动，实现对汽车减振降噪的目标。同济大学吴旭东等人针对声子晶体在车内的应用做了深入的研究，将声子晶体结构应用到某燃料电池轿车的车架上与汽车车身板件上进行探索性研究，针对实际副车架和汽车顶棚结构实施了声子晶体结构设计，并取得了减振降噪的效果。

3.3 面向复杂工况的多模态车身智能调控算法

车身结构固有特性复杂、模态特征多，中低频噪声以结构振动为主；结构振动的激励源比较多，频段丰富，在不同工况下具有时变性强的特性。这些都使车内中低频噪声难以控制，一直是汽车 NVH 领域研究的重点、热点和难点。需要一种既能满足中低频、多频段降噪深度需求，又能满足随车用工况自适应调节频带位置和宽度的控制方法。已有学者针对声子晶体在车内的应用做了深入的研究，华中科技大学的陈源博士对周期性的层状声子晶体结构进行了研究，利用虚拟系统测量结构传递函数的方法，分析了声子晶体的带隙结构对控制车内低频噪声的可行性；沈礼等人对采用声子晶体降低汽车制动噪声的问题进行了可行性分析和有效性研究，研究表明，在汽车制动装置中加入声子晶体结构，能够有效降低汽车 2000 ~ 2500Hz 频率范围的制动噪声；同济大学吴旭东等面向车内结构噪声，提出了双基体声子晶体带隙调控的方法，研究声子晶体在实际车身结构中的带隙特性和衰减分布规律，提出车身结构中声子晶体的带隙设计方法、梯度分布方案，并基于智能材料实现车身结构带隙的动态展宽调控，提出时变工况下带隙自适应调制的策略，具有一定的前瞻性和创新性。

主要参考文献

[1] 陈卓群. 汽车车内结构噪声分析与控制方法研究[D]. 北京：华北电力大学，2015.

[2] 温熙森，温激鸿，郁殿龙，等. 声子晶体[M]. 北京：国防工业出版社，2009.

[3] 杨搏. 基于模态分析法的轿车车身结构低频噪声研究[D]. 上海：上海交通大学，2006.

[4] 肖勇. 局域共振型结构的带隙调控与减振降噪特性研究[D]. 长沙：国防科学技术大

学,2012.

[5] Liu Z. Locally Resonant Sonic Materials[J]. 2000,289(5485):1734-1736.

[6] Zhu J, Christensen J, Jung J, et al. A Holey-structured Metamaterial for Acoustic Deep-subwavelength Imaging[J]. Nature Physics, 2011, 7(1):52-55.

[7] Hu X, Hang Z, Li J, et al. Anomalous Doppler Effects in Phononic Band Gaps[J]. Physical Review E Statistical Nonlinear & Soft Matter Physics, 2006, 73(1):015602.

[8] Li Y, Liang B, Gu Z M, et al. Reflected Wavefront Manipulation Based on Ultrathin Planar Acoustic Metasurfaces[J]. Rep, 2013, 3.

[9] Zhao J, Li B, Chen Z, et al. Manipulating Acoustic Wavefront by Inhomogeneous Impedance and Steerable Extraordinary Reflection[J]. Rep, 2012, 3.

[10] Wu X, Au-Yeung K Y, Li X, et al. High-efficiency Ventilated Metamaterial Absorber at Low Frequency[J]. Applied Physics Letters, 2018, 112(10):103505.

撰稿人:吴旭东(同济大学)

现代汽车个性化和模块化设计方法

Personalized and modular design methodology on modern automobile

1 科学问题概述

现代汽车向着电动化、智能化、网联化、共享化发展,使汽车由机电系统向着信息物理系统演化。它的一个特点是充分利用人-车-交通的动态交互,协同优化人-车-交通系统的设计、运行和管理等,进而促进安全、高效、绿色、文明的交通发展。当前,汽车设计侧重于人-车-路系统的一体化优化。汽车"新四化"使人-车-交通系统的动态交互更为密切,亟须突破当前汽车设计的研究构架和技术范式。

拟解决关键问题包括:①汽车个性化定制及模块化设计理论;②汽车全生命周期的动力学性能预测及控制;③主动变结构底盘及其模块化系统技术。

2 科学问题背景

2.1 汽车个性化定制及模块化设计理论

工业制造向"智造"的转型升级需要建立规模化、定制化的产品设计、生产及服务模式。个性化定制服务时代的到来不仅意味着车辆前装的多功能多组合导向,车辆后装市场也将迎来按需改制的服务模式。全新服务模式对车辆模块化设计的模块独立性、互换性、融合性提出了更高的要求，开放式构架将成为未来车辆开发的趋势之一。

2.2 汽车全生命周期的动力学性能预测及控制

目前，车辆开发主要关注典型工况和边界条件下的动力学性能综合，未能充分考虑运行过程中的人-车-交通的动态交互，后装市场主要面向可靠性的改善和损坏件的替换，缺少非故障性车辆动力学性能衰退的预测及调控，降低了车辆运行品质。如何实现汽车全生命周期的动力学性能预测与控制是优化用户体验、支撑汽车“新四化”及定制服务需要解决的问题。

2.3 主动变结构底盘及其模块化系统技术

高灵活性、模块化、多形态、高性能的智能底盘技术将成为汽车发展的新目标。汽车动力学向着开放式构架发展：非用户环境下，底盘子系统可以互换，以满足用户个性化需求；用户环境下，能依据人-车-交通的动态交互动态重构底盘，以提高汽车动力学性能。主动变结构底盘及其模块化系统技术是高性能汽车底盘需要解决的问题。

3 科学问题研究进展

3.1 汽车个性化定制及模块化设计理论

汽车设计向着情景化、个性化的出行服务发展。近年来，欧盟和日本相继推行了引导汽车企业开展个性化定制和模块化设计的政策。德国联邦汽车运输管理局(KBA)负责道路机动车辆管理，主要根据《联邦道路交通执行条例》(StVZO)以及欧盟、德国的汽车相关技术法规，通过整车或零部件第三方认证方式对汽车改装进行管理。日本国土交通省根据《道路运输车辆法》发布了《道路运输车辆保安基准》，允许对车辆进行改装。

模块化车辆以模块化设计、模块化生产与模块化使用三个要素为特征。以汽车制造平台为代表的模块化生产技术已经逐渐走向成熟，近年来国内外主机厂开始通过将模块化功能解耦并开放给用户实现模块化使用和个性化定制服务。2020 年 10 月，宝马集团官方上线了一款 My BMW App，实现在线选车、服务等个性化功能。2020 年 4 月，广汽新能源在 Aion S 上市时，推出了深度定制服务，将所有非基础性的配置拆分，消费者可根据自己的需求进行选择性购买。工程中关于车辆模块化设计的探索早有先例，美国航空航天局(NASA)、舍弗勒等均通过底盘角模块实现了车辆各部分功能的解耦与多场景适用定制，但汽车模块化设计理论尚不系统。应用场景的抽象、功能与系统的映射是车辆功能解耦、模块化与个性化定制的基础，人-车-交通动态交互下的汽车个性化定制及模块化设计理论及研发范式亟须突破。

3.2　汽车全生命周期的动力学性能预测及控制

车辆动力学是车辆设计、分析、优化和控制的依据与准则。人-车-交通动态交互为汽车控制提供了丰富信息和具象的使用场景，全生命周期汽车动力学性能预测、控制及管理成为新趋势。汽车产品功能全生命周期在线检测及控制，基于车联网和大数据的汽车监管、基于空中下载技术（OTA）的汽车动力学控制等新技术开始涌现。此外，学者们还建立了纯电动汽车、传统内燃机汽车生命周期评价模型，实现了能耗与动力系统的可靠性评估与优化。在模块化使用与深度定制服务模式变革的背景下，汽车动力学行为预测与控制由典型工况下的性能优化向着全生命周期性能管理演化，如何在人-车-交通系统下实现汽车全生命周期性能优化成为关键问题。

3.3　主动变结构底盘及其模块化系统技术

汽车“新四化”要求快速精准地控制汽车各向动力学，使得高灵活性、模块化、多形态、高性能的主动变结构底盘成为必然。当前研究重点关注了车辆运行特性的多目标优化和控制，探索了主动变结构底盘子系统构型，如解耦控制车身模态的互联悬架、动态调节车轮定位参数的主动车轮定位悬架、集悬架驱动一体的底盘角模块等，探索了分层式、集中式和并行式等底盘协调控制策略及技术，有效提升了汽车的动力学性能。电动化、网联化、智能化、共享化的发展趋势，使人-车-交通系统的动态交互更为密切。人-车-交通动态交互下的开放式底盘对系统的影响机制、底盘结构主动变换准则、底盘子系统互换依据等尚未明确，亟须突破主动变结构底盘及其模块化系统技术。

主要参考文献

[1] Kagermann H, Helbig J, Hellinger A, et al. Recommendations for Implementing the Strategic Initiative Industrie 4.0: Securing the Future of German Manufacturing Industry; Final Report of the Industrie 4.0 Working Group[M]. Forschungsunion, 2013.

[2] IEA. Global EV Outlook 2020[R]. Paris: IEA, 2020.

[3] EEA. Shaping the Future of Energy in Europe: Clean, Smart and Renewable [R]. Copenhagen: EEA, 2017.

[4] Evangelisti S, Tagliaferri C, Brett D J L, et al. Life Cycle Assessment of a Polymer Electrolyte Membrane Fuel Cell System for Passenger Vehicles[J]. Journal of Cleaner Production, 2017, 142(pt.4): 4339-4355.

[5] Lewis A M, Kelly J C, Keoleian G A. Vehicle Lightweighting vs. Electrification: Life Cycle

Energy and GHG Emissions Results for Diverse Powertrain Vehicles[J]. Applied Energy, 2014,126(AUG. 1):13-20.
[6] Mohan A, Sripad S, Vaishnav P, et al. Trade-offs between Automation and Light Vehicle Electrification[J]. Nature Energy,2020,5(7):543-549.
[7] Vantsevich V V. Road and off-road Vehicle System Dynamics, Understanding the Future from the Past[J]. Vehicle System Dynamics,2015,53(2):137-153.
[8] Gordon T J, Lidberg M. Automated Driving and Autonomous Functions on Road Vehicles [J]. Vehicle System Dynamics,2015,53(7):958-994.
[9] Cao D, Song X, Ahmadian M. Editors' Perspectives: Road Vehicle Suspension Design, Dynamics, and Control[J]. Vehicle System Dynamics,2011,49(1-2):3-28.

撰稿人：章新杰(吉林大学)

智能型新能源汽车故障预测与健康管理

Prognostics and health management(PHM) of intelligent new energy vehicles

1 科学问题概述

随着新能源汽车综合化、智能化程度不断提高，研制、生产尤其是维护和保障的成本也越来越高。同时，由于组成环节和影响因素的增加，发生故障和功能失效的概率逐渐加大，因此，为了以更经济、更有效的方式满足未来庞大的新能源汽车及配套装备的服役健康监测与维修保障活动，技术发展重点已由传统的以计划性修复为主，逐渐转变为以信息的获取、处理和传输并做出维修决策为主。为促进先进地面交通工具的可靠性、安全性和经济性，亟待深入开展面向自感知、自诊断及自愈能力的智能型新能源汽车领域的故障预测与健康管理技术体系探索，在新理论、新方法和新技术方面突破技术瓶颈，一系列关键科学问题有待研究。

1.1 重要系统故障多层级时空尺度下的物理机制

包括新能源车辆动力系统、驱动与控制系统等，从损伤到故障乃至失效的物理机理、演化动力学及描述模型、复杂多变工况下损伤演化过程规律描述、动态信号拾取的新型智能传感机制、主动式/嵌入式感知一体化并行设计与信息提取传输模式等。

1.2 重要系统或部件的故障特征提取、识别与预测理论

包括早期损伤特征增强检测的非线性动力学理论与方法，故障辨识分类、退化识别、

安全剩余使用寿命预测与跟踪的计算智能理论与方法。

1.3　故障监测诊断及预测的验证和确认

包括故障预测与健康管理（PHM）验证方法和性能评估、PHM 原型验证系统、PHM 不确定性管理中所涉及的新概念及理论方法等。

2　科学问题背景

PHM 是利用尽可能少的先进传感器采集系统的各种数据信息，借助各种智能推理算法来评估系统自身的健康状态，在系统故障发生前对其故障进行预测，并结合各种可利用的资源信息提供一系列的维修保障措施以实现系统的视情维修。从概念内涵上讲，PHM 技术从外部测试、机内测试、状态监测和故障诊断发展而来，涉及故障预测和健康管埋两方面内容。故障预测（Prognostics）是根据系统历史和当前的监测数据诊断、预测其当前和将来的健康状态、性能退化趋势与剩余有用寿命的方法；健康管理（Health Management）是根据诊断、评估、预测的结果等信息，可用的维修资源和设备使用要求等知识，对任务、维修与保障等活动做出适当规划、决策、计划与协调的能力。目前，智能型新能源汽车及配套装备系统的先进维护保障技术尚未开展系统性研究，迫切需要突破故障机理与动态演化规律、早期故障特征提取智能诊断及预测、健康管理技术验证与评价等技术瓶颈。

2.1　复杂环境多尺度、多物理场故障机理问题有待解决

针对实际复杂环境下新能源汽车及配套装备服役过程中的潜在故障或失效风险，需要开展从单元部件到系统，从投入使用到出现异常直至故障演化到失效多尺度全过程耦合机理动力学分析与物理模型研究，据此进一步研究异常状态/早期故障/中晚期故障/失效模式的特征表征形式及其演化规律，从而为研究车辆 PHM 技术提供理论支撑。

2.2　微弱早期故障特征提取、检测、诊断及预测能力不足

在足够早的阶段获得故障检测能力是研发和实现有效的诊断与预测技术的关键环节。因此，有必要结合非线性理论和先进信号处理的多变换域特征提取技术，以提取或筛选出适合智能故障诊断的聚类性特征和适合智能故障预测的时间基特征，进而从物理模型、统计学习、计算智能理论与方法中发展早期智能诊断及预测方法，建立完善的健康监测、诊断和预测理论体系。

2.3　健康管理技术验证、评价规范及自主维护策略支撑研究不足

针对新能源汽车快速迭代发展提出的高效可靠试验需求，需要设计构建 PHM 试验验

证技术平台,开展验证与确认、安全评估、故障缓解、新技术验证等PHM闭环技术研究,构建合理有效的健康管理评价技术与方法,进而结合发展中的车联网信息化大数据平台,构建基于PHM决策支持的自主维护策略,实现经济可承受的、自动的、高效的自主式综合保障体系。

综上所述,在融合先进信息技术为特征的PHM技术引领下,智能运维科技创新和规模应用已形成新时代地面交通工具高质量发展的潮流,在变革维修模式、提升运维管理效率、降低运维成本等方面,智能运维与健康管理正在发挥着不可估量的价值。然而,在构建整个PHM生态体系过程中,还存在诸多问题,比如缺乏顶层设计、基础性机理性研究匮乏、微弱早期故障分析不足、专业方向之间的融合互通性较弱,缺乏统一的PHM评价规范等。因此,智能运维与健康管理技术既涉及深入的科学问题研究,也面向广泛的工程应用需求,具有典型的学科交叉和产学研特性,科学价值与工程价值突出。

3　科学问题研究进展

3.1　多层级时空尺度下的故障机理

针对故障多层级时空尺度下的物理机制研究,传统的基于"所见即所得"的表象研究方法,只能对故障获得一知半解的解释和诊断结论,而故障机理反映的是故障的原因和效应,是通过理论推演或大量实验分析得到的反映设备故障状态信号与设备系统参数之间联系的表达式。加强故障机理研究是认识客观事物的科学实践。传统的车辆故障诊断多以研究已有故障的信号特征为基础,对于发展日新月异的智能新能源车辆故障预警便因没有故障案例可参考而难免漏诊。因此,需要针对具体的应用背景与对象,前伸至设计阶段并行展开具体的可靠性与健康管理设计优化,重视通过建模仿真与试验来开展故障机理及演化动力学研究工作,加强智能型新能源汽车快速迭代优化设计下的故障机理基础知识研究。

3.2　故障特征提取、识别与预测理论方法

故障特征提取、识别与预测理论方法的突破,当前正重视由"数据"到"信息"的提炼、归档的建模及智能理论应用研究。该科学问题的研究进展可围绕以下内容展开:①实现由定性研究到定量研究的突破;②实现由单故障研究到群故障研究的突破;③实现由超强故障研究到微弱故障研究的突破;④实现由零部件故障研究到系统故障研究的突破。

故障诊断的研究工作通常可以划分为四个层次:确定故障是否存在;能够确定故障的位置;能够确定故障的损伤程度;剩余寿命预测与可靠性评估。如果将前两个层次的工作称为定性研究的话,那么后两个层次的工作就是定量研究。定性研究是定量研究的重要

基础，定量研究中第三层次和第四层次紧密相连，这是因为在没有准确评估损伤程度的情况下，车辆系统或部件剩余寿命预测和可靠性评估将成为无源之水。故障的定量诊断需要识别损伤等故障的部位、种类及程度，从而揭示装备故障状态的发生、发展及演化规律，为新能源汽车的安全性分析、可靠性评估和寿命预测提供基础性依据，最终提升智能型新能源汽车的嵌入式自主维护能力。

单故障诊断目前主要依靠信号处理相关方法，适用于故障特征与其他干扰成分容易区分的场合。因此，单故障诊断通常较容易实现。但是在实际推广使用中，该方法存在精度不高、泛化能力不强及通用性较差等缺陷，因而制约了其在工程中的实际应用。同时，故障的原因往往不是单一的，且由于新能源汽车高度机电磁耦合的特性，发生故障往往是多种故障因素耦合的结果，因此，盲目地以单一故障对车辆做诊断会造成漏判甚至误判。新能源汽车核心部件如动力电池、牵引电机、控制器，以及传感器等故障往往同时出现或先后接连发生，其信息传递往往并非多个单故障征兆信号的简单叠加，而是表现为故障特征信号相互耦合，这种群故障的产生会给故障确诊带来更大的困难。实际上，群故障诊断是一个多故障的模式识别问题，在目前工程应用中，亟待研究群故障耦合特征的一次性分离和诊断的相关方法。因此，群故障诊断将会是今后故障诊断又一重要发展方向。

实现由超强故障研究到微弱故障研究的突破。超强故障是指故障已发展到中晚期，故障特征明显，关键零部件性能已严重退化，若不及时采取处理手段，可能造成重大事故。针对新能源汽车超强故障的诊断，其故障特征容易提取，故障状态也容易识别。虽然较容易避免重大事故的发生，然而面向 PHM 的故障诊断更重要的意义在于提供“治疗方案”，而不是简单开具“死亡证明”。及时掌握关键系统或部件的性能退化过程及故障的动态演化过程，对其故障的发生发展做到防微杜渐，并针对不同的故障状态，采取适当的补救措施，进而从超强故障诊断研究转向微弱故障诊断研究，将是车辆 PHM 技术的重要研究方向。因此，今后微弱故障诊断需要研究有效的微弱故障特征增强方法和强噪背景下故障特征提取方法，同时，为了准确提取微弱故障特征，还需要了解故障演化过程与其征兆间的映射关系，从而保证微弱故障特征提取的准确性和有效性。

此外，当前面向新能源汽车的故障诊断大多基于零部件级的故障机理分析和监测诊断研究。例如，动力源的零部件故障诊断主要是针对动力电池关键零部件的故障进行监测和隔离；电驱动系统的故障诊断主要是针对牵引电机或逆变器进行监测和诊断。然而，系统的相互作用才是故障产生的本质原因，零部件的故障诊断往往只能诊断出诱发性故障，却不能根治系统的故障隐患。因此，今后的研究应该注重将新能源车辆看作多层次、非线性的复杂整体，首先建立多维和多参数的复杂系统模型，然后从系统的整体性和联系性出发，深入研究系统内部各组成部分的动力特性、相互作用和依赖关系，得出零部件故障的初步结论，接着探索系统故障的根源，找出原发性故障，从而根除新能源车辆的故障隐患。

3.3 故障监测、诊断及预测的验证和确认

针对故障监测诊断及预测的模型、算法和原型系统的验证与确认(V&V)研究不足,近年来,随着车辆综合化、复杂化、智能化程度的不断提高,虽然车辆各子系统的故障诊断、预测与健康管理研究日趋丰富,国内外出现了大量的诊断预测模型与算法,搭建了初步的智能运维与健康管理系统,但由于实际复杂环境下车辆自身故障机理难以获取、故障验证环境不足,缺乏统一的验证方法和性能指标,很难对现有的研究成果进行有效的验证与评价。这既阻碍了这些研究成果的改进和创新,也不利于其在实际工程应用中的推广运用。因此,针对故障预测与健康管理技术研究中提出的算法、模型等,如何进行验证评价是具有挑战性和迫切需要解决的问题。需要重视全系统层次的故障安全评估研究工作,重视信息系统集成与实现、评估与考核、验证与确认、模型熟化与应用示范工作,研究 PHM 试验环境建模与构建、对象与试验环境的信息交互与接口技术,系统化与集成技术,故障注入技术、实验数据处理、评价指标与评估方法等,尽早建立面向智能型新能源车辆 PHM 技术开发、试验验证与技术评价标准规范。结合发展中的车联网信息化大数据平台,构建基于 PHM 决策支持的自主维护策略。

综上所述,PHM 系统一般应具备故障检测、故障隔离、故障诊断、故障预测、健康管理和寿命追踪等功能,且应能实现不同层次、不同级别的诊断、预测和健康管理。它为实现智能型新能源汽车及配套装备保障带来如下能力提升:①提供系统失效的高级告警;②提供视情维护能力;③能够为将来的设计、评估和系统分析获得历史数据及知识;④通过维护周期的延长或及时的维修活动提高系统的可用性;⑤通过缩减检查成本、故障时间和库存,降低全寿命周期的成本;⑥减少间歇性故障和无故障发现现象。未来,故障预测与健康管理技术将逐步向智能化、网络化、综合化和标准化的方向发展,此外还涉及与容错控制、余度管理等可靠性系统设计相结合,这将成为未来智能型新能源汽车的重要技术功能体现之一。

主要参考文献

[1] 中华人民共和国国务院. 国家中长期科学和技术发展规划纲要(2006—2020 年)[R/OL]. http://www.gov.cn/jrzg/2006-02/09/content_183787.htm,2006.

[2] Vachtsevanos G J, Vachtsevanos G J. Intelligent Fault Diagnosis and Prognosis for Engineering Systems[M]. Hoboken:Wiley,2006.

[3] Niu G. Data-driven Technology for Engineering Systems Health Management[M]. Beijing, China:Springer,2017.

[4] 陈雪峰,訾艳阳. 智能运维与健康管理[M]. 北京:机械工业出版社,2018.

[5] 胡茑庆,胡雷,陈凌,等. 装备健康管理的现状、未来与挑战[J]. 国防科技,2015,36(1):10-15.

[6] Hu Y, Miao X, Si Y, et al. Prognostics and Health Management: A Review from the Perspectives of Design, Development and Decision[J]. Reliability Engineering & System Safety,2022,217:1-13.

[7] Ezhilarasu C M, Skaf Z, Jennions I K. The Application of Reasoning to Aerospace Integrated Vehicle Health Management (IVHM): Challenges and Opportunities[J]. Progress in aerospace sciences,2019,105:60-73.

[8] 王国彪,何正嘉,陈雪峰,等. 机械故障诊断基础研究"何去何从"[J]. 机械工程学报,2013,49(1):63-72.

[9] Lee J, Wu F, Zhao W, et al. Prognostics and Health Management Design for Rotary Machinery Systems—Reviews, Methodology and Applications[J]. Mechanical Systems and Signal Processing,2014,42(1-2):314-334.

[10] 年夫顺. 关于故障预测与健康管理技术的几点认识[J]. 仪器仪表学报,2018,39(8):1-14.

撰稿人:牛刚(同济大学)　董勋(同济大学)

CHAPTER TWO

第2章
车辆动力学

当今世界正经历百年未有之大变局，新一轮科技革命和产业变革方兴未艾，人工智能与网络信息技术的兴起与发展正在推动着世界汽车技术及产业向着全新的领域演化。随着无线通信、多传感器融合、网络信息安全等新技术的引入，车辆结构形态和内部的作用机理在不断变化。建构与之相匹配的理论体系，扩大车辆动力学理论的广度和深度，深入挖掘其内在的科学本质，是实现车辆技术跨越式发展的基础。

车辆动力学是支撑车辆工程学科发展的核心基础，与车辆动力性、经济性、操纵性和舒适性等关键性能密切相关。只有通过揭示车辆系统的内在运动规律，精准描述动力学特性与设计先进的控制方法，方可进一步提高车辆的综合性能。

随着车辆电动化和智能化进程的加速，车辆内在耦合力学机理愈发复杂，其安全稳定防控机制的基础核心地位愈发突出。多场景复杂地域环境下的车-路耦合动力学机理亟待解决，人-车-环境多尺度影响下的个性化协同控制理论也需尽快突破，聚焦车辆运行状态多样下控制目标不一致、子系统耦合冲突严重问题，还需突破动态时变路况下智能底盘状态高精度、高效估计方法，探索全生命周期下车辆高精度、高可靠动力学模型建模理论，挖掘极限工况下智能底盘高安全、高可靠协调控制方法。围绕动力学性能评价与设计、动力学理论与控制、车辆系统匹配与优化等几个方面，车辆动力学的重点研究领域包括：高品质汽车性能开发的关键动力学问题、复杂驾驶场景轮胎动力学状态感知与轮胎力优化控制、分布式驱动车辆底盘各子系统动力学耦合机理与动态协调控制、智能汽车感知/决策/控制一体化机理及协同。全面揭示车辆系统的运动规律，精准描述其动力学特性，提出先进的控制理论与方法，最终提升车辆的整体综合性能。

人-车耦合动力学机理与个性化人机协同驾驶

Human-vehicle coupling dynamics mechanism and personalized cooperative driving

1 科学问题概述

人机协同驾驶是指驾驶人与智能控制系统共同享有车辆的控制权，因此，双方操控输入具有冗余和博弈特征，且驾驶人的操控特性具有强随机性和不确定性，会极大地影响车辆操纵品质。这就要求人机协同系统具备更高的适应性和鲁棒性，不仅可以揭示驾驶人复杂行为模式，更全面地表征人-车耦合动力学响应特性，也能够平衡驾驶行为共性和个性特征，实现对不同驾群、不同环境具有高适应性的人机协同驾驶。

1.1 揭示考虑驾驶人复杂行为模式的人-车耦合动力学机理

人-车协同系统由于人机并行控制，双方操控输入具有冗余和博弈特征，且驾驶人的操纵行为呈现随机性、非线性、个性化等态势，极大地影响了车辆纵-横-垂向动力学响应特性，为人机协同控制策略设计带来了极大的挑战。为此，需要探索驾驶人驾驶过程的共性特征与个性表达，研究人-车协同系统中智能系统与驾驶人之间的个性化交互机制，从而揭示考虑驾驶人复杂行为模式的人-车耦合动力学机理。

1.2 探究人-车-环境多尺度影响下的个性化协同控制理论

人-车协同系统为双智能体冗余系统，双方输入交联耦合，状态转移相互制约，具有双环并行的控制结构，由此带来的人机冲突问题不仅影响驾驶体验，更影响车辆的行车安全。为此，需要准确及时地预测驾驶人意图，并准确揭示人机决策的冲突及相互信任的机制，全面考虑人-车-环境三方面的因素及其相互作用，形成一套融合驾驶人共性和个性特征的人机协同控制理论。

2 科学问题背景

日趋密集的道路交通不断加重驾驶人的工作负荷，据统计，全世界每年有数千万人因交通事故受伤，这其中90%的事故都与人为因素有关，75%的交通事故是由于驾驶人操纵失误直接导致的。长时间的高负荷驾驶持续占用驾驶人认知生理资源，进而导致精神疲劳，易酿成严重交通事故。为降低驾驶人工作负荷并提升车辆行车安全性，国内外学者提出了“共驾型智能汽车”的概念，人-车协同系统是共驾型智能汽车的关键核心技术，通过该系统驾驶人与智能驾驶系统同时分享车辆控制权，一方面有效避免了完全自动驾驶汽车易酿成的“过依赖”和“情景意识”降低等人因问题；另一方面，通过采用人-车交互共享技术达到降低接管风险、缓解驾驶人工作负担的目的，从而实现车辆行驶安全性和驾乘舒适性的提升。

与人机交替驾驶方式不同，在人机协同控制系统中，风格各异的驾驶人和智能控制系统共同享有车辆的控制权，双方的决策控制存在交互博弈特征，是一个双智能体交联耦合系统。驾驶人的状态和意图对人机协同控制策略的制定起到了至关重要的作用，然而，由于驾驶人易受心理和生理等因素的影响，在应对不同驾驶场景时呈现随机时变特性，使智能控制系统对驾驶人行为模式难以辨识和预测。另一方面，个性化的人机协同控制机制是进一步增强人机协调性的核心，然而在共驾系统中，由于驾驶人与智能系统的操控在执行器中耦合，二者决策意图发生混淆，很难通过执行系统或整车动力学状态直接识别驾驶人真实意图；与此同时，目前的人-车协同控制系统未全面考虑驾驶人-车辆-环境多尺度的影响，使人-车系统的安全性、舒适性、动力性等多方面性能难以全面提升。因此，人-车耦合动力学机理和多尺度影响下的个性化协同控制的研究是实现人机共驾型智能汽车产业化落地的关键。然而，目前相关的研究大都对驾驶人和车辆操纵动力学的单维度分析或单一尺度影响下的人机协同控制等方面作为切入点来解决前述难题，尚未对更深层次的人-车耦合动力学机理及个性化协同控制等问题展开深入研究。

综上，课题的研究涵盖工程控制论、计算机科学、人因工程理论、概率统计论、决策论等，属于多学科交叉融合的研究领域，是人机共驾车辆的理论基础与发展方向。课题拟开展考虑驾驶人复杂行为模式的人-车耦合动力学机理研究，探寻考虑人-车-路多尺度影响下的个性化协同控制理论，进一步完善广义人机系统动力学学科体系，促进人机共驾车辆共性基础理论知识体系的建立，为面向共驾型智能汽车的人-车协同系统的设计奠定理论基础，加快我国智能网联汽车产业化落地进程。

3　科学问题研究进展

3.1　人机协同过程中的人-车耦合动力学机理研究

在人机协同智能控制系统中，驾驶人和智能控制系统同时在环，并行感知环境、协同操控车辆并根据对环境状态的认知，不断优化各自的目标，而目前的智能控制系统尚未考虑驾驶人行为模式对车辆操纵动力学响应特性的影响，这将会造成共驾过程偏向于同质化，对不同驾群和不同车型的适应性不足，严重影响车辆的行驶安全性、驾驶舒适性等。驾驶人操纵特性、精神状态及心理认知的辨识和预测是设计人机协同智能控制系统的先决条件，融合驾驶人多尺度行为模式的人-车耦合动力学机理研究为人机交互过程的冲突消解及个性化协同控制提供了有效的理论基础。

现有研究大都通过对驾驶人操纵行为建模的方式来研究驾驶人行为模式表征问题，常见的驾驶人操纵行为模型有驾驶人预瞄行为模型、驾驶人神经肌肉动力学模型和驾驶人眼动行为模型等，进一步融合车辆动力学模型，构建能够描述人机动态交互的耦合系统。但是，驾驶人会受自身分心、疲劳、情绪等精神状态的影响，导致人机耦合动力学模型失效。因此，驾驶人复杂驾驶行为模式的建模不仅需要对驾驶人的预瞄、操纵行为进行准确描述，同时，必须考虑驾驶人时变的精神状态。目前，驾驶人状态识别的研究大都针对某一特定的驾驶状态进行分析、监测及意图推测，通过疲劳预警和分心提示的手段起到一定的辅助驾驶作用，但缺少对驾驶人行为与状态的综合理解，未出现能够耦合驾驶操纵行为与精神状态的全面驾驶行为模型。

针对人-车耦合动力学机理的研究，现阶段采用的普遍方法主要有非合作动态博弈模型和时变参数动态模型等，这些方法在人机协同驾驶效果上取得了一定的成果。然而，研究的局限性主要体现在：①现阶段研究仅对驾驶人的预瞄、转向操纵行为等进行建模描述，尚缺乏考虑驾驶人对智能控制系统辅助干预的认知响应；②现有研究多从理论建模和参数辨识的角度对人-车耦合动力学机理进行理解和描述，在驾驶场景相对固定且驾驶风格相对统一时，一般能够较好地描述人机交互动态特性。然而，驾驶人在驾驶过程中的行为具有强随机性和不确定性，会对车辆的纵-横-垂向动力学响应特性造成一定的影响，使现有理论建模方法在全驾驶场景下准确捕捉和描述个性化的人-车交互过程面临极大挑战。

综上所述，本科学问题的研究难点在于，如何在人机协同过程中，准确捕获、理解及预测驾驶人驾驶过程的共性特征与个性表达，探寻融合驾驶人复杂驾驶行为模式下人-车耦合动力特性的数学表征，建立一套能够反映驾驶人与智能控制系统意图的人机交互动力学理论，这是目前亟待解决的科学难题。

3.2　个性化人机协同驾驶控制理论研究

在人机双智能系统中，驾驶人与智能控制系统会同时操纵车辆执行系统并改变车辆运行状态以达成各自的目标，为了提升共驾系统的人机协调性，必须针对人机的个性化协同控制问题展开相关研究。一方面，驾驶人的实际意图为自动驾驶系统预测驾驶人行为、评估车辆行驶风险、理解复杂驾驶场景提供了重要信息，但是驾驶人的决策并不透明，很难通过传感器直接测得，因此，对驾驶人决策的准确、提前估计成为共驾系统协同控制研究需要解决的首要问题。另一方面，需要全面考虑驾驶人、车辆软硬件和外部环境三方面的状态，提高人机共驾系统对复杂交通环境的理解与交通参与主体行为的预测能力，实现人机协同共融的环境、情景理解，为实现人机个性化协同控制提供理论支撑及启发机理。

驾驶人驾驶意图的早期识别和预判是理解并构建人机协同控制的基础，目前，驾驶人驾驶意图识别的研究多基于模式识别理论，即通过驾驶人的操纵行为、车辆实际状态及周车行驶状态来估计驾驶人的行为决策结果，典型的方法主要有隐马尔可夫模型、支持向量机模型、深度神经网络模型等。然而，现有的驾驶人驾驶意图识别算法主要应用车辆操控系统及整车状态信息来对驾驶人的驾驶行为进行定性分类，并没有关于驾驶人驾驶意图的定量早期预测；与此同时，车辆操控系统及整车状态往往是人机交互耦合后的结果，给驾驶人意图的早期准确识别带来了极大的困难。

目前，用于人机协同控制的典型方法有动态博弈均衡理论、行车风险场和强化学习自适应动态规划等，这些方法都可以提高人机协同控制系统的适用性和鲁棒性。然而，现有人机协同的研究只考虑了驾驶人-车辆-环境系统部分状态的影响，在实际行驶过程中，驾驶人、车辆和环境这三个维度的变化都会对人机协同控制产生影响，忽略任何一个因素都可能威胁车辆行驶的安全。因此，在研究人机协同控制时，有必要将这些因素都考虑在内。这些因素之间存在着一定的相关性，给如何有效协调这些因素来实现安全和高效的人机协同控制带来了极大的困难。

综上所述，本科学问题的研究难点在于：①如何针对人机协同系统中的人机决策分歧与操控控制冲突问题，通过人机耦合动力学等方面的研究，建立一套自洽的驾驶人意图定量预测理论，以及智能系统与驾驶人之间的互信机制；②如何量化驾驶人状态、车辆软硬件问题和道路环境复杂度等因素对人-车系统的影响，并有效协调各种因素的影响，形成一套个性化的人机协同控制理论。

主要参考文献

[1] Marcano M, Díaz S, Pérez J, et al. A Review of Shared Control for Automated Vehicles: Theory and Applications [J]. IEEE Transactions on Human-Machine Systems, 2020, 50(6): 475-491.

[2] Wang W, Na X, Cao D, et al. Decision-making in Driver-automation Shared Control: A Review and Perspectives[J]. IEEE/CAA Journal of Automatica Sinica, 2020, 7 (5): 1289-1307.

[3] Flad M, Fröhlich L, Hohmann S. Cooperative Shared Control Driver Assistance Systems Based on Motion Primitives and Differential Games [J]. IEEE Transactions on Human-Machine Systems, 2017, 47(5): 711-722.

[4] Yang K, Liu Y, Na X, et al. Preview-scheduled Steering Assistance Control for Co-piloting Vehicle: a Human-like Methodology [J]. Vehicle System Dynamics, 2019, 58 (4): 518-544.

[5] Ercan Z, Carvalho A, Gokasan M, et al. Modeling, Identification, and Predictive Control of a Driver Steering Assistance System [J]. IEEE Transactions on Human-Machine Systems,

2017,47(5):700-710.
[6] Li M, Cao H, Song X, et al. Shared Control Driver Assistance System Based on Driving Intention and Situation Assessment[J]. IEEE Transactions on industrial informatics, 2018, 14(11):4982-4994.
[7] Zhang Z, Wang C, Zhao W, et al. Driving Authority Allocation Strategy Based on Driving Authority Real-Time Allocation Domain [J]. IEEE Transactions on Intelligent Transportation Systems, 2021.
[8] Guo H, Song L, Liu J, et al. Hazard-evaluation-oriented Moving Horizon Parallel Steering Control for Driver-automation Collaboration during Automated Driving[J]. IEEE/CAA Journal of Automatica Sinica, 2018, 5(6):1062-1073.
[9] Ji X, Liu Y, Na X, et al. Research on Interactive Steering Control Strategy between Driver and AFS in Different Game Equilibrium Strategies and Information Patterns[J]. Vehicle System Dynamics, 2018, 56(9):1344-1374.
[10] Huang M, Gao W, Wang Y, et al. Data-driven Shared Steering Control of Semi-autonomous Vehicles[J]. IEEE Transactions on Human-Machine Systems, 2019, 49(4):350-361.

撰稿人:王金湘(东南大学)　刘亚辉(清华大学)

多源激励下分布式驱动电动汽车振动耦合机理及抑制机制

Vibration coupling mechanism and suppression mechanism of distributed drive electric vehicle under multi-source excitation

1　科学问题概述

分布式驱动电动汽车的舒适性和安全性是汽车领域科技进步所面临的重大难题。现有分布式驱动电动汽车的簧下质量大,导致轮胎动载荷增加,悬架力传导特性的改变放大了纵-垂-侧耦合效应,电机转子偏心和电磁激励引起的车辆机电耦合振动机理及电动轮-路面相互作用机理尚不明晰,使电动汽车的振动控制面临诸多挑战。为提高电动汽车的舒适性和安全性,逐步实现新能源汽车的大批量应用,亟待研究适用于电动汽车-路面系统振动分析的新模型、新理论和新方法,进而保障电动汽车在多种道路条件、极限工况下满足舒适性和安全性的需求。为突破上述技术瓶颈,一系列关键科学问题有待研究。

1.1　分布式驱动电动汽车-路面系统精细化模型

分布式驱动电动汽车系统中,非簧载质量增加和电磁激励导致车辆与道路的相互作用更加显著,进一步对车辆系统的振动产生新的影响。现在研究鲜有建立汽车、电机、路面三者统一化模型进行研究的。轮毂电机作为动力源产生电磁激励的同时,也提供纵向运动的力矩,在此基础上建立纵-垂耦合模型及纵-垂-侧模型,都会提高模型的精度,从而得出更为准确的车辆状态参数。因此,考虑电动汽车内部结构和外部条件带来的综合影响,构建分布式驱动电动汽车-路面系统精细化模型是首要解决的关键科学难题之一。

1.2 多源激励下分布式驱动电动汽车振动耦合机理

路面不平顺激励、电机激励、路面对车辆产生的位移激励构成分布式驱动电动汽车的多源激励,轮毂驱动悬架的激励传导特性与传统中央驱动悬架有很大不同,精确描述电机激励及电动轮-路面相互作用规律,探究三个要素之间的相互影响及振动耦合机理尤为重要。车辆各方向运动(纵、垂、侧)之间的耦合,道路状况的多变性(如弯坡组合路段)都会改变多源激励的参数,使车辆振动分析变得更为复杂。因此,如何解析多源激励下分布式驱动电动汽车振动耦合机理是又一个难题。

1.3 分布式驱动电动汽车的垂向振动抑制

相较于集中式驱动,分布式驱动将电机内置于车轮内,不但引入了新的振动源,且簧下质量明显增加,一方面使车身振动响应幅值增加,导致车辆的舒适性和操纵稳定性恶化;另一方面,共振频率前倾,加上路面激励低频成分占比较大,使分布式驱动电动汽车的减振隔振难度进一步加大。与此同时,轮毂电机悬架杆系对纵向力的传导特性发生改变,车辆的纵-垂耦合效应被放大,基于纵向力分配的整车垂向平顺性控制成为可能,为垂向振动抑制提供了新的技术手段。研究多源激励下分布式驱动电动汽车的振动抑制机制和方法,顺应国家战略需求,对提高电动汽车乘坐舒适性和操纵平稳性有重要理论意义和应用价值。

2 科学问题背景

随着全球的能源和环境问题日益紧张,分布式驱动电动汽车越来越受到人们的青睐,新型的汽车底盘结构给电动汽车的安全性、舒适性带来了新的挑战。探究电动汽车振动的内部机理往往依赖于其精准的模型,探究其振动耦合及交互机理,从而更精确地采取振动抑制措施,满足电动汽车舒适性和安全性的要求。目前,分布式电动汽车的振动研究主要包括电动汽车的机电耦合振动及控制问题等,这些研究单独分析电机或道路对车辆振动的影响,而将电机、道路和车辆作为整体进行一体化建模研究不足。同时,现在交通环境复杂、路面状况多变(弯坡组合路段、减速带等)、工况非稳态(加速、制动、减速)等都对车辆的安全性和舒适性提出了新的挑战。因此,迫切需要突破分布式驱动电动汽车舒适性和安全性的技术瓶颈。

2.1　分布式驱动电动汽车与复杂路面相互作用精细化模型有待研究

电动汽车的振动控制研究，只是考虑到路面不平度激励，从垂向、纵向振动特性分析并施加控制策略，忽略了车辆与道路的相互作用。车路耦合研究方面，主要针对传统汽车，尚未把电动汽车的影响考虑其中来进行簧下质量、电磁激励对道路及车辆影响规律的研究。因此，构建分布式驱动电动汽车与复杂路面的精细化耦合模型有待研究。

2.2　多源激励下分布式驱动电动汽车振动耦合机理尚不明晰

一方面，现有关于多源激励下分布式驱动电动汽车的模型较少，振动耦合机理的研究缺乏参考；另一方面，分布式驱动电动汽车的多元激励振动涉及电气、车辆、道路、力学等多学科，研究难度较高，对于电机、路面的研究不足也会限制对相关问题的研究探索。同时，多源激励会随车辆内部（纵-垂耦合）和外部因素（路面状况）改变，激励参数的不确定性为研究电动汽车的振动问题带来了新的挑战。

2.3　分布式驱动电动汽车车载隔振实际应用匮乏

振动抑制研究主要包括悬架控制及隔振设计两个方面。悬架控制主要采用现代控制理论，通过可调阻尼减振器、空气弹簧、伺服电机等实现对悬架的主动和半主动控制，研究成果非常丰富。悬架控制还体现在通过轮毂电机对车辆中低频复合运动进行欠驱动纵垂耦合控制，通过控制驱/制动力，实现“虚拟”悬架控制的效果。隔振设计主要围绕隔振结构、参数优化、非线性动力学等展开，主要限于理论研究和原理样机实验。针对新型电动汽车垂向振动恶化、安装空间有限等问题，现有的车辆隔振器存在变工况下鲁棒性差、结构尺寸大、低频隔振效果差等不足，难以实际应用。因此，亟待研究适用于分布式驱动电机汽车的新型隔振装置，以及基于纵向力控制的垂向平顺性调控方法。

综上，亟须深入进行分布式驱动电动汽车与复杂路面相互作用的建模和机理研究，探究宏观和微观层次下电动汽车和路面的相互作用机理。充分解析多元激励下车辆内部因素的影响和演化机制，归纳总结多源激励对于车辆安全性和舒适性的影响，提出振动抑制的有效机制，采取有效措施改良车载隔振装置，以达到电动汽车舒适安全的目标。

3　科学问题研究进展

3.1　分布式驱动电动汽车与复杂路面相互作用模型研究

分布式驱动电动汽车与复杂路面相互作用模型研究，在电动轮悬架机电耦合振动方面,针对轮毂电机的建模大致分为三种方法:第一种是将电机固连在车轮上,通过轴承支撑轮毂电机,考虑到非簧载质量和电磁力,电磁激励直接引入悬架垂向系统。第二种是将电机悬置,将电机转化成车轮吸振器或者车身吸振器,或者同时包含车身和车轮吸振。第三种是考虑轴承支撑刚度,将电机转子质量和定子质量分别加到车身、车轮上。在车辆建模中,已建立了车辆垂向、纵向振动模型和纵-垂耦合振动模型,现在逐步建立了有限元模型、动态子结构模型和多体系动力学模型,建模向着精细化方向发展。车路耦合方面,路面模型由梁模型进展到板模型,由一维、二维逐渐发展到三维模型,由单层模型发展到多层模型,地基模型由线性弹性地基发展到非线性黏弹性地基。结合电动汽车的特性和车路耦合作用,构建电动汽车与路面统一模型,将会对电动汽车振动分析及道路寿命预测具有实用价值。

3.2 多源激励下分布式驱动电动汽车振动耦合机理

针对多源激励下分布式驱动电动汽车振动耦合机理,现有研究多是基于单一电磁激励,或者考虑路面不平度和电磁激励双重激励的影响分析振动特性,很少考虑路面振动的影响。对于电磁激励的研究,现在已经从理想化的轮毂电机无偏心模型,到静态偏心、动态偏心、混合偏心及轴向偏心等,研究电机激励对纵向运动和垂向运动的影响。但是大多数研究只聚焦于车辆,对路面友好性的影响研究较少。同时,多源激励之间的相互影响、对车辆和道路综合影响都缺乏理论研究。对于道路参数变化时、有外部因素扰动产生不确定因素时,电动汽车的安全性和舒适性的研究也不充分。因此,研究多源激励下分布式驱动电动汽车振动耦合机理,能提前掌握电动汽车的动态特性,为车辆振动控制提供理论依据和技术支撑。

3.3 多源激励性分布式驱动电动汽车的垂向振动抑制机制

针对多源激励性分布式驱动电动汽车的垂向振动抑制机制,如何实现低频、超低频隔振,以及如何通过纵向力控制实现垂向调控是研究热点,也是隔振的难点。车辆行驶过程中的高频振动主要通过悬架系统隔离,低频振动对驾驶员及精密仪器更为敏感。目前,低频隔振主要通过准零刚度隔振机构实现,将正、负刚度结构并联,实现高静、低动刚度特性,负刚度常用的结构形式有斜弹簧机构、屈曲梁、凸轮-滚子机构、X 型机构、圆环或方形永磁铁对等,准零刚度隔振器主要有垂向、扭转、两向及六自由度准零刚度隔振器等。准零刚度隔振器的负刚度机构是关键部件,它决定了隔振结构的紧凑性和可靠性,但从原理研究到工程应用还有一定的距离,表现为两个方面:一是隔振器结构尺寸大、附加质量较多,低刚度区间较窄,低频、变工况、变参数下鲁棒性差、隔振效果不佳,无法直接应用于工程实际;二是没有针对电动汽车隔振需求的隔振器。鉴于此,将准零刚度基本原理与分布式驱动电动汽车的动力学特性相结合,研制适用于电动汽车的车载隔振结构,突破轮毂电机簧下质量增加与车身振动响应增大之间的矛盾,发展基于准零刚度原理的分布式驱动电动汽车低频振动抑制方法,可为提升分布式驱动电动汽车的乘坐舒适性和安全性提供理论基础与技术储备。此外,围绕基于纵向力调节来改善整车垂向平顺性,国内外相关研究逐渐增多,通过驱/制动力的控制,来抑制车辆加减速时俯仰角的发生;也有研究通过合理的前后轴力矩分配起到类似主动悬架的调控原理,改善簧下质量负效应。然而,这些研究多停留于悬架机构运动学简化模型,还未对该问题的深层内在机理与实际系统控制问题展开深入研究。

综上所述,现有针对分布式驱动电动汽车与复杂路面系统的研究尚缺乏系统性和工程实用性。轮毂电机和路面的综合影响关系尚不清晰,电动汽车和路面系统动力学精细化建模困难,多源激励下电动汽车的振动耦合机理及抑制机制有待探究,有必要围绕以上科学技术难题进行攻关,以保障分布式驱动电动汽车的舒适和安全,推进车辆的电动化、智能化进程。同时,电动轮与路面之间的相互作用研究,可以扩展现有车路耦合动力学及车辆动力学的研究内容和方法,对新型智能化底盘设计具有重要意义。

主要参考文献

[1] Elnashar G, Bhat R B, Sedaghati R. Modeling and Dynamic Analysis of a Vehicle-flexible Pavement Coupled System Subjected to Road Surface Excitation[J]. Journal of Mechanical Science and Technology, 2019, 33(7): 3115-3125.

[2] Qin Y C, He C C, Shao X X, et al. Vibration Mitigation for in-wheel Switched Reluctance Motor Driven Electric Vehicle with Dynamic Vibration Absorbing Structures[J]. Journal of Sound and Vibration, 2018, 419(4): 249-267.

[3] Tan D, Lu C. The Influence of the Magnetic Force Generated by the in-wheel Motor on the Vertical and Lateral Coupling Dynamics of Electric Vehicles [J]. IEEE Transactions on Vehicular Technology, 2015, 65(6): 4655-4668.

[4] 冯桂珍,李韶华,路永婕. 考虑弹性支撑边界条件的电动汽车-路面系统机电耦合振动特性分析[J]. 中国公路学报, 2020, 33(8): 81-91.

[5] Guo L, Wang X, Fan R L, Bi F. Review on Development of High-static-low-dynamic-stiffness Seat Cushion Mattress for Vibration Control of Seating Suspension System[J]. Appl. Sci. 10(2020) 2887.

[6] Zhou Y, Chen P, Mosqueda G. Analytical and Numerical Investigation of Quasi-zero Stiffness Vertical Isolation System[J]. Journal of Engineering Mechanics, vol. 145, no. 6, Article ID 04019035, 13 pages, 2019.

[7] Ji J C, Luo Q, Ye K. Vibration Control Based Metamaterials and Origami Structures: A State-of-the-art Review[J]. Mechanical Systems and Signal Processing, 2021, 161: 107945.

[8] Li S H, Feng G Z, Zhao Q. Design and Research of Semiactive Quasi-zero Stiffness Vibration Isolation System for Vehicles[J]. Shock and Vibration, 2021, 2021(1): 1-22.

[9] Murata S. Innovation by in-wheel-motor Drive Unit[J]. Vehicle System Dynamics, 2012, 50(6): 807-830.

[10] Katsuyama E, Omae A. Improvement of Ride Comfort by Unsprung Negative Skyhook Damper Control Using in-wheel Motors[J]. SAE International Journal of Alternative Powertrains, 2016, 5(1): 214-221.

撰稿人：李韶华(石家庄铁道大学)　高炳钊(同济大学)　黄岩军(同济大学)
陈辛波(同济大学)　田萌健(深圳技术大学)

模块化可重构车辆动态协同控制方法

Dynamic cooperative control method of modular reconfigurable vehicles

1　科学问题概述

车辆电动化、智能化、网联化技术极大地促进了地面载运工具的发展，扩大了车辆的应用领域，并逐渐演变为智能载运平台。车辆服役功能扩展、全线控技术、机器人技术、电子信息技术等的不断发展，改变了车辆的构型设计与应用范围，给车辆设计和系统集成带来了新的要求和挑战。传统的车辆设计以驾驶员和乘客为中心，且存在复杂地形通过难、稳定性差等问题，无法满足无人驾驶车辆高机动性与高通过性的需求。为了拓宽传统车辆的服役界限，使无人车辆成为智能载运工具，亟待探索全新的车辆模块化结构设计机理，建立智能体多执行机构协同控制机制，以及基于环境意图识别的智能行为决策，使无人车辆能够根据场景需求自主改变运动模式和构型，保障多自由度、非线性、多参数耦合时变系统的安全性、可靠性和稳定性。为了突破上述技术瓶颈，一系列关键科学问题有待研究。

1.1　模块化可扩展车辆设计方法

车辆的电动化和智能化技术推动了底盘的全新设计理念及模块化发展，丰富了车辆的应用场景。为了充分提升车辆的动力学性能，提高行驶的机动性、灵活性及稳定性，需要打破传统车辆一体化集成设计理念，研究基于分布式架构的车辆底盘模块化设计准则。

利用线控技术和机电液耦合技术，集成驱动、制动、转向等功能模块，突破车辆底盘的柔性多模块扩展机制，以及应对不同环境和行驶需求的自主可变构型设计机理。探明多节点动力耦合与操控能力的相互关系，考察智能底盘构型演变对无人驾驶车辆机动性与稳定性影响规律，研究以节点-平台-功能为设计理念的车辆模块化构型设计方法，实现车辆在复杂环境中的多模式运行。

1.2　融合复杂环境感知和交通参与者意图识别的智能决策方法

车辆、交通参与者与道路环境相互耦合形成一个复杂、广义的类脑思考决策系统。系统安全受车、交通参与者与环境三要素交互影响，给智能无人系统的决策控制带来挑战。当前无人驾驶车辆控制执行层依赖决策规划层提供轨迹信号，缺乏深入分析环境变化和动态交通参与者运动意图及各变量要素间的耦合关系，使车辆在随机不确定环境中表现效果较差。因此，需要探明交通参与者的群体智能交互，建立融合环境感知与意图识别的动态障碍物行为预测方法，同时，基于分布式智能车辆底盘架构，构建融合无人驾驶、功能安全和信息安全的底盘多执行机构智能决策方法，探究考虑障碍物随机运动不确定性的车辆智能多节点协同控制方法，保证车-参与者-环境闭环系统的运行安全。

1.3　复杂行驶环境下多模态车辆动力学协同控制机制

模块化重构底盘具有多自由度、柔性连接、高度非线性、多约束耦合等特点，同时车辆运动模式和构型的切换改变了系统数学模型，增加了系统控制难度。现有的车辆底盘控制系统采用基于单一运动模型的集中式控制方法，无法满足车辆可变构型的运动稳定性和可靠性需求。因此，探索以多智能体作为理论基础的车辆各节点模块智能协同控制方法，研究时变系统在线建模和参数自学习整定方法，构建数据驱动的自适应多目标协同优化控制方法，智能调节车辆各驱动模块及相互耦合关联。同时，探究线控多执行器系统的动力学冗余控制技术和容错控制技术，研究单模块失效情况下保障系统整体运行稳定性的控制方法，为车辆在复杂路面复杂运行的安全性和可靠性提供基础。

2　科学问题背景

车辆无人驾驶技术将深刻改变未来交通出行及人类活动范围。随着信息技术、计算机技术、机器人技术的迅速发展，车辆已经从传统的交通工具演变为智能娱乐载运平台，极大地丰富了车辆的功能。此外，我国地势形貌复杂，高原山地、震后废墟、城市巷道等复杂地域环境对智能无人车辆动力性和通过性带来新的挑战。然而，现有车辆设计采用一体化集成设计理念，工况适应性低，且机动性和通过性较差。同时，针对车辆底盘控制，采用单一运动模型的集中式控制方法，无法满足车辆可变构型的运动稳定性和可靠性。因此，迫切需要突破车辆模块化可扩展车辆设计以及面向复杂运行场景的智能协同决策控制技术的瓶颈。

2.1 车辆模块化可扩展底盘设计及新型全线控架构的研究

设计集成机电液耦合和线控技术的柔性可扩展模块，构建系统多自由度变构型拓扑优化设计方法，突破可扩展的全线控分布式电子电气架构设计机理，结合动力学性能约束及场景需求，使系统根据行驶任务进行多节点动力耦合和运动模式的切换，建立完整的车辆构型设计理论体系。

2.2 融合环境感知和交通参与者意图识别的智能决策控制方法

针对障碍物意图识别机制，一方面，现有理论难以充分解释动态参与者混杂行为意图的倾向性；另一方面，对车与参与者、车与环境的交互机制研究及优化设计方法探索有限，导致意图识别融合不充分，无法应对复杂的动态耦合场景。因此，有必要探索融合动态参与者行为意图与随机环境感知的方法，揭示车-参与者-环境闭环系统对车辆行为决策的影响及作用机理，为车辆安全行驶提供保障。

2.3 复杂运行场景下多模态车辆动力学协同控制机制

多节点分布式智能系统具有松耦合、强非线性、多参数时变等特点，各节点的多自由度动力学特性与整车运动状态关联密切。系统模型和环境的改变对控制系统的自适应性提出巨大挑战，需要突破模块化车辆各组成节点的协同控制，构建基于环境和行驶任务的自适应多目标优化函数及在线快速解算方法，开展针对底盘综合运动性能提升目标的多执行机构协同控制方法研究。

综上所述，为了扩展智能无人车辆应用领域和服役范围，提高机动性和通过性，亟须深入研究模块化可重构车辆设计与智能决策控制方法。建立多模态车辆设计方法，探索融合复杂环境感知和交通参与者意图识别的智能决策控制方法，并以此为基础，研究复杂行驶环境下多模态车辆动力学协同控制机制，对于促进路面智能载运工具的发展具有重要指导意义，科学价值突出。

3 科学问题研究进展

3.1 面向复杂应用场景的高机动模块化车辆重构设计

在面向复杂应用场景的高机动模块化车辆重构设计方面，车辆电驱动技术和底盘智能全线控技术的发展，为车辆的模块化设计和分布式驱动系统提供了基础。目前，分布式电驱动车辆取消了变速器、差速器等传动部件，各个驱动车轮由单独的电机控制，能够对车轮转速和转矩进行精准快速调节，提高车辆的传动效率和动力学控制精度。轮边电机和轮毂电机技术使分布式驱动系统朝着小型化、高功率密度方向发展。然而，现有的分布式驱动系统车轮的布置形式是以车身为中心展开，底盘与车轮刚性连接并承载车身质量，整体设计无法实现模块化结构。此外，轮式驱动使车辆在复杂路面下适应性差，越障能力低，尚无法通过改变工作模式应对特种环境下高机动性、高通过性、高效能的行驶需求。为了提高车辆和地面移动平台在复杂路面的通过性，国内外学者研究了轮足、轮履混合的多模式机器人。利用轮式、履带式和足式运动的各自优点，通过改变运动状态，实现在良好路面下快速高效的运动，同时完成跨越壕沟和障碍物、攀爬楼梯等复杂任务。然而，目前上述研究仅局限在两足和四足机器人，缺乏面向车辆运动的模块化设计。因此，面向车辆高机动、多模式的行驶需求，需要研究车辆多模式变构型设计机理和模块化结构的拓扑优化，开展整车变构型复合运动的动力学性能分析与极限操控承载能力机理研究，为高机动模块化车辆重构设计提供理论支撑。

3.2　复杂环境感知与智能控制

在复杂环境感知与智能控制方面，现阶段主要集中研究静态物体的视觉识别算法，尚未考虑动态交通参与者混杂行为的意图倾向性及其对车辆行驶决策的影响。以车辆安全性为需求，车辆能否准确感知周围环境的复杂动态影响因素，以及识别其他交通参与者的意图是保障智能车辆安全行驶的关键。针对车-参与者-环境的闭环交互机理，缺乏融合静态环境感知与动态交通参与者混杂行为的倾向性识别，从而造成风险感知与变化规律认知的偏差，导致无法及时做出安全避障的最佳决策。此外，针对车-参与者-环境闭环交互意图辨识研究不深入。在多模态车辆分布式线控系统中，各模块具有松耦合特性，需要突破多节点安全稳定通信机制，实现车辆底盘的智能协同控制，保障车辆安全可靠行驶需求。现有研究缺乏深入分析闭环系统意图识别感知及系统各变量要素间的耦合关系，使车辆在随机不确定环境中表现效果较差。为了提升车辆行驶安全性和控制稳定性，亟须探明闭环系统中静态环境感知与动态参与者混杂行为倾向性识别的交互机制，构建融合无人驾驶、功能安全和信息安全的底盘多执行机构智能决策方法，建立考虑闭环系统障碍物随机运动不确定性的车辆智能多节点协同控制方法，为车辆规避碰撞风险的主动控制提供理论支撑。

3.3　模块化重构车辆的分布式智能系统协同控制机制

在模块化重构车辆的分布式智能系统协同控制机制方面，现有的研究成果多集中在分布式电驱动车辆动力学解耦与稳定性控制方面。通过建立通用路面行驶条件下的车辆多自由度动力学模型，利用优化控制和非线性控制方法，对多轮驱动系统进行动态协调控制，使其获得最优的运动性能，实现车辆行驶的动态稳定性。目前，仅针对单一特定工况和良好路面条件下表现出较好的控制效果，尚没有覆盖复杂路面和行驶工况。同时，在进行多目标协同控制中，由于优化目标指标差异大，缺乏对优化目标函数进行科学合理的选择机制。在分布式驱动车辆转矩控制的研究中，多集中于两轴分布式驱动系统，并未考虑驱动系统模块化结构布置形式，没有充分体现分布式驱动结构带来的系统灵活性和可扩展性的优点。此外，现阶段分布式驱动车辆软件架构中，驱动电机与可调节悬架执行机构单独控制，对悬架振动能量及制动系统能量未集中回收，对整车能量未得到高效利用。因此，需要构建面向复杂行驶环境的多模态车辆动力学协同控制机制，实现车辆在复杂运行场景中安全可靠高效行驶。

主要参考文献

[1] Gregoromichelaki E, Kempson R, Purver M, et al. Incrementality and Intention-recognition in Utterance Processing[J]. Dialogue & Discourse, 2011, 2(1): 199-233.

[2] Aarno D, Kragic D. Motion Intention Recognition in Robot Assisted Applications[J]. Robotics and Autonomous Systems, 2008, 56(8): 692-705.

[3] Pereira L M. State-of-the-art of Intention Recognition and Its Use in Decision Making[J]. AI Communications, 2013, 26(2): 237-246.

[4] Han T A. Intention Recognition Promotes the Emergence of Cooperation[M]. Springer Berlin Heidelberg, 2013: 10.

[5] Han T A, Pereira L M, Santos F C. Corpus-based Intention Recognition in Cooperation Dilemmas[J]. Artificial life, 2012, 18(4): 365-383.

[6] Bledt G, Powell M J, Katz B, et al. MIT Cheetah 3: Design and Control of a Robust, Dynamic Quadruped Robot[C]. 2018 IEEE/RSJ International Conference on Intelligent Robots and Systems, New York: IEEE, 2018: 2245-2252.

[7] Katz B, Di Carlo J, Kim S. Mini Cheetah: A Platform for Pushing the Limits of Dynamic Quadruped Control[C]. 2019 International Conference on Robotics and Automation, 2019: 6295-6301.

[8] Catnurri M, Falion M, Bazeille S, et al. Probabilistic Contact Estimation and Impact Detection for State Estimation of Quadruped Robots[J]. IEEE Robotics and Automation Letters, 2017, 2(2): 1023-1030.

撰稿人：王震坡(北京理工大学)　李国强(北京理工大学)

分布式驱动智能底盘动力学耦合机理与动态协调控制

Dynamic coupling mechanism and coordinated control of distributed driving intelligent chassis

1　科学问题概述

随着汽车电动化与智能化技术的发展,车辆底盘迎来了从传统底盘、电动底盘,再到智能底盘的技术变革,实现了线控转向、线控制动与智能悬架等子系统的深度融合。分布式驱动智能底盘技术由轮毂电机直接驱动车轮,简化了底盘结构并增大控制自由度,传动链短、效率高、空间布置灵活,可改善车辆动力性、安全性等。然而,现有的分布式驱动技术在纵-横-垂向耦合控制方面存在问题。由于分布式驱动转向控制时内侧和外侧的轮胎转速独立控制,在转矩一致的条件下两轮胎转速会存在差异,从而导致车辆稳定性差;相比于传统线控底盘,分布式驱动的四轮均可产生回馈制动力并独立可控,导致制动安全性与能量回馈耦合程度高、非线性强,对系统的动力学控制提出了挑战;此外,由于汽车行驶环境复杂,运行状态多样,控制目标难以协调,导致极限工况下子系统耦合冲突严重。解决分布式智能底盘控制不精确、可靠性欠佳及协调困难等问题,亟须进行动力学耦合机理研究与动态协调控制技术突破,攻克以下三大关键科学问题。

1.1　全生命周期下分布式驱动高精度、高可靠动力学模型建模理论

分布式驱动是典型的有约束、过驱动、静不定系统,在各个方向运动状态及轮胎作用力方向具有强耦合、多干涉的特点,轮胎纵向力、侧向力和垂向力存在复杂的耦合关系,对建模描述动力学过程、建立基于转矩控制的输出控制策略提出了挑战。亟须揭示分布式驱动横-纵-垂向非线性动力学耦合机理,构建高精度多体动力学整车模型。此外,现有的运动学模型参数在出厂标定后无法修改或仅依靠优化算法进行部分更新,难以针对实际交通路况进行自适应优化与全生命周期内的更新,导致模型长时间使用准确性逐渐降低、可靠性及稳定性变差。

1.2　动态时变路况下智能底盘状态高精度高效估计方法

运动学模型通过数学方法描述了整车动力学过程,在运动学模型的基础上准确估计整车行驶状态是实现分布式驱动控制的核心。分布式智能底盘需结合实时的驾驶场景及路况信息实现行驶状态的估计与评价,从而基于整车状态实现加速、制动及转向控制等功能,决定了驾驶稳定性、乘员舒适性等性能。现有的行驶状态估计算法包括卡尔曼滤波、

粒子滤波算法、支持向量机法等。然而，算法受限于线性系统白噪声假设，而实际路况下噪声干扰强度大、噪声随机性强，导致估计算法存在准确度差、失效概率高、在动态时变复杂路况下适用性差等问题。此外，现有分布式驱动智能底盘完全依赖多源传感器进行环境感知、决策、控制，传统方法对多源信息利用率低、使用能力差。需要研究多传感器信息融合技术，研究质心侧偏角、横摆角速度等核心状态参数的集成估计方法。综上所述，如何实现动态时变路况下行驶状态高精度高效估计，解决分布式驱动系统状态跟踪及预测难题，是亟待解决的一个关键科学问题。

1.3 极限工况下分布式驱动智能底盘高安全、高可靠协调控制理论

智能底盘实现了线控转向、线控制动与悬架等子系统的深度融合，但是由于汽车行驶环境复杂，运行状态多样，极限工况下轮胎六分力耦合严重。同时，分布式驱动智能底盘子系统间存在耦合程度高、协同控制难度大等问题，且系统的不确定性、时滞因素等也导致了控制的可靠性差。极限工况下轮胎非线性给智能底盘的纵-横-垂向协调控制带来了新的挑战，制动/驱动/转向执行器的动力学耦合关系不同于常规工况，综合考虑安全性和舒适性等目标，亟须重构车辆底盘动态协调控制策略，优化极限工况下汽车运动一体化控制系统。当汽车行驶状态超出物理极限，基于转矩矢量分配机制，探索主动安全控制、避免二次碰撞的碰后控制及其他相关理论与技术，避免伤亡、减少损失。

2 科学问题背景

分布式驱动汽车的四个驱动车轮安装了独立的驱动电机，通常采用转矩控制的方式精准控制车轮的驱动力，从而控制整车的速度、转向及制动功能。相比于传统的集中式驱动方式，转矩的灵活分配是分布式驱动电动汽车最大的特色与优势，不但可以通过线控手段实现分时、全时四驱功能，强化车辆对路面的适应能力与动力性，在曲线行驶时还可以利用轮毂电机独立控制优势实现面向整车的转矩矢量控制，通过施加直接横摆力矩优化车辆的转向特性。

然而在智能驾驶领域，分布式驱动系统也产生了新的问题。整车驾驶状态依赖于多传感器信息的融合、分析，导致驾驶稳定性、长时可靠性等缺乏保障；同时，车载的控制理论又依赖于整车动力学模型，对高精度建模也提出了较高的要求，导致了高精度、高安全、高可靠分布式驱动控制难的问题。因此，如何实现分布式驱动底盘的智能化，在建模、状态跟踪、控制等方面具有以下三个技术瓶颈。

2.1 复杂动态工况下高精度运动学模型

由于分布式驱动的底盘控制系统缺乏人为决策及控制输入而采用基于运动学模型的

控制方法，因此，对高精度运动学模型具有强依赖性。然而，现有的建模理论既没有考虑实际汽车电子系统的计算与存储能力，也没有考虑出厂后汽车零部件老化等导致的模型参数演化现象，导致模型长时使用准确性逐渐降低、可靠性及稳定性变差。

2.2　动态时变路况下智能底盘状态高精度高效估计方法

由于智能底盘行驶状态的估计与评价完全依赖于驾驶场景及路况信息的感知，因此，多源传感信息融合下的行驶状态估计问题是高可控控制的基础。以卡尔曼滤波为代表的传统方法对多源信息利用率低、使用能力差，导致动态时变路况下分布式驱动系统行驶状态高精度高效估计成为难题。

2.3　极限工况下分布式驱动智能底盘高安全、高可靠协调控制理论

分布式驱动智能底盘可依靠单一线控系统实现车辆的主动安全控制。同时，又可通过底盘各线控子系统协同控制，进一步提升车辆在复杂极限工况的操稳性与安全性。但全线控底盘各子系统耦合机理复杂，且控制上存在重叠与冲突，如线控转向与线控驱动在车辆横摆与侧翻控制方面存在功能重叠，线控驱动与主动悬架在侧翻控制方面存在耦合与冲突等。如何高效地协调线控子系统，以保证分布式驱动全线控电动汽车可靠、安全运行是当前学界和工业界研究的热点。

综上所述，亟须突破分布式驱动智能底盘高安全、高可靠控制理论，深入研究车辆全生命周期动力学模型构建、实时复杂路况下驾驶状态跟踪及限工况下高安全、高可靠协调控制理论，进一步提升汽车稳定性、可靠性、安全性，提高分布式驱动电动汽车在复杂交通流环境下的适用性，改善交通安全、强化自动驾驶技术落地，对于深度优化智能驾驶汽车本征安全具有重要指导意义，科学价值突出。

3　科学问题研究进展

3.1　汽车动力学模型构建

现有模型以整车动力学模型、轮胎模型为核心，涵盖车轮动力学模型、载荷模型、执行器模型等。在整车动力学方面，现有模型包括二自由度车辆模型、三自由度车辆模型等，二自由度车辆模型主要考虑车辆的横向、横摆运行动力学；三自由度车辆模型的建立以忽略车身的侧倾、俯仰及垂向运动的影响为前提，额外考虑了纵向运动自由度。随着对车辆动力学原理的深入研究，在原有模型基础上提出了七自由度车辆模型，主要包括车轮纵向、横向、横摆以及四个车轮的转动等，实现了车轮打滑、车辆侧滑等失稳状态下的仿真建模。作为实现车辆运动最终的执行器，轮胎模型对车辆的纵向、侧向和垂向动力学都有十

分重要的影响。在车辆控制中采用的轮胎模型通常分为线性和非线性两种。线性轮胎模型结构简单，有利于控制算法部署，但简化轮胎模型难以仿真极限工况下的车辆稳定性，例如，在湿滑路面行驶或大角度转向时的极限工况。非线性轮胎模型，通过输入轮胎的垂直载荷、侧偏角、滑移率和路面附着系数等，计算侧向力、纵向力和回正力矩，可实现极限工况下的稳定性仿真。然而，上述的整车动力学模型与轮胎模型均存在计算复杂度与模型参数的矛盾，且随着参数数量的增加，在全生命周期及实时路况下参数的准确性也难以保证。

3.2　整车状态跟踪问题

现有算法主要包括卡尔曼滤波器系列、粒子滤波等算法。卡尔曼滤波是较为经典的状态跟踪及预测算法，采用无偏估计的思想，结合系统白噪声假设实现车速及转向角速度的估计。然而，卡尔曼滤波器的准确程度依赖于协方差矩阵、量测噪声，在系统环境发生改变时难以实时跟随与更新，因此，传统卡尔曼滤波器难以解决实时动态路况下车速跟踪问题。非线性卡尔曼滤波器及粒子滤波器具有较好的估计效果，但该类算法均起源于贝叶斯滤波思想，采用大量随机采样方法模拟噪声分布，相对于线性卡尔曼滤波算法可实现较高的估计精度。但非线性滤波算法的复杂性、参数数量也显著上升，仍需考虑算法在智能底盘中的部署问题。此外，传统的车速跟踪方法仅使用车辆位置信息等，对于轮胎传感器、车载雷达信息等混合信息难以融合应用。

3.3　极限工况下分布式驱动智能底盘的高安全、高可靠协调控制

现有的底盘控制研究中，以车身电子稳定性控制程序(ESP)为代表的主动安全系统，已经引入了转矩分配实现极限工况下的稳定性控制。利用左右轮不对称制动力产生附加横摆力矩，能够在轮胎侧向力饱和时对车辆转向运动进行干预，有效防止车辆侧滑。极限工况下的转矩分配研究以保证车辆侧向稳定性为目标，根据横摆角速度和质心侧偏角设计直接作用于汽车质心的横摆力矩控制规律，因此，又被称为直接横摆力矩控制(DYC)。目前，通常采用分层控制方法，上层计算广义的目标横摆力矩，下层以优化轮胎稳定裕度为目标设计转矩分配策略。在底盘协调控制方面，按照线控子系统介入类型的不同，主要分为双子系统协同控制与多子系统协同控制。在线控驱动/制动与线控转向系统的协同控制方面，利用基于扩展单轨车辆模型的预测控制方法，建立主动前轮转向和差速制动协同控制策略，可以提升车辆横向稳定性。引入主动悬架系统有助于进一步改善车辆的侧倾稳定性，通过线性权函数对电子稳定控制程序与主动悬架系统进行分层协调控制，能够改善车辆在高速工况下的操稳性。多子系统协同控制与双子系统协同控制类似。总的来说，现有研究多局限于基于单一维度稳定性的线控子系统触发机制，现有的协同控制算法

没有充分考虑全部线控子系统的系统响应耦合机理和性能互补机制。因此,需要以全线控底盘系统整体性能最优为目标,研究基于极限工况下多维度稳定性风险评估的主动安全控制触发机制,建立分布式驱动智能底盘多子系统协同的优化控制策略。

主要参考文献

[1] Wei H,Zhang N,Liang J,et al. Deep Reinforcement Learning Based Direct Torque Control Strategy for Distributed Drive Electric Vehicles Considering Active Safety and Energy Saving Performance [J]. Energy,2022,238.

[2] Zhang L, Chen H, Huang Y, et al. Human-Centered Torque Vectoring Control for Distributed Drive Electric Vehicle Considering Driving Characteristics [J]. IEEE Transactions on Vehicular Technology,2021.

[3] Guo N,Zhang X,Zou Y,et al. A Fast Model Predictive Control Allocation of Distributed Drive Electric Vehicles for Tire Slip Energy Saving with Stability Constraints [J]. Control Engineering Practice,2020,102.

[4] 陈磊,李强,胡乾斌,等. 分布式驱动电动汽车整车动力学模型仿真与分析[J]. 汽车实用技术,2019(24):1-3.

[5] Gao Z, Zhang D, Zhu S, et al. Distributed Active Disturbance Rejection Control for Ackermann Steering of a Four-in-wheel Motor Drive Vehicle with Deception Attacks on Controller Area Networks [J]. Information Sciences,2020,540.

[6] Mousavinejad E,Han Q L,Yang F,et al. Integrated Control of Ground Vehicles Dynamics Via Advanced Terminal Sliding Mode Control[J]. Vehicle System Dynamics,2016,55(2):268-294.

[7] 吴洋,李萧良,张邦基,等. 基于轮胎力动态估计与主动转向的新型 ESP 系统[J]. 湖南大学学报(自然科学版),2018,45(8):32-41.

[8] Xiao H,Chen W,Zhou H,et al. Integrated Control of Active Suspension System and Electronic Stability Programme Using Hierarchical Control Strategy:Theory and Experiment [J]. Vehicle System Dynamics,2011,49(1-2):381-397.

[9] 李刚. 线控四轮独立驱动轮毂电机电动汽车稳定性与节能控制研究[D]. 吉林:吉林大学,2013.

[10] Song P,Tomizuka M,Zong C. A Novel Integrated Chassis Controller for Full Drive-by-wire Vehicles[J]. Vehicle System Dynamics,2015,53(2):215-236.

撰稿人：殷国栋(东南大学)　张宁(东南大学)　庄伟超(东南大学)
杨世春(北京航空航天大学)　张雷(北京理工大学)

多源信息下汽车行驶状态最优决策及其动力学控制

Driving state optimal decision and dynamics control of vehicles with multi-source information

1　科学问题概述

车路协同通过车与车之间的信息交互、车与路之间的信息共享，使系统能够获取更加全面、丰富的多源行车环境信息，对实现道路与车辆之间的高度协同融合具有重要意义。然而，车路协同环境下各交通主体间存在相互制约与矛盾，因此，亟待研发一套多源环境信息下汽车行驶状态最优决策及其动力学控制新理论、新方法和新技术，进而构建动态协调的车路协同交通环境。为突破上述技术瓶颈，一系列关键科学问题有待研究。

1.1　考虑车辆动力学特征的车路协同交通环境模型

交通流微观模型主要研究微观交通主体间的相互作用及影响，探索由此涌现的非平稳交通环境总体特征和复杂运行过程。通过分析不同类型车辆的实际动力学特征、基于车路协同的交通环境运行特点及多源环境信息下的车路耦合机理，揭示车路协同交通环境的总体特征与复杂运行规律，将考虑不同类型车辆实际动力学特征的车路协同交通环境模型构建问题，抽象为一类基于多智能体系的微观交通流协作建模问题，是首要解决的关键科学难题。

1.2　多源信息环境下的汽车多目标行驶状态最优决策

通过分析面向安全、节能、敏捷的汽车不同行驶状态性能指标间存在的相互耦合与制约关系，在多智能体系统框架内，将汽车多目标行驶状态决策问题归结为一类多性能指标并存，且矛盾和冲突难以简单调和的满意度优化控制问题，即根据协同原理，将系统整个运行过程中的协调问题转化为多性能指标并存的满意度优化控制问题，构建多源信息环境下的汽车行驶状态多目标协同决策竞争性因子评判机制，是需要解决的关键科学难题之二。

1.3　多源信息环境下决策状态的最优动力学实现

通过建立底盘集成动力学模型，实现转向、驱动及制动等子系统间耦合关系及连续与离散动态内在关联的模型表达,反映汽车全线控底盘的实际动力学行为和本质特征,描述车辆关键行驶状态与观测量之间的一般映射关系,将多源信息环境下所决策行驶状态的最优动力学实现问题转化为一类混杂系统状态估计及其预测控制问题,确保底盘动力学控制律的有效综合与快速实现,是需要解决的关键科学难题之三。

2　科学问题背景

随着信息技术的不断进步,汽车智能化与车路互联有效推动了交通系统的快速发展。作为关键交通主体之一,汽车本身动力学性能对整个交通系统的运行效率具有重要影响,同时,车路协同交通环境也能为车辆动力学控制提供更为丰富多源的外部信息。因此,如果在汽车底盘集成动力学控制设计过程中,能够将车路协同交通环境与汽车实际动力学性能特点进行有机结合,不仅能够进一步完善智能交通系统的研究内容,也将为汽车底盘集成动力学控制性能提升提供新的机遇。总体看来,为实现多源信息环境下的汽车最优行驶状态决策及其动力学控制,需要按照顶层设计思想,进行系统集成创新和突破。因此,迫切需要解决以下技术瓶颈。

2.1　现有交通环境模型无法准确反映车路协同交通系统的实际运行状况

现有基于微观交通流理论的交通环境模型未能充分考虑不同类型车辆的属性特征差异,同时,在反映各交通主体间耦合机理与制约规律等方面缺乏系统性手段,所建立的交通环境模型无法准确描述车路协同下交通环境的实际动态特征,从而难以有效反映真实交通环境的复杂运行过程。

2.2　车路协同多源信息环境下的车辆行驶状态决策目标单一、协调机制缺乏

在传统交通控制理论中,车辆行驶状态决策大多是以提高道路通行效率或降低车辆总体能耗为主要目标的纵向车速决策,缺乏对车辆行驶安全态势的有效评估。车路协同环境不仅可以为车辆行驶状态决策提供常规交通信息,还能充分考虑道路等级、转弯半径及路面附着系数等因素的影响,从而为面向安全、节能、敏捷的汽车多目标行驶状态决策奠定了良好基础。然而,在面向汽车行驶状态多目标协同决策方面,目前尚无有效的协调机制。

2.3　车辆底盘集成动力学控制无法保证最优状态的有效实现,行驶状态估计不可靠

现有研究大多为便于进行底盘集成动力学控制而设计,未能充分考虑轮胎的非线性力学特征,导致建立的底盘集成动力学模型不能准确反映系统实际动力学本质,在此基础上开发的状态估计算法也无法准确反映汽车底盘集成控制过程中估计状态与整车其他可

测状态间的复杂映射关系，从而难以实现汽车行驶状态的准确估计及底盘集成动力学优化控制。

综上所述，亟须针对多源信息环境下汽车最优行驶状态决策与底盘集成控制研究中存在的复杂特征，采用顶层设计思想，建立总体研究方案的体系架构，从上层到下层，从整体到局部，进行各研究体系层次内部资源与关键要素的总体规划，从而实现各研究体系层次间的功能协调、标准统一和资源共享，保证各研究体系层次在完成各自任务和功能的同时，相互之间不会产生矛盾和冲突，从而实现系统整体功能和体系结构的相互协调。相关研究对于实现我国建设汽车与交通强国具有重要指导意义，科学价值突出。

3 科学问题研究进展

3.1 车路协同微观交通流环境建模

目前，微观交通流模型主要可分为两类，一类是以数学公式严格推导为基础的跟驰模型。跟驰模型主要通过运用动力学方法研究由前车运动状态变化而引起的后方跟车运动状态变化，然后进一步分析各个车辆相应的跟驰状态，从而了解单车道交通环境特性。跟驰模型采用严格的数学方程，能够较好地描述单车道较高密度非自由状态的交通流，但实际交通流具有变道、超车、限速、路面状况、交通信号控制、任意停车等约束条件，跟驰模型很难描述交通环境的随机性、多变性及复杂性。另外一类重要的交通流微观模型则是基于交通规则演化而来的元胞自动机模型，该模型定义在一个由有限元胞组成的离散空间上，并且按照一定的更新规则在离散时间维度上进行演化。元胞自动机模型规则简单，适合描述离散的非线性交通流系统，且能高速地进行计算机模拟，但元胞自动机模型属于无真实驾驶员和车辆行为的模型，无法进行高保真的交通环境模拟。多智能体系统为基于微观交通流理论构建复杂的交通环境模型提供了更为先进的技术手段，很多研究试图从不同角度利用多智能体系统模拟道路交通流的实际复杂特征，然而，车路协同交通体系的建设发展仍不平衡，在我国还尚未真正建立，对于考虑车路耦合关系的微观交通流多智能体模型研究未见报道。与此同时，传统交通流模型主要结合交通流中一些基本要素，鲜有研究考虑到车辆实际动态特征。事实上，不同类型车辆在微观交通流中的属性特征，如加速性能、制动性能以及转向性能差异明显。因此，如何在充分掌握车辆实际属性特征的基础上，构建能够真实有效反映各交通主体间相互耦合机理与制约规律的车路协同交通环境模型具有重要研究意义。

3.2 汽车行驶状态最优决策

目前，结合车路协同环境所能提供的丰富多源信息进行汽车行驶状态最优决策，已成为优化利用交通资源的重要手段和发展趋势。然而,现有研究大多是在常规交通环境下以提高道路通行效率或降低车辆总体能耗为主要目标,决策目标单一,缺乏对车辆多目标行驶状态的综合权衡与评估。现有研究所决策的车辆行驶状态也大多局限于纵向速度,对于车路协同环境下车辆弯道行驶或变道行驶时所需的侧向速度及横摆角速度等状态则几乎未涉及,这对车辆行驶机动性、安全性及敏捷性产生了重要影响。车路协同交通环境不仅可以为车辆行驶状态决策提供交通信号灯、车辆间距及排队长度等常规交通信息,还能让道路等级、转弯半径及路面附着系数等影响因素直接参与。因此,车路协同多源信息环境下汽车多目标最优行驶状态决策机制研究亟待展开。

3.3 汽车最优行驶状态的动力学控制实现

由于车辆底盘集成动力学行为往往涉及多个子系统的相互耦合,因此,构建能够准确反映底盘动力学系统本质特征的数学模型是进行底盘非线性分析与集成控制的基础和关键。针对不同研究目标,现有研究所构建的车辆底盘集成动力学模型虽然迥异,但是轮胎非线性力学特性的重要性已得到广泛认可。然而,大多以控制设计为最终目标的研究为实现系统局部控制目标和便于进行系统状态估计,在车辆底盘集成动力学建模过程中忽略了轮胎的实际非线性力学行为。事实上,轮胎非线性力学特性主要用于反映车辆在驱动、制动及转向过程中轮胎垂向力、纵向力及侧向力三者之间的复杂耦合关系,在湿滑路面及车辆大角度转向等运动状态下呈现出明显的非稳性动态特征,对于车辆行驶稳定性和制动安全性具有重要影响。此外,现有车辆底盘集成控制过程中的行驶状态估计大多仍采用基于简化线性动力学模型的传统状态估计方法,显然无法满足特殊行驶工况下汽车全线控底盘行驶状态的准确估计要求,因此,在此基础上设计的底盘集成控制策略,对于保证多源信息环境下所决策状态的最优动力学实现也存在一定局限。

综上所述,目前涉及车路协同多源信息环境下汽车行驶状态最优决策及其动力学控制研究尚未开展,在常规交通环境模型构建、车辆行驶状态单目标决策及底盘集成控制等方面虽有研究涉及,但是针对车路协同系统中不同交通主体间的相互合作、协调、协商的理论与技术,尚缺乏系统的分析及方法,没有掌握不同交通主体间的耦合机理与制约规律。采用的模型、控制理论、方法和控制策略在实际应用方面都不太理想,没有真正解决这类大系统的有效控制与协同框架设计问题,难以实现系统的协调工作,不能保证车路协同多源信息环境下汽车与其他交通主体间的合作协调、冲突消减,难以实现汽车行驶环境信息的全息感知,从而无法确保面向安全、节能、敏捷的汽车多目标行驶状态最优决策。通过开展多源信息环境下汽车最优行驶状态决策及其动力学控制研究,解决车路协同交通环境模型构建、汽车多目标行驶状态最优决策及底盘动力学最优控制等瓶颈问题,对于推进智能汽车与智能交通的一体化发展具有重要意义。

主要参考文献

[1] Mohamed A, Ren J, Gindy M, et al. Literature Survey for Autonomous Vehicles: Sensor Fusion, Computer Vision, System Identification and Fault Tolerance [J]. International Journal of Automation and Control, 2018, 12(4): 555-581.

[2] 王云鹏,鲁光泉,于海洋. 车路协同环境下的交通工程[J]. 中国工程科学,2018,20(2):106-110.

[3] Danielle F, Bruno N, Katia O. Scale-free Properties of Human Mobility and Applications to Intelligent Transportation Systems [J]. IEEE Transactions on Intelligent Transportation Systems, 2018, 19(11): 3736-3748.

[4] Umair D, Chris L. Calibration and Validation of Psychophysical Car-following Model Using Driver's Action Points and Perception Thresholds [J]. Journal of Transportation Engineering Part A-Systems, 2019, 145(9): 04019039.

[5] 戴技才,黎夏. 基于多智能体的微观交通流模拟模型[J]. 科学通报,2009,54(21):3380-3389.

[6] Reza H, Amir K, Alireza K, et al. An Intelligent Control of Electronic Limited Slip Differential for Improving Vehicle Yaw Stability [J]. IEEE Transactions on Vehicular Technology, 2021, 70(9): 8669-8681.

[7] Wang Y, Fujimoto H, Hara S. Torque Distribution-based Range Extension Control System for Longitudinal Motion of Electric Vehicles by LTI Modeling with Generalized Frequency Variable[J]. IEEE/ASME Transactions on Mechatronics, 2016, 21(1): 443-452.

[8] Botha T, Els P. Digital Image Correlation Techniques for Measuring Tire-road Interface Parameters: Part 2—Longitudinal Tyre Slip Ratio Measurement [J]. Journal of Terramechanics, 2015, 61(7): 101-112.

[9] 王震坡,丁晓林,张雷. 四轮轮毂电机驱动电动汽车驱动防滑控制关键技术综述[J]. 机械工程学报,2019,55(12):109-120.

[10] Sakthivel R, Mohanapriya S, Ahn C, et al. State Estimation and Dissipative-based Control Design for Vehicle Lateral Dynamics with Probabilistic Faults [J]. IEEE Transactions on Industrial Electronics, 2018, 65(9): 7193-7201.

撰稿人：陈龙(江苏大学)　孙晓强(江苏大学)

分布式电驱动高速履带车辆电子差速转向运动控制

Electronic differential steering motion control of distributed electric drive high speed tracked vehicle

1　科学问题概述

履带车辆具有越野通过性能好、承载力大、接地比压小、零半径转向等优点，在现代军事、农业、建筑、矿山、抢险救灾及应对突发事件中广泛应用。履带车辆通过控制两侧履带产生速差实现转向，与轮式车辆转向原理和转向机构存在根本性差异。机械传动履带车辆转向控制在很大程度上取决于驾驶员操纵水平和车辆自身固有特性，很难通过电子差速实现动力学控制和主动安全控制。电子差速转向是分布式电驱动履带车辆的重要特性，直接影响高速履带车辆操纵稳定性及轨迹跟踪性能，而电子差速动态转向机理及运动控制理论是制约其发展的主要瓶颈。为突破以上技术瓶颈，一系列关键科学问题有待研究。

1.1　分布式电驱动高速履带车辆电子差速转向系统动力学建模方法

高速履带车辆行驶速度变化范围大、路况恶劣多变，各个状态变量相互耦合，转向系统动力学建模问题成为运动控制的瓶颈问题。分布式电驱动高速履带车辆电子差速转向系统构型和驱动方式与机械传动履带车辆不同，转向模式和转向机理发生了变化。现有的时不变线性转向系统动力学模型，不能用于电子差速转向运动分析，电子差速转向机理尚不清楚。因此，需要综合考虑驾驶员行为、履带与地面相互作用及电机驱动特性等多因素影响，重新构建电子差速转向系统多变量时变非线性运动学和动力学模型，研究车辆在各种工况下的电子差速转向机理。

1.2　电子差速转向失稳机理与操纵稳定性判定方法

分布式电驱动履带车辆转向稳定性不仅受车速、转向半径、横摆角速度、质心侧偏角、纵向和横向加速度等多个运动变量影响，受电机驱动/制动转矩、履带与地面作用的影响也较大，失稳影响因素较多且复杂，失稳机理尚不清楚。现有的履带车辆操纵稳定性通常只用横摆角速度或转向半径及其稳态和动态响应作为评价参量和评价指标，没有综合考虑车速、侧偏角、纵向和横向加速度等其他重要状态变量和车辆参数对操纵稳定性的影响，多因素影响下的操纵稳定性评价方法尚不明确。因此，需要根据重构的电子差速转向动力学模型，研究多因素影响下的分布式电驱动高速履带车辆操纵稳定性评价方法，确定稳定性评价指标、安全区域和约束条件。

1.3 基于模型预测控制(MPC)的电子差速转向操纵稳定性控制方法

随着电子差速转向操纵稳定性控制的输入变量和状态变量的增多，需要设计多个控制器，由于多变量之间存在耦合，导致分层式控制结构设计难度加大。MPC控制方法能够有效地解决多变量、多约束、多目标优化问题，十分适用于多变量强耦合非线性时变系统多目标优化的研究。由于缺少电子差速转向时变非线性动力学模型、稳定性评价方法和电子稳定性控制方法，制约了操纵稳定性MPC控制技术的发展。因此，需要建立基于MPC的电子差速转向操纵稳定性控制理论，提升分布式电驱动履带车辆电子差速转向操纵稳定性和安全性。

1.4 基于MPC的操纵稳定性与轨迹跟踪集成式转向运动控制方法

现有的操纵稳定性控制与轨迹跟踪控制大多采用分层式独立控制结构。轨迹跟踪运动控制只考虑了动力学约束，没有与转向动力学协同控制，在极限工况下轨迹跟踪会出现较大偏差和失稳现象。因此，需要探索基于MPC的操纵稳定性与轨迹跟踪集成式运动控制方法，实现高速转向时的高精度跟踪性能、操纵稳定性、安全性、舒适性、节能等多目标优化控制，获得应对极限工况、地面附着变化的多目标权重系数自适应调节率和多驱动电机输出转矩的最优分配控制规律。

2 科学问题背景

电驱动是21世纪履带车辆重要发展方向，转向是高速履带车辆行驶理论中的核心问题。电驱动高速履带车辆主要有单电机驱动、双侧电机独立驱动、混联式机电复合传动、双侧电机耦合驱动、多电机驱动五种形式。除单电机驱动外，其他形式都属于多动力源分布式电驱动构型，都是通过电子控制实时调节两侧主动轮的转矩，实现电子差速转向。分布式电驱动高速履带车辆电子差速转向模式和转向机理发生变化，相应的转向动力学建模和运动控制方法研究不足。高速履带车辆行驶速度变化范围大、路况恶劣多变，如果车辆转向时失去控制，轻则车辆短时失稳、掉速、履带脱轮，重则可能引起车辆侧翻倾覆、造成乘员伤亡。因此，为提高履带车辆操纵稳定性和运动轨迹跟踪精度，进一步提升车辆机动性和主动安全性，分布式电驱动高速履带车辆电子差速转向运动控制目前还存在以下技术瓶颈。

2.1 分布式电驱动高速履带车辆电子差速转向动力学建模问题

分布式电驱动履带车辆由多个电机驱动，而电机与内燃机驱动特性截然不同；另外，电子差速转向省去了机械或液压转向操纵机构,使转向运动学和动力学机理发生改变。因此,需要重新构建多变量时变非线性多输入、多输出转向系统动力学模型,为稳定性判断和 MPC 控制提供理论依据。

2.2　电子差速转向失稳机理和操纵稳定性判定方法问题

由于缺少分布式电驱动履带车辆电子差速转向失稳机理研究,导致稳定性评定和控制方法研究不足。现有的操纵稳定性控制通常选取横摆角速度或转向半径稳态或动态响应作为评价指标,没有考虑电机转矩、履带与地面作用、纵向车速等多因素影响。因此,需要探索纵向车速、横摆角速度、质心侧偏角、侧倾角等多变量的动态变化、平衡状态和耦合关系,研究多因素影响下的电子差速转向失稳机理和稳定性判定方法,为突破 MPC 电子差速转向运动控制技术瓶颈提供理论支撑。

2.3　基于 MPC 的电子差速转向操纵稳定性控制问题

现有的操纵稳定性控制基于时不变线性动力学模型,不能获得良好控制性能,甚至出现失稳振荡现象。随着系统控制变量和状态变量的增加,优化设计目标增多,分层式控制结构设计难度加大。研究基于时变非线性动力学模型预测的操纵稳定性 MPC 控制,可以有效解决上述电子差速转向运动控制难题,实现操纵性、稳定性、防滑和防侧翻等多目标优化控制。

2.4　基于 MPC 的操纵稳定性和轨迹跟踪集成式转向运动控制问题

控制器设计是转向运动控制的核心,现有的控制器采用滑模变结构控制、自适应控制、智能控制等控制方法,而这些方法不能根据系统内部状态变量实时调节输入变量和输出变量。基于运动学模型的轨迹跟踪 MPC 控制只考虑了动力学约束,在极限工况下会出现较大轨迹偏差和失稳现象。因此,迫切需要研究基于 MPC 操纵稳定性和轨迹跟踪集成式转向运动控制方法,实现高速转向时的高精度跟踪性能、操纵稳定性、舒适性、节能等多目标优化控制。

综上所述,亟须突破分布式电驱动高速履带车辆电子差速转向运动控制技术,深入研究电子差速转向动力学建模方法、转向失稳机理和稳定性判定方法、基于 MPC 的集成式转向运动控制理论,进一步提升电子差速转向履带车辆的操纵稳定性、高精度跟踪性能、安全性和舒适性。上述研究的开展对提升军民领域智能网联化电驱动高速履带车辆的机动性和安全性具有重要指导意义,科学价值突出。

3 科学问题研究进展

3.1 分布式电驱动高速履带车辆电子差速转向动力学建模研究

履带车辆转向动力学研究始于20世纪30年代，主要研究两侧履带与地面之间的作用力与转向角速度等运动变量的数学关系。国外研究较为深入，Bekker(1956)和Wong(2001)对履带车辆转向机动性进行了大量研究，但没有开展车辆操纵性研究。Crosheck(1975)建立了考虑履带压力变形的履带车辆滑移转向模型。Kitano和Jyozaki(1976)分析了履带车辆水平面稳态转向操纵性。Kitano和Kuma(1977)建立了水平硬地面履带车辆动态转向数学模型。Shiller等人(1993)提出了以期望速度沿指定轨迹运动的履带受力计算方法。Purdy和Wormell(2003)研究了高速履带车辆固定半径转向理论。Wormell和Purdy(2004)分析了履带车辆低速转向操纵特性。转向动力学模型是操纵稳定性理论分析的前提和关键环节。以上传统履带车辆动力学模型难以直接用于分布式电驱动履带车辆电子差速转向动力学分析与控制。分布式电驱动履带车辆有多个驱动电机，驱动电机与内燃机机械特性不同，可在转速-转矩特性图四个象限运行，输出驱动或制动转矩，容易实现电子差速转向。但是，由于控制变量的增多提高了转向灵活性的同时，也加大了电子稳定性控制难度。已建立的电子差速转向动力学系统模型较为简单，没有充分考虑系统的非线性和时变性；主要用于水平面运动，忽略了侧倾和俯仰运动；没有考虑地面附着变化的影响。由于分布式电驱动高速履带车辆电子差速转向省去了机械或液压转向操纵机构，由电子单元控制多个电机转矩实现无级转向，转向运动学和动力学机理发生了变化，因此，电子差速转向运动学和动力学模型需要重新建立。

3.2 电子差速转向失稳机理和操纵稳定性判定方法研究

Janarthanan等人(2011)建立了履带车辆动态转向模型，研究了高速或低速转向操纵性，分析了车速、侧倾与俯仰运动对转向稳定性的影响。Burke(2012)提出了一个基于拉格朗日方法的四自由度车辆和履带模型，分析侧倾运动对转向稳定性的影响。Özdemir等人建立了硬地面履带车辆的通用瞬态接触滑移模型，采用瞬态剪切模型计算了纵向力和横向力。国内对稳态转向操纵性和稳定性也进行了详细的探讨，例如，推导了履带车辆在硬地面和软地面转向过程中牵引力和制动力，以及转向阻力矩与相对转向极偏移量的关系。基于履带车辆接地压力分布复杂，考虑履带车辆滑移滑转、离心力作用，建立集中载荷高速履带车辆稳态转向模型。建立高速履带车辆横向动力学模型，研究影响滑移转向稳态特性的主要因素。利用多体动力学软件建模，分析地面、履带预张紧力和转向半径对转向稳定性的影响。将履带滑移半径及转向中心线偏移量作为稳态转向稳定性的评价指标。分析了接地面瞬时转向中心偏移量、转向所需制动力和牵引力的变化规律，以及不同转向半径和坡度对坡道稳态转向稳定性的影响。已建立的电子差速转向动力学系统模型较为简单，没有充分考虑系统非线性和时变性，用横摆角速度响应作为转向稳定性评价指标不够全面，忽略了纵向车速、横向侧偏、侧倾运动和俯仰运动对转向稳定性的影响，路面附着系数和车辆参数等多因素影响下的失稳机理尚不清楚。没有分析多控制变量作用下的多个运动变量的动态变化、平衡状态、稳定边界及其稳定状态影响因素，没有给出较为合理的操纵稳定性评价和判定方法，不能给 MPC 控制提供理论支撑。

3.3　基于 MPC 的电子差速转向操纵稳定性控制研究

现有的控制技术将两侧驱动电机转矩或转速作为控制目标变量，较少对车速和转向横摆角速度进行跟踪控制，主要靠驾驶员经验操纵车辆转向。在极限工况下，驾驶员很难控制车辆按期望车速和半径转向，甚至引起车辆失控、危及生命安全。与轮式车辆相比，履带车辆电子差速转向操纵稳定性控制研究不足。转向稳定性控制的主要关键问题是横摆力矩的控制（DYC），即控制两侧履带驱动力和制动力实时调节横摆力矩。DYC 主要有集成控制和分层控制两种控制结构。集成控制包含运动状态控制及力矩分配控制。分层控制结构主要包括参考模型、DYC 控制层和力矩分配层。相比集成控制结构，分层式结构清晰，设计难度低，前期研究采用较多。国内外研究人员提出的分层式控制包括转向横摆角速度负反馈控制和自适应控制、车速和转向横摆角速度滑模变结构控制、目标车速和转向半径驱动防滑控制和模糊控制、转向操纵稳定性最优控制等。分层式控制方法大都采用稳态线性动力学模型，没有考虑强耦合和时变性，忽略了地面附着系数等多因素影响，不能获得良好控制性能，甚至出现失稳振荡现象。随着电子差速转向目标控制变量和状态变量的增加，需要设计多个控制器，变量之间存在耦合，分层式控制结构设计难度加大。基于时变非线性电子差速转向动力学模型的 MPC 操纵稳定性控制，可以有效解决多变量、多约束、多目标控制难题，实现操纵性、稳定性、防滑和防侧翻的多目标优化控制。电子差速动态转向动力学建模和多目标优化控制算法研究不足，制约了分布式电驱动高速履带车辆操纵稳定性 MPC 控制技术的发展。

3.4　基于 MPC 的操纵稳定性和轨迹跟踪集成式转向运动控制研究

履带车辆轨迹跟踪 MPC 控制研究较多，而操纵稳定性 MPC 控制研究较少，现有的操纵稳定性和轨迹跟踪是分别独立控制的。面向抢险救灾和现代战争的重大需求，转向轨迹可控性和跟踪性能成为高速履带车辆转向性能的重要评价指标。现有的转向轨迹跟踪控制是针对低速履带车辆和履带式机器人开展的，高速履带车辆相关研究较少。对于高速履带车辆轨迹跟踪控制，现有研究都是基于运动学模型的位置跟踪控制，对转向盘转角位置或双侧履带速度进行控制，几乎没有考虑动力学约束和控制，导致车辆在极限工况下的轨迹跟踪会出现较大偏差和失稳现象。对于分布式电驱动高速履带车辆，现有的轨迹跟踪控制没有考虑多电机转矩优化分配。传统的控制方法(纯跟踪算法、前馈-反馈控制、线性二次型调节、PID 控制等)只能够解决恒速良好地面的轨迹跟踪问题。MPC 控制可以有效降低甚至消除闭环系统时滞影响，但现有 MPC 轨迹跟踪控制研究很少考虑动力学约束，不能满足实际转向运动控制要求。在一个 MPC 控制器里同时实现操纵稳定性与轨迹跟踪的集成控制，是电子差速转向运动控制的关键技术。电子差速转向运动学和动力学模型的构建是 MPC 的核心问题。如何选取状态变量构建转向动力学系统状态空间描述是制约 MPC 控制的瓶颈问题。如何构建高速转向时的高精度跟踪性能、操纵性、稳定性、防滑和防侧翻等多目标优化的价值函数，突破多目标权重自适应控制技术，以应对极限工况和地面附着变化，成为基于 MPC 的集成式转向运动控制的关键问题。

主要参考文献

[1] 廖自力，马晓军，臧克茂，等. 履带装甲车辆电传动方案比较分析[J]. 兵工学报，2006，27(4)：583-586.

[2] 王伟达，项昌乐，韩立金，等. 机电复合传动系统综合控制策略[J]. 机械工程学报，2011，47(20)：152-158.

[3] 毛明，张亚峰，杜甫，等. 高机动履带车辆行驶系统中的 5 个科学技术问题[J]. 兵工学报，2015，36(8)：1546-1555.

[4] 盖江涛，黄守道，周广明，等. 双电机耦合驱动履带车辆自适应滑模转向控制[J]. 兵工学报，2015，36(3)：405-411.

[5] Zhai L，Sun T M，Wang Q N，et al. Lateral Stability Control of Dynamic Steering for Dual Motor Drive High Speed Tracked Vehicle [J]. International Journal of Automotive Technology，2016，17(6)：1079-1090.

[6] Purdy D J，Simner D，Diskett D，et al. An Experimental and Theoretical Investigation into the Roll-over of Tracked Vehicles [J]. Proceedings of the Institution of Mechanical Engineers Part D Journal of Automobile Engineering，2016，230(3)：291-307.

[7] 陈冰，王红岩，芮强，等. 集中载荷高速履带车辆稳态转向模型分析[J]. 科学技术与工程，2016，(23)：185-189.

[8] Tang S X，Yuan S H，Hu J B，et al. Modeling of Steady-state Performance of Skid-steering for High-speed Tracked Vehicles[J]. Journal of Terramechanics，2017. 73(10)：25-35.

[9] 曾庆含，马晓军，袁东，等. 双侧电驱动履带车辆运动解耦与变结构控制[J]. 控制理论与应用，2015，32(8)：1080-1089.

[10] 赵梓烨,刘海鸥,陈慧岩. 分布式电驱动无人高速履带车辆越野环境轨迹预测方法研究[J]. 兵工学报,2019,40(4):11-19.

撰稿人:翟丽(北京理工大学)

复杂场景轮胎动力学状态感知与优化控制

State perception and optimal control of tire dynamics in complex scenarios

1　科学问题概述

轮胎与路面间的力学状态决定了车辆的运动状态,直接影响车辆的操纵稳定性、制动安全性和乘坐舒适性。自20世纪30年代起,人们发现了轮胎的侧偏现象并开始了对轮胎力学特性的持续研究,快速推动了汽车动力学及控制技术的发展,但因轮胎结构和材料的复杂性,以及面向未来复杂交通环境下高安全智能汽车的使用需求,使全工况全场景下轮胎的力学特性建模、感知及控制仍然是当前亟须应对的挑战。为突破上述技术瓶颈,一系列关键科学问题有待研究。

1.1　全工况全场景下的高精度轮胎力学模型

未来智能驾驶汽车需要应对各种复杂场景,包括危险驾驶工况、混杂的交通、雨雪雾天、复杂的地形及道路结构等。这些情况无法通过场地或者道路测试的方法来对自动驾驶汽车的安全性和可靠性进行一个完备的验证,必须借助高保真高可靠性的虚拟测试评价方法。除了对传感和环境的准确模拟外,高精度的轮胎力学状态模拟也是关键一环,尤其是在极端工况涉及车辆动力学安全性的测试与评价方面,因此,为准确模拟复杂工况下车辆的动力学状态,加快高等级自动驾驶的虚拟测试开发,建立能够应对全工况全场景的高精度轮胎力学模型是关键科学难题之一。

1.2　轮胎/路面的运动学与动力学状态感知

除当前各种电子控制系统及雷达、摄像头等环境感知系统外,轮胎状态的自感知,即实时监测轮胎的力学状态及道路状况也是汽车智能化,以及未来实现自动驾驶的重要部分,尤其是在高速车辆紧急工况的稳定性控制方面成为关键感知环节。

1.3　极限工况下轮胎力的最优分配

轮胎力是车辆动力学耦合特性的根源和控制系统设计的关键,如何最优分配各轮胎的侧-纵-垂向力,充分挖掘轮胎耦合特性的控制潜能,扩大车辆主动安全稳定行驶区域,实现汽车安全、舒适、节能的动力学控制是一个关键问题。

2 科学问题背景

未来高等级智能驾驶汽车不仅需要对周围环境的准确感知，也更加需要高性能的车辆底盘系统进行“安全托底”和“性能保障”，车辆底盘动力学控制的核心在于轮胎力学状态的控制。而复杂场景下轮胎动力学建模、状态感知和控制目前还存在以下技术瓶颈。

2.1 复杂场景下轮胎动力学高精度建模

良好的车辆设计和控制依赖于对研究对象特性的准确把握，轮胎由于结构和材料的复杂性，其力学特性受到诸如侧偏、侧倾、纵滑、转偏、载荷、胎压、路面、温度、磨耗、老化等高维影响因素的影响。探明各种因素的影响机理，以及强非线性、强耦合和各向异性的发生机制和变化规律是重要的基础理论问题，既能助力传统车辆系统开发，也能为智能驾驶汽车的虚拟测试、底盘性能控制提供关键支撑。

2.2 轮胎/路面状态的准确估计和感知

更“智能”的轮胎能够为驾驶员和车辆控制系统提供有效的信息反馈，实时提供轮胎/路面的关键状态和参数，包括轮胎力、轮胎侧偏角、滑移率和路面摩擦系数等。这些轮胎状态的准确感知将使车辆得到更精准的控制。

2.3 轮胎力的最优分配

如何充分发挥轮胎的力学性能，在常规工况提升车辆的操控性能、舒适性和节能水平，提升驾乘人员的体验，在极限工况最大限度地提升车辆的稳定裕度和安全性，是未来决定车辆性能品质的关键问题。

综上所述，亟须突破全工况全场景下轮胎高维耦合动力学的统一建模理论和方法，实现轮胎模型应用场景的全覆盖，构建融合多源传感的轮胎/路面状态高精度高可靠实时估计和感知方法，进一步挖掘轮胎特性的控制潜能，提升车辆的操纵稳定性、安全性和舒适性。上述研究的开展，无论对传统汽车还是未来智能汽车底盘动力学性能的提升都具有重要的指导意义，科学价值突出。

3 科学问题研究进展

3.1 轮胎动力学建模

轮胎动力学模型的建立可以追溯到20世纪30年代，发展至今，轮胎模型成果丰硕，典型的轮胎模型主要有Magic Fomula模型、UniTire模型、LuGre模型、Dugoff模型、刷子理论模型、SWIFT 模型、FTire 模型、CDTire 模型,以及近些年涌现的 TameTire 和 MegaRide 等。面向车辆的操纵稳定性,最具代表性的是 Magic Fomula 模型和 UniTire 模型,其中 Magic Fomula 模型能够准确地描述轮胎的六分力,但是对于复合工况,采用的是纯经验的权重函数表达,致使模型表达复杂,不具有预测能力;UniTire 模型采用无量纲表达形式,满足高阶理论边界条件,具有严格的理论框架,因此,在复合工况的表达方面具有形式简洁、预测能力强的优势。然而,Magic Fomula 模型和 UniTire 模型虽然精度很高,但受限于模型结构,无法描述轮胎在不平路面上的高频动态响应。针对车辆的平顺性和舒适性,目前最具代表性的是轮胎的环模型。环模型重点研究轮胎的振动特性,典型代表如 SWIFT 模型和 FTire 模型。其中,SWIFT 模型采用刚性环结构,只考虑胎体的零阶转动和一阶错动这两阶模态(100Hz 以下),这在车辆平顺性的研究领域是可以满足要求的。刚性环模型描述简洁,计算效率高,能够用于车辆电控系统开发及硬件在环仿真分析。FTire 轮胎模型考虑胎体带束层的复杂弹性变形,采用柔性环结构,能够表达的频率范围更高,且能准确地描述轮胎的面内振动特性,但是对包含侧向耦合的面外特性,以及轮胎稳态特性表达不够准确,而且该模型非常复杂,不能进行实时计算,在车辆动力学分析和控制的应用中受到限制。由此可见,由于轮胎建模的复杂性,当前各种各样的轮胎模型仍然只能重点面向部分轮胎力学特性,无法做到全工况全场景采用统一的轮胎模型,比如低频特性和高频特性的全面覆盖,力学模型、热模型和能耗模型的统一,考虑真实路面不确定性的随机轮胎模型的统一,等等;同时,还需要提高模型计算效率,以满足实时仿真测试与控制系统设计的要求。因此,建立全工况全场景的高精度轮胎模型是当前的一大关键难题。

3.2 底盘和轮胎状态感知

在底盘动力学控制中,车辆状态(横摆角速度、质心侧偏角、轮胎力、侧/纵向速度等)和路面附着系数是重要参数和状态变量。其中,除横摆角速度、纵向和侧向加速度等可以通过车载传感器直接测量外,当前汽车行驶状态及道路参数主要通过车载传感器测量信号进行间接在线预测估计。当车辆特性处于常规工况,利用解耦观测构架能够实现车路状态准确解耦估计。但在复杂极限工况下,车辆与轮胎的强非线性耦合特征使得观测器的估计精度降低,仍难以满足车辆稳定性控制对精确度和实时性的要求。而轮胎的智能化是另一种有潜力的直接式估计方案,其在轮胎关键信息感知和路面状态估计方面的优势引起了企业界和学者的关注,有望突破车辆复杂行驶工况下的状态估计和微小激励下路面摩擦系数的准确估计问题。2002 年欧洲提出了关于智能轮胎的 APOLLO 计划,对智能轮胎的可行性进行了充分地论证,对智能轮胎的发展起到了重要的推动作用。智能轮胎发展至今,根据测量原理的不同,胎内传感包括聚偏氟乙烯(PVDF)传感器、表面声波传感器(SAW)、电容式传感器、三轴加速度传感器、光学传感器等多种形式,可以归类为应变传感器和加速度传感器,通过测量轮胎-路面接触区域信息来进行轮胎/路面状态的辨识。近些年国内外学者基于智能轮胎提出了不少轮胎运动学和动力学状态的估计算法,但总的来说,大多基于简单的回归方程,或者基础的轮胎物理模型来估计轮胎力和路面摩擦系数,如胎体侧向变形物理表达、轮胎刷子模型等,但对于复杂的轮胎特性表达能力有限。当前智能轮胎除了一些基本的轮胎力学信息可用于车辆动力学的控制外,对于复杂耦合工况下的轮胎特性分析和估计还很少涉及。

3.3 轮胎力的最优分配

车辆在各种复杂的交通运行场景下,存在纵向、侧向和垂向动力学的耦合关系。传统单一的底盘电控系统势必导致控制功能的重叠和控制目标的冲突。当前,对于车辆底盘控制的研究主要集中在对车辆各动力学性能的集成一体化控制,表现在对轮胎侧向、纵向和垂向力的优化协调控制。国内外学者针对该问题已经进行了广泛的研究,研究方法从线性控制理论到非线性控制理论,从简化的线性二自由度车辆模型到逐渐引入非线性影响因素,从分层控制架构到一体化控制架构等,但当前对于轮胎六分力非线性特性与各执行器耦合作用机理的认识仍不充分,全局考虑动力学控制目标设定、顶层控制器设计及下层控制分配方法仍有待提升,而且未来智能驾驶对底盘动力学性能提出了更高的要求,以满足驾乘人员的体验和安全性要求,同时,智能驾驶车辆新构型和丰富的传感器资源也给底盘动力学控制带来了新的机遇,因而对如何充分挖掘轮胎潜能,全面考虑控制目标和控制器设计,实现轮胎力的最优分配及底盘系统动态协调控制提出了技术挑战。

面向未来车辆对底盘和轮胎动力学的需求,现有的理论基础和技术手段还存在上述关键问题没有解决,这些关键问题制约了车辆底盘系统开发和未来智能驾驶汽车的快速发展,有必要逐一攻克,最终实现安全、舒适、节能的车辆动力学综合控制。

主要参考文献

[1] Pacejka H B. Tyre and Vehicle Dynamics,Third Edition[M]. Butterworth Heinemann,2012.

[2] Xu N,Zhou J,Li X,et al. Analysis of the Effect of Inflation Pressure on Vehicle Handling and Stability under Combined Slip Conditions Based on the UniTire Model[J]. SAE International Journal of Vehicle Dynamics,Stability,and NVH,2021(3):5.

[3] 郭孔辉. UniTire 统一轮胎模型[J]. 机械工程学报,2016,52(12):90-99.

[4] Guo H, Yin Z, Cao D, et al. A Review of Estimation for Vehicle Tire-road Interactions toward Automated Driving[J]. IEEE Transactions on Systems, Man, and Cybernetics: Systems,2018,49(1):14-30.

[5] Lee H,Taheri S. Intelligent Tires? A Review of Tire Characterization Literature[J]. IEEE

Intelligent Transportation Systems Magazine, 2017, 9(2): 114-135.

[6] Xu N, Askari H, Huang Y, et al. Tire Force Estimation in Intelligent Tires Using Machine Learning[J]. IEEE Transactions on Intelligent Transportation Systems, 2022, 23(4): 3565-3574.

[7] Jalali M, Khajepour A, Chen S K, et al. Integrated Stability and Traction Control for Electric Vehicles Using Model Predictive Control[J]. Control Engineering Practice, 2016, 54: 256-266.

[8] Cho W, Yoon J, Kim J, et al. An Investigation into Unified Chassis Control Scheme for Optimized Vehicle Stability and Manoeuvrability[J]. Vehicle System Dynamics, 2008, 46(S1): 87-105.

[9] Suzuki Y, Kano Y, Abe M. A Study on Tyre Force Distribution Controls for Full Drive-by-wire Electric Vehicle[J]. Vehicle System Dynamics, 2014, 52(sup1): 235-250.

[10] Li X, Xu N, Guo K, et al. An Adaptive SMC Controller for EVs with Four IWMs Handling and Stability Enhancement Based on a Stability Index[J]. Vehicle System Dynamics, 2021, 59(10): 1509-1532.

撰稿人:许男(吉林大学)

非道路工程车辆横向失稳机理与主动回稳控制

Mechanism of lateral instability of construction vehicles and key technologies of active stability control

1 科学问题概述

非道路工程车辆行驶和作业环境相对恶劣,与传统道路车辆不同,其横向稳定性受到车辆本身结构特性、作业地形、轮地相互作用机理等多方面复杂因素的影响,因此,在进行高速转向或行驶在泥泞道路时,其更容易发生横向失稳甚至严重的侧翻事故。

目前对于工程车辆主动回稳的控制面临以下问题:首先,工程车辆的底盘布置结构与传统汽车相差较大且作业车速较低,目前取得的汽车稳定性研究成果(差动制动、ESP 等)很难应用于工程车辆中。其次,工程车辆整车质量较大、重心较高、没有传统车辆的悬架系统,因此,目前只有通过采用液压支撑油缸为车身提供侧向支撑力的形式,减小工程车辆的侧翻趋势,执行机构相对单一。同时,工程车辆作业过程中载荷变化相对较大、轮地作用机理复杂,因此,传统道路车辆横向稳定性控制中常用的横向载荷转移率、车身侧倾角等均难以准确反映工程车辆的稳定性状态。以叉车和装载机为例,在正常行驶过程中,货物的形状、质心及路面的坑洼均会导致横向载荷转移率发生较大变化,从而导致横向载荷转移率对其稳定性状态的表征出现较大误差。

综上,为实现非道路工程车辆的横向稳定性控制,需突破以下关键科学问题。

1.1 复杂地形结构下工程车辆轮地作用机制

现有的车辆轮地作用分析多针对单一路面条件下的轮胎力的计算,而工程车辆轮地作用机制受到土壤条件、地形结构、沉陷状态等多方面影响,车轮纵向、侧向、垂向力之间存在多维强耦合特征。应当从建立复杂结构地形下工程车辆轮地相互作用模型出发,分析复杂地形特征与路面交接特性下轮地相互作用耦合特性,揭示不同地形结构下轮地作用机制,实现轮胎力解耦观测,为工程车辆横向稳定性分析提供理论依据。

1.2 工程车辆横向失稳机理与诱导机制

工程车辆横向稳定性受车速、转弯半径的影响较大,底盘结构往往与传统车辆有较大差异且作业过程中质心位置多变,而不同影响因素下的工程车辆动力学演化机理和行为模式各不相同,应当建立工程车辆轮地耦合动力学模型;研究不同地形下工程车辆侧倾动力学失稳演变过程;剖析轮胎参数、地面结构和黏滞特性、底盘结构等参数对其动力学行为的影响;揭示不同地形结构下工程车辆失稳关键诱导因素和动力学参数演变规律,掌握工程车辆横向失稳机理与诱导机制。

1.3 面向工程车辆横向稳定性的综合评价指标、行驶安全域

工程车辆不同地形特征下的失稳过程及临界失稳状态与传统道路车辆存在较大差异,因此,传统道路车辆横向稳定性评价指标很难直接应用于非道路工程车辆。其次,工程车辆动力学行为模式较为复杂,其稳定域和失稳域之间存在较为模糊的边界域,稳定点和非稳定点,以及临界点在该区域中大量交织,增加了工程车辆稳定域确定与划分的难度。应当考虑工程车辆在不同地形特征、轮地相互作用、结构特性、货物载荷分布、运行状态等因素下,进行动力学微分方程稳定性边界及参数稳定性条件推导;确定工程车辆失稳多因素影响权重、各参数下动力学特性迁变条件,研究针对工程车辆复杂地形特征下的稳定域确定方法;分析不同参数下的稳态评价指标与关联特征,建立面向工程车辆横向稳定性的综合评价指标。

2 科学问题背景

我国的制造业和基础工程建设使工程车辆的应用越来越广泛,同时,对工程车辆的工

作效率提出了较高要求。但每年发生的工程车辆安全事故造成了严重的经济损失，工程车辆特殊的底盘布置结构导致其极易发生横向侧翻事故，因此，工程车辆横向失稳是急需解决的重要问题。但工程车辆复杂的轮地作用机制和特殊的横向失稳过程，导致其失稳机理模糊，同时，轮地作用的非线性耦合特征导致其行驶安全域十分复杂。不同地形特征下工程车辆的横向稳定性控制目前存在以下问题。

2.1　复杂地形结构下工程车辆轮地作用非线性耦合机制

传统道路车辆轮地作用机制分析多集中于道路条件良好的水泥、沥青路面，难以适用于工程车辆复杂地形特征下的轮地作用分析。工程车辆复杂地形特征下车轮不同方向力的非线性进一步加大了耦合强度，因此，需要针对不同土壤条件、沉陷状态、不同地形交接特性建立轮地相互作用模型，为分析工程车辆失稳机制奠定基础。

2.2　工程车辆横向失稳机理与诱导机制

工程车辆横向失稳机理剖析是进行主动回稳控制的重要环节。复杂的轮地作用机制导致工程车辆失稳机理模糊，而现有的稳定性分析方法具有一定的局限性。因此，需要根据工程车辆特殊底盘结构建立动力学模型；通过定性分析其失稳演变过程，确定不同地形特征下的失稳主导因素；通过定量计算揭示复杂地形特征、作业工况与运动参数下的工程车辆运动失稳机理，为稳定域边界确定、多维评价指标建立与运动稳定性控制提供理论基础。

2.3　面向工程车辆横向稳定性的综合评价指标、行驶安全域确定方法

传统道路车辆横向稳定性评价指标很难直接应用于复杂地形特征下的工程车辆。针对工程车辆稳定域的计算需要建立在失稳多因素影响权重、各参数下动力学特性迁变条件的基础上，通过结合动力学微分方程稳定性边界及参数稳定性条件推导实现；重点对工程车辆稳定域和失稳域之间的模糊区域进行识别，建立面向复杂地形条件下的工程车辆稳定性综合评价指标及安全域划分方法。

3　科学问题研究进展

当前研究技术路线主要分为被动防护和主动控制两个方面。

3.1　被动防护

为了保障翻车后驾驶员的生命安全，目前，多个国家已强制要求进入市场的非道路车辆必须配备符合国际标准《土方机械：翻车保护结构实验室试验性能要求》(ISO 3471)的

翻车保护结构(ROPS)。ROPS是安装在非道路车辆驾驶室外的金属框架,其主要作用是当车辆发生倾翻时能刺入未冻土壤而阻止车辆进一步翻滚,同时,通过变形吸收一定的冲击能量减少对驾驶员的冲击伤害。然而,工程车辆的翻车是一个动态冲击过程,造成驾驶员伤亡的原因是多样的,比如车辆发生倾翻后,ROPS和地面接触瞬间产生很大的减速度超过人体耐冲击阈值,另外,翻车时驾驶员和驾驶室内饰件发生反复碰撞进一步恶化驾驶员的伤害程度。因此,即使ROPS符合标准要求,翻车时也常导致驾驶员伤亡。综上所述,被动防护方案只能减小事故发生时驾驶员所受伤害,不能主动预防事故的发生。

3.2 主动控制

汽车横向稳定性控制方案愈发成熟,为工程车辆主动控制提供了参考。采用驱动轮转矩协调分配及差动制动等方案进行的横向稳定性控制,在特定工况(即道路条件理想)下能够一定程度上预防工程车辆的失稳。值得注意的是,工程车辆往往工作环境恶劣,无法满足汽车稳定性控制方案的条件。以叉车为例,只有前轮包含制动器,且没有汽车标配的ABS系统,因此,通过差动制动和驱动力矩调节的方案在满足工程车辆全工况要求上收效甚微,且成本巨大。

工程车辆大多具有质心较高、支撑平面相对较小等特点,因此,侧翻过程与传统道路车辆存在较大差异。例如,传统道路车辆在侧翻之前往往先发生侧向滑移,载荷侧移过程相对缓慢,能够通过主动悬架控制减缓侧倾趋势。而工程车辆横向失稳过程没有侧向滑移,载荷转移较快,且大多不具备悬架系统,防侧翻力矩由车轮直接提供,因此,该方案的实施同样成本巨大。

人工智能的发展为工程车辆横向稳定性控制提供了新的思路,基于神经网络的工程车辆状态识别能够很大程度上为控制提供依据,但由于工程车辆工作环境极其复杂,路面条件迁变规律难以划分,基于学习算法的方案无法有效满足全工况下的工程车辆横向稳定性控制。

目前,在工程车辆底盘耦合非线性、侧翻机理和侧翻过程研究的基础上,以液压支撑油缸和液压转向系统为执行机构,提出相应的防侧翻控制策略,提高了工程车辆的横向稳定性,为工程车辆稳定性控制提供了新的思路。通过液压支撑油缸提供侧向支撑力的方式在一定程度上减小了工程车辆转向侧倾幅度,提高了其横向稳定性,但当驾驶员的转向操作突破了车辆的物理极限,油缸侧向支撑力不足以改变车身的侧倾幅度时,则横向失稳不可避免。同时,该方案也存在工程车辆安全域计算和划分的难题。

由于液压支撑油缸的局限性,工程车辆横向稳定性控制未来技术路线可从以下方面开展:通过推导动力学微分方程得到稳定性边界和参数稳定性条件,以及系统特征根的参数表达形式,对工程车辆转向的行为模式进行深入剖析。根据工程车辆转向行为模式的分析，确定各影响因素的线性表征系数，并最终形成具有时变特性的稳定性综合评价指标和稳定域划分依据。通过行为模式确定液压支撑油缸、主动转向干预和主动制动联合控制方案的控制模式。

在剖析工程车辆转向失稳机理的基础上，利用转向角度、转向角速度等形成主动干预转向的控制依据，对工程车辆转向比进行小幅度干预。同时，通过多系统协同控制下工程车辆动力学行为模式的分析，形成工程车辆横向稳定性耦合矛盾机制，并通过可拓理论或博弈论等对耦合矛盾机制进行解析。

主要参考文献

[1] ISO 3471:2008. Earth-moving Machinery-roll-over Protective Structures Laboratory Tests and Performance Requirements[S].

[2] Tao P, Jin X, Wu H, et al. Research on Control Strategy of the Side Forklift Steering Movement Stability and Its Simulation Analysis[C]//2018 5th International Conference on Information Science and Control Engineering(ICISCE), Zhengzhou, 2018:927-931.

[3] 夏光，陈无畏，赵林峰，等. 平衡重式叉车底盘小波网络动态逆内模控制[J]. 机械工程学报，2015，51(18):126-135.

[4] Li L, Li H, Zhang X, et al. Real-time Tire Parameters Observer for Vehicle Dynamics Stability Control[J]. Chinese Journal of Mechanical Engineering, 2010, 23(5):620-626.

[5] Li L, Jia G, Chen J, et al. A Novel Vehicle Dynamics Stability Control Algorithm Based on the Hierarchical Strategy with Constrain of Nonlinear Tyre Forces[J]. Vehicle System Dynamics, 2015, 53(8):1093-1116.

[6] Li X, Wang G, Yao Z, et al. Dynamic Model and Validation of an Articulated Steering Wheel Loader on Slopes and Over Obstacles[J]. Vehicle System Dynamics, 2013, 51(9): 1305-1323.

[7] Khaleghian S, Emami A, Taheri S. A Technical Survey on Tire-road Friction Estimation [J]. Friction, 2017, 5(2):123-146.

[8] Geng D, Zhang J, Shi J, et al. Study on the Influence of Tire Parameters on Vehicle Driving Performance[C]//International Conference on Smart Transportation and City Engineering 2021. SPIE, 2021, 12050:112-119.

撰稿人：夏光（合肥工业大学）　赵林峰（合肥工业大学）　卢剑伟（合肥工业大学）

智能汽车感知/决策/控制一体化机理及协同动力学

Integrated design theory and coordinated dynamics of perception-decision-control system for intelligent vehicles

1 科学问题概述

智能汽车感知、决策、控制是相互关联、相互作用的，单一或分割的研究均无法获得最优的综合满意度，智能汽车与交通中各要素交互，且与异构、冗余信息融合。我国的交通运行环境与国外差异较大，智能汽车运行需要应对更加复杂的工况。通过研究发现，复杂交通环境下智能汽车安全运行存在以下关键技术：①交通环境下车侧多传感器与传输信息融合技术；②复杂交通环境下智能汽车自适应决策控制技术；③智能汽车感知/决策/控制一体化系统信息物理交互关系及动力学协同技术。上述关键技术背后蕴含的交通环境与车载多传感器多模态特征、面向智能汽车多维动力学的自适应决策机制、一体化电动底盘协调、人车路系统信息物理空间融合等基础科学问题，是突破智能汽车高效、安全运行的关键。因此，智能汽车动力学设计属于复杂系统工程，动力学控制系统一体化是智能汽车的典型特征。开展智能汽车感知/决策/控制一体化系统及协同动力学的研究，属于多领域有机融合的交叉学科，理论基础广泛，研究能够为类似智能汽车动力学控制系统提供重要的研究方法，其对提升智能汽车产业基础能力、突破智能化关键技术、保障车辆运行的交通安全、提高交通效率等具有重要的战略意义。

1.1 多模态信息融合与仿人驾驶的行为特征及规划决策

由于车辆运行状态参数较多且具有多性能耦合、行驶环境复杂等特点，单一传感器对智能汽车的在线监测信息不足、可靠性差，而面向复杂交通的环境感知由多个多类传感器、车载网络信息组成，部署阵列复杂且具有跨物理域多模态特性，存在协同车辆动力学特性的感知系统耦合难题。另一方面，车辆动力学机理模型能够从本质上诠释智能汽车轨迹规划和决策，但面向复杂的交通环境及动态变化特征，智能车辆在真实环境下行驶需具备仿人自主决策能力，并存在多目标实时优化的路径规划、熟练驾驶员的兴趣区域获取及认知模型和上述两者相互作用的影响。因此，要突破异构传感器特性协同感知、执行器约束下的决策等关键技术，首先要解决多源传感跨模态融合与自适应仿人自主规划的科学问题。

1.2 交通环境与汽车多维动力学耦合机理模型及一体化设计方法

多模态感知和自主决策与整车性能保证和车辆底盘执行系统密切关联，直接影响着智能汽车的运行品质。结合智能交通环境下的车辆多维动力学研究,一体化底盘的实现需要系统的电动化、线控化,上层动力学控制的综合分配和下层驱动/制动、转向等执行器的闭环控制是底盘集成控制的基本架构。面向车辆行驶安全性的纵横向动力学,存在多性能耦合、多状态切换的典型特征,由电动化底盘一体化集成控制实现功能、性能输出。因此,这其中蕴含着复杂的车辆动力学混合动态特性,智能交通环境感知、规划决策,以及驱动/制动、转向匹配关联性等重要问题。

1.3　智能汽车感知/决策/控制系统信息-物理交互架构及协同机制

智能汽车与传统汽车动力学研究的区别在于,是否融合环境特征及考虑感知系统特性的协同,人车路闭环系统、人机共驾是智能汽车的主要特征。交通环境与智能汽车构建人车路闭环系统,存在感知决策的信息系统特性,也包含底盘动力学控制的物理系统特性,为一类典型的信息物理系统(CPS)。结合数据训练与机理模型的多智能体交互,准确地描述信息与物理系统的空间融合机理,研究系统中信息流、能量流及其相互作用规律,是解决复杂工况下车辆智能控制的核心问题。

2　科学问题背景

对智能汽车感知、决策、控制的研究,有基于机理模型的,也有基于数据模型的,其中利用人工智能、神经网络、自我学习等通过大数据训练的研究成为当前的热点,也是技术发展的趋势。但面向智能汽车多维动力学协同,从系统工程角度研究感知/决策/控制系统一体化的设计方法,还存在以下技术难题。

2.1　时空统一融合异类多源传感器模型构建

单纯利用雷达或视觉传感器进行信息感知具有很大的局限性,而异类多源传感器存在时空统一融合模型构建问题。交通参与要素多样、运行环境复杂,是典型开放的非可控环境,亟须对车、路与环境的综合感知和局部环境进行重构,且目前智能汽车自主决策与轨迹规划目标单一,与车辆动力学协调机制缺乏,无法应对当前复杂多变的行驶工况。需综合考虑车-路-人-环境多因素影响,研发安全、舒适、高效的仿人智能行为决策技术,提高道路安全、保证通行效率、实现绿色环保出行。

2.2　电动底盘一体化集成控制

以环境感知信息和自主决策目标为基础,进一步通过电动底盘一体化集成控制实现智能汽车安全、高效运行。目前,从电动底盘到整车纵横向动力学的特性描述不能反映系统的本质,一体化协调控制不能满足智能汽车多状态耦合、多模式切换的需求。电动底盘集成控制系统存在复杂的动力学行为，融合感知/决策/控制不同模式变迁，又存在纵横向动力学的连续动态，亟须描述上述复杂人车路系统的混合动态特性及两者的相互作用关系。

2.3 智能汽车多智能体交互机理与协同策略

单一的感知、决策、控制研究不能解决人车路系统协同优化问题，忽略智能汽车大系统中信息、决策与电动底盘系统之间的信息流、能量流交互，无法准确地引导感知/决策/控制系统的有效实施，也没有感知、决策、控制一体化顶层设计平台。人车路系统协调的智能汽车包含复杂的感知、决策信息，又有电动底盘的物理系统，是一类典型的大系统，亟须解决上述两者信息交互及反馈控制，并通过信息物理空间融合机制获得智能汽车的最佳运行品质。

综上所述，亟须深入分析感知系统、驾驶决策及协调控制的相互关联，结合交通复杂环境特征与要素，构建智能汽车的跨物理域多模态信息融合感知方法，基于数据驱动研究仿人驾驶员的兴趣区域和认知模型，建立多目标实时优化的自适应局部路径规划策略。将智能汽车电动底盘集成问题转化为多性能耦合的纵横向动力学混杂控制，构建智能汽车多智能体交互机理与协同策略，实现融合的人车路系统一体化综合控制，保证智能汽车的安全行驶、高效运行。

3 科学问题研究进展

3.1 跨物理域多模态的协同感知传感模型

环境感知是智能汽车技术体系最为基础的共性问题，目前，感知系统的传感器包括多个或多组激光雷达、摄像头等，传感器的布置方式和信息融合方法是关键。多类传感器存在多个模态特征，如视觉与雷达融合等，信息融合技术也是层出不穷。由于车辆运行状态参数较多且多性能耦合、行驶环境复杂等因素，单一传感器对智能汽车的在线监测信息不足、可靠性差，目前，广泛使用多传感器布置、多信息融合方法，但单一或单类的传感器无法满足信息辨识与状态定位，而异构多传感器又存在特性不同的问题。因此，需要分析异构传感器输出特性，建立跨物理域多模态的协同感知模型。跨物理域多信息协同感知为规划决策提供了重要的判断依据，但实际的交通环境复杂多变。目前，构建智能汽车自主决策行为主要有两种方法，一种通过深度学习或深度强化学习来学习驾驶人的驾驶行为，另一种是通过建立逻辑规则模型完成决策。基于数据驱动、应用训练算法是当前研究规划决策的重要方法，其算法复杂度、样本数据的有效性直接影响决策效果。不确定性大量存在于真实交通环境中，人脑可以相应做出比计算机快速、精确的判断，而基于传统知识处理方法的系统，如无人驾驶系统，面对所给信息缺损或信息模糊化等情况时，其认知能力会急剧降低。智能汽车的决策受到执行机构特性的影响,也与感知信息关联,优秀驾驶员的操纵特性能够通过自我学习、数据训练获得最佳的规划与决策,因此,需要构建考虑复杂交通环境的智能汽车自适应仿人决策规划。

3.2　底盘状态非线性辨识及多状态切换下的协调控制机制

智能交通环境下的车辆纵横向动力学研究中,状态估计是实现车辆状态反馈控制的重要输入。常用的估计法包括卡尔曼滤波法、非线性观测法、优化估计法、鲁棒估计法、滑模观测法、融合估计法等。大多数方法都是以提高估计性能为目标,有些方法还涉及降低估计成本。一些文献采用数据融合的方法,利用测量数据的冗余度,或通过多模态迭代滤波的方法来估计车辆行驶状态。此外,多模态感知和自主决策的性能保证来自底盘系统(执行),其直接影响着智能汽车的运行品质,结合智能交通环境下的车辆纵横向动力学研究,其内容包括动力学耦合,制动/驱动、转向协调等。驱动/制动、转向一体化表现为车辆纵横向动力学特性,相关研究涉及模型构建、耦合分析、解耦控制等。面向车辆行驶安全性的纵横向动力学存在多性能耦合、多状态切换的典型特征,由电动化底盘一体化集成控制实现功能、性能输出。智能汽车以安全、节能、高效运行为目标,电动底盘通过轮胎力构成作用力矢量叠加,影响智能汽车纵横向空间维度的动力学性能,因此,需要建立底盘系统分非线性辨识与全状态估计方法,并构建智能汽车电动底盘多性能耦合多状态切换的协调控制机制。

3.3　智能汽车感知/决策/控制系统协调控制理论体系

人车路系统协调的智能汽车包含复杂的感知、决策信息,又有电动底盘的物理系统,是一类典型的大系统。以往对于上述多模态感知、自主决策、电动底盘集成的研究,仅仅是单个系统的独立研究,但实际上,人车路闭环系统下的智能汽车控制是信息与物理交互的复杂大系统,将智能汽车全信息感知与电动底盘控制系统统一为典型的信息物理系统(CPS),建立感知域、决策域、底盘域等智能体,形成智能汽车感知/决策/控制系统的协同控制机制。感知/决策/控制系统使得智能汽车既有电动底盘的物理关系,又有各感知决策与电动底盘之间的信息关系。感知与决策系统中包含抽象的物理模型、物理系统的交互关系,以及特定目标下的优化控制策略,从而使感知/决策/控制系统借助汽车电动底盘多状态模型及交互关系,以空间动力学稳定为目标,对智能汽车感知/决策/控制系统施加协调机制。因此,需要结合数据训练与机理模型的多智能体交互,准确描述信息与物理系统的空间融合机理,进而构建智能汽车感知/决策/控制系统协调控制理论体系。

综上所述,开展智能汽车感知/决策/控制一体化系统的研究,属于多领域有机融合的交叉学科,理论基础广泛,研究成果能为汽车智能控制系统提供重要的研究方法,而且智能汽车感知/决策/控制系统关键技术研发紧跟汽车电动化、智能化及信息化发展的步伐，其核心技术的突破对智能汽车产业主导地位的发展起着重要作用。推动智能汽车感知/决策/控制系统及零部件设计等相关领域更深层次探索，不仅具有较高的理论研究价值，更有十分广阔的应用前景，对实现我国交通强国目标具有重要的学术意义。

主要参考文献

[1] 中华人民共和国国家发展和改革委员会. 关于印发《智能汽车创新发展战略》的通知[EB/OL]. https://www.ndrc.gov.cn/xxgk/zcfb/tz/202002/t20200224_1221077.html.

[2] Gao H B, Cheng B, Wang J Q, et al. Object Classification Using CNN-Based Fusion of Vision and LIDAR in Autonomous Vehicle Environment[J]. IEEE Transactions on Industrial Informatics, 2018, 14(9): 4224-4231.

[3] Xie J, Xu X, Wang F, et al. Modeling Human-like Longitudinal Driver Model for Intelligent Vehicles Based on Reinforcement Learning[J]. Proc IMechE Part D: Journal of Automobile Engineering, 2021, 235(8): 2226-2241.

[4] Li D, Zhao D B, Zhang Q C, et al. Reinforcement Learning and Deep Learning Based Lateral Control for Autonomous Driving[J]. IEEE Computational Intelligence Magazine, 2019, 14(2): 83-98.

[5] Xie J, Xu X, Wang F, et al. Modeling Adaptive Preview Time of Driver Model for Intelligent Vehicles Based on Deep Learning[J]. Proc IMechE Part I: Journal of System and Control Engineering, 2021(2): 236.

[6] Chen T, Xu X, Chen L, et al. Estimation of Longitudinal Force, Lateral Vehicle Speed and Yaw Rate for Four-wheel Independent Driven Electric Vehicles[J]. Mechanical Systems and Signal Processing, 2018, 101(2): 377-388.

[7] Zhang J X, Li J. Integrated Vehicle Chassis Control for Active Front Steering and Direct Yaw Moment Control Based on Hierarchical Structure[J]. Transactions of the Institute of Measurement and Control, 2019, 41(9): 2428-2440.

[8] Nguyen A T, Sentouh C, Popieul J C. Driver-automation Cooperative Approach for Shared Steering Control Under Multiple System Constraints: Design and Experiments[J]. IEEE Transactions on Industrial Electronics, 2017, 64(5): 3819-3830.

[9] 李克强，常雪阳，李家文，等. 智能网联汽车云控系统及其实现[J]. 汽车工程，2020, 42(12): 1595-1605.

撰稿人：陈龙(江苏大学)　徐兴(江苏大学)

电动汽车全工况能耗评价理论与方法

Theory and methodology on energy consumption evaluation of electric vehicle in full driving conditions

1　科学问题概述

当前,电动汽车被认为是汽车产业实现“双碳”目标的主要路径,也是实现我国交通和能源可持续发展的重要战略产业。2021 年 10 月,国务院印发的一系列面向“双碳目标”实施战略的顶层设计文件,均强调了加快节能测试评价标准更新,完善工业绿色低碳标准评价体系的产业需求。科学合理的定义、测试、评价电动汽车的能耗水平是切实贯彻汽车产业“双碳目标”,推动电动汽车全面实现环保友好的基础,也是降低用户“里程焦虑”,扩大电动汽车社会接受度和认可度的有效手段。

目前,普遍采用标准工况测试对电动汽车进行能耗测试评价。标准工况具有测试评价逻辑统一、直接的优点,很好地推动了标准化工作的开展,但也存在两方面的不足:一方面,车企在开发测试过程中会更关注标准测试工况,对非标准工况的节能优化考量不足,导致法规对车辆全面节能优化的监管存在局限性;另一方面,用户实际行驶工况复杂多样,标准测试结果必然与实际行驶能耗存在显著差异,导致用户对标准工况评价结果的认可度不足。如何减小、消除标准测试评价结果与实际行驶能耗之间的差异,实现二者之间的相互可解释、可验证,对不同工况下电动汽车能耗特性进行统一的评价是世界范围内广泛关注的难题。相关问题的研究和解决,对电动汽车的全面节能优化和广泛市场接纳具有重要意义。

电动汽车全工况评价理论与方法研究的具体关键科学问题包括下列内容。

1.1　揭示全工况通用的电动汽车能耗特征

目前的电动汽车能耗评价受限于标准工况的测试结果,尚无法对全工况能耗特性进行统一评价。标准工况的更新只能解决评价结果“代表性”的问题,无法解决测试评价结果的“通用性”问题。因此,电动汽车全工况能耗评价理论需要从具有工况通用性的能耗特征开始,研究不同工况下电动汽车的能耗特性,揭示不同工况下电动汽车能耗的共性机理,提取全工况通用的电动汽车能耗固有特征,实现用相同的固有能耗特征描述不同工况下电动汽车的能耗率,从而为全工况能耗评价奠定基础。

1.2　构建与实际行驶具有高互通性的电动汽车能耗测试体系

现有的能耗测试体系以实验室标准工况测试为主,对实际行驶能耗的评价主要停留在传统的统计方法，对实际行驶能耗与实验室标准测试结果的评价相对孤立，尚未深入挖掘其内在联系。因此，研究构建与实际行驶具有高互通性的电动汽车能耗测试体系，是提升标准测试评价结果“通用性”的合理路径。相关研究一方面需要深入探索全新的工况构建方法和数据挖掘方法，同时，又要保持原有测试体系规范、简洁、易实施等一系列特点，这是全面评价电动汽车能耗水平中极具挑战的关键科学问题。

1.3 研究实际行驶中不确定及未感知因素影响的建模与分析理论

车辆载重、路面、风向、天气等不确定或未感知因素，均会对车辆能耗产生不可忽略的影响。无法有效定量描述实际行驶中这些因素的影响，是导致实际行驶能耗难以与实验室标准测试结果互通的又一重要原因。研究分析实际行驶中影响能耗的不确定或未感知因素的测量，通过大规模实际行驶数据，分析不同因素的分布规律，揭示相应的能耗影响机理，构建不确定及未感知因素的数据模型，是实现电动汽车全工况能耗评价的又一关键科学问题。

2 科学问题背景

2.1 电动汽车能耗评价指标

目前，电动汽车沿用了传统燃油车的体系，以标准工况下的能耗率(或百公里能耗)评价电动汽车能耗。由于能耗率在不同工况下存在差异性，所以标准工况的能耗率与实际行驶能耗会存在或多或少的差异。这种差异一方面会影响基于标准工况的电动汽车设计开发的实际应用效果；另一方面会导致用户对电动汽车实际续航能力的质疑，放大了用户的“里程焦虑”。新能源汽车国家大数据联盟在2021年开始按月发布了一系列不同城市新能源车型的《里程可信度分析研报》，也反映了希望通过“可信度”一定程度上减小这种差异的影响。基于以上背景，探寻全工况通用的电动汽车能耗特征作为评价指标的基础，弥补标准工况能耗率在通用性上的不足，将有望从原理上提升现有电动汽车设计开发目标的合理性，减小标准测试评价和实际行驶之间的差距，开创电动汽车能耗评价的新思路。

2.2 电动汽车能耗测试评价方法

全工况通用的电动汽车能耗特征的提出必然会对现有电动汽车能耗测试体系提出新的需求。能耗标准测试的目标将从获取标准工况下的能耗率，转变为通过测试工况全面地激励电动汽车不同工况下的能耗特征，并通过测试结果提取全工况通用的能耗特征。同时，实际行驶排放(RDE)测试已在传统燃油汽车上广泛应用，这一理念也是电动汽车未来能耗测试评价的趋势。应用全工况通用能耗特征作为桥梁，构建与实际行驶具有互通性的电动汽车能耗测试体系，可以全面推进电动汽车实际行驶能耗评价。有望实现既可以通过实验室标准能耗测试结果，外推给定工况的实际行驶能耗；也可以通过车辆的实际行驶能耗，对标准能耗测试结果进行校验。

2.3 行驶环境不确定及未感知因素对电动汽车能耗的影响

由于实际行驶中未建模因素的影响大多具有常用传感器无法采集、不确定性高等问题，其数据获取所需的硬件系统复杂度高，数据规模需求量大，所以目前还未见相关研究。随着车辆远程监控技术的发展，高质量大规模的车辆实际行驶数据的获取已经成为可能。这些大规模实际行驶数据与实验室测试数据的主要区别就是不确定及未感知因素的影响。所以，从这个意义上，应用实际行驶大数据，分析电动汽车实际行驶中的影响因素，构建合理的模型，有针对性地定量描述不确定因素的分布特征及影响规律，对于推动全面合理的评价电动汽车能耗水平具有重要意义。

3 科学问题研究进展

3.1 电动汽车能耗特征

从研究方面，电动汽车能耗的通用特征一般通过基于数据或基于物理的方法进行构建。基于数据的方法目前研究比较多，但可解释性和泛化能力仍是基于数据方法的难题。对于不可解释的数据特征，难以有效应用于测试评价方法。基于物理的方法一般以纵向动力学为基础，进行不同形式的变体，但纵向动力学模型中具有显著的耦合和非线性关系，这些耦合关系和非线性关系必然会影响特征提取的合理性和通用性，所以如何提取能耗特征，尽可能减小这些耦合关系和非线性关系的影响，是基于物理方法的难点。

从目前实施的测试评价法规方面，能耗率仍被作为最常用的能耗特征，定义为能耗测试评价的指标，但其评价结果与实际行驶能耗的一致性不足也一直广受争议。美国的国家环境保护局(EPA)五工况法，引入了5个标准测试工况，通过增加标准工况的数量，增加能耗特征的广泛性，以降低标准工况与实际行驶工况的不一致性。但受到测试时间的限制，引入的测试工况的数量必然受限，所以无法从根本上解决目前法规能耗特征无法全工况通用的问题。

3.2 电动汽车能耗测试评价

电动汽车能耗测试体系目前也面临着巨大的挑战。传统上，电动汽车能耗测试采用交流能耗测试方法，不同于燃油车油耗量可以在一个测试循环中完成，电动汽车交流能耗需要不断重复测试循环，将电池从充满开始运行直至耗尽，随着电动汽车电池容量的不断提升,一次测试可能需要十几甚至几十个小时,这极大地提升了电动汽车能耗测试的成本和测试难度。在 2017 年欧美标准的修改中,均加入了全新的缩短能耗测试流程的要求,我国标准也在 2021 年 10 月开始实施缩短能耗测试方法,这类方法在标准工况中插入高速工况,以"缩短"测试时长。这种改进虽然在提升电动汽车能耗测试效率方面效果显著,但其结果仍局限于标准工况,未考虑评价结果的通用性问题,还无法实现测试结果和实际行驶结果的互通。

我国工业和信息化部于 2016 年建立新能源汽车国家监测与管理平台,全面采集国内电动汽车实际行驶数据。截至 2022 年 1 月 21 日,平台接入车辆已突破 700 万辆,预计 2025 年接入量可达 8000 万辆。利用大规模实际数据更全面地对电动汽车能耗进行评价监管,是新能源汽车国家监测与管理平台的一个重要目标,目前也积累了大量的数据资源,但仍缺乏理论研究的突破,以支撑监测大数据与法规测试标准的互通互证。

基于以上电动汽车能耗测试面临的问题和实际行驶数据采集的日益完善,可以预见未来 10 年,随着电动汽车产业和大数据技术的发展,电动汽车能耗测试体系有望发生重大变革,而这一变革将围绕着在有限测试时长内获取高互通性的测试体系的构建展开。

3.3 电动汽车实际行驶不确定及未感知因素对能耗的影响

电动汽车实际行驶中的不确定因素无法有效建模,是阻碍电动汽车能耗评价的最重要问题之一。英国谢菲尔德的实验研究指出,不同驾驶员在完全相同的行驶路线上行车的能耗差异可高达 30%。我国的新能源汽车国家监测与管理平台的数据中也可以发现,同一公交线路一年内的能耗差异可高达 100% 以上。从这个意义上来说,实际行驶中的不确定因素影响亟须合理有效地建模与分析。在这个方面,目前的研究仍处在起步阶段,大部分基于物理的电动汽车能耗模型仍为确定性模型,无法描述不确定性影响;而基于实际行驶数据的模型,由于缺乏物理基础,难以准确区分确定性影响和不确定性影响,对数据中的随机分布特性一般统一采用正态分布进行估算,其合理性及有效性均缺乏深入的分析和验证。因此,电动汽车实际行驶能耗不确定影响的建模、估计、验证等方法都还缺少有针对性的理论支撑。推动该问题的合理解决,对电动汽车实际行驶能耗的评价具有极为重要的意义。

主要参考文献

[1] 陈清泉. 电动汽车的发展和四网四流融合[J]. 科技导报,2021,39(17):1-1.

[2] 中共中央　国务院. 关于完整准确全面贯彻新发展理念做好碳达峰碳中和工作的意见[EB/OL]. [2021.10]. http://www.gov.cn/zhengce/2021-10/24/content_5644613.htm.

[3] 中共中央　国务院. 国家标准化发展纲要[EB/OL]. [2021.10]. http://www.gov.cn/

zhengce/2021-10/10/content_5641727. htm.

[4] Wang H, Zhang X, Ouyang M. Energy Consumption of Electric Vehicles Based on Real-world Driving Patterns: A Case Study of Beijing[J]. Applied Energy, 2015, 157: 710-719.

[5] European Commission. Regulation (EU) 2017/1151 of 1 June 2017 Supplementing Regulation (EC) No 715/2007 of the European Parliament and of the Council on Type-approval of Motor Vehicles with Respect to Emissions from Light Passenger and Commercial Vehicles (Euro 5 and Euro 6) and on Access to Vehicle Repair and Maintenance Information, Amending Directive 2007/46/EC of the European Parliament and of the Council, Commission Regulation (EC) No 692/2008 and Commission Regulation (EU) No 1230/2012 and Repealing Commission [R]. Official Journal of the European Union, 2017, 175: 237-643.

[6] Performance LDV, Committee EM. Battery Electric Vehicle Energy Consumption and Range Test Procedure[R]. SAE International, 2017.

[7] 佘承其,张照生,刘鹏,等. 大数据分析技术在新能源汽车行业的应用综述——基于新能源汽车运行大数据[J]. 机械工程学报, 2019, 55(20): 3-16.

[8] Bingham C, Walsh C, Carroll S. Impact of Driving Characteristics on Electric Vehicle Energy Consumption and Range[J]. IET Intell Transp Syst, 2012, 6(1): 29-35.

撰稿人:袁新枝(吉林大学)

高品质汽车性能开发的关键动力学问题

Key dynamics problem for vehicle high quality performance development

1 科学问题概述

自 2009 年开始我国一直是全球汽车产销量第一大国,随着汽车工业的不断发展,我国汽车企业必将面临产品销往全球的竞争压力,汽车产品将参与国际市场竞争。高品质汽车性能是国际汽车核心竞争力之一,主要体现在量产的品质一致性、服役过程中性能的持久性,而当前我国汽车产品恰恰在这些方面落后于国外产品,亟须先进的理论和方法来支撑我国汽车高品质性能开发。

汽车动力学特性包括稳态工况下的系统性能(稳态性能)和瞬态工况下的运动过程动态品质(瞬态品质)。瞬态品质不好,往往会出现稳定性差、跑偏、路感差、回正性差、高速发飘、抖振、摆振等现象,产品量产品质一致性差,性能持久性差等,会直接影响品牌声誉。

因此,瞬态品质是汽车产品的核心竞争力之一,也是我国自主品牌的短板。国际上,现有汽车动力学模型不能准确仿真瞬态品质,长期以来瞬态品质在开发过程中难以优化匹配,只能依靠评车师对样车进行实车调校,需经过数十年的几代底盘平台升级得以完善。我国汽车自主开发起步晚、经验少,如果没有理论方法指导,很难在短期内破解瞬态品质落后于国外产品,竞争力不足的局面。为突破汽车动力学性能开发,一系列科学问题有待解决。

1.1 汽车运动动态品质动力学建模

汽车动力学性能是汽车产品核心竞争力之一,一直是汽车产品开发的主要关注点。汽车动力学建模方法是开发汽车动力学性能的主要手段,自 20 世纪 20 年开始,国内外学者围绕提高动力学模型功能和性能开展了大量研究,从最初经典的二自由度模型开始,逐步发展到 14 自由度模型、17 自由度模型,以至更多的自由度模型,目标都是利用动力学模型解决汽车动力学性能开发中的各种问题。经过近 100 年的发展,汽车动力学模型基本都是稳态性能模型,主要特征是:模型原理是稳态理论原理,单一功能的、简化的运动学和静力学等,不考虑随着时间变化的动态过程,不考虑各个功能环节和性能环节之间的相互耦合;各个总成特性都是特性取值在各个稳态相点处的非线性特性表,不考虑这些特性会随着时间变化的要素,如刚度时变、阻尼、惯性、迟滞、黏弹性,以及摩擦环节带来的间隙、死区等。

1.2 汽车运动品质的评价理论

当前各汽车整机厂多将实车主观评价作为产品定型的最后一步,该过程只能应用于汽车的后期调校阶段,不能在产品开发的早期阶段及整个开发过程中都对主观评价结果进行控制,这种方式存在以下缺陷:当产品样车被制造出来后,悬架硬点等基本的结构参数都已经确定,留给工程师们继续改进的空间有限,一旦产品出现重大问题,将会导致无法调教,或调教结果不具有足够的市场竞争力;实车主观评价的成本较高,需要企业投入大量的资源,场地、天气、人员等很多因素交织在一起,会导致评价和调教分析的时间很长,这对于企业降低开发成本和缩短开发周期是不利的;经过专业培训和大量实践,主观评车师会形成相对比较可靠的评价模型,但是考虑到不同人在生理、心理上存在着较大差异,这一过程还是容易受到人的不确定性影响。因此,汽车运动品质的客观评价理论是高品质汽车开发面临的另一个难题。

1.3 汽车橡胶功能部件的动态建模

汽车橡胶功能部件是汽车产品中对动态品质影响最大的部件之一,橡胶功能部件受环境、使用工况的影响，其动态特性会逐步衰退。橡胶功能部件动态特性衰退导致汽车易出现跑偏、摆振、抖振、力感变差等影响汽车动态品质性能持久性的问题，研究汽车橡胶功能部件动态特性衰退的规律，并分析由于橡胶功能部件动态特性衰退对汽车动态品质的影响，在汽车产品设计开发阶段预测和控制汽车动态品质，对指导汽车产品研发，提升产品市场竞争力十分重要。因此，建立汽车橡胶功能部件的动态模型是汽车高品质开发的重要科学问题。

2　科学问题背景

汽车高品质性能开发主要关注量产性能和品质的一致性、服役过程中的性能持久性，这主要涉及高品质性能开发的动力学问题，而当前完全数字化开发理论和方法还有问题，主要是汽车运动过程稳定性仿真与实际差距较大，汽车设计制造的鲁棒性仿真不准确，需要突破汽车运动动态品质动力学建模理论与方法、主观评价关注的品质现象的客观评价方法、汽车橡胶功能部件的动态建模方法。

2.1　汽车运动动态品质动力学建模

当前，汽车动力学性能的竞争已由稳态性能转向动态品质竞争，汽车动力学模型需要对汽车动态过程有更加准确的描述，特别是满足对主观评价现象的准确表达，需要对汽车的稳定性、鲁棒性和性能持久性进行仿真。模型要能对稳态性能进行准确仿真，满足汽车动力学性能客观评价仿真分析的需要；模型要实现全工况动态过程的准确仿真，主要包括纵向行驶的停车、起步、低速行驶和倒车，转向的中心区、线性区、大滑移区的准确仿真，以满足客观和主观评价的需要；模型可准确描述系统稳定性和动态过程稳定性，对汽车中速、高速行驶中的操纵性、稳定性和鲁棒性进行准确描述；与人相互作用的环节要准确描述，汽车主观评价特别关注的运动感觉、操作触感、路感、驾驶风格等可以通过模型充分准确表达。

2.2　汽车运动品质的评价理论

汽车运动品质是主观评价关注的动态过程稳定性和鲁棒性，由于评价理论的缺乏，实际工程中只能以主观评价为主体评价。而当前主观评价多采用实车场地测试评价为主，可调整性小，并且周期长、成本高。主观评价决定了汽车所具有的品质和驾乘感觉，对于提升产品竞争力和形成产品特有的驾驶风格起着至关重要的作用。因此，研究主观评价关注的品质现象的客观评价方法可以将以人的主观感受为主的评价采用客观现象来评价，一方面解决当前主观评价只能在汽车试制后才能进行，成本高、不确定性因素多等问题，另一方面可以将主观评价的内容通过仿真和优化迭代方法在计算机上实现，满足汽车数字化开发的需求。

2.3 汽车橡胶功能部件的动态建模

当前，橡胶功能部件建模多以非线性弹性、阻尼模型为基础，根据研究需要分别考虑了黏弹性、迟滞摩擦特性、弹塑性一项或多项特性，形成了各种橡胶功能部件模型，并针对可靠性研究的需要，研究了橡胶功能部件寿命预测模型，但还缺乏描述橡胶功能部件动态特性及其衰退特性的模型。

3 科学问题研究进展

3.1 汽车运动动态品质动力学建模

针对汽车运动动态品质动力学建模的需求，相关学者已研究探索了中心区瞬态过程建模，汽车纵向、横向和垂向运动相互耦合建模等方法。提出了汽车转向中心区瞬态过程建模方法，解决了汽车稳定性、跑偏、路感、回正性的控制与匹配难题。研究发现，转向机构和左右转向轮完整动力学、车轮胎体动力学、摩擦环节静动分离模型是汽车转向中心区瞬态过程建模的关键，解决了抵抗外界干扰的动态稳定性、容许制造偏差的鲁棒性，以及瞬态路感反力仿真三大难题。提出了主要总成/功能部件强非线性瞬态过程建模、发动机转矩与悬置力同相位准瞬态建模、导向系统与承载系统耦合瞬态建模、车身与副车架等结构弹性模态耦合建模方法，建立了汽车纵向、横向和垂向运动相互耦合模型。针对高品质汽车动力学性能开发，需系统完善汽车运动动态品质动力学建模方法，实现汽车动态品质的高逼真度仿真分析，还需解决其中的建模与仿真问题。

3.2 汽车运动品质的评价理论

在动力学性能主观评价的客观化方法方面已经做出了探索，提出了基于汽车运动现象来表征主观评价的方法，利用与主观评价密切相关的物理量及其特征量来对应主观评价，并初步利用神经网络等方法建立了主观评分与特征量之间的数学联系。在系统总结国内外汽车动力学性能主观评价体系的基础上，研究了主观评车师在评车过程中主要关注的现象，建立主观评价指标体系与汽车运动现象之间的联系。评价特征指标量的确定。为了能够在计算机仿真环境下对各评价现象进行表达，找出了能够表征主观评价现象大小的特征指标量，主要包括与主观评价现象关系密切的物理量及基于这些物理量计算出来的特征量。建立了主观评分与特征量的数学关系。为了在主观评分和特征量之间建立联系，考虑到人脑评价行为的复杂性，对其进行理论化的建模将会比较困难，采用多元线性回归和神经网络两种方法，在主观评分和特征量之间建立了统计学意义上的相关模型。

要实现汽车动力学性能主观评价内容的全面客观化,完全在计算机上实现对动力学性能的评价,需建立系统完善的主观评价体系对应的客观化方法。

3.3　汽车橡胶功能部件的动态建模

当前,相关学者已开展了橡胶功能部件的动态特性建模、仿真和试验方法研究,以及温度对橡胶功能部件性能的影响。研究建立了橡胶功能部件时域瞬态四单元模型,包括弹簧、阻尼、黏弹性和摩擦四个单元,其中的摩擦模型采用动静摩擦分离的建模方法,实现了时域瞬态仿真。橡胶功能部件四单元模型由弹簧、纯阻尼、Maxwell 单元和摩擦单元并联而成。其中,Maxwell 模型由弹簧和纯阻尼串联而成,摩擦单元由弹簧、纯阻尼并联而成的 Kelvin-Voigt 模型与摩擦元件串联组成。模型中弹簧表达橡胶功能部件的弹性,阻尼和 Maxwell 单元描述橡胶功能部件的黏弹性,摩擦单元表达橡胶功能部件的弹塑性即摩擦迟滞。黏弹性代表橡胶功能部件的频率相关特性,弹塑性代表橡胶功能部件的振幅相关特性。摩擦单元里的弹簧阻尼表达相对速度零附近摩擦的松弛特性,摩擦元件描述静动摩擦特性。利用高频弹性体试验台(高达 1000Hz 的动态加载试验)开展了橡胶功能部件静态、动态和扫频等试验工况研究,测试了大量橡胶功能部件的动态特性。利用试验台及环境舱功能(-40~150℃的温度环境模拟),开展了温度对橡胶功能部件动态特性的影响研究。

综上所述,高品质汽车动力学性能开发还有诸多难点和问题,急需突破可仿真汽车稳定性、鲁棒性、性能持久性等,实现汽车全工况仿真的汽车品质动力学模型,建立一套可全面表征动力学性能主观评价的客观化方法,并对影响汽车性能持久性的橡胶功能部件进行动态特性、性能衰退等准确建模。

主要参考文献

[1] Karnopp D. Vehicle Dynamics, Stability and Control: Second Edition[M]. London: Taylor and Francis Group, 2013.

[2] Guan X, Duan C, Zheng L, et al. A High Fidelity Driving Feeling Real-time Dynamic Steering System Model[J]. The Dynamics of Vehicles on Roads and Tracks. London: Taylor and Francis Group, 2015: 779-788.

[3] Certosini C, Vinattieri F, Capitani R, et al. Development of a Real-time Steering System Model for Driving Simulators[J]. Proceedings of the Institution of Mechanical Engineers Part D Journal of Automobile Engineering, 2018, 233(11).

[4] Yang W. Scale Consistency Quantification for Subjective Evaluation of Vehicle Dynamics[J]. Automotive Innovation, 2019, 2(2): 121-126.

[5] Ivanov V, Augsburg K, Savitski D, et al. Advanced Cost Functions for Evaluation of Lateral Vehicle Dynamics[M]. Springer Berlin Heidelberg, 2013.

[6] Bakker, Egbert, Drugge, et al. Findings from Subjective Evaluations and Driver Ratings of Vehicle Dynamics: Steering and Handling[J]. Vehicle System Dynamics International Journal of Vehicle Mechanics & Mobility, 2015.

[7] 高琦,冯金芝,郑松林,等.橡胶衬套高阶分数导数动力学模型的研究[J].汽车工程,2019,41(8):872-879.

[8] 金耿日,管欣,詹军,等.底盘橡胶部件低温特性的试验研究[J].汽车工程,2017,(3):111+125-129.

撰稿人:管欣(吉林大学)　詹军(吉林大学)

CHAPTER THREE

第3章 车辆动力传动与能源系统

为了应对全球气候变暖和环境污染的挑战，对车辆动力传动与能源系统进行技术变革，发展低碳、高效节能与新能源汽车，成为世界各国的普遍共识。车辆动力传动和能源系统已经从传统的燃油驱动，转变为以电能、氢能、零碳燃料等多种能源驱动。此外，近几年我国对新能源汽车及相关零部件技术持续大力投入，在纯电动汽车、混合动力电动汽车等节能与新能源汽车的市场份额已经初步形成，无论是新能源汽车的保有量和年销量，还是公共充电桩的数量，都已大大超过了传统汽车工业强国。同时，以氢能为基础的氢燃料电池汽车具备高效能量转换、低噪声，以及环境可持续等优点，已经逐渐成为汽车产业的新关注点。

随着自动驾驶、智能网联、大数据挖掘等技术的深入发展，以及新型内燃机、电驱动系统、燃料电池系统等零部件技术的成熟与产业化应用，为车辆动力传动与能源系统的技术发展提供了新的契机、提出了新的挑战。只有攻克相关基础理论和支撑技术，解决动力传动与能源系统背后的相关科学问题，才能进一步促进低碳高效节能汽车技术的发展及其产业化。

未来的车辆动力传动与能源系统的发展，将围绕动力系统零碳化、驱动系统电动化、驱动系统智能化、车辆与能源系统网联化等方向，通过高效能转化和低污染排放的节能与新能源汽车技术，利用人工智能、大数据挖掘、信息通信、智能网联等多学科交叉融合，以及材料学、热力学、电磁学等学科的发展，结合清洁能源系统和高效动力传动系统等多方面节能与新能源汽车的核心技术，从而突破清洁内燃设计理论、车用电池系统设计理论及控制、混合动力机电耦合特性、纯电驱动系统集成、能源供给系统等诸多基础科学难题，推动未来汽车理论和技术的发展。车辆动力传动与能源系统的重点研究领域包括高效零碳氨发动机燃烧机理、动力电池系统设计与控制、机电复合传动强耦合机理、智能电驱系统设计。预期通过氢能、电能等的综合高效利用，提高动力系统与能源利用效率，最终提升车辆的动力性和经济性。

高效零碳氨发动机燃烧组织与调控机理

Combustion organization and controlling mechanism of high-efficiency carbon neutral ammonia engine

1 科学问题概述

随着碳中和目标的提出，内燃机低碳化势在必行。氨气由于其自身不含有碳原子、储能密度高、制备储运加注安全实用，被视为未来碳中和发动机极具前景的燃料。但由于氨气的理化特性与传统燃料存在较大差异，氨气的燃烧组织面临较大困难，高效清洁氨气发动机的开发面临三大关键科学问题。

1.1 高温高压宽浓度范围下氨燃料燃烧化学反应动力学机理

氨气的层流火焰速度低，仅为天然气的1/5。为使氨燃料发动机获得高热效率，需要在氨中引入高活性组分。因此，研究在不同掺混燃料、当量比、初始热力学状况下燃料的层流火焰速度对于指导高效氨气发动机的开发十分重要。另一方面，发动机实现高效率需要进一步提高压缩比和增压比，氨发动机将面临爆震问题。因此，需要研究不同掺混燃料、当量比、初始热力学状况下掺混燃料在现有发动机运行工况下的滞燃期，抑制爆震，为氨发动机高效燃烧组织提供控制准则。一方面，由于氨气活性较低，使其自身在低热力学状况下的层流火焰速度及滞燃期测量难度极大；另一方面，为获取高热力学状况条件下火焰速度及滞燃期，需借助快速压缩机(RCM)、激波管(Shock Tube)等燃烧器形成高温高压的初始热力学状况，难点在于形成基础燃烧所需的稳定精确的高温高压热力学状况。

1.2 氨燃料发动机喷雾混合气形成和高效清洁燃烧

由于氨气的理化特性与传统燃料间存在较大差异，在现有工况下氨燃料的喷雾特性将与现有燃料出现差异。氨燃料形成合理喷雾过程的关键在于，理解氨燃料在不同热力学状况下的相变动力学过程，以及适用于氨燃料喷雾形成的喷嘴、燃烧室的开发。这其中还包括射流点火在发动机上的应用难点，如射流腔中燃烧废气的彻底清除，射流腔、火花塞、喷油器在发动机缸盖上的布置等问题。

1.3 氨燃料发动机混合动力系统的动态建模与智能控制

由于目前无法实现对未来工况信息的精准辨识,混合动力系统控制往往存在发动机频繁启停及瞬态排放恶化等问题。因此,需要研究基于多时间尺度交通信息的未来工况精准辨识方法,以明确路况信息类型及其预测精度对系统能量管理的影响机制。基于此,需要提出复杂工况下整车能耗及排放的全局性优化框架,形成基于强化学习与传统预测控制的能量流在线滚动优化控制策略,实现混动发动机燃烧模式与能量流的协同控制。

2 科学问题背景

化石燃料的使用极大地推动了人类社会进步,但同时造成了大量温室气体排放。联合国政府间气候变化专门委员会(IPCC)发表的第五、六次气候变化报告指出,2011—2020 年全球大气中二氧化碳平均浓度达到 200 万年以来的峰值,其中化石燃料燃烧和工业生产过程产生的二氧化碳占比高达 78%。作为化石燃料的主要消耗源之一,发动机产生了大量二氧化碳。如何降低发动机碳排放,成为学术界、工业界共同关注的问题。

发动机碳排放的降低可通过提高发动机热效率和采用无碳燃料来实现,氢气、氨气是无碳燃料的典型代表。氢气被视为最具价值的可持续发展能源之一,但由于基础设施、运输储存和安全问题的限制,氢气目前还无法大规模应用。在此背景下,氨气的应用被逐渐推广。氢气只能在高压、低温环境中液化,而氨气在常温、900kPa 压力下即可完全液化,且液氨密度远大于液氢,液氨的含氢密度(106.4kg/m^3)和体积低热值(11213MJ/m^3)都超过液氢(70.8kg/m^3、9168MJ/m^3)。

除了存储运输优势,氨气在发动机上的应用还具有众多优势。第一,氨气具有高自燃温度,其辛烷值超过 130,已有研究表明,汽油掺混氨气可降低发动机爆震强度,因此,氨气发动机可在更高压缩比下运行;第二,氨气绝热火焰温度低,可通过降低传热损失来提高热效率;第三,氨气化学当量比混合气热值也与化石燃料相当,这为汽车的续航里程与动力性提供了保证。

然而,氨气是一种低反应活性燃料,其自燃温度高、可燃极限窄、层流火焰速度低,这一定程度上为氨气的存储运输提供了安全保障,但同时大大提高了纯氨发动机开发难度。采用高活性双燃料策略是解决这一问题的有效手段,目前,常用的高活性燃料包括氢气、正庚烷、异辛烷等。作为氢能的良好载体,可以通过改制方法在线生产氢气,目前,氨气改制大多采用高温催化剂法,在小流量工况下,可以实现氨气的 100% 转化,因此,氢气、氨气的掺混燃烧有望成为解决纯氨燃烧难题的有效途径。在此背景下,氨发动机的高效清洁燃烧组织与调控亟须深入研究。

3 科学问题研究进展

为了探索氨发动机高效清洁燃烧的调控机理，需要从氨气自身的理化特性、燃烧组织方法及其发动机控制方法入手。主要研究进展如下：

3.1 氨燃料燃烧基础

层流火焰速度、滞燃期。目前，国际上少见对于氨燃料内燃机上止点条件下燃料燃烧热解、氧化和 NO_x 生成机理的研究，尚无适用于高温(800～1200K)高压(2000～6000kPa)宽浓度范围(当量比＝0.5～2.0)下的高精度氨燃料燃烧化学反应动力学机理。现有氨气动力学机理在层流火焰速度、滞燃期等关键物化参数上表现差异大，不同动力学机理对实验结果的预测能力也存在较大差异。上述现象的主要原因在于化学动力学机理的开发高度依赖实验数据，而不同实验台架系统之间存在较大差异。因此，目前亟须发展高精度的氨气动力学机理，以适应后续模拟计算工作的开展，从而为氨气发动机的高效燃烧组织与调控提供设计准则。

3.2 氨发动机高效清洁燃烧组织

射流点火多火焰面燃烧。相比于传统碳氢燃料，氨气反应活性低、自燃温度高，其层流火焰速度为汽油的1/40、最小点火能为汽油的60倍，这限制了氨气在发动机上的使用。目前，国内外氨气发动机的燃烧组织大多依赖双燃料掺混，但这种组织方法未能从根源上解决氨气燃料燃烧慢、燃烧热效率低的问题。点火多火焰面燃烧是解决这一问题的有效手段。多火焰面燃烧模态通过在燃烧室中制造多个点火源来引燃混合气并加快燃烧速度，可通过设置多点强制点火源、湍流打碎火焰、向缸内喷射活性粒子引燃混合气等手段来实现。射流多火焰面方式不仅能够提高燃烧速度以提高热效率，还能通过空间分布点火源提高点火稳定性。这其中，主动式射流点火为喷射活性粒子引燃氨气混合气的具体实现方式之一，在射流腔中火花塞点燃高反应活性燃料(氢气、正庚烷等)后，高温燃烧气体喷射进入主燃室中引燃低反应活性的氨混合气并引发强湍流，从而实现可靠的点火过程并提高燃烧速度。

3.3 氨燃料发动机混合动力系统动态建模与智能控制

先进燃烧方式(射流点火稀薄燃烧)能够提升氨燃料混合动力车辆的经济性，但同时会伴随高效运行区域收窄、对输出功率波动敏感等问题。因此，单纯把燃烧系统最优的氨燃料发动机与“三电”系统直接组合起来的“粗放式”混动系统设计方法，难以适应实际道路行驶能耗与排放的精细化控制要求。为解决这一难题,需将发动机高效清洁燃烧技术和整车电动化与智能化技术相结合,设计氨燃料混动专用发动机及其智能控制策略。建立基于数据驱动与机理模型的氨燃料发动机混合动力系统的机、电、热、液多物理场耦合模型,能够反映空气和燃料系统的非线性特性,以及燃烧模式切换过程的氨耗与排放等动态特征。研究基于自学习动力学模型与机电耦合主动协调的燃烧模式切换底层控制策略,实现空燃比切换过程的瞬态排放抑制。分析氨燃料混动专用发动机和机电耦合系统层面的能量流动、分布与耗散情况,采用分层控制框架,确定不同维度路况信息与控制算法状态变量的匹配关系与接口,利用机器学习算法表征被控系统模型并离线训练相应控制律,基于网联路况信息实现对氨燃料发动机混合动力系统实际行驶能耗与排放的多目标智能控制。

综上所述,高效零碳氨发动机燃烧组织与调控机理仍面临较大挑战,这制约着新一代碳中和发动机的发展。我国汽车保有量巨大,目前内燃动力仍占据主体且产业链成熟,亟须开发氨发动机高效清洁燃烧的组织方法。在此背景下,开展针对高效零碳氨发动机燃烧组织与调控机理的研究势在必行。

主要参考文献

[1] MacFarlane D R,Cherepanov P V,Choi J,et al. A Roadmap to the Ammonia Economy[J]. Joule (2020).

[2] Giddey S,Badwal S P S,Munnings C,et al. Ammonia as a Renewable Energy Transportation Media[J]. ACS Sustainable Chemistry & Engineering,2017:10231-10239.

[3] Valera-Medina A,Xiao H,Owen-Jones M,et al. Ammonia for Power[J]. Progress in Energy and Combustion Science,2018,69:63-102.

[4] Zamfirescu C,Dincer I. Ammonia as a Green Fuel and Hydrogen Source for Vehicular Applications[J]. Fuel Processing Technology,2009,90(5):729-737.

[5] Grannell S M,Assanis D N,Bohac S V,et al. The Fuel Mix Limits and Efficiency of a Stoichiometric,Ammonia,and Gasoline Dual Fueled Spark Ignition Engine[J]. Journal of Engineering for Gas Turbines and Power,2008,130(4).

[6] Wang W,Herreros J M,Tsolakis A,et al. Ammonia as Hydrogen Carrier for Transportation;Investigation of the Ammonia Exhaust Gas Fuel Reforming[J]. International Journal of Hydrogen Energy,2013,38(23):9907-9917.

撰稿人:王志(清华大学)

高功率密度近零排放新型发动机设计理论

New type engines with high-power density and near-zero emissions

1 科学问题概述

近年来，我国车用发动机技术发展迅速，与世界先进水平的差距已经逐渐缩小。当前，各国均在积极探索新型发动机技术，以突破传统发动机在节能减排等方面的瓶颈。未来汽车技术的变革，发动机相关领域仍然会是主战场之一，也是我国走向汽车强国的必由之路。我国应积极探索新的发动机结构形式，鼓励发展新的发动机理论，持续投入新型发动机的关键技术研究，自主建立高功率密度近零排放的新型发动机理论体系，实现车用发动机技术的跨越式发展。

1.1 高功率密度近零排放车用发动机的先进热功转换理论

与其他类型的汽车动力装置相比，车用发动机在能量和功率密度、可靠性、安全性、市场占有率、技术成熟度、生产维护成本等方面具有不可取代的优势。与此同时，传统车用发动机的节能环保性能已接近理论天花板，燃烧组织与尾气后处理系统越来越复杂，整机的生产与使用成本越来越高。车用发动机的理论基础急迫需要技术革新，以突破奥托循环和卡诺循环对发动机热效率的约束。通过引入可变活塞行程、可变压缩比等技术，使车用发动机的节能环保性能获得进一步的提升空间。在新兴的自由活塞发动机、阿特金森循环发动机等技术路线中，面向增程式电动汽车和混合动力电动汽车，充分论证并确定适合我国汽车发展的技术路线，探索高功率密度近零排放车用发动机的先进热功转换理论，是当前发展高功率密度近零排放车用发动机首要解决的科学问题。

1.2 高功率密度近零排放车用发动机的系统集成设计理论

在传统车用发动机的基础上进行技术革新，发展高功率密度近零排放新型车用发动机，对现有生产设施与成熟技术具有良好的继承性。与此同时，车用发动机的全新开发又是一个复杂的系统工程，涉及燃料供给、热力循环、燃烧组织、尾气处理、精确控制等多个学科领域的革新，同时又受到基础材料、机械工艺、执行器、传感器等技术水平的制约。世界各国关于高功率密度近零排放新型车用发动机的研究均处于起步阶段，尚未形成较为完善的设计理论。如何在充分借鉴和继承传统车用发动机技术的基础上，从新型发动机的结构特点出发，充分利用各学科领域的最新研究成果，面向增程式电动汽车和混合动力电动汽车，建立新型发动机的系统集成设计理论，是需要解决的第二个科学问题。

1.3 高功率密度近零排放车用发动机的精确控制方法

现代发动机理论的核心是缸内燃烧过程的精确控制，这也是未来新型车用发动机实现近零排放的关键。一方面，精确控制缸内燃烧过程，提高燃料燃烧效率和热力循环效率，减少各种有害物质的生成。另一方面，精确控制缸外后处理过程，使用不同途径对有害物质进行后处理，实现有害物质的近零排放。如何设计具有更高精度和响应速度的可变气门、气体流量阀、喷油器等执行器，根据不同的燃料品质、环境因素、功率需求等，充分利用先进的现代传感技术，实现对发动机的压缩比、进气量、残余废气量、燃料供给、喷雾形态、燃料分布、着火时刻等燃烧组织参数的循环内精确控制，让每一个燃烧室和工作循环均处于实时闭环精确控制之中，这是新型车用发动机需要解决的另一个科学问题。

2 科学问题背景

我国将积极发展和推广新能源汽车作为国家发展战略。新能源汽车在节能减排等方面具有巨大的优势，新能源汽车是趋势、更是未来的观念深入人心。发展新能源汽车相关技术和产业已成为学术界和商业界的共识。纯电动汽车、混合动力电动汽车、燃料电池汽车等新能源汽车的市场份额已经初步形成，无论是新能源汽车的保有量和年销量，还是公共充电桩的数量，都已大大超过了传统汽车工业强国。

经过十余年的发展，动力电池的性能已经被深度挖掘，当前，纯电动汽车仍然存在续航、安全、充电和价格等问题。在氢燃料电池系统成本居高不下的大背景下，车用发动机在功率密度、可靠性、安全性、市场占有率、技术成熟度、生产维护成本等诸多方面仍然具有绝对优势，必然会继续发展并占据重要地位。我国不应该过早放弃面向增程式电动汽车和混合动力电动汽车的车用发动机技术的研究。

但与此同时，我们必须认识到，经过一百多年的发展，车用发动机在节能减排等方面的瓶颈越来越难以突破。燃烧组织与尾气后处理相关技术越来越复杂，发动机系统越来越复杂，生产与使用成本越来越高，车用发动机急迫需要大的技术革新。通过引入可变活塞行程、可变压缩比等技术，突破奥托循环和卡诺循环对发动机热效率的约束，进一步释放提升发动机节能减排性能的潜力和空间。

总体而言，在今后相当长的一段时间内，以发动机作为动力形式的燃油汽车，仍然会占据重要地位。在环境保护和能源问题的双重压力下，车用发动机的节能减排刻不容缓，而其关键在于技术革新。通过技术路线、集成设计和燃烧精确控制等方面的技术革新，突破发动机节能减排的技术瓶颈，建立高功率密度近零排放新型发动机的理论体系，是我国走向汽车技术强国的必由之路。

3 科学问题研究进展

3.1 高功率密度近零排放车用发动机的先进热功转换理论

当前,各国均在积极探索新型发动机技术,以突破传统发动机在节能减排方面的瓶颈。面向增程式电动汽车和混合动力电动汽车,新型发动机的结构应更加紧凑,具有更高热效率和更高功率密度,能够实现近零排放,兼具良好的燃料适应性。现有的技术发展路线包括:引入可变活塞行程和可变压缩比技术,突破奥托循环和卡诺循环对发动机热效率的约束,实现更高热效率的热力循环过程;引入自由活塞技术和直驱传动技术,消除曲柄连杆机构作用于活塞的侧向力,进一步减少发动机的传动与摩擦损失。在上述指导思想的引领下,新兴的自由活塞发动机和阿特金森循环发动机已经逐渐发展成为该领域内的研究重点。

3.2 高功率密度近零排放车用发动机的系统集成设计理论

新型车用发动机的开发是一个复杂的系统集成设计问题。世界各国的相关研究目前均处于探索阶段,尚未能形成较为完善的设计理论。在充分借鉴和继承传统车用发动机设计理论的基础上,研究人员从自由活塞发动机和阿特金森循环发动机等新型车用发动机的结构特点出发,建立了热力学、燃烧学、运动学等多学科交叉的系统模型与仿真分析方法;深入开展了参数化的仿真分析,揭示了新系统的能量流动机理,建立了新系统的动力学特性;深入开展了原理性样机的研制与实验研究工作,建立了关键零部件的设计方法;针对增程和混合动力电动汽车的应用场景,初步建立了新型车用发动机系统的参数匹配与设计方法。

3.3 高功率密度近零排放车用发动机的精确控制方法

国内外科研人员已经从以下两个方面开展了新型车用发动机的燃烧精确控制研究。一方面,从先进的现代传感技术和直线执行器技术出发,设计了具有更高控制精度和响应速度的可变气门、气体流量阀、喷油器等执行器,初步实现了对发动机主要燃烧组织参数循环间的反馈控制。另一方面,从高性能微处理器技术出发,正在构建基于实时大数据分析和实时发动机模型的循环内燃烧反馈控制方法,尝试实现对单个热力循环过程的燃烧反馈控制。通过对缸内燃烧过程循环内和循环间的精确控制,提高燃烧效率和循环热效率,减少各种有害物质的生成;结合对后处理过程的精确控制,实现新型发动机的近零排放。

主要参考文献

[1] Reitz R D, Ogawa H, Payri R. IJER editorial: The Future of the Internal Combustion Engine

[J]. International Journal of Engine Research,2019,21(1):3-10.

[2] Kalghatgi G. Development of Fuel Engine Systems—The Way Forward to Sustainable Transport[J]. Engineering,2019,2019(5):510-518.

[3] 苏万华,张众杰,刘瑞林,等. 车用内燃机技术发展趋势[J]. 中国工程科学,2018,20(1):97-103.

[4] 刘念鹏,徐照平,刘梁,等. 四冲程自由活塞内燃发电机样机设计与试验研究[J]. 小型内燃机与车辆技术,2018,47(2):1-5.

[5] 方成,杨福源,欧阳明高,等. 新一代压燃发动机控制平台开发[J]. 汽车安全与节能学报,2017,8(4):403-411.

[6] 孙柏刚,汤弘扬,陈宇航,等. Atkinson 循环发动机燃油经济性与排放性试验[J]. 北京理工大学学报,2016,36(9):905-909.

[7] 杨福源,杨雨平,欧阳明高,等. 柴油机基于缸压的闭环反馈控制技术[J]. 内燃机学报,2012,2:172-178.

[8] 常思勤,刘梁,李子非,等. 一种发动机电磁驱动配气机构应用研究[J]. 南京理工大学学报,2011,35(5):585-589.

撰稿人:徐照平(南京理工大学)　刘梁(南京理工大学)

复杂服役环境车用流体元件流固气热耦合及演变机理

Fluid-solid-vapor-heat interaction and evolution mechanism of fluid component under complex service conditions

1　科学问题概述

黏性油液作为润滑介质、冷却介质及工作介质,在车辆和工程机械动力传动系统中被广泛应用,极大地提高了车辆可靠性、耐久性、动力性。车辆运行环境复杂、范围宽广,由寒冷的高原、雪地,到炎热的沙漠、湿地,环境温度范围、路面负载范围跨度很大,因此,其内部各部件应能够适应宽温域、宽负载域等复杂服役工况下的运行要求。随着动力传动系统向着轻量化、高速高功率密度方向发展,其内部润滑、液压、液力、离合器操纵系统中黏性油液流速、载荷迅速升高,导致动力传动系统中流体元件内局部压力过低,使油液中析出气泡,形成空化现象,造成流致振动和噪声。同时,车辆在复杂服役环境下容易出现传动系统过载,离合器摩擦元件容易发生长时间滑摩,产生大量摩擦热,使温度急剧升高造成热翘曲变形,从而影响动力传动系统性能、可靠性,甚至危及行车安全。为提高车辆在复杂服役环境下传动系统性能及可靠性，仍有一系列关键科学问题有待深入研究。

1.1 高速重载黏性油液空化机理

目前，对空化研究主要针对水介质开展，水介质空化后空泡内气相物质主要为水蒸气，其空化实质为水的相变过程，称为“蒸气型空化”，对应模型也以相变为基础。而黏性油液由液相变为气相需要更为苛刻的条件，所以在一般情况下液压油很难发生相变。大部分情况下黏油介质空化后空泡内气相物质为空气，其空化为气体析出、溶解过程，称为“空气型空化”。从物理机理上看，油介质空化与水介质空化有本质的不同，目前，对黏性油液流体元件空化的研究以实验方法为主，针对研究对象开展了系列空化特性测试，并获得了一些规律，但尚缺乏针对黏性油液高速重载工况下空化机理的系统性研究，因此，如何构建高速重载工况下黏性油液空化机理模型，研究油、气耦合特性是需要解决的关键科学问题之一。

1.2 黏性油液空化特性及其对流体元件性能影响规律

车辆运行过程中，其内部液压元件、液力元件、摩擦元件等流体元件温度范围、负载变化剧烈且变化范围大，而油液属性对温度变化非常敏感，其黏性、空气分离压、饱和蒸汽压在车辆工作环境温度范围内变化非常大。因此，研究宽温域宽负载域下黏性油液空化演变机制，摸清空化程度、空化形态、空化演变特性等对各流体元件性能的影响规律，是进一步提高车辆性能和可靠性需要解决的关键科学问题。

1.3 摩擦片高速滑摩流固热耦合机制

在车辆行驶过程中，如果出现液压系统故障或者传动系统严重过载，多片离合器摩擦元件容易发生长时间滑摩。由于油压较高，摩擦元件之间会产生大量摩擦热，润滑油的冷却作用失效，摩擦元件内部温度急剧升高。摩擦元件滑摩会在径向上引起不均匀的温度分布，从而导致平面内产生热应力，当热应力弯矩超过临界值后就会产生平面外翘曲变形，严重时会导致离合器失效。因此，需研究高速滑摩状态下摩擦片流固热耦合机制，进而保证操纵系统可靠性和车辆行驶安全性。

2 科学问题背景

泵、发动机、阀等液压元件作为控制、操纵、作业乃至行动的核心部件，在车辆及工程机械上得到广泛应用，伴随液压技术向高功率密度和集成化方向发展，阀口呈现更高马赫数和雷诺数剪切流动，因此，极易形成局部低压区，致使油液中的气泡析出、生长、脱落、溃灭，从而导致液压系统性能恶化，可靠性降低。“空化现象”作为低压流动产物，贯穿于泵、阀、缸、发动机各类液压元件服役过程,成为液压技术顽症,也是提高车辆传动系统可靠性的技术瓶颈。

液力变矩器、液力缓速器等液力元件具有无级变速变矩、自动适应性、隔离振动冲击等优良特性,从而被广泛应用于汽车、货车、工程机械等车辆传动系统中。随着车辆向高功率密度、轻量化方向发展,要求液力元件更加紧凑、功率密度更高,导致其内部流速升高、压力下降,容易形成空化,导致性能恶化、产生噪声甚至失效。

湿式多片离合器是车辆操纵系统的关键部件,能够实现传动系统换挡、换段、模式切换等过程。在车辆行驶过程中,由于路面阻力突变引起传动系统载荷突变,湿式多片离合器液压缸在高压状态下长时间工作容易出现液压系统压力不稳,传动系统冲击过程中就容易产生高速高压滑摩。正常的多片离合器分离时,摩擦元件之间通常有 3 ~ 5mm 间隙,但在经历了高速滑摩之后,多片离合器中可能会有摩擦元件产生变形,使整个多片离合器轴向间隙被部分或者完全消除,从而使摩擦元件不能正常分离。

液压、液力系统在高速重载下出现的空化是一种油、气两相耦合现象,而摩擦元件高速滑摩则是流固热耦合现象,在车辆传动系统中以液压、液力、润滑、操纵等以黏性油液为工作介质的系统,空化及过热是一种有害现象,主要体现在以下几个方面:①液力元件发生空化时,形成的气泡阻碍油液循环流动,使液力性能恶化,影响车辆的动力性和经济性;②液压元件发生空化时,产生的空泡导致流动的不连续及压力的波动,影响系统的控制精度,特别严重时有可能造成断流,导致液压系统无法正常工作,影响系统的可靠性和稳定性;③液压元件中油液空化后析出气体中存在游离氧,对元件具有很强的氧化作用,引起腐蚀,降低元件的使用寿命;④空泡随着液流进入高压区会重新溶于油液中,四周的高压油液快速填补原来空泡所占的空间,导致压力冲击,产生噪声并引发机械振动,影响车辆驾驶舒适性及传动系统可靠性,如果气泡在临近机械结构表面处破灭,则产生的高速射流会在结构表面留下蚀点,造成材料剥蚀,形成气蚀破坏,严重时能引起流体元件失效;⑤摩擦片高速滑摩时,产生的大量热会使摩擦片发生翘曲变形,严重时摩擦元件表面会产生严重磨损、烧蚀甚至断裂现象,使整个传动系统失效、失控,危及车辆行驶安全。

综上,亟须进行深入的复杂服役工况下流体元件流固气热耦合特性及演变机理研究,构建能够反应黏性油液空化特性的两相流动模型,提出摩擦副高速滑摩流固热耦合特性预测方法,进一步摸清宽温域宽负载域下流固气热耦合对元件服役性能、性能退化的影响规律,对提高车辆传动系统性能和可靠性具有较大科学价值。

3　科学问题研究进展

空化现象的发现始于 1754 年欧拉对水轮机进行的研究,他发现压力降低时,水中会产生“真空”,使理论和实验之间出现偏差,但当时并没有确切定义此“真空”就是空化现象。摩擦元件流固热耦合则是随着汽车工业的逐渐发展才引起学者的广泛关注。

3.1 黏油空化初生机理

到目前为止，科学界关于空化形成的机理尚未达成统一的认识，普遍接受的理论为气核论，即认为液体中存在着微小气核，当周围压力低于一定阈值后，气核迅速生长成为气泡，从而造成空化。空化的产生必须具备两个条件，已有的气核或微小气泡及促使气核或微小气泡成长的动力。气核是否存在及其存在方式的认识颇具争议，日本学者 Washio 等对黏性油液空化初生进行实验研究，结果表明在空化发生阶段，总会在分离点附近突然出现一个稳定的空腔区，而且空腔区域有发光现象，检测到静电荷，这些用传统的空化核理论是无法解释的。因此，其提出分离点的张力使流体撕离壁面，后面留下一个空腔，形成分离边上的初始空穴，即空化核是由于流动分离而产生的，并不是本来就存在于油液。影响空化初生的主要变量有流体边界形状、绝对压强、流速等。此外，液体黏性、表面张力、气化特性、杂质特性、壁面条件、压力梯度等也有一定影响，其中最基本的量为压强和流速，一般以这两个量为基础来建立标志空化特性的空化数。黏性油液与水在上述特性上均有较大不同，而目前对于黏性油液空化初生机理、影响因素及实验测试方面的研究还相当匮乏。

3.2 黏性流体元件空化特性测试及评估

由于目前对于黏性油液仍未建立起一套完善的空化流动理论模型，对以黏性油液为工作介质的流体元件特性研究仍以试验测试为主。液压、液力元件等以黏性油液为工作介质的元件往往具有小型、封闭、耦合、高集成的特点，因此，其内部流动，特别是空化状态下流动特性的测试往往较难，一般采用透明元件、剖切等方式使空化可视化，再利用高速摄影、激光测速等手段对其空泡演变形态、内部流场状态参数进行测试，但这些方法均难以完全真实地还原实际状态下黏性油液内部空化流动状态。由于黏性油液空化与水介质的空化有着本质的不同，同时，由于高黏度对空泡的生长、破灭过程起着重要的缓冲作用，因此，黏性流体元件空化后其宏观特性表现与水力机械有着较大的不同。如对于液力变矩器来说，当其内部发生空化时，在较大范围内空化对其性能的影响是逐步加大的，其传递的功率随着空化的恶劣程度而缓慢降低，而水力机械中，如果发生了空化，其性能会急剧恶化到不可用的状态。因此，如何对黏性流体元件中的空化进行判定，建立空化程度表征模型，研究不同空化状态与元件性能的映射规律，对黏性流体元件空化进行判定、评价和优化，也是今后研究的难点问题。

3.3 摩擦片热翘曲变形特性及抑制

在重型越野车辆中，摩擦片热变形是频繁出现的故障，如果不能解决热应力分布不均匀问题,那么传动系统的控制油压力将不能进一步提高,进而限制传递功率的提升。为解决这一问题,各国学者从摩擦片结构、材料、冷却方式等方面入手,提出了不同的解决方案。

首先是增加摩擦元件厚度,提高摩擦元件厚度能够大幅提高摩擦元件的热翘曲临界弯矩,从而直接提高其抗热翘曲能力。该技术路线的优点是方法简单,能够直接有效提高摩擦元件自身的抗热翘曲能力,但增加摩擦元件厚度会导致整个离合器的轴向尺寸大幅增加,降低功率密度。

其次是通过特定冷却方式实现摩擦元件的径向均匀温升。目前常用的摩擦元件衬片表面通常加工有井形槽或者圆弧槽,目的是对摩擦元件进行冷却并排出磨损颗粒,但目前缺乏充足的理论基础来设计油槽的分布形式和具体参数,一般是通过经验来设计油槽,并对不同油槽结构形式进行优化。

还有的技术路线是在现有摩擦元件的基础上,通过在摩擦元件衬片层上设计加工不同形式的油槽及表面微织构,实现润滑油在从内径向外径流动的过程中能够对不同半径位置上的温度进行差异化冷却,最终实现摩擦元件径向上均匀温升,降低热翘曲的可能性。

最后是摩擦片材料,通过改变摩擦元件衬片层材料及其径向梯度分布,来改变摩擦元件在接触滑摩过程中不同半径处的摩擦产热密度,使摩擦元件在径向上的产热功率按一定梯度分布,进而降低径向上的温差。

主要参考文献

[1] Zhang Y C, Dou Z W, Veilleux J C, et al. Modelling Cavitation Bubble Dynamics in an Autoinjector and Its Implications on Drug Molecules [J]. International Journal of Pharmaceutics, 2021, 608: 121062.

[2] Xu W L, Wang Q F, Wei W R, et al. Effects of Air Bubble Quantity on the Reduction of Cavitation Erosion[J]. WEAR, 2021, 482: 203937.

[3] Yin J Y, Zhang Y X, Zhu J J, et al. An Experimental and Numerical Study on the Dynamical Behaviors of the Rebound Cavitation Bubble Near the Solid Wall [J]. International Journal of Heat and Mass Transfer, 2021, 177: 121525.

[4] 冀宏,傅新,杨华勇,等. 节流槽型阀口噪声特性试验研究[J]. 机械工程学报,2004,40(11):42-46.

[5] 刘城,闫清东,李娟,等. 高功率密度液力变矩器空化特性研究[J]. 机械工程学报,2020,56(24):147-155.

[6] Washio S. Recent Developments in Cavitation Mechanisms [M]. Elsevier, UK, 2014.

[7] Liu C, Wei W, Yan Q D, et al. Torque Converter Capacity Improvement through Cavitation Control by Design [J]. ASME Journal of Fluids Engineering, 2017, 139: 041103.
[8] Hu J B, Hou S Y, Wei C. Drag Torque Modelling at High Circumferential Speed in Open Wet Clutches Considering Plate Wobble and Mechanical Contact[J]. Tribology International, 2018, 124: 102-116.
[9] Liu Y W, Barber J R. Transient Heat Conduction Between Rough Sliding Surfaces[J]. Tribology Letters, 2014, 55: 23-33.
[10] Bulut D, Bader N, Poll G. Cavitation and Film Formation in Hydrodynamically Lubricated Parallel Sliders[J]. Tribology International, 2021, 162: 107113.

撰稿人：刘城(北京理工大学) 熊涔博(北京理工大学) 闫清东(北京理工大学)
魏巍(北京理工大学) 马彪(北京理工大学) 项昌乐(北京理工大学)

新能源汽车动力电池系统失效机制与智能安全管控方法

The failure mechanisms and intelligent safety management of li-ion batteries system for new energy vehicles

1 科学问题概述

动力电池安全是新能源汽车领域面临的重大课题，而车用动力电池应用过程中，存在热失控孕育演化机制和多场景全工况多因素耦合下电池系统安全性损伤机理不明确、高频失效行为复现评估技术缺失，以及测试手段与实车案例不匹配等挑战，动力电池安全事故难以从根本上被消除。为解决动力电池安全问题，推动动力电池在新能源汽车领域的高效安全应用，亟待掌握和明确动力电池在全生命周期的热失控演化机制、失效行为演化机制，提出复现评估，以及安全多维度评价方法和行之有效的智能安全管控方法，进而为动力电池安全应用提供技术支持。为突破上述技术瓶颈，一系列关键科学问题有待研究。

1.1 实车运行工况动力电池系统热失控孕育演化机制

掌握多场景全工况多因素耦合下动力电池系统热失控孕育演化机制，是实现动力电池热失控风险精准预测的基础。动力电池系统应用场景多变、运行工况和热失控触发机制复杂，并受多因素耦合影响，其安全性损伤机理和孕育演化机制还未明确；同时，热失控特征参数呈现出强时变、非线性、非均一的特点，其演变规律和特性尚不清楚。为解决此问题，需依据实车运行工况设计动力电池安全性测试实验(热失控触发实验、常规应力及微滥用实验)，借助先进测试手段和分析方法，并结合热失控事故车辆历史运行大数据，对多场景全工况多因素耦合下动力电池系统安全性损伤机理和热失控孕育演化机制开展研究，为多维度安全性评估指标体系构建和量化评估方法提出，提供强有力的理论和数据支撑。

1.2　多场景全工况多因素耦合下动力电池系统安全性损伤机理及安全与寿命的耦合机制

动力电池外部性能表征参数如容量和内阻的变化，以及内部老化衰减机理和电池安全性损伤之间的映射关系尚未建立，现有基于容量、内阻指标的电池状态评估方法无法全面、立体地反映动力电池系统的健康与安全状态劣化。如何基于实验室缺陷电芯测试，以及电芯微滥用测试数据、热失控车辆运行数据，研究复杂交变工况下电池内外特性参数全生命周期的演变规律，建立电池特性参数演变与安全损伤之间的映射关系，明晰动力电池系统安全性损伤机机理，以及安全损伤与寿命衰退的耦合机制，并在不同应用场景、复杂工况和多应力因素耦合情况下，提取表征不同电池安全损伤类型和损伤程度的特征参量，实现安全损伤类型的有效识别和损伤程度的准确评价，是提升动力电池系统使用安全性的基础和急需解决的关键科学问题。

1.3　动力电池系统高频失效行为的复现评估及安全多维度评价方法

实际车载工况下，动力电池系统潜在失效行为诱因多样，涉及复杂的控制、电气、机械原理及电化学反应机理，且存在偶然性高、重复性差等特点。如何设计失效行为复现实验，并对实验结果进行评估，构建失效行为孕育演化模型，建立动力电池多维度安全性评价体系，成为制约动力电池系统安全风险评估与管控的关键技术问题。因此，结合实验测试数据和事故车运行数据进行分析，对失效行为进行归纳分类，通过人为制造大量含各种微小缺陷的电池和进行大量的电池微滥用测试，实现电池失效行为的复现，建立失效行为特征参数集和数据库，研究特征参数演变特性，明确多因素多场景下动力电池系统失效行为的孕育演化机制，对动力电池全生命周期健康状态和安全风险进行立体、全面评价，从而实现动力电池安全管理和风险精准预测。

1.4　动力电池全生命周期智能安全管控体系构建方法

动力电池全生命周期智能管控是保障新能源汽车安全可靠运行的关键，但当前针对安全问题的管理方法仍集中在热失控的事后被动防护层面，缺乏有效的主动管控措施，且面临安全风险可控性差、健康状态估计精度低等问题，针对全生命周期的健康与安全协同主动管控体系尚未建立。因此，需针对实车运行环境，在实车运行大数据的基础上，构建动力电池安全智能管控体系。探究基于车端关键参数阈值监控和云端多源数据信息挖掘的动力电池安全风险分级方法，建立车云融合的动力电池安全预警策略与主动管控措施，研究动态均衡和充电优化等动力电池系统健康状态多层级主动管控策略；根据失效机理和安全风险演化机制对动力电池单体-模组-系统进行针对性的改进设计，形成从事前主动控制到事后有效防护的安全集成体系，实现动力电池全生命周期的实时、高效、智能、安全管控，切实保障电动汽车电池系统的安全运行。

2 科学问题背景

锂离子动力电池具有能量密度高、循环寿命长、无记忆效应等优点，被认为是最具前景的一类动力电池。随着整体能量密度的不断提高和制造成本的降低，以热失控为特征的锂离子动力电池安全事故频发，严重威胁着乘客的人身和财产安全。以防止锂离子电池热失控为核心的动力电池失效机制与智能安全管控研究，成为近几年新能源汽车领域的研究热点。

目前，动力电池失效机理研究包括以实验室测试为基础的单体电池失效机理研究、电极材料老化机理研究等，这些研究对象多为实验室测试环境下的单体电池，而针对失效、老化和安全风险演变问题，动力电池各参数的演化规律在实车应用工况下与实验室测试环境下会出现较大差异。同时，现有安全风险预测预警和故障诊断方法的指标单一、有效预警时间很短，无法有效避免安全事故的发生，现有安全管控方法的有效性、可靠性还有待提高。因此，如何阐明和掌握实车工况下动力电池系统全生命周期失效行为演化机制、建立行之有效的动力电池安全管控体系，对于提高动力电池安全应用具有重要意义。

2.1 实验室测试环境与实车运行环境差异较大

在新能源汽车运行条件下，动力电池安全风险涉及复杂的内部电化学反应机理，实验测试数据难以有效表征这些条件下的动力电池性能演化规律；其次，实际车载工况受到多区域、多工况、多气候条件的耦合影响，实验室测试难以有效全面地覆盖这些场景，这为动力电池失效行为复现带来困难。因此，结合测试数据与运行大数据，探究多场景全工况多因素耦合下动力电池系统安全性损伤机理和热失控孕育演化机制，是动力电池安全管控策略建立的重要支撑。

2.2 对高频失效行为的认识不足

动力电池是一个复杂的系统，电池热失控事故具有偶然性高、重复性差等特点，因此，当电池出现故障时，其现有监测方法无法快速确定电池的失效形式；此外，在实际车载工况中，动力电池可观测参数少、非线性特性强、性能参数耦合复杂，这使全面立体地掌握电池失效机制成为一项重要挑战，也为动力电池健康评估与风险预测带来困难。

2.3　安全与寿命的耦合机制不明确

现有研究已经证明,随着电池的老化,电池更容易被触发热失控,其安全性随使用寿命逐渐降低。但是,现有的研究中,关于安全性与电池寿命的明确关系还没有文献能够解释清楚。如何揭示和明确实车工况下,全生命周期中动力电池的安全性与寿命的耦合机制,建立动力电池安全性与寿命的关联关系和规则,对于动力电池的安全管理具有重要意义。

2.4　现有动力电池管控方法适用性差、可靠性低

动力电池智能安全管控研究包括以实验为基础的高安全性电池材料研究、基于值-率-模型的故障诊断方法研究、热失控防护方法研究等,这些研究对象多为实验室测试环境下的单体电池,针对失效、老化和安全风险演变问题,动力电池各参数的演化规律在实车应用工况下与实验室测试环境下会出现较大差异,同时,单体电池和电池包的性能演化规律同样存在较大差异。此外,现有预警和故障诊断方法的指标单一、有效预警时间很短,无法有效避免安全事故的发生,现有安全管控方法的有效性还有待提高。因此,迫切需要突破实车运行工况下动力电池智能安全管控的技术瓶颈。

综上,亟须揭示实车运行工况动力电池系统热失控孕育演化机制,这是电池热失控风险准确预测的基础。揭示多场景全工况多因素耦合下电池系统安全性损伤机理及安全与寿命的耦合机制,实现安全损伤类型的有效识别和损伤程度的准确评价,构建动力电池系统高频失效行为的复现评估方法,以及安全多维度评价标准,建立安全管控体系,进而实现动力电池安全管理和风险精准预测,这对形成动力电池主动智能安全管控策略、保障新能源汽车安全运行具有重要意义。

3　科学问题研究进展

3.1　车用动力电池热失控研究

研究人员主要针对新能源汽车动力电池在应用过程中可能会遭受的挤压、碰撞、短路、局部高温等情况展开研究。例如,清华大学利用针刺、加热等方法,结合加速量热仪和先进材料测试技术,对锂离子电池热失控的触发机理、热失控的扩展,以及各个热失控阶段的链式放热反应进行了较多的研究;中国科学技术大学针对局部过热的问题,利用电炉局部加热的方式来触发电池热失控,研究了锂离子电池的着火行为特征;针对电滥用问题,北京理工大学研究了过充电导致的锂离子电池热失控行为、失效机理,并提出了针对过充电滥用条件的安全管理方法;橡树岭国家实验室基于力学变形测试,研究了力学变形

导致的锂离子电池内短路失效机制。目前，国内外学者对于热失控的研究多是通过极端滥用如针刺、加热、持续过充等触发热失控，并且大都针对单体电池，而大量实车热失控事故表明，热失控电池并未经历这些滥用，当前测试手段与实车案例不匹配。

3.2 锂离子电池失效模式的演化规律机制

研究人员主要从电极材料失效退化机制和电池单体微滥用两个方面开展研究。例如，清华大学的研究人员借助电化学阻抗谱的分析方法，对锂离子电池在机械冲击后的电极材料变化进行了研究，提出了电池机械失效的诊断方法和预警策略；北京理工大学的研究人员利用原位分析方法，结合非原位测试方法，对锂离子电池过充电衰退模式和失效规律进行了阐释；英国帝国理工学院借助X射线扫描测试技术，对加热导致锂离子电池的退化规律进行了探究，总结了热滥用的失效机理；美国爱荷华州立大学阐明了快速充电对电池退化的作用机制，总结了快充倍率和负极析锂的关系，提出了基于在线监测阻值的失效预警方案。目前，国内外学者多采用原位和非原位的研究技术，对锂离子电池的失效模式和退化机制开展研究，并基于关键参数演变规律和电极材料退化模式提出安全管理策略。而实车应用中，电池受多因素耦合的多种滥用条件影响，失效机制复杂，导致基于单一滥用条件的预警方法准确率低，无法有效规避热失控事故。

3.3 动力电池系统安全失效原因

引发动力电池系统安全失效的原因主要分为电池内短路故障和系统层级的连接故障、绝缘故障等。动力电池系统层级的故障多数是由运行环境恶劣或者振动刺穿等外部机械应力导致组件失效。而电池内短路的诱因主要有各种滥用条件、电池内部瑕疵和老化衰退等，具体表现为电滥用、电池老化、内部瑕疵等导致金属沉积形成枝晶并刺破隔膜，外部高温及内部反应产热导致的高温使得隔膜失效，外部机械滥用如穿刺挤压和内部粉尘异物导致的隔膜破损等。电池内短路程度较轻时仅表现为自放电偏高，但严重情况下会迅速导致电池发生灾难性的热失控。目前，对安全性损伤的研究重点也多聚焦在热失控发生过程，如清华大学提出的热失控发生过程的三个特征温度，而较少涉及热失控发生前电池内部安全状态的演变，对电池热失控发生的本质诱因及发生前在电池内部长期的孕育演变过程研究不多。在电池失效行为复现方面，除了上文提到的滥用外，清华大学提出了在电池内部放置记忆合金的方式触发内短路，虽然这些方式基本都能保证重复触发热失控，但与实车失效案例仍有较大差异。

3.4 锂离子动力电池被动安全研究

研究人员对电池系统的结构优化和强化设计，过流、过压安全性设计，热管理系统优化,热失控发生后的降温、灭火、隔离和火焰气体引导等方面开展了系列研究。目前,国内很多车企已经将相应技术在量产车中实现了应用,例如比亚迪的刀片电池技术、长城汽车大禹电池技术,以及广汽埃安弹匣电池等。但是,现有研究尚未深入揭示热扩散机制,主要基于实验试错法,无法涵盖复杂的车用失效工况。为此,需要重点研究高温差驱动条件下各向异性导热,以及快速化学反应产热耦合作用条件下的单体内、单体间热失控蔓延机理,进而考虑气体喷发、火焰蔓延对热失控蔓延的影响,从而综合形成基于模型的热失控蔓延抑制技术,提出合理的热失控蔓延测试评价方案,为行业标准制定提供依据。

3.5　锂离子动力电池主动安全研究

现有动力电池全生命周期智能安全管控方法主要是事故发生前的动力电池故障诊断与安全预警。这方面国内外目前主要有两类方法:一类是基于模型的故障诊断方法,通常建立各种电池模型,并使用滤波算法辨识模型参数,通过跟踪模型的变化情况实现安全性评估及预警;另一类是基于数据驱动的故障诊断方法,这类方法常针对电压和温度等时序序列,找出外部信号特征不遵循一定分布的电池单体,通常信号特征为相关系数、信息熵等。复旦大学提出了基于电化学阻抗谱测量和弛豫时间分布的锂离子电池析锂识别方法。北京理工大学提出了基于电池电压样本熵的热失控预警算法。德国克劳斯塔尔工业大学建立了电池电-热耦合模型,实现了电池内部温度的准确估计及热失控预警。研究人员对电池安全预警问题已经开展了初步的研究,但如何形成一套能够适应实车复杂工况的、覆盖多种故障的电池安全风险综合评估体系,仍是世界各国研究和关注的焦点。

由上述分析可知,研究电池安全性损伤机理、失效行为的诱发机制和孕育演变过程,在此基础上进行实车高频失效行为的复现评估,提出完善的动力电池多维度安全评价方法,构建动力电池智能安全管控体系,对提升新能源汽车动力运行安全具有重大意义。

主要参考文献

[1] Feng X,Sun J,Ouyang M,et al. Characterization of Large Format Lithium-ion Battery Exposed to Extremely High Temperature[J]. Journal of Power Sources,2014,272:457-467.

[2] Wang Q S,Sun Q J,Ping P,et al. Heat Transfer in the Dynamic Cycling of Lithium-titanate Batteries[J]. International Journal of Heat&Mass Transfer,2016,93:896-905.

[3] Zhu X Q,Wang Z P,Wang Y T,et al. Overcharge Investigation of Large Format Lithium-ion Pouch Cells with Li(Ni0.6Co0.2Mn0.2)O2 Cathode for Electric Vehicles:Thermal Runaway Features and Safety Management Method[J]. Energy,2019,169:868-880.

[4] Wang H,Lara-Curzio E,Rule E T,et al. Mechanical Abuse Simulation and Thermal Runaway Risks of Large-format Li-ion Batteries[J]. Journal of Power Sources,2017,342:

913-920.

[5] Xiao F, Xing B, Kong L, et al. Impedance-based Diagnosis of Internal Mechanical Damage for Large-format Lithium-ion Batteries[J]. Energy, 2021:120855.

[6] Samanta A, Chowdhuri S, Williamson S S. Machine Learning-based Data-driven Fault Detection/Diagnosis of Lithium-lon Battery: A Critical Review[J]. Electronics, 2021, 10(11):1309.

[7] Zhao Y, Wang Z, Shen Z J M, et al. Assessment of Battery Utilization and Energy Consumption in the Large-scale Development of Urban Electric Vehicles[J]. Proceedings of the National Academy of Sciences, 2021, 118(17).

[8] Wang Z, Hong J, Liu P, et al. Voltage Fault Diagnosis and Prognosis of Battery Systems Based on Entropy and Z-score for Electric Vehicles[J]. Applied energy, 2017, 196: 289-302.

[9] Liu L, Feng X, Rahe C, et al. Internal Short Circuit Evaluation and Corresponding Failure Mode Analysis for Lithium-ion Batteries[J]. Journal of Energy Chemistry, 2021, 61: 269-280.

[10] Srinivasan R, Thomas M E, Airola M B, et al. Preventing Cell-to-cell Propagation of Thermal Runaway in Lithium-ion Batteries[J]. Journal of The Electrochemical Society, 2020, 167(2):020559.

撰稿人：韩雪冰(清华大学)　冯旭宁(清华大学)　徐梁飞(清华大学)
朱晓庆(北京理工大学)

高温燃料电池流动传热机理及热管理控制策略

Flow and heat transfer characteristics in high temperature fuel cells and the thermal management strategy

1　科学问题概述

新能源等技术的交叉融合正引发新一轮科技革命和产业变革，氢动力被认为是我国实现零碳排放的重要途径。采用氢燃料或氢合成氨等零碳燃料的高温燃料电池是运载工具氢动力研究与发展的重点。高温燃料电池具有对氢基燃料杂质耐受性强、效率高等优点，是未来极具发展潜力的运载工具动力，但目前高温燃料电池启动时间长、抗热震性差等瓶颈制约了其在运载动力领域的应用。因此，发展新型热管理流动控制策略是解决该瓶颈的重要途径,是决定其能否运用于车辆等运载工具的关键。为研发高温燃料电池新型热管理技术,突破上述技术瓶颈,一系列关键科学问题有待研究。

1.1　高温燃料电池流道与多孔电极内流动的耦合机制

在高温燃料电池中,反应物首先进入流道,再进入多孔电极,在多孔电极内的三相界面上发生电化学反应。流道与多孔电极内的反应物流动特性直接影响多孔电极内的传热传质过程,是影响高温燃料电池温度分布的关键。因此,为探索高温燃料电池新型热管理流动控制技术,需阐明流道与多孔电极内的反应物流动特性。如何建立高温燃料电池流道与多孔电极内反应物流动的耦合机制,是高温燃料电池热管理流动控制首要解决的关键科学问题之一。

1.2　反应物传质特性与电化学反应产热特性的关联机制

高温燃料电池的产热主要来自多孔电极内发生的电化学反应。现有研究鲜有阐明高温燃料电池流道和多孔电极内的传质特性与电化学反应产热特性的耦合作用机制。反应物传质特性、电化学反应产热特性与多孔电极温度分布之间的复杂耦合作用关系仍不明晰,因此,有必要研究反应物传质特性对电化学反应产热的影响机制,进而实现对高温燃料电池温度分布的控制。

1.3　空气对流传热特性对多孔电极温度分布的影响机理

高温燃料电池散热的主要途径为空气的对流传热。针对高温燃料电池温度分布不均、局部温度过高的主要难题,通过强化流道内空气的对流传热实现对多孔电极温度分布的控制,是发展高温燃料电池新型热管理控制策略的重要途径。但目前空气对流传热特性对电池堆温度分布的影响机理仍不明晰,并缺乏针对高温燃料电池热管理强化传热的分析评价方法。如何解析空气对流传热特性与多孔电极温度分布的耦合作用机制以实现高效的强化传热,是研发高温燃料电池新型热管理技术需解决的关键科学问题之一,是决定高温燃料电池能否应用于运载工具动力的关键。

2　科学问题背景

高温燃料电池可直接将燃料的化学能转化为电能,其效率不受卡诺循环限制,具有发电效率高的优势。近年来,由于对氢基燃料杂质耐受性强的特点,高温燃料电池被视为满足未来运载工具对清洁能源动力需求的新途径,相关研究正受到西方国家的高度重视。潍柴动力与英国 Ceres Power 在 2019 年联合为中国燃料电池巴士开发了 30 kW 的高温燃料电池增程器;美国国家航空航天局(NASA)格林中心也正在开发用于小型无人机的高温燃料电池。目前,高温燃料电池启动时间长、抗热震性差,无法直接应用于运载动力。高温燃料电池多孔电极过高的温度梯度是制约其启动与抗热循环能力的主要瓶颈。由于高温燃料电池单位体积产热量大且不均,在启动或运行过程中,多孔电极会产生极大的温度梯度,最大可至50～60℃/cm。电极的温度梯度导致各位置膨胀不均,容易在其内部形成微裂纹,且会导致热应力在电极中积累,最终使电极损坏或电池堆密封失效。高温燃料电池多孔电极过高的温度梯度是制约其应用于运载工具动力源的主要瓶颈。降低高温燃料电池多孔电极的温度梯度,可大幅降低燃料电池堆的启动时间并提高其抗热震性。因此,针对应用于运载工具动力源的高温燃料电池,迫切需要突破其热管理流动控制的技术瓶颈,需要重点研究燃料电池内流动、传质、传热等基础问题。

2.1 高温燃料电池内的反应物流动特性

反应物的流动特性是影响大功率高温燃料电池堆温度分布的关键。建立反应物流动特性与电堆温度分布的关联关系,阐明高温燃料电池流道与多孔电极内反应物流动特性的耦合机制,可为热管理流动控制提供理论基础。

2.2 反应物传质特性对多孔电极产热的影响机制

电化学反应产热是影响高温燃料电池温度分布的关键,而反应物在电池堆内的传质特性是影响电化学反应的关键。因此,有必要揭示反应物传质特性对电化学反应产热的影响机理,从而为高温燃料电池热管理控制策略提供理论支撑。

2.3 高温燃料电池热管理强化传热特性解析方法

针对高温燃料电池热管理控制策略,需建立完善的分析评估方法。如何解析空气对流传热特性对电池堆温度分布的影响机理,是发展高效热管理流动控制方法的关键。该解析方法可为高温燃料电池热管理策略提供理论指导,实现高效的传热控制。

综上所述,针对高温燃料电池,亟须深入探索有效的流动控制途径,开展电堆内流动、传质与传热的基础研究,有效降低工作时高温燃料电池电极的温度梯度与最大温度,提高电池堆运行的稳定性,降低其启动时间并提升其抗热震性,对推动高温燃料电池在车辆等运载工具动力的应用具有重要意义,科学价值突出。

3 科学问题研究进展

3.1 高温燃料电池流道与多孔电极内流动的耦合机制

针对不同功率等级、不同构型的高温燃料电池,现有研究主要聚焦于探索流道结构与流动形式对高温燃料电池内反应物流动特性的影响。在流道结构方面，目前的研究探索了不同流道构型对电池堆内速度分布的影响，分析了电池堆进出口位置、大小等因素对电池堆内反应物分布的影响，同时也探索了不同流道截面的几何形状对燃料与空气在电池堆内分布的影响，归纳了影响燃料电池内部反应物流动特性的结构参数。在流动形式方面，研究人员探索了燃料电池中常见的三种主要流动形式：顺流（燃料与空气同向）、逆流（燃料与空气逆向）与叉流（燃料与空气交错）。这些研究在一定程度上阐明了高温燃料电池内的流动特性，但对电池堆流道内的流动如何影响多孔电极内反应物流动的研究较少，并未阐明反应物在流道与多孔电极内流动特性的关联关系。反应物在多孔电极内的流动特性是热管理流动控制的关键。因此，探明高温燃料电池流道与多孔电极内流动的耦合机制，可为其热管理流动控制策略提供理论指导。

3.2　反应物传质特性与电化学反应产热关联关系

针对高温燃料电池流道内的对流传质特性，目前的研究探索了流道内的反应物传质对高温燃料电池电化学反应的作用机制，证明了合理设计流道构型可降低对流传质阻力以实现更好的电化学反应，研究人员对比了矩形、三角形、梯形等流道结构引起的传质阻力，也通过在流道内放置镍网促进反应物传质来提升电堆的功率密度。同时，现有的研究也探索了不同入口组分对电化学反应的影响。但目前的研究重点聚焦于如何通过强化传质增强电化学反应，反应物在电堆内的传质特性、多孔电极内电化学反应产热特性及其温度分布之间的耦合机制并不明晰。建立反应物传质特性与电化学反应产热之间的关联关系，可为高温燃料电池热管理控制策略提供理论基础。

3.3　高温燃料电池热管理策略

针对高温燃料电池内的强化传热，现有研究主要通过仿真与实验测试的方法探索了不同入口条件（如入口温度、流速等）对多孔电极温度分布的影响。绝大部分研究以仿真为主，缺乏针对高温燃料电池温度测量的实验研究。目前的研究表明，虽然仅增大阴极流道的空气流量可降低多孔电极的温度梯度，但是过大的空气流量不仅会增加燃料电池动力系统的泵功，还会导致需要预热的空气量大幅增加，并不能作为有效的强化传热途径。鉴于此，现有研究探索了在固定空气流量的条件下，通过不同流道构型设计以提升对流换热系数、增大传热面积与局部换热温差的强化传热方法，降低了多孔电极的局部温度，但目前空气对流传热特性对多孔电极温度分布的作用机制仍不明晰，且强化传热手段也会造成空气流动阻力的增加，仍缺乏针对高温燃料电池热管理强化传热的解析手段，无法对强化传热流动控制方法实现合理的分析与评估。如何研究空气对流传热特性对多孔电极温度分布的作用机制，提出评估高温燃料电池热管理策略的方法，是发展高效热管理流动控制策略亟须解决的问题。

综上所述，现有针对高温燃料电池的热管理控制策略缺乏对电堆内流动、传质、传热的基础研究。流道与多孔电极内反应物流动特性的耦合机制不明晰，反应物传质特性对电化学反应产热的影响机理不明，同时，还缺乏空气对流传热特性对电堆温度分布影响机理的解析方法。这些关键问题制约了高温燃料电池在交通运载动力领域的应用。开展针对高温燃料电池的流动、传热、传质的基础研究，可为高温燃料电池热管理控制策略研发提供理论基础与关键技术支撑，大幅降低电堆的启动时间并提升其抗热震性，对推动高温燃料电池在交通运载领域的广泛应用具有重要意义。

主要参考文献

[1] Zeng Z, Qian Y, Zhang Y, et al. A Review of Heat Transfer and Thermal Management Methods for Temperature Gradient Reduction in Solid Oxide Fuel Cell (SOFC) Stacks[J]. Applied Energy, 2020, 280: 115899.

[2] 金红光，王宝群，刘泽龙，等. 化工与动力广义总能系统的前景[J]. 化工学报, 2001, 52(7): 565-571.

[3] Mukerjee S, Leah R, Selby M, et al. Chapter 9 - Life and Reliability of Solid Oxide Fuel Cell-Based Products: A Review[J]. Solid Oxide Fuel Cell Lifetime and Reliability. Academic Press, 2017: 173-191.

[4] Borer N K, Geuther S C, Litherland B L, et al. Design and Performance of a Hybrid-Electric Fuel Cell Flight Demonstration Concept[C]//2018 Aviation Technology, Integration, and Operations Conference. Atlanta, Georgia: American Institute of Aeronautics and Astronautics, 2018.

[5] Zeng H, Wang Y, Shi Y, et al. Highly Thermal Integrated Heat Pipe-solid Oxide Fuel Cell [J]. Applied Energy, 2018, 216: 613-619.

[6] Wu X, Yang D, Wang J, et al. Temperature Gradient Control of a Solid Oxide Fuel Cell Stack[J]. Journal of Power Sources, 2019, 414: 345-353.

[7] Fardadi M, McLarty D F, Jabbari F. Investigation of Thermal Control for Different SOFC Flow Geometries[J]. Applied Energy, 2016, 178: 43-55.

[8] Hari B, Brouwer J P, Dhir A, et al. A Computational Fluid Dynamics and Finite Element Analysis Design of a Microtubular Solid Oxide Fuel Cell Stack for Fixed Wing Mini Unmanned Aerial Vehicles[J]. International Journal of Hydrogen Energy, 2019, 44(16): 8519-8532.

[9] Leah R, Bone A, Selcuk A, et al. Commercialization of the Ceres Power Steel Cell® Tech-

nology: Latest Update[J]. ECS Transactions, 2021, 103(1): 679.

[10] Li Y, Yan H, Zhou Z, et al. Three-dimensional Nonisothermal Modeling of Solid Oxide Fuel Cell Coupling Electrochemical Kinetics and Species Transport[J]. International Journal of Energy Research, 2019.

撰稿人：张扬军(清华大学)　曾泽智(清华大学)

大功率长寿命氢燃料电池动力系统设计和控制理论

Design and control theory of high power long life hydrogen fuel cell system

1　科学问题概述

电动化是实现交通领域碳达峰、碳中和的关键，氢能燃料电池是解决泛交通领域长途重载装备电动化的理想技术途径。泛交通领域(重卡、轨道交通、水面/水下和航空航天)动力系统功率大、重量/空间约束紧张、工作环境苛刻，必须从基础材料、系统设计与动态控制等方面入手，突破大功率长寿命氢燃料电池动力系统设计和控制理论。

1.1　泛交通长途重载运载工具的高效长寿命电堆设计

为了提升效率、降低成本，燃料电池的工作电压需要进一步提升到0.75V以上，并需要同步提升高电位下的电流密度，同时，降低膜电极的铂载量。但是，随着铂含量的降低与电压升高，催化剂层三相界面传热传质与衰退过程、膜电极的高均一设计和制造理论亟待突破。此外，为提升散热能力与燃料兼容能力，以高温质子交换膜、高温固体氧化物燃料电池为代表的高温燃料电池(>100℃)是另一个发展方向。为了实现上述目标，探索面向长途重载泛交通应用场景的高效长寿命电堆的材料体系与设计理论，是当前需要首先解决的关键科学难题之一。

1.2　长寿命高效率燃料电池系统设计和智能控制体系构建

大功率燃料电池由多个大单片组成，任意区域、任意位置失效都会导致燃料电池性能的快速恶化。空间水热状态不均匀性恶化是诱导燃料电池失效的直接原因，空间水热状态分布既受到控制策略的影响，也与燃料电池设计和制造密切相关。为了提高大功率燃料电池的工作效率与寿命，亟须阐明大功率长寿命燃料电池在全工况环境下的水热状态演化规律，揭示均匀性衰退机理，突破燃料电池系统智能化设计与控制理论。

1.3　泛交通领域燃料电池动力系统设计

续航、效率、环境适应是影响泛交通领域动力系统技术发展的关键因素。当前，燃料电池主要采用高压气氢的方案，为适应泛交通应用需求，亟须提高储氢密度，降低成本，探索液氢等高能量密度车载储氢技术。为了进一步提升动力系统效率，需要构建新型动力系统的综合能量管理架构，揭示动力系统在全工况下的能量耦合特征，进而提升动力系统氢-电-热的综合利用效率与环境适应能力。

2 科学问题背景

泛交通领域单体能耗高、排放高，虽然数量远少于乘用车与商用车，但是其排放总量与之相当，突破泛交通领域的新能源技术是决定交通节能减碳的关键环节。

低温质子交换膜燃料电池技术在过去20年得到了快速的发展，功率等级从千瓦级增加到百千瓦水平，寿命从不到1000h增加到1万小时以上，电堆功率密度3kW/L，储氢密度约为3～6wt%，效率50%，基本满足了当前车用新能源动力使用的需求。泛交通领域功率等级(百千瓦至兆瓦)、耐久性(3万小时以上)、储能总量(兆瓦时水平)与功率密度(6kW/L)、工作温度(≥100℃)、效率(60%)高于现有车用技术体系，因此，面向泛交通领域，进一步提升燃料电池效率、功率等级、功率密度与耐久性提升存在极大挑战。

2.1 高效率长寿命燃料电池设计理论有待突破

泛交通领域交通工具全生命周期燃料成本高，其新能源动力系统技术对性能、成本极度敏感，必须同时兼顾寿命与效率。但需要注意的是，进一步提高燃料电池效率，需要将燃料电池从当前0.65～0.75V的长寿命舒适工作区间提升到0.75～0.85V高效易腐蚀工作区间，并且伴随泛交通领域散热能力提升需求，燃料电池的工作温度未来也有提升的潜在需求，这都会对耐久性提升带来更大的挑战，需要在材料配方、工艺与衰退机理抑制上进行突破。

2.2 高适应的燃料电池系统设计与控制理论还未突破

泛交通领域燃料电池功率等级可达到百千瓦及兆瓦水平，按照当前燃料电池1.5W/cm^{2}的面功率密度，通常需要数百片单片面积为200～500cm^{2}的单体串联而成。由于使用时间更长、单片数量更多、工作面积更大，现有基于模型的控制理论难以完全使用泛交通领域燃料电池的全生命周期全工况控制，有必要探索智能化的设计与控制理论。

2.3 新型动力系统架构亟须创新

泛交通领域储能需求普遍在兆瓦时以上水平，对于效率、环境适应性等十分敏感。现有燃料电池动力系统仍是面向一般短途轻载场景，储氢技术有待突破，动力系统综合能量管理体系仍需创新，也是未来进一步提升泛交通领域燃料电池动力系统综合性能的关键。

综上所述，围绕泛交通领域燃料电池的发展需求，亟须深入探索大功率长寿命氢燃料电池动力系统设计与控制理论，深度解析“大功率长寿命高效率燃料电池电堆”“长寿命高效率燃料电池系统设计和智能控制”与“先进燃料电池动力系统平台”三个关键子问题。以上理论研究将会从基础材料、理论与方法上回答未来泛交通领域燃料电池发展方向的问题，能够为未来燃料电池产业的长远发展提供深厚基础，推动燃料电池技术在陆海空天全空间领域的广泛应用。

3　科学问题研究进展

3.1　大功率长寿命高效率燃料电池电堆

为了保证燃料电池电堆的功率密度与寿命，当前燃料电池主要工作在0.65～0.75V区间，该区间水热状态好、面功率高（>1.2W/cm^2），但是系统效率难以突破55%，通常处于50%水平。为了提高电堆的工作效率，燃料电池的工作电压需要提升到0.75～0.85V水平，但此时工作电流密度低，导致材料利用率不高，使电堆的制造成本大幅提升。通过调整电解质比例，可以提升燃料电池在高电位下的活性，使其面功率密度提升到0.4W/cm^2水平。但是，高电位的催化剂稳定性依然是困扰当下的科学难题，从美国试验设计（DOE）的示范结果看，0.8V高电位下的催化腐蚀是导致性能恶化的主要原因。

此外，为了提升大功率燃料电池的散热能力，高温燃料电池的研究热度近年来也在不断提升，高温质子膜的研究方向可以分为以水为质子载体的磺酸基团质子交换膜（≤120℃），以磷酸为质子载体的含氮官能团质子交换膜（120～250℃）。但是，当前磺酸基团质子交换膜技术难以超过140℃，一般都工作在120℃。如何突破高温环境下磺酸基载体的质子传导机理与降解衰退机理，成为未来发展的关键。磷酸具有很好的高温耐受性，磷酸膜的功率密度仍然较低，国内外先进水平的峰值功率密度仍不足0.5W/cm^2，突破高温环境下基础材料与设计理论，是未来发展的关键。

3.2　长寿命高效率燃料电池系统设计和智能控制

大功率燃料电池的难点依旧是水，水的相变过程十分复杂，面向大尺寸燃料电池的水传输机理研究一直是学术与业界关注的焦点问题。经过长期发展，三维数值建模方法目前已经取得了大量的研究成果，但其主要缺陷在于计算量过大，使大面积多片燃料电池设计无法应用于实际产品开发。也有研究通过透明电池，多点气体采样等结构创新的方式，通过试验来进行水状态研究，但是这种直接研究方法经常会导致燃料电池的性能恶化，使得测试结果与真实结果有一定差异。进一步揭示燃料电池水传输机理，发展高效、可靠的水状态估计方法，对于突破燃料电池的优化设计理论具有重要意义。

均匀性恶化是导致大功率燃料电池使用寿命不佳、可靠性下降的主要原因。当前的机理研究发现,燃料电池性能衰退与动态工况均匀性/一致性恶化相互耦合,衰退状态复杂。为了获得燃料电池的空间均匀性分布,在经典循环伏安法、线性电位扫描法的基础上,现有研究发展出了恒流充电法、多点电压采样法等原位分析方法,以及中子成像等先进原位成像技术。但是,现有工作主要在机理解释层面取得了一定的成果,如何从性能特征、数据特征解释演化规律,并通过设计、工艺与控制等维度来进行调控,是当前大功率长寿命燃料电池设计理论的难点。

对于泛交通场景,上述两种问题在车载环境会被同步放大。长寿命燃料电池使用过程中的非均匀衰退,将会导致燃料电池电堆内部的水热状态分布更加复杂,国内外均在探索燃料电池系统在长生命周期下的自适应控制方法。在这过程中,引入智能化的辨识与分析方法,使控制策略与燃料电池衰退状态相适应,才能在未来进一步提升燃料电池系统寿命。

3.3　先进燃料电池动力系统平台

目前,国内外针对泛交通领域的燃料电池动力系统研究还比较少,在船舶、有轨列车、飞机等场景上已经进行了初步的探索。泛交通运载装备需求的总能量大,对于燃料电池动力系统的续航与效率十分敏感,需要系统性进行关键技术突破。

续航的关键在于储氢,当前主流储氢技术主要采用了高压储氢的方案,为了提高储氢密度,采用碳纤维缠绕的方式,逐步发展出了 35MPa 和 70MPa 高压储氢系统,进一步提高压力对于碳纤维消耗大,安全风险也进一步增加。伴随碳纤维的国产化,高压储氢技术的降成本速度加快,因此,部分企业与高校开始聚焦于发展车载液氢技术。目前,美国等西方国家在液氢技术上发展较为成熟,中国液氢主要应用于火箭发射,近年来才开始进入民用领域。2020 年国内发布了面向重卡的车载 60kg 与 110kg 液氢系统。但是,如何突破大规模液氢制备的装备难题,以及车载液氢阀、流量计等关键零部件的材料与设计难题,是制约车载液氢技术发展的关键。为了平衡高压与液氢之间的技术发展,也有研究选择了中压深冷技术方案进行探索,其理论储氢密度可以超过液氢,但是中压深冷方案需要同时满足材料的耐低温与耐压特性,其材料机理更为复杂,需要进行深入研究。此外,氨储氢与甲醇储氢等氢载体储氢技术,及其配套的碱性燃料电池、高温燃料电池技术,也处于探索状态。因此,发展车载储氢技术,也是与燃料电池技术相互耦合的,亟须将两个领域的研究工作耦合起来,才能最大效果地推动技术的发展。

此外,新能源动力系统是一个氢-电-热的复杂耦合系统,通过氢能、电能、热能,以及液氢冷能的综合高效利用,是进一步提升动力系统效率的关键。目前,国内外在氢能与电能的综合能量管理方面探索已经取得一定成果,基本可以满足商用车的高效长寿命运行,但其研究方法相对偏系统科学,底层材料机理与顶层系统控制耦合度不足,导致长时间尺度下动力系统的多目标优化方法缺乏定量的研究基础，基本停留于定性层次。最近两年，国内通过液氢车载技术应用的探索，已经初步论证了液氢冷能用于车载散热额定可行性，但与动力系统氢能-电能的研究基本处于相互独立状态，突破冷-热-氢-电系统的综合能量管理与系统设计控制技术，对于提升泛交通领域动力系统效率具有重要意义。

主要参考文献

[1] Cullen D A, Neyerlin K C, Ahluwalia R K, et al. New Roads and Challenges for Fuel Cells in Heavy-duty Transportation[J]. Nature energy, 2021: 1-13.

[2] Jiao K, Xuan J, Du Q, et al. Designing the Next Generation of Proton-exchange Membrane Fuel Cells[J]. Nature, 2021, 595(7867): 361-369.

[3] Rosli R E, Sulong A B, Daud W R W, et al. A Review of High-temperature Proton Exchange Membrane Fuel Cell (HT-PEMFC) System[J]. International Journal of Hydrogen Energy, 2017, 42(14): 9293-9314.

[4] Zhang G, Jiao K. Multi-phase Models for Water and Thermal Management of Proton Exchange Membrane Fuel Cell: A review[J]. Journal of Power Sources, 2018, 391: 120-133.

[5] Hu Z, Xu L, Li J, et al. A Novel Diagnostic Methodology for Fuel Cell Stack Health: Performance, Consistency and Uniformity[J]. Energy Conversion and Management, 2019, 185: 611-621.

[6] Daud W R W, Rosli R E, Majlan E H, et al. PEM Fuel Cell System Control: A Review[J]. Renewable Energy, 2017, 113: 620-638.

[7] Wang Q, Li J, Bu Y, et al. Technical Assessment and Feasibility Validation of Liquid Hydrogen Storage and Supply System for Heavy-duty Fuel Cell Truck[C]//2020 4th CAA International Conference on Vehicular Control and Intelligence (CVCI). IEEE, 2020: 555-560.

撰稿人：李建秋（清华大学）　徐梁飞（清华大学）　胡尊严（清华大学）

高效氢-氨复合燃料发动机燃烧、排放机理与调控方法

Combustion and emission mechanism and control method of high-efficiency hydrogen-ammonia combined fuel engine

1　科学问题概述

汽车交通领域急需发展零碳燃料动力系统来应对“双碳”目标。氨气具有易液化、运

输携带安全的特点，使其在低速船舶发动机、燃气轮机、固定式发电机组等领域受到关注，但氨气存在能量密度低、点火相对困难、火焰传播速度慢及火焰稳定性差的问题，很难满足车用发动机对快速燃烧的要求。氢气具有清洁、无碳、可再生及氢-空混合气燃烧速度快、可燃范围广、点火能量低、能量密度高等特点，已成为零碳动力系统的重要燃料选择之一。但氢气的密度小，车载供氢系统体积、重量比显著低于石油燃料，综合氢气、氨气两种零碳燃料的特点，开发以氨作为氢载体，实时裂解制氢，综合利用氢-氨不同燃烧特点，突破喷雾、混合、燃烧控制，以及火焰与壁面之间复合传热等关键科学问题，开发出氢-氨复合燃料动力系统，对于支撑“双碳”目标具有重要意义。但由于氢和氨的理化特性存在较大差异，为氢-氨发动机的燃烧组织和调控机理带来了新的挑战。同时，纯氢稀薄燃烧时，氢-空混合气燃烧产生的氮氧排放非常低，在 50×10^{-6} 以下，但在过渡到理论空燃比时会产生大量的氮氧排放，最高浓度可以达到 $8000\times10^{-6}\sim9000\times10^{-6}$；而纯氨燃烧时，高温高压条件下会造成活性 N 与 O 反应，生成大量的 NO_x。想要实现氢-氨燃料在发动机上的应用，有如下一系列关键科学问题有待研究。

1.1 氢-氨燃料发动机复合燃料的喷射及混合机理

氢-氨发动机同时使用两种燃料，其燃料喷射方式、混合机理均与传统发动机的单一燃料不同。氢、氨两种燃料均可通过缸内直喷、进气道喷射方式高压或低压进入气缸，具有多相、多介质、多维、多场复杂特征，氨射流破碎、蒸发过程中伴随氢气分析扩散、空气多维流动、缸壁传热的综合作用，喷射及混合机理亟待研究。在喷射方式与过程研究方面，需要对比不同的喷射方式组合，采用先进光学检测手段研究高、低压氢-氨喷射过程，获得喷射压力和喷射位置对燃料混合气形成质量的影响规律，指导建立高精度、多组分流体动力学预测模型。在燃料-空气混合气形成方面，由于氢、氨两种燃料物理化学性质差异较大，氢气喷雾具有湍动能小、贯穿距离短、体积流量大等特征，而氨喷射具有相变、沸点低、易气化、汽化潜热大等特征，这两种燃料在缸内的混合过程又受到喷射压力、喷射角度、喷孔孔径、喷孔方向、缸壁滞止效应等多种因素的影响，导致氢、氨燃料与空气在空间、时间上的扩散及相互掺混机理难以厘清。

1.2 高温、高压条件下氢-氨复合燃烧及氢、氨还原 NO_x 的化学反应机理

氢-氨混合气在发动机受限空间燃烧室中的燃烧呈现出高温、高压的显著特点，高温、高压条件会对基元反应的数量、路径、反应常数及速率产生影响，需要弄懂以下三个方面化学反应动力学机理：一是燃烧化学反应机理。高温高压条件下氢、氨掺混后，分子或自由基之间的化学反应路径、基元反应数量等均不明确，需要构建氢-氨燃烧的化学反应动力学模型，同时获得各基元反应的反应热和反应速率信息。二是发动机运行参数对燃烧

基元反应的影响机理。发动机运行参数，如转速、负荷、点火提前角、节气门开度等均会引起缸内燃烧环境的变化，对各个基元反应产生影响。需要研究发动机运行参数对各基元反应的影响规律，提炼主要基元反应对运行参数的敏感性，反馈优化运行参数。三是 NO_x 生成机理。高温高压环境下氢气与空气反应生成 NO_x 的机理已较为明确，以高温下空气中氮气氧化生成的热力学 NO_x 为主。然而，燃料中加入氨后，由于燃料中 N 元素的引入和燃烧温度的降低，热力学 NO_x 的生成量显著增加的机理尚无研究，同时，带有氨气的燃料型 NO 的生成机理也不明确。四是氢、氨还原 NO_x 的机理。后处理器中 NO_x 转化率和 N_2 的选择率都要受到催化剂及反应气的组分、浓度、流速和温度影响。氢发动机排气中高含量的水蒸气、不同转速和负荷下宽范围的排气温度、未燃的氢气浓度、氧气含量等诸多方面的差异都会对 H_2 还原 NO_x 的反应路径和反应速率产生影响。另外，氢和氨同时作为还原剂时，与 NO_x 的竞争机制尚不明确，是否会发生竞争反应也需要进一步探索。

1.3　氢-氨发动机的爆震燃烧及火焰-壁面的复合传热

氨气直接在高速车用发动机中燃烧一直存在点火能量高、燃烧速度慢、燃烧温度低的问题，必须采用其他助燃燃料。氢气的点火能量低，约为氨的 3/10000，且具有燃烧界限宽、火焰传播速度快、燃烧温度高的优点，可以把氢气看作是氨气燃料发动机良好的助燃燃料。但在氢-氨发动机中，当氨的比例高时，其燃烧速度较慢，缸径越大、转速越低，就越容易使末端混合气自燃，诱发爆震，车用动力的最大转矩工况更容易导致爆震燃烧发生；当氢的比例高时，氢气点火能量低、扩散特性好的特点会导致末端混合气易自燃而诱发爆震。另外，在氢发动机中，还存在回火和早燃会诱发爆震的特殊机制，导致氢-氨发动机的爆震诱发因素和机理更加复杂。爆震会导致近壁面处的热边界层失效，火焰与壁面之间的传热大幅度增强，加剧末端混合气的爆震倾向。因此，氢-氨火焰与壁面之间的复合传热机理就成为抑制爆震的核心问题。具体来说，氢-空混合气的淬熄距离小，附面层显著变薄、壁面温度显著增加，末端混合气被加热、滞燃期变短，一方面会加剧爆震倾向，另一方面也会加剧火焰与壁面之间的传热；同时，气体燃烧，尤其是氢燃烧时，其普朗特常数会随着边界条件改变而发生变化，目前还没有火焰与壁面间的传热量计算模型。因此，探明氢-氨复合燃料发动机中爆震燃烧机理，以及氢-氨燃烧火焰与壁面间的复合传热机理是氢-氨发动机开发的关键科学问题。

1.4　氢-氨发动机 NO_x 控制及后处理体系

为了提升氢-氨发动机的热效率，稀燃是必然的趋势。稀燃会导致排气处于富氧的条件，一方面会对 NO_x 的还原剂的还原效率产生影响；另一方面，由于氢-氨发动机特殊的燃料属性，其后处理系统的组分、结构、浓度都需要重新匹配设计，以满足富氧条件下氢、氨

同时还原 NO_x 的效率最高，且氨不会发生大量逃逸的双重目标。氢-氨发动机的 NO_x 调控方法，一方面要根据转速、负荷、混合气浓度、氢-氨燃料的喷射比例等发动机运行参数实现主动调控的方法需要进一步探索，从而控制缸内的 NO_x 生成量；另一方面，缸外后处理系统随着排气的组分、温度、流量的变化，以及氢、氨作为还原剂的特殊性，其催化剂类型和组分、氢-氨喷射比例、次序和时刻、喷射压力的综合调控方法有待进一步研究。因此，有必要开展新型后处理系统的开发，探索氢-氨发动机 NO_x 调控的新方法，提出兼顾缸内燃烧与后处理的综合控制策略。

2 科学问题背景

二氧化碳的大量排放造成了全球范围内的气候问题。交通能源消耗是全球二氧化碳的重要来源之一，实现碳达峰、碳中和的核心路线可分为两类：传统化石能源的高效利用、采用低碳和零碳燃料。

氢气被誉为未来的理想能源，具有能量密度高、燃烧速度快、点火能量低、可燃范围广、扩散特性好、辛烷值高的特点，是车辆发动机的理想燃料之一。氨气在常温、900kPa 压力下即可完全液化，液氨的含氢密度($106.4kg/m^3$)也要高于其他的储氢方式，而且氨气的运输携带安全，是车辆领域理想的氢载体。同时，氨气也可以作为燃料进行使用，但其自燃温度高、绝热火焰温度低。

氢气和氨气是典型的零碳燃料，两种零碳燃料应用于车辆动力系统还存在一些弊端。氢单独携带时，其储能密度较低(小于5.3% wt)、基础设施不完善而导致加注困难、安全系数要求高等问题，大规模应用还需要持续的投入。而氨气单独作为燃料时，其燃料低反应活性、可燃极限窄、层流火焰速度低，大大提高了纯氨发动机开发难度。因此，采用特性互补的双燃料策略是解决这一问题的有效手段。作为氢能的良好载体，氨气可以通过高温催化裂解方法在线生产氢气，在小流量工况下，可以实现氨气的 100% 转化。因此，氢-氨的掺混燃烧有望成为零碳燃料发动机开发的有效途径。在此背景下，氢-氨发动机的高效燃烧组织与调控机制、NO_x 还原机理与调控方法亟须深入的研究。

3 科学问题研究进展

为了探索氢-氨发动机高效清洁燃烧的组织方式和调控机理，需要从氢气和氨气自身的理化特性、燃烧组织方法及其发动机控制方法入手。可喜的是，目前国内针对氢发动机、氨发动机具有一定的研究基础，氢发动机的研究基础略好一些。

3.1 氢-氨发动机的混合和喷射

对于氢-氨的喷射扩散特性，其混合方式是根据工况需求，制定掺混比例，分别喷入气缸,实现按需掺混。氢气密度小,动力系统的燃料供给需采用高压系统,以保证单位时间内有足够的燃料供给,截至目前,还没有高压大流量的气体燃料供给系统;传统的高压液体密封技术无法应用于气体喷射系统,特别是氢气分子小、易渗透,造成高压气体燃料供给系统泄漏,需采用新型密封技术;相比液体燃料,气体燃料黏度低,润滑性能差,造成高速运动件磨损严重,寿命短,需采用新型材料以保证润滑特性。因此,氢-氨发动机的混合和喷射系统需要解决高压气体喷嘴的流量、密封及可靠性的问题;在此基础上,完成氢-氨混合气在不同比例下的射流特性研究,揭示喷雾、混合与扩散机理,为燃烧组织和调控奠定基础。

3.2　氢-氨燃烧特性及动力学模型

氢-氨燃料的基础燃烧特性是发动机燃烧组合和调控的基础,研究在不同掺混燃料、当量比、初始热力学状况下燃料的层流火焰速度对于指导高效氢-氨发动机的开发十分重要。同时,基础燃烧特性的研究也是构建化学反应动力学模型的基础。目前,氢-氨燃料的基础燃烧特性一般集中于常压或低压条件下,但为了指导氢-氨发动机的燃烧控制,其高温高压条件下的化学反应动力学模型才有意义。在高压条件下,氢-氨的基元反应路径和敏感性都会发生质变,导致化学反应动力学模型无法准确反应燃烧过程。因此,有必要开展高温高压条件下氢-氨混合气不同比例的基础燃烧研究,通过平面激光诱导荧火(PLIF)、快速压缩机、激波管等测试方法获得滞燃期、层流速度、中间产物的时空演变历程,构建准确的化学反应动力学模型。

3.3　氢-氨混合气爆震诱发机理

为提升氢-氨发动机动力性和经济性,需采用高增压和高压缩比的技术途径,但这会增加爆震的倾向。爆震的发生取决于末段混合气的滞燃期和火焰的传播速度,两者均受到燃料理化特性的影响。想要解决氢-氨发动机的爆震问题,就需要从燃料的理化特性出发,针对氢-氨发动机爆震的诱发机制的特殊性开展研究。目前,氢气和氨气的理化特性也不尽相同,为了研究氢-氨发动机的爆震诱发机理,就需要对氢和氨独立状态的爆震诱发机制进行研究,在此基础上进行不同掺混条件下的爆震特性研究。首先,氢-空混合气在发动机边界下的爆震诱发机制尚不明确,其可燃范围、点火能量、压燃温度、燃烧速度和扩散特性使末端混合气的物理和化学滞燃期的竞争机制不明确、微观参数的变化机制与宏观参数之间的相关性不清晰,无法使用微观参数的变化规律指导、提出准确的抑制氢发动机爆震的方法。而氨-空混合气下,一方面高温高压条件下基础燃烧的机理尚不清晰;另一方面,纯氨发动机的研究数据也较少,导致氨发动机的爆震机制也不明确。因此,为了开发氢-氨发动机,需要针对氢-氨边界下的爆震诱发条件进行试验研究,在此基础上总结氢-氨发动机的爆震边界,并以此边界为初始条件,通过基础燃烧装置,探索不同条件下氢-氨混合气发生爆震的诱发机理及微观参数的变化机制,为氢-氨发动机的开发奠定基础。

3.4 氢-氨火焰近壁面复合传热机理

由氢-空混合气的性质和复杂的边界条件共同作用而造成的传热问题,会制约氢发动机性能的进一步提升。氢-空混合气淬熄距离短、火焰温度高的特点,使氢火焰与壁面之间热边界层很薄,火焰与壁面之间的温度梯度大幅度增加,进而导致火焰与壁面之间的传热量增大。在氢发动机中,初始压力的升高会进一步减小火焰与壁面之间的淬熄距离,导致传热量升高。同时,氢发动机中湍流强度增强,会使近壁面边界层内的湍流传热加剧、物质组分和浓度发生变化,导致传热过程发生变化。各种因素的综合效果,使氢发动机在燃烧过程中的传热量高于其他含碳燃料,传热过程的各种参数的协同作用更加复杂。同时,过高的传热量不仅会对关键零部件造成较高的热负荷,也会降低氢发动机的热效率。因此,揭示氢发动机在燃烧过程中的传热作用机制,对于提升氢发动机的热效率、控制关键零部件热负荷和设计冷却系统都至关重要。而对于氨气来说,其绝热火焰温度低、淬熄距离大,火焰与壁面之间的复合传热特性与氢-空混合气刚好相反。但氢、氨混合之后,其混合气产生的火焰与近壁面处的复合传热特性尚不清楚,两种火焰传热的主导地位尚不明确。因此,探明氢-氨燃烧火焰近壁面复合传热机理是设计高可靠性冷却系统的基本科学问题。通过研究不同氢、氨比例对氢-氨火焰温度,近壁面处火焰辐射传热和对流传热的影响规律,建立氢-氨火焰近壁面传热模型,将为氢-氨发动机关键受热零部件的设计提供依据,支撑氨燃料技术的应用发展。

3.5 氢、氨还原 NO_x 的化学反应动力学过程

氢-氨发动机 NO_x 排放机理研究的核心是氢、氨还原 NO_x 的化学反应动力学过程,纯氨在后处理系统中的化学反应动力学过程已经被广泛研究,其详细和简化模型发展也相对成熟。纯氢还原 NO_x 的研究相对较少,大多数集中于计算化学和小样试验中。但氢燃烧的排气过程温度变化范围大、流动速度快、水蒸气含量高和氧气浓度变化频繁等多维度变化特性,使氢-氨发动机边界下氢还原 NO_x 的反应机理更为复杂,具体来说,NO_x 中氧在氢、氨比例不同时的转化路径、反应速度尚不清楚;氢、氨与 NO_x 的反应温度区间不同,氢、氨同用时,其主导的基元反应不明确;氢、氨在不同催化剂作用下,其中间产物、浓度分布尚不清晰。因此,有必要深入研究氢发动机真实排气条件下的氢还原 NO_x 的反应机理,开展多维度排气参数对氢还原 NO_x 的影响规律研究,开展催化剂类型、反应温度、含水率、氢和氧浓度等多边界参数下氢还原 NO_x 的化学反应动力学过程研究,为氢-氨发动机实现“近零”排放奠定基础。

3.6　氢-氨发动机的 NO_x 调控方法

缸内外相结合的 NO_x 调控方法是实现氢-氨发动机 NO_x 控制的重要技术途径。缸内的 NO_x 调控方法主要包括稀燃、废气再循环(EGR)、喷水等,其反应机理及调控机制受到了广泛的关注。但由于缸内 NO_x 的控制措施不能完全消除车用发动机在瞬态变工况下的 NO_x 生成量,达不到原排"近零"的目标,就需要缸外的 NO_x 调控方法。使用三元催化器(TWC)降低排气中的 CO、HC 和 NO_x 是传统汽油机主流技术方案,而使用选择性催化还原技术(SCR)是柴油机中常用的 NO_x 控制技术。但在氢发动机的研究中发现,随着混合浓度的升高,排气管内的未燃氢气浓度升高,在 TWC 的作用下,NO_x 被未燃的氢气在富氧状态下还原成 N_2 和 H_2O。因此,对于氢-氨发动机来说,缸外 NO_x 的调控方法要基于氢-氨的燃料特性及还原特性进行联合设计,开发 TWC&SCR 复合式的后处理系统,基于 PLIF、小样试验台及氢-氨发动机试验测试平台,通过光学可视化研究,探索氢-氨边界下 NO_x 被还原的演化机理,提出适用于氢-氨发动机的 NO_x 调控方法,实现宽范围、变工况、强瞬态下的近零排放,助力氢-氨发动机的应用发展。

主要参考文献

[1] Verhelst S,Wallner T. Hydrogen-fueled Internal Combustion Engines [J]. Progress in Energy and Combustion Science,2009,356:490-527.

[2] 张肖肖. 富氧条件下氢气选择催化还原汽车尾气氮氧化物的研究进展[J]. 化工进展,2019,38(3):1362-1370.

[3] Terashima H,Matsugi A,Koshi M. End-gas Autoignition Behaviors under Pressure Wave Disturbance [J]. Combustion and Flame,2019,203:204-216.

[4] Wang Z,Liu H,Reitz R D. Knocking Combustion in Spark-ignition Engines[J]. Progress in Energy and Combustion Science,2017,61:78-112.

[5] Hailin L,Karim G A. Knock in Spark Ignition Hydrogen Engines [J]. International Journal of Hydrogen Energy,2004,29:859-865.

[6] Yang H,Feng Y,Wang X,et al. OH-PLIF Investigation of Wall Effects on the Flame Quenching in a Slit Burner [J]. Proceedings of the Combustion Institute,2013; 34(2): 3379-3386.

[7] Owston R,Magi V,Abraham J. Interactions of Hydrogen Flames with Walls:Influence of Wall Temperature,Pressure,Equivalence Ratio,and Diluents [J]. International Journal of Hydrogen Energy,2007; 32(12):2094-2104.

[8] Liu Z,Li J,Woo S I. Recent Advances in the Selective Catalytic Reduction of NO_x by Hy-

drogen in the Presence of Oxygen [J]. Energy & Environmental Science, 2012, 5: 8799-8814.

撰稿人：孙柏刚(北京理工大学)　罗庆贺(北京理工大学)

智能网联混合动力汽车系统设计与智能控制理论

Design and intelligent control theory for connected hybrid electric vehicles

1　科学问题概述

发展新能源汽车是我国缓解能源危机和环境污染问题的重大战略举措。作为新能源汽车的重要组成,混合动力汽车在乘用车与商用车领域均已获得大量推广应用,在续驶里程、能耗等方面具有明显优势。混合动力汽车采用发动机与动力电池系统联合供能,存在双系统间能量分配管理问题。随着5G等通信技术的快速发展,拥有车辆间通信和车辆与基础设施通信功能的智能网联技术为解决上述问题提供了新的解决方案。然而,智能网联混合动力汽车能源管理电控系统资源有限、能源管理优化潜力难提升、电池系统多维状态量不精准等难题,成为目前突破混合动力汽车关键技术面临的重要挑战,亟须发展智能网联混合动力汽车能量全局优化管理与控制理论,攻克以下三大科学问题。

1.1　构建满足端云融合需求的混合动力汽车电控单元及系统

智能网联混合动力汽车包括整车控制系统、发动机控制系统、电机控制系统、变速箱控制系统、动力电池管理系统、车载通信终端(T-BOX)等多类电控单元,系统间通信机制与协议复杂、容错率低,需要开发满足全场景安全的电控系统及先进高效电子电气架构。现有的电控系统开发测试慢、耗时长,智能网联电子电气架构复杂、需求更新快,存在开发速度与控制系统安全性的矛盾、开发效率与需求迭代的矛盾等难题,如何构建满足智能网联与端云融合需求的电子电气架构设计方法、高效高安全混合动力汽车电控单元及系统开发理论,是目前亟须解决的关键科学问题之一。

1.2　规划混合动力需求下动力电池多维约束安全边界

相比于纯电动汽车,混合动力汽车的动力电池系统仅在局部充放电区间内进行循环,导致其缺乏满充或满放等可标定电池状态,在复杂动态工况下长时间使用后性能状态估计误差大,进而导致混合动力汽车电池的实际电池状态及使用边界评价困难。现有混合动力汽车电池状态预测方法参考纯电动汽车,使用边界在出厂后难以修改,且依赖于电池参数、开发经验等,存在性能预测精度差、边界使用不合理等问题。如何规划混合动力需求下动力电池使用及可靠性边界,是目前亟须解决的关键科学问题之一。

1.3　新能源汽车的能量管理优化潜力

混合动力汽车采用发动机系统与电池系统共同供能,在接收功率需求后需完成两系统功率分配与相应的控制功能。然而,混合动力汽车的能量传递效率分析复杂,导致系统功率分配后的实际响应与预期响应存在差异。现有方法受限于车端数据资源和外部环境输入信息,通常采用经验公式等对双系统的实际功率响应采用多目标优化算法进行预测,导致复杂动态工况下准确度低、能量分配策略难量化因素多、优化目标复杂难解算、控制算法易陷入局部最优等问题,如何利用多源信息并协同车-云算力资源,建立优化效率高、优化效果佳的智能能量管理策略,是目前亟须解决的关键科学问题之一。

2　科学问题背景

混合动力汽车使用发动机、电动机与动力电池系统协同功能,因此,多能源多动力系统的能量优化控制策略是新能源汽车整车控制的核心技术之一,对提升新能源汽车的经济性至关重要。对于混合动力汽车,优化控制策略的设计目标是:在满足需求功率的前提下,合理分配发动机和电机的输出功率,减少发动机的负荷变化,提高发动机和电机的工作效率,提升车辆的燃油经济性;此外,在动力电池管理方面,需要精确计算动力电池的状态信息,在满足车辆的功率需求的前提下,保障动力电池安全,降低整车能耗。

然而,传统的混合动力汽车仅依靠车内电子技术,计算能力低、数据存储量小,导致多目标在线控制策略优化难、电池状态等决策量精度差,使能量全局优化管理策略的实现成为挑战;此外,智能网联新能源汽车的云端服务需求更新迭代速度快、开发效率要求高,传统的分布式、集中式电子电气架构已难以满足基于云服务的能量管理系统高效并行开发及计算需求。上述问题导致智能网联混合动力汽车能力全局优化管理与控制理论难以实现,在电子电气架构、电池状态预测及使用边界规划、能量分配及控制理论等方面存在以下三个技术瓶颈。

2.1　端云融合的电子电气架构难题

电子电气架构是实现端云融合的智能网联混合动力汽车的基础,也是软件定义汽车、数据开发汽车的核心技术之一,先进的端云融合的电子电气架构是解决云端需求快速迭代、车端系统高效高安全管控的核心基础。然而,现有的电子架构以分布式和集中式为主,仅靠车载端完成动力系统管理与控制,存储数据少、计算速度低,难以满足高精度电池状态预测算法、高效能量分配及管控算法的计算与存储需求,导致车载端孤立、端云不融合等问题。

2.2 高精度电池状态预测及使用边界规划难题

混合动力汽车采用发动机与动力电池协同供能以提高能量利用率，其中，动力电池通常仅在局部区间内循环使用，目前，较常见的混合动力用磷酸铁锂电池等均在 30% ~70% 荷电状态(SOC)范围内使用。由于缺乏满充、满放等可标定点，混合动力用电池状态预测精度差、可靠性低，进而导致电池全生命周期的使用边界规划难、安全性低等问题，使电池延寿、安全使用等成为挑战。

2.3 全局最优多目标能量优化控制理论

由于混合动力汽车具有的多能源多动力特征，因此，在给定的功率需求下，如何解决多系统的能量分配以保证最优的能量利用率、最长寿命的电池使用性能等，是目前混合动力汽车能量优化控制的难题。目前，车载的能量优化控制策略多基于出厂预设的经验分配等规则，不考虑电池老化、发动机工作区间等因素导致的额外能耗、损失等，全局最优能力差，亟须突破多目标能量优化控制理论。

综上所述，需要突破智能网联混合动力汽车能量全局优化管理与控制理论，深入研究智能网联下的混合动力汽车电子电气架构，将车载驱动电机控制单元(MCU)、电池管理系统、发动机控制器等车载电控单元与云端大数据平台协同联动，进一步提升电池状态估计预测能力，提高电池使用边界规划精度以保障电池使用可靠性及安全性、提高电池使用性能，最终实现多源系统协同联动的多目标能量优化控制理论，解决全局最优条件下的多源系统能量分配及优化管理，对于深度优化混合动力汽车使用性能具有重要指导意义，科学价值突出。

3 科学问题研究进展

3.1 车载电子电气架构

目前，传统车载电池管理系统多采用分布式电子电气架构，部分已经实现集中式电子电气架构的设计，该类设计方法实现了车端功能，满足了双能源系统的基本管理与能量分配策略。但是，随着智能网联化应用，混合动力汽车的云端服务功能需求日趋增多，快速开发、高效迭代已成为下一代电子电气架构的基本属性，现有的分布式、集中式架构难以满足需求，端云融合的电子电气架构以传统车载电池管理系统为基础，结合云平台的分布式计算能力和存储资源来实现精细化全局最优的能量管理与控制。然而，云端平台中计算与存储等功能之间的复杂交互逻辑难以分析，端云融合的架构仍不明晰，车云两端高效数据传输链路有待扩展，亟须完善端云融合的智能网联混合动力汽车电子电气架构设计理论。

3.2　混合动力电池状态预测及边界规划

现有的动力电池管理方法大多面向车载嵌入式系统开发，包括以卡尔曼滤波器为核心的电池 SOC、健康状态（SOH）估计算法，以模型预测为核心的功率状态（SOP）估计与预测，以经验拟合公式为核心的寿命预测等方法，在边界规划方面则是通过出厂标定参数并以插值表等形式写入嵌入式系统中。该类方法较为基础，计算速度快、数据存储量小，但预测精度低、在复杂动态工况下精度及可靠性差、没有全生命周期的参数优化能力。特别是针对混合动力汽车的动力电池仅在局部区间内工作，电池本身特性变化小、数据难体现，因此，传统方法在混合动力汽车上的适配能力差、控制精度低，导致电池使用超边界、加速老化等问题。

3.3　混合动力汽车多目标优化能量管理控制

智能网联混合动力汽车动力系统时变动态工况下的能量管理控制决定了系统效率（发动机效率、电机效率和传动系统效率），对车辆的能耗具有重要影响。现有的方法主要采用基于工况识别的能量管理方法，由于缺乏历史信息和外界信息输入支撑，工况预测的精度还有提升的空间；由于受限于车载控制系统算力的约束，优化算法还有进一步提升的空间，特别是考虑基于电池使用温升、老化速率等因素，完善动力电池多状态估计的精准度，基于多目标、多源环境信息融合的智能能量管理新方法、新理论的应用，全面提升和发挥新能源汽车的综合性能，是目前混合动力汽车能量管理理论的研究重点。

主要参考文献

[1] Zhang F, Xi J, Langari R. Real-time Energy Management Strategy Based on Velocity Forecasts Using V2V and V2I Communications[J]. IEEE Transactions on Intelligent Transportation Systems, 2017, 18(2): 416-430.

[2] Xie S, Hu X, Xin Z, et al. Time-efficient Stochastic Model Predictive Energy Management for a Plug-in Hybrid Electric Bus with Adaptive Reference State-of-Charge Advisory[J]. IEEE Transactions on Vehicular Technology, 2018, 67 (7): 5671-5682.

[3] Ma G, Ghasemi M, Song X. Integrated Powertrain Energy Management and Vehicle Coordination for Multiple Connected Hybrid Electric Vehicles[J]. IEEE Transactions on Vehicular Technology, 2018, 67 (4): 2893-2899.

[4] 钱立军，邱利宏，辛付龙. 插电式四驱混合动力汽车控制策略设计及优化[J]. 西南交

通大学学报,2015,50(6):1114-1121.
[5] 秦大同,彭志远,刘永刚,等.基于工况识别的混合动力汽车动态能量管理策略[J].中国机械工程,2014,25(11):1550-1555.
[6] 林歆悠,孙冬野,尹燕莉,等.基于随机动态规划的混联式混合动力客车能量管理策略[J].汽车工程,2012,34(9):830-836.
[7] Du G,Zou Y,Zhang X,et al. Deep Reinforcement Learning Based Energy Management for a Hybrid Electric Vehicle[J]. Energy,2020,201:117591.
[8] Zhang C,Vahidi A. Route Preview in Energy Management of Plug-in Hybrid Vehicles[J]. IEEE Transactions on Control Systems Technology,2012,20(2):546-553.

撰稿人:杨世春(北京航空航天大学)

机电复合传动强耦合机理及协调控制机制

Strong coupling mechanism of hybrid transmission and cooperative control

1 科学问题概述

特种车辆高机动高通过性及随车设备的高用电需求,对动力传动系统提出了很大的挑战,同时,特种车辆动力传动系统运行环境、设计理论、控制方法等与一般车辆有很大区别。机电复合传动是以多段或多挡行星变速技术为基础,通过变速机构、电液操纵机构和电机的协调,实现发动机、电池等多动力源的耦合及大功率机电能量的高效转换、调控和供给,同时输出用于车辆驱动的机械能和电能,这是特种车辆的核心技术之一。机电复合传动协调控制是科学技术进步面临的重大课题,机电复合传动集成了机、液、气、电力、电子、电磁等多种学科和技术,存在复杂的能量流与信息流的传递、转换和演变,机电多维度强耦合,行驶工况复杂多变难预测等挑战,使得协调控制品质难以从根本上提高。为构建机电耦合机理,从本质上改善协调控制品质,亟待研究一套机电复合传动系统高品质协调控制的新理论、新方法和新技术,进而保障结构复杂度高和技术综合性强的机电复合传动系统的高效性和稳定性。为突破上述技术瓶颈,一系列关键科学问题有待研究。

1.1 多动力源强耦合机理

机电复合传动的动力来自于发动机、发电机、动力电池等多个动力源,各动力源响应、功率、能量差异大且影响机电复合传动系统控制的高效性和稳定性。主动力源发动机在大范围工况变动时,转矩调节的延迟和仿射非线性特征明显。电动机本质上是 d 轴和 q

轴电流与转速紧密耦合的高度非线性系统。动力电池充放电电流与端电压、温度等参数呈现显著的滞环非线性。因此,为了探寻不同动力需求和机电复合传动系统属性对耦合特性影响,需分析各动力源的物理特性和响应机制。如何研究多动力源强耦合机理是首要解决的关键科学难题之一。

1.2 复杂随机机电负荷特性

特种车辆在瞬息万变的场景下高速越野机动、灵活转向、紧急制动时,急加速、行进间转向驱动、越野路面高速行驶、快变电能需求等,使得机电复合传动系统的机械、电气负载特性具有典型的随机性和非线性。现有研究鲜有剖析模型不确定、场景动态多变条件下的机电复合传动系统随机机电负荷特性。因此,有必要从实际需求出发,分析各动力源随机负荷下的响应机理,摸清机电复合传动的随机机电负荷特性。

1.3 力-速度-能量耦合机制

特种车辆应用环境复杂多变,不仅包括陆地环境,还可能覆盖近地水域、空域等多栖立体复杂环境。与陆地行驶不同,空中飞行过程中由气流或旋翼自身产生的纵向力、垂直力、侧向力、翻转力矩、俯仰力矩与偏航力矩的变化复杂,对车辆稳定性与安全性的影响较大。为了应对复杂多变的应用环境,分析机电复合传动系统运行过程力矩、速度、能量之间存在的广义耦合关系,保证其高机动、高效率、高可靠运行过程与多栖模式之间的平稳过渡,力-速度-能量之间的耦合机理亟须探明。

1.4 多维高品质控制方法

现有研究对机电复合传动系统的分析与控制侧重于功能实现和中低频段(0 ~ 10Hz)内的动态响应性能。随着对机电复合传动系统认识的不断深入,高频段(10 ~ 100Hz 及100Hz 以上)系统特性对复杂机电装备的影响逐渐展现,即 NVH 问题。因此,需进一步揭示高频段系统特性对机电装备性能的影响机理,探明频率与性能的内在致因机理,提出多维高品质控制方法,进而改善机电复合传动系统在全频段的性能。

2 科学问题背景

机电复合传动系统动力来自发动机、发电机和电池等部件,由于各部件相异的工作特性,导致机电复合传动系统具有复杂的机电耦合特性。因此,对机电耦合特性的分析是机电复合传动系统技术发展的重要理论基础,包括各部件建模,各部件间的耦合作用机理与耦合关系演化规律。目前,对于机电复合传动系统的研究包括从宏观角度进行分析的能量管控技术、以整机为对象的稳定性分析技术。这些研究并没有考虑各部件的物理特性,对于机电耦合机理研究仍存在不足。除此之外，机电复合传动系统技术发展还面临着诸多挑战，如特种车辆在多栖立体复杂环境下动力需求难响应、随机机电负荷难适应等难题。因此，迫切需要解决机电复合传动强耦合机理及协调控制机制问题。

2.1 特种车辆工作环境复杂及控制系统设计难

有别于性能指标测试时的良好工况和确定的初始条件，真正具有实用价值的越野车辆必须在非结构的复杂工作环境、瞬息万变的场景下高速越野机动、灵活转向、紧急制动，并且满足悬挂系统等随机用电需求，这对机电复合传动系统在复杂随机工况下的高效机电能量转换、稳定运行和自适应多动力快速响应等提出了更高的要求。为满足特种车辆机电复合传动系统多模式随机动态工况下的服役性能，迫切需要以随机过程表征多模式随机动态工况，依此进行控制系统设计，并基于随机优化给出更符合实际物理过程的最优控制规律。

2.2 机电复合传动系统耦合模型建立难

陆地工况下的特种车辆行驶速度中等，野外山地附着率低且变化剧烈，飞行工况下的特种车辆前飞速度较大、高空气温低且空气密度低、气流速度变化快，复杂的服役工况对机电复合传动系统快速响应能力、大功率需求、极端环境下适应性、安全性和稳定性提出了更高的要求和挑战。需要掌握耦合系统动态特性的机电复合传动多尺度建模方法，探明机电复合传动系统的力-速度-能量耦合机理，建立其瞬态解耦机制，从而实现系统实时高性能控制。当前的机电复合传动系统控制领域，均采用结合整车与系统稳态特性进行建模，对关键部件如发动机、电机、动力耦合装置等的动态特性，在频繁模式切换过程中的发动机瞬态力矩、油耗、排放特性，或长时间大功率用电造成的电驱系统热特性等缺乏考虑，对结合瞬态力-速度与稳态能量变化之间的耦合关系鲜有研究，因此，特种车辆应用环境下的机电复合传动力-速度-能量耦合机理及其高性能控制方法值得深入研究。

2.3 复杂机电复合传动系统动力学建模及高频动力学控制有待解决

研究特种车辆机电复合传动系统的高频动力学品质控制难点之一在于系统动力学建模。由于复杂机电系统包含多物理子系统，所对应的数学模型具有维数高，多空间、时间尺度及多子系统高度耦合等特点，加之物理系统高度异质性导致数学上的高度异构性，模型往往呈现严重病态，难以数值求解；另外，由于结构参数的不确定性，导致最终所建立系统理论模型存在较大的不确定性，基于这种模型设计得到的控制器维数也较高，难以实际应用。为进行复杂机电复合传动系统动力学仿真分析，并进一步开展控制器设计，必须进行降阶研究。

3　科学问题研究进展

3.1　车辆机电复合传动系统模型描述问题

建立动态模型是实现复杂工况环境下的特种车辆机电复合传动系统能量全局最优控制的关键。机电复合传动系统集成了多种不同特性部件，其精确模型的建立涉及机械动力学、电路、电化学、摩擦学等多个学科的理论知识，从而导致其精确建模问题始终未得到系统性解决。对于复杂工况环境下的特种车辆机电复合传动系统能量优化控制问题，瞬态多变的多栖综合环境、复杂随机的实时工况，以及运行过程涉及的车辆模式切换规律及驾驶员操作习惯，都需要建立系统性的动态模型。因此，如何精确描述系统模型是实现特种车辆机电复合传动系统全工况能量最优化分配的难点。

针对上述问题，美国亚利桑那州立大学的 Abdel 博士联合克莱姆森大学和橡树岭国家实验室研究人员，提出了用于先进能量管理策略的机电复合传动系统模型及其实车在环验证方法论。上海交通大学杨林教授团队将混动车辆运行工况的学习和预测引入了混动车辆燃油经济性提升问题中，利用 K 最邻近规则预测方法对驾驶工况进行了预测建模，并结合混动车辆整车动态模型，形成了混动车辆在通勤运行任务下的能量最优管理体系。为了研究多个混动车辆能量优化控制问题，国内外学者从跟车控制角度进行大量的研究。加拿大滑铁卢大学的 Vajedi 博士等提出了车-车距离保持建模方法，采用前车加速度预测的方法保证跟车过程中的距离保持在安全范围。清华大学李克强教授团队提出了跟车过程中的经济型自适应巡航控制策略，其中考虑了有级变速器不同挡位对求解最优整车燃油经济性的影响，建立了跟车模式下的动态模型描述。

上述研究工作均为特种车辆机电复合传动系统能量优化控制提供了丰富的模型参考，然而，实现复杂服役环境下的混动车辆全工况高效运行需将瞬态大功率、复杂外界干扰、多工作模式切换，以及驾驶员随机操作特性进行综合考虑，同时，需要研究力-速度-能量耦合机理，建立其瞬态解耦机制，从而构建出特种车辆混合动力大系统动态模型描述，为揭示整个系统能量优化控制机理及多个燃油经济性全局最优控制方案提供理论支撑。

3.2　机电复合传动系统协调控制问题

机电复合传动系统能量优化管理是实现其能量高效运行控制的最关键环节，也是能够实现整车低能耗、低排放运行的主要保障之一。机电复合传动系统的能源管理策略可以分为基于规则的、基于智能的、基于优化的等，其中基于规则的控制方法易于实现，计算负担非常低，实时性强；近年来由于人工智能的快速发展，基于智能的能量管理控制策略如神经网络、深度学习等在机电复合传动系统中取得了巨大的发展和成功的应用；基于优化的能源管理策略包括动态规划(DP)、庞特里亚金最小原理(PMP)和线性规划(LP)、等效消耗最小化策略(ECMS)、模型预测控制(MPC)等，通常预先结合约束条件建立成本函数。

外部运行工况、瞬态交通流，以及驾驶员操作的不确定性等现实因素，导致了寻求机电能量流全局最优控制这一机电复合传动系统能量管理策略设计的最终目标难以达成。考虑到理论燃油经济性全局最优与实时应用可行性的平衡，许多学者利用实际能够获取的工况信息来寻求混合动力汽车燃油经济性的近似最优解。美国加利福尼亚大学伯克利分校的 Moura 教授利用实车行驶试验数据建立的目标工况概率分布，设计了基于随机动态规划的能量优化控制策略。美国密歇根大学的 Kolmanovsky 教授等考虑驾驶员行为的实时变化及道路坡度对机电能量分配的影响，提出了具有表征功率需求的马尔科夫链在线学习机制的随机模型预测控制，该控制方法获得了较好的能量优化效果。在此基础上，清华大学李亮教授团队针对公交客车运行规律特点，同时结合控制策略实时性问题，采用随机模型预测控制方法设计了面向公交客车应用的混动车辆能量优化管理方法。由于跟车过程的混动车辆能量优化管理还需考虑行车安全等车辆动力学控制约束等，瑞典查尔姆斯理工大学的 Murgovski 博士、瑞典皇家工程院院士 Egardt 等提出了常规燃油车队列在自适应巡航过程中的协同能量管理策略设计方法，应对不同的路况，采用上层二次规划与底层动态规划结合的分层控制器，实现了车队燃油经济性与行车安全的综合提升。

然而，目前特种车辆机电复合传动系统高性能控制尚未形成完备的系统性解决方案，因此，需要在上述研究的基础上，结合力-速度-能量解耦机理与混动车辆机电能量流间的协同匹配，挖掘复杂服役环境下特种车辆机电复合传动系统能量优化控制机理，建立其能量全局最优控制体系，从根本上保证其高性能、安全性与可靠性，为工程应用提供科学理论指导。

3.3 机电复合传动系统高频动力学调控问题

复杂机电复合传动系统的高频动力学控制是本领域的另一个难点。尽管高响应速度机电元件为动力学品质的主动控制提供了可行性，但仍需要控制理论的突破以提供高效的设计和仿真方法。以新能源汽车为例，基于车载电子控制器件和电力执行器件对信息和能量的快速响应特性，在多种工作模式切换过程中实时协调控制各个子系统，可实现主动抑制模式切换过程中的机械零件与电气部件所承受的冲击载荷。已有的研究方法集中在时域、时频混合域和模态域内寻找解决方案。秦大同等主要通过时域内的动力学模型，研究混合动力汽车和纯电动汽车在模式切换过程中如何通过电机的快速转矩响应减小切换过程冲击。童毅等主要基于频域内的快速傅立叶变换(FFT)计算发动机脉动转矩，并在时域内分配永磁同步电机的转矩来补偿发动机的动态转矩，以提升混合动力汽车驾乘者的舒适度，可称为混合域方法，其中，M. Njeh 采用 H 无穷控制方法通过电机的主动转矩控制，将并联式混合动力汽车用发动机在 7.5Hz、15Hz 和 22.5Hz 三个谐次的脉动转矩削减，NVH 主动控制效果显著。对于更复杂的多流机电复合传动系统，还需要探索和揭示机电动载荷多路径传输效应、影响机制、扰动幅值与相位的实时辨识等科学问题，期望在多维强耦合非线性约束系统的实时优化求解和多维变量的协调控制方面取得突破，实现高频动力学品质的主动控制。

对于更高阶数和频段的受控机电系统，其 NVH 控制方法主要基于模态控制思想。本方向的难题在于，当采用模态控制方法控制结构的中高频振动时，未被控制的剩余模态在控制力的作用下，将会出现“控制溢出”的问题。除此之外，模态控制中所需的控制力一般通过十分精确的模态坐标计算获得，然而，在提取模态坐标的过程中又会出现“观测溢出”的问题。对于高频动力学的研究，由于无法准确获取模态特性，且对模型偏差影响大，因而以模态模型设计的控制器的可靠性会明显降低，其控制方法仍需要深入的理论研究。

综上所述，现有针对机电复合传动强耦合机理及高品质协调控制机制的研究尚缺乏全面系统的基础理论支撑。发动机、发电机和电池等部件精确动态建模困难，各部件耦合机理和复杂工作环境下耦合关系演化规律难构建，各协调控制机制难确立。这些关键问题制约了机电复合传动系统的发展，有必要逐一攻克，最终实现机电复合传动系统的高品质协调控制。同时，以上理论研究从多栖立体复杂环境，多维角度深入解析机电复合传动系统各部件的行为特征，能为机电复合装备产业长远发展提供深厚的理论基础，对深入系统地分析机电复合装备的机电耦合机理、实现高品质协调控制具有重要意义。

主要参考文献

[1] Ma S H, Wang S L, Zhang C N, et al. A Method to Improve the Efficiency of an Electric Aircraft Propulsion System[J]. Energy, 2017, 140(1): 436-443.

[2] Vajedi M, Azad N L. Ecological Adaptive Cruise Controller for Plug-in Hybrid Electric Vehicles Using Nonlinear Model Predictive Control[J]. IEEE Transactions on Intelligent Transportation Systems, 2016, 17(1): 113-122.

[3] Li S E, Guo Q, Xin L, et al. Fuel-saving Servo-loop Control for an Adaptive Cruise Control System of Road Vehicles with Step-gear Transmission[J]. IEEE Transactions on Vehicular Technology, 2017, 66(3): 2033-2043.

[4] Li L, Wang X, Song J. Fuel Consumption Optimization for Smart Hybrid Electric Vehicle During a Car-following Process[J]. Mechanical Systems and Signal Processing, 2017, 87: 17-29.

[5] 沈登峰,王晨,于海生,等.复合功率分流混合动力汽车能量管理策略研究[J].汽车工程,2017,39(1):15-22+27.

[6] Moura S, Fathy H, Callaway D, et al. A Stochastic Optimal Control Approach for Power Management in Plug-in Hybrid Electric Vehicles[J]. IEEE Transactions on Control Systems Technology,2011,19(3):545-555.

[7] 吕浪,熊万里,侯志泉.面向机电耦合振动抑制的电主轴系统匹配特性研究[J].机械工程学报,2012,(9):144-154.

[8] Fehr J, Eberhard P. Error-Controlled Model Reduction in Flexible Multibody Dynamics [J]. Journal of Computational and Nonlinear Dynamics,2010,5(3):470-478.

[9] 秦大同,詹森,曾育平,等.基于驾驶风格识别的混合动力汽车能量管理策略[J].机械工程学报,2016,52(8):162-169.

[10] Mayyas A R, Kumar S, Pisu P, et al. Model-based Design Validation for Advanced Energy Management Strategies for Electrified Hybrid Power Trains Using Innovative Vehicle Hardware in the Loop (VHIL) Approach[J]. Applied Energy,2017,204:287-302.

撰稿人:刘辉(北京理工大学)　王伟达(北京理工大学)　马越(北京理工大学)
韩立金(北京理工大学)　杨超(北京理工大学)　项昌乐(北京理工大学)

新能源汽车永磁同步电机谐波分析与调控机理

Research on harmonic regulation mechanism of PMSM for new energy vehicle

1　科学问题概述

由于车用驱动电机工作在复杂的机电耦合环境中,电机驱动系统与传动系统、电源系统之间存在紧密的耦合关系。通常在新能源汽车中存在转矩脉动引起的NVH问题、电势谐波引起的直流母线电压利用率不足问题等永磁同步电机(PMSM)谐波特性引起的现象。基于纯正弦参数假设而建立的电机与控制匹配分析方法,已经无法支撑进一步提高驱动性能和应用环境适应性的需求。然而,利用注入谐波电流调控磁场进行优化的方法目前还存在诸多困难。由于PMSM定转子旋转磁场不但存在基波同步状态,还含有谐波的同步关系,以及不同阶次之间更为复杂的相互作用关系,传统意义上以基波为视角的PMSM同步运行分析方法必须进行补充和完善,一系列关键科学问题有待研究。

1.1　考虑PMSM饱和非线性条件下构建基于频域方法的数学分析框架

由于电机饱和是非线性的,以线性空间函数内积为数学工具的傅立叶变换、小波变换等时频变换方法，在电机分析过程中只适用于单纯的信号线性分解与组合，而当多阶次谐波组合激励作用于非线性环节时，上述方法无法直接按激励阶次对作用结果进行准确分解和充分讨论。因此，探寻 PMSM 中表征参数的非线性变化规律及其在电磁映射关系中的作用，建立考虑饱和非线性的频域分析方法，构建相关数学分析框架是首要解决的关键科学问题。

1.2　揭示与验证周期激励中谐波分量对 PMSM 电能、磁能、机械能三者间转换的作用规律

PMSM 机电能量转换过程中主要存在电能、磁能与机械能三种能量形式。即使在纯正弦激励条件下，由于齿槽结构、饱和非线性及槽极配合等因素影响，电机内磁能分布在周期性变化的同时，总磁能并不能保持恒定。因此，有必要从 PMSM 机电能量转换过程出发，探索含有多阶谐波的周期激励对电能、磁能及机械能的作用规律。同时，考虑到磁能直接测量的复杂性，需建立考虑饱和非线性及电磁参数畸变条件下磁能及其相关参数的软测量与估计方法，为研究结果的分析与验证提供支撑。

1.3　车用工况开展谐波激励电流的多目标寻优与构建谐波电流注入方法

由于车用电机与应用环境具有复杂的耦合关系，而谐波磁场会对电机电压幅值、转矩脉动及输入电能平稳性等多个方面产生影响。因此，需要依据谐波激励电流对电势、磁能及转矩不同的作用机制及相互耦合关系，进一步探究多目标谐波电流寻优方法，并以此为基础，构建高精度、宽频和宽速范围内的谐波电流注入方法，进而实现利用谐波磁场挖掘 PMSM 潜力。

2　科学问题背景

目前，各科技强国均将新能源确立为重要战略发展方向，由新能源汽车产业化引发的国家间科技竞争加剧。作为新能源汽车动力核心的电机驱动系统受到各国高度关注，根据美国能源部（DOE）提出的技术发展路线，到 2025 年电机功率密度将提升至 50kW/L，电控系统功率密度将提升至 100kW/L，而电动汽车电机与控制器构成的牵引驱动系统（TDS）成本将降至 6 美元/kW。与此相对应，由国家工业和信息化部指导、中国汽车工程学会组织修订的《节能与新能源汽车技术路线图 2.0》提出，到 2025 年乘用车电机比功率将达到 5.0kW/kg，电机控制器功率密度将达到 40kW/L。通过对比可以注意到：①DOE 的电机电控指标不是依据对现有技术的推演得到，而是通过新能源汽车发展趋势层层分解提出，已有电机系统优化方法将面临重大挑战；②尽管我国新能源汽车迅猛发展，但从指标体系分析 TDS 特别是控制器的阶段性目标，与国外领先水平之间仍然存在一定差距。

电力电子器件是影响控制器性能的一个关键因素,但优化电机与控制器的匹配关系,充分挖掘控制器最大容量利用率,同样可以提高控制器的应用性能。电机-电控集成设计是提高 TDS 性能并控制成本的一条有效途径,电机运行特性与控制方法深度结合则是集成设计的重要内容。PMSM 具有高效与高功率密度等特性,在新能源汽车中被大量应用。而面向汽车应用的电机驱动系统优化时,须考虑其非理想特性。由于存在饱和非线性、齿槽结构等因素,电磁参数完全正弦化设计的 PMSM 在工程实践中难以实现,正弦电流未必是各工况点的最佳激励形式。扩大电机转速范围是目前进一步提高新电驱动系统功率密度的有效方法,但将存在以下问题。

2.1 转矩脉动引发 NVH 问题

在车辆动力系统中,电机与减速机构组成高阶机电耦合系统,宽频带范围内系统可能存在若干个机械谐振点。具有多阶谐波含量的电机转矩脉动将是引起系统 NVH 问题的一个重要激振源。通常的斜极/斜槽等优化方法并不能保证在工作区域内正弦电流不会激发出转矩脉动。

2.2 直流母线电压利用率问题

电机系统运行范围受到直流母线电压制约,弱磁区大功率运行条件下受到电池放电倍率影响,电压极限环将出现收缩现象。由于电感变化轨迹的非正弦畸变,电机在正弦电流激励时电势存在谐波。线电压叠加的谐波分量将显著降低电机系统的直流母线电压有效利用率。

2.3 谐波电压过高及输入电能不稳定问题

单一转矩脉动最小化(TRM)寻优的谐波电流激励可能引起谐波电压过高、输入电能不稳定等问题。谐波激励对转矩和磁链的作用不同,单一的 TRM 控制可能加剧 PMSM 电势畸变,过大的线电压谐波将造成电机运行范围急剧下降,成为基于谐波注入的 TRM 方法在实际应用中的一个痛点问题。

以上问题为 PMSM 在汽车领域应用时的几个典型问题,但通过揭示 PMSM 内部所蕴含的谐波作用规律,开展永磁同步电机谐波调控机理研究,利用谐波磁场挖掘电机系统潜力,解决制约提高电机系统性能的瓶颈问题,必将成为相关领域提高核心竞争力的关键方法,并最终为新能源汽车技术进一步发展提供重要支撑。

3　科学问题研究进展

3.1　电机驱动系统的谐波利用优化

谐波利用一直是电机驱动系统的优化方法之一：考虑电工钢饱和特性，电机设计中通过气隙磁密分布的平顶化以提高基波幅值；基于 $3n$ 阶零序谐波电压注入的空间电压矢量脉宽调制（SVPWM）算法可以提高 TDS 的直流母线电压利用率；利用谐波注入对非线性条件下 PMSM 转子位置进行估计，提高无位置传感器控制算法的准确性等。

3.2　转矩脉动

在实际应用中，转矩脉动是影响 PMSM 驱动品质的重要因素之一，其对应的能量转换过程与电磁谐波特性密切相关。许多研究人员通过优化电磁结构减小转矩脉动，尽管取得了许多成果，但现代电机设计是一个多目标优化问题，如果在电磁结构优化中过于关注转矩脉动，则需要在其他指标上做出折中。

3.3　谐波电流注入

由于 PMSM 中齿槽结构、饱和非线性等因素造成电磁参数的畸变，是引起转矩脉动的主要因素，而在基波激励电流的基础上施加一定的谐波分量，则可以利用谐波转矩互消，抑制这种由电磁作用关系引起的转矩脉动。基于控制算法的灵活性，目前有学者利用含有高阶谐波分量的激励电流对转矩脉动最小化控制开展研究，并逐渐成为近年来研究的热点。比例谐振控制器、多重坐标系控制器及增强型广义同步坐标系矢量变换等方法被提出，用于基于 PMSM 谐波注入的转矩脉动抑制控制中。谐波电流注入对 PMSM 驱动性能改善的可行性得到初步验证。

3.4　基波与谐波广义同步运行

以双三相绕组为代表的六相 PMSM 电机具有更好的容错能力，逐渐在电动汽车中得到重视，并因其控制的自由度增加而拓展了谐波利用新方向。在针对六相 PMSM 进行 5、7 阶谐波电流注入提高平均转矩的在研究中，基波同步与谐波同步共同构成广义同步运行的思想得到展现。

3.5　基于阶比跟踪的振动分析法

在车辆动力系统中，电机与减速机构组成的高阶机电耦合系统，全工作范围内很难避免共振频率的出现。基于阶比跟踪的振动分析法是对旋转类机械系统进行结构、故障分析和状态监测最为广泛和最行之有效的方法。近年来，国内外研究人员提出了各种阶比跟踪算法，主要有建立在角域采样理论上的传统计算阶比跟踪（COT）和现代的阶比跟踪。现代的阶比跟踪包括 Vold-kalman 阶比跟踪（VKF-OT）、短时傅立叶变换阶比跟踪（STFr-OT）及 Gabor 阶比跟踪（GOT）等。阶比跟踪等振动分析方法的快速发展，为进一步扩展 PMSM 谐波注入的作用，将基于 PMSM 本身的转矩脉动抑制拓展为面向车辆驱传动系统的平顺性控制奠定了基础。

主要参考文献

[1] Zhao J, Nalakath S, Emadi A. A High Frequency Injection Technique with Modified Current Reconstruction for Low-Speed Sensorless Control of IPMSMs with a Single DC-Link Current Sensor [J]. IEEE Access, 2019, 7(99): 136137-136147.

[2] Lai C, Feng G, Mukherjee K, et al. Investigations of the Influence of PMSM Parameter Variations in Optimal Stator Current Design for Torque Ripple Minimization [J]. IEEE Transactions on Energy Conversion, 2017, 32(3): 1052-1062.

[3] Lai C, Feng G, Mukherjee K, et al. Torque Ripple Modeling and Minimization for Interior PMSM Considering Magnetic Saturation [J]. IEEE Transactions on Power Electronics, 2018, 33(3): 2417-2429.

[4] Yan L, Liao Y, Lin H, et al. Torque Ripple Suppression of Permanent Magnet Synchronous Machines by Minimal Harmonic Current Injection [J]. IET Power Electronics, 2019, 12(6): 1368-1375.

[5] Feng G, Lai C, Tian J, et al. Multiple Reference Frame Based Torque Ripple Minimization for PMSM Drive Under Both Steady-State and Transient Conditions [J]. IEEE Transactions on Power Electronics, 2019, 34(7): 6685-6696.

[6] Li Z, Wang J, Zhou L, et al. Enhanced Generalized Vector Control Strategy for Torque Ripple Mitigation of IPM-Type Brushless DC Motors [J]. IEEE Transactions on Power Electronics, 2019, 34(12): 12038-12049.

[7] Hu Y, Zhu Z Q, Odavic M. Torque Capability Enhancement of Dual Three-Phase PMSM Drive With Fifth and Seventh Current Harmonics Injection [J]. IEEE Transactions on Industry Applications, 2017, 53(5): 4526-4535.

[8] Feng G, Lai C, Kelly M, et al. Dual Three-Phase PMSM Torque Modeling and Maximum Torque per Peak Current Control through Optimized Harmonic Current Injection [J]. IEEE Transactions on Industrial Electronics, 2019, 66(5): 3356-3368.

[9] 赵晓平，张令弥，郭勤涛. 旋转机械阶比跟踪技术研究进展综述 [J]. 地震工程与工程振动, 2008, 28(6): 213-219.

[10] 郭瑜.基于时-频分析的虚拟式旋转机械特征分析仪系统的研究[D].重庆:重庆大学,2003.

撰稿人:陈辛波(同济大学)　王心坚(同济大学)

混合动力汽车复杂动力学行为解耦及协同控制

Dynamic coupling mechanism and coordinated control mechanism of hybrid electric vehicle

1　科学问题概述

发展混合动力汽车对提升国家制造业水平与科技创新能力具有重要的意义。然而,混合动力汽车也面临着挑战:多个动力源的强耦合作用,使混合动力汽车的动力耦合关系与作用机理不同于传统汽车,并具有复杂的动力耦合特性,从而影响对多动力部件的协同控制性能;此外,在不同工作模式的切换过程中,发动机摩擦阻力、泵气阻力、惯性阻力等多种激励经过行星排动力耦合,将导致动力系统产生较大的瞬态冲击与振动噪声,严重影响整车疲劳寿命、安全性与乘坐舒适性。如何设计包括动力性和平顺性等多目标综合最优的能量优化方法,仍有诸多挑战。相关难题严重制约了我国高性能混合动力汽车的进一步发展。为促进我国混合动力汽车发展,亟待分析混合动力汽车复杂动力学行为和协调控制机制,提升复合动力源系统的性能品质,进而保障混合动力汽车动力系统舒适性和经济性。为突破上述技术瓶颈,一系列关键科学问题有待研究。

1.1　表征混合动力汽车模式切换动态响应特性的动力学模型

混合动力汽车在模式切换的若干过程中,电机转矩冲击、时变刚度激励,以及发动机泵气阻力、惯性阻力、摩擦阻力等多源激励经过双行星排与湿式离合器的非线性耦合,使复合动力源系统的动态响应特性具有复杂性与特殊性,因此,尚需阐明混合动力汽车复合动力源的耦合机制,并进一步建立表征混合动力汽车模式切换动态响应特性的高精度动力学模型。

1.2　混合动力汽车的多源激励载荷作用机制与振动形成机理

混合动力系统中发动机、双电机与双行星排之间的深度耦合,以及离合器状态转换的瞬时多变性,诱发了复合动力源系统产生非平稳振动冲击,当前,仍很缺乏不同模式切换下多源载荷作用机制与振动形成机理的认知,因此,亟须进一步研究混合动力汽车模式切换过程中的非平稳多源激励载荷作用机制与振动形成机理。

1.3 混合动力汽车模式切换中多动力源协调控制策略

传动系统中发动机与双电机的动态响应特性不同，再加上湿式离合器的频繁切换，导致混合动力系统中多源激励载荷作用机制更加复杂，传动系统动态特性更加恶化，严重影响汽车的乘坐舒适性。如何协同优化发动机与双电机的转矩分配，是提升复合动力源系统性能品质的关键。因此，亟须阐明混合动力系统在模式切换过程中多动力源的协调控制机制，优化复合动力源系统的工作特性。

2 科学问题背景

混合动力汽车可以实现多个模式的相互配合，从而能够在不同的工况下保持最优的能量效率，并具有卓越的经济性与动力性，这也使混合动力汽车被认为是我国汽车的发展方向之一。然而，多个动力源的强耦合作用，使混合动力汽车的动力耦合关系比传统汽车复杂；此外，在不同工作模式的切换过程中，由于发动机、电机、离合器等部件的动态响应特性不同，以及采取不当的模式切换控制策略，将会导致多模混合动力系统出现动力不足或输出转矩波动过大的问题，从而产生较大的瞬态冲击与振动噪声，不仅严重影响整车安全性与舒适性，相关问题还严重影响了我国高性能混合动力汽车的进一步发展。因此，迫切需要突破多模混合动力汽车的振动形成及能量优化的技术瓶颈。

2.1 混合动力系统精细化动力学建模有待解决

如何建立包括发动机-双电机-湿式离合器-双行星排耦合机构-主减速器-半轴-整车的非线性部件级动力学模型；如何考虑发动机中摩擦阻力、泵气阻力、惯性阻力等多种激励；如何结合多模混合动力汽车模式切换中发动机、双电机、离合器与双行星排的动力耦合关系，建立包括发动机神经网络模型、电机模型、离合器非线性动态模型与双行星排动力耦合模型在内的整车控制模型，尚需进一步研究。

2.2 混合动力汽车模式切换中的非平稳多源激励载荷作用机制有待揭示

如何研究各种驱动模式下多模混合动力传动系统的动态响应特性；如何结合发动机与双电机动态特性，以及离合器状态转换的瞬时多变性，分析模式切换过程中各部件产生振动冲击的影响因素；如何探索动力源与离合器在不同模式下的转矩波动与动态变化规律，分析非平稳多源激励的分布规律与表述形式；如何获得不同模式下混合动力系统的固有动态特性，揭示传动系统内部激励、外部激励等多变量协同作用下的振动形成机理，尚需进一步研究。

2.3　混合动力汽车多动力源协调控制机理有待厘清

在不同模式混合动力传动系扭转振动特性下,结合传动系模态分布,实现多模式下离合器摩擦元件刚度、扭转减振器刚度的最优匹配;在阐明混合动力汽车多源载荷作用机制与振动形成机理的基础上,针对模式切换中的多阶段进行分层控制设计,采用模型预测的方法滚动优化,如何通过对各动力源转矩的协调控制,提出多动力源协调控制机制,尚需进一步研究。

综上,亟须进行全面深入的混合动力汽车动力性与舒适性研究,揭示混合动力汽车的多源载荷耦合作用机制与振动形成机理,建立混合动力汽车模式切换中动力源协调控制机制,构建混合动力汽车能量分配与优化理论。

3　科学问题研究进展

3.1　混合动力汽车动力系统建模

混合动力汽车动力系统的准确建模是进行模式切换动态特性分析的前提和基础。现有研究建立了多种动力学模型,分析了传动系时频响应特性,探索了激励频率和振幅对系统动力学行为的影响,研究了混合动力汽车模式切换过程中的动态特性。例如,宾夕法尼亚州立大学 Stephanie Stockar 教授建立了发动机与带式电机的动力学模型,并基于所建立的模型展开了发动机启停时转速波动的研究。上海交通大学张建武教授与同济大学赵治国教授针对某复合行星排混合动力系统模式切换过程中的整车振动问题,建立了发动机转矩波动模型与传动系动力学模型,提出了发动机最优控制方法并有效抑制了模式切换过程中的振动冲击。上海交通大学殷承良教授建立了包括发动机转矩响应模型、传动系动态模型、湿式离合器模型、驱动桥动力学模型在内的混合动力系统动力学模型,研究了模式切换的动力学特性。然而,现有动力学模型在研究多模混合动力模式切换时,尚未考虑到发动机摩擦阻力、泵气阻力及惯性阻力,以及湿式离合器的非线性特性等重要因素的影响,因此,还需进一步建立涉及发动机(包括摩擦阻力、泵气阻力与惯性阻力)、非线性湿式离合器、双行星排动力耦合装置、双电机、传动系、车轮等因素的多模混合动力系统精细化动力学模型。

3.2　混合动力汽车的多源载荷耦合作用机制与振动形成机理

针对混合动力汽车的多源载荷耦合作用机制与振动形成机理,国内外学者展开了大量研究。例如,北京理工大学胡纪滨教授分析了电流谐波特性对传动系统扭转振动的影响,研究了转矩激励的幅频特性与系统的固有特性,得到了电磁参数和力学参数对传动系统扭转振动的影响规律。吉林大学曾小华教授对双行星排功率分流式混合动力汽车进行系统动力学分析,研究了动力源启停与转矩急剧变化对车辆冲击的影响。然而,现有研究成果在揭示多模混合动力汽车工作模式切换过程多源激励载荷耦合作用机制,研究工作模式切换过程振动形成机理方面尚存在不足。如何掌握多模混合动力汽车模式切换过程多源载荷激励分布规律,获得多源激励下深度混合动力系统非平稳响应特性,揭示模式切换振动形成机理,以及从激励源和传递路径出发,提出有效的抑制振动方法,还需进一步研究。

3.3 混合动力汽车模式切换中动力源协调控制机制

国内外学者提出了多种协调控制策略,以抑制混合动力汽车模式切换中的振动冲击。例如,大连理工大学项昌乐教授和重庆大学秦大同教授针对某混合动力汽车模式切换过程中离合器摩擦转矩不连续的问题,设计了协调发动机转矩、电机转矩及离合器摩擦转矩的控制策略,有效降低了离合器的摩擦损失与车辆振动。密歇根大学 Elzaghir 教授通过提出基于输出反馈的模型自适应控制方法,抑制了模式切换中的振动,并降低了油耗。上海交通大学陈俐教授和北京理工大学胡宇辉教授针对混联式混合动力汽车模式切换的振动问题,提出了一种模型参考控制策略来协调动力源转矩和离合器转矩的分配关系,减少了摩擦损失并降低了车辆振动的强度。然而,混合动力传动系统中发动机与双电机不同的响应特性,以及离合器的频繁切换,导致其多源激励载荷作用机制更加复杂,且多动力源的动力分配协调控制更加困难,因此,如何阐明混合动力系统模式切换过程中发动机与双电机的动态协调控制机制,是协同优化发动机与双电机的转矩、抑制振动冲击的理论基础,亟待进一步研究。

综上所述,现有研究中针对混合动力汽车模式切换过程中的耦合作用机制、振动形成机理,以及复合动力源系统的协调控制策略的研究尚缺乏全面系统的基础理论支撑。混合动力系统精细化动力学建模有待解决,混合动力汽车模式切换中的非平稳多源激励载荷耦合作用机制和振动形成机理认知不足,混合动力汽车多动力源协调控制机理尚未理清。这些关键科学问题严重制约了我国混合动力汽车的发展,有必要逐一解决,从而提升复合动力源系统的性能品质,进而保障混合动力汽车动力系统舒适性和经济性。因此,以上理论研究在科学层面具有重要的学术意义,在工程层面能为我国混合动力汽车的发展提供理论指导和关键技术支撑。

主要参考文献

[1] Kim J,Kim T,Min B,et al. Mode Control Strategy for a Two-mode Hybrid Electric Vehicle Using Electrically Variable Transmission (EVT) and Fixed-gear Mode[J]. IEEE Transactions on Vehicular Technology,2011,60(3):793-803.

[2] Xu D, Zhang J, Zhou B, et al. Investigation of Mode Transition Coordination for Power-split Hybrid Vehicles Using Dynamic Surface Control[J]. Proceedings of the Institution of Mechanical Engineers, Part K: Journal of Multi-body Dynamics, 2019, 233(3): 696-713.

[3] Zhao Z, Jiang L, Wang C, et al. Engine Start-up Optimal Control for a Compound Power-split Hybrid Powertrain[J]. Mechanical Systems and Signal Processing, 2019, 120: 365-377.

[4] Huang J, Zhang J, Huang W, et al. Optimal Speed Synchronization Control with Disturbance Compensation for an Integrated Motor-transmission Powertrain System[J]. Journal of Dynamic Systems, Measurement, and Control, 2019, 141(4): 041001.

[5] Chen K, Hu J, Peng Z. Analysis of Active Vibration for HEVs through Electro-mechanical Coupling[J]. Energy Procedia, 2017, 105: 3164-3172.

[6] Hu D, Yan Y, Xu X, et al. Dynamics Analysis of the Hybrid Powertrain under Multi-frequency Excitations with Two Time Scales[J]. AIP Advances, 2018, 8(6): 065212.

[7] Wang F, Zhang J, Xu X, et al. New Method for Power Allocation of Multi-power Sources Considering Speed-up Transient Vibration of Planetary Power-split HEVs Driveline System [J]. Mechanical Systems and Signal Processing, 2019, 128: 1-18.

[8] Elzaghir W, Zhang Y, Natarajan N, et al. Model Reference Adaptive Control for Hybrid Electric Vehicle with Dual Clutch Transmission Configurations[J]. IEEE Transactions on Vehicular Technology, 2017, 67(2): 991-999.

[9] Xiang C, Huang K. Design of a Model Reference Controller for a Dual-mode Power-split Hybrid Electric Vehicle during Mode Shift[J]. Scientia Iranica, 2018, 25(1): 311-328.

[10] Su Y, Hu M, Su L, et al. Dynamic Coordinated Control during Mode Transition Process for a Compound Power-split Hybrid Electric Vehicle[J]. Mechanical Systems and Signal Processing, 2018, 107: 221-240.

撰稿人：唐小林（重庆大学）　贺岩松（重庆大学）　褚志刚（重庆大学）
胡晓松（重庆大学）

纯电动汽车高功率密度智能化电驱系统设计理论

Design theory of intelligent electric drive system with high power density for electric vehicles

1　科学问题概述

电动化是实现交通领域碳达峰、碳中和的关键。电驱动系统是交通电动化的核心执行器部件。面向泛交通领域(重型车辆、轨道交通、水面/水下和航空航天)重载装备动力系统功率大、空间布局紧张、轻量化要求高的需求,发展高功率密度/转矩密度的电驱动系统,尤其是轮毂电驱动技术,高度智能化、高可靠、高灵活的分布式驱动系统,是推动电驱动技术从现有的地面交通工具向泛交通领域扩展的关键因素。

面向泛交通领域需求,各类电驱动系统需要进一步提高系统的功率密度,其系统性能与空间布局、系统质量、系统效率的指标要求相互制约,对其发展带来了极大的挑战,亟须进一步探索材料、设计与构型的发展方向,拓展高功率密度电驱动系统的设计理论。另一方面,分布式电驱动为各类泛交通领域重载装备的构型创新提供了新契机。如何借助构型与控制理论创新,突破现有新能源动力系统在智能化时代的可靠性、经济性与耐久性,是当前电驱动系统智能化的关键。

1.1 电驱动系统领域的多尺度多物理场耦合模型和分析方法

电驱动系统是一个电磁热机多物理场耦合系统,在电磁热机各个物理场当中,限制电机的功率密度和转矩的关键因素是热。电机转矩密度的提升是建立在以磁和热为表征的产热与散热的平衡状态下的,突破电机的热问题,亟须突破高性能耐热与传热材料,也需要通过电机损耗、多相流动与传热等过程机理研究,突破系统产热/散热设计与构型优化,从而形成对高功率密度电机多尺度磁固流耦合动态热特性的全面理解。

1.2 轮毂电驱动系统的机热电磁耦合机理和系统动力学理论

重型车辆轮毂电驱动集成了轮毂电机、制动器、减速器、悬架、轮毂等装置,极大提高了车辆的传动效率、动力性和部件通用性,给底盘构型和控制带来技术变革。轮毂电驱动是一个复杂的机电热耦合系统,在轮毂空间严格约束下要实现高转矩密度和多功能集成,给轮毂电驱动技术带来极大挑战,需要探究轮毂驱动机电热耦合机理,突破轮毂电机、制动器和高速行驶传动集成设计技术和动力学集成控制技术,从而形成轮毂驱动一体化设计理论和控制方法,以适应新一代分布式电驱动底盘发展需求。

1.3 分布式驱动系统的智能化分布式建模与控制方法

分布式驱动系统的下一步重要突破在于智能化,需要阐明面向全面电动化与智能化的分布式电驱动系统控制系统架构是什么。当前面向集中驱动、单一执行器的集中驱动系统控制架构,或以集成化、分层的分布式驱动系统控制架构。从未来域控制与智能控制角度看,分布式驱动系统需要摆脱现有集中式控制的束缚,探索可重构、可组合的分布式电驱动系统的分布式控制理论和自适应控制方法。

2　科学问题背景

泛交通领域（重型车辆、轨道交通、水面/水下和航空航天）单体能耗高、排放高，电驱动系统是泛交通领域重型装备电动化的关键系统。设计泛交通领域重型设备的分布式电驱动系统，存在两个切实场景需求：一是针对应用场景，突破高功率密度电驱动系统设计；二是面向智能化发展规律，创新适用于目标场景需求的分布式电驱动系统控制理论。为了满足重型设备整体布局、轻量化设计的要求，驱动电机需要具有更高的功率密度和转矩密度。美国能源部定下了在2020年实现电机功率密度达到1.6kW/kg、在2025年实现5.7kW/kg的目标。通用、特斯拉等企业已基本完成了1.6kW/kg的技术指标，但对于仍要提升3倍以上功率密度的5.7kW/kg技术指标，仍存在较大挑战。

2.1　磁热耦合、流固耦合、多相流动条件下的电机建模和分析方法有待解决

电机是电磁热机多域相互作用的集成系统，而电机的稳定工作需要建立在产热、散热的平衡状态之上。电机的温度过高会造成绕组绝缘层老化破损和磁钢不可逆退磁问题，使电机发生永久性故障，而平衡状态取决于材料允许温度。所以电机功率和转矩密度可以通过磁、热和材料改进三方面来提升。电机的电磁拓扑结构优化设计已经通过多年的研究和实验验证得到比较好的积累，理论基础和模型较为完善。总体而言，磁设计很难改变现有材料体系下的功率密度问题。材料方面，低阻、高耐热的电机材料是当前的难点，现有的解决方案普遍存在成本过高的问题。为了缩短热交换路径、提高散热效率，国内外先进乘用车主驱电驱动系统均采用了油冷系统。但是，油冷电机热特征较为复杂，其跨尺度磁固流耦合动态热特性有待进一步研究。

2.2　高转矩/功率密度重载轮毂驱动系统的一体化设计和动力学控制方法有待深入

国外在军用、民用重型车辆领域开展了轮毂电驱动相关技术研究，并取得了一定的研究成果，对标国际领先水平，轮毂电驱动转矩密度达到50N·m/kg，还存在较大的技术挑战。性能提升可通过先进的轮毂驱动结构和高效集成来实现，涉及电磁、机械、流体、热场、电力电子、电机和车辆动力学控制等多个学科，须从轮毂驱动多场耦合一体化设计和动力学集成控制等基础问题开展研究，为轮毂驱动技术水平跨越式发展提供理论基础。

2.3　可重构的分布式驱动、分布式控制架构研究还处在初步阶段

在系统控制架构方面，现有的分布式驱动系统虽然采用了分布式架构，但往往还是采用主控单元控制各个执行器的集中式控制模式，各个子控制单元的运算能力没有得到充分的应用。为了适应上述执行器分解而功能集成的特征，未来需要发展分布式控制架构，

提升系统的模块化程度,达到可重构、可插拔、可自由组合的目的,研究如何利用分布式优化的思路将待优化的问题拆解为多个子问题,并充分运用系统的运算能力。因此,需要研究面向地面运载工具场景的分布式控制、分布式优化算法,建立可重构的、节点可自主控制的方法体系。而在设计这一系统时,需要充分考虑电驱动系统的信息感知与信息迟滞,才能提高系统的可靠性与安全性。

3 科学问题研究进展

3.1 电驱动系统领域的多尺度多物理场耦合建模与分析

现有研究中,电机的电磁拓扑结构优化设计已经通过多年的研究和实验验证得到比较好的积累,理论基础和模型较为完善,但难以改变现有材料体系下的功率密度问题。2017 年,美国国家可再生能源实验室(NREL)的报告指出,限制电机的功率密度和转矩的关键因素是热,开展电机的磁热耦合机理研究和相关分析设计,是提升电机转矩密度的关键。降低产热是提升热性能的关键,为了降低端部产热,使用扁线绕组可以提高槽满率,从而降低产热,这对于电机是一种有效的技术手段。在电机设计领域,行业先后发展出了发卡式绕组,波绕组等短绕组技术,以减少端部发热长度。在材料层面,提出了铜基碳纳米管设计方法,可降低电阻 50% 以上,显著降低电机产热,但是其成本问题尚未解决。针对定子涡流产热,软磁复合材料具有涡流小、各向同性的特点,可降低电机铁损,但是其饱和磁通密度低,磁导率低,反而限制了电机的高转矩密度。因此,进一步揭示电机材料的磁热失效规律,探索低阻值、高饱和磁通、高磁导和高粘接强度的定子材料设计方法,进而优化电机的结构与布线设计理论,是未来电机性能突破的关键。提升散热性能就是提升电机转矩密度的另一个重要努力方向。油冷电机因具有更短的热交换路径,散热效率更高,且不会造成成本增加,已经逐渐成为车用主驱电机的新发展方向,其中淋油及甩油冷却方式,可以避免电机转子搅油损耗,是目前油冷电机的主流方式。但是,油冷电机的热特征十分复杂,是一个跨尺度、非均一、多相流问题,还需深入研究。因此,进一步揭示油冷电机的传热规律,创新电机的冷却构型,是当前电机性能实现快速提升的关键。

3.2 轮毂电驱动系统的机热电磁耦合机理和系统动力学理论

当前,高转矩密度、高度集成、高效驱动/制动是轮毂驱动的重要设计目标,相关研究体现在轮毂驱动部件功能集成和车辆行驶动力学集成控制等方面,缺乏轮毂驱动系统多场耦合一体化设计和动力学集成控制等基础理论。

轮毂驱动多场耦合一体化设计基础理论缺乏。目前,轮毂驱动设计体现在各个组成部件结构、功能的集成和单一部件上高转矩密度设计。例如,为提高轮毂电机转矩密度,开展电机温度场精确计算和高效散热方面研究，计算模型主要有集总参数热网络模型和数值计算法，但单个部件不能表征系统整体性能，轮毂驱动各部件多场耦合机理不清晰，缺少基于轮毂驱动整体高转矩密度多物理场耦合设计模型和高效散热流固热耦合计算模型。

轮毂驱动动力学集成控制方法还待完善。针对轮毂驱动车辆各轮独立控制的特点，构建多输入输出耦合的底盘行驶动力学控制方法是当前研究热点，表现在：将主动转向和直接横摆力矩结合，实现滑转率和横摆角速度集成控制；综合车辆纵向、横向、垂向动力学，采用非支配排序遗传、机器学习等算法，确定控制域和各子系统控制权重，提升鲁棒性、精确性、实时性。但轮毂电机面临变载荷、宽温域、强冲击等苛刻特性要求，这些不确定性都会对电机参数产生影响，包括磁场饱和效应、涡流效应、多物理场耦合效应都会对轮毂电机驱动系统参数产生作用，进而对控制性能产生影响。随着智能网络汽车线控底盘的发展，赋予轮毂驱动功能、性能和智能化程度大幅提升，汽车高级辅助驾驶执行层大部分功能都要由轮毂驱动完成，需要将轮毂电机驱动与车辆行驶动力学的控制整体考虑，形成轮毂驱动系统动力学集成控制方法，提升轮毂驱动系统的鲁棒性、准确性和实时性。

3.3　分布式驱动系统的智能化分布式建模与控制方法

现有的分布式控制系统多采用分层控制的架构。在典型车辆动力学控制领域，分层控制架构将车辆动力学控制分为三层，顶层根据驾驶员和车辆状态的输入，或根据车辆轨迹跟踪的需求，给出虚拟控制量目标；中间层依据一定的规则策略，或依据控制分配理论和最优控制理论，实现虚拟控制量到实际控制量的分配，从而给各个子控制节点和执行器实际控制量目标；底层完成实际控制量的跟踪，实现防滑、防抱死等任务，满足一定场合和功能（如坡道辅助、蠕行控制）的需求。现有分布式驱动系统一般也都采用这种架构进行控制。但是，分布式驱动在分层控制架构下会存在通信时滞问题，目前，主要通过上层鲁棒控制器设计来解决。可采用系统扩维的建模思路，利用不确定系统的矩阵多胞形模型描述方法对车辆时滞动力学模型进行处理，结合 H 无穷控制鲁棒控制理论和线性二次型调节器（LQR）等设计思想，实现跟踪控制性能和执行器控制量的兼顾，同时保证对网络延时的鲁棒性。在大延时情况下，则可以采用 Lyapunov-Krasovskii 泛函等非扩维的手段进行系统分析与控制器设计。在分层控制的架构下，分布式控制问题主要对应中间的控制分配层，即采用分布式优化的方法，解决中间控制分配层的优化问题。例如采用模型预测控制（MPC）的架构解决分布式优化的问题，可以将系统化为几个分散系统，忽略耦合项，进行分散化的优化，也可以通过一定的信息交换协议和成本函数优化，充分考虑耦合项的关联作用，采用分布式自主化的控制，还可以脱离传统分层控制的架构，各个子控制单元直接根据最终的控制目标，实现对分布式驱动系统各个执行器的控制，这也是未来智能化、高可靠电驱动系统的发展目标。但是，自控制单元之间的信息交互机制、拓扑变化的影响机理，通信网络时滞，局部稳定和全局稳定的耦合关系，以及系统重构对稳定性的作用规律，都是分布式驱动领域亟须开展研究的关键问题。

主要参考文献

[1] Bennion K S. Electric Motor Thermal Management Research: Annual Progress Report[R]. National Renewable Energy Lab. (NREL), Golden, CO (United States), 2017.

[2] Davin T, Pellé J, Harmand S, et al. Experimental Study of Oil Cooling Systems for Electric Motors[J]. Applied Thermal Engineering, 2015, 75: 1-13.

[3] Shuai Z, Zhang H, Wang J, et al. Lateral Motion Control for Four-wheel-independent-drive Electric Vehicles Using Optimal Torque Allocation and Dynamic Message Priority Scheduling[J]. Control Engineering Practice, 2014, 24: 55-66.

[4] Suzuki Y, Kano Y, Abe M. A Study on Tyre Force Distribution Controls for Full Drive-by-wire Electric Vehicle[J]. Vehicle System Dynamics, 2014, 52(sup1): 235-250.

[5] Li B, Goodarzi A, Khajepour A, et al. An Optimal Torque Distribution Control Strategy for Four-independent Wheel Drive Electric Vehicles[J]. Vehicle System Dynamics, 2015, 53(8): 1172-1189.

[6] Jin X J, Yin G, Chen N. Gain-scheduled Robust Control for Lateral Stability of Four-wheel-independent-drive Electric Vehicles Via Linear Parameter-varying Technique[J]. Mechatronics, 2015, 30: 286-296.

[7] Wang J, Longoria R G. Coordinated and Reconfigurable Vehicle Dynamics Control[J]. IEEE Transactions on Control Systems Technology, 2009, 17(3): 723-732.

[8] Shuai Z, Zhang H, Wang J, et al. Combined AFS and DYC Control of Four-wheel-independent-drive Electric Vehicles over CAN Network with Time-varying Delays[J]. IEEE Transactions on Vehicular Technology, 2013, 63(2): 591-602.

撰稿人：李建秋(清华大学)　胡尊严(清华大学)

特种车辆增程式混动系统高效转换及集成控制方法

Efficient conversion mechanism and integrated control method of range extended hybrid special vehicle

1 科学问题概述

增程式混合动力系统能够满足特种车辆底盘高功率密度动力输出、上装设备大功率电力输出的需求，具有很好的复杂服役环境适应性，将代替传统的内燃机动力系统，成为下一代特种车辆的主要动力形式，在未来特种车辆的动力系统构型上具有非常重要的地位。为适应这一发展趋势，面对复杂服役环境下的任务需求，亟须探索增程式发电系统的高效能量转换机理，研究新型 E/E 架构下的高度集成控制系统和协调控制方法，发展高性能的特种车辆增程式混合动力系统。为突破上述技术瓶颈，一系列关键科学问题有待研究。

1.1　增程式混合动力控制系统新型 E/E 架构

增程式混合动力系统主要由辅助发电单元（APU）、电池包总成、驱动电机总成组成，每一个总成都有自带的控制器，例如发动机的发动机控制器（ECU）、集成启动/发电一体化电机（ISG）的发电机控制单元（GCU）、电池包的电池管理系统（BMS）、驱动电机的控制单元（MCU），这些控制器通过增程控制系统（RCU）来协调工作。这种独立、分散式的控制系统 E/E 架构，大大增加了系统的复杂度，降低了系统的容错性和可靠性，使得增程式混合动力系统很难处在最优的工作状态，不能适应复杂电磁环境下的作战需求。因此，为提高增程式混合动力控制系统软硬件的集成度，有必要从车辆新型 E/E 架构（动力域控制）的设计理论出发，以增程式混合动力系统的动力域 E/E 架构为研究对象，探索动力域 ECU、GCU、BMS、MCU、RCU，特别是 APU 中涉及的 ECU、GCU、RCU 的融合设计理论和基于功能安全的软件体系框架。

1.2　增程式混合动力系统高效热-电转换机理

增程式混合动力系统的发电系统本质上是将发动机燃烧化学燃料做的功通过发电机的磁-电效应转换为电能。单独就发动机（柴油）、发电机而言，为满足单一需求都可以做到最优，但是当二者集成在一起构成 APU 时，系统性能还有很大的提升空间，导致目前增程式发电效率还不够高。这主要缘于增程式发电的热-电转换机理理解不够深刻，增程式发电的“做功-发电”过程缺乏理论支撑，从而将发动机特性与发电机特性割裂，导致发动机的做功过程与发电机的发电特性不相匹配。因此，为提高增程式发电系统的发电效率，有必要以“做功-发电”过程为研究对象，探索高集成度的 APU 的设计理论，揭示增程式发电系统热-电转换机理。

1.3　增程式混合动力系统动态能量平衡控制及调度

特种车辆在使用过程中经常面临恶劣的行驶道路环境和上装的动态大负荷电力需求，增程式混合动力的控制系统通过调节发动机的发电功率和储能系统放电功率来满足车辆和上装对大功率/大转矩的输出需求，以达到系统能量的总体动态平衡。在高度不确定的复杂服役环境中，高实时性的动态强需求往往会打破整车能量的动态平衡，使车辆和上装因功率不足而出现故障、失控。传统以经济性为目标的增程式混合动力系统能量调度方法对系统的瞬时特性考虑不足，对瞬时大输出响应滞后，不能应对这种高实时性的动态强需求。因此，为提高增程式混合动力高速响应能力，有必要以满足特种车辆的高实时性的动态强需求为目标，探索增程式混合动力系统动态能量平衡控制及优化调度方法。

2 科学问题背景

先进作战理念的出现，以及特种车辆使用方式和能源保障方式的变革，例如，无人战场的出现，以及特种车辆多栖化、多用途化、大功率装备车载化等发展趋势，使燃油车和纯电车都很难完全满足未来复杂服役环境对特种车辆的需求，而增程式混合动力系统将成为未来特种车辆的主要动力形式。目前，增程式混合动力系统仍是基于独立分散的发动机总成、发电机总成、电机总成、储能系统总成组成的系统，各总成自成体系、独立工作，所开发的 RCU 仅能对各总成进行简单调度，不能发挥系统的最大效率。这种增程式混合动力系统还不能很好地满足未来复杂服役环境对特种车辆的需求，因此，亟须突破特种车辆增程式混合动力系统的技术瓶颈。

2.1 增程式混合动力系统动力域新型 E/E 架构有待进一步演化

可考虑打破现有的系统构型，将分立的 ECU、GCU、MCU、BMS 和 RCU 构成的动力域 E/E 架构进行重新设计构架。将硬件进行最大程度的集成，尽可能地共用算力和器件，变外部 E/E 结构为内部 E/E 结构；在此基础上，可进一步研究增程式混合动力系统的整体软件框架，从动力域的角度考虑整体的功能安全设计。这一改变使动力域系统的复杂度降低，系统抗干扰能力、冗余容错性、可靠性和安全性大大提高，可应对未来复杂服役环境的挑战。

2.2 APU 效能有待进一步提高

民用的增程式混合动力系统的匹配多从应用的角度出发，对发动机选取几个经济的功率点进行发电，功率不足部分由电池组补充，不能满足特种车辆的发电需求，其发电效率也不高。发电效能提高的途径主要有：①提高发动机热效率；②提高发电机发电效率；③发动机、发电机效率等值线图(MAP)匹配。只有打破现有的增程式混合动力发电系统的开发思路，对发动机和发电机进行一体化开发，一方面综合考虑发动机的做功过程与发电机的磁-电过程的动态适配，另一方面在机构上进一步集成，减少过渡结构，才能尽可能提高其发电系统效能。

2.3 特种车辆对动力系统的高实时性动态强需求亟待满足

特种车辆(包括水陆两栖、空陆两栖)在陆地行驶时面临越野地形、松软地面,水面行驶面临抗风击浪、抢滩登陆,空中机动时面临快速扰流、大风冲击。这些场景下对特种车辆的瞬时功率需求很高。民用增程式混合动力系统难以抵御徒增的大功率需求,会导致特种车辆突然失速或系统故障。通过优化增程式混合动力系统动态能量平衡控制及调度方法,一方面提高功率需求预测的准确性,另一方面提高动态功率释放的实时性,从而提高混合动力系统的响应速度,才能满足特种车辆对动力系统高实时性的动态强需求。

3 科学问题研究进展

在21世纪初,国际上就开展了将增程式混合动力系统应用于特种车辆的研究。例如,美军基于其重型高机动战术卡车(HEMTT)推出了ProPlus技术,采用柴油发动机、大功率发电机、交流电机和超级电容储能单元构成了特种车辆的增程式混合动力系统,并在后续对联合轻型战术车辆(JLTV)、超轻型战斗车辆(ULCV)等多种车型进行了尝试。

3.1 增程式混合动力控制系统新型E/E架构集成设计

在整车的E/E架构上,可以清晰地看到,传统的分布式电子电器架构正在向(跨)域集中的电子电器架构演化,并最终将发展到中央集中电子电器架构,(跨)域集中的电子电器架中提出了域控制器(DCU)的概念,将发动机、APU、驱动电机、变速箱等归为动力域。在电驱动车辆领域,针对动力域控制器的集成化设计,已经开展了一些研究和实践,在纯电动车辆上,出现了自动变速箱控制单元(TCU)和整车控制器(VCU)集成的变速箱和整车控制器(TVCU),以及将MCU、TCU和VCU集成的控制器,集成控制形成多合一的产品是一个显著的发展趋势;在增程式车辆领域,出现了将RCU和VCU集成的增程与整车控制器(RVCU)。这种集成式的多合一设计,一定程度上简化了车辆动力域的E/E架构,提高了集成度,但是对于增程式动力系统而言,由于其既包括内燃机控制,又包括发电机控制、电机控制,在由发动机与发电机组成的APU上,ECU、GCU还是需要RCU来协调控制。此外,增程式混合动力集成控制系统的软件框架还没有进行相应的研究。

3.2 提高增程式混合动力系统热-电转换效率研究

APU的热-电转换效率是增程式混合动力的理论基础,其研究主要集中在高热效率发动机和发动机-发电机旋转耦合控制两个方向。近年来,在高热效率发动机研究方面取得了一定进展,对米勒循环和阿特金森循环发动机的高热效率研究表明,废气再循环(EGR)技术也可显著地提高发动机热效率。此外,可变压缩比、稀薄燃烧、高效润滑对提高发动机热效率也有一定的作用，据报道，潍柴动力商业化柴油机热效率已经突破50%。针对发动机-发电机旋转耦合系统的匹配方法，可分别对发动机转速、转矩和发电机转速、转矩进行协调控制，使用发动机转速和发电机转矩闭环控制，或发动机转矩和发电机转速闭环控制，都是常用的控制方法。在APU构型上，玉柴动力则更近一步，将发电机与发动机飞轮集成在一起，形成飞轮发电机，减少了传动机构，实现了发动机-发电机一体化设计，从而达到更高的转换效率；但是与电机控制可以直接控制励磁电流的方法相比，发动机的控制只能通过电子节气门作为输入量，依据发动机MAP来开展，还不能实现对发动机底层的直接控制。

3.3 增程式混合动力系统动态能量平衡控制及调度研究

民用场景的能量平衡控制通常围绕电池组能量的充、放电特性来建模，主要包括耗尽-维持的控制策略和混合控制策略，例如，以整车油耗最低为目标的电池耗尽-维持策略、以提高电池循环寿命为目标的逻辑门限策略、以减少电池大倍率电流冲击为目标的模糊控制策略等；而对于非固定行驶场景，则还需要考虑整车动力性输出需求，通常采用分段功率跟随控制和转矩协调控制的控制策略。与民用车辆不同，特种车辆还需关注瞬时大功率的输出，在储能系统设计上，则会加入超级电容、飞轮电池等后备储能模块，以平衡峰值功率和高频暂态功率为目标，设计自适应的控制策略；特种车辆的高实时性动态强需求是增程式动力系统能量控制的难点，其主要原因在于需求的难以预测及响应的高实时性，这需要在控制过程中使整车的储能系统保持较高的能量水平，APU具有较高的动态响应能力，并采取多目标协调控制的方法，然而，目前还没有很好的解决方案。

主要参考文献

[1] 胡明寅. 增程式电动车动力系统设计及能效优化研究[D]. 北京：清华大学，2012.

[2] Lubomir M, Oldrich V, Ondrej G, et al. Study of Unconventional Cycles (Atkinson and Miller) with Mixture Heating as a Means for the Fuel Economy Improvement of a Throttled SI Engine at Part Load [C]. SAE Paper, 2012-01-1678.

[3] Denis N, Fino S, Matthias D, et al. Miller/Atkinson Valve Timing as Full Load Concept for a Naturally Aspi-rated Cogeneration Engine [C]. SAE Paper, 2015-32-0713.

[4] Michael F, Philipp K, Yong S, et al. Clean EGR for Gasoline Engines-innovative Approach to Efficiency Improvement and Emissions Reduction Simultaneously [C]. SAE Paper, 2017-01-0683.

[5] Dhamal R M. Battery-ultracapacitor Combination Used as Energy Storage System in Electric Vehicle[C]. Proceedings of 2015 International Conference on Emerging Research in Electronics, Computer Science and Technology (ICERECT). Mandya, India: IEEE, 2015:

230-233.
[6] 朱辰宇,余卓平,熊璐,等.军用增程式电动汽车增程器工作点选取策略设计[J].制造业自动化,2018,40(1):10-15.
[7] 高晓杰,孙永正,韩志玉,等.一种新型增程插电式混合动力控制策略的开发[J].同济大学学报(自然科学版),2019,47(S1):110-114.
[8] 李财盛.混合动力军车复合电池控制系统研究[D].沈阳:东北大学,2014.

撰稿人:王洪亮(南京理工大学)　王尔烈(南京理工大学)

车辆热-动能回收利用系统集成关键技术

Integrated control utilization system of heat and kinetic energy recovery based on vehicle

1　科学问题概述

节能与环保是21世纪全人类共同面临的严峻问题,国家"十四五"规划明确提出加快推动能源清洁、低碳、安全、高效利用的理念。在汽车燃油消耗所产生的能量中,以废热形式由尾气排出的能量约占40%,悬架为保证车辆性能而耗散的振动能量占燃料燃烧总能量的10%,相关研究表明,热能和动能的有效回收可改善车辆燃油的经济性。因此,余热能和振动能量的高效回收技术是欧美发达国家确定的汽车节能减排前瞻性重大技术。具有梯级能量特征的尾气废热非常适合利用热电发电技术回收,同样,汽车馈能式悬架技术能有效回收振动能量。目前,汽车余热能和振动能量回收的研究还处于起步阶段,许多核心关键技术尚未突破,普遍存在回收效率低、储存利用难、与整车融合性差等问题。为实现高效回收车辆的热-动能,并实现推广应用,亟待明晰热-动-电能收集、传递、转化和存储机制,揭示热-动能回收系统的设计机理与性能匹配,研发一套完整的基于热-动能回收的示范车辆设计与集成技术。为突破上述技术瓶颈,一系列关键科学问题有待研究。

1.1　车辆尾气余热和振动能量的收集与传递机制

能量的高效收集与有效传递是影响热-动能回收的关键,在能量回收过程中,不能对发动机、底盘和排气系统造成干涉。因此,高效收集车辆尾气废热并有效传递至车用热电器件的蓄热结构设计优化及其实现,需要系统研究换热器新结构对发动机和排气系统输出特性的影响,在保证发动机和排气系统正常工作的基础上,实现尾气废热的高效收集与有效传递。兼顾动能回收与车辆性能优化设计馈能装置,研究馈能悬架在频域上的振动传递特性，阐明馈能悬架中的刚度-阻尼耦合机理，制定车辆不同振动模态下馈能电机负载的控制策略，在保证车辆性能的前提下实现振动系统能量回收的最大化。因此，如何明晰车辆尾气余热和振动能量的收集与传递机制，是首要解决的关键科学难题之一。

1.2 车辆电能的回收、存储、管理和控制机理

车载工况多变，道路环境复杂，尾气热能和振动能量变化不规律，电能回收存储难度大。因此，有必要针对尾气热能和振动能量的不稳定性，研究高效可靠的能适应波动电压下的能量存储及控制方法，研究车辆热-动能双回收系统下电能的输出特性，发展高效高可靠性能量管理策略与控制技术，构建新型车载电源拓扑结构，实现新型车载电源拓扑结构优化设计与制造。

1.3 能源二次利用后的整车设计机理与评价方法

针对热-动-电转化系统这一复杂耦合对象，从热-动能收集到电能存储，再到车载匹配的整个转化过程难以用单一能量参数描述。因此，需优化热-动能回收下混合动力车辆的驱动方案和能量管理策略，提高热电发电系统，馈能悬架系统，发动机，集成启动、发电一体化发电机/皮带驱动式(ISG/BSG)，变速器等主要零部件参数的整体匹配度，建立多能源动力总成的能量流管理及控制策略和算法，实现不同工况不同工作模式下混合动力车辆的最优控制。开发基于热-动能回收的多能源、多动力驱动系统的单元技术和机电耦合技术，实现高效的、可靠的整车布置及驱动系统的结构集成，开展多能源动力总成与系统的参数标定，系统开展热-动-电的能量收集、传递、转化、存储、利用，以及整车技术经济性评价研究。

2 科学问题背景

目前，汽车热能和振动能量回收的研究包括以单一部件为对象的能量回收技术，热-电、动-电之间，两两交互机制研究等，这些研究主要聚焦单一对象，对于热-动-电转化系统多要素耦合机理研究不足。热-动能回收技术开发中面临诸多挑战，能量收集系统的设计理论不充分，车载工况和道路复杂条件使得现有电源系统回收难，且回收的电能使用难。因此，迫切需要突破车辆热-动能回收利用系统集成控制的技术瓶颈。

2.1 对热-动-电耦合能量的认识不足

一方面，现有研究重点在单方面分析尾气热能或振动能量；另一方面，对热-动-电交互机制研究及优化设计方法探索有限。从能量回收的角度，最大限度实现车载能量二次利用是趋势，因此，有必要揭示能量流在热-动-电转换系统的作用机制与影响规律，建立完善的热-动-电能量收集和管理体系。

2.2　车辆热-动能回收系统兼容性问题有待解决

需要研究热电发电系统与消声系统、催化系统的兼容与集成机理;研究高效催化器-宽温域热电发电系统一体化集成技术;研究馈能减振器的振动传递装置与发电系统,电阻尼、摩擦阻尼与悬架刚度的匹配与集成技术,为实现多系统的耦合和驱动系统的集成提供理论支撑。

2.3　与车载电源系统匹配差、储存难

一方面,车载工况多变,道路环境复杂,尾气热能和振动能量变化不规律;另一方面,回收能量与传统电源系统匹配度差,对新型车载电源拓扑结构探索有限。因此,有必要探索高效可靠的能适应波动电压下的能量存储及控制方法,实现新型车载电源拓扑结构优化设计与制造。

2.4　车辆热-动能回收系统的轻量化和成本问题有待解决

由于热动能回收利用系统占据一定质量和体积,现有乘用车对轻量化要求愈发严格,使得能量回收的性价比不高,实际的成熟应用非常少。这也为车辆热-动能回收系统的高度集成和轻量化设计带来挑战。

综上所述,汽车热能和振动能量回收的研究还处于起步阶段,许多核心关键技术尚未突破,普遍存在回收效率低、与整车融合性差等问题。为实现高效回收车辆的热能和动能并实现推广应用,亟待明晰热-动-电能收集、传递、转化和存储机制,揭示热-动能回收系统的设计机理与性能匹配,研发一套完整的基于热-动能回收的示范车辆设计与集成技术。

3　科学问题研究进展

3.1　尾气余热的高效收集及传递

现有研究通常建立特殊的热交换器和冷却单元实现热电转换,重点放在热交换器和冷却单元的设计方法上,未能从尾气废热能量的梯级分布上进一步提高尾气废热能量的回收利用率。因此,以高效低温和中温热电器件为应用对象,研究分布式热电发电系统热能流动路径及能量管理策略,已成为该领域的研究重点。

在振动能量的高效收集及传递技术方面,现有研究考虑振动能量回收效率的提高,通常是从单个悬架的角度来匹配各液压元件参数以减少振动能量损失,每个悬架均配备一套复杂的能量回收机构,造价高昂且回收电能有限。因此,迫切需要一种全新的从整车角度考虑的中央集成式悬架振动能量回收系统,以车辆动力学与能量回收效率为目标进行

参数匹配与优化,同时提出一种新的建模方法以揭示该新型悬架系统的振动传递特性,并研究馈能悬架的控制算法,已成为该领域亟待解决的问题。

3.2 车辆电能回收、存储技术及能量流管理策略

当热电发电系统和馈能悬架应用于车辆后,由于车辆发动机处于不断变化的动态工况,热电发电系统输出功率总是随着输出电压的变化而不断变化,同样地,路面的复杂情况使得馈能悬架的输出电压波动较大。如何保证车辆处于任何动态工况及任何路面条件下热-动能回收集成系统始终获得最大功率输出,需要控制系统对最大功率进行实时跟踪;与稳态发电状态下的光伏发电系统相比,其跟踪最大功率的精度和速度的要求大大提高,这是热-动能回收系统面临的技术难点。因此,迫切需要研究高效可靠的、能适应波动电压下的能量存储及控制方法。

当热-动能回收系统始终以最大功率给车载储能电池包充电时,面对如何合理高效地储存电能并保证储能电池包不出现过充等问题,必须设计基于热电发电和馈能发电的车载一体化电源系统,并通过启动发动机、电机助力发动机等手段对电能进行在线利用,热-动能回收系统从系统到整车将面临整车能量管理的技术难题。因此,发展相应能量管理策略与控制技术,实现新型车载电源拓扑结构优化设计与制造,成为该领域内的重点。

综上所述,现有针对热-动-电的能量收集、传递、存储、管理和控制机制,以及整车兼容集成设计机理的研究尚缺乏全面系统的基础理论支撑。热-动能的收集机制和传递机理不明确,能量流系统建模困难,热-动-电能的耦合关系不清晰,热-动能回收的车辆集成机理和轻量化问题难解析,这些关键问题制约了车载能量回收技术的快速发展,有必要逐一攻克,最终实现车辆热-动能回收系统的规模化应用。

主要参考文献

[1] Zhang Y, Chen H, Guo K, et al. Electro-hydraulic Damper for Energy Harvesting Suspension: Modeling, Prototyping and Experimental Validation [J]. Applied Energy, 2017, 199: 1-12.

[2] 陈龙,张承龙,汪若尘,等. 液压互联式馈能悬架建模与优化设计[J]. 农业机械学报, 2017(1):303-308.

[3] Liu Y, Xu L, Zuo L. Design, Modeling, Lab, and Field Tests of a Mechanical-Motion-Rectifier-Based Energy Harvester Using a Ball-Screw Mechanism [J]. IEEE/ASME Transactions on Mechatronics, 2017, 22(5): 1933-1943.

[4] Pan Y, Liu F W, Jiang R J, et al. Modeling and Onboard Test of an Electromagnetic Energy

Harvester for Railway Cars [J]. Applied Energy,2019,250:568-581.
[5] Shen Z, Tian L, Liu X. Automotive Exhaust Thermoelectric Generators: Current Status, Challenges and Future Prospects [J]. Energy Conversion and Management, 2019, 195: 1138-1173.
[6] Liu X, Deng Y, Li Z, et al. Performance Analysis of a Waste Heat Recovery Thermoelectric Generation System for Automotive Application [J]. Energy Conversion and Management, 2015, 90: 121-127.
[7] Wang Y, Li S, Xie X, et al. Performance Evaluation of an Automotive Thermoelectric Generator with Inserted Fins or Dimpled Surface Hot Heat Exchanger [J], Applied Energy, 2018, 218: 391-401.

撰稿人:汪怡平(武汉理工大学)　刘珣(武汉理工大学)　郭思婧(武汉理工大学)
汪若尘(江苏大学)

电动汽车与充电设施互动匹配理论与协同控制方法

Interaction between electric vehicle and charging infrastructure and cooperative control method

1　科学问题概述

电动汽车作为国家战略性新兴产业和《中国制造2025》的重点发展领域,为能源结构转型,助力中国实现“双碳”目标提供了实施路径。随着技术的不断发展,电动汽车动力电池系统的能量密度、功率特性、热特性等主要技术参数不断发展,充电设施适度超前的建设原则,需要考虑电池的充电接受度发展速度和极限阈值。电动汽车用户快慢充使用比例、日平均驾驶里程、充电行为时空分布等随着电动汽车渗透率的加大,将对充电设施的规划布局有重大影响。电动汽车充电主要场景是在配电网侧,年平均电能消耗基本等同于一个家庭用电量,高渗透率电动汽车充电负荷对配电网将产生重大影响。动力电池全生命周期高效率充电方法、考虑“光储充换”能源补给站多路径能量耦合机制,建立多目标的电动汽车电能补给运行机制,电动汽车车辆到电网(V2G)高效应用等技术突破对提高电动汽车运行经济性、广泛的适用性、电网友好性具有重要意义。

1.1　动力电池充电接受度及充电设备参数匹配优化

锂离子电池作为一种电化学系统,充电不当导致的电池热失控是电动汽车自燃起火事故的主要原因,锂离子电池充电接受度边界及充电速度直接影响能耗水平、寿命性能,甚至电池安全状态。因此,为优化充电桩输出电压、充电电流等级参数,需全面揭示动力电池充电边界参数对电动汽车经济性、耐久性和安全性的影响机制。动力电池充电接受度的充电设备等级参数优化是亟待解决的关键科学难题之一。

1.2 车桩一体化效率最优的自适应充电策略

针对电动汽车大规模发展,动力电池充电过程能量转化效率将是影响电动汽车使用经济性的关键参数。动力电池全生命周期特性参数变化、充电过程中功率特性变化、不同荷电状态(SOC)阶段电池能量转化效率等因素都会对动力电池能量转化效率产生影响。建立动力电池全生命周期在线参数辨识、研究要素间复杂耦合作用关系、制定效率最优的自适应充电策略、高效电能变换拓扑是亟待解决的关键科学难题之一。

1.3 考虑时空分布特征的充电需求匹配协同机理

公共充电设施是服务电动汽车正常运行、缓解里程焦虑的重要保障。充电设施规划,即充电设施的选址布局、定容配置,应与电动汽车充电需求相匹配,以提升充电时效、减少能耗、提升用户满意度和充电设施利用率。充电需求与电动车辆类型、参数、行驶特性、道路情况等诸多因素相关,因个体而异,且存在较强的随机性,准确确定充电需求的时空分布具有本质的复杂性。同时,充电设施规划基于充电需求,并与电网、路网、市政规划等多方面因素耦合,将会推动 V2G 储能技术发展,动力电池随 V2G 工况衰退的定量演化机制和经济运行机理属于横跨多个学科的交叉研究,体系复杂,由内在机理转换为定量模型的量化难度高。剖析充电设施规划对于满足电动汽车充电需求的匹配协同机理是亟待解决的关键科学难题之一。

1.4 多目标的电动汽车电能补给运行机制

考虑光-储-充-换能源补给站多路径能量耦合机制,以及储换电池自身差异和衰退特性,以电池寿命、服务质量、可再生能源消纳和电力系统辅助服务收益为优化目标,建立多目标优化控制模型,研究多阶段多主体运行决策方法,实现适应充换电负荷、电网和光伏状态实时变化的站内网-源-荷-储间能量流的协同优化管理。建立多目标电动汽车电能补给运行机制是亟待解决的关键科学难题之一。

2 科学问题背景

适度超前、设计合理、竞争有序、功能完善的充电服务体系是电动汽车迅速发展、能源高效转型的保障,对电动汽车发展特征参数的认知是车-充电设施智能协同、电动汽车运行经济性探究的重要理论基础。

目前对电动汽车充电过程中能量转化效率问题没有引起关注，存在动力电池快充条件下效率降低、充电基础设施系统在间歇性负荷条件下能量转化效率波动大等问题。充电设施规划布局不适应电动汽车发展与充电需求，造成利用率较低，有车无桩、有桩无车现象并存。动力电池因车用无线通信技术（V2X）产生的衰退成本难量化，同时涉及多方利益主体，需求调研难度大，激励模式仍处于初期探索阶段。商业模式不成熟，由于存在转供电和停车/充电双重付费的情况，用户充电成本高，运营商收入来源单一。快充快换的优化控制问题具有复杂时变性，未考虑电池衰退特性，且换电模式单一。因此，迫切需要突破电动汽车与充电设施互动匹配理论与协同控制方法研究技术瓶颈。

2.1　充电设备等级参数制定对动力电池发展的特征参数考虑欠缺

建立准确可靠的全寿命周期多因素耦合动力电池模型，是优化电动汽车充电设备等级参数的前提条件。动力电池充放电循环必然伴随着副反应发生，如何量化表征不同的副反应是关键问题，也是难点问题。随着电池经历循环老化，准确在线更新电池模型参数是提高电池管理系统可靠性的核心问题。

2.2　动力电池能耗和充电桩能耗协同优化尚未考虑

基于动力电池模型和参数演变规律，建立车桩一体化效率最优的自适应充电策略。一方面，在满足用户充电需求时，建立车桩一体化充电效率提升方案，量化分析充电效率和充电速度的关系；另一方面，为推动多种 V2X 能源利用形式，计及电池衰退的影响，推演动力电池放/充电双向效率最优的自适应工况，为激励体系构建、经济效益分析提供理论依据。

2.3　充电需求的时空分布特性统计难度大

动力电池与电动汽车的发展迅速，然而，目前研究领域未深入探究二者的发展对充电设施规划的影响。精确定义动力电池和电动汽车发展的特征参数，才能有效提升充电设施规划的合理性和有效性。

2.4　动力电池寿命衰退精确量化挑战大

目前，动力电池寿命衰退机理研究已较为充分，对特定工况下的动力电池寿命衰退也已有一些研究；然而，对实际工况下动力电池的寿命衰退，特别是短期充放电工况下动力电池寿命的分析和量化存在欠缺，精确量化难度较高。在宽频域的波动下，锂离子电池耐久性和衰退问题目前尚无成熟的机理研究和解决方案。

2.5 对用户行为机制认识不足

电动汽车充电或 V2G 充放电特性均与用户行为密切相关。一方面,现有理论难以解释用户行为意图的产生机理;另一方面,特定因素作用下人类行为变化的量化理论能否用于充电和 V2G 尚待精确考量。

2.6 光-储-充-换的动态优化控制问题时变性强

运行策略将决定电网-光伏-充换电电池间多路径能量交互和电池补电时长,对电动汽车的能源补给方式、电池耐久性、可再生能源消纳及电力辅助服务能力产生综合的影响,这是一个复杂时变场景下的多目标动态优化控制问题,亟须深入研究。

综上,亟须进行全生命周期多因素耦合动力电池建模、特征参数演变规律与充电设施互动匹配理论与协同控制方法的深入研究,实现对高效、智能协同充电系统和充电服务的清晰认知和本质安全保障。充分解析动力电池经历循环老化后充电接受度演化机制,构建特征参数与充电设施的互动匹配理论;制定车桩一体化效率最优的自适应充电策略,构建动力电池放/充电双向效率最优的自适应工况;挖掘电动汽车充电需求时空特性与充电设施规划的高效匹配原则,保证快速获取充电服务;基于经济性评估给出可行的 V2X 运行模式,促进能源高效利用;建立光-储-充-换能源补给站多路径多目标动态优化控制模型。本研究对于深度优化充电设施高质量服务于电动汽车的智能协同发展具有重要指导意义,科学价值突出。

3 科学问题研究进展

3.1 考虑动力电池充电接受度的电动汽车充电设备等级参数优化

目前,对动力电池充电接受度的研究主要集中在析锂边界的研究,以及析锂发生的识别方法,基于析锂电势判据,通过电化学模型获得抑制析锂的最大电流,构建充电接受度边界;通过研究阻抗演变规律,采用电压弛豫曲线信息等原位分析方法进行析锂发生识别及量化研究,为研究电池衰退机制、实现安全预警提供理论依据。但是,如何获取模型参数,以及随着电池经历循环老化,如何在线更新电池参数仍具有挑战性。面对用户里程焦虑和补能焦虑,车企相继推出匹配其品牌电动汽车的超级快充系统,350kW、480kW 及更高的功率等级成为行业追逐的目标。但是,充电设施等级是否能够匹配更广泛的电动汽车,以及充电设施等级参数是否能够与动力电池的充电接受度匹配仍是需要回答的问题。传统恒流恒压充电技术,主要是依靠不断增加恒流阶段的充电电流倍率来实现,但是快充会引发严重的极化。现有充电控制策略以电池外部特性参数为目标,缺乏与电池内部反应机理的结合,对电池寿命的影响不明确,充电控制策略与电池特性无法实时匹配,极易引起电池过充问题。因此,为了充电设施更好地满足动力电池需求,车桩一体化开发和研究成为发展趋势,只有在充分揭示电池衰退模式、老化机理的基础上,优化的电动汽车充电设施等级参数才具有实际应用价值。

3.2　考虑动力电池和充电桩能耗的车桩一体化效率最优自适应充电策略

现有结果表明,效率对电池寿命和最优运行调度影响显著,即使在库伦效率相同的情况下,效率也可能存在巨大差异。现存算法有较大局限性,主要表现在:充电过程和放电过程中的能量损失耦合在一起,不能反映出充放电过程中各自能效,且无法跟踪因外界条件变化对电池充放电过程能量损失的影响。为此,研究人员引入理论能量的概念,即在电池没有极化效应时最大可存储或释放的能量,将充电能量损失与放电能量损失解耦具体化计算。同时,动力电池效率影响因素及作用机制尚不明晰,SOC、电流倍率和温度被认为是直接影响电池效率的要素。现有结论都是从单一角度进行分析,例如,能效随SOC呈现两端低中间高的趋势;电流倍率越大能耗越大,温度越低效率越低。通常充电倍率与充电速度呈正相关,充电倍率与充电能效负相关,但充电倍率、充电速度与充电能效的定量关系尚不明确。由于动力电池在实车运行工况中具有复杂性和不确定性,探索要素间复杂耦合作用关系,揭示要素耦合的形成及衍变规律,是制定车桩一体化效率最优的自适应充电策略的基础前提。针对多种V2X能源利用形式,目前,已有文献探究了常规工况下电流倍率和温度对效率的影响,对其他影响因素研究关注较少,研究工况较为单一,缺乏全面系统的深入剖析。鲜有文献对动力电池放/充电双向效率最优问题进行研究,系统的推演方法尚处于缺失状态。因此,针对V2X场景,亟须制定放/充电双向效率最优的自适应工况,为保障动力电池耐久运行和促进激励体系的形成提供理论基础。

3.3　考虑时空分布特征的充电设施规划与电动汽车充电需求的匹配协同机理

在充电需求预测和评估方面,现有研究主要包括基于出行链的随机模拟法和基于实际数据的统计分析法两大类。其中,基于出行链的随机模拟法将电动汽车作为单一个体对待,基于交通出行模型或电动汽车驾驶数据分析电动汽车出行规律,再结合电动汽车的出行特征参数的数据拟合,模拟电动汽车的出行链,获取电动汽车产生充电需求的时刻和地点,即充电需求的时空分布;基于实际数据的统计分析法将电动汽车视作一个统一整体,结合城市交通流量数据及电动汽车保有量数据分析电动汽车充电需求的空间分布规律,再运用实际统计数据获取电动汽车充电时刻、充电时长等特征参数的概率模型,两者结合得到充电需求的时空分布。充电需求与充电设施规划匹配不合理,将导致充电需求难以满足，出现寻站时间长、不同位置充电设施利用率差异过大，充电等待时间长等一系列问题。如何实现电动汽车充电需求与充电设施规划的高效匹配，是充电设施规划研究中最核心的问题。在充电设施选址方面，其中的经典建模选址法就是通过建立充电站选址优化模型解决充电站的站址选择问题，由于充电站的建设选址受限于城市的市政、交通和电网规划，该方法首先要解决的就是基于充电需求等多方面因素进行充电站址选择和充电服务范围划分。充电设施选址方法中的专家选择法和综合评价法，均考虑选址对象的社会环境和客观背景，将专家凭经验或专业指标以数值形式表示，直观地对选址对象进行综合分析评判。此外，还有应用区位论的选址法，比如服务行业设施选址常用的中心地理理论、重心法等。这些方法普遍存在以下两个问题：一是充电需求与充电设施规划联系简单的问题，例如，常见的通过基于图论的充电服务范围划分将充电需求人为的划归分块，主观性强，科学性合理性尚待探讨；二是对充电设施规划对动力电池充电接受度变化的考虑欠缺，目前，研究均未考虑动力电池与电动汽车的发展对充电设施规划的影响，这也使得 V2G 尚处于规模示范应用的技术状态。

3.4 考虑光-储-充-换能源补给站多路径能量耦合及电动汽车充换电多目标运行机制

目前，研究人员在电动车能源补给微网方面进行了广泛而深入的研究，旨在提高其经济性和稳定性。依据时间尺度和控制对象的差异，电动车能源补给微网控制包括变流器层级的动态控制、多变流器间的协调，以及系统层级的能量管理。香港科技大学研究人员针对单一换电功能的能源补给站，将换电站调度问题建模为混合整数规划问题，提出分布式广义弯曲解耦优化算法，在满足服务需求的前提下对充电桩充电倍率进行优化，使全天充电成本最低。然而，该研究采用基于充电倍率的单因素电池衰减模型，且在优化过程中未考虑不同电池健康状态的差异。Liu 等针对基于光伏的换电站，建立运行服务指标，并提出一种结合换电需求预测和光伏-电网-充电功率分配的换电电池充电策略，一方面保证换电服务质量，避免车辆的过度等待；另一方面最大化光伏能量利用和换电站经济效益。华中科技大学张立静考虑系统不同负荷时段的电力需求特点，提出了换电站的分时段运行模式模型，以较好地协调系统发电机组、电力负荷、换电站三者之间的功率分配关系。清华大学研究人员考虑不同电池组状态差异，提出了基于虚拟电池的控制策略，根据电池 SOC 和内阻参数进行下垂系数调整，进而优化多电池组间的功率分配，实现“即插即用”的分布式控制。然而，目前所提出的控制方法仍存在一定的不足：大部分文献所建立的换电经济性模型未考虑电池衰减问题，或者采用基于单因素的简化模型进行计算，换电模式下电池耐久性演变机理尚不明确；由于运行条件和时长的差异，站内换电电池的老化状态、荷电状态等参数存在较大的不一致性，目前大部分换电电池充放电策略的设计未对其进行充分的考虑。以上研究仅考虑单一的换电模式，对于光-储-充-换综合能源系统，通过换电电池与快充负荷的配合协同，缓解快充模式对电网的冲击问题，也具有重要的研究意义和应用价值。

综上所述，现有针对电动汽车发展的特征参数与充电设施的匹配关系研究尚缺乏全面系统的基础理论支撑。主流快充充电桩等级参数选取原则与动力电池充电接受度匹配关系不明确；动力电池效率影响因素及作用机制尚不清晰，对车桩一体化效率最优的自适应充电策略、能耗下降空间、V2X 场景中动力电池放/充电双向效率最优的自适应工况的研究较少。智能匹配充电需求与充电设施规划的问题难以建模。V2X 经济性运行机理还没有系统性结论。换电经济性模型未考虑电池衰减问题，涉及因素单一，且换电模式下电池耐久性演变机理尚不明确。以上问题制约了电动汽车发展及高效能源转型，有必要逐一攻克，最终实现全面系统化的智能、协同、高效的充电系统和充电服务，为智能汽车产业长远发展提供深厚基础，对提高动力电池经济价值、优化电动汽车充电设备匹配参数、提升车桩一体化充电效率和实现充电设施智能布局具有重要意义。

主要参考文献

[1] Waldmann T, Hogg B I, Wohlfahrt-Mehrens M. Li Plating as Unwanted Side Reaction in Commercial Li-ion Cells: A Review[J]. Journal of Power Sources, 2018, 384(apr. 30): 107-124.

[2] Kang J Q, Yan F W, Zhang P, et al. Comparison of Comprehensive Properties of Ni-MH (Nickel-metal Hydride) and Li-ion (Lithium-ion) Batteries in Terms of Energy Efficiency [J]. Energy, 2014, 70: 618-625.

[3] Meng X, Zhang W, Bao Y, et al. Sequential Construction Planning of Electric Taxi Charging Stations Considering the Development of Charging Demand[J]. Journal of Cleaner Production, 2020, 259: 120794.

[4] Yan Y, Jiang J, Zhang W, et al. Research on Power Demand Suppression Based on Charging Optimization and BESS Configuration for Fast-Charging Stations in Beijing[J]. Applied Sciences, 2018, 8(8): 1212.

[5] Tan X, Qu G, Sun B, et al. Optimal Scheduling of Battery Charging Station Serving Electric Vehicles Based on Battery Swapping[J]. IEEE Transactions on Smart Grid, 2019, 10(2): 1372-1384.

[6] Baure G, Dubarry M. Durability and Reliability of EV Batteries under Electric Utility Grid Operations: Impact of Frequency Regulation Usage on Cell Degradation[J]. Energies, 2020, 13.

[7] Liu N, Chen Q F, Lu X Y. A Charging Strategy for PV-based Battery Switch Stations Considering Service Availability and Self-consumption of PV energy[J]. IEEE Transactions on Industrial Electronics, 2015, 62(8): 4878-4889.

[8] Wang S, Lu L, Han X, et al. Virtual-battery Based Droop Control and Energy Storage System Size Optimization of a DC Microgrid for Electric Vehicle Fast Charging Station[J]. Applied Energy, 2020, 259(1): 114146.1-114146.12.

撰稿人：孙丙香(北京交通大学)　鲍谚(北京交通大学)

CHAPTER FOUR

第4章 车辆系统智能化与运用

作为汽车行业发展的科技前沿，智能车辆已成为各国科技竞争的战略制高点。2020年，国家发展和改革委员会等十一部门联合印发《智能汽车创新发展战略》，明确提出了建设中国标准智能汽车和实现智能汽车强国的战略目标。随着智能车辆的不断发展、不同学科的交叉融合，其内涵与外延也在不断拓展，相应的科学问题也随之发生变化。

伴随着车联网、人工智能、大数据等技术的迅猛发展，车辆工程学科已从传统的“机械底盘、内燃动力、车身设计、汽车电子”体系转变为以“智能化、网联化、电动化、共享化”为特征的全新体系。另外，人工智能技术的普及应用，环境感知、智能决策、车路协同技术等不断取得重大突破，传统车辆正加速向新一代智能车辆迈进。然而，当前智能车辆技术的发展也面临诸多挑战，如非理想天气状况、混行交通场景、不确定交通要素等，这些挑战造成现阶段的智能车辆难以适应复杂交通环境，易陷入恶劣行驶环境感知难、多交通要素认知难、人车混行场景决策难、复杂运行路况控制难等困境。为促进智能车辆系统逐步提高其本质安全，亟待挖掘智能车辆系统发展背后的科学问题与物理机制，发展可以扩展智能车辆通用性、智能性、安全性、稳健性的新理论、新方法和新技术。

智能网联汽车往往处于多源、混行和不确定的复杂人车路交通环境，只有通过综合风险评估、行为推理与交互决策、实时协同控制理论与方法，加上自动驾驶加速测试辅助手段，以及构建系统平台和支撑环境，最终才能实现安全、舒适、敏捷、灵活的智能驾驶。车辆系统智能化与运用的重点研究领域包括全域融合感知和综合风险认知、高可靠高适应性的智能自主决策理论和算法、精准可靠的实时协同控制理论与方法。预期突破多学科交叉优化，提出智能车辆发展的新理论和新方法，为更好地推动我国智能车辆的发展做出应有的贡献。

复杂场景语义理解和车辆动态障碍感知

Scene understanding and moving obstacle perception in complex scenes

1 科学问题概述

由于复杂环境地表类型及地面属性多样、地形起伏不定、道路结构多变且缺乏清晰的道路标识及道路边界、障碍物种类繁多且运动混杂无序等，限制了智能车辆对其周围环境及动态障碍物的准确、鲁棒感知。此外，动态障碍物入侵运行环境具有随机性，及时检测并躲避随机动态障碍物的入侵，是智能车辆能安全行驶的重要保障。因此，实现复杂场景语义理解和动态障碍物感知，对提升智能车辆环境感知的准确性、决策控制的可靠性及其对复杂恶劣环境的适应性具有至关重要的作用。针对上述技术的机理性科学问题，可以总结为以下四点。

1.1 基于时空一致性的多源异构传感数据融合机制及其表征建模

智能车辆通常配置多种传感器进行环境感知，由于不同传感器所获取数据的机理不同，这些数据既存在关联性又存在互补性。此外，由于各传感器执行任务不同、自身性能的优劣、所处环境存在差异等原因，使各传感器观测同一目标获得的量测数据也不同步。因此，如何进行基于时空一致性的多源异构传感数据融合机制及其表征建模，并从高维的海量信息中提取少量的低维特征信息，是实现智能车辆场景理解及障碍物快速识别的首要科学难题之一。

1.2 复杂稀疏环境特征增强及目标-场景多粒度特征耦合机制

由于野外环境地形复杂多变，且地面的草丛、植被、粗糙土壤等也会形成较强和较大的反射，而障碍物在材料组成、尺寸大小、位置姿态等方面没有固定形式，这增大了场景理解及动态障碍物感知的难度。此外，复杂环境下各传感器采集的数据及提取的环境特征具有较强的稀疏性。因此，需要根据多传感器数据进行稀疏环境特征增强，挖掘基于目标物理属性、语义环境等特征的多粒度特征耦合机制，进而提高复杂环境场景理解与目标障碍物感知准确性及效率。

1.3 静态场景语义理解及动态障碍物检测跟踪感知机制

在复杂环境下，障碍物运动形式多样且运动方向各异、场景中交通参与者较多，致使障碍物跟踪过程中干扰较多，容易出现检测/跟踪错误目标、检测/跟踪目标丢失、漏检测/

跟踪目标等问题。因此,有必要挖掘动态障碍物所处的静态场景上下文信息,揭示场景语义分割与动态障碍物检测跟踪的感知机制,探索动态目标的运动规律及运动轨迹特征,实现静态场景语义分割及动态障碍物准确、稳定检测跟踪。

2　科学问题背景

复杂场景语义理解及动态障碍物感知需要为智能车辆的决策规划等模块提供全面、准确和高效的信息,包括场景的语义信息,障碍物的位置、形状、类别及速度信息等。该环节是车辆和环境交互的纽带,是智能车辆的"眼睛",决定了智能车辆安全行驶的好坏。

目前,复杂场景理解及动态障碍物感知主要受以下因素影响:①由于建筑物、山丘、沙漠、江河的阻隔,风、雪、雨等天气影响,车载传感器观察视界常受限,通视范围窄,多传感器数据存在互补及冗余信息;②由于缺乏典型人工特征及明显道路边界线约束,导致难以确定障碍物的准确地理位置;③同类目标形态上存在差异,而不同类目标形态上又存在一定的相似性,因而存在错误识别结果;④运动形式多样化,按运动速度有静止、低速及高速等,运动方向有直行、横穿及斜插等,导致容易出现跟踪障碍物目标丢失等问题。以上这些问题给复杂环境下准确、稳健的动态障碍物感知带来极大的挑战,一旦障碍物感知失败,既会误导智能车辆下一时刻的决策规划,还有可能酿成重大交通事故,严重制约了我国智能车辆的进一步发展。因此,迫切需要突破静态场景理解及动态障碍物感知的关键技术瓶颈。

2.1　多传感器数据的高效表征及耦合不足

智能车辆通常配置多种类型传感器,这些传感器数据之间既存在互补又有冗余性。如何在保障安全的前提下合理表征传感器数据并进行高效耦合,提升获取环境信息的全面性、降低数据的冗余性及数据表征的高效性,是实现复杂环境语义理解及动态障碍物感知的重要保障。

2.2　对复杂环境的语义理解不足

现有的研究工作主要针对简单的结构化道路,针对复杂的道路及非结构道路场景研究较少。如何在复杂及非结构化道路环境中进行准确的环境语义理解,并对复杂场景元素及关系进行语义建模,对准确的动态障碍物感知具有重要意义。

2.3　对动态障碍物运动特性认识不足

目前,对动态障碍物感知工作主要基于传感器采集数据进行分析,缺乏对运动物体本身的运动特性分析。例如,行人与车辆的运动特性、轨迹在其运动环境、运行速度及周边物体的位置关系存在区别。因此,有必要基于障碍物的运动特性及规律进行探索与挖掘,建立动态障碍物运动模型。

2.4 障碍物感知与实时计算

由于复杂环境下动态障碍物运动通常具有随机性,而车载传感器获取的数据量越来越大,使得障碍物感知模块数据吞吐量激增,对障碍物感知运算提出了更高的要求:既要深度挖掘感知数据的识别潜力,又要保证较快的运算速度。此外,复杂环境中障碍物分散、体型小且处于隐蔽状态。如何分析目标特征的相关性,提取障碍物目标的空间地理位置、三维姿态信息及目标物的语义类别,并减少计算的冗余性,具有重要意义。

综上所述,深入研究多传感器数据的高效表征及耦合机制,构建复杂环境语义及场景元素建模,探索动态障碍物运动特性及规律,实现对复杂场景下静态场景语义理解及动态障碍物感知,对智能车辆安全、准确行驶具有重要科学意义。

3 科学问题研究进展

3.1 基于时空一致性的多源异构传感数据融合机制及其表征建模

当前研究通过对多源异构数据进行关键点检测,基于关键点的时空位置信息和关键点特征进行多特征约束,确定多源异构数据之间的映射矩阵,进行多源异构数据之间的空间对齐。此外,不同的传感器数据具有不同的表征方式,例如,图像数据由二维栅格数据表征,激光雷达数据由三维点云数据表征,现有方法常将对齐后的多源异构数据进行耦合表征以保存不同尺度场景信息及目标地理属性。但由于多源异构数据之间存在冗余性,如何降低融合数据的特征维度并进行高效耦合表征是未来研究的重点之一。

3.2 复杂稀疏环境特征增强及目标-场景多粒度特征耦合机制

当前研究主要利用神经网络及注意力机制等对提取的深层语义特征映射进行增强,利用多层次网络提取的上下文信息来优化稀疏环境特征并进行多尺度特征聚合。该研究方法能增强稀疏环境特征,但与此同时,增加了障碍物感知的计算负担。此外,将特征增强到何种程度目前并没有量化的统一标准,难以保证增强后的特征效果。因此,如何进行定量化的稀疏特征增强也是未来研究的重要内容之一。

3.3 静态场景语义理解及动态障碍物检测跟踪感知机制

当前主要按照语义分割-目标检测-目标跟踪架构进行研究。场景语义分割主要是利用编码-解码神经网络来降低语义分割的数据量,获取不同尺度环境信息,再利用卷积运算提取局部环境信息。这些模型已可以在简单的结构化道路场景实现较好的语义分割效果,但对于复杂的非结构化道路场景还存在诸多挑战:①由于缺乏人工典型特征的约束,道路与非道路面容易分割失败;②同类目标形态上存在差异而不同类目标形态上又存在一定的相似性,因而存在错误分割结果。

3.4　目标检测方法

基于单源传感数据的障碍物检测方法,通常利用手工设计特征提取三维障碍物属性进行障碍物搜索与定位,但是,这种方法主要存在两类问题:一是对于小型障碍物检测及垂直方向上的多目标检测的准确性并不具有最优性能;二是由于单源传感数据的稀疏性,会导致检测结果可靠性较低。为此,基于多源异构传感数据融合的障碍物检测模型通常利用融合后的传感数据提取融合目标特征以进行障碍物检测与定位,这种方法通常具有较高的检测结果,但实时性较差。因此,在考虑实时性的前提下,如何利用多源异构或单源传感数据进行高精度障碍物检测、定位、识别,具有重要研究意义。针对复杂环境下动态障碍物跟踪问题,一种方法是通过当前帧及其前一帧的目标信息对目标进行关联,此种方法计算量小,但容易丢失目标。另一种方法利用深度学习将数据关联问题表述为卷积神经网络的推理问题,通过学习一种结合了来自目标图像和空间特征的相似性函数来进行全局目标关联,这种方法易于多目标跟踪且不容易丢失跟踪目标,但需要处理的数据量远大于前一种方法。因此,针对复杂场景下的动态障碍物跟踪,未来研究需要解决以下两点问题:一是当目标物运动速度变化大、场景中交通参与者较多且无序时,如何解决当前目标关联方法容易出现跟踪目标丢失的问题;二是如何探索动态目标的运动规律及运动轨迹特征,以辅助提升目标跟踪精度。

综上所述,虽然现有的场景语义理解及障碍物感知方法可实现障碍物的准确检测、定位、识别、跟踪等,但仍存在以下问题:一是感知环境简单,即多集中于感知对象单一、目标稀疏分布的简单交通场景,较少对复杂环境下的动态障碍物感知技术进行研究;二是动态目标的运动特性及规律未充分探索。因此,以上理论研究能够解决制约复杂环境下智能车辆实时、准确、稳健感知的关键科学问题,并在科学层面具有重要的学术意义,在工程层面能为复杂环境下动态障碍物感知提供科学理论指导和关键技术支撑。

主要参考文献

[1] 刘建政,梁鸿,崔学荣,等. 融入特征融合与特征增强的 SSD 目标检测[J]. 计算机工程与应用,2021:1-17.

[2] Wang L,Huang Y,Hou Y,et al. Graph Attention Convolution for Point Cloud Semantic Segmentation[C]. Proceedings of the IEEE Conference on Computer Vision and Pattern Rec-

ognition,2019:10296-10305.
[3] 范晶晶,王力,褚文博,等.基于 KDTree 树和欧式聚类的越野环境下行人识别的研究[J].汽车工程,2019,41(12):1410-1415.
[4] 薛培林,吴愿,殷国栋,等.基于信息融合的城市自主车辆实时目标识别[J].机械工程学报,2020,56(12):165-173.
[5] Kart U,Lukezic A,Kristan M,et al. Object Tracking by Reconstruction with View-Specific Discriminative Correlation Filters[C]. Proceedings of the IEEE Conference on Computer Vision and Pattern Recognition,2019.
[6] Baser E,Balasubramanian V,Bhattacharyya P,et al. FANTrack:3D Multi-Object Tracking with Feature Association Network[C]. IEEE Intelligent Vehicles Symposium,2019.

撰稿人:王伟达(北京理工大学)　李颖(北京理工大学)

融合多维路面实时信息的精细化场景自动驾驶地图生成方法

Fine scene automatic driving map generation method integrating multi-dimensional road real-time information

1 科学问题概述

自动驾驶成为未来道路交通中的重要元素,是智能交通前沿发展的必然趋势,而现有的复杂交通环境下自动驾驶面临路况变化、气象环境、突发状况等高实时、多事件、紧耦合难题。汽车始终以道路作为载体,为实现自动驾驶汽车安全舒适、稳定高效的运营目标,全路域路面信息实时感知、路面状况信息对自动驾驶行车安全的影响机理、交通场景地图实时解析推理、自动驾驶最优行为仿真测试评估等技术瓶颈中,一系列关键科学问题亟待研究突破。

1.1 实时识别面向自动驾驶的路网级精细化路况信息

道路作为车辆运行的载体,路面状况决定了自动驾驶的安全与品质,路面纹理特征与自动驾驶的行驶体验密不可分,它决定了车辆颠簸、胎路噪声、积水飞溅、车辆打滑等行车现象,路面性能衰减(如磨光、坑槽等病害)可能直接导致安全事故。驾驶人可通过认知路面客观风险进行主观辨识、评估与操纵预判,现有自动驾驶以单车感知避障为核心,没有充分考虑路面影响行车机制。因此,有必要研究路面精细化多尺度特征提取与表征方法,建立路面感知数据可信度评价体系,建立路网实时高动态数据全域更新模型,将深度挖掘的路面信息融入自动驾驶感知范围。如何实时识别面向自动驾驶的路网级精细化路况信息是首要解决的关键科学问题之一。

1.2　基于胎-路接触机理的路面状况影响自动驾驶行车安全风险模型

汽车正常行驶区别于侧滑、转向不足、转向过度等危险情况的本质原因,是轮胎与路面的摩擦特性发生改变。因此,有必要从胎-路接触面力学行为反演车辆运动的状态变化,采用态势认知方法探究车辆失稳驱动诱因,进一步完善行车安全极限特征模型,进而构建不同路况下胎-路接触综合安全评估体系,实现从路面角度判定自动驾驶安全影响因素,对提升自动驾驶汽车主动安全性能、自动驾驶汽车细腻控制决策起到至关重要的影响。

1.3　实时生成融合精细化路况信息的自动驾驶路网级交通场景地图

自动驾驶决策高实时性是自动安全驾驶的重要保障。目前,烦冗的即时数据不仅给车辆芯片有限算力带来沉重压力,突发状况下的信息滞后导致车辆决策动作前其解算仍未完成,增加行车安全事故风险。因此,基于车-路-云架构,从海量多源异构数据中遴选核心数据,将并发、实时、突变的路况信息解析融合归一,生成用于驱动自动驾驶的精细化路网级场景地图,进一步拓展感知范围,细化感知粒度,精准高效地支撑自动驾驶控制决策能力。

1.4　构建车-路-云交通场景地图驱动的自动驾驶技术仿真测试方法

针对当前自动驾驶过分依赖车载昂贵传感器,未能充分考虑动态行驶中局部道路场景交通要素语义理解的难点,穷尽物理交通场景仿真自动驾驶技术是必须突破的关键难题。建立有限物理场景下路面耦合信息的推理模型及其可信度评估体系,研究基于车-路-云的自动驾驶车辆场景地图驱动自动驾驶行为响应测试方法,进一步优化场景地图自身性能、提升其驱动自动驾驶匹配能力,进而保证动态随机环境下自动驾驶决策的高效性与准确性。

2　科学问题背景

自动驾驶技术已在航空、航天、航海及轨道等封闭、单一交通场景广泛应用,有效提升了社会生产效率,并创造了巨大的经济效益。复杂道路环境下路面信息精准识别是智能网联汽车行业发展跃升至更高自动等级的必要途径。

目前,无论是传统汽车制造厂商还是新型互联网企业,对自动驾驶汽车发展的关注点始终凝聚在单车避障模式,即通过摄像头、超声雷达、毫米波雷达等传感器,分析车辆自身与周边交通参与者时空关系，规避障碍自动到达预设目的地。这些研究重心始终集中在车辆本身，然而道路条件也是影响自动驾驶的重要因素，相同的自动驾驶控制决策在变换路面坡度、平整度、病害程度，以及气象条件后引发车辆颠簸、噪声甚至侧滑等现象，不仅极大降低了行驶品质，甚至威胁行车安全，同时也降低了车辆与路面使用寿命。因此，迫切需要突破汽车自动驾驶路面信息感知瓶颈，解决单车感知孤岛效应，充分利用车-路-云协同机制，增强自动驾驶架构的全局感知范围，实现自动驾驶“被动降低风险”到“主动预测动向”转换的能力提升。

2.1 面向自动驾驶的路网级精细化路况信息实时识别理论有待解决

不局限于现有车辆自动驾驶感知模式，挖掘复杂路面精细化多尺度特征，建立感知数据可信度度量评估体系，建立高精密三维路面信息数据集，为自动驾驶路面感知提供理论支撑。

2.2 基于路面状况与胎-路作用机理的自动驾驶行车安全评估体系有待建立

更舒适安全的汽车自动驾驶技术对于汽车精准控制提出更高要求。研究胎-路作用机理，从路面细观角度阐明路况对车辆的影响规律，构建多物理场耦合下路面对行车稳定性与安全性影响的关系模型，建立交互作用影响下胎-路时变子系统与整车动力学特征的关联机制，为自动驾驶建立车路互联的安全评估体系。

2.3 融合精细化路况信息的自动驾驶路网级交通场景地图生成方法有待突破

海量多源感知信息如何快速融合进而驱动自动驾驶，解决生成地图异构数据矛盾关系，建立完善数据标准融合体系，将数据从“感知”层面升华为“思考”层面，是提升交通场景地图精度与运行效率的核心要素。

2.4 穷尽物理交通场景的自动驾驶技术仿真测试方法有待解决

路面感知信息具有突发动态与几何静态耦合的特点，量化分析复杂交通场景感知信息在自动驾驶中的仿真应用，开展适用于真实交通场景的路况测试评估，推动研究内容应用落地与产业化发展。

综上所述，亟须开展面向自动驾驶场景地图的多维路面实时信息高精度融合方法研究，使自动驾驶汽车对道路交通周边环境具备感知、识别能力与路径规划、预测决策能力。通过解析路面多尺度特征对自动驾驶的影响机理，基于数据驱动的方法快速构建地图场景，基于车-路-云协同交互机制，解决自动驾驶车辆在路面条件不确定、场景切换频繁时，感知数据与时空状态关联匹配的难题，对提升车辆行驶安全性与驾乘质感，具有重要科学价值。

3　科学问题研究进展

3.1　精细化路况实时识别

现有自动驾驶汽车研究集中于高级驾驶辅助系统(ADAS)与即时定位与地图构建(SLAM),通过各类传感器测量与视觉算法,获取车辆周边障碍及粗略场景信息。主流传统汽车厂商已经实现L2级别自动驾驶,部分互联网(IT)企业在封闭或半封闭环境下实现安全员陪同下全自动驾驶,且现有自动驾驶架构大多保留方向盘与油门制动踏板,以保证人工随时接替自动驾驶。然而,实际交通环境相比于封闭环境复杂多变,仅依靠独立车载传感器难以获得自动驾驶所需完备交通状态与环境数据,基于单车图像识别技术,在车与车和车与环境遮挡条件下,无法保证光流一致的运动障碍物估计,存在定位分割缺陷。随着移动激光扫描技术(MLS)的发展,路面信息获取能力得到了极大提高,但采集的路面信息数据离散,处理效率低,受环境影响导致数据稀疏不均、质量参差,且缺乏高动态精密路面信息特征提取方法。从海量MLS数据中分离出路面信息,提升感知数据可信度,重构路面表面信息精细的三维形态,基于路面的密集点云和高分辨率影像感知路面参数,是自动驾驶中路面精细化感知亟待解决的关键问题。依据路网中车辆运行分布特征,平衡路况信息感知覆盖范围、采样频率、数据精度,以实现全网覆盖为目标,建立基于群智感知任务分配机制,为自动驾驶高精地图的构建,储备理论基础和技术方法。

3.2　自动驾驶汽车轮胎与路面作用机制

现有研究模型通常以固定摩擦系数和抗滑系数作为输入参数,未充分考虑真实道面纹理的复杂性,仅基于简化条件下的有限元模拟,尚未考虑路域动态的摩擦系数。仅从路面宏观影响因素建立车-路耦合模型,较少考虑车路相互作用对车辆制动控制效果的影响。此外,与道路抗滑评价相结合开展不同线型、曲线超高情况下车辆制动的研究少之又少。通过测量胎-路接触三维应力分布,能直接反应各轮胎与路面的作用情况,从轮胎受力变化反演整车运动状态改变,通过路面参数变化推算行车安全模型。传统的车辆稳定性控制系统并不能保证自动驾驶车辆的运动平稳性,由于多物理场耦合作用的复杂性,基于胎-路特性的汽车操纵安全性动力模型研究有待完善。建立胎-路特征映射关系,量化两者关联属性,研究道路条件变化对自动驾驶的决策干预,实时滚动评估车辆行驶的动态安全风险,为自动驾驶提供精确的路面情况预警。在车路协同数据驱动的背景下,进一步为自动驾驶控制理论与方法奠定理论基础、提供技术支持。

3.3　自动驾驶中精细化路面高精地图创建

现有精细地图通过车道标线等元素识别,实现车道级定位;通过储存的地理坐标,实现绝对地理位置估算；通过交通动态信息，辅助车辆规避拥堵。地图作为自动驾驶中最为关键的数据模型，传统地图以服务人为核心，更新周期长，仅提供地理查询与辅助参考。面向自动驾驶地图精细化程度高、实时性强的需求，地图的地理元素表达与局部空间融合复杂。目前，高精度地图没有形成统一公开的标准规范，场景地图作为自动驾驶领域稀缺刚需资源，是制约自动驾驶的技术瓶颈。因此，结合车载图像建立点云坐标与图片像素映射匹配关系，实现地图路表特征从2D至3D的识别提取，充分挖掘点云数据与图像数据的互补特性，生成宏观与微观两个层次融合的精细化路表路况场景地图，进一步将有影响的场景元素与自动驾驶决策进行关联匹配，实现场景内元素精确辨识与语义推理延伸。突破非同源非同频数据融合难题，实现精细化场景地图驱动自动驾驶控制决策、地图面向机器的快速拓扑属性自动构建，已成为该领域研究重点。

3.4 自动驾驶仿真测试

现有车辆仿真通常使用PanoSim、PreScan、CarMaker等软件，专注于车辆动力学模型，天气及交通场景搭建，部分仿真软件支持多种传感器数据导入，可根据逻辑事件实现交通参与者控制。现阶段的仿真技术尚未成熟，如何保证测试结果的一致性，评估舒适性与通过性，仿真模型与真实测试的一致性都有待研究。自动驾驶仿真系统运行大量图像解析与人工智能算法，所需算力巨大。目前，自动驾驶仿真通常通过人为预先设定多样化场景和动态交通流，结合突发风险场景参数进行自动驾驶系统性能衡量。尽管仿真测试中包含大量具有挑战性的场景，但是各地区道路环境与交通习惯有很大区别，因此，测试并不是完全基于实际的交通场景。基于人为设定的决策规则是根据当前交通法规及人们对道路驾驶的主观认知进行编程，从而形成一套规则库；基于场景地图驱动自动驾驶，是通过不断深度训练和迭代智能决策算法，获取的车辆控制映射关系。因此，需要进一步解决仿真回溯机制，突破人机交互信任问题，增强结果的重复性与一致性，实现感知、决策、控制的算法仿真闭环。

综上，现有自动驾驶架构尚缺乏多维精细化路面感知信息，感知范围覆盖不够全面，路况信息感知理论支撑不足。同时，对于自动驾驶下胎-路交互机理尚缺乏清晰认识。充分高效融合多传感器数据算法与进一步基于融合数据进行场景地图生成方法研究尚浅，此外，面向场景地图驱动自动驾驶的仿真测试没有发挥出相应优势。这些关键问题严重制约了自动驾驶安全性与舒适性的提升，有必要逐一攻克，这对自动驾驶等级提升与商业化应用具有重要意义。

主要参考文献

[1] Gu J, Wang Z, Kuen J, et al. Recent Advances in Convolutional Neural Networks[J]. Pat-

tern Recognition,2018,77:354-377.

[2] Wu X,Sahoo D,Hoi S C H. Recent Advances in Deep Learning for Object Detection[J]. Neurocomputing,2020,396:39-64.

[3] Yan Y,Ran M Q,Sandberg U,et al. Spectral Techniques Applied to Evaluate Pavement Friction and Surface Texture[J]. Coatings,2020,10(4):424-436.

[4] 周兴林,祝媛媛,冉茂平,等.基于分段变维的沥青路表纹理磨光行为分析[J].中国公路学报,2019,32(4):187-195,242.

[5] 钟棉卿.基于移动激光雷达数据的路面状况检测方法研究[D].西安:长安大学,2020.

[6] 李智,张娟,方志军,等.基于循环生成对抗网络的道路场景语义分割[J].武汉大学学报(理学版),2019,65(3):303-308.

[7] He Z,Cao J,Liu X. High Quality Participant Recruitment in Vehicle-based Crowdsourcing Using Predictable Mobility[C]. 2015 IEEE Conference on Computer Communications (INFOCOM). IEEE,2015.

[8] Liu P,Wang Q,Yang G,et al. Survey of Road Extraction Methods in Remote Sensing Images Based on Deep Learning[J]. PFG-Journal of Photogrammetry,Remote Sensing and Geoinformation Science,2022:1-25.

[9] Wong C C,Gan Y,Vong C M. Efficient Outdoor Video Semantic Segmentation Using Feedback-Based Fully Convolution Neural Network[J]. IEEE Transactions on Industrial Informatics,2020,16(8):5128-5136.

[10] Guan J X,Zhou X L,Liu L,et al. Investigation of Tri-Axial Stress Sensing and Measuring Technology for Tire-Pavement Contact Surface[J]. Coatings,2022,12(4):491-504.

撰稿人:周兴林(武汉科技大学)　冉茂平(武汉科技大学)

人-车-路闭环系统交互机理及行车风险演化机制

Interaction mechanism of human-vehicle-road closed-loop system and evolution mechanism of driving risk

1　科学问题概述

汽车智能、安全是科学技术进步面临的重大课题,而现有微观交通系统中存在驾驶人操控失误、车辆突发故障、周车意图不定及天气与道路条件非理想化等挑战,使交通事故难以从根本上消除。为促进交通系统逐步实现本质安全，亟待研发一套人-车-路闭环系统安全的新理论、新方法和新技术，进而保障非线性、耦合性和时变性交通系统运行安全性和稳定性。为突破上述技术瓶颈，一系列关键科学问题有待研究。

1.1 驾驶人的风险认知机理与操控特性

人-车-路系统中，驾驶人扮演决策者、体验者等多重角色，驾驶人感知-决策-操控特性直接影响车辆操纵稳定性和安全性。驾驶人风险认知，是指对交通情境中潜在客观风险的主观理解，并反馈产生行为决策。驾驶人对交通环境潜在风险有普遍认知机制和共性操控规律，但不同类型风险源对驾驶人影响各异。因此，为探寻道路条件和车辆属性等因素与驾驶人的关系，需全面挖掘驾驶人风险认知机理与操控特性。如何构建驾驶人的风险认知与操控特性是首要解决的关键科学难题之一。

1.2 人-车-路闭环系统要素耦合的系统动力学理论

驾驶人、车辆、道路环境相互耦合形成一个复杂、广义的动力学系统，系统安全受人、车、路三要素交互影响。现有研究鲜有剖析人-车-路广义动力学系统建模方法及要素间耦合关系，系统行为与其内在驱动机制的相互作用与制约关系并不清晰。因此，有必要从整体出发，提出系统动力学理论，探索要素间复杂耦合作用关系，揭示系统要素耦合的形成及演变规律，挖掘多要素耦合作用下微观交通系统状态演化机理，进而保障人-车-路微观交通系统稳定运行。

1.3 人-车-路闭环系统运行风险动态演化机制

针对人-车-路闭环系统这一复杂耦合对象，从行车风险产生到事故突发的整个风险转化过程难以用单一时空距离参数描述。因此，在复杂人-车-路交通系统中，需挖掘系统运行风险动态演化机制，充分考虑系统中多源多维的风险产生过程，辨识人-车-路耦合作用下车辆行驶安全态势，进一步揭示人-车-路闭环系统各个要素与行车风险的内在致因机理，探明系统风险演变规律，进而保证人-车-路闭环系统运行本质安全。

2 科学问题背景

驾驶人(人)、车辆(车)、道路环境(路)三要素及其相互作用，构成了以车为中心的人-车-路闭环系统，也即微观交通系统基本单元。对人-车-路系统的认知是智能驾驶技术的重要理论基础，其内容包括交通各要素建模、要素间作用机理与系统动态演化规律。

目前，智能交通系统的安全运行研究包括以单一车辆为对象的智能决策技术，人车、车路之间两两交互机制研究等，这些研究主要聚焦单一对象，对于人-车-路闭环系统多要素耦合机理研究不足，而智能驾驶功能技术开发中面临诸多挑战，如非理想天气状况、混行交通场景等，造成了现阶段智能驾驶难适应复杂交通环境，易陷入多交通要素认知难，人车混行场景决策难等困境。因此，迫切需要突破人-车-路复杂耦合环境下智能车辆安全行驶的技术瓶颈。

2.1　复杂环境多因素耦合建模与量化问题有待解决

如何耦合分析车辆操纵稳定性与避障安全性两种异源异构的车-路因素，如何攻克人-车-路对象的随机性、动态性和交互性等特性带来的建模难题，如何量化构成要素复杂、多道路使用者混行的人-车-路系统动态风险，从而为研究人-车-路系统安全运行提供理论支撑。

2.2　对人类行为机制认识不足

一方面，现有理论难充分解释人类行为意图的产生机理；另一方面，对人与车、人与路的交互机制研究及优化设计方法探索有限。人是导致交通系统复杂性与不确定性的核心要素，也是发展更高等级智能驾驶面临的重要挑战，因此，有必要揭示驾驶人在人-车-路闭环系统中的作用与影响，建立完善的人-车-路耦合动力学理论体系。

2.3　人-车-路的交互与系统演变

现有工作大多面向结构化道路场景，针对非结构化动态复杂道路环境仍需进一步研究。在非结构化动态复杂道路环境中，人-车-路的交互与系统演变将更加复杂而不确定，给智能车的感知、决策和控制带来挑战。

综上所述，亟须进行深入的人-车-路多要素耦合作用下微观交通系统运行安全的建模与演变理论研究，实现对该问题的清晰认知和本质安全保障。充分解析驾驶人在人-车-路闭环系统中的认知和行为特性，构建人-车-路闭环系统要素耦合系统动力学理论，进一步提炼人-车-路闭环系统运行风险动态演化机制，能够有效改善交通安全，对于深度优化交通系统本质安全具有重要指导意义，科学价值突出。

3　科学问题研究进展

3.1　驾驶人的风险认知机理与操控特性

现有对驾驶人认知与操控行为规律研究的成果，主要包括基于风险规避行为的驾驶动机模型、基于驾驶人信息处理的信息加工模型和基于控制系统理论基础建立的驾驶人行为决策模型等。这些研究通常仅能体现驾驶人整体驾驶行为及认知过程之间的关系，而对不同驾驶人认知与行为决策的差异关注较少。如描述性模型多为对驾驶行为进行静态的、分类的表述,较少涉及决策机理;功能性模型偏重预测,多为物理或数学模型,采用具有明确物理含义的参数,如车头间距、相对速度或视觉角等,精度高但不能准确反映实际驾驶人行为特性。驾驶人造成潜在行车风险是一个多维多元过程,感知不足会影响人对速度、位置、道路和交通标志的判断,导致风险源输入信息不准确;认知不足导致人对风险及其变化规律的理解出现偏差;决策不足导致在风险规避行为选择和路径生成过程中不能制定正确策略;操控不足导致动作不精准而引发风险行为。其中,感知、认知、决策和人的风险行为是间接作用关系,而操控和人的风险行为是直接作用关系,然而,任意阶段出现异常都会引发人产生风险行为。此外,针对同一种交通危险场景,对于危险感知水平高的人与危险感知水平低的人所提供的信息也不尽相同,危险感知水平高的驾驶人能够通过识别场景中潜在危险状态而规避危险,使自身处于安全驾驶状态。因此,基于驾驶意图产生动机、刺激反应和多车博弈过程,多维度、全方位充分解析交通环境下驾驶人认知机理和行为特性,系统揭示驾驶人在人-车-路闭环系统中的作用与影响,进而构建风险认知机制和理论方法,实现交通事故的解释、分析和预防,已成为该研究领域内的重点。

3.2 人-车-路闭环系统要素耦合动力学理论

现有研究多从单一对象扩展至人-车、人-路、车-路交互视角,鲜有从人-车-路统一视角出发进行研究。具体来说,现有的车-路耦合研究愈发深入,但针对极限工况下的车-路交互耦合机理研究尚不清晰,当前关于车-路耦合机理的研究多基于轮胎动力学-道路动力学的作用机制来展开,难扩展构建统一视角下人-车-路闭环系统模型。人车交互的研究多聚焦面向先进驾驶辅助系统的技术攻克,以车辆安全性为主要目标,鲜有系统考虑驾驶人对辅助系统的接受程度,存在宜人性较差的局限,势必需要通过深刻认识驾驶人驾驶认知特性,构建其认知模型,突破人车交互过程的信任问题,实现人车协同驾驶。人-路交互机理研究主要集中在单一车辆驾驶行为意图研究,对交互意图辨识研究尚不深入,因此,需要构建人-路交互机理模型,探明驾驶人与周围交通参与者的交互机制,为规避碰撞风险的主动控制提供理论支撑。对于人-车-路闭环系统的研究多集中在狭义概念范围内,对某些因素过度简化,虽涵盖人车路交通要素,但缺乏统一、完整的系统描述。因此,迫切需要一种全新可扩展的人-车-路统一建模方法,对该复杂系统展开描述,在此基础上掌握交通环境变化对车辆运行安全的影响规律,为交通管理者或车辆运动控制提供理论指导。

3.3 人-车-路闭环系统运行风险动态演化机制

现有行车风险辨识算法主要包括:①基于车辆运动学,例如距离逻辑方法、时间逻辑方法。距离逻辑方法的典型代表有 MAZDA 模型、HONDA 模型等。时间逻辑方法主要包括避撞时间和扩展时间指标等。②基于碰撞概率,通过碰撞概率密度函数积分计算碰撞概率或者基于碰撞轨迹仿真采样计算碰撞概率。③机器学习,基于数据驱动的行车风险辨识算法。④人工势能场模型,通过势能场模型量化驾驶人和车道线、交通标志和障碍物等对车辆行车风险的影响等。然而,基于车辆运动学的算法模型简单,难以适应复杂的道路工况;基于碰撞概率的算法能考虑环境感知和行为不确定性,但不确定性的建模精度有限;机器学习是基于数据驱动的风险评估算法,对数据完备性要求较高;人工势能场模型能够考虑道路环境对行车风险的影响,但模型复杂且参数标定困难。总体来说,虽然许多已有指标在评估中容易获得和理解,但很难根据这些指标充分描述驾驶人行为、车辆状态、道路状况、环境特征对行车风险状态的影响,不能全面反映行车状态之间的内在转化规律,不利于解析系统运行风险动态演化机制。由此可知,如何面向人-车-路闭环系统,从驾驶人、道路环境和车辆相互耦合机理分析入手,揭示人-车、车-车和车-路相互作用与碰撞事故的致因机理,以及如何描述人-车-路闭环系统的不确定性,挖掘统一的系统运行风险动态演化机制,建立人-车-路闭环系统风险量化评估模型,是现有研究亟待解决的技术瓶颈。

综上所述,现有针对人-车-路交互和行车过程风险演化的研究尚缺乏全面系统的基础理论支撑。人-车-路多要素间耦合关系的不清晰,人-车-路闭环系统动力学建模困难,同时驾驶人信息交互特性与机制不明确,复杂人-车-路系统风险产生机理难解析,这些关键问题制约了自动驾驶汽车的快速发展,有必要逐一攻克,最终实现人-车-路闭环系统本质安全。同时,以上理论研究从人-车-路系统角度深入解析交通基本参与单元的行为特征,能为智能交通产业长远发展提供深厚基础,对深入系统地识别复杂动态交通风险行为、实现智能车辆行驶本质安全和提高微观系统交通运行效能具有重要意义。

主要参考文献

[1] Markkula G, Madigan R, Nathanael D, et al. Defining Interactions: A Conceptual Framework for Understanding Interactive Behaviour in Human and Automated Road Traffic[J]. Theoretical Issues in Ergonomics Science, 2020, 21(6): 728-752.

[2] Urmson C, Anhalt J, Bagnell D, et al. Autonomous Driving in Urban Environments: Boss and the Urban Challenge[J]. Journal of Field Robotics, 2008, 25(8): 425-466.

[3] 李克强,张书玮,罗禹贡,等.智能环境友好型车辆的概念及其最新进展[J].汽车安全与节能学报,2013,4(2):109-120.

[4] 王建强,郑讯佳,黄荷叶.驾驶人驾驶决策机制遵循最小作用量原理[J].中国公路学报,2020,33(4):155-168.

[5] Wang J, Wu J, Zheng X, et al. Driving Safety Field Theory Modeling and Its Application

in Pre-collision Warning System[J]. Transportation Research Part C:Emerging Technologies,2016,72:306-324.

[6] Stern R,Cui S,Delle M,et al. Dissipation of Stop-and-go Waves Via Control of Autonomous Vehicles:Field Experiments[J]. Transportation Research Part C:Emerging Technologies,2018,89:205-221.

[7] 李力,王飞跃,郑南宁. 认知车——结合认知科学和控制理论的新研究方向[J]. 控制理论与应用,2011,28(2):137-142.

[8] Martinez-Gil F,Lozano M,Fernández F. Emergent Behaviors and Scalability for Multi-agent Reinforcement Learning-based Pedestrian Models[J]. Simulation Modelling Practice and Theory,2017,74:117-133.

[9] 刘淼淼,鲁光泉,王云鹏,等. 交叉口交通冲突严重程度量化方法[J]. 交通运输工程学报,2012,12(3):120-126.

撰稿人:王建强(清华大学)　黄荷叶(清华大学)

自动驾驶汽车预期功能安全的风险传播机理与预测预控机制

The risk propagation mechanism and prediction & pre-control mechanism of safety of the intended functionality for intelligent connected vehicles

1　科学问题概述

智能网联汽车是现代交通发展的必然趋势,核心问题是安全问题,其中预期功能安全(SOTIF)问题源于系统性能局限、规范不足等在触发条件下所产生危险行为导致的不合理风险。SOTIF 是近年出现的新安全概念,同时也是自动驾驶技术发展、等级提高、落地推广过程中所必然面临的重大课题,亟待提出一套新理论、新方法和新技术,实现对预期功能安全的风险认知与防护。为解决以上实际需求,针对预期功能安全,存在系列关键科学问题有待研究。

1.1　自动驾驶汽车预期功能安全风险产生与传播机理

预期功能安全问题涉及人、车、路、环境之间的交互作用,特定外界环境条件或驾驶员合理可预见的误用都可能触发自动驾驶系统的功能不足,进而导致潜在危险事件的发生。目前,对预期功能问题的认知机理和定性定量研究较少,尚未建立起相应理论体系。因此,分析智能网联汽车系统的潜在功能不足与触发条件,建立定性定量的影响关系,探索危险触发机制，并结合自动驾驶功能实现逻辑，探究预期功能安全风险的内在产生机理和动态传播理论，对于 SOTIF 认知和防护具有重要意义。

1.2　自动驾驶汽车预期功能安全风险量化方法与建模

考虑在复杂、动态、随机、未知的交通场景下智能网联汽车面临的预期功能安全挑战，结合风险产生与传播机理研究所建立的先验知识，采取合理的指标与方法预见当前场景的安全态势并量化系统在其中的性能表现，建模并量化 SOTIF 问题产生的风险形式与大小，用于描述系统整体的预期功能安全水平，为线下量化评估和线上实时监控提供重要依据。

1.3　自动驾驶汽车预期功能安全风险预测预控机制

针对预期功能安全问题，传统主动安全技术中采用的行车风险评估和主动避让机制难以适用，需要综合 SOTIF 风险的产生与传播机理提前辨识特定的危险源，结合风险建模方法与量化结果进行危险预估，从而实现对相关风险的早期预测；此外，考虑不同预期功能安全风险源的共性和特性因素，结合自动驾驶系统的功能逻辑与结构框架，需要建立系统的且有针对性的风险预控机制，自适应地调整预控策略，以保证在复杂动态交通场景下智能网联汽车的安全稳定运行。

2　科学问题背景

根据美国国家交通安全管理局的数据统计，约 90% 的交通事故由人为失误（如分心、疲劳、酒驾）造成，智能网联汽车以机器代替人，理论上可通过消除人类驾驶员常犯的错误以显著减少危害，但与此同时，也引入了 SOTIF 等新问题。由于现阶段缺少对 SOTIF 问题认知与防护的研究，导致自动驾驶的安全潜力难以充分发挥，这也是近年来频发的自动驾驶事故所暴露的问题。具体而言，预期功能安全研究面临一系列现实的困境和挑战。

高级别自动驾驶运行场景具有无边界限制的特点。在无限边界的运行工况中，场景的复杂性、动态性、不确定性和多样性等特点对智能网联汽车的安全运行造成了重要挑战，如复杂环境下感知或决策算法性能下降甚至出现错误，交通参与者行为的不确定性导致预测和规划困难，极端和多变的天气、道路条件对传感器、执行器产生干扰等。此外，运行场景的开放性将导致大量未知场景的存在，如何解决智能网联汽车对未知（不安全）场景的识别和泛化能力是预期功能安全研究的重点。

针对 L1、L2 级高级驾驶辅助系统（ADAS）的预期功能安全研究，主要聚焦人车交互安全，随着智能驾驶系统从辅助驾驶功能至无人驾驶的发展，人类的角色由专业驾驶员逐渐过渡为一般乘员，最终从驾驶任务中解放。驾驶任务及安全责任由人类向机器的迁移，加上自动驾驶的功能升级往往伴随系统复杂性的上升,导致自动驾驶汽车预期功能安全的不确定性因素大大增加。

新技术在带来新机遇的同时,也产生了新挑战。人工智能的应用极大地促进了汽车的智能化转型,但由于人工智能算法本质上属于统计概率范畴,在模型训练与测试过程中所涉及的样本数据难以覆盖自动驾驶所有场景,导致算法在面对未曾训练过的关键场景时会出现无故障情况下的漏检、误检,以及对周围环境预测不准确或错误决策等问题,从而危害行车安全。因此,有必要在预期功能安全范畴内,对人工智能等新技术给汽车安全带来的风险进行评估和管控。

综上所述,亟须进行深入的预期功能安全基础理论研究和关键技术攻克,实现对该问题的清晰认知、风险量化和预测预控,否则将难以实现对自动驾驶的安全保障:一方面,将难以准确评估系统的预期功能安全水平,无法判定剩余风险的可接受性;另一方面,运行过程中的预期功能安全风险将不能得到有效监测,进而难以进行提前干预。预期功能安全研究是智能网联汽车落地推广和全面保障安全性的重要前提,也是提高用户对自动驾驶信心的有效手段,如果该问题不能得到合理解决,自动驾驶尤其是 L5 等高级别的功能将可能成为奢望。

3　科学问题研究进展

自 2016 年 2 月以来,国际标准组织下设的预期功能安全工作组(ISO/TC22/SC32/WG8)启动了 SOTIF 标准——ISO 21448 的制定工作,现有国际标准草案(DIS)版标准确定了预期功能安全开发的 9 大活动:规范和设计、预期功能危害的识别与评估、潜在功能不足与触发条件的识别与评估、进行功能修改以处理 SOTIF 相关风险、验证和确认策略定义、已知危险场景评估、未知危险场景评估、SOTIF 发布准则、运行阶段活动。该标准主要以车载系统功能为中心,从环境关联的角度研究如何保障本车预期功能安全,针对系统功能与环境关联安全的重要性,提供了一种安全分析的全局观,但尚缺乏智能汽车预期功能安全的定量表达、建模和计算方法。

3.1　针对预期功能安全的风险产生与传播机理

现有部分研究分析了典型外部触发条件(如环境不确定性、天气干扰等),并提供了相应解决思路。针对环境中交通参与者的意图/行为的不确定性,输出单一轨迹的确定性预测方法由于自身局限性难以体现运动本质,进而可能导致决策的功能不足。一些研究提出不确定性预测方法,通过建模连续形式单模态分布、离散形式多轨迹概率或连续形式多模态分布输出的环境预测模型,试图捕获交通参与者的运动不确定性;一些研究将运动不确定性与行车安全场模型结合,建立了考虑多种意图概率的综合风险评估框架;但目前针对环境不确定性的研究主要集中在运动概率建模方面，鲜有对环境不确定性如何影响预测及决策算法性能的深入探究。针对天气干扰问题，国内一些学者正在尝试通过实验测试来分析降雨、光照等条件对感知预期功能安全的影响；国外一些学者初步研究了降雨、温度等条件对部分车辆动力学参数（如抓地性）的影响关系，并建立了定量的参数计算公式；不过由于天气条件复杂、自动驾驶软硬件多样化和差异性、当前实验条件不完善等，现有研究尚不能系统揭示天气等外界条件的触发机制。另外一部分研究从系统自身角度出发，分析了预期功能安全问题的可能原因，如训练样本分布不均或不充分、决策机制不合理、模型过度简化等；随着人工智能的引入，在带来算法性能提升的同时，也产生了可解释性不足、复杂度提升等问题，一些学者针对可解释性问题进行了专门的研究，虽然取得了一些成果，但该领域仍存在诸多问题有待解决。

一些研究致力于通过安全分析归纳或演绎潜在的预期功能安全危害与触发条件。现有分析方法包括故障树分析（FTA）、失效模式与影响分析（FMEA）、危险与可操作性分析（HAZOP）和系统理论过程分析（STPA）等，前三类方法在传统功能安全领域中得到了较为广泛的应用，但在对预期功能安全分析的过程中由于系统和场景的复杂性逐渐暴露出不足；STPA 是一种基于系统理论的方法，具有分析复杂系统的潜力，但目前该方法的实际应用还不成熟，有待进一步研究；建立一套结合多类方法优势的预期功能安全综合分析体系或许是一条可行的技术路线。

此外，自动驾驶由感知、预测、决策、控制等多个功能模块构成，上游模块的预期功能安全问题会传递并影响到下游模块，一些学者提出了利用贝叶斯框架处理自动驾驶中的不确定性传播，或可用于预期功能安全风险的传播机理探究。

总之，现有关于预期功能安全风险的产生和传播机理研究尚不成熟，少数探索性研究主要针对特定技术方面，缺少系统的理论体系及定量的认知机理与模型。

3.2 预期功能安全的风险量化方法与建模

传统行车风险量化方法包括时间逻辑方法、运动学指标、碰撞概率指标、统计学习类方法、人工势能场等，但这些方法主要基于道路参数、周围交通参与者运动状态和自车动力学参数等进行风险建模，鲜有考虑系统感知、决策等模块的性能局限问题；部分研究针对传感器遮挡问题建模了环境中未知空间的不确定性表示，从而赋予了遮挡区域一定碰撞风险；此外，一些研究提取了算法自身的不确定性信息，将总不确定性分为认知不确定性和偶然不确定性，分别对应模型对自身表现的置信程度和输入数据的噪声，部分学者将此类方法应用在了自动驾驶感知算法中并对比分析了两类不确定性的现实意义，探究了认知不确定性对“未知”场景输入和偶然不确定性对噪声输入的表征能力，进一步地，不确定性提取思想或可用于从系统内部性能表现角度实现对 SOTIF 风险的量化。总之，当前针对预期功能安全风险量化的研究尚处于探索阶段，缺乏统一标准与体系，有待结合系统内部功能不足与外部触发条件，建立综合的风险量化方法与模型。

3.3 预期功能安全的风险预测预控机制

一些研究从系统运行监控角度出发，提出了系统的“自我意识”概念，即系统识别自身状态、可能行为，以及这些行为对系统本身和环境的影响并进行安全应对的能力；风险预控机制的研究需要与系统安全设计紧密结合，如采用能力图和技能图进行辅助，前者是对实现驾驶任务某一部分所需全部条件的抽象概念表示，后者是抽象概念实例化后的具体技术解决方案，其作为系统安全设计的中间产物，也是运行过程中预期功能安全监控的重要参考；在对风险预测预控的具体实现中，现有研究主要通过对系统外部环境和内部参数的监测提取性能指标(如可视区域、抓地性)，实现自我感知和自我表征，进而可针对不同情况选择适当的降级策略。不过，当前的监测参数、性能指标和降级策略相对简单，对预期功能安全风险的预测预控能力非常有限，有待结合预期功能安全认知机理与量化方法的研究成果，进一步进行深入研究，如考虑运行设计域(ODD)、系统内部状态、驾乘人员状态及规则等多方面的指标，建立完善的自监测自适应的安全机制。

总之，当前国内外对自动驾驶汽车预期功能安全的研究尚处于起步阶段，主要集中在讨论研究范畴及对其内涵的理解，尚缺乏全面系统的基础理论支撑。预期功能安全问题的认知机理尚不明确，同时，人工智能算法的难解释性、决策机制尚不合理可靠等关键问题制约了预期功能安全问题的解决，成为自动驾驶安全落地的重大障碍；此外，自动驾驶汽车预期功能安全风险量化方法及预测预控机制的研究领域仍有大片空白，还有很大的发展空间。

主要参考文献

[1] Lipton Z C. The Mythos of Model Interpretability: In Machine Learning, the Concept of Interpretability is Both Important and Slippery[J]. Queue, 2018, 16(3): 31-57.

[2] Rudenko A, Palmieri L, Herman M, et al. Human Motion Trajectory Prediction: A Survey[J]. The International Journal of Robotics Research, 2020, 39(8): 895-935.

[3] Gal Y, Ghahramani Z. Dropout as a Bayesian Approximation: Representing Model Uncertainty in Deep Learning[C]//International Conference on Machine Learning, JMLR, 2016.

[4] McAllister R, Gal Y, Kendall A, et al. Concrete Problems for Autonomous Vehicle Safety: Advantages of Bayesian deep learning[C]//International Joint Conferences on Artificial Intelligence, 2017.

[5] Abdulkhaleq A, Lammering D, Wagner S, et al. A Systematic Approach Based on STPA for

Developing a Dependable Architecture for Fully Automated Driving Vehicles[J]. Procedia Engineering,2017,179:41-51.

[6] Nolte M,Ernst S,Richelmann J,et al. Representing the Unknown-impact of Uncertainty on the Interaction between Decision Making and Trajectory Generation[J]. IEEE,2018:2412-2418.

撰稿人:李骏(清华大学)　王红(清华大学)

险态场景人员认知决策机理及运载风险量化

Mechanisms of human cognitive behavior and the subsequent risk in near-crash traffic scenarios

1　科学问题概述

交通参与者是人-车-路广义机械系统的核心要素,在危险交通场景中体现出典型的主被动耦合行为特性。在人员层面,人脑感知复杂多变的交通场景,在多层次成因下做出基于安全考虑的主动决策行为;在车辆层面,人体主动响应与被动损伤行为均和车身结构及乘员约束系统形成动态交互;在行车环境与道路层面,事故工况和人员行为特征共同影响损伤风险。现有对险态场景中人员的认知决策机理研究尚不充分,未能准确建立具有高泛化能力的运载风险量化评价方法,无法实现以损伤最优的道路交通安全防护体系,也就难以最大限度降低交通参与者伤亡。为突破上述技术瓶颈和共性难题,针对人-车-路系统存在以下关键科学问题有待研究。

1.1　复杂交通场景下人员视觉信息感知关键特性

交通参与者主要以视觉信号进行快速交通环境的感知理解,这也是人类场景感知特有的认知属性。通过自顶向下和自底向上的两种注意力机制,人对险态交通场景中的关键视觉特征进行快速搜索,依据获取高度非均匀分布的视觉信息及个体驾驶经验,对场景理解并识别危险源,并对未来场景进行合理推演后作出安全判断。为进一步研究辨识交通参与者在复杂交通场景下的决策机理,需充分探究人员在不同险态交通场景中的视觉感知特性。

1.2　时间压力下人脑认知决策机理

人员在危险交通场景下的状态本质为压力状态下的决策过程,涉及感官输入信号的不确定性、心理状态等诸多方面影响，决策行为存在一定差异性。其中，压力和决策之间在行为和神经水平上有着错综复杂的联系，体现为决策过程中不同脑区功能间的配合。通过脑部生理信号来定量描述不同决策条件下各脑区的活跃状态与协同状态，对理解人员认知决策机理具有重要意义。

1.3 损伤机理融合的风险量化和严重性预测

人-车-路广义机械系统，呈现出非线性、高动态、强耦合的复杂特性，面对碰撞不可避免的险态交通场景，借助高生物逼真度的人体数值模型和数据驱动的预测算法，有望解析冲击加载工况下的人体损伤机理，实现高准确性、高实时性的乘员损伤严重性预测，为险态工况下的车辆行驶策略提供数据参考和决策依据。这是实现道路交通安全的全时域一体化保护的重要途径，有助于有效提升道路交通安全水平。

2 科学问题背景

险态工况人员主动响应(或称主动行为)在时间轴上包括感知危险信息、做出避撞决策、产生应激反应等。由于个体的差异性及工况的复杂性，主动行为与交通环境之间呈高度非线性特征。在险态的交通场景下，交通参与者在感知到危险后会表现出非常规的主动行为特征，并与后续冲击载荷下的被动损伤模式显著相关。

2.1 险态场景中的驾驶人危险感知特性

从人员危险感知中的视觉注视特性看，交通参与者在危险场景中视觉注意力分布具有高度非均匀特性。这主要受到人类的两类视觉感知机制影响：自底向上的注意力机制能够帮助驾驶人快速获取场景中具有高对比度和亮度的图像特征，此特性已经广泛应用于指导交通警示标志设计等；自顶向下的注意力机制与驾驶任务相关，可帮助驾驶人定位关键目标及区域，识别场景危险源。针对不同险态场景中的驾驶人危险感知特性的研究，是进一步研究人脑信息提取机制的关键难点，也是进一步研究人决策行为的先决条件。

2.2 人-车交互决策机理

人-车交互过程中驾驶人或行人需要对对方的行为进行实时准确预判，从而进行自身运动的轨迹规划和行为操作。与之相应的，自动驾驶车辆预测端需要依据交通参与者的主动决策机理，理解其行为趋势，实现人员和自动驾驶车辆的拟人化交互及车辆的安全运行。

2.3 不同行驶决策下的风险量化

现有车辆主动安全技术多以避免碰撞发生为目标。在碰撞不可避免的险态工况下，对动态变化的运载风险量化相对困难。目前,交通事故统计数据库存在分布不均衡、不同数据库之间存在异质性等问题,加之对人的损伤机理考虑有限,难以建立兼顾高准确性和强实时性的乘员损伤严重性预测算法,也就未能实现以乘员安全为核心的全时域一体化车辆安全保护。

综上所述,面向复杂交通场景下人员关键视觉信息感知特性,解析时间压力下人脑认知决策机理,有助于实现损伤风险最小化的协同安全,既是建立最优化参与者保护技术体系的现实需求,也是发挥人脑决策优势与潜能,确立创新性汽车安全策略的重要路径,服务于安全、节能、高效、环保等综合优化的交通运载目标。

3　科学问题研究进展

3.1　不同类别险态场景中人员视觉注视特性

针对人类视觉注意力的研究发现,注意力并不是均匀地分配于图像的各个区域,而是更多集中于识别和感知具有重要意义的、或与视觉高级认知任务相关的目标和区域。视觉选择性注意主要由两种注意机制组成,并调控人类在视觉场景中的注意选择:①基于初级视觉,由数据驱动的自底向上的注意,这种注意通常是受外源视觉刺激和环境因素影响,能对视觉场景进行快速识别;②基于高级视觉,与任务、知识等相关的自顶向下的注意,这种注意通常是受内在因素影响,识别更高级的视觉信息。在交通场景中,自底向上注意机制主要受图像初级视觉特征驱动,如颜色、朝向、亮度、纹理等;自顶向下注意机制与驾驶任务相关,其感兴趣重要区域往往集中在道路的正前方。伴随神经科学和计算机视觉技术的发展,研究人员建立了符合人脑图像信息的处理顺序、具备不同层次的视觉注视预测模型,模型输出信号能够分别对应低、中和高级图像特征。然而,受限于险态工况发生频次低、难以大量获取,以及真实交通事故的复杂多样,已有研究主要集中于分析自然驾驶任务场景下的人员注视行为分析,尚未对险态工况危险感知的视觉信息处理及选择性注视机制进行深入剖析。研究不同类别险态场景中视觉注视特性,不仅有助于理解人员后续决策行为的动机,及其与输入场景信息的关联性,也能为建立具有高泛化能力的数据显著区预测模型提供理论基础。

3.2　认知与决策

决策能力体现了人类大脑处理复杂问题的智能化。决策者与环境连续相互作用,产生选择行为并驱动完成某个行为。因为决策或多或少会涉及人理性和非理性的感情,因此,需要根据个人经验、先验知识进行评估后再决策。随着以脑电、近红外及脑磁技术等脑信号测量技术的发展,研究人员借助外部测量设备可以观察到脑部信号的激活。神经科学相关领域研究证实，一方面，决策过程涉及多个脑区之间信号交流与协同合作，但是，由于神经元数量庞大，难以基于实验方法记录整个决策过程中神经元兴奋状态；另一方面，通过时间相关电位在时间分辨率下对大脑的决策过程进行分析时，实际上很难对电信号的编码进行解释，因此，对于复杂决策过程不能在时间轴上提取有效信息，而只能对大脑分区激活状态进行观察，或对简单决策过程中的脑电信号进行成分分析。已有基于认知决策实验的研究表明：涉及多项选择时，人一般可以从中选择两个接近的选项进行决策博弈，且决策自信度受给定信息变化影响。

在决策建模方面，贝叶斯决策模型在描述人脑决策方面具有很强的优势。首先，作为生成式模型，它在很大程度上依赖于实验数据的支撑，参数较少，可解释性强；其次，贝叶斯决策模型中假设了人在日常决策中使用了最优的算法，可以较好描述决策过程中先验知识和事实证据之间的概率分布和影响，并以后验概率分布的形式对人的决策进行预测；此外，贝叶斯模型具有很好的通用性，方便快速建模，并形成较高精度的预测能力。

3.3 多源信息数据库

险态交通场景中的乘员损伤严重性预测任务具体可分为两类，即事故前(Pre-crash)阶段损伤预测和事故后(Post-crash)阶段损伤估计。现有损伤严重性算法研究主要依赖于事故统计数据库进行训练及验证。该数据库优点在于数据真实可靠，且经过多年积累，数据量丰富。随着对道路交通事故的重视，多个代表性的事故数据库在世界范围内不断发展扩大。但事故统计数据库也存在一定的内在缺陷，一方面，现实中绝大部分事故是轻伤事故，数据严重性分布不均衡，不利于完成数据驱动的预测算法训练；另一方面，不同事故统计数据库之间由于标准、地区、时间差异，存在一定异质性，导致使用不同统计数据库研究所得到的结论不完全一致；此外，不包括碰撞过程人车动态交互信息，只能采用“端对端”方法预测损伤严重性，不同统计数据库得到的预测模型泛化能力较弱。在人车动态交互信息完备的情况下，得到预测模型将有望提取任务关键特征，使其在不同预测任务中性能差异降低，稳定性更好。基于这一想法，为弥补事故统计数据库的缺陷，近年来有部分研究人员使用逼真度较高的仿真数据库开发了损伤严重性预测模型。仿真数据具有分布可控性强、样本信息精确完整等优点，能够高效建立针对特定车型，包含人车动态交互信息的大规模数据库。进一步，如能建立起针对特定人群或车型范围的仿真、事故统计等多源信息数据库，将有效服务于融合损伤机理的严重性预测算法开发。

综上所述，现有交通参与者认知行为研究尚无法解析险态场景中的人员感知特性和决策机理，无法支撑运载风险量化体系的建立。人员在危险场景中的关键视觉信息感知特性尚不明晰,已有的危险感知模型未充分融合人类的注意力机制,无法实现不同场景下的泛化表征;同时,人脑复杂决策过程的生理信号可解释性差,难以对险态交通场景人员主动行为进行预测;在智能交通场景应用中,缺乏融合人体主被动行为耦合特性及损伤机理的运载风险量化和严重性预测算法。这些关键问题制约了以损伤最低为目标的智能汽车安全系统设计开发,有必要逐一攻克,以实现人-车-路系统的最优防护策略。

主要参考文献

[1] Winters J M, Woo S L, Delp I. Multiple Muscle Systems: Biomechanics and Movement Organization[M]. Springer Science & Business Media, 2012.

[2] Nie B, Sathyanarayan D, Ye X, et al. Active Muscle Response Contributes to Increased Injury Risk of Lower Extremity in Occupant-knee Airbag Interaction[J]. Traffic Injury Prevention, 2018, 19: S76-S82.

[3] Nie B, Li Q, Gan S, et al. Safety Envelope of Pedestrians Upon Motor Vehicle Conflicts Identified Via Active Avoidance Behaviour[J]. Scientific Reports, 2021, 11 (1): 3996.

[4] Itti L, Koch C. Computational Modelling of Visual Attention[J]. Nature Reviews Neuroscience, 2001, 2 (3): 194-203.

[5] Deng T, Yan H, Qin L, et al. How Do Drivers Allocate Their Potential Attention? Driving Fixation Prediction Via Convolutional Neural Networks[J]. IEEE Transactions on Intelligent Transportation Systems, 2019: 1-9.

[6] Busemeyer J R, Gluth S, Rieskamp J, et al. Cognitive and Neural Bases of Multi-attribute, Multi-alternative, Value-based Decisions [J]. Trends in Cognitive Sciences, 2019, 23 (3): 251-263.

[7] Li H H, Ma W J. Confidence Reports in Decision-making with Multiple Alternatives Violate the Bayesian Confidence Hypothesis[J]. Nature Communications, 2020, 11 (1): 2004.

[8] Ma W J. Bayesian decision models: A primer [J]. Neuron, 2019, 104 (1): 164-175.

[9] Wang Q F, Zhou Q, Lin M, et al. Human Injury-based Safety Decision of Automated Vehicles[J]. iScience, 2022, 25(8): 104703.

撰稿人:周青(清华大学)　聂冰冰(清华大学)

高级别智能汽车的自学习型决策机理

Mechanism of self-learning decision-making of high-level autonomous driving

1 科学问题概述

高级别自动驾驶需具备处理多样化复杂交通场景的功能,该类场景具有交通流密度大、机动车/行人混行、参与者行为随机性强的特点。现有专家规则型决策方案过于固化,缺乏场景自适应能力,对于高密度、高动态、高随机的交通工况,自动驾驶的智能化水平远不及人类驾驶员,不仅无助于通行效率的改善,反而成为道路安全的隐患。为突破上述瓶颈难题,复杂道路场景的高级别自动驾驶决策存在下列关键科学问题有待研究。

1.1 混杂交通参与者的群体交互式博弈机理与行为预测

密集且人车混杂行驶的交通参与者交互频繁,存在抢行、加塞等博弈行为,而现有方法缺乏对交通参与者交互行为的准确预测能力,导致自动驾驶车辆的行驶决策过于保守,通行效率低下。

1.2 复杂交通场景的自进化型类脑决策

道路交通结构复杂多样,车辆行驶状态约束繁多,且周围交通参与者具有强动态性和随机性,导致专家规则型决策方案难以覆盖所有场景,自动驾驶亟须具备自我学习能力的类脑决策功能,实现驾驶智能的迭代升级和自我完善。

1.3 自动驾驶决策的高实时性匹配部署

受成本及功耗的制约,自动驾驶控制器计算及存储能力严重受限,而高级别自动驾驶决策规划过程通常需要在线求解大量高维动态优化问题,导致计算实时性难以保障。

2 科学问题背景

迄今为止,汽车自动驾驶水平尚处于低级别智能阶段,仅适用于交通流稀疏的结构化道路,难以适应复杂的城市道路交通场景,仍然无法摆脱人类安全员的随车共驾,不能达到“既能监管风险,又可主动应对”的 L4 级自动驾驶能力要求。

从产业角度看,自动驾驶是新一轮科技革命的核心组成,涉及一个国家智能制造产业的战略安全,以美国为首的发达国家对其基础理论、核心算法乃至产业技术对我国实施保密与封锁，意图阻碍或延后我国的自动驾驶研发进程。决策规划面临的挑战尤为严峻，这是因为我国道路交通与发达国家迥然不同，存在路网结构异常复杂且路侧/路面标识不规则，交通参与者的行为随机性强，机动车、行人与自行车混合行驶等特点，导致行车安全性与通行高效性之间的矛盾尤为突出，我国自动驾驶汽车的决策规划功能开发面临远超西方发达国家的挑战。从技术角度看，作为智能汽车的三大核心技术之一，决策规划能力是汽车智能化水平的核心体现。现阶段自动驾驶汽车尚处于低级别智能阶段，仅适用于交通流稀疏的结构化道路场景。面向城市道路交通工况时，尚未考虑周车间博弈交互行为，缺乏对未知环境的自学习能力，且车载控制器的算力严重不足，难以适应高密度、高动态、高随机的复杂行车场景，导致自动驾驶过程中无法摆脱安全员的监管，驾驶能力远远达不到人类驾驶员的平均水平。

因此，针对城市复杂道路场景，突破人车混杂交通流道路的参与者交互式行为机理，研究类脑自主决策与轨迹规划的自我学习机制，突破车规级异构控制器的在线计算实时性难题，既是高级别自动驾驶汽车亟待突破的科学问题，也是人工智能与自动控制交叉领域的共性难题。

3　科学问题研究进展

3.1　交通参与者的意图识别与轨迹预测

交通参与者行驶轨迹的准确预测是保障自车可靠决策的关键。一般来说，周车轨迹预测的基本原理是基于已知的车辆动力学方程和当前时刻的状态对未来状态进行递推求解，包括三类方法：开环递推预测、结合驾驶员操控模型的闭环递推预测和结合驾驶员意图模型的闭环递推预测。近年崛起的人工智能技术，如深度学习、循环网络等，为车辆轨迹预测技术的开发提供了新途径，也是目前该领域的热点研究方向。该方法一定程度上提取了周车之间的行为交互特征，但仅采用历史行驶轨迹训练预测模型，尚未考虑驾驶意图和操控行为对车辆未来行驶轨迹的影响，预测的准确度有待进一步提升。

现有轨迹预测方法主要适用于车辆对象，而城市道路的交通流密集时变，车辆之间存在着抢行、加塞等博弈行为，加上机动车、行人、自行车的混合行驶导致轨迹预测非常困难。准确描述交通参与者之间博弈行为机理，融合道路场景的语义理解，提高长时域轨迹的预测准确性，是支撑城市道路工况高级别自动驾驶的前提。

3.2　自动驾驶汽车的自我学习迭代机制

自动驾驶的决策规划技术主要分为两类：分层式和集成式。分层式方案由一系列模块串行或者并行组成，各模块可单独设计，组合实现决策功能。一般来说，该方案可分为四层模块:交通场景理解、交通参与者预测、驾驶行为选择和局部轨迹规划。该方案具有问题可分解、任务可分工、节省车载存储和计算资源、决策代码开发可控性好等优点,但存在感知信息损失大、道路场景覆盖有限、决策目标制定困难的缺陷。与分层式相比,集成式方案直接将传感器原始数据或者感知的二级特征输入到决策模块,输出包含时空信息的局部期望轨迹。该方案类似于人类驾驶过程,建立了传感器输入/操控命令输出二者之间的映射关系,体系框架简洁清晰,且环境感知信息几乎无损失。目前,这两类决策方案正呈现融合发展的态势,以更好地处理人车路三者之间的耦合关联,提高自动驾驶汽车的智能性。

尽管智能汽车决策能力在深度学习浪潮下得以进一步发展,但仍局限于低级别驾驶辅助功能,如跟车行驶、车道保持等,难以适应高密度、高动态、高随机的复杂行车场景。赋予汽车类脑特性的自我进化迭代升级能力,是从低级到高级自动驾驶决控突破的关键。

3.3 自动驾驶决策网络的车规级部署策略与实时计算

以车规级控制器为硬件载体,匹配部署神经网络模型是实现自动驾驶应用的关键。目前,为满足不同级别的计算需求,自动驾驶控制器通常使用通用处理器(如CPU)加性能处理器[如图形处理器(GPU)、现场可编程逻辑阵列(FPGA)、专用集成电路(ASIC)等]的异构处理方案,如 NVIDIA 的 CPU + GPU 方案、Xilinx 的 CPU + FPGA 方案,以及 Mobileye 的 CPU + ASIC 方案等。针对自动驾驶控制器的异构特点,探索深度神经网络的优化部署策略,是提高计算实时性及能效比的关键。此外,自动驾驶控制器须同时处理环境感知、运动控制、交互通信、安全保障等任务,决策规划模块分配的计算资源较少,因此,对算法本身的实时性要求更高。同时,面向实车应用的代码部署须满足严格的功能安全定义和车规级标准,这对以深度神经网络为载体的决策网络部署带来巨大挑战。

目前,商业化应用的自动驾驶汽车受到成本和功耗的制约,车载控制器算力的计算及存储资源十分有限,极大限制了类脑决策功能的在线实时应用。如何对典型车载控制器的计算存储单元进行匹配设计,合理分解决策规划任务的并行和串行环节,提高在线计算效率,是现阶段类脑自动驾驶决策的突出难题。

主要参考文献

[1] 李升波,关阳,侯廉,等.深度神经网络的关键技术及其在自动驾驶领域的应用[J].汽车安全与节能学报,2019,10(2):119-145.

[2] Hou L, Xin L, Li S E, et al. Interactive Trajectory Prediction of Surrounding Road Users for

Autonomous Driving Using Structural-LSTM Network[J]. IEEE Transactions on Intelligent Transportation Systems,2019,21(11):4615-4625.

[3] Guan Y,Ren Y,Li S E,et al. Centralized Cooperation for Connected and Automated Vehicles at Intersections by Proximal Policy Optimization[J]. IEEE Transactions on Vehicular Technology,2020,69(11):12597-12608.

[4] Chen J,Li S E ,Tomizuka M. Interpretable End-to-end Urban Autonomous Driving with Latent Deep Reinforcement Learning[C]. Computer Vision and Pattern Recognition 2020 (CVPR 2020 Virtual),2020.

[5] Xin L,Kong Y,Li S E,et al. Enable Faster and Smoother Spatial-temporal Trajectory Planning for Autonomous Vehicles in Constrained Dynamic Environment[J]. Proceedings of iMechE,Part D:Journal of Automobile Engineers,2020.

[6] Lin Z,Duan J,Li S E,et al. Continuous-time Finite-horizon ADP for Automated Vehicle Controller Design with High Efficiency[C]. The 3rd IEEE International Conference on Unmanned Systems (ICUS),Harbin,China,2020.

[7] Duan J,Li S E,Guan Y,et al. Hierarchical Reinforcement Learning for Self-Driving Decision-Making without Reliance on Labeled Driving Data[J]. IET Intelligent Transport Systems,2020,14(5):297-305.

[8] Katrakazas C,Quddus M,Chen W H,et al. Real-time Motion Planning Methods for Autonomous On-road Driving:State-of-the-art and Future Research Directions[J]. Transportation Research Part C:Emerging Technologies,2015,60:416-442.

[9] Chen C,Seff A,Kornhauser A,et al. Deepdriving:Learning Affordance for Direct Perception in Autonomous Driving[C]. Proceedings of the IEEE International Conference on Computer Vision,2015:2722-2730.

[10] Xu H,Gao Y,Yu F,et al. End-to-end Learning of Driving Models from Large-scale Video Datasets[C]. In Proceedings of the IEEE conference on computer vision and pattern recognition,2017:2174-2182.

撰稿人:李升波(清华大学)　孙琪(清华大学)

模块化分布式电驱动超大重载车辆设计理论与协同控制方法

Design theory and cooperative control method for modular distributed electrical-driven ultra-large-capacity heavy-duty vehicle

1 科学问题概述

重载汽车事关国防安全、国计民生，在军用运输、特种作业、消防救援等领域广泛应用，社会经济发展对超大质量、超大体积货物运输提出新需求，传统四轴或六轴的重载车辆难以满足超大件运输需求。电驱动作为新能源汽车典型驱动形式，具有能量传递线性、转矩终端响应快和精度高的特点，可以有效满足重载车辆需求转矩大、变化范围广，对轮端转矩控制精度高的需求，且执行机构功能和性能通过软件定义实现，可以突破传统发动机+传动机构的机械物理约束，契合车辆多场景柔性化使用需求，为超大型物流、多车协同运输功能实现变革提供了可能。为突破上述技术瓶颈，一系列关键科学问题有待研究。

1.1 面向超大件运输任务的场景建模及多车协同构型设计方法

依赖模块化运载平台的超大件运输具有各基本单元间协同关系复杂、形态结构变化空间大、控制要素多、承载性和控制精度要求高等特征，设计可靠的运载系统构型面临较大挑战。因此，如何基于环境场景与运载货物的特征，依托多体动力学系统层级式解析建模方法，分析构型与承载能力、灵活性和机动性等性能间的关系，以此为基础实现运载系统构型设计，是确保超大件运输过程安全、高效需要解决的关键科学问题。

1.2 超大件重载运输动力学约束设计与安全运动决策规划方法

超大件运输过程中，由于单车承载能力有限，需要多单元跨车协同运输，分散重力。载重货物跨车连接，面临质心偏斜引起车辆侧翻及大件运输应力损伤等难题。同时，由于运输物件尺寸非均质，致使承载单元高度不共面，单一集中式运动模型无法充分描述异构多车耦合运动关系。此外，各承载单元刚柔复合连接且独立运动，车行进的路线和货物通过轨迹不同，需要保障运输件轨迹协调一致，同时对道路周边环境进行感知，实现高效安全行驶。因此，基于超大件运输构型设计，考虑重物承载及多车运动约束，建立分布式多车协同动力学模型及超大件运输多约束耦合运动空间规划，是需要解决的关键科学问题之一。

1.3 超大件重载运输两车协同群体智能协同控制机制

超大件重载货物依靠多车协同运输，这类大外载荷条件对车辆控制的稳定性提出更高要求。实际运输场景下，作业主体通常是结构和内部参数多变的异构车辆，其动力学同步精准控制更为复杂且更具挑战。此外，异步时空耦合空间轨迹一致性控制也将直接影响整体系统的运输效率和运输安全，因此，如何基于最小应力状态下的理想多车安全运动学规划，在考虑外部随机扰动下有效实现多智能单元的精准协同优化控制，是需要解决的关键科学问题之一。

2　科学问题背景

超大件运输是大型货物和大型设备构件生产中的必要支撑技术。超大件运输往往需要多个单车模组协作进行。当前，超大件货物的运输面临运载系统承载能力不足、灵活性与机动性较差、运输效率较低、安全性与可靠性有待提升等问题。

在运输能力方面，当前公路重载运输平台的极限承载能力远无法满足如重型工业设备、航天装备、装配式桥梁建筑等各类千吨级以上超大件货物的运输需求。在应用场景方面，当前，超大件货物运输对道路场景限制较多，既有对路面宽度、开阔度的要求，也有对道路坡度和不平度的要求，例如，军事设施等特种超大设备的运输往往需要在复杂路况下完成，对运载系统的灵活性、机动性和越野性能等要求较高。在安全可靠性方面，当前，超大件运输平台在运载过程中易发生侧翻和频繁冲击负载货物的现象，尤其是货物质心高度较高、质量较大时，对运载平台安全、可靠地完成运输任务是不利的。因此，迫切需要突破超大货物运输过程中多车协同规划与控制技术瓶颈。

2.1　超大件运输场景及车辆多体系统动力学建模问题有待解决

例如，如何构建运载对象的参数、道路环境的约束；如何对预计线路的道路结构、拓扑关系、交通限制因素等进行智能检测；如何实现平台动力学模型的精确构建，并分析系统动力学构型与系统承载能力、灵活性、机动性等关键性能间的联系，从而为多车协同构型设计提供理论支撑。

2.2　超大件运输多约束耦合下运动空间规划问题研究不足

一方面，现有理论难以充分解释行驶过程中非均质载荷分布及承载单元质心位置变化规律；另一方面，对如何根据行驶场景和超大件物理尺寸，构建异构多车运动协调一致性约束耦合关系，建立多维空间可行域数学表达式探索不足。因此，需要基于运输任务和动态障碍物时空约束，建立超大件运行路径，在此基础上考虑行驶效能和路径跟踪误差，研究多车高效安全协同运动规划方法，优化承载单元横向纵向多维行驶轨迹，提高重载物体运输效率。

2.3 大外载荷条件下对车辆的稳定性控制仍需进一步研究

实际运输场景下，作业主体通常是结构和内部参数多变的异构车辆，其动力学同步精准控制更为复杂且更具挑战，此外，异步时空耦合空间轨迹一致性控制也将直接影响整体系统的运输效率和运输安全。

综上，针对多车协同超大件运输的联合规划、智能决策与协同控制难题，亟须研究基于运载任务场景的环境建模与运载系统多车协同构型设计、基于系统整体安全需求的多车路径规划与智能决策、基于系统运动约束的高精度和高稳定性协同控制等关键技术，对有效提升超大件运输过程的安全性与高效性，实现超大件货物安全、可靠、高效的运输具有重大科学意义与应用价值。

3 科学问题研究进展

3.1 多车协同构型设计

自主的协同运输任务需要多个智能体共同承担，智能体系统的构型设计是完成协同运输的基础。针对协同运输任务，现有研究所设计的多智能体协同构型可概括为领航-跟随式构型与合围合作式构型两类。现有研究基于领航-跟随式与合围合作式构型，设计了适用于双智能体和多智能体协同运输任务的不同编组方式，为路径规划决策与协同控制打下基础。然而，现有多智能体协同构型的研究依然存在问题，主要体现在：①协同构型往往针对单一负载拓扑的运输任务设计，难以胜任拓扑结构、尺寸、质量多变的各类运输任务；②构型设计时未能针对性考虑系统承载性、机动性、灵活性等协同运输过程涉及的关键性能与系统动力学间的联系，面对复杂运输任务，如室外超大件货物运输时难以保证可靠性。因此，需研究超大件运输负载特征与环境特征，并分析系统动力学构型与系统承载能力、灵活性、机动性等关键性能间的联系，并以此为基础设计模块化可组合的多智能体运载平台构型，以解决超大件运输的自主化、高效化难题，保障运输过程安全可靠。

3.2 多车协同轨迹规划

现有图搜索方法和随机采样方法将行驶域离散化，根据一定规则获得可行路径。该类方法适用于静态结构化环境，针对动态环境效果较差，同时，需要较大计算量获得较优的解决方案。优化的方法基于求解目标建立效能函数和约束条件，通过求解优化问题获得随时间变化的可行轨迹，多用于考虑动态障碍物的轨迹规划问题。针对非线性安全行驶约束的建模，现有约束迭代线性二次型调节器(LQR)方法、分层连续线性化方法等通常需要感知模块提供精准的障碍物识别和轨迹预测信息，同时，依赖经验模型和专家规则，各模块的稳定性和通信迟滞对系统性能影响较大。为了避免时空环境变化和感知不精确问题对运动控制的影响，众多学者研究了基于机器学习的运动规划方法。上述方法大多针对单车行驶且运输任务简单，行驶环境较为单一，未考虑多车分布式协同运输情况下的运动轨迹及优化问题。因此，迫切需要建立满足运输构件轨迹协调一致性的多车运动规划方法，解决多维多约束耦合空间轨迹规划难题，为实现高效运输和安全行驶提供理论基础和技术支撑。

3.3　多车协同控制方法

多智能体协同控制问题主要包括一致性、编队、不确定性处理等问题。目前，多智能体系统中对不确定性的处理方法主要有概率法、确定性边界法和模糊法。概率法的典型代表是卡尔曼滤波器。确定性边界法对于不确定性的处理主要是鲁棒控制方法，包括滑模控制、H 无穷控制、自适应控制等相结合。采用确定性边界法需要丰富的设计经验才能选择合适的"边界值"，边界值过大会造成较大的控制消耗甚至不稳定，边界值过小则难以抵消不确定性的影响。与概率法和确定性边界法不同，采用模糊理论描述不确定性不需要观测数据的多次重复测量。多智能体协同搬运是多智能体协同控制领域的研究方向之一，主要应用与单智能体无法实现的大型物体搬运等场景，例如，飞机机翼、列车车身、集装箱等场景。两车协同运输超大件系统中单个车辆由若干个智能单元构成，协同控制是其关键技术。对于多智能体协同搬运控制，目前主要有三种控制策略，分别是多智能机器人系统，领导-跟随控制模式及对象锁定策略。当前多智能体的协同搬运大多基于推拉、抓取、锁定这三种搬运手段，推拉、抓取式协同搬运重点关注运动学控制问题，没有过多考虑被搬运对象的运输要求、材料质量、结构受力等因素。在协同搬运过程中，对于易变形的物体，除考虑运动控制之外，力控制也尤为重要，因此，在传统协同搬运控制策略的基础上，还需考虑一种合理的力控策略。

综上，现有针对超大件运输复合约束下多智能单元协同轨迹规划与控制的研究，尚缺乏全面系统的基础理论支撑。超大件运输场景及车辆多体系统动力学建模困难，超大件运输多约束耦合下运动空间规划问题研究不足，大外载荷条件下对车辆的稳定性控制仍需进一步研究，这些关键问题制约了超大型物流的快速发展，有必要逐一攻克，最终实现多动力源下超大件高效安全协同运输。同时，以上理论研究从多车协同构型设计与控制方面深入解析超大件协同运输的行为特征，能为重载运输产业长远发展提供深厚基础，对实现运载平台承载能力、运输效率、运输安全与可靠性的全方位提升具有重要意义。

主要参考文献

[1] Wu X, Zhang Y, Zou T, et al. Coordinated Path Tracking of Two Vision-guided Tractors for

Heavy-duty Robotic Vehicles[J]. Robotics and Computer-Integrated Manufacturing,2018,53:93-107.

[2] He C, Kang H, Chen X, et al. Transportation Control of Cooperative Double-wheel Inverted Pendulum Robots Adopting Udwadia-control Approach[J]. Nonlinear Dynamics,2018,91(4):2789-2802.

[3] 胡泊,楼佩煌,钱晓明,等. 一种双车协同搬运控制技术的研究[J]. 机械制造与自动化,2020,49(6):4.

[4] Huzaefa F,Liu Y C. Force Distribution and Estimation for Cooperative Transportation Control on Multiple Unmanned Ground Vehicles[J]. IEEE transactions on cybernetics,2021.

[5] Tsiamis A,Verginis C K,Bechlioulis C P,et al. Cooperative Manipulation Exploiting Only Implicit Communication[C]//2015 IEEE/RSJ International Conference on Intelligent Robots and Systems (IROS). IEEE,2015:864-869.

[6] Wang Z,Schwager M. Multi-robot Manipulation with no Communication Using Only Local Measurements[C]//2015 54th IEEE Conference on Decision and Control (CDC). IEEE,2015:380-385.

[7] Wang Z,Schwager M. Multi-robot Manipulation without Communication[M]//Distributed autonomous robotic systems. Springer,Tokyo,2016:135-149.

[8] Carey N E,Werfel J. Collective Transport of Unconstrained Objects via Implicit Coordination and Adaptive Compliance[C]//2021 IEEE International Conference on Robotics and Automation (ICRA). IEEE,2021:12603-12609.

[9] Kalat S T,Faal S G,Onal C D. A Decentralized,Communication-free Force Distribution Method with Application to Collective Object Manipulation[J]. Journal of Dynamic Systems,Measurement,and Control,2018,140(9):091012.

撰稿人:黄晋(清华大学)

极端环境下车辆群体协同控制基础理论与方法

Basic theories and methods of cooperative control of vehicle groups in extreme environments

1 科学问题概述

极端环境下(如港区、矿区等)车辆群体自动驾驶关键理论与方法是行业当前面临的核心科学问题，极端环境下车辆群体具有的车型不一、运输形式多样、传统动力和新能源异共存等特征将在未来长期存在。而现有车辆群体协同控制基础理论与方法存在车辆匀质、时间、空间和任务约束理想化等问题，使车辆行驶安全和运输效率难以实现最优化求解。以需求牵引、突破瓶颈为导向，为突破极端环境下车辆群体自动驾驶控制科学难题，亟待研发一套极端环境下异构车辆群体控制新理论、新方法和新技术，进而保障非线性、强耦合、高约束车辆群体运行安全性和高效性。为突破上述技术瓶颈，一系列关键科学问题有待研究。

1.1　面向网联异构特征的车辆群体动力学理论

车辆动力学模型的研究取得了一些成果，但现有研究大多基于车辆同质为前期假设进行动力学建模，以简单车辆形式进行动力学建模。然而，极端环境下车辆群体中，车辆类型不一、运输形式多样、动力形式不同，以及有人/无人驾驶带来的异构特征直接影响车辆操纵稳定性、安全性和运输高效性。因此，为探究异构特征与车辆动力学映射关系，研究车辆-道路-环境多要素耦合多广义动力学系统的作用机理，构建面向车辆异构特征的群体动力学理论是首要解决的关键科学难题之一。

1.2　极端环境下车辆全时全域可靠感知定位技术

针对车辆群体行驶环境复杂性、群体交互多样性、交通环境多变性等，以及极端场景下长时遮挡环境或车载定位终端失效智能车辆极易丢失卫星信号导致的定位难题，提出卫星导航信号缺失下车辆全时全域感知定位增强方法，挖掘与探索多模态传感信息像素级融合与实时全景分割机制，以提高复杂混合条件下个体对环境的综合感知能力；进一步建立包含数据层、通信层、数据采集与传输层、数据处理与计算层和应用层的车辆群智能感知大数据融合处理系统，并探寻车辆集群整体和个体之间的影响机制，提出车辆集群的多维度立体感知理论和方法，进而保证车辆群体协同精确环境感知。

1.3　车辆群体分布式协同决策控制方法

为了简化车辆群体协同控制，现有研究以车辆群体控制方法、单体智能为主，协同决策控制理论方法研究不够深入。然而，极端环境下，需要车辆进行协同作业，使群体安全性、高效性和经济性达到最优，由此带来的车辆群体系统非线性、强耦合、高约束等问题需要创新突破。分析并提取车辆群体系统极端环境特征，探求通信时延、定位误差、高约束等网联车辆系统参数摄动规律，从而实现动态交通环境下车辆群体系统的稳定协调控制。

2 科学问题背景

当今世界正经历百年未有之大变局，新一轮科技革命和产业变革方兴未艾，智能网联车辆已成为全球车辆产业发展的战略方向。发展智能网联车辆可极大地推动我国汽车产业转型升级，壮大经济增长新动能。其相关技术的突破有利于提升我国产业基础能力，增强新一轮科技革命和产业变革引领能力，对增强新时代我国综合实力具有重要的战略意义。为此，国家相继发布了《交通强国建设纲要》和《智能汽车创新发展战略》等一系列政策文件，指导我国智能网联汽车技术和产业快速发展。

极端环境下车辆由于尺寸大、重心高、惯量大、运输种类和动力形式多样等自身因素，以及使用频次高、运行强度大等，致使车辆动力学特性复杂、控制难度高，导致事故风险大、运输效率低、能耗高等问题突出。受极端环境下车辆驾驶中参与主体“人”驾驶能力差异性和反应时滞性等约束，以及高强度和高负荷影响下驾驶人心理和生理安全系数降低等因素影响，导致交通事故频发、通行效率低。极端环境下车辆群体协同控制基础理论与方法可以大幅降低人员参与，显著降低因驾驶人疲劳、分神和驾驶经验不足等产生的事故风险，提升运输作业效率，具有重大战略需求和现实意义。现有研究较少关注极端环境下的车辆群体协同控制基础理论与方法问题，因此，迫切需要突破极端环境、高约束条件下车辆群体决策优化和协同控制技术瓶颈。

2.1 网联异构特征对车辆动力学的作用机理研究不够深入

车辆群体协同控制是涉及多因素的复杂广义非线性系统，车辆在行驶过程中的货物状态、重心高度和侧向力等都是动态变化的，系统参数摄动带来的异构动力学问题是不可避免的。为此，需要充分考虑货运状态、车辆、道路、交通环境等各因素对车辆动力学的作用机理，建立有效耦合多因素影响的车辆状态估计方法，研究货运状态变迁对车辆编队动力学机理的影响，是核心技术难题。

2.2 信号遮挡等复杂环境下的群体可靠感知研究不足

由于港区、矿区等极端环境下车辆群体运行过程中面临干扰、遮挡和丢失等问题，传统的感知定位方法无法覆盖所有运行工况。此外，车载感知单元的多样性和感知信息的多源性，群集大数据有着明显的时空特性，信息在时间维度和空间维度上存在变化。因此，结合动态时间归整方法与高精度地图进行局部精准感知匹配，构建一种新型智能车辆实时定位系统，实现车辆群体多维立体感知是研究难点。

2.3 面向极端环境下的车辆群体协同控制方法研究缺乏

现有研究车辆群体协同控制方法主要集中于车辆类型匀质的情况，以简化车辆群体系统的构建和分析,对多种货运车型和动力形式并存产生的异构车辆群体协同控制问题研究不足。因此,研究车辆分层控制器,建立异构群体分层分布式模型预测控制方法,实现特种作业环境下车辆群体异构协作控制,是付诸实践的关键。

综上所述,亟待研究面向极端环境的车辆群体协同控制基础理论与方法,剖析车、路、货物、环境等因素与车辆状态的动态耦合关系,建立货物运输状态下车辆动力学模型探索车辆状态变迁机理,对异构编队系统状态变迁进行定量估计;研究时变拓扑结构下异构车辆群体协同策略优化方法,解析非线性编队系统稳定性;构建多车道货车异构编队群体协作控制方法,对于提升极端环境下车辆群体安全和运输效率具有重要指导意义,科学价值突出。

3　科学问题研究进展

3.1　车辆群体多维感知技术研究

行人和车辆是交通环境中的两大主体,因此,对行人及车辆目标检测及行为状态解析是车辆环境感知研究的重点。目前,深度学习已经成为各国学者对行人、车辆进行同时研究的主要手段。反向传播神经网络早在20世纪80年代就已经被提出。2006年Hinton等在Science上发表的论文中,提出的深层神经网络具有优异的特征学习能力,并且通过逐层初始化的方法有效缓解网络训练的复杂度。同时,随着硬件计算能力的提高,基于深度学习的目标检测算法层出不穷。Ross Girshick等人在2013年提出基于区域的卷积神经网络的目标检测R-CNN算法,成为深度学习目标检测应用领域的先驱。随后,又有一些经典深度神经网络模型被相继提出,不断提高着目标检测算法的性能。惯性导航系统,包括全球卫星导航系统(GNSS)和惯性测量单元,在开阔环境中定位较高,可为自动驾驶车辆提供全天候定位服务。然而GNSS定位依赖远距离在轨卫星的授时信号,一旦车辆处于无线电信号强度不稳定或信号丢失的环境中,例如,道路两侧堆放大量集装箱的港口、井下矿区等,定位精度将无法保证甚至无法进行定位。

3.2　车辆群体智能决策方法

由于极端环境下车辆群体决策过程需要维持在一个有限空间内,所以系统内部车进行换道和外部车介入列队的驾驶行为往往面临很大风险。现有研究对模拟驾驶员跟驰行为下的群体系统进行三种加减速工况试验,评估其对驾驶员的舒适度和接受度的影响。有学者以人工换道驾驶数据为依据,提出一种模拟人工驾驶的两段式换道模型。对于不同的换道场景设计一种可选择性的换道行为方法,根据驾驶员偏好确定最安全和最理想的换道条件。除此之外,还有研究采用模糊逻辑控制器,以最大限度地减少由车道变化引起的总制动模型等来进行类人化决策研究。总体而言,车辆决策方法的不断完善为车辆智能驾驶提供了理论指导,类人化的自动驾驶车辆系统设计是未来无人驾驶系统的关键。

3.3 车辆群体控制方法

20 世纪 80 年代,加利福尼亚州立大学伯克利分校 PATH 研究中心开始研究车辆编队控制技术,通过控制车辆纵向运动状态,从而到达一致的行驶速度和期望间距。随后,欧洲和日本等也相继开展了车辆编队化控制研究,车辆群体控制技术得到了更多关注。当前,对于异构群体的控制技术主要有两个方向:①将异构编队转化为线性模型,使用同构简化模型控制策略来实现稳定性控制,问题在于模型过于简化,控制精度低;②通过设计异构控制器来实现列队的误差信号传递稳定,缺点在于无法保证在时变混合拓扑结构环境下的列队稳定性控制。面向车型和动力形式异构的高约束下车辆群体控制研究不够深入。

综上,现有针对极端环境下车辆群体自动驾驶关键理论与方法的研究尚缺乏全面系统的基础理论支撑。货运状态、车辆、道路、交通环境等因素对车辆动力学的作用机理不清晰,时间、空间和任务等高约束条件下车辆群体决策机制优化建模困难,异构车辆群体协同控制方法距离实际应用差距较大,这些关键科学问题严重制约了智能车辆的快速发展和应用,有必要逐一突破,最终实现极端环境下车辆群体系统的高效安全运行。以上基础理论研究能为车辆和智能交通产业发展和落地应用提供深厚基础,对深入系统地研究非线性、强耦合、高约束下群体智能,提高极端环境下车辆群体运行安全性和高效性具有重要的现实意义。

主要参考文献

[1] He Y, Yan X P, Chu D F, et al. A Probabilistic Prediction Model for the Safety Assessment of HDVs under Complex Driving Environments [J]. IEEE Transactions on Intelligent Transportation Systems, 2017, 18(4): 858-868.

[2] Stern R E, Cui S, Delle M M L, et al. Dissipation of Stop-and-go Waves via Control of Autonomous Vehicles: Field Experiments[J]. Transportation Research Part C: Emerging Technologies, 2018, 89: 205-221.

[3] 贺宜,褚端峰,吴超仲,等. 车路环境耦合作用下侧向动力学模型可靠性估计[J]. 车辆工程. 2019, 41 (7): 800-806.

[4] Jin I G, Orosz G. Connected Cruise Control among Human-driven Vehicles: Experiment-based Parameter Estimation and Optimal Control Design[J]. Transportation research part C: emerging technologies, 2018, 95: 445-459.

[5] Stüdli S, Seron M M, Middleton R H. From Vehicular Platoons to General Networked Sys-

tems:String Stability and Related Concepts[J]. Annual Reviews in Control,2017,44:157-172.

[6] Feng S,Zhang Y,Li S E,et al. String Stability for Vehicular Platoon Control:Definitions and Analysis Methods[J]. Annual Reviews in Control,2019,47:81-97.

[7] Besselink B,Johansson K H. String Stability and a Delay-based Spacing Policy for Vehicle Platoons Subject to Disturbances[J]. IEEE Transactions on Automatic Control,2017,62(9):4376-4391.

[8] Chehardoli H,Ghasemi A. Adaptive Centralized/Decentralized Control and Identification of 1-D Heterogeneous Vehicular Platoons Based on Constant Time Headway Policy[J]. IEEE Transactions on Intelligent Transportation Systems,2018,19(10):3376-3386.

[9] Bian Y,Zheng Y,Ren W,et al. Reducing Time Headway for Platooning of Connected Vehicles via V2V Communication[J]. Transportation Research Part C:Emerging Technologies,2019,102:87-105.

[10] Li Y,Li Z,Wang H,et al. Evaluating the Safety Impact of Adaptive Cruise Control in Traffic Oscillations on Freeways[J]. Accident Analysis & Prevention,2017,104:137-145.

撰稿人:吴超仲(武汉理工大学) 贺宜(武汉理工大学) 殷国栋(东南大学)
徐利伟(东南大学)

共驾模式下人机认知交互机理及混合智能决策理论

Human-machine cognitive interaction mechanism and hybrid intelligent decision-making theory under collaborative driving mode

1 科学问题概述

人机共驾是智能驾驶技术发展面临的重大挑战,而随着智能驾驶技术的不断进步,智能驾驶系统与驾驶人所构成的人机并行二元控制将变得更加复杂,人机之间动态交互、相互作用的强耦合关系,使人机冲突问题难以从根本上解决。为实现人机之间的有效融合,亟待研发一套人机共驾耦合系统的新理论、新方法和新技术,进而确保复杂、不确定性和开放性情境下人机之间的高效交互与协同。为突破上述技术瓶颈,一系列关键科学问题有待研究。

1.1 基于驾驶人认知决策机制的人机交互机理

人机共驾系统中,驾驶人与智能驾驶系统之间认知与决策的双向交互是人机融合的基础和关键。智能系统在具备精准预测和理解驾驶人意图能力的同时，应提供符合驾驶人认知决策机制的多模态信息，使驾驶人在有限的时间约束下准确理解智能驾驶控制意图。因此，有必要从驾驶人认知决策机制出发，探索驾驶人信息感知特征与决策推理机制，揭示驾驶人注意力特征及认知决策过程的形成及演变规律，进而确保人机之间驾驶意图与行为的相互理解。

1.2 人机协作混合增强智能驾驶理论

人机协作系统应充分融合驾驶人与智能驾驶系统各自的优势，而混合增强智能一方面注重将驾驶人的作用引入系统中，形成人在回路的人机协作系统；另一方面强调以人的认知机制为核心构建智能决策模型，实现人机智能融合的混合智能形态。因此，为探寻人机之间耦合作用关系，需深入挖掘人机在感知、决策与控制层面的优势及其内在机理，揭示驾驶人认识信息处理过程，进而探索人机智能混合增强的模式和方法。

1.3 危险复杂情境下人机耦合协同控制机制

复杂、不确定性和开放性情境下，驾驶人与智能驾驶系统之间非合作博弈或控制权共享的人机协同控制并未从根本上解决人机冲突问题，且人机在控制层面中的相互作用与制约关系尚未深入探究。因此，人机协同控制中，需首先探索人机耦合要素的形成及演变规律，结合驾驶人认知负荷及情境意识水平等多源状态要素，揭示人机耦合作用下车辆动态风险演化机理，进而确保人机协同控制的可接受性和可靠性。

2 科学问题背景

以人为中心的智能驾驶系统中，驾驶人是最根本的服务对象和最终的控制单元，而人机之间相互理解是消除冲突与制约的关键。因此，人机认知交互机理及混合智能决策是人机协作耦合系统中的重要理论基础，其内容包括驾驶人认知决策过程分析与建模、人机混合智能融合模式与方法。

目前，人机共驾系统的研究包括人机之间非合作博弈或控制权共享的协同控制技术、典型场景下人机控制权切换、人机感知信息增强技术研究等，这些研究主要聚焦感知-决策-控制中的单一层面，对于人机交互机理及混合智能决策机制研究不足，而随着智能驾驶技术的发展，人机并行二元控制变得更加复杂，易陷入人机双方行为感知与意图理解难、人机相互制约且冲突加剧等困境。因此，迫切需要突破人机耦合系统下交互机理及混合智能决策模式的技术瓶颈。

2.1 驾驶人认知决策机理有待深入挖掘

现有理论无法准确描述驾驶人认知决策过程，缺乏对认知行为中典型特征的理解，导致智能系统无法精准感知驾驶人意图且无法准确理解驾驶行为，此外，智能系统如何在有限时间约束下提供符合驾驶人认知信息提取模式的信息要素，也是人机交互的关键。因此，有必要从认知决策过程出发，揭示驾驶人认知决策过程及内在特征变化规律，从而为人机认知交互研究提供理论支撑。

2.2　人机协作关系及人机优势内在机理不明确

如何将驾驶人与智能系统紧密耦合是人机共驾技术发展的核心。一方面，现有人机协作关系并不明确，驾驶人与智能系统定位不清晰；另一方面，人机优势的内在机理挖掘尚不完善，缺乏将驾驶人非结构化信息处理、直观推理、自组织学习能力和机器智能计算、存储、持续工作能力有效融合的方法。

2.3　人机控制权共享与切换研究不深入

现有人机控制权共享与切换研究并未充分考虑人机耦合要素在车辆控制层中的相互制约及其动态演化规律，因此，如何构建人机耦合作用、驾驶人认知负荷、情境意识水平等多因素与车辆动态风险演化的内在联系，将为复杂、不确定性、开放性情境下人机协同控制研究提供技术支撑。

综上所述，亟须进行驾驶人认知决策过程及演变规律理论的深入研究，实现对驾驶人意图感知与驾驶行为的精准理解。充分解析人机优势及其内在机理，明晰人机协作关系，构建以驾驶人认知为基础的人机混合智能理论和方法，在控制层面中，凝练人机耦合作用下车辆动态风险演化机制，进而确保人机协同控制的可接受性和可靠性。上述关键问题对于共驾模式下人机交互机理及混合智能决策理论研究具有重要指导意义。

3　科学问题研究进展

3.1　驾驶人认知决策机制

如何构建统一、完备的驾驶人决策机制模型是当前研究面临的重要挑战。驾驶人认知决策机制研究可分为从宏观和微观两类，前者强调对驾驶人认知决策框架的构建，后者注重对某种认知机制的理性分析。典型的认知决策模型包括考虑知识、智力与记忆为一体的状态算子和结果（SOAR）认知模型，该模型将认知决策过程中的规则、意识和事实等元素进行整合，构建推理和学习的认知过程；基于推理思维自适应控制的思维适应性控制（ACT-R）模型，该模型以人脑信息加工过程为基础，构建了脑功能区与信息加工过程相应模块之间的内在联系，在驾驶行为分析中得到了广泛应用；排队网络（QN）与 ACT-R 模型相结合的 QN-ACTR 模型可更好地模拟复杂情境下驾驶人的认知过程，展现出了在任务绩效与脑负荷分析中的优势。宏观层面的研究为人类认知建模提供了框架约束，通过假设大脑能做什么和不能做什么来解释心理现象，但没有具体的解释为什么会有某种结果。微观层面的研究则从具体的行为出发，去寻找相应的可行机制。但微观层面研究往往注重对某种特定决策行为的建模，淡化了认知框架约束的作用。因此，单方面的依靠认知框架或理性分析结果不足以揭示人类认知机制，将两种方法相结合则可构建解释更广泛认知机制的模型，从而指导人机认知交互研究。

3.2 人机协作混合增强智能

如何把驾驶人的认知能力与智能控制系统精准的响应紧密耦合是人机协作系统研究的关键。人类智能体现在对外部环境的感知、认知，对所观察事物或现象的抽象、记忆、判断、决策、学习等能力，这些能力对智能驾驶的研究有重要的启发和引导作用。如何深刻理解和刻画人脑及其高级认知功能，将人的作用引入智能驾驶系统中，构建人机智能共生的行为增强与脑机协同范式，把人的认知机制与机器智能系统紧密耦合，形成双向智能增强信息交流与控制，是目前研究聚焦的关键。因此，需将人机工程学、信息与控制科学和认知神经科学结合起来，以人感知-决策-执行的认知机制为基础，建立人认知信息处理模型，融合人类智能非结构化信息处理、直观推理、自组织学习能力和机器智能的计算、存储、持续工作能力，探索人机智能混合增强的模式和方法，将有望提升智能驾驶系统的综合态势感知、决策规划和自适应能力。当前，无论是将类人智能引入机器的“驾驶脑”，还是包含人在回路的“脑驾驶”，在基本理论模型和实现方法上都存在很多需要解决的问题。这类研究，一方面，尚未对人类智能信息处理模型进行深入、准确和全面的研究；另一方面，还缺乏将人类认知模型引入深度学习模型、在智能驾驶中实现人机融合的理论及人机工效评估方法。此外，与机器的精细化感知、精确计算、精准控制能力相比，人的驾驶行为具有模糊、开放性、个性化等特点；而机器对比人而言，学习能力和自适应能力相对较弱，对于未知复杂工况的决策能力较差。两者并行决策时，存在显著的冲突特性，一方面，驾驶人的操控可能对机器驾驶构成干扰、影响智能驾驶系统性能；另一方面，机器驾驶系统可能给驾驶人造成误导、不适，甚至引起对抗；不仅影响驾驶人的驾驶体验，还可能引发安全事故，目前研究尚未提出有效兼顾驾驶人与智能系统各自优势的人机协作关系。

3.3 人机耦合协同控制

有效辨识人机耦合要素在车辆控制层中的相互制约及其动态演化规律，解决人机冲突问题，仍然面临严峻挑战。目前，根据车辆控制权在驾驶人和智能驾驶系统之间共享方式的不同，对于人机共驾的研究主要分为三种技术路线：控制权增强路线、控制权分配路线、控制权切换路线。控制权增强路线是目前已经成熟的技术路线，得到了广泛的商业应用，是一种最为基础的人机共驾实现方式。在该路线中，汽车电子控制系统作为应急辅助用于提高车辆的主动安全性，可修正或弥补驾驶人的操纵效果，增强驾驶人的控制权。受限于应用方式，控制权增强路线仅能提供低级别的驾驶辅助，无法发挥更高级的智能驾驶功能。控制权分配路线是一种最为复杂的人机共驾实现方式，在该路线中，驾驶人和自动化系统同等同时处于感知-决策-执行环路中，完成一个在理想环境下两者均可独立完成的动态驾驶任务。目前，针对人机共驾的研究多集中在此类技术路线上，基于驾驶人驾驶行为，采用模糊规则、博弈论、人工智能等方法设计控制权分配规则，实现人机协同控制。控制权切换路线适用于L3以上智能网联汽车，智能驾驶系统能够完成运行设计域内全部动态驾驶任务，然而，当车辆超出运行设计域或发生意外情况时，仍可能要求驾驶人接管车辆。驾驶人在自动驾驶过程中也可以主动接管车辆，继续完成驾驶任务。人机并行控制的本质是一个复杂约束下的动态多目标协同优化问题，而当前研究缺乏复杂动态多目标和随机不确定性约束对人机协同机制的综合研究。

综上所述，现有针对共驾模式下人机认知交互及混合智能决策的研究尚缺乏全面系统的基础理论支撑。驾驶人认知决策模型构建困难，人机智能混合增强模式不明确，同时，驾驶人认知信息处理过程难解析，人机耦合协同范式不清晰，这些关键问题制约了人机共驾技术的快速发展，有必要逐一攻克，最终实现高效、稳健的人机智能融合。同时，以上理论研究从驾驶人认知决策角度深入解析人机共驾二元协同耦合机理，能为人机交互与混合增强智能驾驶长远发展提供深厚基础，对深入系统地理解驾驶人决策机理、实现人机智能融合典型范式和提高共驾系统接受度及可靠度具有重要意义。

主要参考文献

[1] Zheng N N, Liu Z Y, Ren P J, et al. Hybrid-augmented Intelligence: Collaboration and Cognition[J]. Frontiers of Information Technology & Electronic Engineering, 2017, 18(2): 153-179.

[2] 周吉帆，徐昊骙，沈模卫，等. “强认知”的心理学研究：来自AlphaGo的启示[J]. 应用心理学，2016，22(1)：3-11.

[3] Nunes A, Reimer B, Coughlin J F. People Must Retain Control of Autonomous Vehicles [J]. Nature, 2018, 556: 169-171.

[4] Rahwan I, Cebrian M, Obradovich N, et al. Machine Behavior[J]. Nature, 2019, 568 (7753): 477-486.

[5] Pan Y H. Heading Toward Artificial Intelligence 2.0[J]. Engineering, 2016, 2(4): 409-413.

[6] 李力，王飞跃，郑南宁. 认知车-结合认知科学和控制理论的新研究方向[J]. 控制理论

与应用,2011,28(2):137-142.

[7] Kircher K, Ahlström C. Minimum Required Attention: A Human-Centered Approach to Driver Inattention[J]. Human Factors: The Journal of the Human Factors and Ergonomics Society, 2016: 1-19.

[8] 孙秦豫,付锐,王畅,等. 人机协作系统中车辆轨迹规划与轨迹跟踪控制研究[J]. 中国公路学报,2021,34(9):146.

[9] Flemisch F O, Bengler K, Bubb H, et al. Towards Cooperative Guidance and Control of Highly Automated Vehicles: H-Mode and Conduct-by-Wire[J]. Ergonomics, 2014, 57(3): 343-360

[10] 王建强,郑讯佳,黄荷叶. 驾驶人驾驶决策机制遵循最小作用量原理[J]. 中国公路学报,2020,33(4):155-168.

撰稿人：付锐(长安大学)　王畅(长安大学)

第二篇

移动作业装备与作业工程

INTRODUCTION

绪　　论

作业装备的发明、进化、完善的演变过程，推进了人类社会的生产力发展，推动了人类文明从低级到高级的历史进程，人类社会的发展史就是一部装备不断演变、进化和完善的历史，移动作业装备和作业工程就是和人们生产生活密切相关的基本工具和技术。面向农业、矿山、机场、港口、特殊水域、特殊地域以及应急救援、反恐防暴等特殊作业运输需求，移动作业装备与作业工程围绕移动作业装备设计、控制、应用、作业、协同和维护等环节，研究作业装备、环境、对象、参与者等要素构成的综合系统的运行规律，以及各要素间、子系统间的相互作用规律，进一步提升移动作业系统的安全、高效、可靠、环保与智能化水平。

第一次工业革命以前，人类的作业运输几千年来都是以人力、畜力为主，随着人类社会的经济水平、生活方式以及科学技术的不断发展，为满足人类对美好生活的向往，为协调生产力与生产关系的矛盾，为搭建物质生产地与受用对象的桥梁，促生出了各种用于协助人类进行作业运输的机械装备。

农业从最初的刀耕火种到如今的大规模机械化生产，一直是所有经济活动的根本保障，是国民经济的基础。在现代农业快速发展的过程中，农业运载装备如拖拉机、联合收获机等起到了极大的推动作用。在农业发展的背景下，人类逐步获得了生产力解放，从石器时代便开始采矿，在与生产力相互促进发展的过程中，催生了人类对于新材料和大规模能源的需求。而这些蕴含在自然界中的矿物质需要人类进行高效的开采，由此产生了对矿山作业、矿机、矿产品运输、贸易流通等方面需求的工业革命，设有码头、防波堤和装卸设备的人工港口得到快速发展，在机场、港口等重点交通场所的特定区域内形成了封闭场景特征，封闭场景下的作业运输以客货集散、运载工具运行与维护、作业环境安全等为主要特征，由此衍生出了在各种细分领域和专门场合下使用的作业运输装备，如飞机牵引车、港口流动车辆作业运输装备等。随着生产效率的进一步提高、社会分工的逐层细化、交通运输能力的稳步提升，一些在特定场合应用的特殊功能车辆（如消防搜救车、水陆两栖车等)应运而生,满足了国防军事、民生发展、科学考察等领域的保障性需求。在科学技术得到长足发展的前提下,在对未知宇宙探索欲的推动下,人类开启了航天和地外星球探测时代,相继研发出月球车、火星车、彗星探测器等集人类智慧和高端科学技术于一体的地外星球探测专用作业运输设备,成为人类了解宇宙、从地球走向星际的先锋。

纵观移动作业装备与作业工程的发展历程,技术不断进步背后的驱动力源于科学问题的不断提出与解决,而在此过程中,基础科学理论的不断突破能大力推动相关技术、产品与产业的发展革新。为适应新时代背景下国家生产力的进一步发展,展现大交通时代的国家力量,满足人民对美好生活的向往与需求,保障国家安全,实现中华民族伟大复兴,我国陆续提出"双碳"目标、农业机械化规划、"新时代民航强国建设行动纲要"等文件,促进移动作业装备与作业工程向电动化、无人化、网络化、自动化和智能化方向发展,力争实现农业打基础、工业哺农业的良性发展局面。因此,为更好地服务移动作业装备与作业工程领域的技术革新,亟须系统梳理学科背后的科学问题,并转化为学科发展的内生动力。本书总结了移动作业装备与作业工程的发展历史、发展现状及未来发展方向等内容,并以此为基础提出了移动作业装备与作业工程领域中若干重要的科学问题。

1 移动作业装备与作业工程发展历史

根据作业对象和场景的不同,作业运输和特种装备可大体归为农业作业运载装备与作业工程、矿山运载装备与作业工程、特殊功能车辆与作业工程、机场和水路运输移动作业装备与作业工程四类。

农业运载装备与作业工程方面,经过几十年的发展,当前我国农机装备品类基本齐全,满足了主要粮食作物生产全程机械化需求,初步形成了核心功能部件与整机试验计量检测开发和协同配套能力。地面农业作业装备不可避免会产生对农田的破坏,因此,农业航空器应运而生。近年来,农用航空器凭借快速、灵活、适应性广的特点,且不需要起降机场和跑道,其在亚洲地区发展迅速,尤其是在中国、日本等东亚地区,研究与应用越来越广泛。

矿山运载装备与作业工程方面,1882 年,德国西门子公司制造世界上第一台 4.5kW 矿用架线式电机车以来,迄今已经有 140 余年,在我国也约有 50 年的发展历史。1940 年,德国井下安装了钢丝绳牵引的单轨吊车,到 20 世纪 60 年代初便在法国、英国、苏联等国得到了较广泛的使用。2021 年,卡特彼勒宣布使用智能采矿技术(Cat ® MineStar™ Command)的无人驾驶自卸车已实现累计运输超 30 亿 t 的里程碑。

特殊功能车辆与作业工程方面,自 20 世纪以来,随着社会发展需求的不断释放,特殊功能车辆也逐渐从国防军事拓展到民生保障、科学考察等各个领域。1915 年,英国研制了世界上第一辆坦克"小游民",并装备了均质装甲钢。1970 年 11 月,苏联发射的无人驾驶的月球车1号成功降落在月球上，成为世界上第一台登月的月球车。2008年，美国波士顿动力研发出腿式自主平台“大狗”，它是一款用于携带负载能够到达任何步兵步行能够到达的区域的四足无人作业运输平台。我国的玉兔号、祝融号星球车也相继于2013年、2021年成功降落于月球和火星，并开始科学考察工作。

机场和水路运输移动作业装备与作业工程方面，早在1880年的威尼斯港就出现了举升载荷达5t的液力驱动吊机，1900年还出现了轨道电动吊机。1903年威尔·布莱特为“莱特飞行者”号处女航提供地面支持时，地面上仅有几样脚凳、启动电池、发电机、铁铲以及装有钉子和锤子的应急维修盒成了飞机地面支持作业装备的原型。第二次世界大战结束带来的飞机和飞行人员退役导致了商业飞行的繁荣。1993年，荷兰鹿特丹港ECT-Delta码头采用自动导引车(AGV)用于集装箱的水平输送、垂直岸线的堆场采用自动化轨道吊。2021年底，采用无人化云-路-车一体化协同机场地面无人运行方案规划的中国首个专业货运机场(鄂州花湖机场)建成并启动校验飞行程序。

2　移动作业装备与作业工程发展现状和趋势

当前，移动作业装备与作业工程学科已经从传统的“专业化、机械化、自动化”体系转变为以“电动化、智能化、网联化、无人化、低碳化”为特征的新体系。

在新形势下，按农业运载装备与作业工程、矿山运载装备与作业工程、特殊功能车辆与作业工程和机场和水路运输移动作业装备与作业工程四个方向，学科基础包含机械设计及其理论、岩石力学、人机工程学、材料学、电力电子、控制理论、计算机科学与技术、车辆工程等，显现出典型的跨领域交叉学科特点。关键研究领域包括：无级传动系统、能量优化控制、绿色低损作业、农机作业运维、作业环境感知与自动驾驶、高效电驱动系统、可靠性、无人驾驶系统、系统协同控制、人机安全设计、机电液一体化、运输作业运维、特种车辆设计、跨域及群体协同作业等。

为顺应“电动化、智能化、无人化、低碳化”的发展趋势，作业运输与特种装备未来将在农业运载装备与作业工程、矿山运载装备与作业工程、特殊功能车辆与作业工程、机场和水路运输移动作业装备与作业工程四个方面进行科技突破。

3　现有科学问题梳理

在此次征集的科学问题中，共收集移动作业装备与作业工程方向60个科学问题，经过对移动作业装备与作业工程领域发展历史、发展现状以及未来发展方向的分析，对科学难题进行系统梳理。结合农业运载装备与作业工程、矿山运载装备与作业工程、特殊功能车辆与作业工程、机场和水路运输移动作业装备与作业工程四大方向，对未来需要重点资助的研究方向进行了细分，对科学难题进行了整理及合并。

CHAPTER ONE

第 1 章
农业运载装备与作业工程

农业是我国国民经济的基础，自 2004 年起连续 19 年，中央 1 号文件均是聚焦“三农”问题，农业的根本出路在于机械化，农业机械化是农业现代化的重要标志，关乎“四化”同步推进全局。智能农机装备作业运输水平代表着农业先进生产力，是提高生产效率、转变发展方式、增强农业综合生产能力的物质基础，也是国际农业装备产业技术竞争的焦点。当前，我国农业现代化加速发展，农村土地规模经营、农业劳动力大量转移，对农机装备作业运输技术的要求更高，无人化农机、规模化复合作业机组/群和高效低损多体交互装备需求巨大。长期以来，我国农机装备技术基础研究不足，整机可靠性和作业效率不高，核心部件和高端产品依赖进口，人工作业环节多，导致农业综合生产成本居高不下；国外知名农机企业凭借技术和资本优势全面进入中国，抢占高端农机市场，我国农业生产和产业安全面临严峻挑战。加快发展智能农机装备技术，提升农机装备供给能力，缩小与国外主流产品差距对支撑现代农业发展和保障粮食和产业安全意义重大。

经过近几十年的发展，国内拖拉机产品的设计、制造与运维已初步建立较为完整的平台体系和技术规范，初步完成从过去跟踪模仿、经验设计向自主研发的现代设计与制造转变，产品的设计开发能力、制造能力、质量保障、运维管理及综合服务能力明显提升。在拖拉机研发方面，骨干企业与科研院所技术创新主体地位逐步形成，数字化设计与制造技术、柔性生产线、各种工业机器人、产品运维管理平台已用于产品实际生产，部分企业已经建立了试验验证、制造过程检测、运维管理等平台，产品质量保障能力有效提升；大中型企业积极尝试建立完整的产品信息化管理系统，先进的生产管理技术也已经应用到面向产品生命周期的数据管理，同时开始提供产品的全生命周期服务、整体解决方案服务。与国外跨国农机巨头产品设计、制造水平相比，当前我国高端拖拉机产品面向全生命周期的设计制造运维体系依然不够完善，新产品开发周期长达 24 ~ 36 个月，装备设计-制造-作业一体化验证手段缺乏,产品可靠性验证仍以田间试验和交付用户验证为主,拖拉机的平均故障间隔时间仅为国外同等产品的 30% ~40% ,行业“大而不强”的局面没有得到有效改善。John Deere、CNH、AGCO、KUBOTA、CLASS 等国际农机装备巨头企业,拥有比较完善且自主化的设计制造运维基础数据、专用工具平台、材料选用与研发体系、产品全生命周期验证系统,设计制造系统性强,形成了标准化技术体系和专用平台。在人机工程方面,当前只研究人机操控界面布局等被动舒适性设计方法,尚缺少结合舒适性内在机理和智能化技术的主动舒适性理论研究;在地面力学方面,主要研究多向交变载荷耦合机制、土壤混合分层、压实、剪切与结构破坏相关因素及作用机制、驱动轮滑转沉陷影响因素、驱动轮滑转与牵引性能相互作用机制、拖拉机复合作业工况下的发动机功率分配问题及作业效率评定方法、滑转率测量与控制方法等内容;在机组协同方面,主要基于纵垂向的平面运动和受力分析,缺乏采用状态空间、张量矩阵、多智能体、实测数据等现代建模方法的综合纵横垂耦合精细动力学模型,缺乏对新构型在拖拉机作业机组系统作业时的工况环境适应性研究,缺乏作业深度精准测量方法和机组系统主动协同控制策略研究。

在现阶段,随着车联网、人工智能、大数据等技术的迅猛发展,农业运载装备与作业工程学科已从传统的“机械底盘、内燃机动力、机身设计、农机电子”体系转变为以“智能化、网联化、电动化、自动化”为特征的全新体系。以推动农机装备产业转型升级、提高现代农业建设装备支撑能力为目标,以填空白、补弱项、提质量为着力点,从农业作业运输装备供给侧和需求侧两端发力,加强基础理论、重点关键技术方法研究,推动数字化、智能化等先进技术与农机装备制造技术的深度融合,农机装备与农艺技术有机融合,加快先进、适用、安全、可靠农机装备的基础理论研究与应用,促进我国由农机制造大国向制造强国转变。

展望农业运载装备与作业工程的未来,随着人工智能、大数据、通信等技术的快速发展,农机电子、北斗导航、农田环境感知、通信、互联网、农业机械专用传感器等领域深度融合,智能农机将进入技术快速演进的新阶段。在未来发展过程中,拖拉机的发展趋势与重点方向是拖拉机动力换挡、无级变速和电动化技术,其核心技术主要集中在:动力换挡与无级变速传动技术、电液控制技术、总线控制技术、控制器软硬件开发技术、摩擦驱动橡胶履带行走系统、拖拉机重型高速橡胶履带设计、静液压无级变速传动技术和动力转向技术等。农用航空器的发展趋势与重点方向是:机载信息探测、多源信息融合、能源载荷匹配、自动避障、作物泛在感知、自主作业决策、多机协同作业控制等技术。联合收获机的发展趋势与重点方向是:粮棉油糖收获装备大型化、智能化、高效管控升级关键技术。新一代智能农机的本质特征是新一代人工智能技术和农机-人-环境系统的深度协同共融。因此,探索智能农机发展历程背后的驱动机制并挖掘其科学内涵,能更好推动新一代智能农业作业运输装备理论和技术发展。

大型拖拉机全生命周期设计理论与评估方法

Life cycle design theory and evaluation technology of high-power tractor

1 科学问题概述

我国农业生产区域差异大，不同地形地貌、环境条件和种植模式对农机装备的产品功能、适用性与可靠性提出了极大的挑战，而采用传统的设计、试制、验证，再到产业化的发展模式，其产品研发周期往往需要4～5年，对于部分重大和重点产品，特别是大型拖拉机产品，即使投入大量人力和研发资金，往往需要更长的研发周期，从而造成我国目前能够生产的农机品类仅占世界水平的50%，高端拖拉机产品供给不足，严重依赖进口，难以满足现代农业生产对快响应、高适用性农机装备的供给需求，与我国现代农业发展需求之间的矛盾凸显。亟须深度融合智能设计、智慧材料、智能制造等交叉领域技术知识，以农机农艺融合设计思想、土-机-植和谐共生设计理念、农机装备设计-制造-验证一体化理论为指导，以数字化、智能化、信息化为主线，贯穿于农机装备产品的设计-制造-使用-回收再利用的全生命周期，助力农机装备零部件在全生命周期中高效化、可靠化、循环化，补齐农机装备数字化设计"短板"。

1.1 揭示大型拖拉机产品设计-制造-使用-回收再利用全生命周期设计安全服役机理

大型拖拉机设计融合生物和农艺技术，集成先进设计、制造与智能控制、新一代信息通信、新材料等高新技术，大型拖拉机产品设计如何充分融入现代设计方法、先进制造工艺、有效试验验证体系和海量试验数据等关键理论方法与核心技术，揭示大型拖拉机产品设计-制造-使用-回收再利用全生命周期设计安全服役机理，建立从产品全生命周期优化支持农机装备数字化、智能化、信息化集成发展的支撑系统，是必须要解决的关键科学问题。

1.2 构建大型拖拉机全生命周期数字化设计理论与可靠性评估模型

大型拖拉机产品结构复杂、种类繁多，传统设计方法存在研发周期长、效率低、可靠性差等问题。虽然当前我国农机企业建立了不同程度的数字化设计平台并积累了一定设计资源与知识，但由于缺乏系统化和结构化的全生命周期数字化设计理论，无法实现拖拉机全生命周期各个环节的有效融合,难以满足产品全生命周期寿命预测设计需求。因此,亟须建立一套面向大型拖拉机产品全生命周期的数字化设计理论和方法体系,改善拖拉机产品设计效率和设计质量。

1.3　建立大型拖拉机全生命周期设计评估方法

大型拖拉机全生命周期评估涉及产品设计、制造、使用、维护、回收利用等全过程,拖拉机全生命周期的评价涉及众多影响因素,是个复杂的系统问题,因此如何从经济、能源、环境等指标入手,定义目标与边界条件,建立拖拉机全生命周期的经济模型、能源消耗模型和环境模型等数学模型,建立大型拖拉机全生命周期设计评估方法,对拖拉机的全生命周期进行量化分析,提高评价的合理性和准确性,是必须要解决的科学问题之一。

2　科学问题背景

在全球新一轮科技革命和产业变革推动下,以信息化、数字化、智能化为主导,人工智能、大数据、云计算等新技术与农机装备产业正在日益深度融合,系统性构建面向拖拉机产品全生命周期的系统化、网络化、智能化设计制造验证评估体系已经成为国内外农机装备研发的主流方向。"十一五"以来,我国在农机装备数字化及智能化设计、大型农机数字化制造与自动生产线、农机装备制造过程质量检测技术、农机装备试验验证方法与技术等领域突破了一批关键技术,建立了比较完整的农机装备设计、制造与验证研发平台和技术规范,产品的设计制造能力和可靠性明显提升。国际农机巨头以设计智能化、制造精益化、试验验证标准化为重点,拥有完善且自主化的设计制造基础数据、专用设计制造工具、农机工程材料研发体系、产品全生命周期验证评价系统,已经形成了比较完善的标准化技术体系和专用设计制造平台。我国农机装备在网络化、智能化的设计-制造-验证理论方法体系和工程技术集成应用系统方面差距依然存在,特别是基础数据构建与分析系统、面向全生命周期的安全服役设计理论、可靠性试验验证方法与技术、大型拖拉机全生命周期评估与预测模型等方面差距明显,亟须进行重点部署。

2.1　大型拖拉机产品全生命周期安全服役设计难题

大型拖拉机产品全生命周期设计是实现产品安全服役的核心,国内外现有研究多集中于新产品的开发与性能优化设计等理论技术,产品设计缺乏面向产品全生命周期环节的系统性研究,特别是针对大型拖拉机产品设计-制造-使用-回收再利用全生命周期安全服役机理研究不足,导致产品无法有效实现全生命周期内的安全可靠运行。

2.2 大型拖拉机产品全生命周期可靠性设计难题

由于大型拖拉机行业几十年来一直采用技术引进、跟踪模仿的发展模式，缺少对产品技术的应用机理、设计理论的研究，难以掌握核心技术，原创性技术匮乏。重大产品开发、试制尚停留在经验设计和有模制造阶段，新产品开发周期长达 24 ~ 36 个月，比国外先进企业长一倍，拖拉机可靠性考核仍以田间试验为主，产品的可靠性设计技术尚处于起步阶段，严重制约了产品技术成熟周期，大型拖拉机的平均故障间隔时间仅为国外同等产品的 30% ~40%，难以与国外产品展开有效竞争。

2.3 大型拖拉机产品全生命周期评估与预测难题

大型拖拉机产品全生命周期的评估涉及产品的材料设计、生产加工、使用维护及报废回收等多个环节，在这个过程中需要识别和量化产品对经济、能源和环境的影响，多个影响因素目前无法定量评估，传统的产品性能评估主要面向产品运行的某一个或几个环节，无法支撑大型拖拉机产品全生命周期内的安全运行性能的全面评估。

3 科学问题研究进展

经过近十五年的发展，我国大型拖拉机的设计与制造已初步建立较为完整的平台体系和技术规范，初步完成从过去跟踪模仿、经验设计向自主研发的现代设计与制造转变，产品的设计开发、生产制造、质量保障、管理及综合服务能力明显提升。在产品设计与制造方面，骨干企业与科研院所技术创新主体地位逐步形成，数字化设计技术、数控加工技术、柔性生产线、各种工业机器人已用于产品实际生产，提升了拖拉机的设计与制造能力；部分企业已经建立了整车试验验证评估、制造过程在线质量检测平台，产品质量保障能力有效提升；大中型企业积极尝试建立完整的产品信息化管理系统，先进的生产管理技术也已经应用到面向产品生命周期的数据管理，同时，龙头企业积极转变理念，开始提供产品的全生命周期服务、整体解决方案服务。然而，在大型拖拉机全生命周期设计与安全服役评估方面，目前的研究仅关注产品设计、制造或使用中的某个环节开展，如面向产品的优化设计与性能评估、面向产品制造过程的优化与质量检测以及面向产品运维的可靠性设计与寿命预测等。然而，产品设计制造技术的高度集成、智能化信息化、绿色高效已经成为世界高端农机装备发展的主流方向。因此，未来拖拉机产品的设计需要融合物联网、人工智能、数字孪生，满足定制化、多样性需求，以设计智能化、制造精益化、试验验证标准化为重点，融合土-机-植和谐共生设计理念，建立农机农艺融合设计理论和农机装备设计-制造-验证-运维全生命周期理论，突破数字化设计方法与工具、制造过程质量在线检测、智能制造方法与工具软件、工程材料与工艺标准体系、产品可靠性设计与安全服役等关键技术，构建面向拖拉机全生命周期的设计-验证-制造-运维一体化基础数据支持系统和标准化体系与平台，形成拖拉机设计制造运维集成技术体系，实现拖拉机产品全生命周期的智能、绿色、节能、高效、可靠、集成。

在国内农机装备制造企业中，例如中国一拖集团、潍柴雷沃集团等国内大型农机设计制造企业，通过国家重点研发计划等科技专项的支持，自主开发了基于全生命周期平台的数字化设计系统，结合农机零部件数字化信息，经过大数据处理、推理机驱动等关键技术攻关，形成了模型驱动、公理驱动、尺寸驱动等高效推理机，推进了数字农机进程，打通了各设计部门壁垒，极大减轻了设计人员负担，显著缩短了农机装备设计周期，使得农机整机设计综合效率提高20%以上。

主要参考文献

[1] 杜岳峰，傅生辉，毛恩荣，等. 农业机械智能化设计技术发展现状与展望[J]. 农业机械学报，2019，50(9)：1-17.

[2] 谢斌，武仲斌，毛恩荣. 农业拖拉机关键技术发展现状与展望[J]. 农业机械学报，2018，49(8)：1-17.

[3] Thomas E S，David H，Walter K，et al. Environmental life-cycle costing：a code of practice. The International Journal of Life Cycle Assessment，2011，16(5)：389-391.

[4] Borchardt M，Wendt M H，Pereira G M，et al. Redesign of a component based on ecodesign practices：environmental impact and cost reduction achievements. Journal of Cleaner Production，2011，19(1)：49-57.

[5] 王寿兵，胡聃. 生态产品生命周期设计概念框架[J]. 上海环境科学，2000，19(3)：98-101.

[6] 阎楚良，杨方飞，张书明. 数字化设计技术及其在农业机械设计中的应用[J]. 农业机械学报，2004，35(6)：211-214.

[7] 张宇博. 集成Kano模型的协同交互产品配置决策方法及支持系统研究[D]. 天津：天津大学，2017.

[8] 俞宁. 面向生命周期的汽车产品生态设计综合评价研究[D]. 长沙：湖南大学，2019.

[9] 陶璟. 面向方案设计阶段的产品生命周期设计方法研究[D]. 上海：上海交通大学，2013.

[10] 王晓伟. 面向机电产品方案设计的全生命周期评价关键技术研究[D]. 济南：山东大学，2011.

撰稿人：宋正河(中国农业大学)

拖拉机液压机械无级变速原理与控制机理

Principle and control mechanism of hydro-mechanical continuously variable transmission for large-scale tractors

1 科学问题概述

近年来,我国拖拉机在不断地更新换代,农业发展模式已从传统农业向现代农业转型,在这一过程中拖拉机技术变革是主要的推动力之一。拖拉机无级变速技术可使大型拖拉机在不同作业工况下以最佳速比行驶,以满足大型拖拉机对动力性和经济性的需求,实现节能减排、提高作业效率和质量。由于其在智能农机领域的重要性,基本无法依靠进口,成为制约我国大型拖拉机发展的"卡脖子"问题。目前,我国正在大力研发大型拖拉机无级变速装置,其基础问题和关键技术的研究刚起步。为有效解决大型拖拉机无级变速装置的目标变速比自适应修正、汇流机构偏载与寄生功率、湿式离合器烧毁失效等基础问题及关键技术,使大型拖拉机能以最佳速比高效可靠地行驶作业,在新理论、新方法和新技术方面突破技术瓶颈,一系列关键科学问题有待研究。

1.1 揭示大型拖拉机无级变速装置目标速比形成机理

目标速比是无级变速装置的关键主参数,采用目标速比智能控制策略,可使大型拖拉机在任意工况下都以最佳目标速比行驶作业,满足大型拖拉机对动力性和经济性的需求,做到节能减排、提高作业效率和质量以及降低驾驶员的劳动强度,无级变速装置目标速比控制对大型拖拉机工作性能和状态有着极为重要的影响。现有的目标速比形成机理集中在拖拉机内部动力源与传动系统的匹配,对综合考虑"人-机-地"的目标速比形成机理(综合研究驾驶员意图感知、地面作业负载变化感知及匹配控制)涉及较少。因此,科学、准确的大型拖拉机无级变速装置目标速比形成机理是目前亟须解决的关键科学问题之一。

1.2 研发无级变速装置的高效均载重负荷的汇流机构

无级变速装置的汇流机构不仅需要满足大型拖拉机低速大转矩工况作业,而且要有高的传动效率,因此,需要研究汇流寄生功率产生机理、行星排均载、大传动比等问题。一方面,寄生功率会影响无级变速系统的传动效率;另一方面,汇流机构由多个行星排组成,由于制造和安装误差引起的不对中会使太阳轮容易磨损,且行星轮间载荷分配的不均匀,会使行星排传动的性能受到一定的影响,从而也降低了汇流机构的传动效率。现有的汇流机构集中在工作可靠性的校核以及特性参数的优化,对综合考虑寄生功率、均载和重负荷的研究较少。因此,研发无级变速装置的高效均载重负荷的汇流机构是目前亟须解决的关键科学问题之一。

1.3　揭示无级变速装置换段离合器的冷却润滑机理

换段离合器(即湿式多片式离合器)是多段式无级变速装置切换工作段位的核心部件。湿式换段离合器需要保持良好的冷却润滑状态,以保证离合器安全可靠工作,而湿式换段离合器烧毁失效是目前大型拖拉机变速装置的难点问题。换段离合器在接合过程中因转速差产生大量摩擦热,空转状态时因摩擦副间油液的剪切应力产生带排转矩。目前,换段离合器存在冷却润滑不足烧蚀问题,并且精确的冷却润滑模型以及冷却润滑的参数影响分析研究不足,缺少有效的最优冷却润滑方法。因此,如何揭示无级变速装置换段离合器的冷却润滑机理是亟须解决的关键科学问题之一。

2　科学问题背景

变速器是拖拉机的重要组成部分,其传动性能将对拖拉机工作过程中的燃油经济性、换挡平顺性和乘坐舒适性等产生极大的影响。有级式变速器的档位数是固定的,需要驾驶员根据经验采用手动换挡模式。拖拉机在田间工作时,由于负载和作业环境的变化,外界负荷波动频繁,驾驶员需要适时换挡以满足整机的动力性要求。频繁换挡加重了驾驶员的劳动强度,影响驾驶安全;并且驾驶员驾驶技术的好坏,对拖拉机的燃油经济性、动力性和乘坐舒适性具有较大的影响。配备液压机械无级变速器(HMCVT)的拖拉机表现出换段平顺、操作便捷、舒适性高等特点,有效降低了驾驶员操作难度,并能够提高拖拉机的工作效率。自20世纪90年代以来,HMCVT陆续被装备于国外大型拖拉机上。而我国鲜有装载HMCVT的拖拉机,亟须面向大型拖拉机无级变速的基础问题和关键技术进行攻坚。目前,大型拖拉机无级变速的基础问题和关键技术主要存在以下三个技术瓶颈。

2.1　大型拖拉机无级变速装置目标速比形成机理难题

拖拉机无级变速控制策略(目标速比)是指确定一套对应的控制规则,在特定的工况下计算出较为合适的变速器目标传动比,并完成变速器对目标传动比的追踪及传动比调节过程中平顺换段,使得驾驶员的操作简化,改善拖拉机的燃油经济性和动力性。以往变速控制时最佳传动比的确定是基于最佳经济性或者最佳动力性来确定的,这样仅仅保证发动机工作在最佳动力性或经济性工作线上,但不一定能保证整个拖拉机作业机组工作在最佳状态。而拖拉机是作业机械,提高作业生产率是追求的目标。因此,有必要采用相应的研究方法确定任意工况下的最佳目标速比。国内外现有研究多集中于结合优化方法并匹配动力源特性等理论技术,缺乏对“人-机-地”的系统性研究,特别是针对驾驶员意图感知、负载变化感知及匹配控制的大型拖拉机无级变速装置目标速比形成机理研究不足，无法支撑大型拖拉机无级变速装置目标速比的形成。

2.2 无级变速装置的高效均载重负荷的汇流机构研发难题

汇流机构是大型拖拉机分流式无级变速装置的核心部件。在实际工作的情况下，汇流机构会因轴、轴承及自身变形等因素出现错位，导致实际接触状况与理想状况不同，齿轮可能会出现严重的偏载或动力传递误差过大，造成传动不平稳、磨损严重、噪声大的问题。此外，系统还存在因加工原因而造成的偏心误差和因装配原因造成的安装误差，这些影响因素均会造成机构的传动效率降低、磨损和寿命降低的问题。目前，国内外对于行星轮传动的研究局限于单一均载措施下的均载性能研究（主要是中心轮浮动、柔性销轴和柔性内齿圈三类），很少有对多种均载措施同时组合作用下的行星轮偏载问题研究，为了进一步减少偏载问题的影响，有必要进一步研究和分析多种均载方式下的汇流机构行星排偏载问题。此外，行星齿轮的传动效率随结构类型的不同、传动比的变化，以及主、从动件的改变等都会产生很大的不同，且其传动效率变化范围可从最高值变化到接近于零。因此，为了精确建模和控制的需要，必须对其效率进行分析。国内的研究机构对大型拖拉机变速箱效率的研究局限于静态效率的讨论，并未深入分析过变速箱的动态效率问题。

2.3 无级变速装置换段离合器的冷却润滑机理难题

为满足大型拖拉机更为广阔的速比变化区间的需求，其无级变速装置的传动特性往往呈现多段式。换段湿式离合器是切换无级变速装置工作段位的核心部件。因工作状态不同，换段离合器烧毁失效的机理也不同。接合状态时，活塞在油压推动下对钢片施加压力，通过摩擦作用逐渐减少对偶钢片和摩擦片间相对速度，当两者速度相同时完成接合。在短暂的接合时间内，摩擦片和对偶钢片相互滑摩，急剧产生大量的摩擦热，这些摩擦热量大多被摩擦副吸收，从而导致摩擦片和对偶钢片温度升高。由于摩擦副表面宏微观结构特征、异常磨损、热变形或冷却液散布不均匀等因素影响，摩擦副温度分布通常呈现出非均匀分布特点，从而导致换段离合器滑摩过程中摩擦副发生非均匀热弹性变形，进而导致摩擦副热失效，具体表现为摩擦因数衰退、表面烧灼、翘曲变形、局部磨损等典型热失效形式，最终直接影响整个传动系统使用性能及整车的可靠性。因此，对换段离合器接合过程温度产生、传递机理的研究至关重要。并且，换段离合器是典型的非线性系统，其接合过程涉及流场、温度场、应力场、固体变形场等多种物理场耦合作用的复杂情况，目前国内外尚没有统一的、全面的温度场计算数学模型，有必要进行换段离合器热流固耦合计算，开展对温度场、应力场的分布规律研究。此外，传统带排转矩模型缺乏对内部流场参数和多种摩擦片结构的精确建模，对换段离合器的优化设计也缺少对冷却润滑油路和内部结构的整体考虑,有必要对换段离合器带排转矩模型和冷却润滑结构优化进行深入研究。

综上所述,针对大型拖拉机无级变速的基础问题与关键技术难题,亟须深入研究大型拖拉机无级变速装置目标速比形成机理,研发高效均载重负荷的汇流机构,揭示换段离合器的冷却润滑机理,突破拖拉机驾驶员意图与地面负载感知技术,开发基于"人-机-地"一体的目标速比的自适应修正优化方法,突破弹性均载多行星排汇流机构的结构优化方法,提高机构的工作效率,形成冷却润滑系统的设计和控制方法,实现所有部件全工况的良好润滑,对于我国拖拉机促进节能减排、提高作业效率和质量、降低驾驶员的劳动强度、提高智能化和自动化水平提供重要助力,以期突破国外在该领域的长期垄断,提高我国大型拖拉机在世界上的竞争力。

3　科学问题研究进展

3.1　大型拖拉机无级变速装置目标速比形成机理

针对大型拖拉机无级变速装置目标速比形成机理问题的研究,目前主要围绕拖拉机自身动力源以及传动系统的特性,以整车或关键部件的最佳经济性或者最佳动力性为准则,使用动力源的静态特性数据进行全工况下目标速比的确定。并且,往往使用动力源的静态特性数据。大型拖拉机行驶过程中,作业类型、作业负荷、地面条件等因素的变化都会引起拖拉机的输出扭矩、转速变化。大型拖拉机工作环境特殊,行驶过程中需要频繁地进行制动、起步、换段、转向等工况的切换。大型拖拉机的运行状态改变而产生的冲击量,会在拖拉机传动系统中造成较大的动载荷变化,使拖拉机动力传动系统受到交变应力及动载冲击。在换段过程中,大型拖拉机传动系统承受比较大的动载荷,会产生比较大的加速度变化量,换段过程中产生的动载荷对传动系统的传动零件寿命产生很大的影响。无级变速的控制策略大都是采用模糊控制理论进行设计,这种控制策略虽然可以降低离合器滑摩功,减小换段冲击问题,但是仍然存在控制精度不理想、响应时间长等问题。另外,由于拖拉机工况复杂,可能会频繁换段,这会导致传动零件寿命降低。此外,现阶段传统的目标速比制动方法无法感知驾驶员意图以及外界负载的变化,并且拖拉机在软土地面上行驶存在一定的特殊性。当驾驶员意图与控制策略发生冲突或者外界负载发生突变时,HMCVT 将工作在非理想的传动比上,使拖拉机的经济性和动力性都比较差。现阶段 HMCVT 的最佳传动比及其控制策略在感知驾驶员意图和软土地面负载变化的研究方面存在明显不足。无论驾驶员的意图和外负载如何发生变化,最终体现的是在满足拖拉机正常工作的情况下对行驶速度的控制,在这个过程中需兼顾动力性和经济性的要求,同时还要考虑到拖拉机需满足通过性要求。因此,开发一套结合驾驶员操纵意图及外界负载波动影响的"人-机-地"匹配控制策略,以自动调节动力性和经济性的传动比,来满足拖拉机行驶需求是十分重要的。

3.2 无级变速装置的高效均载重负荷的汇流机构

针对无级变速装置的高效均载重负荷的汇流机构研发的问题，国内外研究人员主要从面向汇流机构校核的优化设计以及特性参数改进两个方面展开研究。对于汇流机构的建模研究，目前多见于建立三维物理模型并结合有限元分析进行优化设计或评估校核，鲜有建立弹性均载多行星排汇流机构解析模型，通过对行星排中的太阳轮、行星轮、齿圈和行星架等进行承载受力分析，获得汇流机构零部件变形的计算方法。此外，单行星排工作的汇流机构研发较多，而多行星排联合工作的汇流机构研发偏少。对于汇流机构中存在的寄生功率特性的研究，目前研究人员主要采用闭式传动链功率循环的理论分析方法，而基于液压功率流流向的不确定性，精准分析寄生功率产生机理并建立估测模型的研究欠缺。此外，目前鲜有研究多行星排汇流机构的均载特性，在汇流机构行星轮系的耦合动力学方程、行星排各构件的动力学响应、多个行星轮共同修形时行星排的均载特性、修形方法和修形量关键参数的择优选取、最优浮动形式的研究、浮动量的参数匹配设计等方面存在一定程度的研究空白。

3.3 无级变速装置换段离合器的冷却润滑机理

针对无级变速装置换段离合器的冷却润滑机理研究，目前国内外尚没有统一的、全面的温度场计算数学模型，有必要进行换段离合器热流固耦合计算，开展对温度场、应力场的分布规律研究。现阶段，在换段离合器的设计过程中，为了保证其能正常工作，必须对摩擦副进行不断供油，起到润滑以及带走热量和磨损废屑的作用。当换段离合器处于分离状态时，离合器中的摩擦片与对偶钢片间的相对运动会对摩擦副间的黏性流体形成剪切作用而造成带排转矩的产生。此外，部分研究人员在换段离合器的设计过程中，为尽量减小带排转矩，研究带排转矩与润滑油流量、流速、摩擦片沟槽形状、数量、深度等多参数的影响关系。对于换段离合器接合过程的温度分布规律研究，部分研究人员或采用湿式离合器的综合试验台架，或采用有限元分析进而建立换段离合器各性能数值分析模型，研究温度等关键物理量的分布规律。然而，离合器内部流场状态复杂、油液黏度随温度时刻变化，摩擦副受力随接合油压变化，摩擦副温度场、变形场和流场间耦合作用，需要综合考虑各种因素的影响和相互作用对传统模型进行改进。带排转矩受摩擦片结构、冷却润滑流量的较大影响，对换段离合器外部冷却润滑油路，内部摩擦片结构的优化都至关重要。

主要参考文献

[1] Xiao M H, Zhao J, Wang Y W. Fuel economy of multiple conditions self-adaptive tractors

with hydro-mechanical CVT[J]. International Journal of Agricultural & Biological Engineering,2018,11(3):102-109.

[2] Zhu Z,Chen L,Zeng F L. Reverse design and characteristic study of multi-range HMCVT [J]. Materials Science and Engineering,2017,231(1):12-17.

[3] Xia Y,Sun D Y. Characteristic analysis on a new hydro-mechanical continuously variable transmission system[J]. Mechanism & Machine Theory,2018,126:457-467.

[4] 张明柱,王界中,王建华,等. 提高燃油经济性的拖拉机变速控制策略[J]. 农业工程学报,2020,36(1):82-89.

[5] 徐立友,周志立,彭巧励,等. 多段式液压机械无级变速器方案设计与特性分析[J]. 中国机械工程,2012,23(21):2641-2645.

[6] 王光明. 拖拉机液压机械无级变速箱的特性、控制与故障诊断研究[D]. 南京:南京农业大学,2014.

[7] Ahn S,Choi J,Kim S. Development of an integrated engine-hydro-mechanical transmission control algorithm for a tractor[J]. Advances in Mechanical Engineering,2015,7(7):1-18.

[8] Cheng Z,Lu Z X,Qian J. A new non-geometric transmission parameter optimization design method for HMCVT based on improved GA and maximum transmission efficiency[J]. Computers and Electronics in Agriculture,2019,167(1):105034.

[9] Cheng Z,Lu Z X,Dai F. Research on HMCVT efficiency model based on the improved SA algorithm[J]. Mathematical Problems in Engineering,2019,2019:2856908.

[10] Cheng Z,Lu Z X. Research on dynamic load characteristics of advanced variable speed drive system for agricultural machinery during engagement[J]. Agriculture,2022,12(2):161.

撰稿人:鲁植雄(南京农业大学)　王光明(山东农业大学)

电动拖拉机高性能动力传动系统设计与能量优化控制

Design and energy optimization control mechanism of high-performance powertrain system for electric tractor

1　科学问题概述

电动拖拉机动力传动系统是耕种管收运环节的动力输出机构,代表着电动拖拉机的生产力,是电动拖拉机的核心系统,是满足电动拖拉机多功能作业、长时间、高可靠性、高效运行的基础，推广应用高可靠性电动力传动系统能够有效提高电动拖拉机作业的安全性、可持续性和经济性。电动力传动系统得益于功率/转矩密度高、调速范围宽、运行效率高、控制性能优等突出特点，更易于构造出适应机组作业工况的低成本、高效率的动力总成和新型拓扑构型；优化电动力传动系统工作高效区、作业负载调速特性、减少传动效率损失，可确保拖拉机田间作业时降低滑转损失、提升机组牵引性能。目前，电机驱动系统匹配设计未深入结合田间多变工况和整机特性等农艺农机电机融合机理，构型设计忽略了与作业工况负载特性匹配的柔性自调控机理，系统控制策略并未考虑整机能量优化机理，专门针对电动拖拉机高性能动力传动系统的农艺农机融合理论、柔性构型设计理论和自调控理论还不完善。因此，为实现动力传动系统的高性能运行，发挥电动拖拉机田间高质高效的作业潜能，应合理设计高性能电机驱动系统作为传动系统的内核，进而建立电动拖拉机高效动力系统柔性构型并揭示动力传动系统能量优化机理，以实现动力传动系统能量管理控制，最终攻克电机驱动系统、动力系统构型和能量优化控制策略等关键技术，突破新理论、新方法和新技术方面的技术瓶颈，一系列关键科学问题有待研究。

1.1 农艺农机电机融合机理与高性能农用电机驱动理论

电动拖拉机在耕种管收运作业模式下，由于各模式下的机具与土壤相互作用形式存在显著差异，所以对电机驱动系统的功率需求、启停频率、稳态应力以及瞬态冲击均不相同。如何充分考虑不同田间作业工况下的电机动力性能需求，实现单位成本下电机驱动系统的运行性能和效率最大化仍需进一步研究。目前电动拖拉机功率变换器的设计仍停留在仅依据成本、额定电流、额定电压等基础参数的传统电机选型阶段，电机拓扑构建方法未充分结合电动拖拉机机组田间运行工况特性，缺乏对高性能农用电机驱动系统的农艺农机融合机理研究，无法兼顾电机驱动系统的高性能、低成本和农艺复杂性。因此，充分结合拖拉机田间作业的工况特点及整机运行特性，科学系统地探寻农艺农机电机融合机理，提出电动拖拉机高性能电机驱动理论是目前亟须解决的关键科学问题之一。

1.2 面向田间多变工况的电动拖拉机动力系统构型柔性自调控方法

动力系统构型结构是动力输出的承载中介，直接影响电动拖拉机机组的传动效率与作业性能。针对田间作业的地形、土质、机具等多变工况，电动拖拉机的动力需求、负载特性、功率流向、作业输出等均有显著差异，因此对动力系统的构型也不尽相同。如何充分考虑电动拖拉机田间多变工况的作业需求，提出可实时满足拖拉机多作业输出功能需求的动力系统柔性构型机制，提出针对农艺农机负载特性匹配的构型参数自调控机理，实现自调控机理驱动的动力系统构型柔性变换功能，需要进一步开展研究。目前电动拖拉机动力系统构型设计尚未结合复杂田间作业工况下的功率流向特性，动力系统关键部件的参数设计仅考虑动力性、经济性等传统指标，缺乏对动力系统与作业工况负载特性匹配的理论研究，并难以实现动力系统在多作业工况下的柔性自调控，使得机组无法高效运行。因此，充分考虑田间作业时动力系统的功率流向及作业负载特性，构建适用于多工况作业、优化参数的电动拖拉机动力系统构型是目前亟须解决的关键科学问题之一。

1.3　电动拖拉机动力传动系统能量损耗规律及能量优化控制机理

针对多作业工况下的电动拖拉机动力传动系统构型，其功率流向特点和作业输出方向均不相同，导致各作业工况下不同动力传动系统的能量损耗规律复杂。如何充分考虑不同田间工况下的时变负载特性，探究电动拖拉机动力传动系统各部件能量损耗规律，提出无级调速特性作业载荷匹配方法，揭示动力传动系统能量优化控制机理，需要进一步研究。目前电动拖拉机动力传动系统能量优化控制尚未考虑拖拉机田间作业时变状态与动力传动系统部件的工作特性，难以实现动力传动系统能量的全局优化控制。对于电动拖拉机动力传动系统，需要考虑不同动力源的外特性和效率特性对电动拖拉机能耗经济性的影响。因此，充分考虑动力传动系统田间作业时变状态与工作特性，揭示电动拖拉机动力传动系统能量优化控制机理是亟须解决的关键科学问题之一。

2　科学问题背景

电动拖拉机是新时代绿色农业的代表性动力源之一，使得传统燃油拖拉机动力构型发生了本质变化，为高新技术融入拖拉机提供了空间。随着绿色农业战略的不断推进，拖拉机电动化进程不断加快，逐渐应用于平原、山区和大棚等实际农业生产场景。但由于农艺融合理论不深入、主动柔性构型缺乏、能量管理不智能等基础科学问题尚未解决，暴露了现有电动拖拉机动力不足、传递效率低、作业质量差等电机高效驱动问题，推广应用高性能动力传动系统迫在眉睫。当前，专门针对电动拖拉机高性能动力传动系统的相关技术研究还处于初始的状态，亟须攻克农艺农机电机融合机理与高性能农用电机驱动理论、面向田间多变工况的电动拖拉机动力系统构型柔性自调控方法、电动拖拉机动力传动系统能量损耗规律及能量优化控制机理三个科学瓶颈。

2.1　电动拖拉机高性能电机驱动系统设计的农艺农机电机融合机理难题

农田土壤质地松软，力学特性复杂多变，造成电动拖拉机的启停频率、稳态应力和瞬态冲击时变性强，导致对驱动电机的性能要求高，亟须针对农田复杂土壤状况开展电动拖拉机电机拓扑构建方法、功率变换器设计方法及其能量控制策略优化升级，实现电动拖拉机田间作业的高性能、低成本要求。

2.2 面向田间多变工况的电动拖拉机动力系统构型柔性自调控难题

拖拉机作为耕种管收运阶段机械化的主要动力源，不同阶段的负载差异显著，需要构建高效多变的动力系统，使得功率需求、负载特性、功率流向和作业输出满足变幅广、适应性强、调节快速的柔性性能要求。因此，构建多工况下动力系统的负载特性匹配与参数优化自适应模型，满足拖拉机构型多作业输出的柔性自调控功能需求，需要进一步开展研究。

2.3 电动拖拉机动力传动系统能量优化控制机理难题

因为电动拖拉机具有动力输出高效、可控程度高的特点，所以传动能量控制机理是电动拖拉机独特的科学问题，是区别于传统燃油拖拉机的显著优势。因此，传统燃油拖拉机控制策略不能发挥电动拖拉机传动能量的优势，也无法保证能效性和鲁棒性，需要结合电动拖拉机可控程度高的优势，探析各作业工况下能量流动过程与作业输出方向、动力系统能量损耗规律，寻找全局角度的整机驱动效率优化控制机理，形成多工况多目标控制策略。

综上所述，针对电动拖拉机高性能驱动电机难题，亟须深入研究电动拖拉机高性能驱动拓扑构建方法，使其适用于电动拖拉机全工况高可靠性柔性功率变换器设计策略和电动拖拉机驱动电机系统能量优化控制机理，形成电动拖拉机高性能驱动电机设计和控制策略，对于丰富电动拖拉机电机拓扑类型和控制策略，提升我国电动拖拉机驱动电机整体性能，具有重要的理论意义和应用价值。

3 科学问题研究进展

3.1 电动拖拉机高性能驱动拓扑构建方法

针对电动拖拉机高性能驱动拓扑构建方法问题，现有的驱动电机类型主要包括异步电机、永磁同步电机和开关磁阻电机等。异步电机具有启动转矩大、过载能力强、调速范围宽和可靠性高等特点，可适应拖拉机作业载荷波动大的特性，满足不同作业工况的需求，是电动拖拉机驱动电机的主要选择之一。永磁同步电机以功率密度高、转矩密度大和效率高等优点成为现有电动拖拉机的主流驱动电机，但是也存在着高速时弱磁控制算法复杂和永磁体退磁风险高等缺点。开关磁阻电机具有结构简单、不需要稀土永磁材料、制造成本低、调速范围宽、效率高和容错能力强等优势，成为电动拖拉机高性能驱动电机的优先选择之一。高辉松通过在每极绕组配备一个模块化功率变换器，有效增强了开路故障下转矩的平滑性及系统可靠性，但是也增加了功率器件数目以及健康相功率器件的热应力和失效率，可靠性提高效果不透明。国内外对电动拖拉机驱动系统高性能电机驱动系统的研究多集中在单一的拓扑结构及其功率变换器的设计策略，而未充分考虑电动拖拉机的作物、土壤等农艺工况特点，无法使电动拖拉机驱动电机长时间、高性能、低成本、高可靠性运行。

3.2　适用于多工况作业的电动拖拉机动力传动系统构型

针对适用于多工况作业的电动拖拉机动力传动系统构型的构建问题，国内外研究人员主要从以下三个方面进行了研究。在单电机驱动电动拖拉机方面，武仲斌根据电动拖拉机作业特点，提出了一种单电机驱动电动拖拉机动力传动系统方案，并基于电动拖拉机动力性能和经济性能评价指标对动力传动系统进行了参数匹配与实例设计，最终运用基于 ADVISOR™(汽车仿真软件)的电动拖拉机仿真系统和动力传动系统性能验证试验台对电动拖拉机的性能进行了仿真与验证。该研究为电动拖拉机动力传动系统的研究及开发提供理论基础和技术支持，但是动力传动系统构型中应具有动力输出装置(PTO)，拖拉机无法进行 PTO 动力输出作业。在分布式驱动电动拖拉机方面，李同辉基于电动拖拉机牵引作业和道路运输的性能需求，对后轮分布式驱动电动拖拉机动力传动系统关键部件的工作特性和总体布置方案进行了匹配设计，最终通过仿真验证了动力传动系统参数匹配的合理性。在耦合式驱动电动拖拉机方面，杜玖玉等人在分析电动拖拉机整机动力性和经济性需求的基础上，以双电机耦合驱动电动拖拉机为研究对象，对驱动电机和变速箱挡位数等关键结构参数进行了匹配设计，并基于混合罚函数法与粒子群优化算法的结合算法对动力传动系统关键参数进行了优化，结果表明优化后的电动拖拉机动力覆盖范围更广，牵引性能更优。王春光针对拖拉机的作业特点，提出了以行星齿轮机构为动力耦合装置的双电机耦合驱动系统构型方案，根据拖拉机动力性指标对双电机耦合驱动系统的关键部件参数进行了匹配，并运用基于粒子群与动态规划算法的双层协同优化方法对关键部件参数进行了优化设计。国内外研究较少考虑了电动拖拉机独特的动力构型特点，未将柔性设计理论融入动力构型设计之中。

3.3　电动拖拉机动力传动系统能量优化控制机理

针对电动拖拉机动力传动系统能量优化控制机理问题，国内外学者从基于逻辑的控制策略和基于优化的控制策略两个方面进行了相关研究。杜玖玉等人提出了一种基于规则的控制策略，通过分析液压混合动力系统结构和工作原理，在限定发动机和电机的工作区域基础上，制定了控制规则。王春光结合模糊逻辑提出了一种适用于并联混合动力拖拉机的能量管理策略，通过仿真实验证了该策略的能效性。但是这种基于规则的控制算法的控制参数不能在线实时调整，难以适应拖拉机多作业工况的需求。因此，研究人员针对基于优化算法的控制策略开展了相关的研究工作,包括全局优化策略和实时优化策略。李银平等人提出了一种基于动态规划的电动拖拉机动力电源系统能量控制策略,利用Matlab/Simulink 建模,对控制策略进行仿真,证明了基于动态规划的能量控制策略在节能降耗方面的有效性。李同辉等人提出了一种基于随机动态规划 + 极值搜索算法(SDP_PESA)的实时自适应能量管理策略,该能量管理策略对电动拖拉机不同作业工况的适应性强,可实现双电机动力耦合驱动系统的高效运行。国内外研究较少考虑整机电力经济性、能量损失规律、能效性和鲁棒性,未将多目标整机能量控制策略充分应用于能量管理系统。

主要参考文献

[1] 刘科研,贾东梨,姜铭渝,等. 基于移频理论的多模式 VBR 异步电机仿真建模[J]. 农业机械学报,2021,52(S1):360-366.

[2] 张丽,朱孝勇,左月飞. 电动汽车用转子永磁型无刷电机与控制系统容错技术综述[J]. 中国电机工程学报,2019,39(6):1792-1802 + 1875.

[3] M. Hennen, M. Niessen, C. Heyers, et al. Development and Control of An Integrated and Distributed Inverter for A Fault Tolerant Five-phase Switched Reluctance Traction Drive[J]. IEEE Transactions on Power Electronics,2012,27(2):547-554.

[4] 高辉松. 电动拖拉机驱动系统研究[D]. 南京:南京农业大学,2008.

[5] 武仲斌. 后轮独立驱动电动拖拉机牵引特性优化与适应性驱动控制[D]. 北京:中国农业大学,2020.

[6] 李同辉. 电动拖拉机双电机动力耦合驱系统参数匹配与能量管理策略研究[D]. 北京:中国农业大学,2020.

[7] 杜玖玉,王贺武,黄海燕. 基于规则的混联式混合动力系统控制策略[J]. 农业工程学报,2012,28(增刊1):152-157.

[8] 王春光. 并联式混合动力拖拉机能量管理策略研究[D]. 洛阳:河南科技大学,2014.

[9] 李银平,刘立,靳添絮,等. 基于动态规划的电动拖拉机动力电源能量控制策略研究[J]. 农业机械学报,2020,51(04):403-410.

[10] 李同辉,谢斌,王东青,等. 双电机驱动电动拖拉机实时自适应能量管理策略研究[J]. 农业机械学报,2020,51(S2):530-543.

撰稿人:谢斌(中国农业大学) 陈昊(中国矿业大学)

农用航空器超低空高效构型设计理论与作业机理

Efficient configuration design theory at ultra low altitude and operation decision mechanism of agricultural aircraft

1　科学问题概述

近年来,我国农用航空器行业发展迅速,截至2021年,机具保有量超10万架,年均作业面积超14亿亩次,已逐渐成为我国农业生产的主力植保机型。但由于行业起步较晚,积累不足,机具的技术水平与我国农业生产的需求还有一定的差距,对大载荷农用航空器系统设计、超低空飞行控制方法、适合复杂农田环境的控制策略和方法研究不够深入,同时缺乏作物泛在感知、自主作业决策及集群规划与调度方法,导致作业效率、效果、可靠性和经济性不足,需在新理论、新方法和新技术方面有所突破,尚有一系列关键科学问题有待研究。

1.1　大载荷农用航空器构型设计理论与超低空飞行控制方法

农用航空器超低空(1~3m)飞行会产生地面反弹气流(简称"地效"),地效紊流会对机体的气动结构形成持续的非线性扰动,载荷越大影响越显著,传统的航空器设计理论和方法无法解决现有的科学问题。当前,我国的农业生产迫切需要大载荷航空器解决续航时间短、反复起降效率低的问题,因此如何探索大载荷农用航空器的气动结构,建立合理的构型设计理论,摸索适合地效紊流环境的超低空增稳飞行控制方法,是提升我国农用航空器质量和设计水平亟须解决的科学问题之一。

1.2　农用航空器与农艺融合的高效作业理论和决策方法

农用航空器常见的工况是运载农药、化肥、种子等农资介质进行喷播作业,介质的输运距离远大于传统地面机具,且喷播介质还会受旋翼下洗气流和环境风耦合风影响,喷播目标靶向性预测准度和测控精度难以掌握,导致作业效果时好时坏,其航空作业均匀性、药剂飘移率、流失率以及防治效果与农艺要求还有差距,因此,如何揭示农药、化肥、种子在下洗气流场中气液、气固两相流运动规律,如何构建农机农艺融合的农业航空作业任务决策方法,是破解农用航空器作业效果不稳定,提升作业品质亟须解决的科学问题之一。

1.3　农用航空器群复杂农田环境下多智能体协同控制方法

我国农业统防统治、统耕统种要求规模大、任务重,时机稍纵即逝,提升农用航空器的作业的可靠性和效率是重点问题。一方面需要解决农田地形、地貌、障碍物等诸多不确定因素对农用航空器飞行安全和自主控制的影响,需要构建适合飞行器的耦合、时变、非结构化自然环境感知方法,构建如仿地飞行、自主避障等智能飞行控制策略,另一方面需要探索符合农艺要求的人、机、药统筹调度方法,建立多智能体协同作业规划的约束条件和决策模型。因此,农用航空器群复杂农田环境下多智能体协同控制方法,是提高作业效率和作业经济性,满足统防统治要求亟须解决的科学问题之一。

综上所述,针对农用航空器现有技术水平无法满足我国大规模农业生产需求的问题,亟须开展大载荷农用航空器构型设计理论与超低空飞行控制方法,农用航空器与农艺融合的高效作业理论和决策方法,农用航空器群复杂农田环境下多智能体协同控制方法等方面研究,形成农用航空器高效作业理论和技术体系,以提升用农用航空器作业效率、效果、可靠性和经济性。

2　科学问题背景

农用航空器具有快速、灵活、适应性广的特点,破解了传统农用机械下地难、作业效率低、劳动力投入大、农药中毒风险大的问题,其不需要起降机场和跑道,非常适合我国中南部大部分地区小田块、混种、错综复杂的农田环境和中小规模经营模式,具有广阔的应用价值和前景。但我国的农用航空器技术水平不足,机具的构型设计,超低空飞行控制方法,农艺融合的高效作业理论、适合复杂农田环境的控制机理、集群规划与调度策略等方面缺乏理论深度和研究积累,主要体现在以下方面。

2.1　大载荷农用航空器构型设计理论与超低空飞行控制理论缺失

机具的机械设计、控制方法和能源载荷匹配研究不透彻,导致载荷能力一直无法提升,续航时间短、运载能力低、频繁起降,作业效率难以体现成了农用无人机近年来难以解决的瓶颈问题。主要难点体现在超低空气动构型设计和控制方法两方面,在气动上,超低空地效紊流会对机体的气动结构形成持续的非线性扰动,载荷越大影响越显著,现有的航空飞行控制理论仅适合中高空飞行的机具,用在超低空飞行会表现为忽高忽低,转弯掉头甚至会掉高触地;在控制方法上,缺少对地效紊流扰动的规律探索,缺乏抑制扰动的前/反馈补偿建模方法,导致飞行控制的动态性能不足,稳态误差过大。

2.2　农用航空器与农艺融合的高效作业和决策理论缺乏

一方面,农用航空器施药作业的数据挖掘深度不足,大田、设施、园林等植保应用的作业效果不够稳定,撒播均匀性和质量不足,撒播部件的机械设计与种子、化肥、农药颗粒剂的大小、形态、密度等的物理性状不完全匹配,缺乏研究深度;另一方面,农药雾化沉积飘移、化肥种子撒播规律难以测控,对农用航空器旋翼下洗风场及自然风耦合形成的气液、气固两相流规律缺乏理论依据,导致农药雾滴从空中落向地面沉积飘移预测以及化肥种子撒播均匀存在难度和测控难度,影响了机具的作业效果。

2.3　农用航空器群复杂农田环境下多智能体协同控制难题

一方面,复杂农田场景下精准高效的农用航空器飞行控制策略存在技术瓶颈,难以有效应对地形、地貌、障碍物等诸多不确定环境,农用航空器超低空(1 ~ 3m)高度保持飞行方式和复杂农田环境中障碍物、地形以及不确定因素对传统的飞控方法提出了新挑战;另一方面,当前农用航空器单机作业效率限制,单机的续航时间短、运载能力低,又缺乏多机协同集群作业调度规划理论和方法,导致大面积统防统治的作业需求无法满足,作业效率和经济性难以体现。

3　科学问题研究进展

3.1　大载荷农用航空器构型设计理论与超低空飞行控制

针对大载荷农用航空器构型设计理论与超低空飞行控制的研究,目前主要围绕农用航空器超低空飞行增稳控制理论与整机设计两个方面:①部分学者从地效紊流影响角度出发,研究旋翼下洗气流和反弹气流之间的势场作用关系,探索飞行姿态前馈补偿(增稳飞行)控制机理;部分学者研究液体晃动幅频特性与飞行速度姿态的关联性,设计晃板防颠簸的平衡药箱,解决药液晃动导致无人飞机动力学系统载荷出现时变性和不确定性的问题。部分研究团队进行飞行控制系统的研发,探索植保无人机半实物仿真理论,设计控制参数。②国内各科研院所和企业对大载荷农用航空器的研发有一定基础,但在农业应用领域仍然缺乏系统性和针对性。农用航空器生产企业,近年来在农用航空器上设计了多款机型,在提升载荷方面已有成效,企业产品的平均载重量已经从 3 ~ 4 年前的 10kg 增加到现在的 30kg,但距离 60kg 的农业需求仍有很大差距。

3.2　农用航空器与农艺融合的高效作业理论和决策问题

针对农用航空器与农艺融合的高效作业理论和决策问题的研究,目前主要围绕雾滴预测模型与航空专用的施药装备两个方面开展研究:①国内外学者基于气液两相流雾滴运动定量描述方法、飘移预测模型等,建立农药利用率定量评价模型,探索低空低量高浓度施药作业方法。部分学者探索农药输运过程中"农药雾滴、下洗气流、靶标冠层"互作规律,摸索旋翼风场下雾滴运动在雾流场尺度下的定量描述理论,提出基于气液两相流的雾滴运动定量描述方法,构建施药飘移预测模型。②自适应离心雾化控制、喷头精确成型等技术研究，研制喷洒雾滴精量可调、沉积均匀、飘移可控的系列航空施药装备。部分学者探索超低空变量施药控制技术，提出雾滴尺寸与喷洒流量耦合控制方法，研制精量化施药控制装备，实现作业处方、飞行状态与施药参数相匹配的变量施药。为探明航空化肥种子输送器工作特性，解决样机输送小颗粒剂时易堵塞，输送量不稳定等问题，部分研究团队探索开发农用航空器专用颗粒撒播装置，不断优化撒播器结构参数，摸索满足农艺要求的作业参数。

3.3 农用航空器群复杂农田环境下多智能体协同控制的问题

针对农用航空器群复杂农田环境下多智能体协同控制的问题，国内外学者主要围绕环境、地形、作物感知，飞行控制技术和集群决策三个方面进行研究：①在环境感知方面，通过机载声光电传感器组合探测技术的研究，构建田间碍物模型特征库，实现机具周边30m环境的快速感知重构；在地形感知方面，提出飞行速度、测量角度、测量距离之间的差分解算方法，开展前向角差分测高技术研究，提高杂散、波动的冠层测量面上方测距准确性。在作物感知方面，研制表型信息同步汇聚技术，实现大田作物表型信息多尺度的空基探测。②在飞行控制方面，研究基于北斗/全球定位系统(GPS)导航的无人机施药作业自动控制方法，提出“航路规划-自主导航-定点施药-断点续行”的自主作业模式，攻克自动导航、自主避障、仿地飞行、超低空增稳等多项关键技术，将农用航空器融入复杂农田作业环境，缓解现有行业无人飞机在复杂农田作业环境中出现的飞不准、飞不稳、飞不低、避障难、操控难等适应性难题。部分研究团队开发飞行控制系统研发和工艺，研制农用航空器半实物仿真系统，优化设计控制参数，形成飞行控制系统生产工艺。③在集群决策方面，部分学者开展多目标多任务优先级评估方法，建立了集群作业任务智能分工和传达机制，攻克“信息协同”与“作业协同”两大关键技术难题，实现 “单人对多机”的植保无人飞机集群作业新模式。

主要参考文献

[1] X. Xue, Y. Lan, Z. Sun, et al. Develop an unmanned aerial vehicle based automatic aerial spraying system[J]. Computers and Electronics in Agriculture. 2016, 128: 58-66.

[2] 何勇，肖舒裴，方慧，等. 植保无人机施药喷嘴的发展现状及其施药决策[J]. 农业工程学报，2018，13(7)：113-124.

[3] 兰玉彬，陈盛德，邓继忠，等. 中国植保无人机发展形势及问题分析[J]. 华南农业大学学报，2019，40(5)：217-225.

[4] 张宋超，薛新宇，秦维彩，等. N-3 型农用无人直升机航空施药飘移模拟与试验[J]. 农业工程学报，2015，31(3)：87-93.

[5] W. Qin, B. Qiu, X. Xue, et al. Droplet deposition and control effect of insecticides sprayed with an unmanned aerial vehicle against plant hoppers[J]. Crop Protection, 2016, 85: 79-88.

[6] S. Zhang, X. Xue, Z. Sun, et al. Downwash distribution of single-rotor unmanned agricultural helicopter on hovering state[J]. International Journal of Agricultural and Biological Engineering, 2017, 10(5): 11-16.

[7] F. Yang, X. Xue, L. Zhang, et al. Numerical simulation and experimental verification on downwash air flow of six-rotor agricultural unmanned aerial vehicle in hover[J]. International Journal of Agricultural and Biological Engineering, 2017, 10(4): 41-53.

[8] G. Wang, Y. Lan, H. Qi, et al. Field evaluation of an unmanned aerial vehicle (UAV) sprayer: effect of spray volume on deposition and the control of pests and disease in wheat [J]. Pest Management Science, 2019, 75(6): 546-1555.

[9] 曹光乔,李亦白,南风,等. 植保无人机飞控系统与航线规划研究进展分析[J]. 农业机械学报,2020,51(8):1-16.

[10] Y. Xu, Z. Sun, X. Xue, et al. A hybrid algorithm based on MOSFLA and GA for multi-UAVs plant protection task assignment and sequencing optimization[J]. Applied Soft Computing. 2020, 96(4): 106623.

撰稿人:薛新宇(农业农村部南京农业机械化研究所)
孙竹(农业农村部南京农业机械化研究所)
徐阳(农业农村部南京农业机械化研究所)

农用轨道运输车设计与多车协同调控理论

Design of agricultural rail transporters and coordinated regulation of multiple transporters

1 科学问题概述

我国丘陵山区县级行政区占全国的2/3,拥有全国54.2%的人口。针对大坡度地形的山区农田,难以形成各类机械行走道路的问题,我国目前研发了各类农用轨道运输车,为解决丘陵山地农田输运问题提供了有效途径。但随着人工成本的增加、运输任务的逐渐复杂,目前运输车控制技术难以应对新形势下的安全性挑战和突破效率瓶颈,迫切需要在农用轨道运输车设计与多车协同调控的新理论、新方法和新技术方面突破技术瓶颈,有效减轻操作人员的劳动强度、提高作业精度和效率。为此,一系列关键科学问题有待研究。

1.1 如何实现复杂山地环境中农用轨道运输车的精确定位

农用轨道运输车定位信息的准确、可靠获取是车体控制、路径规划、多车协同的前提条件。然而,山地地形、光照、气候条件多变,林木等遮挡物多复杂非结构化环境,以及农用运输车运行中的振动等特性,使得农用轨道运输车的精确定位变得尤为复杂。目前,山地运输车定位方法集中在导航卫星定位、惯导定位、视觉定位以及多传感器信息融合上,未见考虑轨道运输车结构和运动特性的基于运动学模型和深度强化学习方法的定位方法研究。因此,精确可靠、低成本获取运输车实时位置是目前农用轨道运输车设计亟须解决的关键科学问题之一。

1.2 如何构建农用轨道运输车自主避障策略

自主避障技术可为轨道运输车在复杂农田环境中多车协同调控提供可靠依据。山地农田是典型的非结构化环境,具有地形复杂不平整、障碍物种类多(包括运动的人、其他运输车等),以及农用轨道运输车轨道结构复杂等特点,增加了农用轨道运输车传感器环境感知、障碍物检测与识别、避障行为决策等环节的难度。目前,超声波、激光雷达与机器视觉在自动避障上取得了一定的效果,但仍存在数据易受环境干扰、数据量大、实时性差等问题。因此,如何结合固定的轨道构建农用轨道运输车高鲁棒性、低成本的自主避障策略是目前农用轨道运输车设计亟须解决的关键科学问题之一。

1.3 如何构建农用轨道运输车多车协同调控理论

随着我国农业集约化、规模化、产业化的发展,运输任务的逐渐复杂,多机协同作业成为突破效率瓶颈的迫切需求。多机协同作业任务分配和路径规划是多车协同导航系统研究的关键问题,高效合理的任务分配和路径规划可以提高整个系统的执行效率,同时降低执行代价。由于山地农田环境具有复杂性和动态性,以及轨道运输车轨道承载能力有限,农用轨道运输车多机协同作业对任务分配和路径规划方法提出了更高的要求。主要问题有:任务分配和路径规划的动态性和实时性问题;复杂任务的分解问题;运输车-任务的供需匹配问题等。因此,如何构建农用轨道运输车高效多车协同调控理论是亟须解决的关键问题之一。

1.4 如何构建农用轨道运输车协同作业装备机制

物资运输和喷雾植保是农田生产的两个主要环节。丘陵山地农田坡度跨度大,地形环境复杂,不具备大中型作业装备的农艺条件。从“一机多用”的角度出发,农用轨道运输车在解决精准定位、安全避障和智能调控的基础上,还可搭载远射程风送植保等作业装备,在装备之间信息实时交互的保障下,实现对大区域农田的高效协同作业。多类型农机装备的协同作业决策研究具有一定的交叉属性,一是大区域多植株环境下轨道搭载式风送植保等作业装备基于多作业变量影响的作业机理尚未明晰,二是针对轨道运输车协同作业装备的作业规划与控制模式还有待研究和完善。因此,如何构建农用轨道运输车高效自主协同作业装备机制是亟须解决的关键问题之一。

2　科学问题背景

近年来,随着山地果园产业规模化发展,长距离运输问题日益凸显,大量农资与农机装备需要在山地环境便捷运输,使得农用轨道运输车成为促进乡村振兴和脱贫攻坚的重要抓手。当前,农用轨道运输车产销量呈高速增长态势。然而,绝大多数农用轨道运输车需要操作者于可视环境下实时操控,同时受到单轨道线路、单台运输车工作的限制,效率不高;且现有运输车的安全隐患突出,对于未知且可能发生的各类危险无法及时采取应急措施,亟须建立针对农用轨道运输车设计和多车协同调控的理论和技术体系。目前,农用轨道运输车设计与多车协同调控主要存在以下几个技术瓶颈。

2.1　复杂山地环境中农用轨道运输车的精确定位难题

农用轨道运输车精确定位,获取分米级甚至厘米级的定位数据,是研究控制轨道运输车运行安全的基础,也是多车协同工作的核心技术之一。国内外现有研究多集中在导航卫星定位、惯导定位、视觉定位以及多传感器信息融合上,缺乏考虑运输车本身结构和运动特性的定位方法研究,特别是针对轨道运输车传动方式、轨道结构等农用轨道运输车结构特性研究不足,无法支撑农用轨道运输车在复杂山地环境中精确可靠、低成本地获取位置信息。

2.2　构建农用轨道运输车高鲁棒性自主避障策略难题

自主避障保证了轨道运输车在复杂山地环境中的运输安全,也是多车协同调控的基础。自主避障技术可使轨道运输车在复杂山地环境中,仅通过自身车载传感器感知、检测、识别障碍物,为多车协同调控提供可靠依据。目前,超声波、激光雷达与机器视觉在自动避障上取得了一定的效果,但仍存在数据易受环境干扰、数据量大、实时性差等问题。由于未深入探究山地具体环境状况、行驶工况等多种因素对避障的影响机制,缺乏从车身、轨道和避障类型等多角度进行探究与分析,农用轨道运输车全运行工况下自主避障策略的鲁棒性有待提升。

2.3　构建农用轨道运输车高效多车协同调控理论难题

山地轨道铺设成本较高,利用环形轨道使得多台农用轨道运输车可同时投入使用,可有效提高效率。目前国内的研究工作主要集中于单一轨道运输车的控制，关于多车协同调控理论的研究相对较少，未深入探究实际运输约束条件对最小化调控成本和损失的影响机制，轨道设计缺乏对多车协同的支撑，在作业过程中出现突发情况时的实时任务重规划能力有待提升，无法实现山地环境农用轨道运输车多车协同运输体系。

2.4 如何构建农用轨道运输车协同植保作业机制难题

丘陵农田坡度跨距大，常规植保机械难以进入农田作业。结合轨道运输车大坡度、高运载量的作业优势，远射程风送植保机械能够对农田进行大区域快速喷施作业。但是，目前国内外研究大多关注于针对植株个体的精准喷施控制方法，鲜有涉及风送植保机械对大区域多植株精准作业模式的研究工作，尤其是轨道运输车在协同植保作业过程中的运行状态控制模式还需要进一步探讨研究。

综上所述，针对农用轨道运输车设计与多车协同调控难题，亟须深入研究能够实现精确可靠定位和自主避障的农用轨道运输车设计，构建农用轨道运输车多车协同调控模型，突破实时动态任务分配和路径规划技术，形成农用轨道运输车多车协同运输体系，探索轨道运输车高效协同作业装备新模式，对于提升我国农用轨道运输车运行效率与安全水平，保障农用轨道运输车产业健康、快速发展具有重要意义，科学价值显著。

3 科学问题研究进展

3.1 复杂山地环境中农用轨道运输车的精确定位

针对复杂山地环境中农用轨道运输车的精确定位问题的研究，目前主要围绕基于超高频射频识别技术(RFID)、即时定位与地图创建(SLAM)、全球导航卫星系统(GNSS)和惯性导航技术四种技术完成定位。华南农业大学吕石磊等人先后提出了基于RFID的双天线双标签的对照定位和基于RFID的混合测速定位，前者通过前后标签和前后天线的感应路径损耗确定位置，后者通过阅读器对轨道上相邻位置标签的感应时间差进行速度拟合定位，前者存在双天线互相干扰的情况，后者需要减少标签组间隔距离来提高精度，都存在一定局限性。南京农业大学田兆光等人提出了基于Gray-EKF算法的智能农业车辆同时定位与地图创建方法，通过三目摄像头提取多路环境特征进行融合匹配，保存到环境地图，同时，与实时运动信息一起通过扩展卡尔曼滤波算法进行状态预测，不断更新环境地图，完成实时定位和地图重建。中国农业大学李晨阳等人提出了融合里程计信息的农业机器人定位与地图构建方法，通过在激光雷达获取到的环境信息中加入里程计信息，以更高频率预测反应机器人运动轨迹，通过线性拟合完成地图重建。但是前者采用的摄像头易受光照和树叶的影响，不适用于山地这种开放复杂环境；后者实验环境为地形较为平坦的玉米田和香蕉园,其在有地势起伏的山地作业效果还有待考证。

3.2　农机高鲁棒性自主避障策略

针对构建农机高鲁棒性自主避障策略,目前主要围绕图像处理技术和建立环境模型两种方法。Li 等人提出了一种改进的基于 YOLOv3 的轻量级目标检测方法,用于识别果园中典型的人、水泥柱、电线杆等障碍物。该模型采用轻量级的 MobileNetv2 网络来减少提取图像特征时的运行时间,并引入高斯模型来提高检测效果。通过重建原始 YOLOv3 模型中的损耗函数,该模型可以对定位盒的精度进行预测。Xu 等人提出基于全景摄像机实现农业机械运动过程中动态障碍物的快速检测。利用 Lucas-Kanade 光流算法检测全景图像中的运动障碍物。根据农田实际运行情况,建立背景光流动态模型,对背景光流进行滤波处理。将 K-means 聚类分割算法与聚类内光流方向和光流长度的方差相结合,滤除噪声光流。但山地运输环境复杂,遮挡和拐弯视野盲区可能会导致图像信息的丢失,对于需要一定时间进行图像处理的算法来说,可能会错过判断的最佳时机。北京理工大学张玮等人提出了基于改进烟花-蚁群混合算法的智能移动体避障路径规划的算法。同样采用建立二维静态环境模型,进行栅格序列号编码,完成路径规划,同时达到避障的目的。但此法中只涉及静态障碍物,无法应对山地中大型动物异常出现的情况。

3.3　农用运输车高效多机协同作业理论

针对构建农用运输车高效多机协同作业理论,目前主要围绕时间最优解和路程路径最优解两大主要模型。基于时间最优解模型,河北农业大学姚竟发等人提出了联合收割机多机协同作业路径优化方法,其以多机互相独立为前提,以单机作业时长和总作业时长为目标建立目标函数,对作业任务中的行元素进行染色体编号,采用改良圈算法排除多机换行工作时间的冲突干扰寻找最优路径。此模型中,任务总量(目标农田)固定,不适用于运输问题任务量随机。基于路程最优解模型,华中农业大学黄凰等人提出了基于模糊隶属度的多站点多机协同即时响应调度系统,其以运筹学旅行商问题为基础,以调度总路程最短为目标并建立目标函数,通过农户订单,农机站即时派单响应,完成任务形式构建模型,对任务车和任务场所进行染色体编号,再采用遗传算法进行迭代寻找最优路径。

3.4　农用轨道运输车协同作业装备机制

针对构建农用轨道运输车协同作业装备机制,业界尚缺少完善的理论研究,这主要是因为农用轨道运输车作为通用性运载平台的应用技术还不够完善,应用范畴还有待进一步扩展。目前在相近研究领域中，丘陵山地果园植保作业多采用履带式或轮式运载平台，且多采用近射程植保机械对果树逐株喷施的作业模式，鲜有涉及大区域快速植保的作业理念。山东农业大学姜红花等人设计了履带自走式果园自动对靶风送喷雾机，结合物联网技术提高了矮化果园植保的雾滴沉积量和省药率。中国农业大学曲峰等人设计并改进了果园风送喷雾机，采用流体力学方法构建了气流速度场分布模型，解决了靶标区域的气流速度分布与作物冠层轮廓匹配问题。

主要参考文献

[1] 洪添胜，张衍林，宋淑然，等. 山地果园运输与喷雾机械的研究与应用[J]. 现代农业装备，2014(05)：21-27+31.

[2] 吕石磊，梁尹聪，李震，等. 基于超高频 RFID 双天线双标签对照的果园单轨运输机定位[J]. 农业工程学报，2018，34(04)：71-79.

[3] 吕石磊，魏志威，吴奔雷，等. 果园单轨运输机在轨状态感知系统研制[J]. 农业工程学报，2020，36(15)：56-64.

[4] 田光兆，安秋，姬长英，等. 基于 Gray-EKF 算法的智能农业车辆同时定位与地图创建[J]. 农业工程学报，2012，28(19)：17-25.

[5] 李晨阳，彭程，张振乾，等. 融合里程计信息的农业机器人定位与地图构建方法[J]. 农业工程学报，2021，37(21)：16-23.

[6] Jiaxue Li, Shanjun Li, Yanlin Zhang, et al. Development and test of hydraulic driven remote transporter [J]. Int J Agric & Biol Eng, 2021, 14(2): 72-80.

[7] Li Y, Li M, Qi J, et al. Detection of typical obstacles in orchards based on deep convolutional neural network[J]. Computers and Electronics in Agriculture, 2021, 181(8): 105932.

[8] Xu H, Li S, Ji Y, et al. Dynamic obstacle detection based on panoramic vision in the moving state of agricultural machineries[J]. Computers and Electronics in Agriculture, 2021, 184(5): 106104.

[9] 姜红花，白鹏，刘理民，等. 履带自走式果园自动对靶风送喷雾机研究[J]. 农业机械学报，2016，47(S1)：189-195.

[10] 曲峰，盛希宇，李熙，等. 3WZF-400A 型果园风送喷雾机改进设计[J]. 农业机械学报，2017，48(S1)：15-21.

撰稿人：李善军(华中农业大学)　杨方(华中农业大学)

农用轨道运输车绳轮/轮轨传动特性与磨损机制

Transmission characteristics and wear mechanism of rope pulley / wheel rail of agricultural rail conveyor

1 科学问题概述

鉴于我国农业用地种类的多样性,丘陵以及山区都有大量的农田及果园存在,也成为当地劳动者主要收入来源。对于丘陵及山区地区,就其大坡度地形特征而言,种植业的"种-护-收-运"等环节对劳动者来说无疑是一大难题,因此,坡度地形的农业机械化甚至智能化显得尤为紧迫。目前,山地运输系统较好地解决了这一大难题。究其核心是将绳轮传动(钢丝绳与驱动轮对)和轮轨传动(驱动轮与轨道)等形式应用在坡度运输环境下,尤其大坡度地形条件下的小型农业装备及农资的运输。绳轮传动是通过驱动轮和从动轮(简称驱动轮对)与钢丝绳之间的摩擦力实现摩擦传动的机构;轮轨传动是通过驱动盘与带齿条轨道之间的配合实现啮合传动的机构。绳轮传动和轮轨传动在农用轨道运输机中成功应用多年,其传动过程中的运动学动力学特性、界面磨损机制等都影响着农用轨道运输车的运行稳定性、安全性与可靠性,针对农用轨道运输车的绳轮传动和轮轨传动的传动机理及运行过程中的摩擦磨损特性等一系列关键科学问题有待研究。

1.1 轮轨传动及绳轮传动的运动学与动力学研究

轮轨传动轨道运输车的技术核心为驱动盘与轨道齿条啮合产生推力,带动车体在轨道上运行,驱动盘与轨道齿条的相对啮合运动过程是一个复杂的接触力学过程,其间伴随综合性力学行为,建立驱动盘与轨道齿条的接触力学模型并开展运动学与动力学研究,对提高轮轨传动的传输效率、降低噪声、降低磨损以及延长轨道使用寿命可以起到基础性的理论支撑;绳轮传动是以主动轮及从动轮互相配合形成的驱动轮对张紧钢丝绳,利用钢丝绳与主从动轮的摩擦力产生动力来牵引车体在轨道上运转,钢丝绳与主从动轮也是一个接触力学问题,研究绳轮接触力学模型并开展运动学与动力学研究,揭示其牵引力来源及大小,钢丝绳与主从动轮相互作用规律,从基础理论上为绳轮结构的动力优化乃至关键零件使用性能提升提供理论支撑。因此,从基础理论角度研究建立轮轨及绳轮接触力学模型,对设计新型的轮轨结构及绳轮结构乃至参数优化、结构优化都有重要的指导意义。

1.2 农用轨道运输机的载物厢振动机理研究

考虑农用轨道运输机多用于地形蜿蜒曲折的山地果园或农田,且需考虑安装方便性、应用成本和减少占地,农用轨道运输机的载物厢运行其上的轨道多采取单轨道。农用轨道运输机的载物厢通过限位轮组保证其能通过不同凹凸弯、左右弯的轨道且能安全稳定持续运行,载物厢、限位轮组与多形态的轨道形成一个整体系统,整个系统的动力学建模及振动机理分析对农用轨道运输机安全、稳定、可靠运行具有重要影响。现在研究存在仅对载物厢进行振动仿真分析或直接采取试验进行整车测试,前者无法考虑动力装置-轨道-载物厢耦合作用,后者因传感器布置有限无法准确捕捉整车的整体振动状况。此外,引起载物厢振动主要激励源、动力装置及轨道引起载物厢振动传递路径研究较少,从而导致农业轨道车辆振动控制策略的研究和研究载物厢对载运物资的影响更是鲜有报道。因此,准确地构建农用轨道车辆振动预报动力学模型进而揭示动力装置-轨道-载物厢耦合系统振动传递机理是现阶段需要解决的关键科学问题之一。

1.3 接触界面磨损机理及滑移失效研究

农用轨道运输机多以轮轨传动及绳轮传动方式工作,轮轨与绳轮传动的动力均来自接触界面的相互作用力。轮轨系统在工作过程中,驱动盘与轨道齿条之间发生类似于齿轮传动却不相同的啮合传动,一方面保证有足够大驱动力,另一方面需要提供足够稳定的平稳性,驱动盘与在不同凹凸弯、左右弯轨道上的齿条啮合传动过程中,会产生不同的接触应力和应变,彼此之间会产生磨损累积。绳轮系统在工作过程中,由于摩擦力的作用,每根钢丝绳所受的张力大小不相同,导致钢丝绳会产生不同的弹性变形,进而导致驱动轮和钢丝绳之间会产生界面相对运动,同时钢丝绳受的拉伸载荷会使其与驱动轮产生巨大的接触应力,导致接触部位产生表面塑性变形,长时累积发生磨损行为。在实际运行过程中的动态摩擦传动安全性和运行平稳性为应用关键,有时伴随雨雪等恶劣天气,接触界面夹杂泥土砂石,愈发加剧驱动部件的磨损,其最主要影响因素为轮轨和绳轮传动的摩擦界面磨损以及重载润滑下的滑移,内因则在于界面材料特性、接触特性以及绳轮运动特性之间的关联影响,因此,界面磨损滑移失效机制十分关键且复杂,基于该机制建立合适的防护方法有助于提升运输机械寿命与可靠性。现阶段研究主要集中于界面摩擦学,缺乏农业环境运行工况适用性。因此,揭示轮轨传动及绳轮传动的接触界面磨损与滑移产生机制及其控制因素,寻找合适"材料-承载-润滑"体系成为农用轨道运输机安全运行的重要基础科学问题。

1.4 农用轨道运输机轮轨啮合减振机理研究

农用轨道运输机的驱动轮与轨道齿条在啮合过程中产生的机身振动和摩擦不仅影响运输机的行驶稳定性,还导致能量损耗,因此需要通过进一步优化轮轨啮合方式,降低机身振动和摩擦,减少能耗。主要研究包括:针对驱动轮与轨道齿条的啮合过程解析农用轨道运输机的轮齿啮合机理，构建运输机行驶位移与瞬时速度的数学模型，重点研究因运输机瞬时速度跃变导致冲击振动的原因；对农用轨道运输机驱动机构进行受力分析，综合考虑啮合冲击对驱动轮扭转角度的影响以及受啮合力导致的轨道齿条弹性变形等因素，构建轨道运输机啮合冲击振动的动力学模型；设计多类型齿条测试轨道，研发信息采集硬件系统以获取运输机振动加速度数据，开展振动加速度振幅与啮合冲击振动衰减时间的多因素正交试验，优化轨道齿条齿形设计来实现减振节能。

2　科学问题背景

近年来随着农业机械化精准实施，丘陵山区农业机械化工程已纳入农业农村部《“十四五”全国农业机械化发展规划》，随着规划实施，农用轨道运输机将会进入大发展阶段，其中运输机械稳定性、安全性与可靠性问题成为推广与应用关键。

2.1　轮轨传动及绳轮传动的接触力学模型研究

轮轨动力的轨道运输车是以驱动盘与轨道齿条啮合产生推力。目前存在一系列结构及力学问题尚未清楚。理论上，驱动盘与轨道齿条的相对啮合运动过程是一个复杂接触力学过程。因此，建立盘齿啮合的接触力学模型并研究盘齿工作过程的磨损机理及规律，为提高轨道的传输效率、降低噪声、降低磨损以及延长轨道使用寿命可以起到基础性的理论支撑。

2.2　轮轨动力学及振动机理研究

农用轨道车辆盘齿啮合的动力学建模及振动机理分析涉及盘齿啮合动力装置、轮轨系统和车厢耦合系统，对农用轨道车辆运行振动起决定性影响。现有农用轨道车辆振动分析中或采用有限元对载物厢进行振动分析，或采用试验测试方式仅针对特定工况进行研究，前者无法考虑动力装置振动对载物厢振动影响，后者因测点有限无法准确分析整车振动特性。另一方面，农用轨道车辆在行驶过程中载物厢与轨道作用引起的载物厢耦合作用机理、动力装置与载物厢振动传递机理不清晰，不同频率范围内引起载物厢振动的激励源不明确，从而导致农业轨道车辆振动控制策略的研究更是鲜有报道。

2.3　接触界面磨损滑移失效难题

农用轨道运输车关键部件的材料防护措施是增强其使用性能，提高其使用寿命的重要手段。因此，亟须针对轮轨/绳轮传动方式下的关键部件失效问题，开展系统、深刻的科学研究，揭示轮轨/绳轮系统失效机制，并针对性地提出防护技术，整体研究从基础问题到部件改善再到系统应用，强化丘陵运输机械可靠性运行，助推机械化推广。

2.4 轮轨啮合减振机理研究

轨道齿条的齿形变化影响着运送装备的力学性能、负载效率、稳定性以及安全性。从提升农用轨道运输机作业效率的角度出发,探索研究轨道齿条参数变化对农用轨道运输机轮轨啮合冲击振动的影响规律,并基于轮轨啮合减振思路优化轨道齿条设计,有助于改善运输作业抖动现象,解决运输机因轮轨啮合导致的机身振动和摩擦问题。

3 科学问题研究进展

3.1 接触力学研究

针对接触力学的研究,目前主要围绕接触力学中的一些问题做了一定的研究。轮轨传动是通过驱动盘与带齿条轨道之间的配合实现啮合传动的机构,其啮合特性决定着传动的稳定性、耐久性以及可靠性,因此啮合特性是其研究的核心。对于轮轨传动静态啮合分析,国内外学者对此进行了大量的研究工作,而考虑了啮合动态冲击因素的动态啮合过程分析也一直是研究的重点。针对摩擦传动的研究主要集中在摩擦传动的工作机理以及弯曲刚度、弹性伸长、摩擦系数等对传动过程的影响方面。经典的欧拉公式被最早用于研究缠绕在一个固定轮子上的绳的力学平衡问题。然而,由于欧拉公式忽略了传动绳的质量、尺寸、伸长以及弯曲刚度等传动过程的影响,其分析结果与实际传动存在较大误差,诸多学者研究了欧拉公式的多种修正方法。郑志莲针对欧拉公式用于绳传动产生的传动误差问题,提出了考虑不同接触形式的欧拉公式的修正方法。Jae Ho Jung 等人将摩擦传动中的理论问题归纳为弯曲刚度、非线性摩擦以及弹性伸长三个方面,在分析入绳端张力与出绳端张力关系时,考虑了钢丝绳弯曲刚度的影响。Kong 等人采用一种包含弯曲刚度的剪切带模型来分析带传动中的力学问题,并分析了传动槽的设计对传动工作过程中弹性滑移的影响。针对纺织机械中纤维与绳轮之间的传力过程,Ozger 等人分析了因为绳与轮之间弹性滑移带来的传动误差,并通过实验测试对分析的结果进行了验证。Shieh 等人分析了摩擦带传动中带速对传动系统力学特性的影响。Jaime Werkmeister 和 Bayer 分别针对摩擦传动中的传动刚度以及动力学摩擦等问题进行了理论推导和实验验证。

3.2 轮轨动力学研究

轮轨动力学及振动机理研究。国内外研究相对较少,主要采用基于有限元方法的振动分析和基于试验的振动测试。基于有限元的农用轨道车辆振动分析中,主要对轨道或者载物厢振动进行分析。对于轨道振动特性研究中,仅选取有限长度的轨道进行分析,没有明确模型简化前提,无法准确表明有限轨道振动特性与全域轨道振动特性之间的差异。

针对载物厢的研究中多从模态的角度进行分析，没有考虑轨道与载物厢耦合作用对载物厢振动特性的影响；另外，轨道与载物厢、动力装置与载物厢之间的振动传递通道未能涉及。基于振动测试的研究，仅以不同工况下振动测试数据对整车振动特性进行评估存在一定局限性。因缺乏对整车耦合振动特性的认识，振动传感器数量、布置位置均存在一定盲目性，可能导致部分振动剧烈结构或者振动传递主要通道上未布置传感器，从而对整车振动特性错误评估。

3.3　接触界面研究

针对接触界面研究主要有两个方面：一是界面材料试验室摩擦与润滑研究；相关学者对“绳-轮”摩擦副的数值模拟研究中，理论分析以研究绳和轮之间的接触应力、压力、摩擦力或运动过程等为主，将得到摩擦副各参数对这些结果的影响作为研究目标，从而对实际情况进行指导。部分工作围绕接触界面，开展不同润滑材料下的摩擦研究。这些工作提出了摩擦界面动态摩擦机理及摩擦规律影响因素。二是材料改性后耐磨研究；相关学者对材料的表面强化防护研究多从改性、表面热处理和化学热处理等角度揭示热处理对于磨损防护的作用机理，其中主要涉及淬火处理、表面渗层等技术。

3.4　轮轨啮合减振机理研究

针对轮轨啮合减振机理研究，目前业界针对运输机驱动轮与轨道齿条啮合的分析研究较少，但对齿轮-柱销齿条机构的研究开展较早。在运输机的机构运动机理方面，采用矢量分析法研究了齿轮-柱销齿条机构的运动原理，得到齿轮-柱销齿条机构的啮合特性，并通过修改齿廓的条件消除了直齿条与转角齿条连接部分的齿隙。在运输机的力学特性与使用寿命方面，分析了渐开线齿廓的齿轮齿根的弯曲强度应力情况，确定了齿轮-柱销齿条机构的抗弯强度几何系数，为解决该机构的抗弯强度问题提供了方案。

主要参考文献

[1] Jiaxue Li, Muyuan Zhong, Yanlin Zhang, et al. Optimized design of the power consumption test of mountain orchard transporters [J]. Int J Agric & Biol Eng, 2021, 14(5): 107-114.

[2] Jiaxue Li, Shanjun Li, Yanlin Zhang, et al. Development and test of hydraulic driven remote transporter [J]. Int J Agric & Biol Eng, 2021, 14(2): 72-80.

[3] Soon-man K, Da In. Tooth root bending stress of roller-rack and pinion system[J]. Journal of the Korean Society of Manufacturing Technology Engineers 2018, 27(6): 492-498.

[4] Dan Zhao, Shaogang Liu, Qingtao Xu, et al. Fatigue life prediction of wire rope based on stress field intensity method[J]. Engineering Failure Analysis 2017, (81): 1-9.

[5] Liu Y, Li Z, Hong T S, et al. Design of drive system for battery-drive monorail transporter for mountainous orchard[J]. Transactions of the Chinese Society of Agricultural Engineering, 2017, 33(19): 34-40.

[6] Z Y, L X P, L Jun, et al. Transversal vibration of chain ropeway system having support boundary conditions with polygonal action[J]. Shock and Vibration, 2015, 2015: 1-9.

[7] 李善军,侯剑锋,万强,等. 牵引式山地果园运输机驱动绳轮摩擦磨损[J]. 农业工程学报,2021,37(2):71-78.

[8] 李善军,刘辉,张衍林,等. 单轨道山地果园运输机齿条齿形优选[J]. 农业工程学报,2018,34(6):52-57.

[9] 李善军,邢军军,张衍林,等. 7YGS-45 型自走式双轨道山地果园运输机[J]. 农业机械学报,2011,42(8):85-88.

撰稿人:李善军(华中农业大学)　徐勤超(华中农业大学)

联合收获机-运粮车高效低损收获理论与车机协同控制方法

Efficient and low-loss harvesting theory of combine harvester and grain truck and cooperative control method of vehicle & machine

1　科学问题概述

随着农机行业的技术进步,我国收获机械技术与装备发展迅速。传统联合收获机实际工作过程遵循“联合收获-满粮箱报警-田边卸粮-继续收获”的作业模式,在该模式下,运粮车不下地,停靠在田边路面等待卸粮,联合收获机实际往返于卸粮车和作业地点之间的非收获作业工况约占 30%。因此,在传统模式下,联合收获机实际不能处于持续收获状态,有效工况(含时间、人工和燃油)的浪费很大。在我国收获机械已快速发展十几年的大背景下,该传统模式下的综合收获效率已达瓶颈。在高端收获装备方面,发达国家已能在实际应用层面实现基于联合收获机-运粮车相互协同的高效低损收获作业,在该模式下,通过若干运粮车在田间的协同调度配合,联合收获机能避免无效工况浪费、保持连续不间断的收获作业,达到最高效的综合收获效率。在这方面,我国尚处于刚起步阶段。基于多机协同模式的高效联合收获作业是未来高端收获装备的主流发展方向,迫切需要对高效低损理论与多机协同控制等相关基础理论与方法开展研究。目前,我国在农机作业装备领域专门针对复杂收获条件下的收获机-运粮车高效协同理论与技术方面的研究还处于空白,为此,在新理论、新方法和新技术方面突破技术瓶颈,一系列关键科学问题有待研究。

1.1　如何揭示收获机-运粮车协同模式下的高效低损收获机理

在真实的收获作业过程中，机手的实际综合效率是由联合收获机的直接收获效率和田间转运车的配合卸粮/运粮效率共同决定的。但另一方面，鉴于我国的农业生产实际情况，各地田块的形状、面积、作物性状、土壤特性、收获机及运粮车自身工况和田边道路位置等差异较大，诸多因素的耦合作用使得复杂收获条件下的综合作业效率与籽粒损失状况存在复杂的非线性关联关系，因此，揭示收获机-运粮车协同模式下的高效低损收获机理成为关键。现有的收获机理研究主要针对单台收获机的脱粒、清选等环节进行研究，较少考虑收获机与运粮车协同模式下在复杂田间环境下的综合高效低损收获优化问题，这有待于从理论层面研究此多机协同模式下的高效低损收获机理。因此，科学、准确地揭示收获机-运粮车的高效低损收获机理是目前亟须解决的关键科学问题之一。

1.2　如何构建收获机-运粮车的信息感知与协同控制模型

智能化是当前及今后收获机械的主要技术特征。一方面，现有关于收获机的调控研究主要着眼于单台装备的关键部件调控，实现收获机-运粮车协同模式下的高效低损作业，需突破田间复杂场景信息的实时获取与分析方法，并及时结合收获机内部性能/状态信息、运粮车剩余空间及作业路径等多源信息进行有效感知和及时分析。另一方面，复杂收获场景下的收获机-运粮车综合效率的提升，在实现复杂信息有效感知和及时分析处理的前提下，还有赖于高效可靠的车机协同控制模型，包括稳健的多机协同策略、响应快速的分析算法和高效的容错机制等，这是最终实现收获机-运粮车协同高效低损收获决策核心。因此，如何构建合理可靠的收获机-运粮车的信息感知与协同控制模型是目前亟须解决的关键科学问题之一。

2　科学问题背景

当前，欧美谷物联合收获机以大型轮(履)式为主，作业效率高、智能化控制技术先进，普遍配备了基于坡度、损失、割茬等信息的割台高度、输送槽间隙和鱼鳞筛开度自动控制等系统。以久保田、洋马为代表的日系企业争相发展大喂入量履带式联合收获机可根据作物种类自动设置脱粒滚筒转速、导流条开度，利用车载全球定位导航系统(GPS)天线和车载自动驾驶系统，可以根据转弯类型、粮箱剩余容积制定最佳收获、卸粮路径。

我国目前量产的主流大型轮式联合收获机喂入量为8～12kg/s，通常采用横轴流双滚筒或单纵轴流脱粒装置、单离心式风机加多层振动筛清选系统，智能化程度不高，仅配备有主要部件转速异常报警系统；目前国产主流履带式联合收获机喂入量为4～6kg/s，普遍采用纵轴流单滚筒脱粒分离、离心风机双层振动筛式清选、液压无极变速(HST)+机械变速箱履带式底盘,随着喂入量的不断增大,容易出现脱分清选能力不足、整机操纵灵活性变差等问题。

欧美农机企业生产的大喂入量收获机及其与运粮车在协同调控模式下的设计理论与方法、关键试验数据和调控模型都是各公司的核心机密;日本和韩国的先进履带机型仅限其本土销售,相关产品与技术长期对我国封锁。因此,相关基础理论与方法必须依靠自主研究攻关进行突破。

智能化多机协同作业是未来农业收获作业的必然发展趋势。现有针对收获机械的基础研究工作主要以单台收获装备的关键核心部件工作过程或运行机理问题而展开。因此,开展复杂收获场景下联合收获机-运粮车高效低损收获理论与车机协同控制策略研究,对突破我国收获机械高端化发展瓶颈、提升我国大型先进农机设计理论水平、保障农机工业高质量发展具有重要意义,科学价值显著。

3 科学问题研究进展

现有公开文献中,与车机协同条件下的高效低损收获理论及控制策略模型研究相关的报道较少,目前国内外学者主要针对收获作业的田间环境及作物信息检测和作业路径优化及导航辅助驾驶等方面开展了研究,具体如下:

1970 年,美国国家宇航局(NASA)借助地球资源系列卫星 ERTS-A,开启了遥感技术在农业领域的应用。2021 年,美国威斯康星大学 Yuchi Ma 等人结合玉米卫星遥感图像、气象条件和土壤数据,利用贝叶斯神经网络模型预测州县尺度的玉米产量。美国密苏里大学 Jing Zhou 等人利用大豆早期和晚期可见光和多光谱图像,设计了基于深度卷积神经网络的大豆产量估算模型。这些作物属性反演研究主要针对大面积作物光谱特征明显的生长季,对叶绿素显著消退的收获期作物属性探测研究较少。联合收获机无人驾驶自主作业方面,日本洋马公司研制的 YH1150A 型无人驾驶联合收获机可在方形地块通过实时计算出工作区域面积和预测的产量规划出最优的作业路径,基于导航实现无人驾驶作业。由于欧美地区法律对联合收获机无人驾驶的政策限制,其所生产的收获机多采用人机共融辅助驾驶系统,提升操纵舒适性、作业效率和性能。

2019 年,中国农科院利用卫星遥感数据设计了融合协同克里金法的土壤水分运动模拟(SWAP)模型用于黑龙江地区玉米产量估计,2020 年,浙江大学王福民团队利用小麦生育期内无人机高光谱数据进行了田块尺度的产量估算,但反演得到的收获期作物属性与收获机作业智能调控结合的研究还是空白。在自主作业方面,农机无人系统、无人农场正成为研究的热点。2020 年,罗锡文院士团队研发的无人驾驶农机系统,实现了水稻耕种管收生产环节全覆盖无人化作业。2021 年,赵春江院士团队完成了小麦、玉米轮作模式下的耕整地、播种、植保、收获等环节"无人化"试验,形成了小麦无人化农场作业解决方案。既有研究主要从系统的角度解决某种作物的全程无人作业,对多种作物、倒伏作物等复杂收获场景的研究还不充分。

主要参考文献

[1] Ma J C, Chen Y Q, Du K M, et al. Estimating above ground biomass of winter wheat at early growth stages using digital images and deep convolutional neural network[J]. European Journal of Agronomy, 2019, 103: 117-129.

[2] Wan L, Zhang J, Dong X, et al. Unmanned aerial vehicle-based field phenotyping of crop biomass using growth traits retrieved from PROSAIL model[J]. Computers and Electronics in Agriculture, 2021, 187(1): 106304.

[3] Yuchi Ma, Zhou Zhang, Yanghui Kang, et al. Corn yield prediction and uncertainty analysis based on remotely sensed variables using a Bayesian neural network approach[J]. Remote Sensing of Environment, 2021, 259: 112408.

[4] Wang C, Nie S, Xi X H, et al. Estimating the Biomass of Maize with Hyperspectral and LiDAR Data[J]. Remote Sensing, 2017, 11(9): 1-12.

[5] Reza, Md Nasim, Na, In Seop, Baek, Sun Wook, Lee, Kyeong-Hwan. Rice yield estimation based on K-means clustering with graph-cut segmentation using low-altitude UAV images[J]. Biosystems Engineering, 2018.

[6] 韩文霆,彭星硕,张立元,等. 基于多时相无人机遥感植被指数的夏玉米产量估算[J]. 农业机械学报, 2020, 51(1): 148-155.

[7] Moghimi, Ali, Yang, Ce, Anderson, James A. Aerial hyperspectral imagery and deep neural networks for high-throughput yield phenotyping in wheat[J]. Computers and Electronics in Agriculture 172(2020).

[8] Zhou X, Zheng H B, Xu X Q, et al. Predicting grain yield in rice using multi-temporal vegetation indices from UAV-based multispectral and digital imagery[J]. ISPRS Journal of Photogrammetry and Remote Sensing, 2017, 130: 246-255.

[9] Wan Liang, Cen Haiyan, Zhu Jiangpeng, et al. Grain yield prediction of rice using multi-temporal UAV-based RGB and multispectral images and model transfer-a case study of small farmlands in the South of China[J]. Agricultural and Forest Meteorology, 2020, 291: 108096.

[10] Maimaitijiang Maitiniyazi, Sagan Vasit, Sidike Paheding, et al. Soybean yield prediction from UAV using multimodal data fusion and deep learning[J]. Remote Sensing of Envi-

ronment,2020,237:111599.

撰稿人:徐立章(江苏大学)　马征(江苏大学)

联合收获机-作物-土壤刚柔耦合互作规律与高效低损设计方法

Interaction principle of machine-crop-soil for combine harvesters and efficient design method to maintain a low grain loss level

1　科学问题概述

随着我国农机工业发展水平和农民生活水平的不断提高,以联合收获机为代表的农机作业装备正持续向大型高效化方向发展。但是,大型联合收获机由于其自重较大、转弯不够灵活等特点,在田间收获作业和转向掉头时对土壤的碾压和剪切破坏更为严重,不利于农田土壤的保护和作物的高产。同时,大型联合收获机作业过程的内部物料通量波动更加明显,装备结构与作物的互作过程更为复杂,不利于实现高效低损作业目标。发达国家高端收获装备在设计之初就已掌握了装备大型化条件下的土壤-机具-作物互作规律与基础数据,我国在此方面的基础研究尚十分薄弱,严重制约了收获装备的大型化发展。为此,攻克联合收获机-作物-土壤刚柔耦合互作规律与绿色高效低损设计方法,需要在新理论、新方法和新技术等方面突破技术瓶颈,还有一系列关键科学问题有待研究。

1.1　如何揭示联合收获机行走装置对土壤的剪切破坏规律

随着中国农业机械化率的持续上升和联合收获机喂入量的增加,联合收获机的整机自重也相应增加,现有联合收获机在田中作业时易打滑、下陷,转向性能及通过性能较差,对土壤的剪切破坏尤为严重,因此,科学、准确地揭示联合收获机行走装置的滑转和滑移对土壤剪切破坏机理是目前亟须解决的关键科学问题之一。

1.2　如何揭示联合收获机行走装置结构形式对土壤压实应力分布的影响规律

联合收获机的行走装置多采用履带或轮胎或轮履组合结构,而履带/轮胎为柔性体,其履带张紧力、支重轮大小及分布形式、轮胎花纹、土壤软硬程度以及车辆载重量大小、履齿的结构参数(履齿高度、排列方式)会影响履带/轮胎与土壤之间的接触情况,进而影响履带/轮胎行走装置下的压实应力分布。因此准确揭示联合收获机履带张紧力、轮胎花纹等参数对压实应力分布均匀性的影响规律是亟须解决的关键科学问题之一。

1.3　如何正确表征联合收获机内部作物流与机体之间的互作规律

联合收获机的作业对象是具有高度不规则、差异性和多变性特征的生命体，先进大喂入量联合收获机由于其作业过程中内部物料通量大、波动显著等特点，其研发需要作物特性、机体-作物互作规律为基础的大数据支撑，欧美农业装备普遍有数十年系统的试验数据积累，而我国基础研究零散薄弱，基础数据库严重缺乏，设计主要靠经验和模仿，整体竞争力弱，品种门类少，高端技术匮乏，产品功能亟待完善，与发达工业国家相比还有较大的提升空间，因此，准确表征联合收获机内部作物流与机体之间的互作规律，突破联合收获机数字化设计手段，缩短联合收获机的研发周期是亟须解决的关键科学问题之一。

2　科学问题背景

联合收获机是农业机械中结构最为复杂、科技含量较高、制造工艺水平要求最严的农机产品之一，是农机作业装备的典型代表。近年来，我国积极推行土地流转和集约化农业生产模式，联合收获机也朝大型化、大喂入量、多功能和智能化方向发展。然而，由于我国基础研究零散且薄弱，基础数据库严重缺乏，现有联合收获机研发周期普遍较长；另外，联合收获机的整机自重也相应增加，机器在田中作业时存在籽粒损失率高、易打滑、下陷，转向性能及通过性能较差的问题亟待解决。目前，在大喂入量联合收获机-作物-土壤刚柔耦合互作规律与绿色高效低损设计方法等方面主要存在以下三个技术瓶颈。

2.1　联合收获机行走装置对土壤的剪切破坏与预防难题

由于联合收获机自重随喂入量的增加而不断增加，其在田间作业时由于行走装置的滑转和滑移，导致行走装置对土壤造成不同程度的剪切破坏，造成土壤团粒结构破坏及土壤承重能力下降，因此，阐明行走装置对土壤剪切破坏的机理，是预防土壤硬化、孔隙率降低、耕层变浅问题的核心技术之一。国内外关于履带滑转和滑移对土壤剪切破坏的影响未见报道，此外，机器的不同转向模式也会影响对土壤的剪切破坏程度，目前对于不同转向模式对土壤剪切破坏的影响目前尚不清楚。

2.2　联合收获机行走装置结构形式对土壤压实应力分布影响规律破解

联合收获机上使用的行走装置结构形式主要有柔性橡胶履带、轮胎或轮履组合式等，不同结构的行走装置结构对土壤的压实程度不同。准确获知行走装置结构形式对土壤压实应力分布影响规律是设计联合收获机行走装置结构形式的前提。国内外现有研究主要针对轮式车辆，而履带与土壤的接触面积远大于轮胎，履带对土壤的压实作用时间更长，且履带作用下的应力主要分布在各负重轮的下方，履带的行驶过程相当于各负重轮对土壤的反复碾压，连续反复碾压会对土壤物理机械特性造成显著影响，关于行驶速度对土壤内应力的影响尚有待进一步研究。

2.3 联合收获机内部作物流与机体之间的互作规律研究

由于联合收获机的作业对象是具有高度不规则、差异性和多变性特征的生命体，因此准确表征联合收获机内部作物流与机体之间的互作规律，揭示物料在联合收获机内部的流动特点，是提升联合收获机适应性的有效手段。国内外现有研究大多仅是针对籽粒连接力、茎秆剪切、压缩等力学特性进行了试验研究并建立了相关数学模型，但联合收获机内部作物流与机体之间的作用特点并没有形成相关知识知识体系，机器-作物互作规律尚不明晰，无法为改善联合收获机收获适应性提供理论支撑。近年来，随着计算机性能的持续提升及数值模拟算法在稳定性及鲁棒性等方面的不断提高，如何利用机器-作物互作规律，通过数字化手段缩短联合收获机新产品的开发周期，进而实现联合收获机的绿色高效低损设计未见报道。

综上所述，针对大喂入量联合收获机-作物-土壤刚柔耦合互作规律与绿色高效低损设计难题，亟须深入研究联合收获机行走装置对土壤的剪切破坏与压实影响因素和联合收获机内部作物流与机体之间的互作规律，形成大喂入量联合收获机绿色高效低损设计方法，实现联合收获机的数字化设计，对于提升我国联合收获机的适应性水平，保障国家粮食安全具有重要意义，科学价值显著。

3 科学问题研究进展

3.1 联合收获机行走装置对土壤的剪切破坏规律

针对联合收获机行走装置对土壤的剪切破坏规律的研究，目前主要围绕车辆参数(车辆载质量、行驶速度、转向半径、履带滑动系数等)及地面条件(土壤质地、含水率、土壤强度等)研究其对土壤的剪切破坏。①车辆参数方面的研究表明，履带车辆载质量对所形成车辙深度有较大影响，车辙深度随履带接地比压的增加显著增大，减小车辆的质量是降低履带对土壤剪切破坏最直接有效的方法，履带车辆急转弯时对土壤的剪切破坏最严重；车辙深度、宽度以及土壤壅起高度均为最大，直线行驶时最小；且履带车辆平缓和急转弯时对土壤的剪切破程度要远大于直线行驶。履带车辆转向半径越小，所形成的车辙深度、车辙宽度以及车辙指数越大。另外，车辙深度随转向速度的增加显著增大，而转向速度对车辙宽度无显著影响。②不同土壤含水率条件下履带车辆对土壤的剪切破坏的研究结果表明，车辆在含水率较高的地面行驶时更加容易对土壤造成剪切破坏，主要是由于土壤含水率的增大降低了土壤的抗剪强度，履带车辆在不同质地的土壤转向时所形成的车辙深度无显著区别,但在黏土条件下产生的车辙宽度要明显大于其他质地的土壤。然而,国内外关于履带滑转和滑移对土壤剪切破坏的影响未见报道。此外,机器的不同转向模式也会影响对土壤的剪切破坏程度,对于不同转向模式对土壤剪切破坏的影响目前尚不清楚。

3.2　联合收获机行走装置对土壤的压实破坏

针对联合收获机行走装置对土壤的压实破坏的研究方向,主要围绕行走装置对水稻土的压实破坏影响研究和行走机构结构形式对土壤压实应力分布影响规律研究两方面:①在行走装置对水稻土的压实破坏影响研究方面,主要是对比分析了相近载质量的轮胎和履带式行走装置与土壤接触面的平均压力及车辆作用下不同土壤深度内的垂直应力大小及相应的土壤物理性能的变化,如土壤容重的增加、孔隙量的减少、透气率的降低等,另外还研究了轮胎和履带式车辆的行驶速度对土壤内应力的影响。②行走机构结构形式对土壤压实应力分布影响规律研究影响中,主要是通过试验测试了橡胶履带式行走装置与土壤接触面内垂直应力沿履带长度方向的分布,以及履带式行走装置下应力分布的均匀性与地面条件、行走装置结构形式、载质量大小及作业工况的关联性。因此,阐明联合收获机履带张紧力、轮胎花纹等参数对压实应力分布均匀性的影响规律对减小压实有重要意义。

3.3　联合收获机内部作物流与机体之间的互作用

联合收获机内部作物流与机体之间的互作用规律探究与数字化设计方面,主要围绕籽粒、茎秆力学特性测试,以及利用离散元方法建立虚拟茎秆进行联合收获机脱粒、分离过程数值模拟等方面。①在籽粒、茎秆力学特性测试与建模方面的研究,主要是通过万能测力仪来获取水稻籽粒与枝梗之间的连接力、茎秆剪切、压缩等过程力学曲线,通过数学方法,拟合得到测试过程的数学模型,试图通过利用数学模型来表征该过程中的力学变化,但是如何使用获取的试验数据及建立的数学模型来表征机器及作物之间的互作规律未见报道。②在利用离散元方法建立虚拟茎秆进行联合收获机脱粒、分离过程数值模拟等方面,多数研究中所建立的籽粒、茎秆模型是刚性体,其变形过程的力学性能和实际籽粒、茎秆的变形力学性能相差较大,仿真结果的真实性值得商榷,还有学者利用模板标定法建立了籽粒、茎秆的虚拟模型,其结果在一定程度上能反映变形趋势,但由于不同品种作物的力学性能差异显著,更换作物进行数值分析时,需要重新标定,工作量较大。因此,开展作物-机器互作规律的研究并探究如何利用机器-作物互作规律,通过数字化手段缩短联合收获机新产品的开发周期,进而实现联合收获机的绿色、高效、低损设计对缩短联合收获机研发周期、降低研发成本具有重要意义。

主要参考文献

[1] Liu K, Ayers P, Howard H, et al. Influence of turning radius on wheeled military vehicle in-

duced rut formation[J]. Journal of Terramechanics,2009,46(2):49-55.

[2] Lamandé M,Greve M H,Schjønning P. Risk assessment of soil compaction in Europe-Rubber tracks or wheels on machinery[J]. Catena,2018,167:353-362.

[3] Arvidsson J,Westlin H,Keller T,et al. Rubber track systems for conventional tractors-Effects on soil compaction and traction[J]. Soil and Tillage Research,2011,117:10-109.

[4] Naderi-Boldaji M,Kazemzadeh A,Hemmat A,et al. Changes in soil stress during repeated wheeling:A comparison of measured and simulated values[J]. Soil Research,2018,56(2):204-214.

[5] 栗浩展,王红岩,芮强,等.履带车辆地面牵引力的计算与试验验证[J].装甲兵工程学院学报,2015(1):36-40.

[6] Chi Y,Zhang R,Ren J,et al. Steering power ratio affected by soil sinkage with differential steering in tracked vehicle[J]. Transactions of the Chinese Society of Agricultural Engineering,2016,32(17):62-68.

[7] 赵子涵,穆希辉,郭浩亮,等.橡胶履带轮静态接地压力测试与建模[J].农业工程学报,2018,34(3):72-79.

[8] Bart Lenaerts,Thomas Aertsen,Engelbert Tijskens,Bart De Ketelaere,Herman Ramon,Josse De Baerdemaeker,Wouter Saeys. Simulation of grain-straw separation by Discrete Element Modeling with bendable straw particles[J]. Computers and Electronics in Agriculture. 2014:24-33.

[9] Fanyi Liu,Jian Zhang,Jun Chen. Modeling of flexible wheat straw by discrete element method and its parameter calibration[J]. International Journal of Agricultural & Biological Engineering. 2018,11(3):42-46.

撰稿人:徐立章(江苏大学)　马征(江苏大学)

农田、作物信息多传感器融合感知与农机无人驾驶控制

Farmland and crop information perception and multi sensor fusion navigation method for unmanned agricultural machinery

1　科学问题概述

随着“精准农业”的发展,以高精度、高效率、高可靠性、低强度、低能耗的农业机械取代人工耕种已成为必然趋势,具有自动驾驶功能的农机及农业机器人有着广阔的应用前

景,但是复杂农田环境下农机无人驾驶系统的定位、导航及控制精度不高,还不能满足无人化作业需求;无人驾驶电控转向系统操控复杂,适用的作业场景有限;底盘侧滑、侧翻现象严重,缺少故障诊断和预警;为了实现农机无人驾驶与自主作业控制,攻克农田与作物信息感知与分析、多传感器信息融合定位、作业路径规划与自适应路径跟踪控制等关键技术,在新理论、新方法和新技术方面突破技术瓶颈,一系列关键科学问题有待研究。

1.1　如何建立农田与作物位置信息智能感知模型

农田与作物信息感知是农机导航技术发展的关键环节,农田中存在着各种障碍物,影响了智能农机的正常作业,并存在安全隐患。通过环境信息感知来辨别自身周围环境信息,为农机行为决策提供信息支持,通常将复杂环境感知任务包括:检测农机行驶环境中的可通行区域、检测农田边界、检测作业过程中遇到的障碍物、实时构建三维场景地图。现有使用多传感器信息融合的方法有激光雷达与视觉融合、毫米波雷达与视觉融合等融合方式,完全确定模型是路径规划中采取的主流方法之一,存在计算量庞大、难实现较高精度的视差像点匹配、容易受环境变化干扰以及视觉-激光-惯导的耦合建图漂移等问题,因此,科学、准确地建立农田与作物信息智能感知是目前亟须解决的关键科学问题之一。

1.2　如何建立大田复杂环境下农机多传感器融合导航方法

农业车辆自动导航控制系统作为精准农业技术的重要组成部分,对于解决劳动力不足,提高农业机械智能化水平和农业生产效率具有重要意义,然而我国不同作物、不同生产环节和不同地块的农机理想作业路径各不相同,农田地面起伏多变、水田软黏湿滑、田间地头障碍物多,现有农机自动导航系统的控制精度尚不能满足精准作业要求,现有的自动导航研究集中在卫星定位导航,对多传感器信息融合定位、非线性自适应转向控制、不规则田块路径规划涉及较少,未见针对大田复杂环境下农机多传感器融合导航、障碍物智能检测方法研究。因此,如何利用激光雷达、机器视觉等传感器建立农机多传感器融合导航方法是目前亟须解决的关键科学问题之一。

1.3　如何构建自动驾驶系统行走精度在线评估与故障诊断模型

目前对农机卫星导航自动驾驶作业精度的评估主要是通过利用移栽和播种作业时的特点来进行测试和获取各试验观测值,常用均值、标准差和均方根值等统计值作为评价指标,主要手段是采用测绳标定的人工测量方法进行测量,效率低且产生的随机误差大,现有研究主要集中在卫星定位精度分析,在基于卫星定位的无人驾驶农机作业精度在线评估方面的研究较少。实时检测导航控制系统发生故障的位置、程度、类别等,可以预测系统的故障发展趋势和潜在风险,现有导航系统采用的故障诊断与预测方法包括利用统计学方法，针对无人驾驶系统数据规模大、强相关、高维非结构、动态随机的特点，利用统计学方法很难建立准确的数学模型，无法提取数据的隐藏特征关系，需要大量的人工经验，在机具端故障诊断预测应用方面受到很大局限，行走精度在线评估和故障诊断存在的主要问题是模型适用性差、特征参数数据估计不准确、故障表征映射关系不明晰等。因此，如何构建无人驾驶系统作业精度在线评估与故障诊断模型是高精度导航亟须解决的关键科学问题之一。

2 科学问题背景

由于城乡发展不平衡，导致农村劳动力流失，“谁来种地、如何种地”成为十分严峻的问题。农机无人驾驶及作业控制系统能有效提高农业生产的作业效率和智能化水平，解决无人种地的难题，缓解我国当前农村劳动力短缺的问题。因此，农机无人驾驶与自主作业技术成为了一个意义重大的研究方向，该研究方向亟待解决农机装备自动化程度较低、复杂环境下自动驾驶控制精度低等问题，要解决这一问题主要存在以下技术瓶颈。

2.1 变化场景下农田与作物信息智能精确感知难题

农田与作物信息智能感知是自动驾驶系统中的重要组成部分，可靠和准确地识别农田与障碍物是执行路径规划、驾驶决策等的前提条件。农业场景下作物一般成长较快，每年可以收获2、3次，使得感知系统很难在快速变化的场景中做到长期而准确地识别和定位。农田与作物信息智能感知问题已经被研究了很多年，现有的信息智能感知算法已经能够获得比较准确的局部区域识别结果，但是很多算法只适用于单一场景，传统的统计分析方法对大量非结构化农作物数据做聚类、识别、分类和回归分析是异常困难的，基于深度学习的环境感知分割精度和算法计算复杂度之间还不能取得很好的平衡，作业环境智能感知算法的稳定性也需要进一步提升。

2.2 大田复杂环境下农机多传感器融合导航难题

研究复杂环境下的农机自动驾驶和作业，是进一步提高农机全天候作业能力和作业质量、降低人力成本、提升农业生产效率和缓解农村劳动力不足的关键。由于农田环境和农机作业工况复杂多变，严重影响农机位置姿态的测量，导致行驶姿态控制精度低的问题，现有农机自动导航系统的控制精度尚不能满足精准作业要求，现有的导航系统研究集中在卫星定位导航，对多传感器信息融合定位、非线性自适应转向控制、不规则田块路径规划涉及较少，未见针对大田复杂环境下农机多传感器融合导航、障碍物智能检测方法的研究。

2.3　无人驾驶系统作业精度在线评估与故障诊断模型难题

无人驾驶系统田间作业过程中，大量、多源、高维度、非结构的数据给系统在线监测分析带来更大难度，系统的行走精度监测、故障诊断和预测更显重要。现有底盘、作业部件、电控等关键部件控制精度评估模型与故障诊断模型的适用性差、鲁棒性低等问题有待解决，在终端故障诊断预测受到很大局限。深度学习以其强大的自主学习非线性数据表示和模式识别能力在故障诊断与预测领域有一定的突破，但并未深入探究作业环境状况、人机交互、农田工况等多种因素对无人驾驶系统状态的复合影响机制，缺乏从时空耦合、用户习惯等多维视角对系统常见故障进行分析。复杂地形工况下作业精度评估模型的精度有待提升，故障诊断模型存在适用性差、鲁棒性低、特征参数数据库不完善、故障表征映射关系不明晰等问题。

综上所述，针对复杂农田环境智能感知与无人驾驶存在的难题，亟须深入研究农田与作物信息智能感知与无人驾驶方法，突破大田复杂环境下农机多传感器融合导航技术，构建无人驾驶系统作业精度评估与故障诊断模型，形成复杂农田环境感知建图、自主导航控制、精度在线评估与故障实时诊断、整机无人驾驶组成的技术体系，实现无须人工干预的全自动农机行驶与精准作业，提升复杂农田环境下的农业生产效率，提升作业机具的自动化和智能化水平，节省劳动力成本。

3　科学问题研究进展

3.1　农田、作物信息感知与农机高精效智能自动作业方法

针对农田、作物信息感知与农机高精效智能自动作业方法的研究，目前主要围绕农田与作物信息感知与分析与多传感器信息融合感知两个方面：①农作物生长环境、作物长势和作物病虫草害信息是农机进行精准作业的依据。针对农作物生长环境，国内外学者开展了土壤阻力、田面平整情况、土壤水分和土壤养分等信息自动化提取的研究。作物长势信息主要包括作物生长状况（株高、叶面积指数、生物量、倒伏面积等）、养分胁迫和产量等信息，目前多采用高清数码相机、多光谱相机以及热像仪等传感器进行测定。为实现作物病虫草害监测，当前开展了光谱检测、图像识别和电子鼻检测等研究。②单一的传感器在农机的环境感知中具有局限性，一般都将多个传感器信息进行融合检测。目前常用的多传感器信息融合方法有激光雷达与视觉融合、毫米波雷达与视觉融合等融合方式。进行多传感器信息融合，不仅可以提高作物、农田信息的提取精度，也可以克服复杂农田环境中卫星信息遮挡、电磁干扰等问题，提升农机自动作业能力。

3.2 复杂农田农机作业路径自主规划原理与跟踪方法

针对复杂农田农机作业路径自主规划原理与跟踪方法的问题，国内外学者主要围绕作业路径规划与跟踪、目标轨迹追踪两个方面进行研究：①针对不同作物、不同生产环节和不同地块的导航作业路径规划的问题，面向自动导航和农田全区域覆盖作业要求，国内外学者系统开展了最优作业方向和路径自动生成理论的研究，开发农机自动导航系统，设计农机导航复合路径跟踪控制器，解决导航系统的高精度控制、水田抗侧滑干扰等问题。②针对现代农业生产中需要多机协同作业技术支撑的问题，部分学者探索基于无线自组网络的主从装备平行跟踪导航控制方法，研究主从装备横向、纵向位置低偏差的目标轨迹追踪技术。

3.3 农田障碍物检测方法与主动避障机理

针对农田障碍物检测方法与主动避障机理的研究，主要包括障碍物检测与主动避障两个方面：①在农机对障碍物检测研究当中，主要采用的传感器为超声波、毫米波雷达、激光雷达、机器视觉。部分学者采用超声波避障系统，识别出农用单轨运输机的轨道上的障碍物和轨道旁的非障碍物，提高了无人驾驶运行时的安全性和可靠性；激光雷达传感器可完成360°全方位障碍物检测与识别，为无人机提供实时障碍物位置信息；部分学者采用毫米波雷达，估计前方目标的运动状态，具备较快的计算速度和精度；基于机器视觉的障碍物检测目前得到较多的关注，主要的研究方法为YOLO、SSD、R-CNN、Fast R-CNN和SPP-NET等，具备检测速度快、鲁棒性强、实时性好等优点。②针对现有农机导航系统缺乏避障功能，影响农机自动导航作业安全的问题，部分学者基于农田障碍物识别、定位技术，研究农机自动避障策略，可实现农田典型障碍物的识别和绕行。部分学者将基于摄像机与激光雷达的信息，完成坐标系转换和时间数据融合，实现农机前方障碍物的实时检测与避障。

主要参考文献

[1] 姬长英，周俊. 农业机械导航技术发展分析[J]. 农业机械学报，2014，45(9)：44-54.

[2] 张漫，季宇寒，李世超，等. 农业机械导航技术研究进展[J]. 农业机械学报，2020，51(4)：1-18.

[3] 姚元森，廖桂平，赵星，等. 农作物生长环境信息感知技术研究进展[J]. 作物研究，2013，27(1)：58-63.

[4] Jung H C，Kang D H，Kim E，et al. Towards a soil moisture drought monitoring system for South Korea[J]. Journal of Hydrology，2020，589：1-10.

[5] Jiang R, Wang P, Xu Y, et al. Assessing the operation parameters of a low-altitude UAV for the collection of NDVI values over a paddy rice field[J]. Remote Sensing, 2020, 12(11): 1-16.

[6] 黄培奎，张智刚，罗锡文，等. 田间作业车辆外部加速度辨识与姿态测量系统研制[J]. 农业工程学报，2019，35(3): 9-15.

[7] 王辉，王桂民，罗锡文，等. 基于预瞄追踪模型的农机导航路径跟踪控制方法[J]. 农业工程学报，2019，35(4): 11-19.

[8] 谢斌，武仲斌，毛恩荣. 农业拖拉机关键技术发展现状与展望[J/OL]. 农业机械学报，2018，49(8): 1-17.

[9] 薛金林，董淑娴，范博文. 基于信息融合的农业自主车辆障碍物检测方法[J]. 农业机械学报，2018，49(S1): 29-33.

[10] 曾宏伟，雷军波，陶建峰，等. 低对比度条件下联合收割机导航线提取方法[J]. 农业工程学报，2020，36(4): 18-25.

撰稿人：曹光乔（农业农村部南京农业机械化研究所）
崔龙飞（农业农村部南京农业机械化研究所）

田间作业运输的障碍物检测方法与农机主动避障机理

Obstacle detection method and active obstacle avoidance mechanism for field operation and transportation

1　科学问题概述

我国农村劳动力老龄化、女性化、兼业化日趋严重，为缓解农业劳动力短缺，降低农业劳动强度，全天候、全过程的无人化智慧农业是重要发展方向。当前，农机自动导航技术已在农业生产上应用，无人驾驶拖拉机、无人驾驶收获机等无人化智能农机装备开始试验示范，完成水稻、小麦等作物无人化农场耕种管收主要环节的自动化作业。完成自主作业的智能农机装备是农业生产无人智慧农场的重要支撑，而农机田间作业和运输时障碍物的准确检测与主动避让是实现智能农机全自主作业和保证安全的重要保障。因此，农机在田间作业和运输过程中实现障碍物检测以及保证作业质量与效率要求下主动避障，在新理论、新方法和新技术方面亟待突破技术瓶颈，相关关键科学问题有待研究。

1.1　如何高效精准感知和快速识别影响农机作业和运输的障碍物

智能农机自主作业需通过多种不同传感机理的传感器进行环境感知，由于农田作业无固定行驶道路且环境地形复杂多变，同时农田表面存在农作物或秸秆且作业过程中易产生尘土，而障碍物在材料组成、尺寸大小、位置姿态等方面没有固定形式且运动形式多样，这些增大了障碍物感知的难度。此外，水田硬底层“隐形”低洼区域导致陷车也是影响农机作业和运输的障碍。

1.2 如何保证作业的智能主动避障

农机的首要任务是尽可能地保证质量的高效完成作业任务，因此主动避让障碍物时应保证作业质量，障碍物形状大小位置多变和复杂的农田边界也约束避障路径的规划。农机跟踪规划的避障路径时，由于复杂农田环境农机侧滑、过转向、欠转向现象较结构化路面行驶更加明显，而农机行驶模型也没有考虑到农田复杂环境的影响引起模型失配导致跟踪控制精度降低。此外，自主作业农机已向多机协同趋势发展，主动避让障碍物对协同作业其他农机作业任务影响及协同调度方法也需考虑。因此，有必要探索受障碍物和环境约束的避让路径智能规划方法，揭示复杂农田环境下农机行驶模型和跟踪控制耦合机制，探明避让对多机协同作业影响规律，从而保证农机自主作业质量和效率。

2 科学问题背景

国土“三调”数据显示，我国耕地面积 19.179 亿亩，《“十四五”全国农业机械化发展规划》指出力争到 2025 年农业机械化率达到 75%。但我国农村劳动力老龄化、女性化、兼业化日趋严重，自主无人驾驶装备田间作业智能感知障碍物以及智能避让障碍物的需求将不断增加，其中包括：农田障碍物位置、形状、类别及速度信息检测等，障碍物主动避障机理等。该环节是农机和环境交互的纽带，是智能农机的“安全保障”，决定了智能农机作业的安全。

目前，智能农机对环境的感知和障碍物的避让主要受以下因素影响：①农田作业无固定行驶道路且环境地形复杂多变；②同时农田表面存在农作物或秸秆且作业过程中易产生尘土等干扰；③障碍物在材料组成、尺寸大小、位置姿态等方面没有固定形式且运动形式多样；④水田硬底层“隐形”低洼区域难以检测，且易导致陷车等严重后果；⑤多智能农机协同作业时农机自身互为障碍物，以及与其他障碍物构成复杂的动态障碍系统，避障规划复杂。因此，迫切需要突破农机田间作业和运输时障碍物准确检测与主动避让的关键技术瓶颈。

2.1 农田障碍物感知与多对象识别

“机器代替人”关键在于让机械获得农田及其周边环境的部分感知能力，这是农业机械实施自主作业不可逾越的技术问题。在农田环境中，重要的感知要素包括路面机耕道、农田垄边和行间植株作物，以及安全要素感知如障碍物和行人，面向未来农机自动驾驶高效实施的"无人农场"，还需基于农田区域识别构建高精度的农田环境地图，但由于非结构化的农业环境往往伴随非标准化复杂地形地貌、识别标志物不显著、土壤墒情传感器多样性、作物多样性等多种制约因素，导致大部分环境地图构建工作需要人工处理，且不同感知传感器数据难以融合，限制了精准农业作业地图的高效构建。

因此，设计快速识别、高效配准、多数据融合的农田数字地图，解决农机作业场景理解与障碍物快速感知、多源异构传感数据融合机制及其表征建模、基于目标物理属性、语义环境等特征的多粒度特征耦合机制，实现复杂环境场景目标障碍物高效精准感知与识别是科学难题之一。

2.2　农田障碍物检测方法与主动避障机理

自主无人驾驶农机的安全保障技术是实现无人自主作业的前提。农田是人-农机-生物-非结构环境交融场所，农机快速检测和识别阻碍作业行进的障碍物类别，作出相应的避障处理，是影响智能农机作业安全和作业效率的问题之一。目前处理相关问题多采用人工规划的方法，将农田中动静态障碍物和复杂的农田边界都视为路径规划的约束条件在路径规划算法中处理，但田间的动态障碍物主要是人、物、牲畜和农机，农机作业遮挡性较强的环境下识别率较低，缺乏相应的智能决策方法应对动态障碍物，算法适应性有限。因此，如何智能应对田间静动态障碍物，设计智能路径规划方法和遮蔽环境障碍物识别方法与主动避障机理，探索受障碍物和环境约束的避让路径智能规划方法是亟须解决的关键科学问题之一。

2.3　群体协同作业避障机理与控制

自主无人驾驶农机是典型的单体智能，能有效减少农业劳动力。但大面积农田作业需多台自主无人驾驶农机同时作业，面临着自主农机配合不合理甚至冲突的问题，严重影响了自主农机作业的安全和效率。亟须研究农业生产环节多台/多种自主农机群体高效协同作业时，农机自身互为障碍、外界动静态障碍协同避障，这可以有效提高农机避障作业效率和安全性。自主无人驾驶农机群体协同作业包括同环节协同作业和跨环节协同作业两方面，针对同环节多机协作，农业作业环节较多，针对不同的环节建立需要相对应协同作业系统模型，基于该模型设计动态避障路径规划方法、相对位置高精度控制算法、多机协同作业和安全防撞策略是亟待研究方向。因此，如何构建群体协同避障作业的机理和协同控制方法，提出复杂农田环境下农机行驶模型和跟踪控制耦合机制，探明避让对多机协同作业影响规律是亟须解决的关键科学问题之一。

3 科学问题研究进展

3.1 农田作业环境感知与多对象识别

农田作业环境感知对象较多,作业场景不相同,但同属于图像识别问题,研究方法主要分为传统的图像处理方法和基于深度学习的图像分割或实例分割,其中后者发展很快成为主流技术。在识别对象中,对于障碍物、人、车道线、动物等与小汽车无人驾驶环境感知共性问题,市场上已有成熟的模型或识别方法,多采用实例分割方法。但对于农机自动导航系统的应用来说价格较高且与现有农机导航系统不兼容,存在二次开发的问题。

因此,专属于农田作业环境的感知主要集中在田块特有对象,目前集中在以下方面:①基于遥感图像的土地覆盖物分割方法;②机耕道和农田边界的图像分割与识别;③农作物表型识别。采用方法多是现有的深度学习图像分割或实例分割模型,主要工作还处于模型结构调整和参数试凑阶段,其特征提取的内在机理并不清楚。而且,相关研究虽然获得了较高的分割精度,但研究仅局限在离线试验室,且模型庞大,研究工具多是算力强劲的服务器,成本昂贵,应用在现有农机导航控制系统平台还需满足低算力下的实时性要求。

3.2 农田障碍物检测方法与主动避障

智能农机需要有效应对静态和动态的两种障碍物,同时受到复杂边界的约束。设计智能路径规划方法和遮蔽环境障碍物识别方法是当前的技术瓶颈。

3.3 多农机智能化协同避障作业系统

现阶段缺乏有效的协同作业系统模型对农机协同作业过程进行建模,同时需要基于该模型设计动态路径规划方法、相对位置高精度控制算法、多机协同作业和安全防撞策略。针对跨环节缺乏统一的历史数据信息架构、数据标准和协同作业策略。

综上所述,针对农机作业和运输的障碍物感知问题,需要对农田环境作物信息识别与数字地图构建、复杂路径与环境高精度避障路径规划与跟踪、实时动态障碍的识别与应对策略和多机群体协同避障作业这几个方面进行研究,提高农机智能化水平,对全天候、全过程、全空间的无人化农业生产作业模式具有重要意义和科学价值。

主要参考文献

[1] Noguchi N, Will J, Reid J, et al. Development of a master-slave robot system for farm operations[J]. Computers & Electronics in Agriculture, 2004, 44(1): 1-19.

[2] 罗锡文,廖娟,胡炼,等. 我国智能农机的研究进展与无人农场的实践[J]. 华南农业大学学报,2021,42(6):8-17 +5.

[3] 刘成良,林洪振,李彦明,等. 农业装备智能控制技术研究现状与发展趋势分析[J]. 农业机械学报,2020,51(1):1-18.

[4] 罗锡文. 无人农场是数字农业的实现途径之一[J]. 大数据时代,2021,(10):13-19.

[5] 张漫,季宇寒,李世超,等. 农业机械导航技术研究进展[J]. 农业机械学报,2020,51(4):1-18.

[6] Han Shufeng,He Yong,Fang Hui. Recent development in automatic guidance and autonomous vehicle for agriculture:A Review[J]. Journal of Zhejiang University:Agric. & Life Sci,2018,44(4):381-391 +515.

[7] 周俊,何永强. 农业机械导航路径规划研究进展[J]. 农业机械学报,2021,52(9):1-14.

[8] 王辉,王桂民,罗锡文,等. 基于预瞄追踪模型的农机导航路径跟踪控制方法[J]. 农业工程学报,2019,35(4):11-19.

[9] 翟卫欣,王东旭,陈智博,等. 无人驾驶农机自主作业路径规划方法[J]. 农业工程学报,2021,37(16):1-7.

[10] 刘宇峰,姬长英,田光兆,等. 自主导航农业机械避障路径规划[J]. 华南农业大学学报,2020,41(2):117-125.

撰稿人:胡炼(华南农业大学)

拖拉机牵引性能预测理论与方法

Theory and method of tractor traction performance prediction

1　科学问题概述

1.1　如何建立拖拉机牵引性能预测模型

作为一种作业机械,拖拉机牵引性能是影响拖拉机工作效率的核心性能指标,是拖拉机的整机总体设计、动力系统匹配、控制系统设计需要考虑的核心参数。然而拖拉机整机结构参数、柴油机外特性、传动系统结构、不同作业机具、土壤与环境等多因素的耦合对拖拉机的地面附着性能、驱动系统性能等产生复杂影响,导致拖拉机作业机组难以获得理想的动态牵引性能预测。现有的牵引性能通过建立拖拉机作业静态理论模型计算获得。通常根据拖拉机不同挡位计算获得拖拉机牵引性能曲线,模型的整体结构简单,对土壤环境参数变化、轮胎附着变化、发动机动态性能变化等参数影响的涉及较少。因此,通过动态采集拖拉机作业机组在不同工况下的发动机、传动系统、轮胎附着、土壤环境等参数,采用大数据方法建立科学、准确的拖拉机动态牵引性能预测模型成为目前亟待解决的关键科学问题之一。

1.2 如何揭示拖拉机驱动装置参数对作业机组牵引力控制的影响机理

拖拉机作业机组牵引力来源于驱动装置,牵引力控制性能的优劣受驱动装置性能的影响。研究拖拉机传动系统、行走系统及总体设计参数对驱动装置动力输出特性的影响机理,建立牵引动力性、经济性等多目标优化函数,探索一种驱动装置关键参数自适应寻优创新设计方法,是目前亟待解决的关键科学问题。

2 科学问题背景

2.1 拖拉机作业机组牵引性能预测难题

拖拉机作业机组的牵引性能是拖拉机的核心性能,是实现高效节能拖拉机开发的基础。科学准确地对拖拉机作业机组的牵引性能进行预测是保证拖拉机整机先进设计与高效控制的核心技术。国内外现有的研究多集中于拖拉机作业机组牵引性能理论模型建立方法,整体建模思路单一,缺乏对发动机、传动系统、土壤环境等动态耦合的牵引性能预测模型研究,无法支撑现有的高效节能拖拉机开发需求。

2.2 农机作业机组驱动装置的创新与牵引力控制难题

农机作业机组驱动装置的性能是研究牵引力控制性能的基础,其创新设计需要兼顾动力性、经济性等多个方面,其动力输出特性受传动系统、行走系统及农机总体设计参数的影响。现有关键部件参数化模型的适用性差、鲁棒性低等问题有待解决。由于未深入探究传动系统、行走系统及总体设计等关键参数对农机驱动装置性能的复合影响机制,以牵引动力性/经济性为目标进行参数优化的选取合理性有待提升,缺乏针对多目标进行驱动装置研究的优化模型,以及自动调整参数以使牵引力控制性能指标实现最优化的综合方法,难以满足作业机组驱动装置的创新设计需求。

3 科学问题研究进展

3.1 拖拉机作业机组牵引性能预测理论

针对拖拉机作业机组牵引性能预测理论的研究,目前主要围绕基于解析模型的方法。

基于模型的研究方法主要是利用建立数学模型或采用仿真软件对拖拉机作业机组的关键部件进行建模来分析其牵引性能的变化机理，由于土壤环境因素、整机附着性能、发动机动态性能等在实际运行过程中存在多因素耦合，使得实际情况与理想存在严重偏差，导致该方法所得结果准确性低，但具有一定的理论参考价值。

目前，基于知识的研究方法是性能预测与建模领域的热点，通过利用深度学习、机器学习等智能算法与线上大数据结合分析多重耦合条件下拖拉机作业机组牵引性能的影响因素，通过建立拖拉机作业机组牵引性能多耦合因素表征参数集，分析整机结构参数、发动机性能参数、传动系统参数、土壤环境参数间的相互耦合影响关系与机理，对拖拉机作业机组的牵引性能进行科学精准预测。但是，目前要建立较为全面的拖拉机作业机组牵引性能预测数据集需要的积累及验证时间较长，对数据之间的复杂交互逻辑关系分析耗时耗力，常用的智能算法对庞大数据量分析得到的结果也并不总是可靠，需要进行细节详细验证。亟须拖拉机作业机组牵引性能预测机理，开发拖拉机本体-机组-环境动态耦合的数据采集分析方法，通过智能算法来建立科学准确的拖拉机作业机组牵引性能预测模型。

3.2　农机作业机组驱动装置创新与牵引力控制

针对农机作业机组驱动装置创新与牵引力控制的研究，主要围绕多目标优化方法和自适应寻优方法。①多目标优化方法主要是通过建立多目标优化设计模型，利用多目标粒子群算法、非支配遗传算法、强度帕累托进化算法等多目标优化算法，解决优化对象的创新设计问题。对于农机作业机组驱动装置优化问题，在设计过程中要满足牵引力控制性能要求，在优化过程中搜索到多目标优化问题的大量非劣解，即找出动力性、经济性等对立目标的最佳平衡点。目前要建立驱动装置优化模型需要考虑农机传动系统、行走系统及总体设计等诸多参数对动力输出特性的影响，要采用一种高效并行、鲁棒性好的全局优化算法以保证优化效率。②自适应寻优方法主要是利用深度神经网络、自适应差分进化算法等当前热门的人工智能方法和算法开展对农机驱动装置关键参数的多目标寻优研究。基于大量参数数据进行训练以提取优化问题模型的特征，针对不同算法的组合情况与因素进行模拟分析，并对所得到的算法收敛过程和模拟结果进行对比与分析。在保证计算精度和付出一部分训练时间成本的情况下，该方法能够显著提高多目标优化问题的求解速度。然而，获取全面的驱动装置关键参数学习数据集需要大量的统计与分析工作，各种算法的适应性往往不同，得到的优化结果可靠性仍需进行更为具体的细节验证，因此，迫切需要探索一种适应于农机驱动装置关键参数的寻优算法。

主要参考文献

[1] 朱海楠，房圣超，武晨. 一种基于深度神经网络与自适应差分进化的多目标寻优算法

[J]. 中国电子科学研究院学报,2021,16(6):548-554.
[2] 张硕,武仲斌,陈军,等. 犁耕作业大马力拖拉机驱动轮滑转率控制方法[J]. 农业工程学报,2020,36(15):47-55.
[3] 张硕,杜岳峰,朱忠祥,等. 后轮驱动大功率拖拉机牵引力-滑转率联合自动控制方法[J]. 农业工程学报,2016,32(12):47-53.
[4] Caramia M, Dell'Olmo P. Multi-objective optimization[M]. Multi-objective management in freight logistics. Springer, Cham, 2020:21-51.
[5] 黄康. 拖拉机轮胎与松软地面相互作用的数值模拟[D]. 长春:吉林大学,2021.
[6] 李忠利,闫祥海,周志立. 负荷车电涡流缓速器加载控制系统研究[J]. 西安交通大学学报. 2018,52(3):130-135.
[7] 高志春,陈冠玮,胡光波,等. 倾斜因子 K 均值优化数据聚类及故障诊断研究[J]. 计算机与数字工程,2014,42(1):14-18.
[8] Wang D. K-nearest neighbors based methods for identification of different gear crack levels under different motor speeds and loads: Revisited[J]. Mechanical Systems and Signal Processing, 2016, 70-71:201-208.
[9] 张辉,刘万军,吕欢欢. 引导滤波联合局部判别嵌入的高光谱影像分类[J]. 吉林大学学报(地球科学版),2020,50(4):1249-1260.
[10] Dornaika F, El Traboulsi Y. Learning Flexible Graph-Based Semi-Supervised Embedding [J]. IEEE transactions on cybernetics, 2016, 46(1):206-217.

撰稿人:徐立友(河南科技大学)

自走式农用作业运输车辆行走装置与地面耦合作用机理

Research on coupling mechanism between wheel/track of automated-driving agricultural vehicle and complex soft soil

1 科学问题概述

我国目前农田、果园用地、林地及水田的机械化乃至智能化程度不断提高,相应装备的需求程度也急剧扩大。一些极具研究价值的基础性问题也随之出现,如迫切需要解决行走部件与复杂土壤地面的界面交互力学问题、田间及果园内复杂土壤路面的土壤压实的内部应力问题、不同坡度复杂土壤地面的行走部件黏附力问题以及扰动饱和水田土壤泥水界面层流变特性。为了攻克不同类型复杂土壤地面作业行走问题,研发新型的专用的行走部件和优化现有的行走部件，在新理论、新方法和新技术方面突破技术瓶颈，一系列关键科学问题有待研究。

1.1　行走部件与复杂土壤地面的界面交互力学模型

一般来说，农用装备在田间或园内行走与土壤地面产生接触时，在机器行走的交互过程中土壤发生挤压、变形、破裂、滑移等现象，且不同地域土壤环境，如杂物、湿度、温度及密度等条件不同，其力学特性均有较大差异，再加之农用机具的行走部件又有轮式、履带式等大类的区别，更加有不同花纹形式，行走部件与复杂土壤地面的力学交互作用就变得极为复杂。充足的基础理论研究才能为更加科学更加合理的行走部件提供足够的理论支撑。因此，针对行走部件与复杂土壤地面的界面交互力学模型是田间园内行走的关键科学基础问题之一。

1.2　田间及果园内复杂土壤路面的土壤压实的内部应力问题

机具在田内及园内作业时会将其下土壤由松软挤压到紧实，但土壤之间的孔隙是空气、水及其他养分保存的天然场所，若土壤硬化将导致肥力减弱、种植能力降低等不良影响，虽然表层土壤可以通过耕作适当降低，但是其心土层的压实难以消除。因此有必要对土壤地形模型进行建模分析及试验验证，依据模型对土壤被行走部件压实后的土壤内部应力结构进行分析，该模型既可以为土-机交互作用力学模型提供子模型，也为土壤硬化现象研究提供理论支撑。

1.3　不同坡度复杂土壤地面的行走部件黏附力问题

对于具有一定坡度的地形目前研究尚少，如丘陵的缓坡地形乃至山地的陡峭地形，在我国均有大量果园在其中种植，针对不同坡度情况对机具行走部件的黏附力问题进行针对性的分析研究，为不同坡度类型土壤地形的行走机构设计提供理论保障则变得十分关键。设计出大坡度复杂土壤地面行走机构就成了重要问题之一。

1.4　扰动饱和水田土壤泥水界面层流变特性

水田土壤是一种力学性质极为复杂的时间因变性(流变特性)工程材料。它对外载作用的响应不但与外载荷的大小、形式有关，而且还与作用时间有关。水田土壤的这种特性尤为显著，因而研究土壤的流变特性，对于探索水田土壤与农业机械的行走装置和耕作机具之间的关系，揭示其相互作用的规律，为农田作业机械的设计提供理论依据，均具有重要意义。

2　科学问题背景

随着人工成本的不断增加，以及机械制造能力、电子技术及控制技术的不断进步，农机装备正在经历着前所未有的变革。我国农田、果园用地及林地的机械化、智能化程度也在不断提高，一些高研究价值的基础性问题也日益凸显，甚至一些基础性问题已经制约了某些机器性能的发挥，简而言之有以下四个方面。

2.1　作业机具与土壤交互过程复杂

作业机具在田间或园内的土壤上行走是一个高度复杂的交互力学过程，甚至就土壤本身结构建立模型都十分的复杂。不同土壤环境，不同土壤成分构成，不同温度及含水率，其力学特性均有较大差异，因此行走部件与复杂土壤地面的力学交互作用就变得极为复杂。需要充足的基础理论研究才能为更加科学更加合理的行走部件提供足够的理论支撑。

2.2　心土层压实难以消除

机具在田内及园内作业时，其行走机构都会将其下土壤由松软挤压到紧实，将导致肥力减弱、种植能力降低等不良影响，虽然表层土壤可以通过耕作适当降低，但是其心土层的压实难以消除。因此，有必要对土壤被行走部件压实后的土壤内部应力结构进行分析，为避免或减轻因耕作机具行走造成的土壤硬化现象提供理论支撑。

2.3　坡度地形分布广

坡度地形是我国农业种植的重要构成部分，目前对于具有一定坡度的地形目前研究较少，如丘陵的缓坡地形乃至山地的陡峭地形，在我国均有大量果园、茶园等在其中种植，坡度复杂土壤地面的机具行走部件的黏附力及滑移问题就变得十分的重要，能够针对不同坡度情况对机具行走部件的滑移现象及黏附力问题进行针对性的分析研究，为不同坡度类型土壤地形的行走机构设计提供理论保障则变得十分关键。

2.4　水田土壤泥水界面层流变特性测定难

我国水田面积达 3000 万 hm^2，表层土壤极为松软，一般呈流体或黏滞性流体状态(泥浆)，下层为软塑性状态，在泥脚深处呈硬塑性状态，最底部则为半固体或固体状态的硬底层。为保证稻种或秧苗有松软、黏附力强、水肥充足的适宜生长环境。此时，耕层土壤呈现一种“扰动饱和”状态，其特征是表层存在少量自由水，内部为混合有植物残茬的泥浆，含水率趋于饱和，机械强度低，黏附性与流动性显著增强。这种复杂的土壤条件直接影响水田动力行走装置的作业效率、牵引附着性能以及机具的燃油消耗率。因此,揭示扰动饱和水田土壤泥水界面层流变特性对行走部件的研发具有很高的提供有效的支持。

综上所述,针对行走部件与复杂土壤地面的界面交互力学模型,田间及果园内复杂土壤路面的土壤压实的内部应力问题,不同坡度复杂土壤地面的行走部件黏附力问题,特别是坡度问题、水田土壤泥水界面层流变特性等问题的研究对于我国农用装备行走部件以及提升对于复杂土壤地面力学特性方面的研究水平都有十分重要的作用,对于提升我国农用车辆具有极其重要的科学价值。

3　科学问题研究进展

3.1　土壤模型

目前针对土壤模型的研究,在国外已有几十年的研究,从最初的依据锥度指数经验模型对土壤进行建模发展到简单土壤地形模型乃至基于量子力学的次原子尺度的建模方法均可以应用在土壤模型的构建上。主要可以分成三大类:①锥度指数经验模型,对目前来说,模型的保真度非常低,尺度为机器尺度,其分析主要集中在一维即垂直方向受力及变形分析。②简单土壤地形力学模型主要包括高度场及高度模型,目前这两者都在应用,计算速度较快,但依然需要改进、校准以及通过试验验证该模型的有效性。③复杂土壤地形力学模型,主要包括微观尺度模型及宏观尺度模型,这两类模型都对土壤进行三维离散化处理,但是尺度大小不同,相应的土壤自由度量级也有所差别,是目前的研究主方向,但依旧需要改进、参数校准等。还有量子力学模型和分子动力学模型,这两类模型保真度最高,但是同时也是计算量最大的,直接应用到界面分析以目前的计算机算力无法实现。目前,我国研究多见于在两种不同简单结构材料界面交互方面。对于土壤这类内部由高度复杂结构构成的,也均采用离散元法或有限元法来进行建模,且主要研究领域集中在土壤的翻耕、旋耕、播种等方向。

3.2　土壤变形

对于土壤变形问题,主要研究目前集中在复杂土壤地形学模型上,主要可以分为两类:①网格法有限元建模。②粒子法建模。在基于网格的有限元(FE)土壤模型中,土壤被离散为一个 FE 网格和一个弹黏塑性连续介质力学本构材料模型。弹黏塑性连续介质力学本构材料模型的一个例子是 Drucker-Prager/Cap 模型,该模型用于近似土壤的摩尔-库仑屈服行为(土壤塑性屈服、内摩擦、内聚力和流动)。拉格朗日公式通常用于大多数有限元土壤模型,其中土壤变形是使用有限元节点的运动建模的。许多商业有限元代码,如 Abaqus、PAM-CRASH 和 LSDYNA,已被用于使用拉格朗日有限元模型模拟土轮相互作用,包括各种土壤本构材料模型，如 Drucker-Prager/Cap 模型。

3.3 扰动饱和水田土壤泥水界面层流变特性

目前在研究水田土壤的流变特性时，应用最多的为 Burgers 模型，能反映材料的黏性流动、瞬时弹性和延迟弹性的特性。为了更好地描述水田土壤的非线性黏弹性能，国内的一些研究者在 Burgers 模型的基础上，提出了一些非线性黏弹性模型。陆怀民认为由基本流变元件组合而成的经典流变模型并不能很好地表达水田土壤的应力-应变-时间关系，只有黏弹塑性力学模型才能比较圆满地解决这一问题，建议采用由 Drucker-Praqer 破坏包线和椭圆屈服帽盖所组成的黏塑性模型。钱炎樵开展了土壤在外载作用下流变特性的试验研究，认为土壤是一种非线性黏弹性材料，提出用四元件非线性流变模型作为土壤的流变模型，并推导了该模型的本征方程和在常应力水平下的蠕变方程。何焯亮建立空气-水-土壤三者耦合模型，将流变参数研究运用于水田土壤船式拖拉机的设计与参数优化，并利用 ANSYS/LS-DYNA 进行了流固耦合仿真。以上研究表明传统的将土壤作为弹性、塑性或弹塑性材料，这些方法均不适用于含水率较高的水田土壤，需要使用更加复杂的流变模型与流变方程对水田土壤的流变特性进行研究。

主要参考文献

[1] Babitsky L F, Sobolevsky I V, Kuklin V A. Justification of the design of the device for determining the dynamic deformation index of the soil[J]. News of agricultural science of Tauris, 2016, 171(8):50-4.

[2] Bashirov P M. Mathematical model of the statistical characteristics of the resistance of the plow[J]. Technique in agriculture, 2009, 5:9-12.

[3] 刘一. 基于水田土壤力学特性的车辆通过性研究[D]. 南京:南京农业大学,2014.

[4] 何焯亮. 水田船型拖拉机船体结构与工作参数优化试验[D]. 杭州:浙江大学,2018.

[5] 戚得众,陈龙,周明刚,等. 基于多相流的船式拖拉机减阻性能分析[J]. 农机化研究,2019,(12):264-268.

[6] 邬立岩,齐胜,宋玉秋,等. 水田作业机械仿生表面减阻机理的离散元研究[J]. 沈阳农业大学学报,2017,48(1):55-62.

[7] 赵池航. 动载式水田土壤流变参数测量仪的研制[D]. 南京:南京农业大学,2001.

[8] Nawaz M F, Bourrié G, Trolard F. Soil compaction impact and modelling. A review[J]. Agronomy for Sustainable Development, 2013, 33(2):291-309.

[9] Maruo S, Inoue H. Optically driven viscous micropump using a rotating microdisk[J]. Applied Physics Letters, 2007, 91(8):84-101.

[10] Parsaiyan H ,Barazandeh F,Rezaei S M ,et al. Wide-end fibers and their adhesion performance in biological attachment systems[J]. International Journal of Adhesion and Adhesives,2009,29(4):444-450.

撰稿人：李善军(华中农业大学)　李明震(华中农业大学)

农机-人-环境协同共融基础科学问题

Basic science issues of agricultural machinery human environment coordination and integration

1　科学问题概述

农业机械化是加快推进农业农村现代化的关键抓手和基础支撑。随着工业化与城镇化的持续推进，我国农业生产已进入机械化为主导的新时期，但由于智能化高端农机装备供给不足，目前农业生产仍以中低端机械为主，其综合生产能力亟待提高。智能化高端农机装备的不足，不仅制约了我国农机装备的产业升级，而且也影响智慧农业等新型产业的发展。2022年2月，中共中央、国务院发布了《关于做好2022年全面推进乡村振兴重点工作的意见》，明确提出要加快高端智能机械研发制造，提升农机装备研发应用水平，助推农机装备产业转型升级。但由于我国农机作业环境较为复杂，农机装备与作业人员及作业环境的自然交互与协同作业问题已成为当前制约农机装备智能化发展的瓶颈问题，为此，一系列关键科学问题有待研究。

1.1　农业运输与作业机械舒适性评价与工效学设计方法

农业机械是发展现代农业、实施乡村振兴战略的重要物质基础。然而，受自然环境条件与经济发展水平的限制，我国农业机械的研发工作起步较晚，技术基础相对薄弱。近年来，受益于国家产业政策的扶持以及财政支持力度的不断加大，我国农业机械产业规模不断扩大，研发制造水平稳步提升。但与欧美等发达国家相比，我国农业机械整体发展水平还比较低，科技创新能力明显不足，制造工艺水平相对滞后，产品仍以技术含量相对较低的中小机型为主，产品质量及可靠性亟待提高，行车安全性、操纵舒适性等人机工效问题尤为突出。

人机工效问题是国际农机工程领域人机工程学研究的重要方向与研究热点。但在我国，农业机械人机工效问题尚未引起足够重视，针对农业机械的工效学研究非常少见，生产实践中，其人机工效问题极为突出。近年来，农业机械在国民生产中的应用越来越广泛,其复杂的作业环境和恶劣的作业条件对其人性化设计也提出了更高的要求,农业机械的人机工效问题逐渐引起人们的关注。

人机工效学研究是涉及工程学、生物力学、工效学以及测量学等学科的重要课题,为了提升农业运输与作业机械的工效学设计水平,首先需要对其人机系统操纵舒适性进行定量分析与综合评价,揭示操纵舒适性的影响机制及人体舒适/不舒适的内在机理,并以此为基础,同时结合智能化技术,开展农机装备主动舒适性理论与设计方法研究。

1.2　农机-人协同精准农艺作业与协同安全问题

我国农业作物范围广阔,不同作物不同阶段农艺指标多样化,例如柑橘、荔枝等常绿果树在管理过程中需要进行疏花、修剪等农艺作业,这些农艺作业需要丰富的经验和精准操作,对农机装备的性能要求极高。如果针对每种不同农艺研发不同智能农机装备,成本极高,使用率较低,采用通用农业机器臂定位,人工协同完成精准农艺操作的方案将极大提高农机利用率采用农机-人协同操作,农机装备与人之间的物理界限消失,人和机器人将频繁接触,为确保农机作业过程中人-机-物的安全,可从交互接触前预警、接触后感知和行为决策等方面进行协同安全问题研究。

1.3　农机-环境自然交互与自主作业问题

我国农田地块规模小、耕地细碎化、丘陵山区地形复杂、作业条件差,对自主作业农机装备的研制提出了极大的挑战。不同农艺作业环节环境的复杂度也增加了农机智能化的难度,例如果园中果树树冠大、树枝重叠交错,对施药均匀、树叶正反面均施的施药机械提出了较高要求;农田土壤中常夹杂石块、树根等土质条件,对深开沟施有机肥农机装备性能提出了较高的要求。

如何感知不可预知、动态变化、复杂的自然农业环境,并对其进行描述、建模和理解,是农业作业机械在复杂地形下,针对施药、开沟等不同任务进行自主作业的基础。在人机协同作业中,农艺作业行为的意图解析与自然交互,即农业机械如何融合多元感知信息进而理解人的意图,配合人体作业,利用人与农机感知、认知、决策等交互提升人机共融系统的智能水平与人机协调运动能力也是亟须研究的问题。

1.4　农机-农机交互与协同作业问题

农田是一种非结构化的环境,作物生长环境的地形、土壤、光照和气候条件对传感器技术提出了很高的要求,道路高低起伏,存在各种各样的障碍物,多台农业机械在田间作业时会成为彼此的动态障碍物,如何避开障碍物,高效地完成所需的任务,对多台农机装备实时定位技术提出了很大的挑战。除了准确了解多台农机装备的定位信息和环境信息，解决避障和碰撞问题之外，还需要将任务分配给每个农机装备，合理规划行进路径，协调控制多台农机装备完成所需的作业任务，同时保持多台农机装备之间的信息交互，避免作业任务发生冲突，高效地完成作业，这些条件和问题都对多机协同技术提出了很大的挑战。

2　科学问题背景

随着我国社会的老龄化、城镇化的推进以及青壮年劳动力就业观念的变化，农业劳动力日益短缺，“谁来种地、如何种地”已成为严峻的社会问题。改变农业生产对劳动力的强依赖性，农业机械融合电子信息、物联网、云计算等技术，实现农业生产过程的自动化、智能化、机器人化是解决上述问题的根本途径。《中国制造 2025》提出“农业机械装备以信息技术为核心的智能化与先进制造方向发展，融合电子、信息、生物、环境、材料、现代制造等技术，发展新型高效农业机械装备，实现安全多能、自动高效、精准智能，支撑农业发展的可持续”。

我国农田地块规模小、耕地细碎化问题突出。美国的农场规模平均 200hm^2 以上，平均每个农民经营面积超过 113hm^2，欧盟国家农场面积大于 20hm^2 的占 82%，农场面积为 100hm^2 的占 52%。而我国农田碎片化程度高，经营面积 3.4hm^2 以下的小农户占比 95% 以上，而耕地面积却占我国总耕地面积的 80% 以上。不仅如此，我国农业机械化水平比较低，近年来，我国加大力度支持与推广全程、全面机械化，2020 年底我国主要粮食作物耕种收综合机械化率达到了 71%，丘陵山区农作物耕种收综合机械化率为 49%，设施园艺综合机械化率为 32%。然而，受农机产品需求多样化、机具作业环境复杂等因素影响，与发达国家相比，我国目前的农机化和农机装备的智能化水平仍有 10 ~ 20 个百分点的差距，尤其是部分农机装备农机农艺结合还不够紧密，因而制约了我国智慧农业的大规模发展。

我国丘陵山区县级行政区占全国的 2/3，拥有全国 54.2% 的人口。目前农业机械的自主作业、多机协同、智能决策等技术研究主要聚焦于平地大田环境中，为提升农业智慧化进程，亟须研究顺应非结构动态环境，理解人的行为意图，开发人机/农机群体间的自然交互与协同作业的共融农机装备。目前，共融农机装备主要存在以下四个技术瓶颈。

2.1　农机装备工效学设计与性能评估问题

舒适性评价是人机工效学的重要研究内容，其最终目的是为操控装置的人性化设计提供指导，实现系统人机关系的最佳匹配。然而，目前国内外关于农业机械人机系统操纵舒适性问题却少有人关注，而且现有研究主要是通过驾驶员主观评价试验或采用关节角度对驾驶员的静态舒适性进行定性分析与评价，因而无法从根本上揭示人机系统舒适性的影响机制及人体舒适/不舒适的内在机理。

2.2 农机-人协同工作的安全保障问题

区别于工业机器人在结构化环境下专业人员操作、作业预编程、与人隔离的传统模式,在智能农机装备作业过程中,需要与农业管理人员密切接触、密切交互、密切协作。农机与人之间的物理界限消失,人和机器人将频繁接触,要求机器人在行为过程中确保人-机-物的安全。

2.3 与农艺结合的农机操作灵活性问题

农业环境下,尤其是丘陵山区等环境通常地形复杂、随机障碍物多,难以感知和实时建模,智能农机装备在非结构、不可预知动态环境中完成作业是一大难题。农机装备作业对象形态多样、作业目标随机分布、任务过程复杂多变、不同作物不同阶段农艺指标多样化,这些对农机装备的操作灵活性、人机协作性都提出了更高的要求。

2.4 农机-人/农机-农机的交互协作问题

要求具备多信息源综合的交互手段,具有人类意图理解能力,机器人与人状态信息能实时双向传递,实现与作业环境、人和其他机器人之间自然交互,自主适应动态环境和协同作业。

3 科学问题研究进展

3.1 农业机械工效学设计与性能评价

关于农业机械工效学设计与性能评价问题,主要研究操控装置的舒适性评价与工效学设计,从而实现人机关系的最佳匹配。操纵舒适性分析与评价是当前人机工程学领域的研究热点,国内外关于操纵舒适性评价方法的研究比较广泛,但根据评价方法与手段的不同,可将其分为两类:①基于实验测试的操纵舒适性评价,该方法是一种最直接、有效的评价方法,主要在实车或人机交互实验台上进行,其测试内容主要包括舒适性主观评价与表面肌电测试。舒适性主观评价主要是根据试验者的主观舒适感觉,对操控装置的舒适性进行评估,易受个体差异与外部环境的影响,结果可重复性差、主观随意性强,但由于其测试过程方便、快捷,仍是舒适性评价不可或缺的一种重要手段。表面肌电测试主要是根据驾驶员的肌肉激活程度对其舒适性进行量化分析与评估,但该方法只能对人体浅层肌肉进行测量,不能获得人体组织内部的肌肉负载与关节受力,因而无法对人体生物力学负荷状态进行定量评估。基于实验测试的评价方法对舒适性的表征虽然比较方便、直接,但都必须在样机实车或实验台架上进行,实验周期长、成本高、可重复性差。②基于仿真分析的操纵舒适性评价,该方法主要采用人机工程软件建立虚拟仿真环境,通过虚拟人模拟真实驾驶与特定作业任务,对动态操纵过程中驾驶员视野、可达性以及操纵舒适性等进行量化分析与评估。目前市场上主要两类人机工程软件可供选择:一类是以 Jack 和 RAMSIS 两个软件为代表,主要着眼于人体几何特征的三维数字化表达及运动学特性的仿真,侧重于对驾驶员视野、操作伸及性、坐姿舒适性、出入方便性等进行仿真分析;另一类则是以 OpenSim 和 AnyBody 两个生物力学软件为代表,主要着眼于建立人体骨肌系统的生物力学模型,然后通过多体动力学的方法计算人体关节受力与肌肉负载,因而可以对人体的负荷状态、疲劳程度以及动态操纵舒适性进行定量评估,进而从本质上揭示人体舒适/不舒适的内在机理。基于生物力学模型的仿真分析不受客观实验条件的限制,成本低、效率高,因此已成为人机系统动态舒适性评价与工效学设计的重要手段,成功应用于汽车工程与航空航天等重要领域。但是,在农机工程领域,采用生物力学建模与仿真技术对农业机械进行工效学设计与性能评价的研究却鲜有报道。

3.2　人机协同安全

针对人机协同安全问题,根据物理人机交互功能特性,从交互接触前预警、接触后感知和行为决策等方面,将非结构化环境中的人机交互问题分为人机共存、人机单向交互、人机自主交互与双向协同三个子问题。目前已初步实现了人机共存与单向交互问题,然而涉及安全性的大部分工作集中在碰撞避免和限制系统内存储的速度或能量,这在很大程度上牺牲了作业效率;并且由于外置传感器可靠性、实时性和噪声等特性因素,严格意义上的碰撞避免难以实现;此外,机器人环境感知与控制性能受系统非线性不确定因素影响严重。目前研究方向主要包括:①在结构层面,设计拟人化灵巧柔顺机械臂;开展适用于机器人的高能量密度直驱驱动原理研究与设计;结合机构学与机器人学发展,拓展现代机构设计新理论、新方法;考量极端环境下机器人的稳定性与可靠性分析;针对机器人弹性包裹材料或电子皮肤等,研究低成本高性能装备材料,降低成本同时完善机器人触觉的意外碰撞感知能力。②在柔顺控制层面:开发稳定、实时控制器;开展力觉/触觉/滑觉等多维多元信息感知原理研究,完善基于非线性因素的预测控制与补偿;针对模型控制方法,强化多输入多输出人机交互机理研究,构建人-机器人-环境多元交互动力学模型,完善非结构化环境与不确定性作业任务等复杂系统在线辨识;整合变刚度、变阻抗控制思想,结合人体运动机理,基于脑电、肌电等生物信号,开展拟人化新型刚体运动力控制方法研究。③在运动规划层面:规划任务执行时间和并发运动量,权衡安全交互行为与工作效率矛盾问题,构建机器人拓扑运动构态实时规划;考虑规划遍历搜索收敛性,优化成本函数与参数潜在影响;结合人类运动意图预测,快速实现笛卡尔空间内几何推理和任务约束计算,以最大作业效率实现零空间下人机物安全交互。

3.3 智能农机装备自主作业

针对智能农机装备自主作业问题，主要研究大田机具拖拉机的自动定位与导航技术、辅助驾驶技术、无人驾驶技术和无人作业技术。农业装备的自动定位与导航技术研究重点包括位置定位、行线检测两方面。辅助驾驶是传统驾驶到无人驾驶之间的过渡阶段，其特点是直线跟踪和地头转弯等行驶项目采用自动驾驶，机具控制等作业项目采用人工辅助，使操作员更专注于农机作业，有利于提高作业质量。无人驾驶的农业装备目前停留在概念机阶段，主要开发单位是农业装备制造企业，较为典型的没有驾驶室的无人驾驶拖拉机有凯斯公司的 Magnum 和一拖公司的“超级拖拉机 1 号”。农业装备的无人驾驶技术与智能机具技术相结合可实现农业装备的智能无人作业。有学者在久保田和井关水稻插秧机的基础上开发了基于 Can 总线的水稻插秧机 GPS 导航控制系统和无人作业系统。有学者设计了与 GPS 导航系统相配合的插秧机无人作业控制系统。有学者研究了水田环境下水稻直播机的无人驾驶和作业控制系统。智能农机装备自主作业问题主要聚焦于拖拉机的控制上，针对种植规模小、地块间坡度大、种植密度大的丘陵山区，由于作业对象的多样性、作业环境的复杂性，小型智能农机设备的研究尚在起步阶段。

3.4 多机协同

针对多机协同问题，研究主要集中军事领域中的空-地协同和空-天-海多域无人系统协同，农业领域中主要聚焦于拖拉机多机协同调度。在军事领域，面向空-地协同探索场景，以维护高原边疆国土安全为背景，利用群体机-机自主协同系统开展了区域封控行动构想与验证。基于群体智能机器人操作系统，完成了群体无人机自主协同编队、区域覆盖侦察、目标检测与跟踪、协同警示驱逐等应用工作。面向空-天-海多域无人系统协同场景，以东南海域岛礁防卫为背景设想，利用遥感通信卫星、“翔鹰”无人机、“勇士”水面无人艇、潜龙 A 小型自主式水下潜器和“海翼”水下滑翔机等空天海异构群体，完成了岛礁环境变化多维监测、重点区域立体侦查和可疑目标观测与跟踪等应用工作。多机协同是农机智能控制领域的新技术，目前主要侧重于领航跟随协同算法的研究，而未来协同技术走向实用化除了领航跟随算法，还需解决协同作业中单机异常诊断及队形恢复、跨区域空地协同、云端协同调度，农业装备机群协同作业管控平台技术，多农业装备集群协作云调度技术，分布式多机协同远程运维技术，人机伴行控制技术等。

主要参考文献

[1] 赖一楠，叶鑫，丁汉. 共融机器人重大研究计划研究进展[J]. 机械工程学报：2021，57(23)：1-11 +20.

[2] 赵春江. 智慧农业的发展现状与未来展望[J]. 华南农业大学学报,2021,42(6):1-7.
[3] 贾计东,张明路. 人机安全交互技术研究进展及发展趋势[J]. 机械工程学报,2020,56(3):16-30.
[4] 刘成良,林洪振,李彦明,等. 农业装备智能控制技术研究现状与发展趋势分析[J]. 农业机械学报,2020,51(1):1-18.
[5] 丁汉. 共融机器人的基础理论和关键技术[J]. 机器人产业,2016(6):12-17.
[6] 刘辛军,于靖军,王国彪,等. 机器人研究进展与科学挑战[J]. 中国科学基金,2016,30(5):425-431.
[7] Jamshidi N, Abdollahi S M, Maleki A. A survey on the actuating force on brake and clutch pedal controls in agricultural tractor in use in Iran[J]. Polish Annals of Medicine, 2016, 23(2):113-117.
[8] Dewangan K N, Gogoi G, Owary C, et al. Isometric muscle strength of male agricultural workers of India and the design of tractor controls[J]. International Journal of Industrial Ergonomics, 2010, 40(5):484-491.
[9] 姜威. 农机驾驶室操纵装置的舒适性评价及位置参数优化[D]. 武汉:华中农业大学,2020.
[10] Seth A, Sherman M, Reinbolt J A, et al. OpenSim: a musculoskeletal modeling and simulation framework for in silico investigations and exchange[J]. Procedia IUTAM, 2011, 2: 212-232.

撰稿人:廖庆喜(华中农业大学) 徐红梅(华中农业大学) 鲍秀兰(华中农业大学)

拖拉机机组高效作业运输理论与系统协同控制方法

Efficient operation transportation theory and system cooperative control method of tractor

1 科学问题概述

民为国基,谷为民命,粮食安全是国家经济社会稳定运行的重要前提,必须牢牢把住粮食安全主动权,增强粮食产出和抵御自然灾害的能力。我国粮食产出地主要为农业大田、农业设施、丘陵山地等复杂开放环境,其全程机械化是提升农业生产效率和保证粮食安全的主要手段之一,拖拉机机组作为机械化作业中至关重要的动力输出源,在我国农业产业发展中发挥着重要作用。然而以往的拖拉机研究只针对机械性能本身,忽略了拖拉机机组高效协同的作业运输要求，导致拖拉机适用性低、机组作业控制精度低、抵御极端环境能力弱、驾驶员职业病频发、农田土壤生态恶化等突出问题。同时，我国耕地地形及地貌复杂多样、作物种植结构及区域差异较大，土壤环境具有强区域性、时节性、随机不确定性和结构跃变性等特征，作业机具深度/高度的直接测量和间接自动测量技术鲁棒性弱、精度低、非实时，而且缺乏作业综合效益评测模型，导致作业工效低、土壤生态破坏严重，亟须面向复杂多变地面行驶条件的拖拉机机组系统协同控制方法。为保证粮食增收、助力乡村振兴、巩固脱贫成果，需要实现拖拉机机组智能化、绿色化、友好化。因此从农田作业角度出发，运用新理论、新方法和新技术攻克驾驶员-拖拉机机组-土壤环境系统交互机理与系统协同控制方法等关键技术与科学问题，创制拖拉机机组绿色高效作业运输理论与系统协同控制方法，实现拖拉机田间作业机组系统高效、安全、可靠、智能、环保的高效作业要求，并为拖拉机机组设计提供理论基础与方法。

本科学问题主要涉及以驾驶员-拖拉机机组为子系统的人机工程学模型、以拖拉机机组-土壤环境为子系统的拖拉机地面力学模型和以拖拉机动力与作业机具为子系统的协同控制方法。其中，利用人机工程学研究机手-拖拉机机组-环境的交互机理，主要解决高效作业理论背后的科学问题；利用地面力学研究拖拉机机组-土壤的作用机理，主要解决高效作业理论背后的科学问题；系统协同控制方法可为驾驶员-拖拉机机组-土壤环境系统插上科技的翅膀，主要解决智能化作业背后的科学问题。

1.1　如何揭示驾驶员-拖拉机机组-环境互作模型

当前我国农业生产系统包含人-拖拉机-农田-作物等要素，我国农业机械化程度逐渐提高，拖拉机贯穿于耕-种-管环节中，是使用频率最高、对农田影响最大的农机。但由于缺乏拖拉机与农田生态互作机理的研究和考虑，导致拖拉机对农田生态破坏严重，产生了黑土地肥力严重下降等粮食安全问题。现有拖拉机机组主动人机工程考虑不足，农机手工作环境舒适性差，危害了农机手的生命健康，导致人工机械化作业成本高的问题；缺乏人机协同的基础理论研究，导致现有操控效率低、人-拖拉机机组不匹配的问题；缺乏无人拖拉机机组的人机工程学演变规律研究，造成当前无人拖拉机机组工况适应性差的问题；人-拖拉机-农田-作物模型融合深度不足，缺乏典型场景下真实数据驱动的拖拉机机组运行机制模型；没有针对作物产量和农田生态的拖拉机作业质量评价与预测模型。因此，从系统观角度考虑拖拉机机组运载特性出发，如何构建面向典型场景的拖拉机机组人机工程学模型是目前亟须解决的关键科学问题之一。

1.2　如何揭示多变环境下的拖拉机机组-土壤综合互作机理

农用拖拉机的地面行驶条件复杂多变，涉及平原-丘陵、旱地-水田、露天-温室、道路-

农田等大跨度作业场景，环境土壤具有强区域时节性、随机不确定性和结构跃变性特征，且挂接机具种类繁多，作业环节覆盖耕、种、管、收、运等农业生产各主要环节，整机的行走机构及作业机具与土壤互作频繁，该作用结果对农业综合生产效率有重要影响，但其过程的分析和控制尤为复杂，尚无系统性理论支撑。因此，亟须从田间路面普及载荷谱特性，拖拉机-作业机具系统多向交变载荷耦合机理，土壤混合分层、压实、剪切与结构破坏理论，松软和黏性土壤环境下拖拉机行走机构的滑转沉陷效应、行驶阻力特性、牵引性能、通过性及操纵稳定性分析与评价理论等方面开展科学问题探索，以阐明拖拉机整机系统作用下的耕地土壤物理结构变化规律，为整机系统作业效率的提升提供理论依据。

1.3　如何揭示拖拉机机组系统协同控制方法

拖拉机及其配套农机具组成机组系统，由于以机组系统的形式进行各种作业，为了发挥其最大效益，就必须对机组系统进行最佳设计、最优控制、最佳使用等方面的综合性能研究。拖拉机机组系统是一个强非线性的多输入多输出的动态系统，是一个既承受外扰又承受内扰的动态控制系统，体现了“拖拉机-农机具-土壤”之间的耦合关系。此部分科学问题涵盖 4 个方面：①拖拉机机组动力学模型包括“拖拉机-农机具-土壤”系统中的个体和交互的动力学特性、模型参数识别以及机组系统性能的仿真分析。现有的机组动力学模型以纵垂向为主，特征参数不够完善，耦合关系表达不够、辨识方法单一，缺乏精细的、完整的纵横垂向动力学模型及其辨识系统。②纯电动/混动/氢能源等新能源方式推动了拖拉机动力系统构型的绿色发展。目前，新能源动力系统构型设计多为集成设计，在电机、电池、传动等环节的协同设计、参数匹配和多模控制并没有体现出高度满足农艺要求、强适应工况环境性的目标。③拖拉机悬挂作业机组是最典型的作业机组系统，也是机组系统性能分析的重点和难点，需要在传统电液悬挂系统中的力调节、位调节、综合调节、浮动调节、滑转率调节、减振效应等控制方式的基础上增加智能控制方法。目前缺乏在智慧农业环境下，无人驾驶拖拉机悬挂系统的自主作业匹配控制算法。④拖拉机-农机具的动力匹配及机组协同控制、主动控制的目标是最大限度发挥机组系统效益，在取得较高生产率的同时，准确控制作业深度/高度并具有较佳经济性。目前主要针对燃油经济性、牵引效率、滑转率、耕深一致性等单一或局部目标进行研究，缺乏复杂多变环境下作业深度测量与控制方法，特别是面向多目标协同控制和时变参数动态控制的多维度作业综合评测与控制方法。因此，如何建立精细的拖拉机作业机组动力学模型及其参数识别、设计高效的纯电动/混动/氢能源等新能源拖拉机动力系统构型、构建精准的拖拉机-农机具-环境动力匹配及作业机组系统主动协同智能化控制模型是亟须解决的关键科学问题。

2 科学问题背景

2.1 驾驶员-拖拉机机组-环境互作模型

粮食安全与人-拖拉机-农田-作物融合互动密不可分，拖拉机发展的目标是粮食安全，农田土壤生态安全是粮食安全的必要条件。考虑拖拉机运用对农田生态的影响，建立人-拖拉机-农田-作物互动融合模型，是科学准确评价拖拉机对农田生态的核心。分别构建驾驶员行为模型、农机作业行为模型、农田路面特征模型、作物长势与产量模型，以系统观融合人-拖拉机-农田-作物模型，综合评价农机作业质量。面向人民生命健康，提高当前驾驶室舒适性水平，融合内外界环境因素，建立主动降噪、主动减振、微环境重构等舒适性主动控制方法和柔性主动驾驶室设计方法。考虑典型作业环节，构建机手认知-拖拉机机组操控模型，结合智能化算法，建立高效、智能的人-拖拉机机组共驾模型。农业现代化需要无人化，探寻无人化拖拉机人机交互演变规律，确定无人化过渡过程中的关键因子，构建类人控制理论，为无人控制系统提供可靠性强、灵活性强、决策准确的类人控制方法，实现综合考虑农田复杂工况的无人化感知-决策-拖拉机机组操控过程。

2.2 多变环境下的拖拉机机组-土壤综合互作机理

农用拖拉机除具有车辆运输功能外，兼具农田作业特性，在我国农业产业发展中发挥着重要作用。我国耕地地形及地貌复杂多样、作物种植结构及区域差异较大、作物种类及品种数量众多，亟须发展田间作业可靠性高、工况环境适应性强、智能高效的拖拉机。在全球相关领域向设计绿色化、控制智能化、作业高效化方向发展的背景下，我国农用拖拉机在设计研发、生产制造及使用维护过程中缺乏针对环境的地面力学理论和方法体系支撑，迫切需要构建规范、全面、准确、可靠、有效的拖拉机机组-土壤互作基础理论研究体系。因此，亟须针对农业生产工况开放、作物复杂多样问题，面向多功能智能化作业的实用性、稳定性、多样化、定制化需求，通过设立基础研究课题，对拖拉机作业机组在复杂环境工况下的高效牵引、安全操控以及土壤生态保护等关键科学问题进行系统性研究，实现适应我国耕地实情的拖拉机地面-机器系统力学基础理论体系的构建，支撑国家农业与农村振兴的战略实施。

2.3 拖拉机机组系统协同控制方法

农业作业环境决定了拖拉机机组具有时变、强耦合及非线性的复杂动力学特性，而且该特性与机器的控制系统耦合越来越紧密，存在对机组系统的准确测量、精细建模和协同控制难题。把拖拉机机组系统作为研究对象，从整体与部分、环节与环节、系统与环境相互依存、相互制约、相互交互耦合的关系中，描述系统特征和运动规律，使系统与环境相适应，使系统内部各组成部分之间相互协调，以获得整体最佳的设计方案、动力学模型和控制法则。①由于未深入探究拖拉机-农机具-土壤交互动力学特性，参数梳理不足，缺乏精细的、完整的纵横垂向动力学模型及其辨识系统。②对纯电动/混动/氢能源等新能源动力系统应用在拖拉机作业机组系统的工况环境适应性不足，高效构型尚不完善。③拖拉机悬挂作业机组的控制方法在现代农业新场景（智慧农业、无人驾驶）下趋向更加智能化和实用化。④目前还无法针对作业对象和机组结构多样化、作业机组与土壤交互不确定性强等问题提出作业深度高精度测量感知方法与评测模型，从而缺乏面向多目标的拖拉机-农机具的动力匹配方法及机组系统协同控制、主动控制、动态优化策略，导致现有控制方法难以针对不同作业环境对作业深度实时调节，造成耕深/播深不一致、机组牵引性能下降，不仅影响机组作业效率和稳定性，同时限制了作物产量。

3　科学问题研究进展

3.1　驾驶员-拖拉机机组-环境互作模型

目前国内关于人-拖拉机-农田-作物互动融合模型已发表的研究成果基本处于空白阶段，缺乏基于面向驾驶员-拖拉机机组-环境系统的农田作业工效模型。①现有研究只测量了拖拉机没有配套农具时，压实后的种床土壤物理特性变化，研究了小、中型四轮拖拉机对土壤压实和含水率的影响。国外研究主要借助模型研究土壤压实，如利用 Soilflex 模型输入农机及土壤参数，输出土壤应力-应变关系来反映土壤压实；根据轮胎与不同硬度土壤接触特性，首次提出利用椭圆系列表达轮胎-土壤接触面形状的方法。研究表明农机运载特性改变了农田自然生态，需要从农机运载特性出发，系统考虑作业效率和农田生态问题。②在舒适性方面，当前只研究被动舒适性设计方法，尚缺少主动舒适性理论研究。③在人机协同方面，主要基于人的认知-决策机理开展智能化控制，如电网配网人机协同带电机器人一定程度上解决了人员高风险作业问题；针对因驾驶员操纵失误而引发的车道偏离问题，人机协同降低了控制器对驾驶员操纵的干预，充分说明所提出的人机协同车道偏离辅助方法提高了车辆行驶的安全性及驾驶舒适性，研究表明人机协同技术能使得人-机优势互补，可提高拖拉机机组作业效率。④在类人化控制方面，在复杂环境与态势信息的感知与认知、整体效能最优的分布式动态决策、面向任务需求的路径实时规划、应对非预期情况的故障诊断及容错、基于人机接口的人机交互、人机协同系统均有农业领域的初步研究成果，表明基于人机智能化能在一定程度上解决农田复杂开发场景的控制问题。

3.2　多变环境下的拖拉机机组-土壤综合互作机理

目前相关研究主要围绕轮胎土壤作用机理和拖拉机牵引性能调控两个方面。①针对轮胎土壤作用机理，主要是运用弹塑性理论、有限元、边界元、车辆地面力学等理论，结合机器学习、统计分析、模型试验等技术方法对拖拉机多向交变载荷耦合机制、土壤混合分层、压实、剪切与结构破坏相关因素及作用机制开展研究。但是轮胎-土壤相互作用机制仍然不明确，在模型仿真方面缺乏有效的算法和手段。②在拖拉机牵引性能调控研究方面，主要采用理论分析、模拟仿真结合田间试验的方式，对驱动轮滑转沉陷影响因素、驱动轮滑转与牵引性能相互作用机制、拖拉机复合作业工况下的发动机功率分配问题及作业效率评定方法、滑转率测量与控制方法等开展研究。但目前关于拖拉机在松软土壤中的滑转沉陷产生机理及其对整机牵引性能的影响机制尚无清晰明确的研究，仍缺乏综合考虑作业效率、土壤压实和作业安全的拖拉机牵引性能控制方法。

3.3　拖拉机机组系统协同控制方法

①目前围绕着“拖拉机-农机具-土壤”动力学模型的研究进展主要基于纵垂向的平面运动和受力分析，对拖拉机的横垂面（侧倾方向）研究较少，还缺乏综合考虑纵横垂耦合的、完整的、精细的动力学模型。很多学者基于传递函数、微分描述函数法、非线性回归分析等方法进行个体和机组的建模，缺乏采用状态空间、张量矩阵、多智能体、实测数据等现代建模方法的研究。现有的此类动力学模型的辨识方法通常都由预测误差最小化、神经网络算法、和小波变换等方法发展而来，没有足够精细的机组动力学模型辨识方法研究。②现有对纯电动/混动/氢能源等新能源动力系统的研究提出了单电机、双电机、分布式等多种构型，并开展了多轮样机试验，但是对新构型在拖拉机作业机组系统作业时的工况环境适应性研究不足。③许多学者对拖拉机电液悬挂作业机组的力调节、位调节、综合调节、浮动调节、滑转率调节、减振效应等控制方式进行了大量的研究，但缺乏作业深度精准测量方法，缺乏新型构型下、新农业场景（智慧农业、无人驾驶）下强智能化和实用化研究。④现有学者对机组系统的控制已有一定的成果，还无法全面提出面向多目标的拖拉机-农机具动力匹配方法、作业综合评测模型及机组系统协同控制、主动控制、动态优化策略。

主要参考文献

[1] 乔金友，霍东旭，张险峰，等. 中型拖拉机压实对测试截面土壤坚实度和含水率的影响[J]. 东北农业大学学报，2021，52(6)：87-96.

[2] Thomas Keller，Pauline Défossez，Peter Weisskopf，et al. SoilFlex：A model for prediction of soil stresses and soil compaction due to agricultural field traffic including a synthesis of analytical approaches[J]. Soil & Tillage Research，2006，93(2)：643-653.

[3] 秦增科，郭烈，马跃，等. 基于人机协同的车道保持辅助系统研究进展[J]. 工程科学学报，2021，43(3)：355-364.

[4] 杨子涵,宋正河,尹宜勇,等. 基于POT模型的大功率拖拉机传动轴载荷时域外推方法[J]. 农业工程学报,2019,35(15):40-47.

[5] Yang Z, Song Z, Zhao X, et al. Time-domain extrapolation method for tractor drive shaft loads in stationary operating conditions[J]. Biosystems Engineering, 2021, 210:143-155.

[6] Chen Y, Xie B, Du Y, et al. Powertrain parameter matching and optimal design of dual-motor driven electric tractor[J]. International Journal of Agricultural and Biological Engineering, 2019, 12(1):33-41.

[7] Wu Z, Xie B, Li Z, et al. Modelling and verification of driving torque management for electric tractor: Dual-mode driving intention interpretation with torque demand restriction[J]. Biosystems Engineering, 2019, 182:65-83.

[8] 张硕. 基于滑模变结构的重型拖拉机犁耕作业滑转率控制方法研究[D]. 北京:中国农业大学,2018.

[9] 白慧娟,方宪法,王德成,等. 玉米播种机播深和压实度综合控制系统设计与试验[J]. 农业机械学报,2020,51(9):61-72.

[10] Assirelli A. Evaluation of sensors for poplar cutting detection to be used in intra-row weed-control machine[J]. Computers and Electronics in Agriculture, 2015, 115:161-170.

撰稿人:宋正河(中国农业大学)

丘陵山地农机作业运输失稳机理与稳定性评价方法

Rollover mechanism and stability evaluation of tractor-implement system in hilly and mountainous areas working

1　科学问题描述

农机作业机组在坡地作业工况下结构突变趋势显著,常出现轮式车辆的三轮、单边或单轴等部分车轮承载和履带式车辆的横向载荷突变转移,以及车桥相对车身摆动等情况,整机系统姿态和各子系统动力学状态参数呈强非线性激烈响应,易发生机体侧翻、侧滑及其牵连耦合引起的侧滑绊翻、单轴侧滑-横摆、双轴不等速侧滑-横摆等极限态安全事故,强烈干扰并降低农机作业机组的操纵稳定性和侧倾安全性,严重威胁驾驶员生命和农机装备安全。

1.1　如何揭示复杂地表特征下极限态农机作业机组行驶安全性的失稳跃变机理

由整机侧倾引起的机体横向偏载严重,各轮胎/履带的纵、垂、侧向载荷非均布特性明显,导致其磨损及附着等状态异步,整机等效牵引力偏置,坡下侧车辙处土壤压实与剪切等不良效应叠加。因此,亟须阐明机体在横向载荷转移和附加牵引阻力矩持续随机干扰下的农机作业机组的横向失稳机理,为明确整机系统姿态调整及动态操作补偿量提供识别机制。

1.2 如何构建多维度整机系统作业稳定性预警评价方法

针对农机作业机组稳定性评价的传统指标多基于整机加速度、角速度、轮胎反力、质心动态位置、侧倾能量等直接和间接参数,种类多样、评价角度单一、适用场景不同且应用难度大、精度低,尚无有效的通用模型。因此,亟须通过探究整机系统的精确数学建模与完整表述方法,构建农机作业机组的侧翻及侧滑评价模型,确定多因素影响下基于量化指标的整机稳效作业区间与标准,揭示各子系统间互作规律、整机姿态跃迁过程、侧滑推土与侧倾离地等极限态失稳机理,并判定复杂工况下的稳定作业环境边界。

2 科学问题背景

在我国丘陵山地农作区,分块化标准梯田、宜机化改造田、农户自修整田和未改造原始坡地等多种耕作环境并存,地表特征普遍表现为复杂崎岖、坡度交错、土质不一,农机作业机组在丘陵山地环境下作业时极易发生侧翻和侧滑等失稳现象。拖拉机在丘陵山地作业时,由于复杂崎岖的地势,造成拖拉机行走时产生剧烈颠簸,加之丘陵地区等高线梯度大,地势坡度陡,极大增加了拖拉机侧翻的因素;农田土质松散不一,使得行走机构抓地力弱,又由于丘陵地势坡度崎岖,更是加大了侧翻风险,尤其是拖拉机机组犁耕、播种等重负载、重心位置动态等复杂工况。现有理论大都基于静态侧翻试验数据建立纯刚体理论模型,然而轮胎是塑性体,具有高度动态复杂非线性特点,单纯简化为刚体后侧翻预警模型不符合丘陵实际情况,因此亟须从基础研究角度出发,对农机机组的坡地作业失稳机理与稳定性评价方法等科学问题进行深度理论探索,系统性构建整机车辆系统的坡地作业动态稳定性解析与评价体系,解析明确其安全稳定的作业环境工况边界,为突破我国丘陵山地智能农机作业机组的高质、高效作业技术瓶颈提供理论支撑与科学依据,亟须解决以下科学问题:

2.1 农机作业机组稳定性模型构建难题

整机处于侧倾常态,坡下侧轮胎/履带的纵、侧、垂向受力常大于坡上侧,导致整机牵引合力作用线相对机体纵向对称面向坡下侧偏置,在整机重心处产生附加横摆力矩,而直线行驶的作业要求致使部分车轮/履带始终处于滑转-滑移耦合状态,整机系统时刻受到随机环境路况、非连续力学特性土壤和交变作业载荷等时变外界激励的往复叠加影响。

在此综合作用下，整机系统与随机路面耦合形成的动力学系统具有时变性和强非线性特征，传统理论较难形成公认的统一解析模型。

2.2　农机作业机组稳定性评价难题

本领域缺乏具有地形地域针对性和研究维度系统性的农机作业机组动力学行为表征与评价体系，导致整机系统强非线性稳定性突变机理的定量解析和变环境参数输入下整机作业失稳区域的界定难以形成统一方法论，无法有效支撑农机作业机组的优化设计及动态稳定性控制研究。

3　科学问题研究进展

农机作业机组的坡地作业稳定性问题自20世纪50年代起受到广泛关注。早期代表性研究成果为1956年ROPS的发明和此后相关行业、国家、国际标准的制定，以及用于阐述侧翻基本原理和农机作业机组基本动力学行为的各类数学模型的建立。近年来，随着计算机技术和测试、加工技术的迅速发展，针对农机作业机组行驶安全性的研究方法、理论和技术也不断更新，变得更为丰富和先进，主要集中在数学建模及侧向稳定性的评价与预测，以及试验研究等方面。其中，国外相关研究起步最早，主要聚焦于农机作业系统的动力学建模和动态稳定性分析与评价等方面。但是基于理论模型的各类稳定性评价和预警方法在使用时限制条件多、通用性差，难以在实际工况下的丘陵山地农机作业机组侧向稳定性评估、预测和控制研究中发挥具体作用。由此可见，针对丘陵山地特殊工况，尚无关于整机姿态失稳、轮胎附着失效及侧倾偏载作业等方面的系统性基础理论作为支撑，导致指导我国丘陵山地自走式农机装备产品设计与优化的方法论缺乏。

3.1　农机作业机组稳定性模型

在丘陵山地作业工况下，环境路况与载荷激励复杂交变，“侧倾偏载+牵引作业”的客观条件显著增加了农机装备的安全风险和作业难度，同时造成装备磨损、土壤破坏及作业效能下降，对实现整机系统安全高效、连续平稳的作业目标形成了巨大挑战。目前采用较多的整机静态/准静态力学模型虽能阐述整机及各子系统的姿态变化规律与失稳机理，但纯刚体系统的简化方式不能反映实际轮胎特性，无法揭示其动态运动规律。

3.2　农机作业机组稳定性评价方法

相关农机作业机组动力学模型多为描述整机姿态小幅度变化的线性系统，或为受限于多个假设条件（如假设整机重心位于其纵向对称面、忽略前桥各转动惯量、拖拉机各轮均承载、障碍物具有特定形状等）的理想非线性系统，无法描述整机动力学系统在完整侧翻历程中变参数、变结构的强非线性动力学行为，建立在此基础上的各类评价方法局限性较大，难以适应实际工况。

主要参考文献

[1] 马丽娜，杜岳峰，宋正河，等．玉米收获机准静态横向稳定性数学建模与试验[J]．农业机械学报，2016，47(07)：89-95.

[2] Battiato A, Diserens E. Tractor traction performance simulation on differently textured soils and validation: A basic study to make traction and energy requirements accessible to the practice[J]. Soil & Tillage Research. 2017, 166: 18-32.

[3] Shafaei S M, Loghavi M, Kamgar S. Ascertainment of driving lead of tractor front wheels as loaded by draft force[J]. Measurement. 2020, 165: 108134.

[4] Watanabe M, Sakai K. Numerical analysis of steering instability in an agricultural tractor induced by bouncing and sliding[J]. Biosystems Engineering. 2020, 192: 108-116.

[5] Petrović D V, Cerović V B, Radojević R L, et al. An approach to characterization of the agricultural self-propelled machines stability[J]. Journal of Terramechanics. 2021, 93: 51-63.

[6] Song Y, Zhang X, Wang W. Rollover dynamics modelling and analysis of self-propelled combine harvester[J]. Biosystems Engineering. 2021, 209: 271-281.

[7] Latorre-Biel J, Ballesteros T, Arana I, et al. Development of an inexpensive rollover energy dissipation device to improve safety provided by ROPS[J]. Biosystems Engineering. 2019, 185: 88-102.

[8] Franceschetti B, Rondelli V. Models to predict the force to operate front foldable rollover protective structures for narrow-track tractors[J]. Biosystems Engineering. 2019, 185: 126-134.

[9] Sun Y, Xu L, Jing B, et al. Development of a four-point adjustable lifting crawler chassis and experiments in a combine harvester[J]. Computers and Electronics in Agriculture. 2020, 173: 105416.

[10] Chen Y, Mao E, Li W, et al. Design and experiment of a high-clearance self-propelled sprayer chassis[J]. International journal of agricultural and biological engineering. 2020, 13(2): 71-80.

撰稿人：宋正河(中国农业大学)

拖拉机机组智能运维系统理论与智慧服务管理

Intelligent operation maintenance system theories and service management of tractor and related implements

1 科学问题概述

现阶段我国农机装备智能运用和维护技术研究仍处于初始阶段，这种现状导致了我国农机运维模式仍限于传统的以人工为主的运用和维护模式，这种模式不仅无法保证农业作业运输机械装备运用效率和效果，也致使以拖拉机为代表的农机故障得不到及时有效恢复而增加农机作业成本，进而影响农业生产的顺利进行。其次，随着农业机械化向质量效益方向转型发展，大型、智能农机装备会得到普及和推广，农机的服务规模不断扩大，科学合理、智能精准运维是实现农业机械化高质量发展的重要前提和保障，直接关系到我国智慧农业目标的实现。“十三五”期间，与农机智能运维相关的政策频发，在很大程度上推动了拖拉机智能运维相关技术的发展，但是针对农业运载装备与作业工程高质量发展、智能农机大量应用背景下急需在拖拉机机组智能运维系统理论与智慧服务管理相关新理论、新方法和新技术方面有所突破，相关关键科学问题如下：

1.1 拖拉机机组作业运输性能参数多维感知与智能运维管理理论、方法与机理

现代农业生产需要智能农机装备和智慧运维管理服务体系，而智慧运维的前提就是能够及时准确获取拖拉机机组作业运输性能参数。研究获取拖拉机机组作业运维性能的多维数据感知理论与方法，利用多元数据的冗余性和互补性，设计科学有效的智能算法实现拖拉机机组多维时间和空间作业运输信息的有机融合，利用计算机快速处理能力，大幅度提高基于信息融合的拖拉机机组作业运输运维数据获取的及时性和准确性。同时，引入多源异构数据融合技术，把拖拉机机组健康状态与工况、作业状态与效果以及环境条件信息等数据有机融合智能处理，研究拖拉机机组作业运输技术状态、作业状态和效果优化，作业运输路径优化和智能作业调度决策、作业运输机器系统优化、作业运输机器系统实时全方位状态监控等方面理论、方法与技术，是目前亟须解决的科学问题之一。将此成果集成在拖拉机智能运维平台中，可有效提升拖拉机机组运维效率和效果、提升拖拉机机组作业运输的智能化水平，有效促进智慧农业发展。

1.2 基于人工智能方法的拖拉机故障诊断机理与模型

智能故障诊断与有效修复是目前拖拉机机组作业运输中没有解决的问题，采用有效

技术获取拖拉机机组实时技术状态信息，采用神经网络等人工智能方法在信息不完全、不确定等灰色条件下，建模预测识别拖拉机机组运维过程的技术状态和诊断其故障。针对人工神经网络等方法易陷入局部最优、不易收敛等缺陷，具体研究中，需结合拖拉机机组故障识别与诊断的具体需求，依据模糊控制理论和模糊推理系统的特点和缺点，研究模糊理论和神经网络融合方法与技术，使其适用于高维度、低关联的拖拉机机组作业运输数据，并使融合后的模糊神经网络既有模糊理论对于知识自主学习的能力，又有神经网络对规则的推理能力，并生成易于人理解的知识，进而大幅度提升拖拉机机组故障识别与诊断的效率和准确性。这是目前亟须解决的科学问题之一。

1.3 拖拉机机组全生命周期智能运维理论与方法

采用驻厂服务和现场服务的线下人工方式诊断修复拖拉机机组的故障，由于对人员个人能力要求高、快速响应差，导致我国的拖拉机机组维修模式依然以事后维修和定期保养维护为主，存在“维修不足”和“维修过度”等现象、造成设备故障频发或维护成本过高等问题。将物联网技术和数字孪生技术应用在拖拉机机组故障中会有效避免传统拖拉机机组故障诊断与维护的弊端。基于物联网技术和数字孪生技术的拖拉机机组全生命周期应用贯穿于拖拉机机组的设计、制造、试验、运用、故障诊断与维护、回收等阶段，整个过程为一个不断循环、不断完善的过程，涉及大量数据和复杂的计算过程，如何将物联网技术和数字孪生技术在拖拉机全生命周期得以应用，是目前亟须解决的科学问题之一。

2 科学问题背景

随着大型智能拖拉机机组的普及应用，以及大数据技术、人工智能技术的高速发展，使得拖拉机机组运维理论、方法与技术也向数字化和智能化方向发展。农机作业监控平台的应用和大数据技术的发展使得在线动态农机运行状态监测和数据高效融合处理成为了可能。虽然一些企业已经开始投入资金研发农机运维平台，但目前拖拉机机组运维技术仍存在以下的问题：

2.1 系统化程度低

随着深度学习等人工智能技术的应用，一些农机零部件，如齿轮箱、轴承、发动机等部件的故障诊断技术已经相当成熟，但目前针对拖拉机机组的作业运输过程智能运维技术仍较落后，每次发生故障时往往要重新探索故障诊断机理。同时，由于拖拉机的经营者和使用者维修知识基础薄弱，导致每次故障均需要花费大量的人力物力财力。关于拖拉机机组智能运维方面的研究限于零部件故障诊断方面，没有形成拖拉机机组整机系统的故障诊断和作业运输过程智能管理的系统性、全面性研究格局。

2.2 管理体制不健全

受到传统的农业生产没有健全的管理体制的影响，缺少合理数量的管理人员，农业生产人员技术能力不强，对农业机械认识不够，维修能力薄弱。

2.3 地理因素制约

由于地理位置的差异，导致不同地区对农机运维的需求不同，如我国南方长江中下游平原为一年三熟，拖拉机的使用时间较长，对拖拉机运维技术的需求较大；而北方大兴安岭北端为一年一熟，拖拉机的使用时间较短，对于拖拉机运维技术的需求较小。

2.4 运维成本过高

随着农业机械化的发展，拖拉机投入的日益增多与管理规模的扩大，农业数据将从单数据中心模式向多数据中心模式发展，在此过程中，传统的现场拖拉机运维方式也因农业作业地点偏僻、现场巡检工作烦琐重复等困难而导致运维成本和压力增大。

总体上说，上述提到的四点内容，与智能运维系统理论和智慧服务管理的关联度不算很强，还应着重强调在智能运维系统理论和智慧服务管理上存在的问题。

3 科学问题研究进展

3.1 拖拉机的机械振动

拖拉机在作业过程中往往伴随着机械的振动，而正常工况与故障工况下的机械振动并不相同，振动监测技术就是对机械的振动状态进行检测，通过振动特征来判断其是否发生故障，基于振动分析的故障诊断方法是拖拉机智能运维系统构建的重要理论之一。基于时频变换的智能故障诊断框架、基于自适应奇异值分解的随机共振微弱故障特征提取等方法，正在应用于拖拉机的故障诊断。

3.2 大数据

现代农业中的大数据不仅仅是指农业数据的采集汇总传输交换，更是指利用大数据技术进行作物育种，实现农机自身健康状况诊断与故障预测，加快农业技术操作精准化，实现农产品追溯监管，端到端的监管控制，以及优化农业产业结构，因此，农业大数据将贯穿整个拖拉机运维过程，对于大数据的不断挖掘和应用，正在给拖拉机机组智能运维系统带来新的机遇。

3.3 智能运维

智能运维是拖拉机寿命周期管理方案开发的关键驱动力，全生命周期管理的核心是故障诊断与机器维护。拖拉机在线诊断也常采用车载自诊断系统，此方法可有效诊断电子类故障，但对机械故障却存在精度低的问题，因此，基于物联网技术和数字孪生技术的智能运维理念，正逐步应用于拖拉机机组智能运维系统理论与智慧服务管理中。

主要参考文献

[1] 魏巍宏. 基于振动监测和油液分析的齿轮箱多参数故障诊断方法优化研究[D]. 徐州：中国矿业大学，2019.

[2] 张忠伟，陈怀海，李舜酩，等. 一种应用于不同转速下智能故障诊断的基于时频特征提取和 softmax 回归的稀疏滤波新方法[J]. 中南大学学报：英文版，2019，26(6)：1607-1618.

[3] 谢有浩，刘晓乐，刘后广，等. 基于改进移频变尺度随机共振的齿轮故障诊断[J]. 农业工程学报，2016(8)：70-76.

[4] 李志星，石博强. 自适应奇异值分解的随机共振提取微弱故障特征[J]. 农业工程学报，2017，33(11)：60-67.

[5] Moslem A，Jaskaran S，et al. Multisensor data fusion for gearbox fault diagnosis using 2-D convolutional neural network and motor current signature analysis[J]. Mechanical Systems and Signal Processing，2020，144：1-18.

[6] Bengherbia B，Kara R，Toubal A，et al. FPGA implementation of a wireless sensor node with a built-in ADALINE neural network coprocessor for vibration analysis and fault diagnosis in machine condition monitoring[J]. Measurement，2020，163：1-13.

[7] 曾国军. 基于虚拟仪器的拖拉机噪声识别与故障诊断的测量系统[D]. 武汉：华中农业大学，2006.

[8] 陈军堂，廖世勇，甘剑锋，等. 分形维数在基于噪声的发动机故障诊断中的应用[J]. 车用发动机，2011(5)：89-92.

[9] Lu S L，Wang X X，He Q B，et al. Fault diagnosis of motor bearing with speed fluctuation via angular resampling of transient sound signals[J]. Journal of Sound and Vibration，2016，385：16-32.

[10] 詹宏宇. 基于蓝牙无线通信技术的汽车远程诊断仪[D]. 大连：大连理工大学，2017.

撰稿人：肖茂华(南京农业大学)　乔金友(东北农业大学)

CHAPTER TWO

第 2 章
矿山运载装备与作业工程

纵观矿山运载装备与作业工程的发展历程，贯穿始终的是技术的不断进步，而其背后的驱动力是基础科学理论的不断突破。随着矿山运载装备与作业工程理论和技术的不断发展革新，矿山运载装备与作业工程和不同学科加速交叉融合，其内涵也在不断拓展，相应的科学问题也随之发生变化。当前，矿山运载装备与作业工程系统已经从传统的“机械式和人工式”体系转变为以“高效、无人、高可靠性、协同控制”为特征的新体系。在新形势下，按高效电驱动系统、无人驾驶系统、矿山运载装备与工作工程可靠性和矿山运输车辆设计与控制四个方向梳理关键技术如图 1 所示。

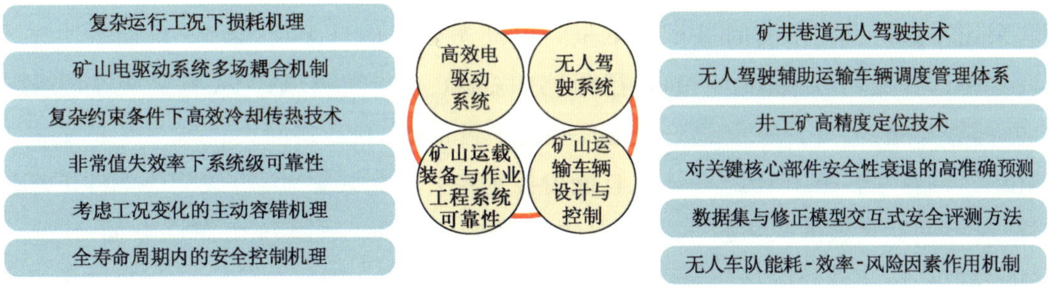

图 1　矿山运载装备与作业工程领域关键技术发展现状

在高效电驱动系统领域，国内外研究多集中于借鉴新能源汽车研究方法进行单一的电机本体损耗或者驱动变换器损耗的研究，较少结合矿山运输与矿机系统的行驶里程、运行工况、环境、驾驶行为等因素进行系统性分析，对考虑矿用机车特有工作特性的电驱动系统损耗模型研究不足。在无人驾驶领域，现阶段主要围绕无人驾驶系统、车辆智能调度管理体系、井下高精度定位、远程监控和应急接管系统、车路协同运行以及平行矿山等方面进行开展，主要针对井下复杂作业环境，提升车辆感知能力，增加无人驾驶的可靠性。车辆智能调度管理体系主要针对井下特殊的道路特征及运输作业特性，制定合理的交通规则及任务规划。在矿山运载装备与作业工程可靠性领域，考虑瞬态应力影响的寿命评估模型、高精度可靠性评估模型、高鲁棒性故障诊断与容错、安全运行与控制是当前的重要发展方向。在矿山作业运输车辆设计与控制领域，在新能源矿用无轨运输车辆及系统设计领域，国内外多家企业如小松、斯堪尼亚、跃薪时代等相继发布了取消驾驶室的运输车型，对车辆结构开展了创新性重构设计，但仍未形成系统级的正向创新设计理论。矿用车辆的设计中大多都未考虑线控执行设计，缺乏从线控底盘性能需求出发的自顶而下的集成设计理论研究。面向无人驾驶与新能源技术需求，开展矿用无轨运输车辆及系统设计理论研究，最大限度地提升整车的能量利用效率和动力学控制性能是当前的研究难点。

为顺应“工业化、信息化、城镇化、农业现代化”新四化趋势，需要对矿山运载装备与作业工程高效电驱动系统等四个方向进行科技突破。

展望矿山运载装备与作业工程高效电驱动系统未来，高效电驱动系统研究将主要围绕降耗技术、多物理场耦合分析设计技术、冷却散热等方面开展。针对矿山运输与矿机系统电驱动系统是一个集机械、电磁、热等多种参数高度耦合的系统，准确建立矿山运输与矿机系统电驱动系统多物理场耦合模型，研究矿山运载装备与作业工程电驱动系统高效冷却传热内在机理，对温升进行有效管理。展望井工矿无轨胶轮车无人驾驶方法与关键技术未来，井工矿无轨胶轮车无人驾驶技术研究将主要围绕无人驾驶系统复杂环境感知、高精度定位技术以及车路协同技术等方面开展。针对井工矿巷道狭窄会车行驶难度高等问题，采用车路协同技术实时进行井下全时空动态交通信息采集、融合，从而解决车端进程盲区、中远程及非可视环境下的超视距感知难题。为实现卡车无人驾驶系统在露天矿的全面部署实施，需要开发重载车辆仿真验证平台、研究颠簸路面大盲区多源传感器融合感知技术、构建“车-路-矿-云”一体化智能管控平台并研究强振动、重载荷等条件下车辆故障诊断及导向安全智能决策技术。矿山运载装备与作业工程系统可靠性方面，应重点布局系统级可靠性建模理论、安全运行机理与控制策略、高鲁棒性故障诊断与容错策略。矿山作业运输车辆设计与控制方面，应优先考虑新型传动系统、电液复合制动、线控转向、非线性隔振系统的底盘设计方法、矿用运输车辆线控底盘鲁棒性设计、矿用无轨车辆传动系统构型设计方法、矿用无轨车辆运输车辆健康状态演化机制及特性研究、健康状态的驾驶性能优化控制等研究。

无人驾驶矿用工程车辆协同任务决策与自适应运动控制

Cooperation task assignment and adaptive motion control for autonomous mining construction vehicles

1　科学问题概述

装载机、挖掘机、铰接式自卸车等矿用工程车辆的无人化发展已从单一车型向集群协同作业过渡，其无人驾驶技术在单车及车队长距离运输任务方面均已有较为成熟的技术方案和应用；但在以频繁启停和大角度连续转向为主要特征的中短距离铲运任务方面，由于矿区作业环境恶劣、车铲协同工艺复杂、中大型履带及铰接式车体运动控制困难等因素，缺少具有针对性的无人驾驶技术方案，造成矿区生产无法形成有效的采掘-装卸-运输多环节无人化联动，制约矿山开采的效能提升。因此，开展无人驾驶矿用工程车辆协同任务决策与自适应运动控制研究具有重要而积极的作用。针对上述技术的关键科学问题可总结成以下三点：

1.1　如何建立恶劣作业环境下矿区路面行驶条件在线辨识方法

对行驶条件进行准确识别是合理决策和精准控制的前提。矿区路面具有对行驶车辆纵向激励幅值大、频率高、随机性强的特点，且道路边界模糊、坡度变化剧烈、障碍类型多样，直接影响无人驾驶工程车辆运行的安全性和可靠性。然而，对于矿区作业，基于图像或点云信息的复杂路面实时辨识方法在理论完善性、识别准确性以及算法稳定性方面存在明显不足；而基于车体动力学响应和机器学习的路面辨识方法则存在较为明显的滞后性，无法对车辆前方未行驶区域内的边界、障碍、坡度和路面条件进行有效预测。因此，如何基于多源异构数据融合揭示矿区路面行驶条件辨识机理并建立稳定高效的在线辨识方法是实现无人驾驶矿用工程车辆协同任务决策与自适应运动控制的第一个关键科学问题。

1.2　如何建立连续作业工况下多机型协同决策机制

矿用工程车辆多机型连续作业协同策略是典型的多目标动态规划问题并具有明显的时序耦合约束和复杂的铲运工艺约束。然而，作业效率、能耗和安全三个目标之间分别存在矛盾；同时，由于矿区的作业面在范围和形态上存在随机性，导致约束边界值的波动；此外，对于同一作业区域，由于矿用工程车辆多属于重载车辆，无法忽略其多次行驶对路面行驶条件造成的改变，导致局部可通行区域的变化。因此，基于模型的多目标规划方法很难直接适用于矿用工程车辆多机型协同规划，且此类方法在计算效率和求解稳定性方面同样难以满足实时性与适用性的要求。如何基于数字孪生、深度学习及模型进化揭示不同协同策略下连续作业效能的变化并进一步形成稳健的协同决策机制是一项必须要解决的关键科学问题。

1.3 如何建立非结构环境下矿用工程车辆自适应运动控制方法

矿用工程车辆通常采用履带式底盘或铰接式车体结构以提升其通过性同时减小转弯半径，但由此带来的较大的离地间隙和明显的滑移滑转现象导致其操控稳定性和准确性下降。复杂的多自由度车体结构、机电液强耦合特性以及地面力学特性导致难以准确建立解析动力学模型；此外，作业区域内的行驶路径通常为具有大角度连续转向特征的不规则曲线，且矿区无人驾驶的随机干扰类型多、强度大，常规的运动控制器和扰动估计器难以满足精度和鲁棒性要求。因此，如何通过代理模型构建高精度动力学降阶模型，并在此基础上建立不同工况条件下控制参数与动力学响应的映射，从而进一步建立满足矿区无人驾驶需求的矿用工程车辆自适应运动控制方法，实现不同路面条件下对规划路径的高效准确跟踪是另一项关键科学问题。

2 科学问题背景

矿山开采为国家建设发展提供重要的能源与物资保障，工程规模大、建设周期长、技术复杂度高，矿用工程车辆以其大承载、高可靠等特点在铲掘、运输、装卸等领域发挥着不可替代的作用，其作业性能直接影响到矿山开采的效率、成本与安全。矿用工程车辆的无人化发展是先进科学技术应用于工程项目施工中的必然结果，同时也是实现工程项目高质量和高水平建设的重要保障。开发安全、高效、可靠的无人驾驶技术是矿用工程车辆发展中不可回避的基础性科学问题，同时也是行业发展中迫切需要解决的关键技术问题。目前，矿用工程车辆无人驾驶主要面临以下重点和难点问题：

2.1 复杂行驶路况在线辨识难

矿用工程车辆行驶区域是典型的非结构环境，缺少道路标识、可通行边界模糊、障碍类型及尺寸多样；且行驶过程中振动、沙尘、雨雾等干扰严重影响图像、点云等传感信息的获取和处理，导致难以及时准确地识别行驶区域并判断行驶条件。因此，如何在复杂条件下有效辨识路况是实现矿用工程车辆无人驾驶的基础问题。

2.2 复杂作业工况协同规划难

矿区土方作业工程量巨大，必须通过多机型连续协同作业才能实现车辆集群从数量优势向效能优势的转化。但实际作业工况的料堆形态、作业区域范围存在随机性，装运作业模式多样，难以彻底消除作业等待实现连续作业。因此，如何在复杂工况下对协同策略进行合理高效规划是实现矿用工程车辆无人驾驶的关键问题。

2.3　复杂车体结构运动控制难

矿用工程车辆属于典型的控制输入量小于状态量的欠驱动系统，其子系统间具有强耦合特性；此外，其复杂的动力系统和液压系统具有高度非线性和迟滞特性，无法建立精确的车辆系统动力学模型，难以实现准确的运动控制。因此，如何对规划路径进行自适应跟踪控制是实现矿用工程车辆无人驾驶的核心问题。

综上所述，针对无人驾驶矿用工程车辆协同任务决策与自适应运动控制开展重点研究，以期提高矿区铲土运输系统的整体作业效能，对于促进我国矿用铲运装备无人化发展具有重要的理论和现实意义。

3　科学问题研究进展

3.1　非结构环境感知方面

Lee 等人利用三维扫描仪、激光雷达、照相机等传感器的数据构建三维图像，以实现挖掘机的自动挖掘。Hu J 等人基于多传感器融合建立了智能地面车辆在越野环境中的障碍物检测方法。李明龙等人利用侦察机获取受损建筑物位置，配合地面车辆实施搜救任务。Asadi 等人基于 UAV-UAG 协同来提高环境数据收集的自动化程度和效率。随着感知数据规模的逐渐扩大，其类型、关系及质量上的差异性日益增大，且包含大量未标注数据、数据稀疏区域及领域知识；同时，由数据传输限制等因素所导致的分布式数据融合难题不容忽视。为此，考虑多源异构数据的时序属性、空间拓扑关系和数据语义等多种复杂的结构特征，确保对作业环境的准确感知是亟待解决的问题。

3.2　协同任务规划方面

Yang 等人针对装载机的规划进行了深入研究；Kim 等人实现了多台挖掘机之间以及挖掘机和矿卡间的协同；Hu 等人提出的路径规划算法能够随着农机作业群状态的改变优化作业路径以实现机群精准作业控制；Gaber 等人指出可靠的通信技术对于无人矿卡运输系统运行安全的重要性。现有的矿用工程车辆作业规划方法多针对单一功能开发，整体效能难以达到人工操作水平。利用数字孪生、深度学习和模型进化技术，集成不同场景、不同作业主体和不同工况的解决方案以提高能效、降低成本，是实现无人驾驶工程车辆自主作业的有效助力。

3.3 自适应行驶控制方面

矿用工程车辆多采用多自由度铰接车体或履带底盘以提高灵活性和承载能力。现有的铰接车辆和履带车辆轨迹跟踪算法包括比例积分微分(PID)控制、滑模控制、模型预测控制、模糊控制、神经网络控制等。但PID控制的控制器参数整定不良,对工况适应能力差;滑模控制中状态轨迹难以严格沿滑动模态面向平衡点滑动;模型预测控制难以解决不确定性系统问题;模糊控制则完全凭经验建立模糊规则及隶属函数,精度与决策速度相矛盾,鲁棒性差;神经网络控制的学习速度慢,稳定性、收敛性差。近年来,将感知与控制相结合的方法为轨迹跟踪提供了感控一体的新方案,提高了系统的抗干扰性。然而,矿用工程车辆的行驶路面障碍类型多样、连续性差,且自身动力学特性复杂;因此,为实现其高效、连续、稳定运行,在感控结合的基础上,需要考虑随机障碍导致的路径变化,建立更加稳健的路径跟踪自适应控制方法。

主要参考文献

[1] Lee J,Kim B,Sun D,et al. Development of unmanned excavator vehicle system for performing dangerous construction work[J]. Sensors,2019,19(22):1-17.

[2] Hu J,Zheng B,Wang C,et al. A survey on multi-sensor fusion based obstacle detection for intelligent ground vehicles in off-road environments[J]. Frontiers of Information Technology & Electronic Engineering,2020,21(5):675-692.

[3] 李明龙,杨文婧,易晓东,等. 面向灾难搜索救援场景的空地协同无人群体任务规划研究[J]. 机械工程学报,2019,55(11):1-9.

[4] Asadi K,Kalkunte Suresh A,Ender A,et al. An integrated UGV-UAV system for construction site data collection[J]. Automation in Construction,2020,112(2020):1-23.

[5] Yang Y,Zhang L,Cheng X,et al. Compact reachability map for excavator motion planning[C]. 2019 IEEE/RSJ International Conference on Intelligent Robots and Systems (IROS). 2019:2308-2313.

[6] Kim J,Chi S,Seo J. Interaction analysis for vision-based activity identification of earthmoving excavators and dump trucks[J]. Automation in Construction,2018,87:297-308.

[7] Hu J,Yang J. Application of distributed auction to multi-UAV task assignment in agriculture[J]. International Journal of Precision Agricultural Aviation,2018,1(1):44-50.

[8] Gaber T,ElJazouli Y,Eldesouky E,et al. Autonomous haulage systems in the mining industry:Cybersecurity,communication and safety issues and challenges[J]. Electronics,2021,10(11):1-13.

[9] 于向军,槐元辉,姚宗伟,等. 工程车辆无人驾驶关键技术[J]. 吉林大学学报(工学版),2021,51(04):1153-1168.

[10] 侯小强. 基于感控一体化的铰接车辆动态协调控制方法[D]. 大连:大连理工大学,2018.

撰稿人:姚宗伟(吉林大学)　毕秋实(吉林大学)

矿用重型履带装备无人驾驶路径规划与优态控制

Path planning and opti-state control for autonomous heavy tracked mining equipment

1　科学问题概述

矿产资源(煤炭、黑色金属、有色金属等)是经济发展的重要支撑,电铲、斗轮挖掘机、移动破碎站等重型机械是大型露天矿山开采中的核心装备。世界经济的高速发展对固体能源和固体矿物资源需求量迅速增加,矿山开采装备为了提高作业效率而向巨型化方向发展,以 SRs6300 斗轮挖掘机为例,其生产率达到 14000m^3/h,整机质量超过万 t,整机尺寸达百米,国产的 WK75 挖掘机,斗容 75 m^3,整机质量 2000t。重型履带装置承担着机器的工作载荷,并完成行走作业,重型履带装置的健康状态直接决定着矿山开采的工作效率和安全。由于此类装备动力学特性复杂、信息感知滞后、安全约束苛刻、服役环境极端,目前,其巨型化发展速度远大于无人化发展速度,尤其在行驶工况中,驾驶员无法对全局信息进行掌控,只能依赖经验操作,耗能高、费时长;此外,复杂工况下的长时间行驶易造成驾驶员疲劳,速度稳定性、转向准确性、姿态合理性均难以保证,安全风险高。因此,开展矿用重型履带装备无人驾驶路径规划与优态控制研究具有重要而积极的意义。针对上述技术的关键科学问题可总结成以下三点:

1.1　非均衡独立驱动模式下的矿用重型履带机械低损耗转向

现有的多履带行走装置转向是通过转向系统强制使履带单元发生相对偏转以实现转向,转向过程中内、外侧履带会出现严重的滑转和滑移,不仅造成了严重的动力损耗,还加重了履带链和支重轮的磨损,致使支重轮发生早期失效,甚至带来脱链的风险。矿用重型履带转向方式多样、驱动方式独特,履带驱动系统与转向系统参数的合理匹配是获得良好转向性能的根本保障。因此,如何根据履带当前行驶状态、预期转向半径和转向速度,合理匹配转向系统的运动参数和内外侧履带驱动电机的转速和转矩,在保证转向准确和安全的前提下获得较高的经济性和转向效率是本项目要解决的第一个关键科学问题。

1.2 考虑复杂机电系统动力学特性的多履带行走装置路径规划问题

由于多履带行走装置复杂的机电耦合特性和独特的转向机理，导致实际转向轨迹与几何意义上的预设轨迹存在偏差，如果在路径规划时忽略多履带行走装置的轨迹偏移，必然会导致实际轨迹与规划路径之间的偏差；然而，多履带行走装置无法进行原地转向和横向移动，频繁的偏差纠正在耗费大量时间的同时会导致设备的能耗增加和磨损加剧。目前常用的路径规划方法都忽略了设备的姿态和动力学特性，但多履带行走装置体积大，安全冗余小，在路径规划过程中不能将两者忽略。因此，如何对矿用重型履带机械进行耦合约束条件下的多目标路径规划是本项目需要解决的另一项关键科学问题。

1.3 基于规划路径与实际轨迹偏差的多履带行走装置路径跟踪控制

多履带行走装置自适应行走的基本思想是根据定位信息与预设路径之间的偏差，控制多履带行走装置转向系统以及驱动系统参数，改变其转弯半径及行驶速度，使其沿规划路径自动行走。由于多履带行走装置在实际行走过程中会受到诸多复杂因素的影响(如地面力学特性不均匀导致的履带-地面作用力变化、风载等环境载荷)，这些因素使得多履带行走装置很难按照预定的规划路径行走。因此，为了使多履带行走装置准确、安全、高效地到达指定位置，路径跟踪控制成为其自适应行走中的关键科学问题之一。

2 科学问题背景

矿用重型履带装备无人驾驶存在以下两项主要技术瓶颈：

2.1 多履带行走装置路径规划

矿用重型双履带及多履带装备体型巨大，且多与其他设备配套工作，要求其与作业面之间的配合姿态满足一定限制。因此，当设备转移到新的作业面时，不仅要求位置达到目标点，姿态也需要调整到位。然而，目前依赖人工操作的转场方案中无法全面考虑各因素，往往造成设备到达目标点但姿态无法正常工作，或设备姿态合理但目标点距离作业面有过大的横向偏移；由于大型多履带行走装置的转弯半径很大(一般最小转弯半径为50m)，第一种情况下需要设备进行多次“S”形调整；又因为大型多履带行走装置无法横向移动，第二种情况下需要设备进行多次“人”形调整。多履带行走装置的行驶速度低、转向困难等特点使得纠偏过程既费时又耗能。另外，由于整机重心位置较高，其倾翻安全系数较小，因此在行进路线上遇到较大坡度时需要后退一定距离后转向绕过该区域再继续行驶；一旦没能及时发现路面超标并进行合理调整，就会有很大的安全隐患。因此，路径规划是制约多履带行走装置向节能、高效、安全等方向发展的重要因素之一，是相关领域的研究重点。

2.2　多履带行走装置非均衡独立驱动控制

多履带行走装置的工作场地一般经过平整和压实，且履带板底部平滑无履刺，同时其接地比压很低(一般不高于150kPa)，因此由下陷所产生的推土及剪土阻力很小。多履带行走装置转向时，由于履带和地面接触面积大，地面通过履带给行走装置一个很大的转向阻力矩。双履带车辆是靠调整两条履带的驱动力来克服转向阻力矩的，而多履带机械转向行驶时则是靠地面对转向履带组的侧向反力来克服转向阻力矩，侧向力的存在使履带接地面瞬心发生纵向偏移，导致履带实际转向中心偏离理论转向中心。多履带机械曲线行驶时侧向力过大及转向轨迹难以控制的原因在于控制方法的不合理。目前的控制方法要求多履带行走装置不论采用什么方式行走、转向以及每条履带所处的状态、速度和行走方向如何，同一时刻分配到所有履带上的驱动扭矩均应相等，以确保运动平稳，各条履带受力均衡。多履带行走装置转向时巨大的侧向力导致各条履带发生不同程度的滑转或滑移，不仅造成了严重的动力损耗，还加重了履带链和支重轮的磨损，致使支重轮发生早期失效，甚至带来脱链的风险。因此，开发多履带行走装置的非均衡独立驱动控制模式，将差速转向和偏转转向联合起来进行协同转向控制，是多履带行走装置自适应行走实现节能的关键技术。

综上所述，必须在考虑多履带行走装置电磁能与机械能耦合作用的非线性动力学模型中引入镇定因子，并结合具体工况给出稳定域边界条件，提高系统的健壮性和稳定性。而如何在有限的实验条件下基于机电耦合、多体动力学、数值计算方法、非线性优化等多学科理论开发可进行快速计算的参数匹配模型是制约多履带行走装置自适应行走控制的关键。

3　科学问题研究进展

3.1　重型履带行走装置路径规划

矿用重型履带行走装置路径规划的特殊性在于其所服务的设备通常对作业姿态有着比较严格的要求，而大型多履带行走装置由于转向行驶机理的特殊性使其精准操控显得异常困难，因此在路径规划中不但需要考虑其空间姿态要求，还要考虑设备巨大的空间体积与周围环境的干涉问题。虽然目前没有专门针对大型多履带行走装置设计的路径规划算法，但在位姿感知与运动状态检测方面，Sladkova D 等人开发了 KVAS-GNSS MineModel 系统用于 Libouš 褐煤矿区 K800/103 型斗轮挖掘机的三维位置以及实时运动状态监控。

此外,针对移动机器人的路径规划对于其路径规划算法的开发有较高的参考价值,但缺乏有针对性的系统整合。

3.2 重型履带动力学建模与分析

重型履带动力学模型发展历程较长,从早期的数值计算模型,到刚柔耦合模型,再到近年来的机电耦合模型,对机理的研究逐步深入。数值模型方面,吉林大学的王国强、姚宗伟等人在考虑履带宽度、重心偏移的前提下提出了大型静定履带转向驱动力的计算方法,并进一步给出了重型三履带、四履带以及六履带车辆转向动力学方程。刚柔耦合方面,李勇在 RecurDyn 低速履带模块中建立了六履带行走装置,对该装置在不同路面情况下的直行、爬坡以及转弯工况进行仿真,得到驱动力矩、动态张紧力、支重轮受力等相关参数。机电耦合方面,张冠宇、王帅等人分别建立了重型双履带、铰接式四履带和正三支点六履带装置的机电耦合动力学模型,揭示了不同工况下的重型履带的机电特性。

3.3 自适应行走控制

由于能够显著提高作业安全性和经济性,对矿山运输设备、农业设备等非公路作业装备自适应行走控制方法的研究及应用是国内外研究的热点。在履带方面,自适应控制则更多地应用于小型两履带装置,如高速履带及履带机器人等。虽然目前还没有针对矿用重型履带行走装置无人驾驶功能的自适应控制方法,但其他方面的应用和相关研究成果为本研究提供了很好的参考和借鉴。

主要参考文献

[1] Watanabe K, Kitano M, Fugishima A. Handling and stability performance of four-track steering vehicles[J]. Journal of Terramechanics 1995;32(6):285-302.

[2] 王国强,朱祥,程悦荪,等. 多履带机械稳态转向特性的研究[J]. 煤炭学报 1996;(5):547-52.

[3] Slᴧdkovᴧ D, Kapica R, Vrubel M. Global navigation satellite system (GNSS) technology for automation of surface mining[J]. International Journal of Mining Reclamation & Environment 2011;25(3):284-94.

[4] Salichs M A, Moreno L. Navigation of mobile robots: open questions[J]. Robotica 2000;18(3):227-34.

[5] 姚宗伟,王国强,李勇,等. 大型静定履带行走装置转向性能研究[A]. 2010 国际农业工程大会论文集,2010:10.

[6] 李勇. 多履带行走装置关键设计技术研究[D]. 长春:吉林大学,2011.

[7] 张冠宇. 移动破碎站履带行走装置机电耦合仿真及试验研究 [D]. 长春:吉林大学,2015.
[8] 王帅. 六履带机械机电耦合动力学及导航控制研究 [D]. 长春:吉林大学,2019.

撰稿人:王国强(吉林大学)　王继新(吉林大学)

井工矿无轨胶轮车无人驾驶方法

Autonomous basic scientific problems of trackless rubber-tyred vehicles for underground mining

1　科学问题概述

矿区井下驾驶环境复杂,车辆运输频率高,驾驶人员易出现疲劳等现象,造成辅助运输工作的安全隐患。加之近几年煤矿人才短缺、招工难现象凸显,人力成本有所升高,需要引进全新的运输理念和解决方案,通过研发无人驾驶运输系统,解决矿区井下辅助运输面临的难题。目前,国内无人采矿技术仍处于初期阶段,为提高我国采矿工艺的可靠性、安全性,实现高效率的采矿生产,尽快研制开发适合我国的先进的无人采矿系统,在新技术和新方法方面突破技术瓶颈,一系列关键科学问题有待研究。

1.1　如何实现矿井巷道无人驾驶技术

现有的辅助运输装备还较为传统,其中80%是柴油动力车,柴油车普遍存在着安全隐患高、污染高、能耗高、效率低、寿命短、智能化水平低等"三高三低"问题。因此,辅助运输车辆无人驾驶成为关键。为满足矿井道路条件和井下作业要求,全路况自动行驶、错车通行、硐室停车、岔路口通行、协同装/卸载等方面是巷道无人驾驶系统科学性的体现。因此,全工况、全天候无轨胶轮车无人驾驶系统是目前亟须解决的关键科学问题之一。

1.2　如何解决无人驾驶动态任务规划问题

为保证无人驾驶辅助运输车辆安全、稳定、合理行驶,需要建立完善的无人驾驶调度管理体系,具备自动运输作业任务下发功能,能够与矿区综合自动化平台对接,按照任务需求对系统内的车队、设备、人员进行管理与调度,完成矿区无人运输作业流程,提高作业安全和生产效率。因此,无人驾驶动态任务规划问题是目前亟须解决的关键科学问题之一。

1.3 如何攻克复杂受限环境高精度定位问题

无人驾驶车辆需要同时在井上和井下环境行驶，因此车载导航定位系统需要实现在这两种不同环境下的精确导航定位。在井工矿环境下，由于没有全球导航卫星系统(GNSS)信号，而且具有长巷道、暗灯光、潮湿等特点，车辆难以直接获取绝对定位信息，实现精确导航定位的难度较大。因此，如何利用无线载波通信技术(UWB)、惯性传感器(IMU)、轮速里程计、高度计、激光雷达等传感器信息，结合井区地图先验知识，研究高效的多源数据融合和协同定位算法，实现复杂受限环境高精度定位是目前亟须解决的关键科学问题之一。

1.4 如何实现狭长封闭环境车路协同

井下作业环境较为复杂，巷道较狭窄，会车时行驶难度较高。目前，无人驾驶运行中存在车端近程盲区、中远程及非可视环境下的超视距感知等难题。因此，如何实现高效可靠的狭长封闭环境车路协同是目前亟须解决的关键科学问题之一。

1.5 如何建立井工矿硬件在环仿真平台

井下的开采环境相对复杂，极易导致机械设备的非正常工作，若缺乏有效的实时监控维护，井下无人驾驶无法得到有效监控，易导致安全事故的发生。而目前传统的摄像头采集手段，存在画面割裂无法整体化查看和管理、无法适应高粉尘恶劣环境、无法实时查看设备运行状态、无法确定深度和距离等空间信息、现场突发声源无法回传和定位这五大问题。因此，建立井工矿硬件在环仿真平台，将虚拟矿井数据与真实矿井数据融合是目前亟须解决的关键科学问题之一。

2 科学问题的背景

党的十九大报告中明确提出了加快建设创新型国家，实施创新驱动发展战略，提升关键技术自主创新能力，为打造煤炭装备科技创新平台，实现智能绿色开采，淘汰落后产能，切实提高能源供应绿色化、智慧化、高效化、安全化水平，加快构建清洁低碳、安全高效的能源体系，是新时代赋予煤炭承担清洁能源、绿色开采新的责任和使命。2019 年 1 月，国家煤矿安监局制定公布了《煤矿机器人重点研发目录》，包括掘进、采煤、运输、安控和救援 5 类、38 种煤矿机器人，其中井工矿无人驾驶运输是重点实施项目之一，更是推动实现煤矿作业的“少人则安”和“无人则安”的重要环节。目前，井工矿无轨胶轮车无人驾驶技术主要存在以下五个技术瓶颈：

2.1 无轨胶轮车无人驾驶系统难题

无轨胶轮车无人驾驶系统是实现井工矿无人驾驶的核心,20 世纪 70 年代起,国外发达国家在矿山领域开展了矿山车辆无人驾驶相关技术研究,经过近 50 年的发展,在矿山无人驾驶领域基本形成了较成熟的解决方案。目前,国内无人采矿技术仍处于初期阶段,无轨胶轮车无人驾驶技术成熟度和稳定性尚存在不足,亟须尽快研制开发高可靠性的无轨胶轮车无人驾驶系统,推动矿区无人化的迅速发展。

2.2 无人驾驶动态任务规划难题

无人驾驶动态任务规划是保证井工矿无人驾驶长期稳定运行的关键,传统的调度管理手段缺少合理规划,导致车辆运输能耗大、效率低下,造成资源的浪费。特别是针对井工矿环境复杂,会车、车辆冲突问题缺乏智能化的调度管理体系,无法支撑井工矿无人驾驶安全可靠运行。

2.3 井工矿多源数据融合实时高精度定位技术难题

井工矿高精度定位是无人驾驶车辆安全行驶的基础,由于井下无 GNSS 信号,而且具有长巷道、暗灯光、潮湿等特点,难以获取车辆高精度绝对定位信息;UWB 信号易受干扰、激光雷达受水雾等影响;利用 IMU 惯性解算获取定位结果存在严重的累积误差。因此,使用单一的定位手段无法满足无人驾驶车辆对井下全场景定位精度的需求。

2.4 狭长封闭环境车路协同难题

井下作业存在岔路口、上下坡等危险路段,车辆感知范围受限,巷道较狭窄,会车时行驶难度较高。需要在路端部署感知设备,通过网络传输与车端共享信息,弥补车端感知盲区。但由于传输延时,以及时空不同步等问题,目前的车路协同技术仍存在技术缺陷。

2.5 井工矿硬件在环仿真难题

井下无人驾驶测试验证难度大、耗时长,需要建立硬件在环仿真平台进行仿真测试,进而大幅度提高测试效率。然而,目前的无人车辆仿真模型还无法实现完全的模拟真实车辆特性,导致仿真测试与真实运行仍存在一定的差异。

综上所述,针对井工矿无轨胶轮车无人驾驶技术难题,亟须快速实现无轨胶轮车无人驾驶系统,构建无人驾驶辅助运输车辆调度管理体系,攻克井工矿高精度定位技术难题,搭建远程监控和应急接管系统,实现车路协同高效率运行,建立井工矿硬件在环仿真平台,实现井工矿无轨胶轮车无人驾驶安全可靠运行,对推动我国采矿业向高效化、绿色化和智能化的转型升级，对于国家战略安全、国家经济安全、智能装备制造、节能降耗减排，都具有不可或缺的支撑作用。

3　科学问题研究进展

3.1　无轨胶轮车无人驾驶系统

目前主要围绕高精度井工矿无人驾驶车辆控制技术、多源异构感知融合技术和井工矿语义高精地图建图技术三方面开展研究：①高精度井工矿无人驾驶车辆控制主要从三个层面考量，包括控制准确和稳定、控制节能、控制安全。控制稳定要求可快速自适应不同类型车辆、并具备对不同响应延迟良好的控制能力，在颠簸和大转弯工况仍然可以保持较小的轨迹跟踪控制误差；节能控制要求速度控制中要平滑控制、不可频繁出现加减速状态，并进行全局速度优化控制；安全控制要求无人驾驶辅助运输车辆能够对湿滑道路条件进行稳定控制，对无人驾驶辅助运输车辆进行防滑控制以及车身姿态进行稳定性控制，有效防止轮胎打滑、车辆侧滑等危险的发生。目前控制器主要采用模糊比例积分微分(PID)控制算法，通过模糊化，模糊逻辑，解模糊三个过程调整控制参数，实现车辆的稳定控制。②多源异构感知融合技术的核心是通过多种传感器融合技术实现环境感知系统的可靠性，利用激光雷达、毫米波雷达、视觉传感器等传感器，通过光场矢量信息的融合处理，能针对激光雷达不易识别的石块、水坑和小型障碍物进行检测提取。③井工矿语义高精地图建图技术通过激光雷达、相机和组合惯导等传感器进行矿区道路数据采集，并提取可行驶区域、进行道路自动拓扑和元素构建，最终得到具备多种语义元素和多层次组织结构的高精度地图。传统的即时定位与地图构建(SLAM)技术对高度变化缺乏鲁棒性，导致底图不平整，点云分布不均匀；利用语义高精度建图技术能够有效地解决矿区道路易变、不平整带来的难以拟合和难以表示的问题。

3.2　无人驾驶动态任务规划

目前主要围绕井工矿智能调度和管理控制技术、井工矿运输作业场景的交通控制技术和多路融合道路检测和判断决策技术三方面开展研究：①井工矿智能调度和管理控制技术是调度管理系统的核心功能，传统调度方式效率低下、能耗高，不利于各资源的合理分配；采用智能调度方法，通过对矿区运输任务、路径的合理规划，动态指派运输车辆的调度任务和行驶路径，从而有效提高生产安全和经济效益。②井工矿运输作业场景的交通控制技术主要针对交通规则管理、路权动态管理、硐室管理以及冲突管理等进行深入研究。硐室是井工矿特有的设施，充分利用井工矿硐室，因地制宜，合理布局，从而实现会车有序管理。③多路融合道路检测和判断决策技术充分利用无人驾驶车辆多路传感设备，包括终端感知数据、路侧感知等数据，基于车辆行驶过程中对道路多维感知融合的数据，实时分析，实现对道路全方位的监控，对道路不安全因素提前发现，及时预警与通告养护，进而保证行车安全、交通顺畅。

3.3　井工矿高精度定位技术

目前主要采用UWB、IMU、轮速里程计、激光雷达等多种不同特性的传感器，研究高效的多源数据融合和协同定位算法。主要研究方向包括UWB定位技术、高精度三维激光SLAM定位技术和多传感器融合定位技术。①由于UWB的信号的测距精度受测程、时间偏差、大气状态等因素影响较大，因此需要研究UWB自适应标定方法，针对井工矿特定的工作环境以及UWB基站安装位置，计算准确的标定参数进行补偿，从而得到准确可信的测距及定位信息。②三维激光SLAM定位技术利用当前时刻的激光雷达观测数据与其历史时刻数据进行匹配，根据观测测量设备获取的运动信息，建立车辆当前时刻与历史时刻的位姿变化约束关系，从而增量式递推估计车辆的精确位姿。③采用扩展卡尔曼滤波技术对多源传感器数据进行融合，通过自适应调节滤波器参数，该方法对各传感器短时数据异常具有容错能力，并根据不同传感器定位精度的变化合理调节计算权重，实现最优化的融合定位结果。

3.4　狭长封闭环境车路协同技术

主要围绕异构感知数据统一表达技术、多域异构融合感知技术和车路协同融合感知与决策技术几方面展开研究：①由于井下环境复杂，光线昏暗及水雾等因素对可见光相机、激光雷达、热红外相机等传感器精度均有影响，由于不同传感器的成像原理、数据结构和数据帧率不同，为充分利用不同传感器的优势实现精准感知，需研发异构感知数据统一表达技术，将多源传感器信息用统一的数据点云格式进行表达。②由于路端感知单元与车端感知单元的信息处理速度、通信传输时延等存在不一致，因此需对其进行时间同步和空间对齐，然后采用一致性概率融合和补充融合方法来融合本地感知结果和路端单元感知结果。

3.5　井工矿硬件在环仿真技术

采用自上而下、整体与局部相结合的方式，将无人车辆虚拟仿真系统与真实的无人运输作业智能管理平台、无人驾驶控制器，通过真实的物理通信环节结合为一个完整的大型仿真系统平台。目前，井工矿无人驾驶车辆在现场测试受作业环境、施工安排等影响，进度屡屡滞后。利用硬件在环仿真系统对无人驾驶车辆各项功能测试验证，可将现场调试时间缩短90%，大幅降低现场调试对生产任务的影响；提高无人车辆在测试期间的安全性与可靠性；节省人员/设备等各项相关成本支出。

主要参考文献

[1] LI,JIAN-GUO,ZHAN,KAI. Intelligent Mining Technology for an Underground Metal Mine Based on Unmanned Equipment[J]. Engineering,2018,4(3):381-391.

[2] 胡建华,张龙,王学梁,等. 井下矿山智能采矿体系的平台架构研究与实现. 矿冶工程,2018,38(6):1-5.

[3] 高梦熊. 国内外地下金属矿山采矿车辆的现在与未来. 衡重科技,2010(2):1-17.

[4] 罗春泽,李春波. 井下电机车无人驾驶关键技术浅析. 中国机械,2020(21):43,45.

[5] 韩江洪,卫星,陆阳,等. 煤矿井下机车无人驾驶系统关键技术. 煤炭学报,2020,45(6):2104-2115.

[6] 石峰,郭鑫,龙智卓,等. 地下矿用车辆无人驾驶目标路径规划方法研究. 矿冶,2018,27(4):87-91.

[7] 宋刘德,尹珠,姚善化. 基于模糊控制的井下无人运输机车控制系统设计. 工矿自动化,2015,41(10):8-11.

[8] 吴和平,吴玲,张毅,等. 井下无人采矿技术装备导航与控制关键技术. 有色金属(矿山部分),2007,59(6):12-16,44.

[9] 张伟,张辉斌,张琦,等. 井下矿无人驾驶技术在安防中的作用. 中国科技纵横,2021(17):37-38.

[10] 张国强. 井下无人采矿技术装备导航与控制关键技术. 世界有色金属,2021(16):38-39.

撰稿人：田滨(中国科学院自动化研究所)

露天矿运输车辆无人驾驶系统

Autonomous driving system of transport vehicles in open-pit mine

1 科学问题概述

我国露天矿开采作业工况复杂、运输量大、环境恶劣、用人多、安全性差,智慧矿山建设需求迫切。作为矿业开采革新的重要方向和智能网联汽车技术在工业领域落地实施的重要场景,矿用运输车辆无人化是必然趋势。但矿山环境非结构化道路复杂,车辆盲区多等因素给无人化带来巨大挑战。为实现矿区复杂作业工况下的无人驾驶技术落地化应用,攻克平行无人矿山系统建设、车铲智能派单和大规模编组交通管理、复杂工况下大幅

变载荷车辆无人驾驶技术等关键技术,在新理论、新方法和新技术方面突破技术瓶颈,一系列关键科学问题有待研究:

1.1　如何构建平行无人矿山系统

我国矿山缺乏信息化标准,导致种类繁多的系统差异;缺乏多学科交叉应用,无法形成一个能搭载各学科知识应用的开放性公共平台;软件投入及开发不足;矿山子系统之间的数据共享与融合分析无法顺利开展,产生大量“信息孤岛”;管理系统复杂、效率低下、维护成本过高等。尤其矿山系统复杂多变,难以对其建立可靠的数学模型,因此矿山生产过程难以精确控制,存在较大的安全隐患。基于平行系统理论设计的无人运输仿真系统,可以为系统提供虚实互动的测试能力。所以如何通过建立一个与现实矿山系统相对应的动态人工系统(即平行矿山系统),利用这个人工系统对实际复杂系统进行实时、动态、在线的模拟计算,并通过对人工系统演化及预测的研究,来实现对现实矿山系统的精准高效预测与管理是目前亟须解决的关键科学问题之一。

1.2　如何设计适应矿区环境的车铲智能派单和大规模编组交通管理方法

我国在无人矿山的研究进程方面不断加快步伐,整体上具备单车无人驾驶能力,但在设备间协同作业以及集群化运营方面,还需要深入研究,以实现无人矿山安全和效率的提升。由于矿区地形多变,难以紧跟地形变化实时采集更新高精度地图,需要设计符合矿区生产工况的地形管理系统,生成精准的高精度地图,支撑车铲智能派单系统运行。由于矿区存在有、无人车混编运行,且装载区、破碎站、停车场和道路交通规则存在差异,矿区自身也存在道路换向行驶等自定义通行规则,需要实时高效的交通管理保证生产安全。需要对生产作业车辆进行有人车与无人车混编协同控制运行、路口安全会车、多车装载卸载排队执行和道路交通安全管理,通过大规模编组交通管理算法开发,指导无人运输卡车编队行驶,使无人驾驶车辆有序行驶。所以如何设计适应矿区环境的车铲智能派单和大规模编组交通管理是目前亟须解决的关键科学问题之一。

1.3　如何解决复杂工况下大幅变载荷车辆无人驾驶技术问题

矿用运输车辆无人驾驶系统对颠簸路面、大盲区、强振动、大幅变载荷、重载荷、湿滑坡道等复杂工况环境的适应能力不足。矿区复杂多变的天气、光照条件与颠簸路面,车端传感器抖动剧烈,使得单车传感器方案的目标识别能力有限,造成小目标识别困难等问题。矿区运输车辆体型较大,车载传感器的水平和垂直视野有限,车身周围很容易存在死角,存在很大的漏检、误检等安全隐患。车路协同的路侧设备在固定位置感知环境,间接提高了车辆的可视范围,可将全感知范围传给车辆进而辅助决策。因此,研究以上复杂工况下大幅变载荷车辆无人驾驶技术问题，结合车路协同技术实现车辆全域环境感知与安全决策是目前亟须解决的关键科学问题之一。

2 科学问题背景

随着国家对矿山智慧化和安全化建设要求逐年提升，矿山企业对人员安全的刚需越来越强烈，各级管理部门、各类矿种、各大矿山管理企业都在追求“少人则安，无人则安”。无人驾驶技术可以解决安全隐患大、招工难、管理难等痛点，引入无人驾驶系统不仅能有效降低因运输带来的人员安全风险，还能彻底解决招工难的问题，员工的工作环境将从艰苦的现场转移至监控大厅等更为舒适的地方。此外，无人驾驶在降本增效和提升管理水平上也有明显作用。由于矿区工作环境以及作业需求的独特性，矿区无人驾驶技术方案不同于其他场景。目前，露天矿运输车辆无人驾驶系统及关键技术主要存在以下四个技术瓶颈：

2.1 平行无人矿山系统建设难题

平行无人矿山系统是一个高度网联的智能化系统，其主要优点包括：大幅度提升人员和设备的安全程度；降低人力成本、燃油成本、设备与路面维护成本；提升矿山系统的智能化水平，减少操作人员，提高风险管控能力；优化矿山系统的集群管理，提高交通管理及协同效率，实现产量增加；减少人为失误和故意损坏导致的损失。

2.2 车铲智能派单和大规模编组交通管理技术难题

国外企业像卡特彼勒公司、小松公司、日立、沃尔沃等均已实现了不同程度的矿山大规模编组无人化运作，我国在无人矿山的进程方面也在不断加快步伐，整体上已经具备在单台矿用卡车上实现无人驾驶的能力，但在设备间协同作业以及集群化运营方面，还需要更多的研究，以实现无人矿山安全和效率的提升。

2.3 复杂矿区工况下车辆无人驾驶技术难题

虽然国内在无人驾驶矿用卡车领域起步较晚，但是在国家相关政策的支持下，国内各大型矿山企业向智慧矿山方向发展，国内部分科技公司、装备制造商等对矿用卡车无人驾驶技术开展了初期的研究。在国家的“十四五”规划中，强调了车路协同在无人驾驶发展中的战略意义，未来中国将履行“单车智能 + 车路协同”双轨并行的战略，打造更可靠的无人驾驶实施场景。矿区运输车辆无人驾驶系统是推动现代煤矿作业“少人则安”和“无人则安”的重要环节。

综上所述，针对露天矿运输车辆无人驾驶系统与关键技术难题，亟须深入开展平行无人矿山系统建设、车铲智能派单和大规模编组交通管理技术，突破复杂矿区工况下车辆无人驾驶技术难题，对于提升我国矿区无人驾驶水平，保障智慧矿山产业健康、快速发展具有重要意义，科学价值显著。

3　科学问题研究进展

3.1　平行无人矿山技术

中国科学院自动化研究所王飞跃研究员于2004年提出了平行系统的思想，即通过构建与真实系统虚实互动的人工系统，来控制、管理、优化和引导复杂系统。平行矿山的核心是平行虚拟矿山与现实矿山协同工作，指导经过智能化改装的车辆通过单车作业系统、多车协同系统和车路协同系统在现实场景下完成各类面向场景的任务。平行虚拟矿山系统通过机器学习算法完成智能车辆虚拟作业并指导现实车辆作业，远程监控中心监管矿区状态并提供操控接口。整个系统在各子系统协同工作下完成资源调度，保证矿区合理高效运行。平行无人矿山是一个复杂的综合性系统，涉及多学科融合、多专业交叉、各种技术集成，是一个极其困难且繁杂的工程。目前重点要开展基于任务驱动的智能运输车辆广义系统动力学建模、面向矿区复杂动态环境的高保真作业场景重构、面向多场景与任务调度的重载运输车辆高保真硬件在环仿真平台开发等研究，突破重载运输车辆广义系统动力学解析、动态环境数字映射机理、测试用例高效生成与综合性能快速评估等技术瓶颈。

3.2　车铲智能派单和大规模编组交通管理技术

目前研究主要包括以下三个方向：①车辆群运行多维场景库构建。结合露天矿现实场景特征，面向无人/有人混编的矿卡、电铲、推土机及其他辅助设备群，构建道路、目标、环境、数据等多维度场景模块，采用深度学习挖掘多源异构场景数据之间的时空域关联，建立场景库的信息流和数据流链路，定义场景类别，形成多维度场景库。②环境信息和运行数据共融的重载运输车辆群派单和智能交通管理。依据车辆群运行场景和道路/边坡环境状态，动态生成运输车辆路网图；剖析不同型号运输车辆与道路的耦合机制与适应能力，提取车辆-通信-环境的不确定因素，结合安全和经济性要求，构建重载运输车辆群的动态多目标约束调度模型；提出知识驱动的群智优化派单和交通管理方法。③铲-车-推-辅助异构车辆群的多任务协同作业自主管理。剖析铲-车/推-车/辅运车-车的作业耦合机制，依据产量和品位需求，结合车辆布局和能量限制，面向多个装/卸载任务运行场景，构建异构车辆群的车流/能量流多层次协同作业约束优化模型；提出基于深度学习的装/卸载作业时间预估方法；采用并行协调优化理论，设计多任务协同作业最优计划生成策略。

3.3 复杂矿区工况下运输车辆无人驾驶技术

主要研究矿区运输车辆无人驾驶系统架构方案，优化矿区高低温环境下传感器布局方案，探究适用于矿区恶劣环境的无人驾驶系统功能模块设计方案，保障扬尘、雨雪环境下智能车辆自主行驶、绕障、自动卸载功能模块的自主化运行。目前重点攻坚两大技术问题：①矿区多维全域环境感知理论。针对矿区存在的颠簸路面、大盲区场景下感知的局限性，采用多源异构数据一体化融合方案实现动态目标实时探查。通过构建基于车路协同的全域信息融合感知架构，基于移动汇聚通信模型实现全域多节点数据共享，研究车端与路端多维感知信息间的时空耦合与冲突关系，提出跨域信息时空全局坐标转化方法，联合重建障碍物三维形态与动态，设计深度递归神经网络的盲区目标稳定跟踪和预测方法，解决矿区全覆盖零死角高精准感知难题。②复杂极端变载荷工况自适应稳健协同控制技术。矿区运输车辆作业路面复杂颠簸、极端变载荷工况频发且车辆动力学稳定边界多变，极易引发各控制子功能耦合冲突，导致车辆稳定裕度与路径跟踪精度难以保证。需要重点探索重载运输车辆稳定极限的映射关系，揭示车辆极端工况下稳定域包络及失稳临界状态特征，构建基于控制势垒函数的非线性模型预测控制方法。③矿区全域地形感知方案。研究面向不同配置的车端统一的感知与建图方法，实时、高效、统一地获取局部空间感知信息，提取多模态数据时空关联特征，采用深度特征学习和图优化方法，构建面向复杂颠簸路面的全域地形语义地图。

主要参考文献

[1] Xu L, Zhuang W, Yin G, et al. Modeling and robust control of heterogeneous vehicle platoons on curved roads subject to disturbances and delays[J]. IEEE Transactions on Vehicular Technology, 2019, 68(12): 11551-11564.

[2] 陈龙，司译文，田滨，等. 基于 3D LiDAR 的矿山无人驾驶车行驶边界检测[J]. 煤炭学报，2020：6.

[3] 杨超，高玉，艾云峰，等. 端对端平行无人矿山系统及其关键技术[J]. 智能科学与技术学报，2019，1(3)：228-240.

[4] 陈龙，王晓，杨健健，等. 平行矿山：迈向智能化矿山的技术路径[J]. 自动化学报，2021，47：1-13.

[5] 刘伟芳，吴迪. 国内外露天矿山无人驾驶技术发展现状[J]. 露天采矿技术，2020，35(4)：32-34.

[6] 赵翾. 无人驾驶地下矿用汽车路径跟踪与速度决策研究[D]. 北京：北京科技大学，2016.

[7] Guo H, Song L, Liu J, et al. Hazard-evaluation-oriented moving horizon parallel steering control for driver-automation collaboration during automated driving[J]. IEEE/CAA Journal of Automatica Sinica, 2018, 5(6): 1062-1073.
[8] Gao Y, Shen Y, Zhang W, et al. Robust path tracking control for autonomous heavy vehicles [R]. SAE Technical Paper, 2018.
[9] 陈龙,王晓,杨健健,等. 平行矿山:从数字孪生到矿山智能[J]. 自动化学报,2021,47(7):1633-1645.
[10] 郑南宁. 人工智能新时代[J]. 智能科学与技术学报,2019,1(1):1-3.

撰稿人:田滨(中国科学院自动化研究所)

矿山运输车辆氢-电动力系统建模方法及优化控制

Modelling method and optimal control for energy-efficient and clean mining haul trucks

1　科学问题概述

现代社会的发展是建立在采矿业的基础上,矿产资源开采过程中大量的碳排放来自采掘与运输装备。据此,我国提出了绿色矿业建设目标,绿色矿业建设离不开低碳、零碳采掘与运输装备。目前,针对矿山运输车辆的新能源技术还处于空白。为实现新能源矿山运输车辆的快速发展,攻克矿山运输车辆氢-电动力系统动态建模、分析优化、状态估计、动态控制的理论与方法,一系列关键科学问题有待研究。

1.1　如何构建针对矿山场景的矿山运输车辆氢-电动力系统模型

矿产资源开采消耗的能源占据了全球工业能源消耗的2.7%,其中大部分来自柴油动力的采掘与运输装备,清洁化已经成为矿山运输车辆的迫切需求。燃料电池技术、氢能内燃机技术,以及纯电动技术是构建矿山运输车辆氢-电动力系统的关键。然而,氢-电动力系统是一个多学科(涉及电化学、燃烧学、流体力学、热力学、传热传质学等)、多尺度(微观、介观、宏观尺度)、多因素(环境温度、湿度、压力、振动、污染物等)综合影响的复杂强非线性系统,且各部件的动态特性会随着动力系统运行条件、应用场景,以及周围环境发生变化(在内因方面,通过复杂、非线性、时变的电化学机理相互耦合;在外因方面,受矿山工况、环境温度、整车载荷、驾驶习惯的影响),呈现出高度的非线性特性。目前的动力系统建模方法不能很好地兼顾模型的运算精度、复杂度和矿山工况适用性。因此,如何通过科学准确的模型描述矿山场景下氢-电动力系统的动态性能是亟待解决的科学问题。

1.2 如何构建矿山作业循环中非线性动态模型状态在线估算方法

新能源矿山运输车辆在连续作业循环中，动态模型包含燃料电池系统、氢能内燃机、锂离子动力电池、电机、电控等关键部件动态模型。现有面向道路汽车的部件动态模型没有考虑环境、工况等多种因素对动态响应特征的影响，应用场景存在局限性；动态模型的关键参数以离线辨识得到的时不变参数为依据，缺乏动态时变特征；动态模型存在适用性差、鲁棒性低、特征参数数据库不完善等问题；缺乏针对连续大功率场景构建覆盖多时域、多地域的关键部件时变状态估算理论与方法。因此，如何构建矿山作业循环中非线性动态模型状态在线估算方法是目前亟须解决的关键科学问题之一。

1.3 如何建立针对矿山连续作业循环中氢-电动力系统的优化控制方法

新能源矿山运输车辆燃料电池、氢能内燃机、动力电池、电机、电控等多部件的连续作业循环、大功率协同运行、高动态路面特征运行，以及换电模式的调度管理增加了氢-电动力矿山运输车辆的控制复杂度。国内外对该类动力系统控制研究多集中于标准测试工况的轻中重型汽车，主要适用于道路汽车。目前，缺乏面向矿山连续作业车辆的最优控制技术。因此，如何针对矿山作业循环中氢-电动力系统建立优化控制方法是亟须解决的关键科学问题之一。

2 科学问题背景

近年来，气候变暖与极端天气问题日益严峻，世界各国对环境和能源问题更加重视。矿山运输车辆承担了全球80%以上铁矿石、40%以上煤炭开采运输任务，矿山运输车辆的清洁化建设对矿产资源的清洁生产、高效利用具有重要意义，也必将有利于推进绿色矿山建设进程。然而矿山场景要求大功率、连续循环作业运行，基于道路汽车开发的新能源技术无法适应矿山场景需求，亟须建立针对矿山场景的新能源技术体系。目前，矿山运输车辆新能源技术主要存在以下三个技术瓶颈：

2.1 矿山运输车辆氢-电动力系统关键部件的建模方法难题

用科学准确的模型描述矿山运输车辆的动力系统是开发新能源矿山运输车辆的基础核心，也是分析并优化设计矿山运输车辆的关键技术之一。国内外现有研究均集中于开发道路场景的新能源汽车技术等建模理论与方法，缺乏面向矿山场景的系统性研究，特别是针对大功率、连续作业等场景特点的矿山运输车辆动态模型研究不足，无法支撑新能源矿山运输车辆的开发。

2.2 新能源矿山运输车辆的非线性动态模型状态在线估算难题

新能源矿山运输车辆的动态模型能够反映包含燃料电池、氢能内燃机、动力电池、电机等关键部件的动态响应特征。现有的燃料电池、氢能内燃机、动力电池等关键部件动态模型的状态估算方法适用性差、鲁棒性低等问题有待解决。由于未能深入探究矿山环境、运行条件、整车载荷、驾驶习惯等多种因素对关键部件动态特征的复合影响机制，缺乏从时空耦合、驾驶行为等多维视角对关键部件的状态参数进行分析，现有的状态参数估算方法难以针对连续大功率作业场景构建关键部件时变状态在线估算理论与方法，导致无法实现快速、高精度的状态参数在线估计。

2.3 矿山连续作业循环中氢-电动力系统优化控制技术难题

随着锂电池、燃料电池、氢能发动机等新型动力系统的介入，整车电气集成化程度高、系统部件动态特性耦合度大、作业工况复杂，混合动力系统优化控制技术主要聚焦于驱动系统多种能源的功率和能量优化分配。目前，在道路车辆领域，特别是针对各类混合动力乘用车、商用车，国内外学者已经进行了大量深入的研究，形成了一系列研究成果。但是，矿山运输车辆具有运载工具和生产工具双重属性，与矿山开采运输过程紧密相关，与道路车辆在工况特性、整车设计、用户习惯等方面存在显著差异，针对道路车辆的相关成果无法直接借鉴。

综上所述，针对新能源矿山运输车辆动态建模与优化控制难题，亟须深入研究氢-电动力系统关键部件的建模理论与方法，构建新能源矿山运输车辆动态模型状态参数在线估算方法，突破矿山场景的氢-电动力系统优化控制技术，形成矿山运输车辆新能源技术体系，实现新能源矿山运输车辆快速开发，对于提升我国新能源矿山运输车辆技术水平，对绿色矿业的建设与快速发展具有重要意义，科学价值显著。

3 科学问题研究进展

3.1 新能源矿山运输车辆氢-电动力系统关键部件的建模理论与方法

主要围绕质子交换膜燃料电池、氢能内燃机，以及锂离子动力电池的动态模型。

质子交换膜燃料电池的动态模型，主要包括基于电化学反应过程的机理模型以及基于常微分方程的经验模型。机理模型能够精确的表征燃料电池的内部状态以及外部输出特性。但是，目前建立较为精确的燃料电池电化学反应机理模型涉及的材料本征参数多，部分参数难以获取，关键电化学反应过程采用偏微分方程，求解过程复杂，总体模型求解时间较长，无法面向矿山运输车辆的开发设计研究。基于常微分方程的经验模型通常将燃料电池的电堆简化为经验公式,忽略电堆内部压力、温度的分布特性,以集总压力、集总温度的形式建立燃料电池稳态输出特性模型。该模型较为简单,尽管通过一阶惯性环节能够模拟动态响应特性,但该结果并不可靠,亟须开发动态响应特性完善的燃料电池模型来全面研究新能源矿山运输车辆的动力系统设计及控制问题。

氢能发动机的建模方法分为基于燃烧学的物理模型,以及基于台架测试的万有特性曲线(MAP)图模型,燃烧学模型仿真精确,能够表征发动机在工作时火焰传播的过程、排放物的生成机理,然而校准该模型要求参数多、模型仿真效率低,常常伴随复杂的计算流体力学求解,无法面向控制系统开发;MAP图模型在台架测试数据的基础上,形成一系列的工作点,仅能反映发动机的稳态性能,亟须开发动态响应特性完善的氢发动机模型。

锂离子动力电池的建模方法主要分为基于机理、基于经验、基于电路理论三大类。机理模型又称作第一性原理(First Principles)模型,它是一种近乎理想的研究方法,在物理学、化学和材料科学等领域得到了广泛的应用。它的基本思想是:将由多个原子构成的电化学体系理解为由电子和原子核组成的多粒子体系,根据量子力学的基本原理最大限度地对问题进行"非经验"处理。机理模型仅仅从锂离子浓度、扩散系数、体积常数、电导率等基本物理常数出发,不利用任何经验参数,对电池系统的各种性能进行建模仿真。然而,机理模型中包含大量的偏微分方程和需要事先定义的参数,计算复杂度高,而且不同材料体系、不同规格的电池内部电化学成分不一致,导致机理模型不具有普遍适用性,在实际的工程应用中存在局限性。经验模型本质是一种基于数据的建模方法,该模型并不深入研究电池内部的电化学反应机理,而是基于电池的实际工作数据,通过经验总结、数理统计、机器学习等方法,对锂离子电池进行建模。经验模型未深入研究电池内部的电化学反应过程,物理意义不明确,通常依赖大量的实验数据,实验周期长,当电池实际工况与实验工况相差太大时,模型的精度得不到保证。电路模型基于电路理论,将电池的电化学反应过程简化成理想化的集总参数电路模型,用电路模型来描述电池的动态特性。电路模型参数无法表征电池内部反应动力学过程,因此不适用于研究电池内部的电化学反应过程,在模型精度较高的应用领域并不具备优势。因此,亟须针对复杂矿山工况,开展新能源矿车电池系统非线性特性建模研究。

3.2 新能源矿山运输车辆的非线性动态模型状态在线估算

可从质子交换膜燃料电池和锂离子动力电池两个关键部件开展研究:(1)在燃料电池系统动态模型状态参数估算方面,现有的研究多是基于离线辨识得到线性时不变参数,无法描述燃料电池的动态响应能力。燃料电池的输出特性受电堆内部温度场、压力场、流道分布的影响,离线辨识得到的时不变参数难以反映温度压力的变化;其次,燃料电池系统的使用过程中,伴随着电堆性能的衰退,电堆的部分参数是随之变化的。因此,离线辨识得到的时不变参数难以精确描述实际使用过程。(2)在锂离子动力电池非线性动态模型状态在线辨识方面,现有的研究多是在线性时不变模型上衍生而来,在描述电池非线性特性方面有先天缺陷。依靠上述方法对电池模型进行辨识,需要事先掌握大量的先验知识,如模型阶次、模型结构、各种未知常量等,而这些先验知识通常是很难获得的。其次,在电池的实际使用过程中,随着电池充电状态(SOC)和健康状态(SOH)的不断变化,电池模型的参数是随之变化的,并且这种随时间变化的规律也是变化的。通过上述方法得到的电池模型参数,在实际的使用环境下并不能保证系统的精度要求。因此,如何结合矿山工况特性和锂离子电池内部反应机理,构建适用于矿山工况的锂离子动力电池非线性动态模型在线辨识方法,是亟待研究的关键问题。

3.3　矿山连续作业循环中氢-电动力系统优化控制技术

国内外在这方面鲜有研究,但在道路车辆领域,特别是针对各类混合动力乘用车、商用车,国内外学者已经进行了大量深入的研究,形成了一系列的研究成果,可为矿山运输车辆的能量管理研究提供借鉴。在道路循环工况对能量管理的影响方面,研究表明,开展基于道路行驶工况、道路行驶特征的识别,是混合动力车辆进行能量管理优化的先决条件。由于车辆动力总成设计中,电池的纯电动续驶里程长短不同,直接导致在不同的道路行驶里程下,能量管理策略的作用效果不同;不同道路工况循环也会对能量管理策略的效果产生影响。在能量管理策略优化方法方面,形成了基于规则和基于优化的两大类能量管理策略。其中,基于规则的策略主要可以分为确定规则和模糊规则;基于优化的策略主要可以分为瞬时优化和全局优化。总的来说,已有的研究工作大多针对道路车辆开展研究工作,但矿山车属于非道路车辆,相关成果无法直接应用,因此亟须针对矿山工况进行针对性的研究。

主要参考文献

[1] Ahmadi N,Rostami S. Enhancing the performance of polymer electrolyte membrane fuel cell by optimizing the operating parameter[J]. Journal of the Brazilian Society of Mechanical Sciences and Engineering,2019,41(5):1-19.

[2] 李勇,杨珏,刘如成,等. 大型电动轮矿车节能及零排放技术路线研究[J/OL]. 煤炭学报:1-12[2022-01-13]. DOI:10.13225/j.cnki.jccs.2021.1000.

[3] 侯明,衣宝廉. 燃料电池的关键技术[J]. 科技导报,2016,34(06):52-61.

[4] 方川,徐梁飞,李建秋,等. 典型燃料电池轿车动力系统的关键技术[J]. 汽车安全与节能学报,2016,7(02):210-217.

[5] Wang B W,Wu K C,et al. A quasi-2D transient model of proton exchange membrane fuel

cell with anode recirculation [J]. Energy Conversion and Management, 2018, 171: 1463-1475.

[6] Chevalier S, Josset C, Auvity B. Analytical solutions and dimensional analysis of pseudo 2D current density distribution model in PEM fuel cells-Science Direct[J]. Renewable energy, 2018, 125: 738-746.

[7] Xie B, Zhang G B, Xuan J, et al. Three-dimensional multi-phase model of PEM fuel cell coupled with improved agglomerate sub-model of catalyst layer[J]. Energy Conversion and Management, 2019, 199: 112051.

[8] 常英杰. 质子交换膜燃料电池动态建模与性能仿真分析[D]. 重庆：重庆理工大学, 2017.

[9] 黄佷卉. 质子交换膜燃料电池系统动态建模与温度控制[D]. 杭州：浙江大学, 2020.

[10] 王亚军. 质子交换膜燃料电池多物理量动态测量及性能优化研究[D]. 哈尔滨：哈尔滨工业大学, 2020.

撰稿人：杨珏(北京科技大学)

矿山车路云融合感知与多车协同控制

Intelligent perception and cooperative control of multi autonomous mine vehicles in vehicle-road-cloud integration system

1 科学问题概述

矿山资源是国家战略物资和人民生活原料的重要来源，矿料运输是矿山生产作业的主要工序之一。随着人工智能等新一代信息技术的快速发展，无人驾驶为矿料运输提供了变革性手段。但由于矿山环境复杂，多雨雪、风沙、雾霾等恶劣天气，道路结构多变且缺乏清晰的道路标识，车辆盲区多，限制了矿用无人驾驶车辆对周围环境及动态障碍物的准确、鲁棒感知。同时，矿山道路地形复杂多变、群车装-卸-运作业工序较多，多车运行冲突多，给矿山无人化运输带来巨大挑战。为实现矿山复杂作业工况下的无人驾驶技术落地应用，攻克高精准车路云融合感知、高安全多车运行协同控制、高效率大规模集群调度等理论方法及关键技术，对实现矿用无人驾驶安全员下车目标，以及提升车辆对矿区复杂道路环境的适应性具有至关重要的作用。上述技术的机理性科学问题，可以总结为以下四点：

1.1　如何研究矿山极端天气环境下车路云融合感知方法

矿山环境多雨雪、风沙、雾霾等恶劣天气，光线变化强烈，路面颠簸，车载传感器抖动剧烈，这极大地影响了传感器对矿山复杂环境的感知精度和可靠性。矿区运输道路陡坡急弯多，盲区大，车端感知视野受限。车路云融合感知通过在车端、路侧和云端等多维度配置传感器，以车端感知为基础，引入路侧、云端全域感知，能够大大提高车端感知视野和感知精度，为实现矿山运输场景整体精准刻画提供了有效途径。但由于车、路、云多维度不同传感器所获取数据机理不同，性能优劣存在差异，数据时空同步难度大，数据计算维度增加，无法保证感知实时性。因此，如何根据多传感器数据进行矿山复杂环境特征增强，降低多维数据冗余，并构建多维多源异构传感器数据时空一致性全息融合机制，是实现准确、全面、实时掌控矿山整体运输状态的首要科学难题。

1.2　如何研究矿山复杂道路条件下车辆智能安全防护与控制方法

矿区道路地形复杂多变，多崎岖陡坡、泥泞湿滑路面，重型矿卡作业振动频率高、惯性大、载荷变化幅度大，车辆动力学稳定边界多变，极易导致车辆发生故障、失稳碰撞、侧倾翻、打滑等安全事故。因此，有必要针对矿区恶劣道路条件，基于车路云全息感知数据，研究故障检测预警及多重安全防护方法，分析重型车辆在各工况下的临界危险状态及稳定性建模，研究基于数据驱动的车辆安全、节能智能控制方法，保障重型车辆在矿区复杂道路条件下安全运行及横纵向耦合精准控制。

1.3　如何进行装-运-卸任务驱动下多车协同控制

矿料载运属于群车规模化作业性质，主要任务包括装载、运输及卸载，各场景任务需要多车间协同配合，仅依靠单车智能控制易致使群车作业秩序混乱、多车运行冲突多，从而造成矿山整体运输效率低下，无法满足场景任务运输需求。因此，有必要基于装-运-卸场景任务驱动，对生产作业车辆进行混编协同控制，同时结合群体智能理论，分析规模化车辆群体运输组织协作机理，开发云端大规模集群调度算法，指导矿用无人驾驶车辆编组有序运行，实现矿区运输场景下群车"点-线-面"系统式统筹安全、绿色、高效协同运输。

1.4　如何构建矿山车-路-云融合无人驾驶运输管控系统

矿山无人驾驶运输系统由车、路、云三方协同耦合形成，系统庞大，动态运输状况复杂多变，整体风险管控与健康管理需求高，各子系统间作业不同步、信息相互孤立会严重影响系统整体运输安全性和高效性。因此，有必要利用数字孪生技术搭建综合性矿山无人驾驶运输系统管控平台，通过建立与现实矿山无人驾驶运输平行映射的动态仿真系统，开展对实际运输系统集成监视、运营管理调度、全生命周期健康维护、在线动态测试、生产运输演化预测等方面的研究，实现对现实矿山无人驾驶运输系统的全局监控与高效管理。

2 科学问题背景

随着人工智能、5G、云控等新一代信息技术的快速发展，无人驾驶运输为矿山生产提供了变革性手段，其具备的智能化、无人化、自动化优势，能够有效解决矿山运输存在的安全事故频发、运输效率低下等制约矿料运输生产可持续发展的主要瓶颈。

目前，矿山无人驾驶运输主要受以下因素影响：①由于矿山多出现雨雪、风沙、雾霾等极端天气影响，造成传感器对矿山场景感知精度低、特征理解能力弱，且仅依靠路侧或车侧单维度感知无法对矿山运输进行整体掌控；②矿山道路多陡坡、急弯，重型车辆运行安全防护不足、控制不精准，易出现侧倾翻、失稳打滑等安全事故；③单车智能控制使得装、卸、运等任务下的多车作业混乱、冲突多，造成群车运输效率低下、燃油耗费成本高；④矿山无人运输系统由车、路、云三方协同耦合形成，系统庞大，风险管控能力弱。以上这些问题给矿山复杂道路环境下的群车无人作业运输带来极大的挑战，环境感知不全面、车辆控制不精准、多车运行不协同、群车作业秩序混乱既会给矿山运输造成高昂的能源消耗，还有可能酿成重大交通事故，严重制约了我国智慧矿山的进一步发展。因此，迫切需要突破矿山无人驾驶运输的关键技术瓶颈。

2.1 矿山恶劣环境条件下传感器感知精度低且车端感知范围受限

矿山天气条件恶劣，严重影响传感器感知精度，道路盲区大，仅靠车端感知，难以满足矿山无人驾驶车辆高精度感知需求。通过引入路侧、云端全域感知，探究车路云融合感知方法，是提高车辆感知范围和感知精度的有效途径，对于打造更可靠的矿山无人驾驶运输实施场景具有重要意义。

2.2 矿山恶劣道路条件下车辆安全防护不足且控制稳定性差

重型车辆在矿山恶劣道路条件下作业，遭遇险态工况多，车体损失大，横纵向控制易打滑失控，缺乏矿用车辆预期功能安全防护、故障后处理机制。如何在复杂恶劣道路环境中进行车辆安全防护及故障预警决策，并对各险态工况下的车辆横纵向精准控制进行建模研究，是实现安全员下车目标的重要支撑。

2.3 矿卡多车协同控制规模小且群车作业秩序混乱

目前，多车运输所处于单车智能控制或小规模协同运行，不符合矿山群体规模作业性质，车辆间作业不协作、不同步，造成多车运行冲突多，群体运输效率低。因此，有必要基于矿山运输各场景特点对多车运行特性及群体运输规律进行探索与挖掘，建立多车协同控制模型，开展云控大规模集群编组调度。

2.4　矿山车-路-云融合无人驾驶运输管控系统建设难题

矿山无人驾驶运输系统是车车、车路、车云等强耦合系统，需要建设车路云一体化智能管理平台，提升矿山运输风险管控、全局管控、整体运营调度效率，实现系统安全高效运输。因此，有必要根据矿山运输场景特点和运输特性，开展矿山无人驾驶运输管控系统建模研究，搭建车路云融合体系下的无人驾驶运输系统仿真平台，实现模拟仿真-实地测试双向映射仿真验证和优化。

综上所述，深入矿山极端天气环境下车路云融合感知研究，构建复杂道路条件下矿用车辆安全防护和精准控制模型，探索装-卸-运场景下多车协同交互特性及群体高效编组调度策略，搭建矿山车路云融合无人驾驶运输管控系统，实现矿山复杂场景下车路云融合感知与多车协同稳定控制，对提高矿山安全、绿色、高效运输具有重要科学意义。

3　科学问题研究进展

3.1　矿山极端天气环境下车路云融合感知方法

当前主流的感知系统包括激光雷达、毫米波雷达、视觉等多传感器，各传感器的感知能力仍存在较大提升空间，如视觉传感器受限于天气等环境因素影响，提升传感器的原始信息质量对于提升智能感知性能有着重大意义；当前研究尚处于车端或路侧等单维度融合感知层面，目前采用车载端多传感器融合，在理想环境下，可实现前视300m长距离环境感知，但单维度的融合无法全面覆盖矿山运输全息，需要进行车、路、云等多维度信息融合，由于多维度传感器异构数据庞大，数据之间存在冗余性，如何在传感器数据增强基础上降低车路云融合数据的特征维度并进行高效耦合表征是未来研究的重点之一。

3.2　矿山恶劣道路条件下车辆智能安全防护与控制方法

当前车辆智能安全防护主要采取行车风险辨识与决策方案，通过根据车辆自身状态以及周围交通参与者状态，实现对行车风险的判断和决策措施，该方法能增强车辆运行安全，但适用于结构化道路下的车辆运行特点，缺乏矿山运输场景下的故障预警及多重安全防护方案。此外，车辆智能控制主要集中于车辆横纵向的路径/轨迹跟踪问题，纵向运动控制主要有比例积分微分（PID）控制、线性二次型调节器（LQR）控制、滑模控制、模型预测控制、模糊控制和内模控制等方法，这些方法未考虑矿山的恶劣道路条件，难以保证车体的安全稳定控制。因此，如何基于矿山恶劣道路条件对矿用运输车辆进行安全防护与稳定控制也是未来研究的重要内容之一。

3.3 装-卸-运任务驱动下多车协同控制及云控大规模集群调度机制

目前,研究多基于共性场景下的单编组队列开展研究。针对车辆编队控制场景,主要使用适用于智能交通网络的统一多车编队控制框架,通过分析异构编队几何形状,使用优化算法进行车辆位置状态分配;针对交叉口协作通行场景,主要通过多目标优化下的多智能体协调与控制建模进行最优行驶策略优化。这些模型已可在简单的结构化道路场景实现较好的编组运行效果,但控制规模小,无法适用于矿区复杂的大规模群体运输作业,却缺乏上层大规模集群调度策略,易造成运输作业混乱。因此,基于车路云全息感知信息进行多车协同控制及大规模群体智能调度具有重要研究意义。

3.4 矿山车-路-云无人驾驶运输管控系统开发与规模化应用

目前主要采取仿真验证手段进行系统开发,半实物仿真系统是目前常用的无人驾驶协同仿真测试手段,如荷兰国家应用科学研究院(TNO)构建了基于半实物仿真的智能车辆平台和交通模拟实验系统 VEHIL,用于测试智能车辆的自适应巡航控制、起停控制、车车和车路通信、车队协同驾驶、超车以及障碍物检测等功能。德国柏林交通系统研究所开发的 SUMO 仿真平台,美国拉斯阿莫斯国家实验室开发的 TRANSIMS 交通仿真平台、麻省理工学院 MITSIM 实验室开发的 TMS 仿真平台、中国的 PANOSIM 无人驾驶仿真平台,这些仿真平台的评估主要针对结构化道路场景,无法适用于矿山车路云无人驾驶运输系统理论验证。因此,如何基于车路云架构开发矿山无人驾驶系统管控平台对实际复杂系统进行高效管理具有重要研究意义。

综上所述,虽然现有的无人驾驶技术可实现多车协同运行,但仍存在以下问题:①感知精度低,范围小,即传感器易受光照变化、雨雾天气等因素影响,输出数据噪声大,感知精度低,且单维度传感器的环境感知范围受限,无法对矿山运输进行全息获取。②矿山恶劣道路条件下车辆安全防护不足且控制差,需要探索多重安全保障策略,研究充分考虑矿山道路条件的稳定控制方法。③矿山运输规模化车辆运行冲突多、效率低,车车控制相对孤立,多车运行不协同、不同步,需要基于车路云融合体系,探索云控大规模集群调度及多车协同控制机制,拓展车辆协同运行规模,提高整体运行效率。④矿山无人驾驶运输系统庞大、风险管控水平低、综合性能评估优化能力弱,需要搭建矿山车路云无人驾驶运输管控系统,对矿山运输资源进行统筹调度,提高优化整体运输管理水平。因此,以上理论研究能够解决制约矿山无人驾驶多车安全、绿色、高效协同运输作业的关键科学问题,并在科学层面具有重要的学术意义,在工程层面能为矿山复杂恶劣环境下群车高效运输提供科学理论指导和关键技术支撑。

主要参考文献

[1] Sun P, Kretzschmar H, Dotiwalla X, et al. Scalability in Perception for Autonomous Driving: Waymo Open Dataset[C]// 2020 IEEE/CVF Conference on Computer Vision and Pattern Recognition (CVPR), 2020.

[2] Hang P, Chen X, Zhang B, et al. Longitudinal Velocity Tracking Control of a 4WID Electric Vehicle[J]. IFAC-PapersOnLine, 2018, 51(31): 790-795.

[3] Zhu M, Chen H, Xiong G. A model predictive speed tracking control approach for autonomous ground vehicles[J]. Mechanical Systems & Signal Processing, 2017, 87: 138-152.

[4] Snider J M. Automatic steering methods for autonomous automobile path tracking[J]. Robotics Institute, 2011.

[5] Mehrjerdi H, Saad M, Ghommam J. Hierarchical fuzzy cooperative control and path following for a team of mobile robots[J]. IEEE/ASME Transactions on Mechatronics, 2010, 16(5): 907-917.

[6] Panagou D, Stipanović D M, Voulgaris P G. Distributed coordination control for multi-robot networks using Lyapunov-like barrier functions[J]. IEEE Transactions on Automatic Control, 2015, 61(3): 617-632.

[7] 陈龙，王晓，杨健健，等. 平行矿山：从数字孪生到矿山智能[J]. 自动化学报，2021，47(7)：1633-1645.

撰稿人：余贵珍（北京航空航天大学）　陈鹏（北京航空航天大学）
　　　　周彬（北京航空航天大学）

矿山运载装备与作业工程电驱动系统损耗建模与冷却散热

Motor drive system loss modeling and cooling for mine operation transportation and mining machines

1　科学问题概述

电驱动系统作为矿山运输与矿机系统如电机车、单轨吊车、卡轨车、重卡等的动力输出部件，关乎整个矿山工作能否顺利进行，推广应用高效节能电驱动系统是提高能源利用率、实现节能减排的重要途径。目前，专门针对矿山运输与矿机系统高效电驱动系统，特别是防爆型的电驱动系统的相关技术还处于比较落后的状态。为实现矿山运输与矿机系统电驱动系统的高效运行，需要掌握损耗分布规律与影响因素、冷却系统传热机理，攻克降耗技术、多物理场耦合分析设计技术、冷却散热等运行关键技术，在新理论、新方法和新技术方面突破技术瓶颈，一系列关键科学问题有待研究：

1.1　如何准确构建矿山运载装备与作业工程电驱动系统损耗计算模型

矿山运载装备与作业工程电驱动系统损耗包括机械损耗、铜损耗、铁损耗和驱动变换器稳态损耗与瞬态损耗等，每一部分损耗作为热源直接影响着电机的温度场分布和冷却散热。对于不同种类的矿山机车及矿机，行驶里程、运行工况、环境、驾驶行为各不相同，各个损耗所占的比重也各不相同，如何准确地计算出每一部分的损耗对驱动系统电机结构、绕组形式、散热结构、控制系统拓扑、控制参数和策略设计至关重要。目前的损耗计算模型未见考虑矿用机车特有使用特性的电驱动系统损耗计算模型，因此，科学、准确地构建矿山运载装备与作业工程电驱动系统损耗计算模型是目前亟须解决的关键科学问题之一。

1.2　如何准确建立运载装备与作业工程电驱动系统多物理场耦合模型

矿山运载装备与作业工程电驱动系统是一个集机械、电磁、热等多种参数高度耦合的系统，特别是防爆等严苛环境下电驱动系统的运行过程非常复杂，同时存在着电磁场、温度场、应力场、流体场等，矿山运载装备与作业工程电驱动系统多物理场精确分析和耦合技术的方法实现，可以更快更好地实现对矿山运输与矿机系统电驱动系统涉及的多物理场仿真分析，确保电磁设计的合理性、结构更加紧凑、通风散热更加合理，为高效电驱动系统的研制提供了技术保障，对缩短产品的研发周期，降低电驱动系统的研发制造成本具有重要意义。因此，如何准确建立矿山运载装备与作业工程电驱动系统多物理场耦合模型是目前亟须解决的关键科学问题之一。

1.3　如何揭示复杂约束条件下矿山运载装备与作业工程电驱动系统高效冷却传热内在机理及温升管理

矿山运载装备与作业工程电驱动系统内部空间有限，定子与冷却系统的热传导能力较弱，散热困难。此外，矿山运载装备与作业工程电驱动系统具有较好的密封性，尤其是防爆电驱动系统，高的密封性虽然从某一方面对电驱动系统起到了保护作用，但同时使电驱动系统的散热越发艰难。高效的冷却散热系统对于提高驱动系统的功率密度和效率至关重要，目前对这方面的研究多集中于矿山运载装备与作业工程电机本体的冷却散热分析上，缺乏从驱动系统的角度全面考虑复杂约束条件的冷却传热技术。因此，如何揭示复杂约束条件下矿山运载装备与作业工程电驱动系统高效冷却传热内在机理，对温升进行有效管理是亟须解决的关键科学问题之一。

2　科学问题背景

随着矿山企业的快速发展,生产中的能源消耗也越来越大,能源消耗及环境污染两大问题日益凸显,在矿山运输与矿机系统中推广应用高效节能电驱动系统迫在眉睫,现有的驱动电机类型主要包括异步电机、永磁同步电机和开关磁阻电机等。永磁同步电机以功率密度高和效率高等优点成为现有主流驱动电机,但是也存在着高速时弱磁控制算法复杂和永磁体退磁风险高等缺点,特别是防爆等严苛环境下的矿山运载装备与作业工程系统应用中,相比于交流感应电机和永磁同步电机来说,开关磁阻电机具有结构简单、不需要稀土永磁材料、制造成本低、容错能力强和效率较高等优势,成为严苛环境下的矿山运载装备与作业工程系统高性能驱动电机的优先选择之一。但是,当前专门针对矿山运输与矿机系统高效电驱动系统,特别是防爆型的电驱动系统的相关技术还处于比较落后的状态,亟须攻克降耗技术、多物理场耦合分析设计技术、冷却散热等运行关键技术。目前,矿山运输与矿机系统高效电驱动系统主要存在以下三个技术瓶颈:

2.1　矿山运输与矿机系统电驱动系统损耗精确建模难题

矿山运输与矿机系统电驱动系统损耗精确建模是研究电驱动系统多物理场耦合模型的基础,也是设计降耗控制策略的关键技术,科学精确的损耗模型是矿山运输系统电驱动系统高效运行的核心。国内外对矿山运输驱动系统损耗的研究多集中于借鉴新能源汽车损耗建模方法进行单一的电机本体损耗的建模或者驱动变换器损耗的建模,较少结合矿山运输与矿机系统的行驶里程、运行工况、环境、驾驶行为等因素进行系统性的建模,对考虑矿用机车特有工作特性的电驱动系统损耗计算模型研究不足,无法为矿山运输与矿机系统电驱动系统的高效运行提供支撑。

2.2　矿山运输与矿机系统电驱动系统多物理场耦合精确建模难题

矿山运输与矿机系统电驱动系统涉及电磁学、热应力、电控、机械、温度场等多物理场耦合,动态耦合机理复杂。现有的矿山运输与矿机系统运输电驱动系统多物理场仿真模型考虑不全面、脱离了矿山运输与矿机系统的实际运行环境,建模准确性较差。而精确的多物理场耦合模型对矿山运输与矿机系统电驱动系统的电磁设计、结构设计、冷却传热设计具有较强的指导意义,对缩短产品的研发周期,降低电驱动系统的研发制造成本具有重要意义。

2.3　复杂约束条件下矿山运输与矿机系统电驱动系统高效冷却传热内在机理难题

矿山运输与矿机系统整体空间较小、运行环境湿度大、零部件排布紧密、复杂,特别是持续长时间作业的情况下，其驱动系统的产热功率持续增加时，散热冷却系统的热交换性能更是重中之重。此外，对于煤矿井下这种特殊的工况条件，一旦电驱动系统表面温度过高达到可燃物的燃点，可能会造成十分严重的后果，因此必须要对电驱动系统的运行温度进行严谨的分析、计算和管理，以确保电驱动系统在矿井下稳定、安全、高效运行。目前对这方面的研究多集中于矿山运输与矿机系统电机本体的冷却散热分析上，缺乏从驱动系统的角度全面考虑复杂约束条件的冷却传热技术，从而无法为电驱动系统在矿井下稳定、安全、高效运行提供保障和技术支撑。

综上所述，针对矿山运输与矿机系统运输电驱动系统高效运行难题，亟须深入研究矿山运输与矿机系统电驱动系统损耗产生机理，构建精确的矿山运输与矿机系统电驱动系统多物理场耦合模型，揭示复杂约束条件下矿山运输与矿机系统电驱动系统高效冷却传热内在机理，形成矿山运输与矿机系统运输电驱动系统高效运行策略，对于提升我国严苛环境下矿山运输与矿机系统的节能减排水平，保障矿山运输与矿机系统产业健康、快速发展具有重要意义，科学价值显著。

3 科学问题研究进展

3.1 严苛环境下矿山运输与矿机系统电驱动系统损耗精确建模

针对电机本体的损耗主要包括机械损耗、铜损耗、铁损耗，其中电机的铁芯损耗受多方面的非线性因素影响较为严重，目前，主要的计算方法有两种，一种是传统的磁路分析计算，另一种是通过大量实践研究并结合经验系数的计算，但是这两种计算方法较为复杂，且建模和试验周期长。另外一种是结合硅钢片的损耗系数并运用有限元软件的计算方法，该方法能够准确地分析出不均匀分布的磁密、谐波磁场和交变磁场对定子损耗产生的影响。针对驱动变换器损耗主要包括功率器件的开关损耗和通态损耗。此损耗对于功率器件本身来说，不仅与器件技术参数、寄生参数相关，还与控制器驱动电路设计时所确定的开通/关断时间相关；在使用过程中，还与控制器母线电压、所设定的开关频率、功率器件上流过的电流等因素相关。并且在实际使用过程中，器件的开通/关断时间、暂态电压与电流的拖尾、电流的上升/下降时间、续流二极管反向恢复电流与时间都随开关管导通电流的变化而变化，因此，研究控制器功率器件的损耗是一个复杂的过程。国内外对矿山运输驱动系统损耗的研究多集中于借鉴新能源汽车损耗建模方法进行单一的电机本体损耗的建模或者驱动变换器损耗的建模，较少结合矿山运输与矿机系统的行驶里程、运行工况、环境、驾驶行为等因素进行系统性的建模，对考虑矿用机车特有工作特性的电驱动系统损耗计算模型研究不足。

3.2 矿山运输与矿机系统电驱动系统多物理场耦合精确建模

国内外研究人员主要从电机本体的角度建立多物理场耦合模型，多物理场因素考虑不全面、脱离了矿山运输与矿机系统的实际运行环境，建模准确性较差。针对电机本体多物理场、路耦合模型，国内外学者开展了大量的研究，温嘉斌等人应用流固耦合计算了安装了冷却器的大功率异步电机的温度场分布，通过改变冷却器内挡板的位置，改善了冷却器的散热性能。Viver S 等人建立了电机电磁-热耦合模型的精细模型和粗略模型，并将两种模型用于了电机的多目标优化设计，比较了两种模型的优化设计结果和计算成本。赵勇针对中压防爆矿用感应电机的多物理场开展了研究。

3.3 复杂约束条件下矿山运输与矿机系统电驱动系统高效冷却系统

冷却系统原理方案，是冷却系统设计的关键，也是进行整车精确冷却散热的基础。目前，国内矿用机车驱动系统大多采用传统的冷却系统，即采用主发电机直连一个冷却风机，即该冷却风机与主发电机及发动机的输出端直接连接，通过发动机带动主发电机转动，从而带动冷却风机旋转，以达到给冷却系统提供强迫冷却风的要求。这种冷却系统的风速及风量直接受发动机转速控制，因为该结构的风机转速等于发动机的转速。矿用机车运输系统的冷却系统只有下坡时才需要大的冷却风量，发动机下坡时必须提高发动机转速以满足冷却系统的风量要求，但是，矿用机车运输系统下坡时却不需要发动机运行在高转速。目前国外在矿用机车运输系统冷却系统方面，几乎全部采用闭环式冷却系统，一些先进的还装有由温度和电感式传感器及信号转换电路组成的冷却液温度和液位监控器。此外，对电驱动系统冷却系统的研究多集中在传统新能源汽车方面，较少结合矿用机车的运行环境和工况进行系统性的研究，丁黎等人介绍了一种矿用电动轮矿车新型冷却系统，延长了发动机的使用时间，减少了发动机的维修时间，同时还大大减少燃油消耗。

主要参考文献

[1] 时剑文. 矿用永磁耦合器传动特性研究[D]. 北京：中国矿业大学(北京)，2018.

[2] 刘任. 软磁材料的磁滞模拟与损耗计算方法研究[D]. 北京：华北电力大学，2021.

[3] 毛鹏，谢少军，许泽刚. IGBT 模块的开关暂态模型及损耗分析[J]. 中国电机工程学报，2010，30(15)：40-47.

[4] 陈权，王群京，姜卫东. 二极管钳位型三电平变换器开关损耗分析[J]. 电工技术学报，2008，23(2)：68-75.

[5] 温嘉斌，郑军，于喜伟. YKK 中型高压异步电动机换热分析与冷却器优化. 电机与控制学报，2015，19(9)：33-39.

[6] Vivier S, Friedrich G. Comparison Between Single-Model and Multi-Model Optimization Methods for Multiphysical Design of Electrical Machines[J]. IEEE Transactions on Industry Applications, 2018, 54(2): 1379-1389.
[7] 赵勇. 中压防爆电机多物理场耦合分析计算[D]. 哈尔滨:哈尔滨理工大学,2019.
[8] 徐元坤. 矿用自卸车发动机冷却系统的匹配与优化[D]. 西安:西京学院,2016.
[9] 张小朋. 轮式装载机冷却系统散热器不同布置方式散热性能研究[D]. 长春:吉林大学,2020.
[10] 丁黎,田静,郭凯. 包钢白云铁矿新型电动轮冷却系统[J]. 包钢科技,2017,43(2):58-60.

撰稿人:陈昊(中国矿业大学)　闫文举(中国矿业大学)

矿山运载装备与作业工程电驱动系统故障诊断与容错控制

Fault diagnosis and tolerance control on motor drive system for mine operation transportation and mining machines

1　科学问题概述

矿山运载装备与作业工程系统高可靠运行是矿山安全性和经济性的重要保障。电驱动系统作为矿山运输与矿机系统(如电机车、单轨吊车、卡轨车、重卡等)的核心环节,在线的故障诊断和容错是矿山运输与矿机系统长时间高可靠性运行的基础。目前,专门针对矿山运输与矿机系统故障诊断和容错的相关技术还处于初始阶段,理论基础、建模方法和实验手段还不完善。为实现矿山运输与矿机系统电驱动系统的高精度在线故障诊断和容错,需要在新理论、新方法和新技术方面突破技术瓶颈,一系列关键科学问题有待研究:

1.1　如何构建矿山运载装备与作业工程电驱动系统高鲁棒性故障状态模型

矿山机车电驱动系统在运行过程中承受高频的电热应力,再加上内部空间有限和不对称分布,使电驱动系统元器件均存在一定的故障率,给系统的安全运行带来了严峻的挑战,特别是防爆电机系统的高密封性极大程度增加了故障监测的难度。通过研究矿山运输与矿机系统电驱动系统高鲁棒性故障状态模型方法,能够确保各个元器件的实时监测和故障后的快速诊断,对后续容错策略的实施和可靠性定向优化至关重要。因此,如何构建矿山运输与矿机系统电驱动系统高鲁棒性故障状态模型方法是亟须解决的关键科学问题之一。

1.2　如何设计矿山运输与矿机系统低成本、高可靠性容错策略

矿山机车电驱动系统受限于恶劣的运行环境、有限的空间要求和高强度的密封性，系统的容错能力有限，因此系统故障后通常要求整个机车系统停机，极大程度降低了生产效率。通过有效设计矿山运输与矿机系统低成本、高可靠性的容错策略，能够在保证系统安全运行的同时最大化提高系统的生产效率。因此，如何设计矿山运输与矿机系统低成本、高可靠性的容错策略是亟须解决的关键科学问题之一。

1.3　如何依据不同运行场景选取最合适的容错策略

矿山机车电驱动系统在故障后，不同运行环境下具有不同的表现形式，故障状态和容错策略的选取需要充分考虑环境应力和环境变化的影响，实现容错策略随温度、湿度和工况的动态选取，提高矿山机车电驱系统的整体可靠性，因此，如何依据不同运行场景选取最合适的容错策略是亟须解决的关键科学问题之一。

2　科学问题背景

随着国家对矿山安全生产要求越来越高，电驱动系统的可靠性越发显得重要，在矿山运载装备与作业工程系统中推广应用高精度故障诊断和容错策略迫在眉睫。当前，专门针对矿山运输与矿机系统高可靠电驱动系统的相关技术研究还处于初始的状态，亟须攻克适用于矿山机车高鲁棒性故障状态建模和低成本、高可靠性容错策略等运行关键技术。目前，矿山运输与矿机系统电驱动系统故障诊断和容错策略主要存在以下两个技术瓶颈：

2.1　矿山运载装备与作业工程电驱动系统高鲁棒性故障状态建模难题

矿山机车电驱动系统在运行过程中承受高频的电热应力，再加上内部空间有限和不对称分布，使电驱动系统元器件均存在一定的故障率，容易造成安全性和经济性的损失。目前对这方面的研究多集中在单一的元器件状态监测，多元器件状态监测和综合利用有待研究，同时故障类型和故障特征容易出现一对多、多对一和多对多的特性，而缺乏单一映射关系的研究，无法实现矿山运输与矿机系统电驱动系统高鲁棒性故障状态建模难题。

2.2　矿山运载装备与作业工程电驱动系统低成本高可靠性的容错策略设计难题

目前，对容错策略研究主要为单一的集中于高成本的主动容错和低成本的被动容错策略研究，同时容错之后系统的运行性能缺乏准确的研究指标，无法进一步依据运行工况选取最优的容错策略，无法完成矿山运输系统电驱动系统的低成本、高可靠性容错策略设计。

综上所述，针对矿山机车运输电驱动系统故障诊断和容错难题，亟须深入研究矿山运

输与矿机系统电驱动系统高鲁棒性故障状态建模机理，揭示矿山运输与矿机系统电驱动系统低成本、高可靠性的容错策略设计机理，形成矿山运输电驱动系统高精度在线故障诊断和容错策略，对于提升我国矿山运输的安全性和经济性，促进我国矿山高效安全生产，具有重要的理论意义和应用价值。

3 科学问题研究进展

3.1 矿山运载装备与作业工程电驱动系统高鲁棒性故障状态建模机理

国内外学者从基于模型、基于知识和基于信号三方面入手，研究基于模型的故障诊断方法时，首先需要建立在线的电驱动系统模型，然后检测实际输出与模型输出的一致性，进而实时判断健康状态。为了保证诊断精度，需要多次判断实际输出与模型输出是否一致，一般需要毫秒级的时间才能完成，且模型的准确度直接影响监测精度。基于知识的故障诊断方法无须建立系统模型，但通常需要采集正常和故障情况下的系统运行波形，然后经神经网络、专家系统和数据驱动等算法实现健康状态监测。基于信号处理的故障诊断方法是通过一定的算法处理经测量获取的电压、电流、磁链和震动等信号，提取监测特征，主要包括时域法、频域法和时频域法等。由于算法的实施通常至少需要一个周期的数据，因此诊断时间通常也为毫秒级。

3.2 矿山运载装备与作业工程电驱动系统低成本、高可靠性的容错策略设计

国内外学者主要对被动容错策略和主动容错策略进行探索。被动容错策略是利用自身的冗余功能，提出一定的控制策略改善系统的运行性能，从而提升系统输出满足应用场合要求的能力，增强系统的可靠性。Li B 等人和 Aleenejad M 等人分别提出了不同多电平拓扑下的容错策略，提升了对应系统的可靠性，但是输出谐波和电压变化范围相比于正常运行情况都有一定程度的恶化。而主动容错策略通过增加额外的器件，主要包括器件冗余、桥臂冗余以及子系统冗余等，其中子系统冗余以电机和变换器级的冗余为主。

主要参考文献

[1] Hu Z, Wang Y, Ge M, et al. Data-driven fault diagnosis method based on compressed sensing and improved multi-scale network[J]. IEEE Transactions on Industrial Electronics, 2019, 665-678.

[2] Chen H, Jiang B, Chen W, et al. Data-driven detection and diagnosis of incipient faults in electrical drives of high-speed trains[J]. IEEE Transactions on Industrial Electronics, 2019, 66(6):4716-4725.

[3] Wang H, Pei X, Wu Y, et al. Switch fault diagnosis method for series-parallel forward DC-DC converter system[J]. IEEE Transactions on Industrial Electronics, 2019, 66(6): 4684-4695.

[4] An Q, Sun L, Zhao K, et al. Switching function model-based fast-diagnostic method of open-switch faults in inverters without sensors[J]. IEEE Transactions on Power Electronics, 2011, 26(1): 119-126.

[5] Jamshidpour E, Poure P, Saadate S. Photovoltaic systems reliability improvement by real-time fpga-based switch failure diagnosis and fault-tolerant DC-DC converter[J]. IEEE Transactions on Industrial Electronics, 2015, 62(11): 7247-7255.

[6] Dusmez S, Akin B. An active life extension strategy for thermally aged power switches based on the pulse-width adjustment method in interleaved converters[J]. IEEE Transactions on Power Electronics, 2015, 31(7): 5149-5160.

[7] Raveendran V, Andresen M, Buticchi G, et al. Thermal stress based power routing of smart transformer with CHB and DAB converters[J]. IEEE Transactions on Power Electronics, 2019, 689-704.

[8] Nguyen N, Meinguet F, Semail E, et al. Fault-tolerant operation of an open-end winding five-phase PMSM drive with short-circuit inverter fault[J]. IEEE Transactions on Industrial Electronics, 2016, 63(1): 595-605.

[9] Li B, Shi S, Wang B, et al. Fault diagnosis and tolerant control of single IGBT open-circuit failure in modular multilevel converters[J]. IEEE Transactions on Power Electronics, 2016, 31(4): 3165-3176.

[10] Aleenejad M, Mahmoudi H, Moamaei P, et al. A new fault-tolerant strategy based on a modified selective harmonic technique for three-phase multilevel converters with a single faulty cell[J]. IEEE Transactions on Power Electronics, 2016, 31(4): 3141-3150.

撰稿人：陈昊（中国矿业大学）

矿山运载装备与作业工程高性能电驱拓扑构建与控制

Driven topology build and control of high performance motor drive system for mine operation transportation and mining machines

1 科学问题概述

驱动电机系统作为矿山运载装备与作业工程系统（如电机车、单轨吊车、卡轨车、重卡等)的核心环节,是矿山运输与矿机系统长时间、高可靠性、高效运行的基础,推广应用高可靠性电驱动系统能够有效提高矿山作业的安全性、可持续性和经济性。目前,专门针对矿山运输与矿机系统高性能驱动电机系统的理论基础、建模方法和实验手段还不完善。为实现矿山运载装备与作业工程驱动电机系统的高性能运行,攻克矿山运载装备与作业工程电驱动系统类型、方案及控制等关键技术,在新理论、新方法和新技术方面突破技术瓶颈,一系列关键科学问题有待研究。

1.1 如何揭示矿山运载装备与作业工程系统高性能驱动电机拓扑构建机理

矿山运载装备与作业工程驱动电机作为动力源的执行装置,直接决定整个矿山运行的效率和经济性。对于不同类型的矿山机车电驱动系统来说,运行工况、作业模式、功能需求、启停频率、稳态应力和瞬态冲击均不相同,导致对驱动电机的性能要求需求也不相同,如何充分考虑不同运行工况下的运行性能需求,实现单位成本下运行性能最大化需要进一步研究。目前矿山运输系统电机拓扑构建方法大多借鉴于传统工业电机或者新能源汽车驱动电机,未充分考虑矿山机车运行工况和运行特性,不能够确定矿山运载装备与作业工程系统高性能驱动电机拓扑的构建机理,无法使矿山运输与矿机系统驱动电机同时实现高性能和低成本的要求。因此,科学、精确地构建矿山运输与矿机系统高性能驱动电机拓扑是目前亟须解决的关键科学问题之一。

1.2 如何设计适用于矿山运载装备与作业工程系统全工况功率变换器

矿山运载装备与作业工程系统驱动电机功率变换器作为控制器和驱动电机之间的执行环节,是系统稳态性能、动态性能和可靠性的重要支配因素,矿山作业运输运行工况复杂、作业模式多样运行载荷变化范围大,目前矿山运载装备与作业工程系统驱动电机用功率变换器的设计还停留在依据成本、额定电流和额定电压的传统选型阶段,未充分考虑多种环境因素共同作用下功率变换器长时间可靠运行能力,现有的设计方法不符合矿山运输与矿机系统高性能驱动电机系统的运行需求。因此,如何设计适用于矿山运载装备与作业工程系统全工况高可靠性功率变换器是目前亟须解决的关键科学问题之一。

2 科学问题背景

随着矿山运载装备与作业工程系统在矿山运营者占据越来越重要的比重,驱动电机系统的重要性不断增强,在矿山运载装备与作业工程系统中推广应用高性能驱动电机系统迫在眉睫。当前,专门针对矿山运载装备与作业工程高性能驱动电机系统的相关技术研究还处于初始的状态,亟须攻克矿山运载装备与作业工程高性能驱动电机拓扑构建、适用于矿山运载装备与作业工程系统全工况高可靠性功率变换器和矿山运输与矿机系统驱动电机系统能量优化控制机理等运行关键技术。目前,矿山运输与矿机系统高性能驱动电机系统主要存在以下两个技术瓶颈:

2.1　矿山运载装备与作业工程系统高性能驱动拓扑构建难题

矿山运载装备与作业工程系统的运行工况、作业模式、功能需求、启停频率、稳态应力和瞬态冲击均不相同,导致对驱动电机的性能要求需求也不相同,如何充分考虑不同运行工况下的运行性能需求,实现单位成本下运行性能最大化需要进一步研究。目前,矿山作业运输系统电机拓扑构建方法大多借鉴于传统工业电机或者新能源汽车驱动电机,未充分考虑矿山机车运行工况和运行特性,无法使矿山运载装备与作业工程系统驱动电机同时实现高性能和低成本的要求。

2.2　适用于矿山运载装备与作业工程系统全工况功率变换器设计难题

全工况高可靠性功率变换器能够综合考虑电应力、损耗、效率、热应力和容错能力等因素对系统运行的影响规律,有助于简化系统的设计目标,缩短设计周期,同时能够在运行阶段延长驱动电机系统整体使用寿命,对驱动电机系统的高性能运行具有重要的意义。

因此,针对矿山运载装备与作业工程高性能驱动电机难题,亟须深入研究矿山运载装备与作业工程系统高性能驱动拓扑构建方法和适用于矿山运载装备与作业工程系统全工况高可靠性功率变换器设计策略,形成矿山运载装备与作业工程电驱动系统高性能驱动电机设计和控制策略,对于丰富矿山运输电机拓扑类型和控制策略,提升我国矿山运载装备与作业工程驱动电机整体性能,具有重要的理论意义和应用价值。

3　科学问题研究进展

3.1　矿山运载装备与作业工程系统高性能驱动拓扑构建方法

现有的驱动电机类型主要包括异步电机、永磁同步电机和开关磁阻电机等。永磁同步电机以功率密度高、转矩密度大和效率高等优点成为当前矿山运输与矿机系统的主流驱动电机,但是也存在着高速时弱磁控制算法复杂和永磁体退磁风险高等缺点。同时稀土永磁等战略资源供应源的不稳定和价格攀升等因素已逐步成为制约永磁同步电机快速发展的不利因素之一。相比于交流感应电机和永磁同步电机来说,开关磁阻电机具有结构简单、不需要稀土永磁材料、制造成本低、调速范围宽、效率高和容错能力强等优势,成为矿山运载装备与作业工程系统高性能驱动电机的优先选择之一。国内外对矿山运载装备与作业工程驱动系统高性能电机的研究多集中在单一的拓扑结构和设计策略,而未充分考虑矿山机车运行工况和运行特性，无法使矿山运载装备与作业工程系统驱动电机长时间、高性能、低成本运行。

3.2 适用于矿山运载装备与作业工程系统全工况高功率变换器设计

国内外研究人员主要从以下三个方面进行深入研究，提高功率变换器的可靠性，首先采用新型高性能功率器件。随着功率器件制造技术的发展，以碳化硅和氮化镓为代表的宽禁带半导体器件具有更低的开关损耗，从而能够降低器件的热应力和失效率。J Colmenares 等人采用可靠性框图模型验证了碳化硅器件能够有效提高矿用电压源逆变器的可靠性。E Gurpinar 等人研究表明采用氮化镓器件是提高中点嵌位型三电平功率变换器可靠性的重要方法。同时国内外学者也研究了新型少功率器件拓扑，但是只减少元器件数目可能带来容错能力的下降和热应力的增强，无法保证可靠性的增强效果。虽然通过容错策略的实施增强系统的运行性能，进而增加系统带故障运行下存活状态的数目，实现功率变换器可靠性的提高。但是现有的功率变换器容错策略大多采用增加辅助桥臂的措施，有效提升了容错能力，但是同样会增加功率器件数目并提升成本。

主要参考文献

[1] 来寅龙. 永磁电机技术在皮带机驱动系统改造中的应用[J]. 能源与节能，2021(11)：206-207 +209.

[2] 崔庆美. 矿山机电设备中变频控制技术原理及应用探析[J]. 世界有色金属，2021(18)：36-37.

[3] 张丽，朱孝勇，左月飞. 电动汽车用转子永磁型无刷电机与控制系统容错技术综述[J]. 中国电机工程学报，2019，39(06)：1792-1802 +1875.

[4] M Cheng，Y Jiang，P Han，et al. Unbalanced and Low-Order Harmonic Voltage Mitigation of Stand-Alone Dual-Stator Brushless Doubly Fed Induction Wind Generator[J]. IEEE Transactions on Industrial Electronics，2018，65(11)：9135-9146.

[5] J Cai，Z Deng. Unbalanced Phase Inductance Adaptable Rotor PositionSensorless Scheme for Switched Reluctance Motor[J]. IEEE Transactions on Power Electronics，2018，33(5)：4285-4292.

[6] 马霁旻，王杜，曲荣海，等. 基于有取向硅钢的轴向磁通开关磁阻电机准三维解析分析与设计[J]. 电工技术学报，2018，33(17)：4069-4077.

[7] H Arihara，K Akatsu. Basic Properties of an Axial-Type Switched Reluctance Motor[J]. IEEE Transactions on Industry Applications，2013，49(1)：59-65.

[8] 颜建虎,汪盼,费晨. 模块化开关磁阻式横向磁通电机设计与分析[J]. 中国电机工程学报,2018,38(22):6723-6730.

[9] J Colmenares, D-P Sadik, P Hilber, et al. Reliability Analysis of A High-efficiency SiC Three-phase Inverter[J]. IEEE Journal of Emerging and Selected Topics in Power Electronics,2016,4(3):996-1006.

[10] E Gurpinar, Y Yang, F Iannuzzo, et al. Reliability-driven Assessment of GaN HEMTs and Si IGBTs in 3L-ANPC PV Inverters[J]. IEEE Journal of Emerging and Selected Topics in Power Electronics,2016,4(3):956-969.

撰稿人:陈昊(中国矿业大学)　徐帅(中国矿业大学)

矿山运载装备与作业工程电驱动系统可靠性与寿命评估

Reliability and lifetime assessment for motor drive system on mine operation transportation and mining machines

1　科学问题概述

矿山运载装备与作业工程高可靠运行是矿山安全性和经济性的重要保障。电驱动系统作为矿山运载装备与作业工程系统(如电机车、单轨吊车、卡轨车、重卡等)的核心环节,是矿山运载装备与作业工程长时间高可靠性运行的基础,推广应用高可靠性电驱动系统能够有效提高矿山作业的安全性、可持续性和经济性。目前,专门针对矿山机车运输系统高可靠电驱动系统的相关技术还处于初始阶段,理论基础、建模方法和实验手段还不完善。为实现矿山运载装备与作业工程的高可靠性运行,攻克器件级寿命评估技术、系统级可靠性建模和高可靠性安全运行控制等关键技术,在新理论、新方法和新技术方面突破技术瓶颈,一系列关键科学问题有待研究:

1.1　如何精确建立矿山运载装备与作业工程电驱动系统器件级寿命计算模型

矿山运载装备与作业工程电驱动系统主要由功率半导体、功率电容、驱动芯片、电源模块、传感器和驱动电机等器件组成,任何一个元器件的失效都会使系统的可靠性降低,影响安全性和经济性。对于不同类型的矿山机车电驱动系统来说,运行工况、作业模式、功能需求、启停频率、稳态应力和瞬态冲击均不相同,导致器件寿命需求也不相同,如何准确评估温度、湿度、材料属性、器件结构、稳态应力和瞬态冲击等因素对元器件寿命的影响至关重要,进而如何建立精确的、考虑瞬态应力和稳态应力的器件级寿命计算模型值得进一步探究。目前的器件级寿命计算模型未考虑矿用机车特有使用特性的电驱动系统寿命计算模型，且未考虑瞬态应力对寿命计算的影响，降低了寿命计算结果的准确度，因此，科学、精确地构建矿山运载装备与作业工程电驱动系统器件级寿命计算模型是目前亟须解决的关键科学问题之一。

1.2 如何建立矿山运载装备与作业工程电驱动系统全工况系统级可靠性评估模型

矿山运载装备与作业工程电驱动系统级可靠性是电应力、热应力、环境应力、容错能力等多种参数综合作用的结果，系统级可靠性不是单纯的各个元器件可靠性的叠加，因此需要建立能够综合考虑上述因素的可靠性模型。全工况的系统级可靠性模型能够实现整个运行工况的可靠性评估，进而能够在设计阶段完成可靠性和经济性的优化，在运行阶段选择合理的控制策略和控制参数，确保系统在最大可靠性点运行，对整个矿山的安全运行具有重要的意义。因此，如何准确建立矿山运载装备与作业工程电驱动系统全工况系统级可靠性模型是目前亟须解决的关键科学问题之一。

1.3 如何揭示矿山运载装备与作业工程电驱动系统全寿命周期内的安全控制机理

矿山运载装备与作业工程驱动电机系统存在复杂的能量流动过程，具有实时多方向的电能和机械能以及电能与电能的转化过程，期望的能量流动是完全将电能转化为矿山运输与矿机的动力输出，但是现有研究结果发现其中不期望的能量流动会造成额外的功率损耗和温升，在不期望电热应力的持续作用下，电驱动系统电机和功率变换器各相的失效率差异逐步加大，进而影响系统的整体可靠性，特别是在现有电驱动系统多相化的基础上，全寿命周期内的安全运行显得尤为重要。因此，如何揭示矿山运输与矿机电驱动系统全寿命周期内的安全控制机理是亟须解决的关键科学问题之一。

2 科学问题背景

随着国家对矿山安全生产要求越来越高，电驱动系统的可靠性越发显得重要，在矿山运载装备与作业工程中推广应用高可靠性电驱动系统迫在眉睫。当前，专门针对矿山运载装备与作业工程高可靠电驱动系统的相关技术研究还处于初始的状态，亟须攻克适用于矿山运载装备与作业工程工作特性的寿命计算模型和全工况系统级可靠性评估模型等运行关键技术。目前，矿山运载装备与作业工程高可靠性电驱动系统主要存在以下三个技术瓶颈：

2.1 矿山运载装备与作业工程电驱动系统器件寿命精确建模难题

矿山运载装备与作业工程电驱动系统器件寿命精确建模是研究电驱动系统全工况系

统级可靠性定量评估的基础，也是在设计和运行阶段保证电驱动系统高可靠性运行的核心，科学精确的器件级寿命模型是矿山运载装备与作业工程电驱动系统高可靠运行的根本。国内外对矿山运载装备与作业工程电驱动系统损耗的研究多集中于单一的器件级寿命模型，所建模型多针对某一型号器件，而不能抑制，且未考虑瞬态应力对寿命模型的影响，同时所建模型未结合运行工况、作业模式、功能需求、启停频率、稳态应力和瞬态冲击等矿山运载装备与作业工程基本特性，降低了寿命计算结果的准确度，无法对矿山运载装备与作业工程电驱动系统的高可靠运行提供支撑。

2.2　矿山运载装备与作业工程电驱动系统全工况系统级可靠性精确建模难题

现有的矿山运载装备与作业工程电驱动系统级可靠性模型仅是单纯地将元器件可靠性模型进行叠加，未综合考虑电应力、热应力、环境应力、容错能力和人为因素等多种参数对系统级可靠性的影响规律，尤其缺乏对适用于整个工况的可靠性评估模型。而精确的全工况系统级可靠性模型对矿山运载装备与作业工程电驱动系统的控制策略设计和控制参数选取具有重要的意义，对系统的高可靠性运行和提高经济效益提供理论支撑。

2.3　矿山运载装备与作业工程电驱动系统全寿命周期内的安全控制难题

全寿命周期内的可靠性控制不局限于各个元器件或各相之间的主动热管理控制，或者故障后主动容错控制，而是依据电驱动系统的实时运行状态和所处寿命周期，在线预测可靠性与控制参数和控制策略的映射关系，进而实现电驱动系统整个寿命周期内的可靠性增长和安全系统提升，目前对这方面的研究多集中在对这方面的研究主要针对能量无序流动带来性能退化的抑制，如转矩脉动抑制策略、损耗最小化控制策略和主动热管理策略等，而缺乏对矿山运输与矿机驱动电机系统安全运行控制机理的研究，同时未考虑全寿命周期内的安全运行控制策略，无法实现电驱动系统全寿命周期内的高可靠性运行。

综上所述，针对矿山运载装备与作业工程电驱动系统高可靠运行难题，亟须深入研究矿山运载装备与作业工程电驱动系统器件级寿命建模机理，建立精确的矿山运载装备与作业工程电驱动系统全工况系统级可靠性模型，实施矿山运载装备与作业工程电驱动系统全寿命周期内的安全控制，形成矿山运载装备与作业工程电驱动系统高可靠性运行策略，对于提升我国矿山运载装备与作业工程的安全性和经济性，促进我国矿山高效安全生产，具有重要的理论意义和应用价值。

3 科学问题研究进展

3.1 矿山运载装备与作业工程电驱动系统器件寿命精确建模

考虑到功率半导体器件和功率电容在电驱动系统失效中占比较大,因此现有的寿命计算模型主要集中在功率半导体器件和功率电容方面。目前,主要的寿命计算模型分为两类,一类是失效物理模型,另外一类是应力分析模型。对于失效物理模型来说,不同型号元器件的失效物理模型具有迥异的参数,极大程度增加了建模的复杂度。功率半导体器件失效物理模型最常用的是 Coffin-Manson 模型和 Miner 线性损伤模型相结合的建模方法,研究表明结点温度波动是功率半导体器件失效的主要原因。虽然现有的功率半导体失效物理模型已经从线性发展到了考虑材料特性的非线性损伤模型,但是模型中需要辨识的参数也进一步增多,建模过程更加复杂。功率电容的失效物理模型主要分为经验模型和以经验模型为基础的简化模型,但模型计算结果容易受到外部测试环境的影响。功率半导体器件和电容的应力分析模型均基于可靠性预计手册,具有建模过程易实施的特点,但可信度需要加强。

3.2 矿山运载装备与作业工程电驱动系统全工况系统级可靠性精确建模

国内外研究人员主要研究了元器件计数模型、可靠性框图模型、故障树模型和 Markov 模型等,通过上述模型现有的系统级可靠性模型已经能够从单纯地分析静态可靠性发展到了动态可靠性阶段,出现了大量的研究成果。Huang H 等人将 Coffin-Manson 模型与元器件计数模型相结合,实现了三相电压源逆变器寿命的评估。Xu Q 等人将可靠性框图模型引入到多电飞机的能量转换系统,为热应力减少、冗余策略实施和薄弱环节辨识等可靠性提高方法的选取提供了理论指导。Ying W 等人通过建立轴承、定子、功率器件和电力拖动系统的故障树模型,得到了使系统失效的支配因素。

3.3 矿山运载装备与作业工程电驱动系统全寿命周期内的安全控制

国内外学者主要从主动热管理和容错策略两方面入手进行研究。主动热管理策略的实施能够有效优化分配并联和冗余功率器件及相关变换器之间的电热载荷,得到最优的热应力分布,进而提高寿命。Raveendran V 等人以功率器件导通电阻作为指示,单独调节并联升压变换器各个桥臂的电流,平衡了热应力,实现了系统寿命的延长。Nguyen N 等人实现了级联 H 桥和双有源变换器之间的功率平衡,提高了电驱动系统整体的可靠性。同时,研究发现通过主动调节各相与直流母线电容之间的能量流动,能够避免能量无序流动产生过高的电热应力,提升系统的安全运行能力。哈尔滨工业大学王高林教授提出了一种定子电流矢量定向控制策略,降低了回馈能量对直流母线电容的冲击,有效避免了无电解电容电机系统过电压的产生,增强了系统的安全性。容错策略是利用自身的冗余功能,提出一定的控制策略改善系统的运行性能,从而提升系统输出满足应用场合要求的能力,增强系统的可靠性。目前对这方面的研究多集中在电驱动系统健康状态良好时的主动热管理策略,而缺乏全寿命周期内的安全运行控制策略,无法实现电驱动系统全寿命周期内的高可靠性运行。

主要参考文献

[1] 吴方帮.永磁同步电机剩余寿命预测方法研究[D].杭州:浙江理工大学,2018.

[2] Choi U,Ma K,Blaabjerg F. Validation of lifetime prediction of IGBT modules based on linear damage accumulation by means of superimposed power cycling tests[J]. IEEE Transactions on Industrial Electronics,2018,65(4):3520-3529.

[3] Liu Y,Huang M,Wang H,et al. Reliability-oriented optimization of the LC filter in a buck DC-DCconverter[J]. IEEE Transactions on Power Electronics,2017,32(8):6323-6337.

[4] Huang H,Mawby P. A lifetime estimation technique for voltage source inverters[J]. IEEE Transactions on Power Electronics,2013,28(8):4113-4119.

[5] Xu Q,Xu Y,Tu P,et al. Systematic reliability modeling and evaluation for on-board power systems of more electric aircrafts[J]. IEEE Transactions on Power Systems,2019,34(4):3264-3273.

[6] Ying W,Jinsong K,Ye Z,et al. Study of reliability and accelerated life test of electric drive system[C]. IEEE 6th International Power Electronics and Motion Control Conference,2009:1060-1064.

[7] Raveendran V,Andresen M,Buticchi G,et al. Thermal stress based power routing of smart transformer with CHB and DAB converters[J]. IEEE Transactions on Power Electronics,2019,689-704.

[8] Nguyen N,Meinguet F,Semail E,et al. Fault-tolerant operation of an open-end winding five-phase PMSM drive with short-circuit inverter fault[J]. IEEE Transactions on Industrial Electronics,2016,63(1):595-605.

[9] J Pan,G Cao,F Meng. Decoupled Control for Integrated Rotary-linear Switched Reluctance Motor[J]. IET Electric Power Applications,2014,8(5):199-208.

[10] D Ding,G Wang,N Zhao,et al. An Anti-overvoltage Control Scheme for Electrolytic Capacitorless IPMSM Drives Based on Stator Current Vector Orientation[J]. IEEE Transactions on Industrial Electronics,2020,67(5):3517-3527.

撰稿人:陈昊(中国矿业大学)

无人驾驶无轨运输系统健康状态监测与集群控制方法

Health state estimation and optimal control for autonomous mining fleet in open pit mining

1 科学问题概述

随着露天矿山人工成本的增加，通过无人驾驶技术，降低生产成本、提高生产效率、实现更好的经济效益，成为矿山日益紧迫的需求。尽管大规模无人驾驶，智能感知、车联网、车路协同等技术为矿山无人驾驶提供了很多技术路径的可能，但是仍需要在车辆动力学特性演变与优化控制方面突破技术瓶颈，有如下关键科学问题有待研究：

1.1 如何明晰矿山无轨车辆横、纵向动力学特性衰退机理

在车辆完整的寿命周期内，部分系统的健康状态存在特定的演变模式，对动力学特性存在显著的影响。矿山无轨车辆运行环境恶劣，高寒、粉尘、高温、高湿、路面粗糙，运输作业工况复杂、启停和载荷切换频繁，车辆工作在多源激励作用之下，机械传动系统（变速箱、传动机构）和电气传动系统（电池、电机）健康状态在车辆寿命周期内的会产生横向、纵向动力学特性参数衰退的情况。无人驾驶矿山无轨车辆的安全高效行驶需考虑车辆系统特性参数变化规律，动态调整系统的运动控制量。现有研究缺乏对矿用车辆横、纵向控制系统及关键结构状态信息监测、评估方法；缺乏无人驾驶系统关键参数状态演化机理及特性研究；缺乏考虑关键参数健康状态的驾驶性能优化控制的研究。因此，面向恶劣环境及复杂工况的无人驾驶矿山无轨车辆，如何明晰其健康状态信息时空演变机理是目前亟须解决的关键科学问题之一。

1.2 如何构建无人驾驶矿山无轨车辆预期功能安全分级评价模型

无人驾驶矿山无轨车辆安全评测技术包含对无人驾驶车辆的感知、决策和控制三个层面的安全状态与评测模型。来自路面附着状态、环境感知精度、车辆性能演化等因素，需要针对造成车辆安全状态的影响因素进行评价。针对矿山无轨车辆无人驾驶系统组件数量繁多、结构复杂、模块化程度高、驱动形式多样，在雨、雪、冰等多种气候干扰下的车辆运行特征，矿山无轨车辆自身车况、载重质量对车辆侧向、纵向和垂向三个方向产生影响，以及行驶过程随机性干扰与动力学模型参数时变性交互影响，缺乏从主动安全防范角度的车辆侧向运动控制功能安全状态与测评模型的研究。因此，如何构建无人驾驶矿山无轨车辆预期功能安全评测模型是目前亟须解决的关键科学问题之一。

1.3　如何建立面向性能演变的无人运输车队集群优化控制方法

露天矿山车辆无人驾驶集群作业要在风险控制、能耗与效率方面超过有人驾驶系统，需要在车辆性能演化、健康状态评估基础上突破车辆调度算法优化层面的技术瓶颈，能够在车队调度控制模型层面表达风险因素、能耗、效率的影响机制，并建立优化控制模型。无人驾驶车辆集群优化控制的安全性与效率依赖于单车驱动、制动、转向等控制特性的精确性与可靠性，车辆健康评估和故障诊断，以及车辆之间的协作过程可靠性。车辆在寿命周期内的性能演变使得车辆精准控制、健康评估和故障诊断变得更为复杂，也影响到无人驾驶车辆之间、无人驾驶车辆与有人驾驶车辆之间的协作过程可靠性。以上因素为集群管理提出了动态优化控制的要求，车辆集群系统中需要进行的模式识别、状态评估以及智能控制需求，远超出传统有人驾驶调度系统。在车辆性能演化的条件下，建立包含故障车辆退出系统机制、风险控制机制，并且包含能耗与效率优化指标的集群优化控制算法是目前亟须解决的关键科学问题之一。

2　科学问题背景

矿山无轨车辆是矿山生产的重要作业设备，近年来随着智能矿山技术的推广，人工成本的增加，无人驾驶技术落地需求日渐突出，国内各大矿山均开始尝试进行小规模无人驾驶系统的实验。然而，目前仍面临着无法让安全员下车实现真正的无人连续作业，无法实现比有人驾驶更高、甚至接近的生产效率，也无法达到与有人驾驶接近的生产成本。目前矿山无轨车辆无人驾驶不能满足行业需求的原因，主要在于以下三个技术瓶颈：

2.1　恶劣环境工况下的无人驾驶矿山无轨车辆横、纵向动力学特性衰退机理不明

恶劣环境工况下矿山无轨车辆动力学特性参数状态的准确获取是研究车辆动力学性能的基础，也是矿山无轨车辆安全运行故障诊断和风险评估的核心。国内外现有研究多集中在低载荷乘用车线控底盘与无人驾驶道路测试安全性能测评等技术，缺乏对恶劣环境工况下大载荷电驱动系统状态信息的系统性研究。特别是缺乏从机理层面揭示影响横向及纵向动力学特性衰退时空演变机理，无法支撑无人驾驶矿山无轨车辆安全状态信息的全面评估。

2.2　无人驾驶矿山无轨车辆安全状态与评测模型难题

矿山无轨车辆无人驾驶运输系统安全评测系统包含起/制动、惯性运动等多种运行工况下车辆动力学模型，在雨、雪、冰等多种气候干扰下的车辆运行特征，矿山无轨车辆自身

车况、作业环境对行车安全的影响，以及行驶过程随机性干扰与动力学模型参数时变性交互影响等多种因素修正相关内容。而现有方法难以针对矿山无轨车辆无人驾驶系统不同层面开展安全状态评价模型，常用的驾驶员意图模型和车辆运动学模型进行障碍物检测与轨迹预测，采用的运动学、力学模型以及驾驶员意图模型没有考虑实际矿山作业场景中的各种外部影响因素，因此具有很大的局限性，预测结果不够真实准确，导致无法实现可靠的、高精度的安全性能在线评价与评测。

2.3 无人驾驶矿山无轨车辆运输系统风险、能耗与效率优化控制难题

无人驾驶车辆集群运输系统取消了驾驶员的操作，同时也取消了驾驶员对系统的监控和风险判断。无人运输系统理论上是一个全部车辆时间-空间状态参数都可控的动态系统，因此在单车与车队层面有可能建立包含控制过程可靠性、作业过程协调性以及系统抗干扰性能在内的全面的风险控制机制，并通过交通与车速的优化控制提升能耗-效率指标。但是截至目前，针对车辆性能演化、健康状态评估缺失，车队运行的风险因素不明，各种控制变量对车队能耗-效率影响规律尚未被研究，制约了无人运输车队整体调度管控模型的建立，由此造成无法从系统层面研究控制算法的设计、优化等问题。

综上所述，针对矿山作业车辆的无人驾驶技术，亟须深入研究车队运输系统的效率与成本构成机理，研究构建单车与系统的安全机制，研究车辆运输系统的全局动态优化调度算法，实现矿山作业车辆的高可靠性、高效率、低成本运行，对于提升我国矿山作业车辆的整体经济效益具有重要的意义。

3 科学问题研究进展

3.1 恶劣环境工况下的矿山无轨车辆横、纵向动力学特性衰退机理

国内外研究人员主要围绕动力学特性参数获取的三种方法开展研究：基于传感器的直接测量法、基于数据驱动的状态估计法、基于迭代策略的状态估计法。①直接测量法需要依托传感器装置对系统状态直接进行测量，然后基于数字滤波理论，对测量的信号进行降噪处理，常用的滤波方法为卡尔曼滤波。但该种方法仅适用于系统状态可以采用传感器测量的情况。而在无人驾驶矿山无轨车辆系统中，横向、纵向动力学特性参数无法全部直接采用传感器测量。这种情况下则需要根据状态估计法利用其他信息估计出需要的状态量。②对动力学特性参数采用状态估计法不仅可以较好地估计出传感器无法测量的状态量，同时还降低了系统复杂度，节约系统成本。状态估计法又根据估计状态量时使用方法的不同分为两种。第一种是基于数据驱动的状态估计法，也称为黑箱法，如神经网络、机器学习等方法。这种方法的核心思想为通过大量历史数据训练获得模型参数。基于训

练出的模型,对系统的状态进行估计。基于数据驱动的状态估计法的优点在于无须建立系统的机理模型,仅需要采集历史数据即可实现系统的状态估计。然而,这种方法的状态估计精度严重依赖于模型参数,当模型参数训练的不够精确,那么状态估计精度也会随之下降。③对于可以建立无轨车辆横、纵向动力学机理模型的系统,基于迭代策略的状态估计成为目前主流的方法。基于迭代策略状态估计的核心为通过前一时刻估计出的状态来估计后一时刻的状态。这种方法无须保存大量的历史数据,具有运算量小、实时效果好等优点。对于无人驾驶无轨车辆实时控制系统,目前广泛采用基于迭代策略的状态估计方法。

3.2　构建无人驾驶矿山无轨车辆预期功能安全评测模型

国内外研究人员主要围绕无人驾驶系统信息感知、行为决策以及操纵控制三部分,涉及障碍物检测、车辆轨迹预测等安全状态与评测模型展开。①信息感知是无人驾驶车对于其周边障碍物与位置等数据的语义分类和识别的能力,障碍物检测常用模型和算法有RCNN、Faster-RCNN、YOLO、SSD、SPP-NET 等。无人驾驶车的定位主要有 GPS/IMU 等定位方法,同步定位 SLAM 是常用算法,其他算法有 PRM、RRT、FMT 等。②无人驾驶安全系统对周边环境等移动目标轨迹预测与安全性评测的方法有马尔可夫模型、贝叶斯函数、高斯过程和灰色模型等统计学预测方法;也有 SVM 神经网络、BP 神经网络、RNN 神经网络等机器学习方法。虽然传统神经网络、RNN 神经网络在语音、图像等问题处理上取得了可喜的成绩,但在实际交通场景中,周边多个相互关联、又各自独立运动目标的不确定性,使得自动或无人驾驶安全评测计算的工作量巨大而难以承受;周边车辆驾驶员决策的独立性和车辆轨迹的高度非线性,使得运动模型对大范围、多目标轨迹的计算和预测不具备工程实用价值。在恶劣环境的矿山道路场景中,可能出现包括移动作业装备、路面附着系数突变等场景,因此可能在重载情况下产生任意速度和角度的碰撞,这对的安全性评测模型提出了更高的要求。

3.3　无人驾驶矿山无轨车辆运输系统安全机制评测

国内外研究人员主要围绕卡车分配调度模型及基于多目标的分配调度模型优化开展安全机制评测模型研究。关于国外露天矿卡车分配调度模型理论研究中,利用仿真模拟进行模型构建的较多。模拟模型来验证数学规划模型获得的结果对露天矿采矿率的优化效果;为解决排队可能带来的延误和加班费,提出一种基于时间相关马尔可夫决策过程(TiMDP)的决策方法;将整数规划引入到露天矿卡车车流分配调度模型中,建立以运营成本最小为目标的卡车车流分配调度模型。对露天矿卡车车流分配调度模型进行优化的方法主要有线性规划、动态规划节约法、扫描法等。采用随机优化的遗传算法最大限度地减少目标车队的卡车排队时间，提高开采效率；为凸显卡车动态分配调度的优势，模型趋向于多元化，模型优化采用多目标优化方法，将 2PPLS-VNS、MOVNS、NSGA-Ⅱ等多目标优化算法应用到车流分配调度中复杂系统中。但是复杂无人运输系统存在的危害因素需要在模型中进行识别与分析，判断危险发生的可能性与严重程度，并针对识别的危害提出防控措施。

主要参考文献

[1] 李学现，顾清华，阮顺领，等. 考虑能耗动态变化的露天矿卡车运输最优路径规划，煤炭学报，2021，46(S01)：590-600.

[2] Zahid T，Xu K，Li W，et al. State of charge estimation for electric vehicle power battery using advanced machine learning algorithm under diversified drive cycles[J]. Energy，2018，162：871-882.

[3] Hostettler R，Birk W，Nordenvaad M L. Joint vehicle trajectory and model parameter estimation using roadside sensors[J]. IEEE Sensors Journal，2015，15(9)：5075-5086.

[4] Zhang W，Wang Z，Zou C，et al. Advanced vehicle state monitoring：evaluating moving horizon estimators and unscented kalman filter[J]. IEEE Transactions on Vehicular Technology，2019，68(6)：5430-5442.

[5] Chemali E，Kollmeyer P J，Preindl M，et al. State-of-charge estimation of Li-ion batteries using deep neural networks：a machine learning approach[J]. Journal of Power Sources，2018，400：242-255.

[6] 霍晓宇，杨仕教，吴长振，等. 露天矿山运输调度系统粒子群优化[J]. 煤炭学报，2012(S1)：6.

[7] Ping Shen，Minggao Ouyang，et al. The co-estimation of state of charge，state of health，and state of function for lithium-ion batteries in electric vehicles[J]. IEEE Transactions on Vehicular Technology，2018，67(1)：92-103.

[8] 张明. 基于多目标遗传算法的露天矿卡车调度优化研究[D]. 西安：西安建筑科技大学，2019.

[9] 常永刚. 露天矿运输系统优化与卡车调度问题研究[D]. 沈阳：沈阳工业大学. 2018.

撰稿人：杨珏(北京科技大学)

无人驾驶新能源矿山车辆构型设计方法与优化控制

Design and optimal control of intelligent new energy mining transport vehicles

1　科学问题概述

矿山车辆是矿山生产运输的重要生产工具,传统的矿山车辆整车构型已有近百年历史,传动系统的能量利用效率较低。随着“双碳”目标的提出与逐步落实,矿山生产急需降低能耗与排放,提高生产效率。无人驾驶与新能源技术的发展,使得在矿山车辆整车构型设计、传动系统构型设计、底盘线控系统研究、传动系统控制策略研究等领域具备了产生重要技术突破的可能,有条件在能耗、效率以及安全性方面产生重大技术进步,未来的矿山车辆业也将是多种构型并存。为完成以上技术突破,一系列关键科学问题有待研究。

1.1　无驾驶室矿山车辆整体构型设计研究

在无人驾驶与新能源技术支撑下,矿山车辆已经具备采用多种构型的可能,但是现有的矿山车辆设计方法、准则与验证规范,还不能支撑新构型矿山车辆的设计工作。无驾驶室新能源矿山车辆整体构型设计研究,需要明确整车质心分布、转向悬挂形式、分布式传动系统构型等多个系统、多种指标之间的耦合关系,并且把矿山运输工况特征纳入设计约束,厘清与传统矿山车辆在设计准则、优化目标、评价指标、验证方法等方面的差异,构建无人驾驶新能源矿山车辆构型设计体系。

1.2　无人驾驶新能源矿山车辆底盘线控研究

现有矿山车辆无人驾驶线控改装,基本是在原有转向、制动、加速控制回路中增加若干传感器和执行元件,并未对原有系统的响应特性进行设计层面的工作,未对车辆较长使用寿命内上述系统的性能退化、波动进行研究,未对车辆底盘稳定性控制进行集成研究。未来投入生产的无人驾驶矿山车辆必须将线控设计引入到整车设计层面,需要研究矿山车辆的转向、驱动、制动、作业等多个系统在载荷变化大、附着条件变化剧烈、部件性能衰退与更换等条件下的响应特性及其变化规律,研究新构型车身稳定性机理,明确相应的机械、液压系统的设计约束、优化目标,并在此基础上进一步研究底盘线控系统控制算法的稳定性与可靠性。

1.3　面向工况特征的无人驾驶新能源矿山车辆传动系统优化控制策略

无人驾驶与新能源技术的结合,为车辆能量优化利用提供了更大的优化空间。但是,目前的新能源矿山车辆车型，包括改造能量回收功能的大型矿车以及小型纯电矿山车辆等，基本延续了原有车型的结构形式，未进行基于矿山特定工况特征的传动系统控制策略研究，并不能充分利用无人驾驶与新能源技术的优势，提高矿山车辆效率水平。因此，有必要开展面向矿山运输工况特征的传动系统优化研究，以矿石生产成本为优化目标，明确载荷、路径特征与矿山车辆效率-能耗的影响机理；考虑到传动系统部件在寿命周期内的衰退现象，开展传动系统功率控制策略可靠性与安全性研究；针对矿山运输路网特点，开展车辆集群运行优化控制研究。

2 科学问题背景

矿用无轨运输车辆是承担露天和地下矿山物料运输的重要装备。近年来，随着国家“双碳”目标的提出、智慧矿山建设的飞速发展，矿用运输车辆的无人驾驶技术落地需求日渐突出，传统的柴油驱动系统也正朝着多种清洁能源系统转变。新技术体系下，传统运输车辆设计方法无法适应动力学和能量优化控制的需求。面向无人驾驶和新能源技术需求的矿山车辆及系统的设计方法与优化控制，成为急需突破的关键问题，存在以下技术瓶颈：

2.1 无人驾驶新能源矿山车辆新型构型设计难题

目前的矿山车辆构型已有近百年的历史，可以概括为后桥驱动、前桥转向，后桥采用双胎，满载时后桥承担三分之二的载荷，采用油气悬架等典型特征。矿山车辆载重质量从几十吨增加到接近400t，但是整车构型基本保持一致。无人驾驶技术使矿山车辆驾驶室及相关系统取消，整车质心分布趋于在两桥间均布；电驱动技术的进步，使矿山车辆不再局限于整体式后桥驱动、前桥转向，可以不再有原来意义上的“车头”“车尾”区分，转向、悬架设计约束发生了改变。以上改变造成无人驾驶新能源矿山车辆的运动学与动力学特性均与传统车型有所差异，内部多个系统的设计目标、耦合关系也随之发生了变化。矿山车辆构型设计研究，是目前设计体系中并未包含的，需要详细研究不同构型的差异，以及每种构型中各系统的设计约束、优化目标及验证方法。

2.2 无人驾驶新能源矿山车辆底盘线控研究

无人驾驶对底盘线控有明确的需求，但是这并未包含在现有矿山车辆设计体系内。矿山车辆无人驾驶控制与底盘线控算法处于不同的层级，线控底盘控制器应该集成车身稳定性控制算法。矿山车辆的转向、驱动、制动等系统具有复杂的响应特点，主要由于矿山车辆的自身质量较大、载荷变化大、附着条件变化剧烈、运行环境温差较大等原因；在较长的使用年限范围内，这些系统还会产生较显著的性能退化，以及零部件更换后的性能波动;在矿山积雪或者洒水的低附着路面上,载重质量200t以上车型也有发生甩尾的可能,传统大型电动轮矿山车辆没有车身稳定性控制系统,现有的制动系统包括电制动与机械制动两部分且依赖人工切换,防止车辆失控完全依赖驾驶员经验。在此技术背景下,未来矿山车辆底盘线控系统研究应包含:系统的非线性特性、时变特性研究,车身稳定性控制研究,以及底盘控制算法的可靠性、稳定性研究,这将丰富矿山车辆的设计体系。

2.3　面向工况特征的无人驾驶新能源矿山车辆传动优化控制研究

传统的矿山车辆传动系统控制策略较简单,在新能源技术支撑下,矿山车辆传动系统增加能量回收功能,这对控制策略研究提出了迫切的需求;矿山车辆运输路径一般都有确定的坡度变化,并且不同类型矿山路径特征有所差异,传动系统控制策略研究需要以矿山路径特征为主要约束条件;以生产成本为核心优化目标,研究矿山车辆速度策略,以及车辆集群优化控制策略,是提高矿山生产效益的核心技术内容;部分矿山已经开始推广换电重卡,车辆传动构型设计、电池容量选型、换电策略优化三者密切相关,是矿山车辆集群优化控制研究的主要技术背景。

综上所述,针对无人驾驶新能源矿山车辆构型设计方法与优化控制研究,亟须深入研究无驾驶室矿山车辆的整体构型设计方法,无人驾驶矿山车辆底盘线控系统设计问题,以及面向工况特征的无人驾驶新能源矿山车辆控制策略问题,这对于实现车辆高效安全的自主运行作业,达到"双碳"目标,具有重要意义,科学价值显著。

3　科学问题研究进展

3.1　无人驾驶新能源矿山车辆新型构型设计

国内外研究进展包括:国外厂家实现了构型创新设计。小松、西门子、斯堪尼亚相继发布了无驾驶室构型车辆,如小松无驾驶室矿山车辆采用四轮转向系统、全部单胎车轮、四轮独立悬挂,车辆不需要在运输路径的两端进行调头,转向半径减小,从车辆构型设计角度实现了生产运输效率的提高。但是本领域尚未形成系统级的正向创新设计体系。国外厂家实现了新型电驱动拓扑在车辆上的应用,如小松的无驾驶室矿山车辆采用了四轮独立驱动的形式,采用了分布式、双向功率流电力传动拓扑构型,能够在空载、满载状态下改变驱动轮的数量,具备制动能量回收功能,提高了能量利用效率。国内相关研究通常只在传统车型上进行改造完成,尚未进行构型设计准则、优化方法等方面的研究,缺少正向设计研究成果积累。面向液化天然气双燃料、锂离子电池和氢燃料电池等多种可能的新型电驱动方案,仍缺乏正向的系统集成设计研究。

3.2 无人驾驶新能源矿山车辆底盘线控研究

国外已有成熟的带有线控功能的车型，国内现有车型产品均无完整的底盘线控功能，更没有车身稳定性控制系统的应用，目前有关车身稳定性控制的研究也均由无人驾驶相关研究延伸出来，处于算法研究层次，未形成集成控制器产品。卡特彼勒在其矿山车辆、工程机械产品中实现了全系列完善的线控功能，做到了只需选装备件，就可以部署遥控、无人驾驶系统，线控系统考虑到了全寿命周期内核心部件的健康状态变化。国内矿山车辆设计工作中均未考虑线控特性设计，缺乏从线控底盘性能需求出发、自顶而下的集成设计研究。国内在矿山车辆整车动力学控制算法方面开展了一些研究工作，主要是面向无人驾驶路径跟踪控制算法的需求，并未深入到线控底盘集成控制层面。目前针对车身稳定性的动力学优化控制是分开进行的(例如纵向和横向动力学分别通过相应系统进行优化控制等)。纵向运动特性和控制方面，针对矿区车辆在不同载质量与不同坡度情况下的行驶需求，主要是采用考虑质量与坡度的纵向自适应控制算法，使车辆适应不同载质量坡停、坡起、定点停车与车铲配合停车等工况下的纵向速度与位移控制要求。横向运动特性和控制针对矿区大曲率转向、倒退等行驶需求，横向控制运用的方法主要包括滑模控制、模糊控制、神经网络控制、最优控制、自适应控制和纯跟踪控制等，以实现矿用运输车辆能够达到矿区复杂路面的横向精确控制要求。横-纵耦合特性及其协调控制方面，主要是运用模型预测控制方法，综合考虑横向控制精度和行驶速度需求。无人驾驶矿山车辆的线控底盘品质由多方面因素决定，例如控制精度、响应时间、稳态误差、车身稳定性等，但在目前的研究中，缺乏线控底盘设计对车辆横-纵-垂高维动态特性的影响研究，缺乏全面的线控底盘品质评价方法，无法建立统一标准来评价不同的线控底盘控制品质。针对运输车辆的动力学控制性能提升，缺乏作业环境、载重变化、线控系统设计和性能衰退引起的车辆高维动态特性变化规律研究，缺乏车辆动态特性与动力学控制性能的耦合机理研究。

3.3 面向工况特征的无人驾驶新能源矿山车辆传动优化控制研究

已有研究工作是以矿石运输成本最低为优化目标，在特定路径上优化车辆的最优行驶速度策略，提高生产效率。研究工作还未扩展到更多的车型，以及更多类型的矿山路径中。

矿山车辆传动系统优化控制策略在车辆集群运输框架下，具有特殊的优化目标与约束。传统的车辆集群管理研究成果可以借鉴，此类研究大部分集中在运筹学领域，通过研究车辆智能调度管理算法，降低排队时间、提高调度效率，此类问题中矿山车辆行驶状态被当作随机过程处理。这种运筹学优化方法对无人驾驶新能源车辆集群的优化控制来说，同样也是核心问题之一。

针对换电矿山车辆集群运行问题,已有研究将换电策略集成到车辆调度算法中,这是提高新能源矿山车辆经济效益重要技术路径。

主要参考文献

[1] 李勇,杨珏,刘如成,等.大型电动轮矿车节能及零排放技术路线研究[J/OL].煤炭学报:1-12[2022-01-15].DOI:10.13225/j.cnki.jccs.2021.1000.

[2] 于子良,杨珏,马源,等.油气悬挂缸的力学特性数学模型构建方法[J].中南大学学报(自然科学版),2019,50(06):1357-1363.

[3] Yang J,Yin Y,Rakheja S,et al. Mechanics characteristics of a kind of hydra pneumatic suspension[J]. Nonlinear Dynamics,2019,95(1):407-419.

[4] 张卫,杨珏,张文明,等.纯电动矿车复合能源系统研究[J].汽车工程,2019,41(06):641-646+653.DOI:10.19562/j.chinasae.qcgc.2019.06.005.

[5] 黄夏旭,司吉祥,杨珏,等.电驱动铰接车本身质量偏置对转向操稳性的影响[J].中南大学学报(自然科学版),2017,48(10):2657-2664.

[6] 何建成,申焱华,张文明.百吨级电传动矿用自卸车轮边驱动系统的配置优化[J].中国机械工程,2013,24(22):3110-3113.

[7] 赵翾,张文明,杨珏.新型非公路矿用自卸车车架设计[J].机械设计与制造,2014(07):87-90.

[8] 石博强,唐歌腾,余国卿,等.基于多运动场耦合的转向系统多目标优化设计[J].北京理工大学学报,2015,35(06):580-584.

[9] 黄夏旭,杨珏,张文明,等.油气悬挂压力连通装置设计与性能仿真[J].农业机械学报,2011,42(12):43-47+54.

[10] 李庆玲,张慧祥,赵旭阳,等.露天矿无人驾驶自卸卡车发展综述[J].煤炭工程,2021,53(02):29-34.

撰稿人:杨珏(北京科技大学)

CHAPTER THREE

第3章 特殊功能车辆与作业工程

不同于主要功能是载人或运货的普通运载工具,特殊功能车辆具有特殊的功能属性,如消防清障、抢险救灾、反恐防暴、应急救援、科学考察等民用特殊功能车辆,及主战坦克、自行火炮、多栖车等军用特殊功能车辆,在国防民生领域具有举足轻重的作用。特殊功能车辆包含地面、地下、低空、浅水、地外星球等特定环境的车辆,往往根据其特殊的功能属性配备有固定的装置设备,其运行环境、设计理论、控制方法等与一般车辆有很大区别。特殊功能车辆往往需要在更广阔的非结构化环境内安全、灵活、高速机动并执行相应作业任务,因此,其设计、控制、作业、协同具有很强的针对性,不同环境特征、不同功能属性对应的科学问题也不尽相同。特殊功能车辆发展离不开对瓶颈关键科学问题的突破,因此需系统性地梳理特殊功能车辆与作业工程领域的基础科学问题和关键核心技术,以更好服务民生国防领域特殊功能需求。

与一般行驶于结构化路面的普通车辆不同,特殊功能车辆的运行环境随着人类社会发展进步不断拓展延伸,包括山地高原、湿地丛林、沿海滩涂、城市街巷、地下空间、立体空间、废墟、极地、沙漠,这些特殊的运行环境从野外到城市、从地面到低空、从空旷区域到狭窄空间、从极寒到湿热,非常规非结构化路面环境增加,具有典型的动态非结构环境特征。特殊功能车辆要满足在如此恶劣及复杂多变的环境下安全行驶并遂行既定任务,需要从车辆设计理论、车辆动力学控制到功能作业优化等方面产生根本变革。

目前在车辆设计理论方面,主要借鉴普通车辆的设计方法,从传统机械设计到动力学建模再到参数匹配优化,缺少环境约束、人机交互、功能扩展等多重因素的融合考虑。因此,面向复杂动态环境以及多功能需求,从构型设计上便制约了其性能释放,难以通过优化控制等手段实现性能增强及功能扩展。在车辆控制方面,已从传统的系统级控制逐渐朝着整车级智能控制发展,但目前主要集中在面向结构化环境及常规构型底盘的智能控制技术，但由于运行空间逐渐复杂化，常规智能化控制限制了特殊功能车辆探索环境的延伸，迫切需要实现车辆的高度自主及协同作业，以满足复杂多变的任务需求。在功能作业方面，目前特殊功能车辆多继承传统的作业功能设计与控制模式，主要面向单一环境完成单一作业功能，而未来面向狭窄空间、多栖环境、高冲击、高爆发等作业环境和特点，特殊功能车辆也将随着人工智能、新材料、新工艺等方面的发展，在作业防护、功能扩展、性能优化等方面进一步开展优化设计与智能控制方面研究。

综上所述，目前得到广泛应用的特殊功能车辆在构型与控制方面仍大量借鉴普通车辆的相关经验，在设计理论和控制方法方面的缺乏导致现有特殊功能车辆难以高效应对军民领域多样化应用环境的挑战，其缺陷主要体现于机动性、通过性以及续航时间等方面，迫切需要具有多任务执行高机动、多维空间高通过以及任务执行长续航能力的特殊功能车辆。

随着运行环境及功能需求的复杂化和多样化，特殊功能车辆也从"车辆底盘＋作业装置"的组合式设计理念，逐渐朝着模块化、轻量化、智能化、无人化方向发展。特殊功能车辆的学科基础也从传统的机械设计、动力学控制、匹配优化等技术，逐渐发展到环境、功能适应性构型设计及多域任务功能作业等方向。从特殊功能车辆与作业工程构型设计、平台控制到功能适配等多方面，研究范围涉及特殊功能车辆系统及关键子系统之间、车辆系统与特殊作业环境之间、作业装置与底盘系统之间的相互作用及内在规律，研究内容涵盖了特殊功能车辆新概念与适应性设计、作业协同与操作控制、功能模拟与试验、健康管理与运维等理论与方法。

在环境、功能适应性构型设计方向，面向复杂多变的不确定环境以及高动态随机任务，未来要重点突破模块化重构设计理论、多模态复合构型设计、多结构多功能设计、极端环境适应性设计、多维瞬态强冲击防护设计、强约束空间作业车辆设计、车辆寿命试验载荷构建和试验方法等理论与方法的技术瓶颈。针对特殊功能车辆协同作业与控制方向，结合人工智能和全矢量控制、强冲击下底盘载荷传递特性及载荷控制等技术，未来重点开展复杂环境自主通行理论与方法、高机动应急作业集成控制理论与方法、车-环融合感知和行为控制理论与方法、车-环交互动力学特性与控制方法、车辆队形重构和分布式协同控制理论与方法等研究。针对多域任务功能作业方向，未来重点围绕地外星球探测车辆设计、陆空两栖平台与环境交互作用特性、水陆两栖平台水陆融合动力学特性等开展理论与技术研究。

大负载足式运输车辆复杂环境自主通行理论与方法

Complex environment autonomous travel theory and method for heavy load legged transport vehicle

1 科学问题概述

高山高原等非结构环境下的物资运输、灾害搜救、安防反恐等应用对大负载高通行能力的运输车辆提出重大需求。足式运动在复杂地形中有着独特优势，被视为非结构环境下的理想移动方式。然而现有研究主要面向足式机器人，存在负载能力低、强混杂不平整地形通行能力弱、开放动态环境下自主移动能力差等问题，针对复杂非结构环境的大负载高通行智能足式运输车辆的研究处于空白。为实现大负载足式运输车辆在非结构、开放、动态环境中的自主通行，攻克复杂环境下大负载高通行的足式运输车辆设计与建模、未知扰动下大负载高动态多模式的自适应运动控制、开放动态环境下的鲁棒感知规划等关键技术，在新理论、新方法和新技术方面突破瓶颈，一系列关键科学问题有待研究。

1.1 复杂环境下大负载高通行的足式运输车辆设计与建模

面向复杂环境下足式运输车辆大负载高通行的作业需求，为突破传统足式机器人负载能力局限，开展以负载能力和通行能力为指标的足式运输车辆机构设计与建模研究。足式运输车辆机构本体设计涵盖机械、材料、电气、控制等多学科交叉共融理论，本质是多域约束下的多参量方案优选-综合优化问题。因此，探索大负载足式运输车辆足式结构、整体构型和运动策略等多因素，实现构型拓扑综合与尺度优化是融合创新设计理论的关键。考虑到复杂环境下的高通行能力，不同环境所采用的运动形式多样，传统运动建模方法针对每一种运动独立研究，此类方法面向在线调节的场景中，需要特殊的设计调节机制，建模过程复杂且难以通用。采用非线性动力系统对多模式运动进行学习建模，采用统一模型对不同运动形式进行参数化建模成为解决问题的关键。因此“复杂环境下大负载高通行的足式运输车辆设计与建模”是目前亟须解决的关键科学问题之一。

1.2 未知扰动下大负载高动态多模式的足式运输车辆自适应运动控制

大负载足式运输车辆在开放动态环境下实施移动作业需要克服来自足-地界面的形貌起伏/软硬交变扰动，并实时处理动态作业场景下的多点/时变力位交互约束。运输车辆关节需要以变阻抗方式呈现“刚-柔并济”的柔顺交互特性来应对动态作业场景下的多点/时变物理约束。考虑到大负载场景下，任何未知扰动都会引发运输车辆关节过载从而导致损坏的情况，开展多关节协调运动控制研究，如何以最高能效为目标，优化多关节的协调运动、足式协调运动，以及身体重力牵引，用最小能量注入以补偿碰撞损失能量，用最小能量牵引运输车辆前进成为解决问题的关键。针对现有大负载足式运输车辆多模式运动控制系统复杂、适应性差的问题，为实现多模式运动的在线生成、最优运动模式选择与平滑切换等过程，需要开发具有泛化能力的足式运输车辆自适应运动控制通用框架。因此，如何构建“未知扰动下大负载高动态多模式的足式运输车辆自适应运动控制”是目前亟须解决的关键科学问题之一。

1.3 开放动态环境下的足式运输车辆鲁棒感知规划

环境的开放未知特性和时空动态特性是现有移动运输车辆自主作业所面临的重要挑战，而大负载足式高动态运动带来的高动抖动、滑移等增加了对感知的干扰，足式作业环境的典型非结构特性带来的障碍未知可变、光线变化大等问题增加了环境感知的难度，足式规划对环境稠密实时建模的需求等都为运输车辆自适应感知规划带来了新的挑战和难点。现有研究在动态运动下稳定感知单元设计和稠密地图构建方面取得了一定的进展，但存在噪声敏感、计算量大、动态障碍滤除难、先验知识匮乏等系列问题，难以适应环境的开放性和动态性，难以支撑大负载足式运输车辆在复杂环境中的决策规划和控制，需要研发大抖动条件下的足式运输车辆感知分级增稳系统和算法，运动感知和环境感知多模态数据驱动的传感融合算法，以及运输作业任务多约束下高动态运动规划。因此，如何实现“开放动态环境下的足式运输车辆鲁棒感知规划”是目前亟须解决的关键科学问题之一。

2 科学问题背景

近年来，我国面临自然灾害频出、生产安全事故高发、社会公共安全形势严峻、重大基础设施安全监测不足等多方面考验，对适应各种开放动态场景自主移动作业的特殊功能足式运输车辆提出重大需求。当前，国内外在足式运输车辆方面均展开了长期深入的研究，逐步形成产品和一定产业规模，成为国家重大战略实施的支撑保障。但现有大负载足式运输车辆的实用化程度仍然较低，存在复杂地形通行性差、非结构开放动态环境中自主感知作业能力弱等重要缺陷，亟须建立大负载足式运输车辆复杂环境自主通行理论与方法。目前，大负载足式运输车辆复杂环境设计控制规划主要存在以下三个技术瓶颈：

2.1 复杂环境下大负载高通行的足式运输车辆设计与建模难题

足式运输车辆大负载高通行的设计与建模是研究足式运输车辆复杂环境下作业能力的基础，也是足式运输车辆面向特种应用的核心技术之一。国内外对于足式运输车辆的研究多集中于高机动性、爆发式高功率密度驱动、单一运动模式独立建模，缺乏耦合仿生设计和统一模型建立的研究，特别是针对特种作业复杂环境下足式运输车辆高负载和高通行性能需求的设计与建模方法研究不足，无法支撑起足式运输车辆在复杂环境下大负载高通行的作业需求。

2.2 未知扰动下大负载高动态多模式的足式运输车辆自适应运动控制难题

现有足式运输车辆控制应用场景覆盖面窄、局限性大、鲁棒性差，其主要难点在于足式运输车辆自由度高且系统模型参数难以准确辨识、小支撑域下易失稳而难以适应未知地形/外力扰动、负载大难以协调各关节载荷分配。现有足式运输车辆控制研究多集中于不同地形性质如山地、泥地、雪地、冰地等控制研究，对强非结构特性、强混杂不平整、大尺度障碍和不连续地形下大负载高动态多模式研究存在空白，也缺乏多关节协调运动优化和自适应运动控制通用框架，导致足式运输车辆无法实现未知扰动下大负载高动态多模式的作业。

2.3 开放动态环境下的足式运输车辆鲁棒感知规划难题

足式运输车辆在特种作业过程中面临动态运动及地面不平整导致的感知信息大幅抖动、控制执行偏差大、运动估计准确性低等问题，现有足式运输车辆的研究集中于局部环境感知和安全避障算法，尚未充分分析开放性、动态性、非结构性和足式运动所带来的核心挑战与问题，缺乏开放大范围、非结构化、动态化环境中自主感知导航规划方法的研究，无法满足足式运输车辆特殊应用场景下稳定性、精确性、鲁棒性、实时性的作业需求。

综上所述，针对大负载足式运输车辆复杂环境自主通行难题，亟须深入研究足式运输车辆设计与建模方法，构建复杂环境下大负载高通行设计与建模理论，突破足式运输车辆自适应运动控制技术，实现未知扰动下大负载高动态多模式稳定控制，解决开放动态环境下的足式运输车辆鲁棒感知规划难题，最终实现足式运输车辆特殊应用场景下稳定、精确、鲁棒、实时地运输作业，对于提升我国特殊功能车辆与作业工程技术水平，保障特种行业运输具有重要意义，科学价值显著。

3 科学问题研究进展

3.1 复杂环境下大负载高通行的足式运输车辆设计与建模

在足式结构设计层面，近三十年的发展使足式运输车辆的足设计由直线伸缩杆形式逐渐过渡到节段仿形式，并在关节设计处融入更多的“弹性元素”，其发展趋势可以归纳为以下两点。①“点足＋轻质腿”的“惯量瘦身”设计：紧凑-轻质的腿足结构有助于降低关节的折算惯量，减轻驱动单元的负担，在不增加功率需求上限的前提下令驱动单元更“专注”

提高支腿伺服性能和动态指标。②引入“串/并联 + 弹/柔性环节”的“吸能缓冲”设计：在惯量瘦身的基础上，为关节增设串联弹性作动、并联弹性作动、柔性环节改善关节输出的阻抗特性，有效吸收足-地碰撞造成的瞬态冲击，提高复杂足-地界面下运输车辆运动的平顺性和稳定性。在系统建模层面，可以根据系统表征模型的维数高低可进一步细分为低维空间的归约建模和高维空间的全身动力学建模。①在低维空间建模部分，典型的归约模型如线性倒立摆模型、弹簧负载倒立摆模型及其衍生版本被广泛地应用于足式运输车辆系统建模环节，用以生成质心运动的参考轨迹。归约建模的局限在于低维模型过度简化了足式系统在矢状面、冠状面的运动形式，使用单一模型无法统一、精确地表征外部扰动（如地形起伏、外力干扰）下的系统动力学行为，需借助有限状态机将分时衍化的多个归约模型融合形成混杂系统，严重影响在线计算的时效性。②高维空间的全身动力学建模根据运动链拓扑的树形结构在 3D 空间构建融合环境信息的多体动力学模型，适合在多点足-地接触、步态时序多变的足式运输车辆动步态场景下使用。全身动力学模型属于一类高维度、强非线性系统，如何提高模型的计算效率，增强基于全身动力学的在线优化算法实时性是目前足式运输车辆系统建模面临的共性问题。

3.2　未知扰动下大负载高动态多模式的足式运输车辆自适应运动控制

根据运输车辆移动速度快慢可大体分为静步态控制和动步态控制两类。①静步态控制研究致力于解决足式运输车辆的运动多样化步态生成和切换问题。运输步态的混杂复合性、多腿多关节运动强耦合性特点给足式运输车辆静步态控制带来诸多理论、技术难题。如采用以离散逻辑范式控制法来协调昆虫多腿的运动耦合以及步态生成问题，或者采用 Max-plus 代数架构的足式运输车辆步态生成与自由切换控制方法，以牺牲单腿运动多样性的代价换取运动稳定性。②在动步态控制部分，动步态控制研究更关注足式运输车辆动态运动过程与环境间的力学交互行为，以实现足式运输车辆高稳定性、高能效、高灵活度运动为研究目标。高维度、强非线性、状态瞬时跳变是高性能足式运输车辆动步态运动控制面临的共性问题。经典的“Raibert 解耦控制法”提出简单高效地对足式运输车辆前进速度、弹跳高度和机体姿态进行稳定调控。之后的研究扩展了解耦控制器中关于机体姿态控制策略的作用范围，提出了横跨支撑相与腾空相的全步态周期位姿调整反馈控制率。在动步态腾空相控制方面，提出了弹簧负载倒立摆模型扩展的摆腿回收控制策略，成功应用于双足运输车辆的奔跑控制。针对四足运输车辆的快速运动采取了预规划地面反射力的方法严格界定四足迈腿相序和占地系数，实现了高速奔越运动。中枢模式发生器方法实现了四足运输车辆在慢跑步态下的运动协调控制，其缺点是中枢模式发生器网络控制器的参数配置依赖于人工经验而缺乏成熟、系统的调节方法，定常参数网络在复杂环境下的自适应能力有限。

3.3 开放动态环境下的足式运输车辆鲁棒感知规划

该研究主要分为感知、定位、规划三个方面。①为消除抖动噪声，实现稳定感知，研究人员从硬件和算法两方面着手。硬件方面设计了用于补偿机体抖动的一体化感知平台。算法方面提出了基于光流法和基于深度强化学习的图像消抖算法，通过外部环境观测提升感知信息的稳定性，或采用自身状态估计的抖动信号补偿方式。这些研究提高了结构化环境下的感知效果，但是无法满足足式运输车辆在非结构动态场景的鲁棒感知需求。②里程估计对提高足式运输车辆位姿估计的准确度具有重要作用，也是足式运输车辆在复杂环境中自主定位导航的关键核心技术，其挑战在于足式运输车辆的高动态运动，以及模型误差和环境扰动带来的执行误差使得单纯利用运输车辆本体内感受信息(关节位置/速度、姿态角/角速度/加速度等)进行积分计算形成的足式里程计存在很大误差。有研究者提出足式本体感知与视觉惯性里程融合的里程估计方法，但或需耗费大量计算资源，或对噪声更为敏感。③足式运输车辆与环境通过落足点离散接触，这是足式运输车辆能更好适应不平整不连续地形的优势所在，但是非结构环境和足式运输车辆对落脚点有效性和安全性的高要求，对自主移动导航规划所需地图提出了新的挑战。针对自主移动研究常采用占据栅格地图不能反映非结构环境地形地貌等特征，有学者提出表示障碍物高度信息的高程栅格地图和将环境建模为连续三维空间的网格地图。美国波士顿动力公司和瑞士苏黎世理工学院均采用局部稠密高程地图实现带有楼梯、台阶等环境下的四足运输车辆落脚点规划和行走。针对现有方法局限于局部稠密高程地图构建难以实现大范围高效规划和自主回航的问题，浙江大学团队提出了全局一致稠密高程地图在线构建方法。此外，为适应复杂环境，采用语义地图或融合尺度与语义等信息融合建图也日趋受到研究者的重视，但其在非结构动态环境下的适用性有待深入研究，同时实际环境的开放性大大增加了认知难度。

主要参考文献

[1] J K Hodgins, M N Raibert. Adjusting step length for rough terrain locomotion[J]. IEEE Transactions on Robotics and Automation. 1991, 7(3): 289-298.

[2] M Hutter, C D Remy, M A Hoepflinger, et al. Efficient and versatile locomotion with highly complinat legs[J]. IEEE/ASME Transactions on Mechatronics. 2013, 18(2): 449-458.

[3] H Yu, H Gao, Z Deng. Toward a unified approximate analytical representation for spatially running spring-loaded inverted pendulum model[J]. IEEE Transactions on Robotics. 2021, 37(2): 691-698.

[4] M M Ankarli, U Saranli. Stride-to-stride energy regulation for robust self-stability of a

torque-actuated dissipative spring-mass hopper[J]. Chaos. 2010,20(3):033121.
[5] M H Raibert. Legged Robots That Balance[J]. IEEE Expert,1986,1(4):89.
[6] H Park,S Kim. Quadrupedal galloping control for a wide range of speed via vertical impulse scaling[J]. Bioinspiration & Biomimetics. 2015,10(2):025003.
[7] 刘家银. 非结构化环境下自主式地面车辆环境感知关键技术研究[D]. 南京:南京理工大学,2018.
[8] Joonho Lee,Lorenz Wellhausen,Vladlen Koltun,et al. Learning quadrupedal locomotion over challenging terrain[J]. Science Robotics. 2020.

撰稿人:熊蓉(浙江大学)　高海波(哈尔滨工业大学)　李贻斌(山东大学)

特殊功能车辆多模态复合构型设计方法与动态控制

Multi-mode configuration design method and dynamic control for special vehicles

1　科学问题概述

我国幅员辽阔、地形地势综合多样。随着社会的发展,应急救援、现代工程和军事战争领域对特殊功能车辆的需求日益增多,同时也对特殊功能车辆在城市废墟、地下空间、山区丛林等非结构复杂环境下的适应能力、运动控制能力以及完成特种作业能力提出了更高要求。当前单一模态特殊功能车辆的结构类型和功能模式相对简单,难以满足复杂环境下的高机动与高通过性应用需求。包括轮/腿/履等多种行动模态的多模态特殊功能车辆将成为未来特殊功能车辆的重要发展趋势之一,而多模态融合设计方法以及动态控制理论是制约其发展的主要瓶颈。为突破以上瓶颈,一系列关键科学问题有待研究。

1.1　轮/腿/履多模态复合构型设计方法

现有的轮/腿/履复合构型多为单一构型的叠加,在结构的适配性以及变机构的机动性方面都存在明显约束,机构学上的局限性以及不稳定性制约多模态特殊功能车辆性能发挥,当前多模态复合构型设计尚未形成系统性、普适性的理论方法。多模态特殊功能车辆的应用需要从复合构型下的多模态耦合机制开始,掌握复杂模态运动规律演变原理,揭示高机动高通过拓扑构型设计与多模态变形机制,研究高机动高通过多模态复合构型的实现方案,实现多模态特殊功能车辆部件-构型-功能一体化的多模态复合构型设计。

1.2　复杂环境下多模态特殊功能车辆运动规划方法

传统的运动规划方法通常在给定环境条件下生成单一模态车辆的运动轨迹，主要适用于结构化环境或特定场景；复杂非结构环境下运动规划方法的缺乏严重制约了多模态特殊功能车辆在特种环境下的应用。人工被动切换无法满足非结构地形条件下高机动性与高通过性能，多模态特殊功能车辆需要根据环境的变化实时自动地切换运动模式。因此，如何面向非结构地形环境特点选择适宜行进模态，实现复杂环境下多模态特殊功能车辆的高效运动规划是亟须解决的关键科学问题之一。

1.3　多模态特殊功能车辆的动态控制方法

包括多模态融合机构链接所引入的完整约束、驱动器不完备所导致的非完整约束以及不同模态下系统输入连续和离散状态的切换等诸多因素导致多模态特殊功能车辆动态控制方法存在巨大挑战，此外多模态特殊功能车辆所面临的地面特性、空间特性及环境条件多变，对多模态特殊功能车辆与复杂多变行驶环境的交互特性研究的缺失制约了车辆高机动能力的实现。多模态特殊功能车辆的动态控制需要建立轮/腿/履以及多模态融合下的混杂系统动力学模型，揭示基于虚拟映射的多模态动态协调控制机理，突破模态切换过程中的稳定性控制方法，阐明其与复杂多变行驶环境的交互机理，实现变构型耦合下多模态特殊功能车辆的高鲁棒性动态控制。

1.4　作业装置与多模态特殊功能车辆的协同控制方法

作业装置能够增强特殊功能车辆在复杂环境下完成特种任务的能力。为简化作业装置控制难度，当前作业装置与车辆底盘多采用相对独立的控制方式。然而，此种控制方式无法发挥多模态特殊功能车辆的构型多样化优势，阻碍了作业与特殊功能车辆的协同作业效率提升。作业装置与多模态特殊功能车辆协同控制的实现需要研究作业装置与车辆间的能量与载荷特征，揭示作业装置与车辆间的耦合机理，探索协同工作的车辆系统以及关键部件与作业装置的相互作用规律，实现作业装置与车辆的协同控制与作业效率提升。

2　科学问题背景

幅员辽阔、地形地势多样以及自然灾害频发是我国的基本国情。在高山峻岭、震后废墟、火灾现场、地下隧道以及工业化厂区等非结构环境下，执行物资运输、抢险救灾以及巡逻值守等军民领域特种任务迫切需要特殊功能车辆在设计、规划以及控制理论方面发生根本性变革。轮式、履式、足式等单一模态平台目前得到了广泛研究，但均存在各自局限性。多种单一模态移动机构进行组合的方法虽然能够提高车辆对复杂地形的适应能力，但多个模态的简单叠加会导致结构复杂冗余以及多机构运动干涉等现象,导致车辆行动迟缓以及效率低下等问题,亟须突破特殊功能车辆的轮/履/足多模态复合构型关键技术。复杂环境下多模态特殊功能车辆的研制与应用目前还存在以下技术瓶颈:

2.1　轮/腿/履多模态复合构型设计问题

传统单一模态车辆多针对特定目的以及特定应用环境进行设计,难以在多样化复杂环境下实现高机动性以及高通过性。单一模态的简单叠加导致车辆在多行动机构适配性以及复合机构机动性中存在诸多约束,因此需要针对轮/腿/履多模态复合构型问题开展研究,为多模态特殊功能车辆的高效运行奠定基础。

2.2　复杂环境下多模态特殊功能车辆运动规划问题

运动规划是实现多模态特殊功能车辆高机动性以及高通过性的重要环节。多模态特殊功能车辆运动方式丰富多样,现有的运动规划方法存在模式单一,局限性大,复杂路面环境适应能力差等问题,缺乏复杂非结构路面环境的运动规划方法。因此,需要开展复杂环境下多模态特殊功能车辆运动规划研究,为复杂特种任务的执行提供支撑。

2.3　多模态特殊功能车辆的动态控制问题

目前针对轮式、腿足、履带等单一模态车辆提出的系统模型构建以及控制方法不适用于多模态特殊功能车辆。多模态特殊功能车辆的控制需要在建立多模态组合及连续/离散状态动态切换过程的混杂系统模型的基础上,通过结合感知得到的前馈环境信息、多传感器融合得到的系统反馈信息和驱动器输入条件实现。因此,需要开展多模态特殊功能车辆的动态控制问题研究,支撑复杂环境下的特种任务执行。

2.4　作业装置与多模态特殊功能车辆的协同控制问题

目前特殊功能车辆执行特种任务时,主要采用作业装置与车辆相对单独控制的方式。这种控制方式限制了特殊功能车辆的同步作业能力,降低了特殊功能车辆的作业效率。此外,特殊功能车辆在作业时会面临车辆以及多个作业装置子系统执行不同任务的情况,子系统之间、子系统与环境之间存在运动学干涉以及动力学耦合,导致作业装置在执行大范围、高度作业时对车辆运动稳定性产生影响,严重限制特殊功能车辆的特种作业能力发挥。因此,需要开展作业装置与多模态特殊功能车辆的协同控制研究,实现特种作业任务的高能效执行。

综上所述,亟须突破多模态特殊功能车辆的复合构型设计方法,深入研究复杂环境下多模态特殊功能车辆的运动规划、动态控制以及作业装置与车辆的协同控制理论,进一步提升特殊功能车辆在复杂环境下的通过性与机动性。上述研究的开展对特殊功能车辆执行军民领域特种任务具有重要指导意义,科学价值突出。

3 科学问题研究进展

3.1 多模态复合构型设计问题

目前,主要形成了轮腿式、轮履式以及足履式三种复合构型。在轮腿式复合构型的探究上,美国航空航天局(NASA)研制的 Athlete、德国 Festo 公司设计的 BionicWheelBot 都是将轮式和腿式构型组合形成的典型轮腿式构型,其中 BionicWheelBot 机器人采用多连杆和线绳耦合而成的辅助腿结构为载具的轮式移动提供助力。国内,丁希仑等人先后提出了多种轮腿式构型方案,并对其运动学及运动步态进行了研究。轮腿式构型具有较好的移动性、通过性和环境适应性,但目前大多数轮腿式构型方案采用在腿式构型的腿部添加一个驱动轮的方案,轮/腿结构和功能互相分离。张元勋等人研究轮腿融合式的复合结构,通过轮腿部件的相互转化,实现了轮腿式载具布置方案的简化。在轮履式复合构型的研究方面,段星光等人提出了一种小型轮履腿复合式构型,其采用对称结构,由四个结构尺寸相同的运动单元和车体构成三节式结构。每个运动单元包括履带腿机构和驱动轮机构,车轮驱动采用后轮差速驱动,分别由两个电动机经减速器传动至驱动轴。四条履带腿均配置在车轮内侧,不仅能够实现履带的旋转传动,而且能够绕驱动轮中心轴摆动。在足履式复合构型的研究上,马金猛等人研究了一款名为“灵蜥”的履足复合构型,其结构主要由摆腿、副履带、摆腿驱动轮、主履带驱动轮、本体(包括机械臂和上下箱体)、主履带从动轮、行走轮、主履带和导轮等构成。通过控制摆腿的摆动,可以实现机器人轮式行走、履带行走和腿式行走之间的相互转换。

3.2 复杂环境下多模态特殊功能车辆运动规划

主要可分为基于优化方法、基于模仿学习方法、基于搜索方法、基于采样方法以及基于反馈-预测方法五个类别。基于优化方法主要根据目标函数来优化轨迹。基于模仿学习方法从已验证有效的轨迹进行特征学习并得到轨迹映射模型,以适应新的场景。基于搜索方法首先获得一个包含规划区域内所有节点的配置空间,以代价目标最小化为目标,逐个将当前位置的临近节点放入容器中,最终获取一个规划轨迹。基于采样方法利用采样方式引导搜索位形空间,在采样点所构成的轨迹中寻求最优轨迹。基于反馈-预测方法通过实时反馈的测量量以及动力学约束对未来一段时序运动进行预测,实现轨迹优化。

3.3 多模态特殊功能车辆的动态控制

目前提出的控制方法类别较多,主要可以分为基于静态稳定控制方法、基于模型的控制方法、基于生物行为特性(仿生)控制方法、基于中枢模式发生器控制法、基于机器学习的控制方法等。基于模型的控制方法在工程开发中得到了广泛的应用,其可在给定车辆期望轨迹下根据逆运动学和动力学关系解算出每个驱动部件所需转动的角度和力矩,进而实现车辆控制。苏黎世联邦理工学院在轮腿机器人 ANYmal 的分层控制器中对线性倒立摆的应用更加成熟,在其上层轨迹优化控制器中的落脚点轨迹优化器(Foothold Optimizer)中使用倒立摆模型计算机器人的参考落脚点轨迹、在质心轨迹优化器(Motion Optimizer)中使用零力矩点(ZMP)不等式约束确保规划质心运动轨迹的动态稳定性。IIT 公司在设计 Centauro 的落脚点轨迹模型预测控制器时,使用 cart-table 模型构建了机器人的稳定性约束。加州大学塔芭芭拉分校在研究四轮腿机器人 Robosimian 的动态平衡控制时分别使用了 cart-table 和类似于惯性飞轮的控制模型构建了 Bang-Bang 运动姿态规划控制器。

3.4 作业装置与多模态特殊功能车辆的协同控制

国内外研究人员主要针对全身控制(WBC)方法开展研究。WBC 的核心思想是面向多任务的优先级控制,通过保证较高优先级的任务不会因为与较低优先级的任务发生冲突而失败,进而实现具有结构复杂、多作业任务特点的特征车辆的稳定性控制。WBC 可分为基于零空间投影(NSP)的 WBC、基于分层二次优化(HQP)的 WBC、基于 NSP 和 HQP 的 WBC。基于 NSP 的 WBC 采用 NSP 的方式将较低优先级的任务投影到较高优先级任务空间中,确保特殊功能车辆作业任务不会违反上一级的物理和规划约束,具有计算效率高的优点。但是,NSP 无法处理不等式约束,且通常将接触建模为等式约束,导致了车辆在快速运动时的控制效果下降。基于 HQP 的 WBC 的方法能够处理不等约束,可以通过多个二次优化(QP)迭代优化的方式执行多个优先级任务和不等约束,但是其计算成本高,实时性问题阻碍其在特殊功能车辆上的应用。基于 NSP 和 HQP 的 WBC 将 NSP 和 HQP 特点相融合,既能够处理不等式约束又能提高计算效率。综上,现阶段 WBC 主要围绕任务的优先级分配、控制器鲁棒性和求解高效性方面来开展研究。WBC 的特点是能够实现特征车辆多任务运动能力,而缺点是需要大量的优化求解运算,如何实现实时高效控制是其主要难点。

考虑到多模态特殊功能车辆的功能特点与广阔应用前景,全球各国都在此领域开展大量研究,美国、瑞士以及日本等国家已经展开了相关的布局与探索并取得了突出成果。典型的多模态平台包括美国的龙行者系列,以色列轮履复合式战术地面机动平台,波士顿动力的四足机动平台、Handle 轮腿式平台,瑞士的 ANYmal 系列轮腿式机动平台等。

主要参考文献

[1] ADDIE IRAWAN, KENZO NONAMI. Optimal Impedance Control Based on Body Inertia for a Hydraulically Driven Hexapod Robot Walking on Uneven and Extremely Soft Terrain [J]. Journal of Field Robotics, 2011, 28(5): 690-713.

[2] KIM, YOO-SEOK, JUNG, et al. Wheel transformer: A miniaturized terrain adaptive robot with passively transformed wheels[C]. //2013 IEEE International Conference on Robotics and Automation: 2013 IEEE International Conference on Robotics and Automation (ICRA), 6-10 May 2013, Karlsruhe, Germany: Institute of Electrical and Electronics Engineers, 2013: 5625-5630.

[3] 张元勋,黄泽东,韩亮亮,等.适用于月面极端地形的爬-滚载具设计及爬行滚动特性分析[J].机械工程学报,2021,57(3):35-48.

[4] KE JUNG HLUANG, SHEN-CHIANG CHEN, YA CHENG CHOU, et al. Experimental Validation of a Leg-wheel Hybrid Mobile RobotQuattroped[C]. //2011 IEEE International Conference on Robotics and Automation. [v.4]. : IEEE, 2011: 2976-2977.

[5] M Geilinger, S Winberg, S Coros. A Computational Framework for Designing Skilled Legged-Wheeled Robots [J]. IEEE Robotics and Automation Letters, 2020, vol. 5, no. 2: 3674-3681.

[6] F J Comin, C M Saaj. Models for Slip Estimation and Soft Terrain Characterization With Multilegged Wheel-Legs [J]. IEEE Transactions on Robotics, 2017, vol. 33, no. 6: 1438-1452.

[7] Zucker M, Ratliff N, Dragan A D, et al. CHOMP: Covariant Hamiltonian optimization for motion planning [J]. The International journal of robotics research, 2013, 32 (9-10): 1164-1193.

[8] Khatib O, Sentis L, Park J, et al. Whole-body Dynamic Behavior and Control of Human-like Robots[J]. International Journal of Humanoid Robotics, 2004, 1(1): 29-43.

[9] Escande A, Mansard N, Wieber P B. Hierarchical quadratic programming: Fast online humanoid-robot motion generation[J]. International Journal of Robotics Research, 2014, 33(7): 1006-1028.

撰稿人：刘辉(北京理工大学)　魏巍(北京理工大学)　秦也辰(北京理工大学)
高海波(哈尔滨工业大学)　于海涛(哈尔滨工业大学)

模块化特种车辆重构设计理论与协调控制方法

Reconfiguration design theory and coordinated motion control method for modular special vehicles

1　科学问题概述

模块化特种车辆包含模块化自重构移动车辆和模块化车体两大内容。模块化自重构移动车辆是多个移动车辆单体通过对接机构连接成多种组合构型,以应对复杂任务;模块化车体是将移动底盘和作业载荷各要素模块化,实现单车体的模块化设计。在面对复杂多变环境时,模块化特种车辆依靠灵活的自主变构型能力与系统柔性,可以克服传统地面车辆难以解决的问题。在传统的制造业以及非结构性环境的消防救援、军事侦察、海洋作业、航空航天工程等场景,现有的多车辆组合配置和单车通用底盘难以满足性能需求,模块化特种车辆具有不可替代的战略作用。目前,国外军用车辆已实现模块化重构车辆的实车应用,国内实用化工程化的模块化特种车辆较少,尚未形成规模化应用。为实现模块化特种车辆关键基础技术突破,推动模块化特种车辆在实际复杂场景下的工程化应用,在新理论、新方法和新技术方面突破技术瓶颈,解决构型快速生成与决策、对接机构设计与自主对接控制、高精度协同定位、动力学分析与协调控制等一系列科学难题。

1.1　面向复杂任务的车辆构型快速生成与决策机制

模块化特种车辆在面对复杂任务时,其构型快速生成与决策能力决定了该车辆能够成功适应环境并完成任务。设计者设定有限种类构型难以匹配未知的环境和任务,要求模块化特种车辆能够借助传感系统感知环境,结合设定任务,自主生成匹配的构型方案,并进行构型优化;模块底盘依赖于传统底盘设计理论,以分布式的制动、转向等要素先行设计底盘,在此基础上再设计作业装置,导致整体难以优化;同时需要考虑电动化背景下如何摆脱复杂底盘系统与作业装置重复构型问题。然而车辆的构型空间随着模块数目的上升呈指数规律增加,如何在有限时间内生成构型方案,并进行指标优化,验证构型的匹配度和可行性,是模块化特种车辆走向实际未知环境执行未知任务的关键技术难题。

1.2　对接机构综合设计与高精度自主对接控制

针对模块化车辆特殊应用环境和任务,需要构建模块化车辆之间的对接机构,使多个模块化单元铰接成一个整体。如何设计兼具大工作空间、高对接容差、高连接刚性的刚柔耦合的对接机构，实现对接两单元按照任务需要灵活旋转或者刚性组合，对于机械结构设计是巨大挑战；如何通过一次对接动作，将单元车辆之间的机械、控制、信息和能源等多个要素相互连接，实现多模块车辆之间的"机控信能"互联互通，是机构设计的又一挑战；在复杂地面条件下，如何实现模块车辆之间高精度、高可靠自主对接控制，是实现模块化车辆自主能力的关键。

1.3 多模块化车辆高精度的协同定位

模块化特种车辆的是一个复杂的多体系统，每个模块具备独立的运动、感知功能和能源供应。模块相对定位和多模块协同感知是自重构车辆系统的关键技术，贯穿模块发现、对接组合、构型辨识、环境探测、协同控制等整个变构型组合过程。单一模块的尺寸重量是有限的，细粒化模块是构型灵活变换的基础。如何在有限的尺寸空间和重量限制前提下，实现高精度的模块相对定位，以及针对环境目标的高精度感知，是模块化特种车辆走向真实应用场景亟须解决的关键科学问题之一。

1.4 多模块车辆的动力学分析理论与高效协调控制

区别于分布式系统底盘，多系统集成构型的模块化底盘，各系统动力学耦合机理复杂，动力学可控性更好。如何建立模块化底盘的多维耦合动力学模型并建立最优协调控制，是目前需要解决的另一重要问题。重构车辆多次变构后，安装误差会相应增加，对控制精度产生影响。因此如何针对异构模块实现精准高效的变构控制，完成复杂构型自主生成、多种构型自主切换，以及在聚合完成后实现组合体动力学自建模，进而完成整体运动控制，是目前亟须解决的关键科学问题之一。

2 科学问题背景

模块化特种车辆能够根据环境和任务的需要，通过尺寸和性能可互换的模块，重新组合自身构型，以适应高度不同的环境和任务。模块化特种车辆具有良好的系统柔性和环境适应性，因此在核电站检修、救灾探测和深海勘探等诸多车辆必须面对复杂多变环境挑战的领域内有着广泛的应用空间。国内外已有多项针对模块化特种车辆的研究成果，形成了多种模块化特种车辆样机，但是在实际的复杂应用场景内尚未看到模块化特种车辆规模化应用的案例。针对传统车辆难以胜任的未知多变环境和任务场景，现有的模块化特种车辆仍存在一些问题，亟须建立面向实际场景的感知、控制和决策技术体系。目前，模块化特种车辆主要存在以下四个技术瓶颈：

2.1　面向复杂任务的构型快速设计生成与决策难题

灵活多变、适应性强是模块化特种车辆的灵魂。有限种类构型不能保证车辆系统能够应对所有的环境和任务。在构型自主生成过程中，车辆系统需要感知全域环境信息，构建语义化环境地图，并对任务进行模型化描述，形成环境-任务模型。自主环境建模过程依赖大量的传感器信息，对模块化特种车辆的硬件和计算能力提出了很高的要求。同时，构型空间维度高，构型方案的生成、匹配和优化也依赖极强的计算能力和有效的算法技术。目前模块化特种车辆通常借助有限环境、有限任务和有限构型库，进行预定义的构型选择匹配，并未形成真正的面向未知环境的构型自生成能力。

现有特种作业车辆依赖于传统汽车运输底盘设计理论，以分布式的制动、转向、悬挂、传动、车架等系统先行通过构型设计为底盘系统，作业装置再进行构型设计，因此系统重心高度、总重、动力性能、稳定性能等均受限于分离式底盘而难以优化。而传统底盘设计理论中很少考虑作业装置对整车运动性能的影响。因此，二者在构型和性能设计上存在重复构型问题。

2.2　对接机构综合设计与对接控制难题

多个模块单元车辆通过对接机构连成一个整体，对接机构性能直接关系到模块化车辆整体的性能优劣。功能单一的对接机构严重掣肘模块化车辆整体的任务多样性和环境适应性，同时使模块化车辆仅在形式上互相连接，而非真正形成统一整体。针对对接机构的刚柔耦合特性，模块化车辆在不同环境下具备不同的车架刚柔特性，可以在灵活旋转和刚性咬合之间切换，保证更多的驱动轮着地，确保车辆牵引力，提升多地形通过能力。组合体车辆内部各个单元之间应互联互通，实现机构互连、能源互给、控制互通、信息共融，这要求对接机构除机械连接之外，具备能源、控制、信息联通的能力。针对模块化车辆的自主性，要求对接过程自主高效，因此对于对接机构的容错设计和对接控制技术提出了极高要求。

2.3　多模块化车辆高精度协同定位难题

在模块化重构系统中，各模块由于驱动能力、载重、体积和电源供应限制，传感器的种类单一，感知范围小，信息处理能力弱。因此在复杂的环境下感知精度受限，存在严重干扰以及定位模糊问题。廉价设备极化损耗，感知能力下降，同时传感器自身的误差也会导致定位有误。目前国内外的模块化特种车辆使用的小型传感器，仅能够实现小范围内的模块发现和定位，缺乏环境感知和精确定位能力，难以应对真实任务环境。定位与感知能力薄弱导致自重构模块丢失、聚合失败，无法完成任务甚至系统瘫痪。

2.4 分布式多体模块的动力学建模与高效协调控制问题

大量模块组成的车辆系统在本质上属于分布式自组织系统,模块单元是具有完整控制、传感和计算能力的车辆系统。在分布式框架下,通过局部运动产生整体预期的宏观现象仍然是研究者共同面临的一大难题。此外,为实现复杂结构和整体功能,需要协调大量模块间的冲突问题。实际车辆系统中需要面临更多的问题,包括通信、传感采集的可靠性、模块损坏的鲁棒性以及模块单元的续航能力等,都制约了控制方法的发展。针对模块化底盘,建立分析车辆的驱动、制动、转向以及悬架系统对三维动力学的耦合作用机理存在困难,需要研究车辆稳定性变化趋势与失稳状态的判据,建立以动力学维度控制为目标的多系统协调控制策略,将目标控制量以最优模式分配给相应的执行系统模型,并完成实际控制。目前,国内外的模块化特种车辆均在理想化环境中进行运动控制,尚未有能够解决上述问题的成熟鲁棒的控制架构。控制能力薄弱导致模块化特种车辆变构缓慢,成功率低;聚合后难以移动,导致任务执行失败。综上所述,针对模块化特种车辆实用化难题,亟须深入研究有限物理尺度下高精度协同定位与感知技术,突破分布式异构模块的高效变构控制与组合运动控制技术,建立面向复杂任务的构型快速设计生成与决策机制、研究对接机构和高效对接控制,形成在真实复杂环境下的模块化特种车辆感知、控制和决策技术体系,实现模块化特种车辆在真实环境中“放后不管,高效自主”的作业能力,对于提升我国制造业智能化柔性化水平,解决非结构化环境下特殊作业难题,推动外太空探索与建设具有重要意义,科学价值显著。

3 科学问题研究进展

3.1 模块化特种车辆任务构型快速设计生成、智能决策

目前主要优化问题建模和优化求解两步关键技术。通过图、转录字符等方式描述车辆构型,可以表达成有向图、关联矩阵(AIM 矩阵)等形式。通过构建该构型的自由度数、运动学性能、容错性能、机械稳定性等单项指标,评价某个构型的优劣。此外,通过对多个性能指标加权融合可以从多个维度优化构型。建立车辆运动学和动力学模型是分析这些性能指标的基础,通常采用 Denavit-Hartenberg(D-H)法、指数乘积公式(POE)法和关联矩阵法建立。D-H 法根据模块本身的参数和装配方式,自动生成构型的 D-H;POE 法通过提取车辆构型中模块的结构参数直接生成。针对优化求解方法,现有的智能优化算法,例如遗传算法、粒子群算法、蚁群算法,均可用于模块化自重构车辆构型优化计算。针对变构策略的研究,有研究表明寻找最少数量的变构型操作以将一种构型转变为另一种构型的最优问题是多项式复杂程度的非确定性(NP)问题,解决这一问题的典型方法为基于功率

中心性方法,该方法避免了一些暴力搜索过程,从而仅需一次运行即可计算目标结构。此外,基于规则的变构策略和基于 turtle 算法的变构策略也应用于模块化车辆的变构决策和控制过程。①基于规则的分布式重构运动问题,针对模块基本运动能力和几何约束,为车辆模块设计不受环境与障碍类型制约的规则。模块根据规则描述,在自身坐标系内的局部邻居范围内进行运动规划。但是,这种规则的针对性设计和对环境障碍信息的严格要求,限制了车辆系统在复杂环境中自主适应能力的发挥;并且随着障碍类型的复杂化,规则数目随之扩张,对简单模块的存储和计算能力提出了更高的要求。②基于 Turtle 算法的研究方法主要是 Turtle 模块基于局部障碍环境进行整体移动路径规划。当移动方向上没有障碍存在时,分形字符转录过程中连续的 Turtle 模块通过局部通信传递移动方向。通过连接面间相对方位换算,在分布式模块间以不同相对方位建立连接关系的同时,保持整体移动方向在全局环境中的一致。当环境障碍占用移动路径时,Turtle 模块通过改变移动方向以继续整体重构运动。

针对模块化车体,以机械结构集成为目标的多系统集成构型成为热点,但缺乏创新的分析设计理论。针对特种作业车辆的多系统集成化需求,目前尚未有可行的方案,系统集成化遇到巨大挑战,成为特种作业车辆构型发展的瓶颈。一些科技公司和传统部件供应商提出了一些创新的多系统集成方案如 Protean 公司、Rivian 公司、美国航空航天局(NASA)等基于轮毂电机提出了集转向、制动悬架功能的多系统集成模块。但相关方案均以机械结构集成实现为目标,多系统集成构型底盘动力学分析理论尚未建立,没有相应分析方法与理论为指导,产品方案难以满足实车应用。以多系统集成车辆动力学分析理论为指导的多系统集成构型方法成为亟待解决的科学问题。

3.2　对接机构和对接控制方法

该研究已经在各种平台上取得了丰硕成果。针对对接机构设计问题,为了保证模块化车辆自主对接后的连接稳定性、灵活性,对接机构常采用带有对接卡扣与卡槽的机械臂对接,并带有锁紧装置以保证其连接的稳定性;留有一定的偏差余量以满足在一定对接偏差范围内的对接能力,并保证对接后模块化车辆的运动灵活性。针对自主对接控制问题,其核心是获取模块化车辆的相对位姿,可由激光传感器、视觉传感器、红外传感器、超声波传感器等获得信息。激光自主对接技术生成环境地图进行导航,识别对接目标并驱动模块化车辆对接。该技术抗干扰性强,但动态检测效率较低。视觉自主对接技术对视觉图像进行识别、匹配,以计算对接目标的相对位姿,并实施对接。视觉自主对接技术准确度较高,但受环境光线影响较大。红外自主对接技术借助红外光线编码信号,获取对方红外接收管信号特征,驱动车辆实施对接。红外自主对接技术成本较低、不易受环境影响,但传感器信息量单一,自主对接效率较低。超声自主对接技术通过超声波信号的距离和角度信息实现相对位姿感知，驱动车辆实施对接。超声自主对接技术成本较低，对动态变化敏感，但检测精度较低。为了进一步提高对接检测的精度，现有成果中多加入卡尔曼滤波、粒子滤波等算法进行数据滤波优化，估计更为精准的相对位姿；通过 Dijkstra 算法、A^* 算法等路径规划算法进行模块化车辆运动控制，并辅以对接前姿态校准，控制两单元准确的进行对接。

3.3　模块化特种车辆高精度协同定位与感知

常用的传感器有以单、双目相机、深度相机为主的视觉传感器，红外传感器、激光雷达传感器、磁性传感器（线性霍尔效应传感器），无线电荷耦合器件（CCD）传感器、惯性导航系统和全球导航卫星系统（GNSS）等。视觉传感器：当传感器被遮挡，车辆模块翻滚造成相机晃动、抖动的情况下，对相机获得环境信息有较大的影响，且去除噪声的效果有限。红外传感器：超声传感器和相机耗能较高，但红外定位具有功耗低、体积小的特点，更适合于微小型车辆。磁性传感器（线性霍尔效应传感器）：利用一个磁场来间接获得关于磁场源位置或方向的信息。内部定位方法主要有两种：①基于约束的方法，通过对模块的运动学约束（位姿、关节速度和加速度约束）和几何约束来解决局部不确定性，然后将解决方案与其他模块通信。虽然可扩展性高，但对噪声和不规则、非晶格系统鲁棒性不高。②基于概率方法，可分为局部概率方法和全局概率方法两种，局部定位方法应用于诸如 PolyBot 这样的系统，提高了模块间内部定位的鲁棒性。将正运动学模型与传感相结合可以消除 90% 的定位误差，同时利用系统的机械锁存可以进一步减小定位误差。虽然局部概率方法在小尺度下工作得很好，但随着模块规模的增加，误差会迅速积累，特别是在缺乏机械锁存的情况下。为了获得准确的位置估计，可扩展的解决方案必须结合几个模块的观测结果获得最可能的全局位置，利用全局概率方法进行内部定位。针对装载多传感器，现有提升感知精度的融合方法包括：①基于优化的算法：Levenberg-Marquardt 算法（LMA）和 Trust Region Reflective 算法（TRRA），在非线性优化算法 LMA 中，每个磁靶具有不同的磁矩大小，可以通过磁矩值来识别每个磁体从而估计各磁体的位置和姿态信息。TRRA 是一种基于高斯-牛顿算法的非线性最小二乘问题的迭代优化方法，它在当前解周围的“可信区域”中寻找新的解。②基于递归的算法：无迹卡尔曼滤波算法（Unscented Kalman Filter，UKF），基于雅可比的迭代方法，在解决复杂问题时具有较高的计算效率和定位精度。③基于人工神经网络（ANN）的算法：卷积神经网络（CNN）算法，图形卷积神经网络（GCN），人工神经网络分类的准确度高，处理能力强，对噪声有较强的鲁棒性和容错能力，但需要大量的参数学习时间过长，甚至可能达不到学习的目的。

3.4　模块化特种车辆自主变构控制与多轮系协同控制

目前的技术手段主要集中在以下几个方面：(1)拓扑构型控制方法。拓扑构型控制方法主要分为分布式和集中式两种。集中式控制采用自上而下的统一规划方式,在上层采用寻优控制方法为所有模块规划最优的运动路径。分布式系统中充分发挥单元模块自身有限的运算和传感能力,使用模块层面的局部交互产生系统整体的宏观表现。模块通过局部通信可获得邻居范围内构型信息,系统中所有模块根据有限范围内的构型信息和环境信息进行独立运动规划。分布式系统中系统宏观表现超越了内部个体行为的简单累加和,这正是分布式系统的优势所在。在拓扑型控制方法中,主要有四种构型策略:基于搜索的构型策略、基于控制器的构型策略、基于多智能体的构型策略和环境激励的构型策略。(2)简化的控制模式,以放弃最优控制为代价,在可接受范围内获得了有效的重构结果,普遍采用如下几个简化方法:①模块子单元:子单元作为移动集体,扩展了模块个体的运动自由度,针对子单元的运动能力进行移动规划,提高了集体的移动能力,在一定程度上解决了模块运动约束问题。这种方法在提高模块运动能力的同时,需要系统中包含一定的模块数目来组建子单元。②统一连接方式:通过统一模块间连接时的相对方位关系规范了模块间连接方式,当模块间按照指定的规律组织相互连接时,车辆的构型空间具有组织规律可循,与各向同性的理想模块组合相同,降低了因模块间相对位置关系而造成的构型空间增长问题。③划分构型框架:通过将系统中模块划分为可自由移动模块以及保持连接关系和位置关系的框架模块,降低系统总移动模块数目,进而降低运动规划复杂程度。

针对群轮协同控制问题,解决方案大体上区分为基于运动学反馈的控制方法和基于动力学反馈的控制方法。基于运动学控制方法主要借助速度矢量传递法或矩阵变换法构建运动学模型,其运动学控制的总体思路是:将车体的速度和角速度解算为各车轮的驱动速度和转向轮的车轮方向角,其中车体姿态信息和速度信息可通过车载传感器获得,能够在线校正移动系统的路径误差,从而实现对车体姿态和速度较为精确的控制。除此外,还有协调双分支发(DB)和广义逆(GI)法等多轮协调控制方法。基于动力学的方法为主动轮力矩控制方法,针对组合体在不平整路面环境中运动,通过力矩平衡方程组求解各轮摩擦力。根据实时计算得到的摩擦力数据,计算对应的各轮转角和驱动力矩并实时控制,防止因转角和驱动力矩与所受摩擦力不配合致使车轮被拖动或被推动。主动轮力矩控制方法能够控制多轮协调动作,使组合体车辆顺利流畅机动,提高车辆越障能力和越障平稳性,增强负载能力,消除多轮失调导致的车辆内应力,延长机构寿命,减少能耗。

针对车辆模块化底盘,特种作业车辆动力学控制局限于单系统控制,未实现多系统集成构型底盘的多系统域控制。特种作业车辆采用的均是单维度线性动力学模型作为目标模型,比如电子稳定控制(ESC)的横摆控制采用的是二自由度单轨线性模型计算车辆目标摆角速度;纵向制动控制采用滑移率作为目标值,全轮驱动系统则采用滑转率作为目标控制门限,而全驱系统对横摆的影响较少考虑。这些模型均只关注某个维度的动力学特性,未体现各维度动力学之间的耦合作用,也未能完全反映汽车纵向运动、侧向运动与垂向运动间的相互关联影响。对于多系统集成车辆底盘动力学控制系统,为提高汽车动力学性能方面的作用效能,需要建立面向车辆域集成控制的整车统一模型,实现多系统域控制。

主要参考文献

[1] 王卫国.一种具有增强单体运动能力的模块化特种平台[D].南京:东南大学.

[2] 别东洋.模块化特种平台分布式变形策略研究[D].哈尔滨:哈尔滨工业大学.

[3] Chennareddy S, Agrawal A, Karuppiah A. Modular self-reconfigurable robotic systems: a survey on hardware architectures[J]. Journal of Robotics, 2017:1-19.

[4] J Seo, J Paik, M Yim. Modular reconfigurable robotics[J]. Annual Review of Control Robotics and Autonomous Systems, 2019, 2(1):63-88.

[5] S Song, C Hu, Q H Meng. Multiple Objects Positioning and Identification Method Based on Magnetic Localization System[J]. IEEE Transactions on Magnetics, 2016, 52(10):1-4.

[6] Liu C, Whitzer M, Yim M. A Distributed Reconfiguration Planning Algorithm for Modular Robots[J]. IEEE Robotics and Automation Letters, 2019, 4(4):4231-4238.

[7] Khodr H, Mutlu M, Hauser S, et al. An Optimal Planning Framework to Deploy Self-Reconfigurable Modular Robots[J]. IEEE Robotics and Automation Letters, 2019, 4(4): 4278-4285.

[8] Rayguru M M, Mohan R E, Parween R, et al. An Output Feedback Based Robust Saturated Controller Design for Pavement Sweeping Self-Reconfigurable Robot[J]. IEEE/ASME Transactions on Mechatronics, 2021, 26(3):1236-1247.

[9] Shi Y, Elara M R, Le A V, et al. Path tracking control of self-reconfigurable roboth Tetro with four differential drive units[J]. IEEE Robotics and Automation Letters, 2019, 5(3): 3998-4005.

[10] Wang J, Zheng L, Yan W, et al. Coordination Control of Differential Drive Assist Steering and Vehicle Stability Control for Four-Wheel-Independent-Drive EV[J]. IEEE Transactions on Vehicular Technology, 2018, 67(12):11453-11467.

撰稿人:周乐来(山东大学)　靳立强(吉林大学)　倪俊(北京理工大学)

特种车辆多维瞬态强冲击防护理论与方法

Protection theory and methodology for special vehicles under multi-dimensional transient impact

1　科学问题概述

战场环境下车辆及乘员的安全面临多种威胁,如简易爆炸装置(Improvised Explosive Device,IED)、地雷、榴弹等,这些威胁产生的冲击波与破片从不同方向作用于车身,在极短时间(小于1 ms)内,车身结构所受的冲击波载荷可达数千兆帕,冲击波载荷通过车身结构传递至车内乘员,对乘员造成严重伤害,与此同时爆炸产生的破片能够贯穿车身薄弱位置直接威胁车内乘员。国内外对冲击波或破片等冲击物质作用于车辆的研究,基本上以单一工况为主,比如单纯的底部爆炸冲击波作用下的底部防护,或者单纯破片作用下的车身抗弹能力等,并停留在单一维度上,如正面防护、侧面防护、底部防护、顶部防护等。实际上车辆面对的更多情形是爆炸冲击波与破片同时作用,并同时或先后作用于各个侧面。这种情况下的动力学问题、车辆与人员的安全与防护机理、冲击-车辆-人员耦合系统的安全与防护设计方法等,存在很多难点。可见,特种车辆面临的瞬态强冲击具有载荷类型多样、冲击方向多维、冲击幅值巨大,时域响应极短、载荷历程多次的特点。为提升特种车辆及类似场景下的装备和系统的安全与防护性能,保障地面部队的生存能力与机动能力,需对多维瞬态强冲击威胁下的车辆安全防护理论进行探索,构建适应现代化作战要求的车辆设计理论与方法,一些关键科学问题有待研究。

1.1　如何构建多维瞬态强冲击下的人车系统冲击动力学理论

在战场环境下,人、车辆、冲击载荷相互耦合形成一个复杂的动力学系统。由于车辆结构的复杂性,在多维瞬态冲击的作用下,车辆不同结构的响应规律、冲击载荷在车辆各部件之间的传递规律、不同结构向人体传递冲击的定量关系尚不清晰。人体自身作为一个生物力学系统,各部位在与结构的作用下又将产生不同的响应规律。因此,有必要从全局出发,提出多维瞬态强冲击下的人车系统冲击动力学理论,揭示各要素之间的耦合作用机制与响应机理,为特种车辆的安全与防护设计奠定理论基础。

1.2　如何构建多维瞬态强冲击下的特种车辆防护理论

在多维瞬态冲击作用下,车内乘员会出现多种复杂的损伤模式。系统分析强冲击条件下导致车内乘员关键部位损伤的多种输入变量,寻找关键表征参数及其分布特征,建立强冲击下的乘员安全模型,有针对性地提出防护策略与方法。进一步探究不同方向冲击下人体损伤的关联性,耦合不同维度下的防护策略,形成一套完整、全面的特种车辆防护理论。

1.3 如何构建多维瞬态强冲击下特种车辆设计方法

传统的特种车辆设计主要是把复杂的边界条件等效归一化为经典条件,以高安全系数覆盖随机性,忽视了变量间的交互性和强不确定性,割裂了多目标间的耦合性,容易导致关键信息丢失,不能得到理想的设计方案,设计结果存在风险,难以满足车辆多维瞬态强冲击的高防护要求,已成为特种车辆设计的现实问题。需要在前述人车系统冲击动力学理论、特种车辆防护理论的基础上,综合材料力学、冲击动力学、人机工程学和热力学等多个学科,构建多物理场耦合的高精度仿真方法,建立试验和仿真数据驱动的动态优化设计方法,突破传统设计方法与理论的局限性,实现复杂问题最优求解,为特种车辆等复杂装备的现代设计提供必要基础。

2 科学问题背景

特种车辆作为地面机动平台,承担着牵载武器装备、输送人员物资和实施军事特种作业等任务。随着作战模式变化,以往对车辆影响较小的地雷、IED 等威胁日益突出,逐渐成为影响部队作战和军用战术车辆发展的主要因素。据统计,现代地面战争 70% 以上的伤亡都是车辆受到各种爆炸冲击带来的。如何提高特种车辆的安全防护能力,保障乘员的生命安全、维持车辆一定的机动性,是特种车辆设计开发过程中的重要目标。

目前特种车辆的防护设计大多从特定的车辆出发,针对确定的威胁进行防护结构的加强设计。在设计过程中,往往割裂了瞬态冲击-车辆-人体的耦合关系,严重制约了综合性能集成的高防护车辆研制与应用,表现出一定的局限性,迫切需要从瞬态冲击与防护的机理出发,突破如下技术瓶颈:

2.1 瞬态强冲击下的人车系统动力学系统有待构建

在对特种车辆复杂结构、人体结构进行面向冲击动力学分析的建模过程中,如何将多方向的冲击波、冲击波与破片等不同维度的威胁与车辆结构进行耦合作用定义,从人车系统全局的角度开展冲击动力学的分析,是进行安全与防护设计的理论基础与设计依据。同时,车辆与人体的安全防护是一个时域问题,在威胁的完整作用过程中,如何对各要素状态随时间变化后的要素间耦合作用进行更新与推演也是亟须解决的困难。

2.2　瞬态强冲击作用下人体损伤机理研究不足

目前人体损伤机理研究主要针对特定冲击下单一的损伤模式，如弹性损伤、黏性损伤、惯性损伤，这导致针对乘员安全的防护性设计分散，难以综合考虑。冲击载荷特征与人体损伤模式的对应关系尚不清晰。因此，需要对人体损伤机理进行更深入更全面的研究，揭示人体多种损伤模式的具体成因和耦合作用关系，从而更好地在车辆设计阶段指导全方位的防护设计。

2.3　瞬态强冲击下的特种车辆多学科动态优化设计难题需要攻克

特种车辆用途的特殊性，决定了威胁的复杂性和性能高需求性，随着瞬态冲击作用边界维度的增加，结构动态响应模式更丰富，优化问题更加复杂，面向动态过程的多学科优化设计是特种车辆应对多维冲击威胁提升人车系统安全所面临的巨大难题。

3　科学问题研究进展

3.1　瞬态强冲击下的人车系统冲击动力学理论

国内外基于多刚体动力学与有限元等方法，结合具体威胁对人体与车辆的瞬态冲击动力学响应进行了分析，并通过爆炸冲击实验所得数据对构建的模型进行验证与优化。Singh 提出了一种人-车多刚体动力学模型并对人体在冲击激励下的响应进行分析；Babu 等人与 Lai 等人分析了冲击波与破片耦合作用下结构的损伤响应。目前国内通过多场景、不同对象的实验和仿真分析，对瞬态强冲击边界与近十种车型进行了模型搭建，深入研究了冲击-车辆-人耦合模型的构建方法。但上述研究大多仅针对单一维度的冲击载荷或仅面向车辆典型结构进行分析，缺少多维冲击、人车系统耦合的机理性研究，且现有的冲击动力学理论主要针对靶板结构，不足以支撑车辆与人体在多维冲击下的分析。因此，势必要综合考虑多维瞬态强冲击-车辆-人体的整体系统，构建面向多威胁耦合、多防护装置与人体响应的系统性冲击动力学理论基础。

3.2　瞬态强冲击下的特种车辆防护理论

目前各个国家对车辆防护理论有不同程度的研究，主要集中在车辆底部结构、车内乘员约束系统等方面。Kendal 等人发现 V 形结构能较好地偏置爆炸冲击能量；Dharmaena 等人研究了以蜂窝结构为夹层的“三明治”结构对爆炸冲击的吸能机理；Grujicic 等人研究了乘员约束系统和乘员装备对乘员防护能力的影响。这些研究侧重于如何减弱爆炸冲击作用，没有得到机理性的结论。北约的专项研究组织通过整理大量人员伤亡试验数据，对人体各部位损伤机理进行了系统性研究，并提出一套乘员安全评价指标，为构建特种车辆防护理论奠定了良好的基础。但也仅限于单维度工况，没有考虑多维威胁下的人体损伤模式，无法支持车辆全方位的防护设计。国内相关企业和高校也进行了类似研究，主要集中在车辆底部防护结构、轻质防爆材料和车辆防护能力的仿真分析等方面，基本是国外标准和方法的应用和验证，没有形成自己系统的特种车辆防护理论。

3.3 瞬态强冲击下特种车辆防护设计方法研究

针对特种车辆的侧面和顶部的弹道防护，国外已建立了相对完善的研究体系，并通过试验评级方法指导和牵引车辆防护设计。国内基于终点弹道理论，进行优化设计，求解最优方案，也较好地指导了产品设计。特种车辆底部爆炸防护主要基于冲击波置偏、结构吸能和间隙理论，通过有限元分析、实物和半实物试验、优化设计等方法进行防护设计，难以覆盖不确定性和复杂性，过程忽略爆炸热影响，防护能力验证局限于试验静态结果，设计结果与需求差异很大。相对于底部爆炸防护，侧面爆炸防护不仅威胁维度增加，防护因素也成倍增长，爆炸冲击往往夹杂着破片和土壤等多种物质耦合冲击，影响因素更加多元和复杂。目前更多是对底部防护组件等局部结构，通过边界条件的简化进行设计，但是设计结果与预期存在较大的不确定性。这至少说明了对边界条件的简化、等效和归一处理，导致了信息缺失，影响了设计结果的准确。

目前，南京理工大学等相关研究团队结合仿真分析、实物与半实物试验，对多种威胁源作用下的车辆底部防护、侧面防护、乘员约束系统防护等方面开展了持续的研究，在垂向和侧面等维度上对瞬态强冲击的动力学问题和防护理论方面，积累了数据，探索了科学有效的试验方法、测试技术，建设了必要的试验条件，初步构建了高精度仿真分析方法，为系统深入地研究特种车辆防护理论奠定了基础。

主要参考文献

[1] Singh J. Adaptive magnetorheological seat suspension for shock mitigation[D]. University of Maryland,2014.

[2] Babu V,Kankanalapalli S,Vunnam M. Effect of Fragmenting Buried High Explosive Projectile (152MM HE FRAG OF-540) on Military Ground Vehicles[C]. 31st International Symposium on Ballistics,2019.

[3] Lai E,Zhao J,Li X,et al. Dynamic responses and damage of storage tanks under the coupling effect of blast wave and fragment impact[J]. Journal of Loss Prevention in the Process Industries. 2021,73: 104617.

[4] Luo G,Zhang Y,Ren Y,et al. Dynamic response analysis of submerged floating tunnel un-

der impact-vehicle load action[J]. Applied Mathematical Modelling. 2021,99: 346-358.

[5] Mohammadzadeh B, Kang J, Im S. Blast loaded plates: Simplified analytical nonlinear dynamic approach[J]. Structures. 2020,28: 2034-2046.

[6] Kendale A, Jategaonkar R, Shkoukani M. Study of occupant responses in a mine blast using MADYMO[C]//47th Annual SAFE Symposium. San Diego, CA, US: SAFE Association, 2009: 1-13.

[7] Dharmasena K P, Wadley H N G, Xue Z Y, et al. Mechanical response of metallic honeycomb sandwich panel structures to high-intensity dynamic loading[J]. International Journal of Impact Engineering, 2008, 35(9): 1063-1074.

[8] Grujicic M, Arakere G, Bell W C, et al. Computational investigation of the effect of up-armouring on the reduction in occupant injury or fatality in a prototypical high mobility multi-purpose wheeled vehicle subjected to mine blast[J]. Proceedings of the Institution of Mechanical Engineers Part D: Journal of Automobile Engineering, 2009, 223(7): 903-920.

[9] HFM-090 Task Group 25. Test methodology for protection of vehicle occupants against anti-vehicular landmine effects, TR-HFM-090[R]. France: RTO/ NATO. 2007.

[10] 石秉良,王显会,张云,等. 军用车辆底部防护研究与发展综述[J]. 兵工学报. 2016, 37(10): 1902-1914.

撰稿人:王显会(南京理工大学)　孙晓旺(南京理工大学)

环境适应性下应急救援车辆装备多结构多功能设计方法

Multi-structure and function design method of emergency rescue vehicle equipment considering environmental adaptability

1　科学问题概述

我国是世界上受自然灾害影响最严重的国家之一，特别是21世纪以来,各种自然灾害频发,造成了严重的人员伤亡和经济损失。灾后应急救援装备作为救灾应急力量体系的重要组成部分,对抢险救灾行动的影响至关重要。但是现如今的应急救援装备存在以下问题:一是应急救援作业车辆自行机动能力差,转场一般依靠平板车运输,在灾害发生地区,地形复杂,道路狭窄,而平板运输车外形较大,极易造成交通堵塞,再者,应急救援作业车大多为工程机械改装而成,翻越障碍和清除障碍能力较低,面对复杂的路况和损毁的路面,无法快速到达现场,从而延误救援时机;二是现有应急救援装备功能单一、对救援现场狭小空间的适应性差，作业机具通用性差，换装效率低，大大影响了现场救援的效率；三是现有应急救援装备大多为临时调拨，没有经过专门的工况适应性设计，恶劣工况下性能不稳定、故障率高。因此，高机动、多功能、高效率的应急救援车辆与装备是提升应急救援能力和水平的关键，为了突破现有的技术瓶颈，需要解决以下几个紧密相关的科学问题。

1.1 多功能下应急救援装备动力学特性及动力性匹配

应急救援车辆区别于普通商用车和乘用车的关键在于其需要在纷繁复杂的应用场景中稳定运行，而其应用场景常常十分恶劣以致难以通行，同时车辆上搭载着各种救援所需的特殊功能模块，车辆的结构与载荷分布异于一般车辆，此外，救援作业装置的动力需求多样化，且常常与底盘的动力需求存在矛盾，如作业装置往往需要大功率高转速，而此时行走机构却需要的是大扭矩低转速。因此，基于工作空间、材料变形、振动、非周期性冲击载荷等复杂环境条件，需要建立应急救援装备的一体化模型，研究应急救援装备多功能下的动力学特性，明晰应急救援装备和车辆动力系统之间的动力性匹配机制。

1.2 特殊环境需求下应急救援装备的模块化设计

不同的救援场景需要不同的救援设备，针对救援功能进行车辆的模块化设计是救援装备的发展趋势。应急救援车辆需要在保证高机动性能的前提下具有尽量多的功能，研究不同的灾害类型下应急救援装备的合理布置和快速切换，基于救援装置单元或模块的结构参数和类型，研究应急救援装备的装载、切换、使用等，实现装备的结构功能一体化和空间利用率最大化。

1.3 应急救援装备多能源系统高集成设计机理

为满足救援工作的需求，现有的救援车辆需要的能源类型多，每个动力源传动系统和线缆、管线组合将占据大量空间，其中液压钳、液压扩张器材等小型设备一般采用小型发动机拖动的液压泵站供能，气锤、风镐等强力破拆工具一般采用小型发动机拖动的气压机供能，一些侦检类、急救类设备一般采用电力供能，各种能源系统相互独立、并形成复杂的能源体系。针对应急救援装备的需求多样性，研究多种救援装备的一体化能源供给技术，实现一站多能的目的，进而提升整车空间利用率，装载更多数量的应急抢险救援设备。

2 科学问题背景

从目前应急救援车辆的发展现状来看，随着我国经济实力和科技实力的不断提高，电力、公路、市政、交通等部门的抢险需求也越来越高，再加上近些年来全球生态环境恶化，自然灾害频发，其中地震灾害在全球范围内逐渐活跃起来，使得事故灾害的救援任务变得异常艰巨。现在的应急救援车辆，需要能够进行破拆支护、障碍移除、高空救援、消防灭火等救援作业，且具有发电、照明和拖拽等救援附属功能的专用装备，仍然有许多亟须完善的地方。

2.1　应急救援装备的动力匹配以及机构动力学行为研究不足

动力匹配体系在普通商用车和乘用车的设计之中较为普遍，并且应用较为成熟。在应急救援车领域中，由于产量等因素的制约，动力匹配体系不够完善，厂家多将普通乘用车和商用车的动力匹配体系和动力系统设计经验直接用于应急救援车之中。然而，应急救援车在应用场景对于动力的需求，搭载特殊功能模块时车身的结构和重量与普通商用车和乘用车有着较大的区别，动力匹配体系的缺失给应急救援装备的标准化和产业化带来了巨大的挑战。此外，应急救援装备正向着极端地形适应性的方向发展，救援功能机构在不同时间、不同空间、不同地形下的动力学行为的研究也亟待深入。

2.2　环境需求下应急救援装备的模块化设计机理研究不足

由于我国地域广阔，气候和地形环境差异较大，配置单一的应急抢险救援车难以适用于各种应急抢险的环境。针对救援设备功能的模块化设计，将若干个执行特定功能，相互联系的独立系统组成一个整体，形成各种独立的保障单元，可视救援任务、规模等不同，根据需要任意组合单元模块，实现快速、有效的救援。然而，由于救援工作的复杂性，针对救援车辆实施模块化设计较为困难，难以进行大规模生产。

2.3　救援装备多能源系统设计机理研究不足

根据现有市场上的应急救援车种类和样式来看，车辆上所配备的动力源主要有三种，针对不同的设备配有不同的动力系统，应急救援车的设备众多，所采用的动力有液压、气动、电动等，每一种设备均需配备独立的动力源，设备在使用时还需要对接相应的动力系统，再加上动力系统自身体积比较大，使应急救援车的体积庞大，浪费空间，工作运转效率也会降低。

3　科学问题研究进展

3.1　应急救援装备的动力匹配以及机构运动学问题

为了满足大型灾害抢险救援需求，通常采用具有优良越障能力和涉水能力的高机动越野底盘，同时具备起吊、牵引、照明和发电等功能，车后部的器材箱内配备有破拆、侦检、警戒、堵漏、个人防护等消防和救援的设备。但相关研究仅仅局限于应急救援车辆自身的动力性、通过性，未考虑应急救援装备在作业情况下救援装备自身的动力学特性，而救援装备自身的动力学行为又会反馈到车辆本身，因此需研究车辆和救援装备在作业情况下的动力学匹配机制和交互关系。

3.2 救援装备的模块化设计

该研究主要依据使用对象的调研需求和设计人员的经验，主观性较强，缺乏科学性。近年来，随着应急救援车辆及装备的发展，研究者们提出利用相关表法构建作业工具的重要性与作业工具间关联度的关系矩阵排列出主次关系，进行模块化设计与布局，建立人与作业工具或作业工具与工作工具之间的关系理论用于指导设计；通过将设计问题抽象化或使用黑箱法，得到产品系统所要实现的总功能，将复杂的总功能分解成易于实现的简单功能元，利用功能分析、相关性聚类及功能-结构映射理论，实现应急救援装备功能模块的划分以及结构模块的创建。从目前对应急救援车辆及装备的模块化设计方法的研究来看，并未对模块化方法进行系统性设计且缺乏人机友好性，模块划分和表达方法缺乏通用性，模块布局约束和目标太多，求解较为困难。

3.3 应急救援装备多能源系统综合管理

应急救援车辆的动力系统是指支持救援车及其设备稳定工作的能量供应系统，近年来，随着应急救援车辆及装备的发展，研究者们提出利用多动力系统的救援装备及能源供给系统，建立不同需求下多动力系统和多能源系统的一一对应关系，针对不同作业装备使用不同能源系统进行独立操作和控制，实现动力系统和能源装置的快速切换、高速响应、持续输出。比如液压、气压系统用于清障，搜救，电力系统用于能源供给、照明、医疗等，动力系统之间相对独立。但从目前对应急救援车辆及装备的多能源系统的研究来看，由于多动力系统和多能源系统占据体积过大，对空间要求高，且对搜救人员操作能力有较高要求，缺乏系统集成性与人机友好性，需要研究救援装备的一体化能源供给技术，一源多用，不断提升动力源的集成性能和灵活性。

主要参考文献

[1] 张成玉，范艳，徐潺，等. 退役装甲车再制造成全电驱动应急救援车辆技术方案研究[J]. 工程机械，2021，52(03)：45-50+8.

[2] 夏红云，江亿平，赵林度. 基于双层规划的应急救援车辆调度模型[J]. 东南大学学报(自然科学版)，2014，44(02)：425-429.

[3] 靳佩龙. 三轴应急救援车辆主动悬挂解耦控制研究[D]. 秦皇岛：燕山大学，2019.

[4] 朱斐然. 基于现代应急抢险的全地形救援车设计研究[D]. 大连：大连理工大

学,2019.
[5] 杜苗苗. 多轴应急救援车辆主动悬架系统的控制策略研究[D]. 长春:吉林大学,2021.
[6] 周晨. 应急救援车辆油气悬架与主动前轮转向系统控制策略研究[D]. 长春:吉林大学,2021.
[7] 王县,辛涛. 一种新型高机动应急救援破障车[J]. 工程机械,2015,46(9),9-16. 2020,51(6),28-32.
[8] 夏红云,江亿平,赵林度. 基于双层规划的应急救援车辆调度模型[J]. 东南大学学报(自然科学版),2014,(2),425-429.
[9] 贺福强,刘泰隆. 一种适用于应急工程车液力传动匹配的逆向算法[J]. 机械设计与制造,2021,(2),178-182.
[10] 王保国,张勇,蔡中义,等. 应急救援车辆装备器材快速布局设计方法[J]. 中国工程机械学报,2018,16(3):237-241.

撰稿人:汪怡平(武汉理工大学)　徐琳(武汉理工大学)　刘珣(武汉理工大学)
巩明德(燕山大学)

救援车辆高机动应急作业集成控制理论与方法

Integrated control theory and method for high mobility emergency operation of rescue vehicles

1　科学问题概述

近年来我国火灾、水灾、雪灾、地震等灾害事故频发,造成了人民生命财产的严重损失。应急救援车辆一直是陆路救援的主要装备,其载重大,质心高,常行驶于有坡度、不平、泥泞等恶劣路面,因此对其在应急救援作业的机动性、操控性和安全性方面提出更高的要求。现有研究成果大多面向城市结构化路面行驶的乘用车,不适合应急救援车辆,因此,为实现救援车辆高机动应急作业,迫切需要面对应急救援车辆自身的结构特点和行驶路面工况、救援任务要求,展开一系列关键性科学问题研究,在新理论、新方法和新技术方面突破瓶颈。

1.1　悬挂、转向与驱/制动作用下车辆非线性耦合机理

应急救援车辆载重大,质心高,常行驶于有坡度、不平、泥泞等恶劣路面,底盘上悬挂、

转向、驱/制动各子系统之间的相互影响和相互制约较乘用车更为严重。整车的机动性及平顺性、安全性、操控性水平不仅取决于底盘子系统各自的控制性能，还依赖于各个子系统的协调工作。目前已有的车辆悬挂、转向和驱/制动控制技术由于各自的控制目标不相同，造成了车辆底盘各子系统调控目标各不相同、集成控制时存在不同程度的干涉或不协调。因此，研究应急救援车辆悬挂、转向与驱/制动作用的力/位移非线性耦合机理，在此基础上建立适合于应急救援车辆行驶工况特点且适用于所有三种动力学控制的整车动力学模型，使其能够更加精确地描述车辆在复杂路况行驶时的运动学和动力学特性，是目前亟须解决的关键科学问题之一。

1.2 车辆侧滑/侧翻稳定性主动控制机理

由于应急救援车辆质心较高且在复杂路面行驶各轮胎的附着力各不相同，在非结构化路面以较高速度转向行驶时侧翻事故时有发生。车辆产生“侧滑”和“甩尾”的直接原因是车轮附着力不足。现有研究侧滑稳定性输入参数多为“质心侧偏角”和“横摆角速度”，而质心侧偏角实际中难以直接测量，现有的估计方法误差较大，使车辆稳定性控制的准确性受到一定影响。因此，研究车辆转弯时的侧翻稳定性主动控制机理，探讨坡度、地面不平、车辆转向角、车速和车轮接地压力的因应关系，提出防侧翻控制策略及实现方法，探讨车轮附着力裕度的计算方法，分析车辆侧滑、甩尾与各车轮附着力的因应关系，研究基于车轮附着力的侧滑稳定性主动控制机理，提出侧滑稳定性控制方法，是目前亟须解决的关键科学问题之一。

1.3 主动悬挂车辆不平路面行驶时的位姿预调整机理

现有的车辆主动悬挂调控方法多通过对车身垂向加速度、俯仰和侧倾角度、轮胎动载荷等目标函数加权并转换成凸优化求解问题，存在收敛慢、调姿频、能耗大的问题。保持救援作业过程中车身姿态平稳是应急救援车辆相对于普通车辆的特殊需求，当前国内外举高喷射消防车辆均为驻车支撑条件下举高喷射灭火，无法实现行进时举高灭火喷射，在消防实战中存在难以及时跟进动态火灾及近火危急险情中无法迅速撤离的缺陷，延缓了宝贵的救援时间。因此，为提高举高消防车的越障行驶平顺性和操纵稳定性，研究主动悬挂车辆在不平地面行驶时的车身位姿预调整机理，研究车辆不平路面行驶的主动悬挂行程和支撑力计算方法，进一步研究悬挂控制与作业装置协调工作的控制理论与技术，提高车辆行驶中保持上部机构稳定的能力，是目前亟须解决的关键科学问题之一。

2 科学问题背景

我国是火灾、水灾、雪灾、地震等灾害事故频发的国家，应急救援车辆作为陆地救援的主要运输装备发挥着重要作用。在抢险救援过程中,应急救援车辆需快速向灾害现场运送救助人员和救援设备,并第一时间将伤员运出灾区,同时在作业过程中保持作业装置位姿的稳定性。因此对车辆的机动性及平顺性、安全性、操控性提出了更高的要求。国内外学者在车辆动力学建模和底盘系统集成控制方面做了大量研究,但现有成果大多面向城市结构化路面行驶的乘用车,不适合应急救援车辆结构特点、行驶路面工况、救援任务的需求,主要体现在以下几个方面。

2.1　动力学建模不充分且过于线性化假设

一是现有的车辆动力学模型鲜有考虑路面倾斜和坡度对车辆动力学特性的影响。二是主动悬挂模型中多将悬挂-轮胎-地面之间的关系简化为垂向弹簧和阻尼,忽略了纵向和侧向力对动力学特性的影响。三是悬挂、转向和驱/制动控制的模型相互独立、控制目标各异、集成控制存在不同程度的影响和干涉,而现有模型中常采用定常的轮胎侧偏刚度、悬挂弹簧和阻尼系数,难以准确揭示悬挂、转向和驱/制动对车身作用的非线性耦合特性。应急救援车辆由于质心较高,且常行驶于非结构化路面,轮胎所受的纵、侧、垂向力之间耦合严重,车身重力沿斜坡分量、离心力等对车辆的安全性和操控性影响较大,上述简化的动力学模型不适合应急救援车辆动力学集成控制。

2.2　状态参数和路面环境参数估计的准确性不足

一是现有研究多面向乘用车,假设车辆质心位置不变。而实际中应急救援车辆因抢险类别不同,装载的救援工具种类和数量大不相同,质心位置经常发生变化,所造成的垂向载荷转移对车辆操控性影响较大。二是车身质心侧偏角作为转向、驱/制动调控目标的关键参数,在实际中通常是难以直接测量的。目前普遍采用基于观测器的质心侧偏角估计方法,过于依赖车辆模型的精度,准确度低。而基于神经网络的估计方式在多变路面工况时具有较大局限性。三是路面摩擦系数是车辆操控性控制的重要参数,现有的摩擦系数估计方法还存在一定不足。基于车身动力学响应的估计方法要求车辆处于加/减速或转向的行驶状态,且要有足够数量的测量数据,目前测试方法和手段还比较单一,准确性也需提高。

2.3　未知环境下稳定性"事后控制"时存在不可控危险

现有的车辆稳定性控制均是在地面附着条件不足引起侧滑和甩尾等失稳工况后的"事后"控制,因应急救援车辆载重大、质心高、轴距长,经常在泥泞、坡道、凹凸不平等非结构化路面行驶,一旦产生侧滑失稳会产生意想不到的严重后果,所以应首先考虑进行"事前"的预防性防侧滑控制。现有主动转向和多轮转向控制主要是防侧滑控制,没有进行防侧翻控制，非结构化路面适应性差。现有的车辆转向控制大多以结构化路面行驶的乘用车为研究对象，由于其质心较低，且在城市化道路转弯处通常设有外高内低的坡度，侧翻事故鲜有发生。而应急救援车辆质心高，在非结构化路面以较高速度转向行驶时易发生侧翻。所以，现有的车辆转向调控目标对于应急救援车辆并不充分。

2.4 行驶过程中车身姿态平稳是应急救援车辆相对于普通车辆的特殊需求

平稳的车身姿态可提高应急救援车辆在非结构化路面行驶时的机动性和平顺性，增强其转向行驶时的操纵稳定性，可大幅度提高其行驶作业中保持上部机构稳定的能力。部分学者关注到车身姿态变化会导致行驶平顺性和操纵稳定变差，甚至导致应急救援作业无法实施。目前研究以提高舒适性和安全性为目标，对制动俯仰角和转向侧倾角进行了控制，取得了一定的效果，但未针对应急救援车的行驶速度和应急救援作业需求，协同调控车辆行驶过程中车身姿态平稳和作业装置工作展开专门和深入的研究。

综上所述，现有乘用车的动力学建模、悬挂和转向及驱/制动集成控制等相关研究成果不适合直接用于应急救援车辆，必须研究更具有针对性的应急救援车辆底盘集成控制理论与方法技术，建立适用于应急救援车辆悬挂、转向、驱/制动控制的非线性耦合动力学统一模型，突破高机动应急救援车辆集成控制的关键技术，使悬挂、转向与驱/制动控制既相互分工，又相互协作，从而保证车辆底盘性能最优，为创新性解决应急救援车辆行驶机动性差的瓶颈问题提供理论和技术基础。

3 科学问题研究进展

应急救援车辆载重大、质心高、常行驶于坡度、不平、泥泞等恶劣路面，底盘上悬挂、转向、驱/制动各子系统之间的相互影响和相互制约较乘用车更为严重。整车的机动性及平顺性、安全性、操控性水平不仅取决于底盘子系统各自的控制性能，还依赖于各个子系统的协调工作。

3.1 主动悬挂调控方面

目前主要围绕基于动力学模型的多目标优化和融合路况感知的主动悬挂控制两种方法。①基于动力学模型的多目标优化主动悬挂控制。为了兼顾车辆行驶的平顺性和安全性，现有研究中主动悬挂多以车辆侧倾角、质心加速度、悬挂的动行程、轮胎动载荷等指标的均方根值最小作为控制目标，常用的控制方法有线性最优控制、滑模变结构控制、自适应控制等基于现代控制理论的控制策略，还有模糊、神经网络等智能控制策略。现有车辆主动悬挂动力学建模和多目标调控的研究中多将悬挂-轮胎-地面之间的关系简化为垂向弹簧和阻尼，忽略了轮胎侧向力和纵向力的影响，所以无法正确揭示车身各向运动的耦合特性。②融合路况感知的主动悬挂控制。目前研究主要围绕有两种方法，其一，采用激光雷达、超声波、双目视觉等传感器对路面扫描获取路面高程预瞄信息，将车辆前轮处的路面信息融入控制器设计中，使悬挂系统在遭遇路面冲击之前提前做出准备，并在车辆经过该路面时及时做出响应；其二，依据实时检测的路面频谱特征，识别路面等级并依据不同路面等级来采用不同控制器或优化控制器参数来实现主动悬挂调控的方法。目前研究均处于理论和仿真研究阶段，实际应用效果还需要进一步验证。

3.2　车辆主动转向、主动驱/制动及底盘集成控制方面

单一的底盘控制系统难以兼顾车辆多方面的综合性能，主动悬挂、转向和驱/制动的集成控制有利于充分发挥车辆底盘各个子系统之间的优势，并协调各系统机能，进一步提升车辆的操纵稳定性与安全性。近年来，四轮转向（4WS）、主动前轮转向（AFS）、直接横摆力矩控制（DYC）、制动防抱死（ABS）等底盘集成控制系统相继用于各类高级轿车。现有车辆底盘集成控制方法中普遍采用平面 Car-like 或 Bicycle-like 作为行驶参考模型并以此设计控制器，该简化的模型仅适用于乘用车的结构化平坦路面行驶工况，不适合于应急救援车辆的倾斜、坡度及不平的复杂路面环境，尤其是举高喷射消防车在不平路面行驶时作业装置与底盘的协同工作。此外，目前多数研究均假设车辆的各性能指标是可测的，但作为调控目标的关键参数-车身质心侧偏角在实际中通常是难以直接测量的，需要设计估计方法进行估计，其准确性受到一定影响，其应用具有一定局限性。

3.3　车身姿态控制方面

目前车身姿态控制方法主要有车身俯仰控制、车身侧倾控制和车身俯仰侧倾联合控制三种。①对于车身俯仰控制，现有研究主要针对车辆制动时的姿态调节，考虑车辆垂直载荷的转移以及车速变化对路面输入的影响，利用主动悬架控制器产生一个抗俯仰力矩来降低俯仰角的大小；②对于车身侧倾控制，现有研究主要针对车辆转向时的行驶姿态调节，利用主动悬架控制器产生一个抗转向时产生的离心力矩来降低侧倾角的大小；③对于车身俯仰与侧倾的联合控制，不平路面的振动和冲击会通过悬架传递给车身，引起车身姿态变化。主动悬架可通过控制悬架伸缩使车身达到期望的姿态，降低质心垂向加速度，提高车辆的行驶平顺性和操纵稳定性。

3.4　路面环境的感知方面

目前主要围绕通过动力学响应估计路面附着系数、通过图像在线估计路面附着系数、路面的不平度及高程信息检测三个方向进行研究。①通过动力学响应估计路面附着系数。采用 Slip-Slope（附着系数-滑移率曲线）的路面附着系数估计方法。该方法利用车轮

在低滑移阶段,纵向力和滑移率之间的近似线性关系来辨识路面的附着系数;结合轮胎力学模型和卡尔曼滤波算法对轮胎纵向力和滑移率进行估计,并识别不同路面的附着系数;或以轮胎的垂向力、侧向力、侧偏角和横摆角速度,来估计路面附着系数。②通过图像在线估计路面附着系数。采用车辆前置摄像头,通过拍摄并对比路面材质反射强度分布差异的方法对道路附着系数进行预测;或采用激光雷达,通过测量路面的不平度纹理特征和方差分布,实时估计车辆在行驶状态下路面附着系数。目前研究在路面环境和光照等外界因素理想的情况下,依据摄像头或激光雷达等图像方式来识别路面类型并估计与之对应的附着系数已具有较高的准确度,且不受车辆的行驶工况限制。但现实中该方法所依赖的先验数据库很难涵盖特征各异、堆积物覆盖、甚至“表里”不同的复杂路面工况。③路面的不平度及高程信息的检测。目前研究主要是采用激光雷达、摄像头和 GPS 组合导航的方式,通过检测路面的不平度和高程信息。基于激光雷达对非结构化路面的点云扫描数据,通过滤波、路面特征点提取、边缘点修正等方法处理完成了路面的表面重建和边界分割,实现对车前路面的不平度信息提取和高程重构,为主动悬挂控制提供预判信息。此外,有研究采用安置于车身的三个垂向加速度计、惯性测量单元和激光雷达探测车辆前方路面环境并生成高程信息序列,通过模型预测控制完成车辆悬挂的实时调控。从现有研究可知,路面的不平度及高程信息检测有效提升了车辆对行驶环境的三维感知能力,并使得主动悬挂的预瞄控制成为可能。但现有研究主要面向载体运动速度较低的应用场合,并受激光雷达运动扫描时点云畸变的影响,车辆越野行驶中路面高程信息获取的准确性和实时性还有待于进一步提高。

综合国内外研究进展可知,车辆底盘集成控制技术经过多年的理论研究和实践发展,面临的主要挑战依然在于系统动力学模型、控制算法、路面环境智能感知等关键技术。受车辆轮胎与不平路面作用的六个分力影响,车身垂向和侧向、纵向运动耦合严重,因此,只有通过主动悬挂、转向、驱/制动的动力学集成控制方可保证车辆的机动性、平顺性、安全性和操控性。另外,新一代信息技术的兴起使得车辆的智能化水平越来越高。采用组合导航、机器视觉、激光雷达等传感器,增强车辆对位姿、速度、加速度等行驶状态参数和路面倾斜及坡度、平面度、附着能力的感知能力,可有效提高应急救援车辆集成控制系统对环境的适应能力,展现了巨大的应用潜力。

主要参考文献

[1] Ahangarnejad A H, Melzi S, Ahmadian M. Integrated vehicle dynamics system through coordinating active aerodynamics control, active rear steering, torque vectoring and hydraulically Interconnected Suspension[J]. International Journal of Automotive Technology, 2019, 20(5): 903-915.

[2] Bender, E K. Optimum linear preview control with application to vehicle suspension[J]. Journal of Basic Engineering, 1968, 90(2): 213.

[3] 李杰,高雄,王维,等. 基于 UniTire 模型的平顺性和操纵稳定性协同研究[J]. 汽车工程,2018,40(2): 127-132.

[4] Doumiati M, Sename O, Dugard L, et al. Integrated vehicle dynamics control via coordination of active front steering and rear braking[J]. European Journal of Control, 2013, 19(2): 121-143.

[5] Jalali M, Khosravani S, Khajepour A, et al. Model predictive control of vehicle stability using coordinated active steering and differential brakes[J]. Mechatronics, 2017, 48: 30-41.

[6] Aghasizade S, Mirzaei M, Rafatnia S. Novel constrained control of active suspension system integrated with anti-lock braking system based on 14-degree of freedom vehicle model[J]. Proceedings of the Institution of Mechanical Engineers, Part K: Journal of Multi-body Dynamics, 2018, 232(4): 501-520.

[7] 李韶华,张志达,周军魏. 全轮转向非线性重型车辆稳定性集成控制研究[J]. 振动与冲击,2019,38(9): 148-156.

[8] Singh K B, Taheri S. Estimation of tire-road friction coefficient and its application in chassis control systems[J]. Systems Science & Control Engineering, 2015, 3(1): 39-61.

[9] Aki M, Rojanaarpa T, Nakano K, et al. Road surface recognition using laser radar for automatic platooning[J]. IEEE Transactions on Intelligent Transportation Systems, 2016, 17(10): 2800-2810.

[10] 余卓平,曾德全,熊璐,等. 基于激光雷达的无人车路面附着系数估计[J]. 华中科技大学学报(自然科学版),2019,47(7): 124-127.

撰稿人:赵丁选(燕山大学) 巩明德(燕山大学) 金立生(燕山大学)

地面无人平台机体-环境融合感知与行为控制理论和方法

Body-environment perception and behavior control theories and methods for new configuration ground unmanned platform

1 科学问题概述

随着以人工智能、深度学习等技术为代表的新一轮科技革命持续发展,以人工智能和自主技术为核心的无人系统、机器人等独树一帜的新型特种作业平台快速走向实际应用,对传统力量博弈理念和对抗形态产生强烈冲击,对军民各领域产生了广泛而深远的影响。目前,专门针对新构型地面无人平台利用环境感知和机体传感耦合作用机制的分布式全源感知技术还处于空白。为实现复杂机体状态感知、机体-环境融合感知、三维地形自适应机动行为控制,在新理论、新方法和新技术方面突破技术瓶颈,一系列关键科学问题有待研究。

1.1 行走系统与外部环境的耦合作用机理

现有的无人平台感知与控制技术均从平坦坚实的城市结构化道路环境移植而来,不存在车体姿态大幅度变化、道路类型多样、极端粗糙非连续地形与大尺度可变形环境等的特殊情况;同时,现有的环境感知传感器既无法对车辆自身的行驶状态进行检测(如俯仰、侧倾、振动、滑转/滑移、淤陷等),更无法对所处行驶环境的动力学特性进行感知(如起伏、颠簸、阻力/附着、坚实/松软等),难以有效支撑无人平台在复杂野外环境下的高效自主机动。另外,作业在越野环境、非结构化环境中的新构型无人平台必须对机体运动状态和地面条件准确估计,以补充和完善激光、视觉等传感器对环境感知的不确定性因素。因此,开展地面与土壤力学、轮/足/履-壤相互作用理论研究以及对驱动/行动系统的状态监控与状态预测,构建机体沉陷、末端滑转/滑移的辨识模型,实现对机体自身状态的动态判断和对外部环境的构造属性、动力学特性的有效识别,准确地探究无人平台行走系统与外部环境的耦合作用机理是目前亟须解决的关键科学问题之一。

1.2 新构型无人平台机体-环境多元融合感知表述

传统的无人平台环境建模方法是依据惯导、激光雷达、摄像头等多源多谱段信息,通过特征提取和环境度量模型,关联特征数据,并依据位姿预测结果对特征层数据进行融合,并修正位姿估计结果。该方法在较为结构化的简单环境中具有良好的效果。然而新构型无人平台作业场景复杂多变,传统的环境建模方法不具有针对性,大部分特征以及环境模型与无人平台导航无关,增加了计算量,但未能提高模型精度。另外,考虑到新构型移动系统的机体传感的能力,应将机动平台导航相关环境要素作为重点在环境建模中重点使用。因此,针对陆上无人平台感知手段单一,无法有效感知机体运动状态和环境动力学特性的现状,如何构建机体传感与环境探测相融合的分布式、均衡化的多元感知模型,在对外部环境进行几何形态、位置、色彩等传统属性信息描述的基础上,创建力学属性、可通行代价等属性描述,是目前亟须解决的关键科学问题之一。

1.3 三维地形环境主动适应的自主行为控制方法

新构型无人平台具有非常高的通过能力,然而目前的行为控制技术尚不能实现完全自主的越障行为控制，只能依靠人工遥控操作通过垂直墙、壕沟等复杂障碍。当前，缺乏在极端粗糙地形、大尺度可变形环境下的主动稳定行走、高效适应能力相关的系统性研究。因此，如何建立三维地形环境主动适应的自主行为控制方法是亟须解决的关键科学问题之一。

2 科学问题背景

由于陆上环境较空中、水上更为复杂多样，所以“感知”始终是地面无人平台的最关键的核心技术之一。虽然无人机动平台已经具备了基于环境感知传感器进行自主机动的能力，但当前的激光雷达仅能够感知外部环境的几何形态和距离信息（如凸、凹障碍），当进一步进行目标识别时，还需要融合序贯的历史信息或摄像机的视频信息（如形态、颜色、纹理等），以判断环境或目标的属性。地面无人平台长期依赖于激光雷达、视觉等多源信息的精确感知能力，导致陆上智能装备所配置传感器的种类、数量不断增加，信息处理负担不断加重，短时间内仍然无法满足无人平台在复杂野外环境下的实际应用需求，具体体现为：

（1）感知手段单一，陆上智能装备机体（或本体）与外部环境的耦合作用关系没有得到充分利用，即机体传感未能起到应有的作用。

（2）雷达、视觉、毫米波雷达等传感器对冰雪、泥水、沙地、草丛等可变形、易沉陷的环境仍不具备有效、可靠的应对手段，无法从根本上满足陆上智能装备实战化应用的需求，这要求传统的环境感知技术亟须融合机体传感信息。

（3）机动平台的行为控制模型固化无法有效适应复杂地形环境，在机动平台的部件因故障而失效或因损坏而产生形态变化时，将难以有效应对无人机动平台的新形态，从而导致系统失效。

然而，人对外部环境的感知并非单纯依赖眼、耳，负责行动的肢体也承担了极其重要的感知功能，对水体、非硬性地表材质、极端粗糙崎岖地形以及打滑、倾覆等随机危险状态的感知具有不可取代的优势。早期的地面无人机动平台或采用有人车辆进行无人化改造，或采用较常规的轮式/履带式无人底盘设计，而新构型的无人机动平台通过机体变形和可控的行走能力，使无人平台从当前的二维平面运动状态拓展到与战场环境相匹配的三维空间立体机动，将传统的被动式行驶提升到主动行走的新层次，使无人平台具备了极限地形的适应能力，能够更加有效的应对各种复杂环境。

新构型无人平台集成了大量的转速、压力、加速度、位姿传感器，具备了陆上智能装备从当前的激光、视觉传感器集中式感知拓展为整车全源分布式感知的基础条件，开展基于环境感知-机体传感耦合作用机制的分布式全源感知与行为控制技术研究，实现陆上无人装备感知能力由单一集中式向机动系统均衡化分布式发展，形成基于地面环境耦合的行为控制能力。

综上所述，针对陆上无人平台感知手段单一，无法有效感知机体运动状态信息和环境动力学特性的现状，亟须深入研究无人平台行走系统与外部环境的耦合作用机理，构建无人平台机体-环境多元融合感知表述模型，突破三维地形环境主动适应的自主行为控制方法，形成复杂越野机动主动适应的自主行为控制技术体系，实现机动平台运动过程中由被动式适应向主动式行走的转变，对于提升我国地面无人平台自主智能水平，保障无人平台延伸作业空间、提升作业效能、推动特种车辆智能化发展具有重要意义，科学价值显著。

3 科学问题研究进展

3.1 系统与外部环境的耦合作用机理问题

该研究主要围绕智能平台依靠本体传感信息（角度、位移、线速度、角速度、加速度、接触力、悬挂变形等），结合新构型移动系统的动力学运动学特性来估计无法直接测量的重要信息的研究过程（地面接触力、地形几何模型、运动位姿等）。机体传感技术水平与车辆动力学、地面力学、状态估计等技术水平有必不可分的联系，美国等技术领先国家在车辆动力学与状态估计方面具有显著的理论与技术优势，研发人员多、研究成果多、技术应用水平高。例如 Spot 四足机器人能够在大滑转率条件下自如控制，对运动位姿的准确估计达到了新的水平。国内一直在开展基于动力学模型的机体传感方面的理论与技术研究，但大多数研究中理论与实际脱节，理论成果无法准确指导技术提升，仿真与实测试验的差距较大。然而，对于新构型移动系统的机体感知技术方面，美国等发达国家也刚刚起步，处于技术探索阶段，尚未形成明显优于我国的理论体系和工程技术。

3.2 构型无人平台机体-环境多元融合感知表述模型

从文献调研中发现，国内外对于机体感知与环境探测融合感知方面的研究甚少，机体感知与环境探测仍作为不同技术分支由不同学科的科研团队来研究。然而，随着自主驾驶技术的迅速发展和接近实用，跨学科技术融合呈现显著特征，越来越多的科研人员逐渐意识到机体感知与环境探测融合的必要性和必然性。同时，随着深度学习技术的不断发展，美国的科研人员已经将机体感知与环境探测融合感知技术作为一个创新领域开始了研究。多项研究提出在视觉感知基础上，通过机体传感信息，提高了对地面地表分类的准确度，利用机体感知的力学属性信息对环境感知的地表特征进行后验确认。尚未有资料表明，Handle 轮足机器人在应对地面障碍物时的跳跃避障或 Atlas 机器人在表演后空翻直立时，是否用到了机体传感与环境探测融合感知技术，但不可忽略的是，机体感知与环境探测融合感知技术提升了新构型无人平台的控制能力和自主能力。

3.3　复杂地形环境主动适应的自主行为控制方法

行为控制是智能移动平台适应复杂地形、实现自主行为、达到人机交互的关键核心技术,是智能移动平台区别于有人装备、成为地面无人系统的关键。国外在这方面的研究比我国领先多年,而我国相关技术还处在工程研制和样机调试阶段。在行为控制技术领域,美国远远走在世界前列。其研发的LS3四足机器人已经能够自主应对全地形车无法通过的复杂崎岖地形,完成背负重物的任务;SpotMini四足机器人可以自由穿梭在城市大街小巷,实现灵活静默侦察;Handle轮足机器人在遇到障碍时能及时起跳越过障碍;MULE无人车能够在行进间主动调整位姿;GXV-T中的METS悬挂能够时刻保证车体姿态不变。我国目前对行为控制技术的研究主要集中在分布式驱动控制,对于部件故障或损坏条件下容错控制、自适应控制、柔顺控制研究甚少。在以机动平台分布式的多元感知架构为基础,面向地面无人系统平顺、稳定、高效能的运动控制需求,开展新构型无人机动平台自适应行走控制方法研究等方面亟须加强,以提高陆上无人平台在极端粗糙地形、大尺度可变形环境下的主动稳定行走、高效适应能力。

主要参考文献

[1] F Y Wang, et al. China's 12-Year Quest of Autonomous Vehicular Intelligence: The Intelligent Vehicles Future Challenge Program[J]. IEEE Intelligent Transportation Systems Magazine, 2021, 13(2): 6-19.

[2] Srinivasan S, Sa I, Zyner A, et al. End-to-end velocity estimation for autonomous racing[J]. IEEE Robotics and Automation Letters, 2020, 5(4): 6869-6875.

[3] Goh J Y, Goel T, Christian Gerdes J. Toward automated vehicle control beyond the stability limits: drifting along a general path[J]. Journal of Dynamic Systems, Measurement, and Control, 2020, 142(2): 021004.

[4] Medeiros V S, Jelavic E, Bjelonic M, et al. Trajectory optimization for wheeled-legged quadrupedal robots driving in challenging terrain[J]. IEEE Robotics and Automation Letters, 2020, 5(3): 4172-4179.

[5] Bjelonic M, Sankar P K, Bellicoso C D, et al. Rolling in the deep-hybrid locomotion for wheeled-legged robots using online trajectory optimization[J]. IEEE Robotics and Automation Letters, 2020, 5(2): 3626-3633.

[6] Hewing L, Wabersich K P, Menner M, et al. Learning-based model predictive control: Toward safe learning in control[J]. Annual Review of Control, Robotics, and Autonomous

Systems,2020,3：269-296.

[7] Jin Y,Han D,Ko H. Memory-based Semantic Segmentation for Off-road Unstructured Natural Environments[C]//2021 IEEE/RSJ International Conference on Intelligent Robots and Systems (IROS). IEEE,2021：24-31.

[8] Xiao X,Biswas J,Stone P. Learning inversekinodynamics for accurate high-speed off-road navigation on unstructured terrain[J]. IEEE Robotics and Automation Letters,2021,6(3)：6054-6060.

[9] Hussein A,Marín-Plaza P,Martín D,et al. Autonomous off-road navigation using stereo-vision and laser-rangefinder fusion for outdoor obstacles detection[C]//2016 IEEE Intelligent Vehicles Symposium (IV). IEEE,2016：104-109.

[10] Zhang Y,Wang W,Bonatti R,et al. Integrating kinematics and environment context into deep inverse reinforcement learning for predicting off-road vehicle trajectories[J]. arXiv preprint arXiv:1810.07225,2018.

撰稿人：汪洋(中兵智能创新研究院有限公司)
崔星(中兵智能创新研究院有限公司)
谭森起(中兵智能创新研究院有限公司)

强约束多介质环境下管道作业平台构型综合理论与自主驱动方法

Pipeline operating platform composite configuration design theory and autonomous driving method under strong special restrictions and multi-medium environment

1 科学问题概述

管道作为一种重要运输方式被广泛应用于石油、化工、核工业、城建、灌溉等工农业生产和城市生活领域，成为物料输送、废物排泄等不可或缺的一种运输方式。管道在使用过程中不可避免会产生裂纹、腐蚀、堵塞等故障，需要常规性的检测、维修与养护，而管道往往具有接近性有限、空间约束强、环境恶劣复杂和介质多样的特点，因此管道作业平台作为能够在各种管道内完成特殊作业功能的移动载体而得到迅速发展。工农业及城市管道错综复杂，管径不一且内部环境恶劣，现有管道作业平台往往功能单一、负载能力弱且垂直管道爬升能力有限，且不具备多介质运行能力，融合多种驱动、作动机构的多模态及仿生管道作业平台则可以满足不同管径自适应、复杂管网机动和高效驱动的要求，而成为管道作业平台的热点。为提高管道作业平台在复杂管道环境的机动能力、适应能力和作业能力,仍有一系列关键科学问题有待深入研究。

1.1　如何揭示管道强约束空间下驱动与作动融合机理,解决管道作业平台通过性难题

工农业及城市应用环境中管网复杂交错,水平、倾斜、垂直等多种管道错综复杂且管径不一,存在大量弯管、T形管、多通管等复杂结构管道,以及沉井、管道凸起/凹陷等阻碍,对管道作业平台的构型带来极大挑战,如何以管道狭窄为约束,以管道作业平台快速灵活机动、高效牵引和作业功能需求为目标,研究传统机械驱动、新型桨叶驱动、皮碗流体驱动、仿生驱动等多种驱动形式与连杆、液压、螺纹、电动缸等执行机构的融合机理,针对特殊运行环境进行管道-机器人交互机理分析,建立管道作业平台在复杂管网内的通过性模型及运动学分析模型,摸清管道作业平台通过性边界条件,建立高通过性高可靠的多模态构型并进行综合优化,实现结构优化与构型适配,是实现复杂管路适应管道作业平台本体设计的关键科学问题之一。

1.2　如何实现多介质复杂环境下的驱动与作动协同,提高管道作业平台驱动效率

作为管内移动载体,管道作业平台不仅要驱动自身移动、变径机构作动,还需要为检测、维护、通信、侦查等作业设备提供牵引力,同时,管道作业平台需要在油、气、水等多样介质中进行牵引作业,液体介质密度、黏度属性差异大,管道壁可能为干燥、湿滑或混合状态,对管道作业平台的驱动与作动带来较大挑战。因此如何构建管道作业平台驱动作动一体化的控制模型,以适应不同管道环境内、不同介质下的驱动需求,在管道内强空间约束下实现多驱动机构、多作动机构及多模块协调控制,是管道作业平台实现管道内高效驱动和牵引的关键科学问题之一。

1.3　如何进行基于自身状态感知的运动规划与决策,实现多驱动多作动机构自主控制

为适应不同管径、不同管道环境及交错复杂管道行驶需求,管道作业平台往往具备多驱动及多作动机构、多模块重构的特征,机器人在圆周方向上均可与管道壁存在接触和交互,管道作业平台自身状态、管道环境的变化会极大影响驱动及作动机构的边界条件和响应特性。因此,如何构建多模态管道作业平台动力学模型,如何进行复杂管道环境及自身状态的感知估计,研究复杂结构管道运动及动力学机理,以复杂管网高通过性、高效率为目标进行驱动与行动机构运动规划,是管道作业平台实现复杂管道内自主机动的关键科学问题之一。

2　科学问题背景

管道是用管、连接件等连接成的用于输送气体、液体、固体或者起保护作用的装置,被

广泛用在给排水、热气供应、油气输送、农业灌溉、水利工程和各种其他工业装置中，已成为现代人类生产生活中一种重要的运输方式。管道往往铺设于地下、建筑内、海底等环境中，因此难以从外部直接对其实施检测、维护等作业，管道作业平台可进入管道内部，将检测、作业设备运载至指定地点完成相应作业。同时，为应对未来城市复杂环境下应急救援、侦查探测等特殊任务需求，管道也成为一种隐蔽性好、通达性高的有效路径，因此，管道作业平台的发展对我国民生、工农业和国防具有重要意义。

管道一般具有以下特点：①接近性有限，管道大多铺设于地底、水下或融合于建筑与设备中，管路通过有限几个出入口实现与外界的交互，接近性与可达性差；②空间约束强，管道内的空间具有极大的局限性，机器人只能在管道约束空间内进行机动，同时，错综交互的管道含有不同半径弯道、直角弯、多通连接口等节点及缺口、凸起等障碍，对管道作业平台的通过性提出严峻挑战；③环境恶劣复杂，管道内往往有油、气、泥、水等存在，使得壁面附着情况变化多端，对管道作业平台的驱动能力和防护能力提出很高的要求。

管道作业平台属于在管道环境内移动的特种机器人，它可携带各种传感器、维修和作业装置进入管道，完成检测、清理、维护和其他特种作业任务，因此管道作业平台实质上是一种管内自主移动载体。为应对复杂管网机动需求，要求管道作业平台具有较高的越障能力，能够适应管径变化、进行弯管垂直管等复杂结构管道机动，传统的轮式、履带、足、流体驱动等单一驱动形式的管道作业平台由于其功能单一、通过性低、驱动力弱而使其应用受到极大限制，因此，急需开发融合多种驱动、作动形式的多模态管道作业平台以适应复杂管网机动与运载需求。然而，目前对多模态管道作业平台的相关基础理论研究并不成熟，还存在以下瓶颈问题：

2.1 环境与功能需求的构型与机构优化问题

现实生活中管道尺寸、管内环境、管道结构随应用环境而差异巨大，管道内空间有限且错综复杂，强的空间约束给管道作业平台的过弯、越障带来极大的挑战。需要以具体应用环境为约束，从功能需求出发，综合分析机电驱动、流体驱动及不同作动机构特性，建立精确的管道及机器人运动特性分析模型，研究机器人在越障、过弯管、U 形管、T 形管、多通接口等复杂情况下的通过性及各驱动作动机构的运动学特性，对管道作业平台进行构型综合与优化设计，使其能够满足变径、转弯、爬升等功能需求。

2.2 作业平台本体的高效驱动与作动问题

管径自适应的管道作业平台往往可以利用作动机构调节驱动机构与管道壁的正压力，从而满足不同牵引力需求。如果机器人一直保持较大的正压力与牵引力，容易造成机构损伤、降低机器人寿命和可靠性，反之，如果正压力不足，则会造成机器人打滑，无法正常行驶。因此合理地匹配驱动与作动机构，构建驱动、作动一体化动力学模型，研究驱动作动特性与机器人机动性能影响规律，提出驱动作动机构协调控制方法，是管道作业平台实现管内高效行动与运载的基础以及难点。

2.3　作业平台复杂环境感知与自主控制问题

现阶段，为实现管道作业平台在结构复杂管网内的机动，往往采用多模态复合构型、机械流体复合驱动或仿生蛇型多模块重构的方法，数量、类别繁杂的执行机构为控制带来巨大挑战。同时，不同于路面车辆以纵向、横向二维运动为主的形式，管道具有空间三维扭曲的复杂形式，因此管道作业机器人随着管道的走向其姿态各异，而其姿态对各驱动机构承载特性及运动/动力学特性影响很大，因此，如何建立多机构多模块的机器人控制动力学模型，结合管道环境感知自主进行行动机构的运动规划及协调控制，是迫切需要解决的重点问题。

3　科学问题研究进展

管道作业平台始于20世纪40年代研发的无动力管内检测清理设备(PIG)，又称“管道猪”，该管道作业平台依靠首尾两端管内流体的压力差产生驱动力，随着油气管道内流体的流动向前移动，不能逆向运动。随着机电及控制技术的发展及管道作业平台应用场景的延伸，世界各国研究人员针对机器人设计、仿真、控制等方面开展了大量研究工作。

3.1　作业平台构型方面

目前在市场上得到广泛应用的多为单一构型管道作业平台，以轮式和履带式为主，这种管道作业平台能够实现水平或者具有较低倾斜度管道内的快速行驶，但无法爬升垂直管道、无法通过调节管道壁面压力来调节牵引力。为适应不同管径复杂结构管路内运载需求，研究学者相继提出了轮腿式、履腿式等复合构型的机器人及仿生构型机器人，通过将驱动机构与作动机构结合实现驱动机构的伸缩，以提高机器人对不同管径的适应能力及通过性，同时，由自然界中蛇、爬虫等为原型设计的仿生管道作业平台往往具有模块化、多节点的特征，利用复杂的仿生运动来实现管内驱动。由于管道作业平台构型多样、应用环境差异巨大，难以形成统一的运动特性及通过性分析模型，大多是针对特定构型及环境开展研究，构建基于平面或三维边界方块的简化运动数学模型对管道作业平台遇到障碍、弯管、T形管等复杂管道内的通过性进行评估，或者利用动力学分析软件建立机器人及管道的精确模型，给定相应约束及边界条件后，详细分析机器人在复杂管路内的运动学特性。

3.2 作业平台驱动与作动方面

管道作业平台按照驱动可分为被动式和主动式，被动式的驱动以流体压差驱动为主，主动驱动形式包括轮式、履带式、蠕动式、足式、螺旋式、桨式等形式，其作动可分为连杆、丝杠、螺纹、液压、电动等方式。被动式的驱动形式能够利用管内运输介质能量为自身提供动力而极大节省了能耗，可以在较长距离管道内运行，但其缺点是只能随管道主流而动，不能逆流行驶。主动驱动的管道作业平台克服了上述不足，但是其驱动机构能耗较高，无缆管道作业平台的能量供给有限，而有缆管道作业平台则因线缆摩擦力大而导致行驶里程有限。有学者提出了同时有流体驱动与电驱动的复合驱动方案，有效地将这两种驱动方式结合在一起，实现了机器人能耗和自主运动的兼顾。连杆、丝杠等机械传动由于其高效、高可靠的特性而被广泛应用于管道作业平台的作动中，而液压作动及电作动也因其便于控制而获得越来越多的关注。

3.3 作业平台感知与控制方面

对于被动驱动的管道作业平台，可以通过控制皮碗等驱动机构尺寸、位置或形状实现机器人两侧压力的调节，从而达到控制机器人行进速度的目的。对于主动驱动的管道作业平台，则可以通过控制主动驱动机构进行机器人行进方向、行进速度乃至驱动力的控制。同时，为了适应不同管径及复杂管路内机动的需求，目前研究学者大多致力于多驱动多作动机构复合的多模态管道作业平台或具有仿生功能的管道作业平台上，这两种机器人都有较多执行机构，因此，模糊控制、机器学习、神经网络等现代控制方法也被广泛应用到管道作业平台多执行器或各模块间的协调控制中。

主要参考文献

[1] Ivan V, Michal K, Erik P, et al, A snake robot for locomotion in a pipe usingrapezium-like travelling wave[J]. Mechanism and Machine Theory, 2021, 158: 104221.

[2] Daaial W, Syed H M, Shayok M, et al, An in-pipe leak detection robot with a neural-network-based leak verification system[J]. IEEE Sensors Journal, 2019, 19(3): 1153-1165.

[3] 谢同雨，李清，丁煜文，等. 多模块蛇形管道打磨机器人的设计与分析[J]. 机器人，2020, 42(6): 672-685.

[4] Han P H, Jiu L Y, Teng H C, Development and fuzzy control of a pipe inspection robot [J]. IEEE Transactions on Industrial Electronics, 2010, 57(3): 1088-1095.

[5] 翟广庆. 流体驱动的混合适应型管道作业平台设计与分析[D]. 哈尔滨：哈尔滨工业大学，2020.

[6] Mohd Z R, Mohd F Y, Sheikh A S, et al. Modeling of the in-pipe inspection robot: a comprehensive review [J]. Ocean Engineering, 2020, 203: 107206.
[7] 李鹏,马书根,李斌,等. 具有轴向和周向探查功能的螺旋驱动管内机器人[J]. 机械工程学报. 2010, 46(21): 19-28.
[8] Jungwan P, Dongjun H, Wong H C, et al. Normal-force control for an in-pipe robot according to the inclination of pipelines [J]. 2011, 58(12): 5304-5310.
[9] Song Z J, Ren H L, Zhang J W, et al. Kinematic Analysis and Motion Control of Wheeled Mobile Robots in Cylindrical Workspaces [J]. IEEE Transactions on Automation Science and Engineering, 2016, 13(2): 1207-1212.
[10] Chao Y Y, Chen Y C, Jia Y J. Soft hopping and crawling robot for in-pipe traveling [J]. Extreme Mechanics Letters, 2020, 39: 100854.

撰稿人:刘城(北京理工大学)　熊蓉(浙江大学)　高海波(哈尔滨工业大学)
李贻斌(山东大学)

地外星球探测车辆设计理论与控制方法研究

Research on design theory and control method of deep space exploration vehicle

1　科学问题概述

与一般的特种车辆相比,地外星球探测车辆存在工作环境十分恶劣、技术跨度巨大、工作模式复杂、资源约束严格等特点。地外星球探测车辆研制的关键技术包括探测车的移动技术、自主控制技术、热控技术、仿真与地面验证技术等。

1.1　复杂星表环境下星球探测车辆移动系统设计与建模

地外星球探测车辆的移动能力主要体现在承载能力、移动速度、越障能力、转弯半径、行驶里程、静态稳定角、松软崎岖地形通过能力等方面。面向复杂地形条件,考虑探测车运动的形态学,开展以地形通过能力、负载能力为指标的移动系统构型(包括车轮构型和悬架构型)和机构优化设计,并对移动系统的动力性能和通过性进行深入研究,分析构型、尺寸、重量和功率等关键参数之间的相互关系,选取最优值,改进移动系统的性能。采用多体系统力学的理论方法,处理在星表复杂条件下探测车多自由度分析模型的建立和求解问题。对所设计探测车的重要特性进行精确的定量分析,完成探测车移动系统在复杂工况下的性能预测和局部失效应对方案,对移动系统进行测试评估。探测车移动系统应力求紧凑、体积小、质量轻，与之配套的驱动机构应具备良好的稳定性和较强的驱动能力，探测车的各执行机构都可遵循模块化的思想进行设计，进行一体化轻量化设计，形成相对独立的运动部件。因此，对复杂星表环境下探测车辆移动系统进行设计与建模是亟须解决的关键科学问题之一。

1.2 极限环境下星球探测车辆自主控制研究

由于通信时延大、信噪比低、信道条件恶劣、通信环境复杂，除支持遥操作外，星球探测车辆必须具备较强的自主控制能力，体现在对目标星球的环境感知、探测车的定位导航，探测任务路径规划等。探测车的环境感知主要研究复杂地形三维地形重建、障碍识别和地形分类，利用探测车获得的影像对着陆区和巡视区进行高精度的三维地形重建，可以获取着陆探测区域精细的形貌特征，为探测车的安全行驶提供基础的地形三维信息。依靠惯导、里程计及视觉相机等车载传感器，通过自主定位为探测车提供定位结果。综合考虑地外星球环境因素及探测车本身能力的情况下，规划从起点到目标点行驶路径的过程，完成探测车路径规划。构建系统级的自主系统，将地面遥操作解决的问题与航天器自主解决的问题适当地划分开来，探测车自主完成任务级指令分解、复杂环境应对、故障诊断和恢复等任务，在执行过程中监测探测车状态，并确定健康状态，根据需要进行故障处理或系统重构。因此，对极限环境下星球探测车辆自主控制研究是亟须解决的关键科学问题之一。

1.3 极限环境下星球探测车辆的热控系统设计与仿真

星球探测车在运行过程中，要经受复杂多变的、恶劣的地外星球热环境考验，热控系统要确保探测车内的所有仪器设备在全部任务阶段均保持在合适的温度范围。研究以被动热控为主、主动热控为辅的热设计原则和以分析计算为前导、热平衡试验为验证的热设计技术。为支持系统任务规划，提高探测效率，要求热分析具备在轨支持能力。针对任务的需求，开展热分析技术的研究，开发快速仿真软件，实现探测车周围环境建模，结合探测车当前的热状态，预测执行特定工作程序之后的温度变化。开展热试验技术研究，采用部件级热试验及系统级热平衡试验对探测车的热设计进行检验。开展热控硬件的研究，地外星球环境下，由于受到系统资源的约束，使得热控硬件的轻小型化需求变得更加突出，包括阀、热开关、驱动器热防护隔热屏等产品。因此，对极限环境下星球探测车辆的热控系统进行设计与仿真是亟须解决的关键科学问题之一。

1.4 地外星球环境仿真与地面验证技术

研究目标星球表面的环境条件，根据星球表面岩石的类别、星壤的物理机械特性、星表的地形地貌特征,搭建模拟试验场。在试验场内进行探测车整车的动力学、通过性试验,检验探测车的动力性、地形通过性能及自主控制能力等性能。在探测车登陆目标星球后,对于复杂的地形,根据探测车发回的星表场景图像,快速构造复制现场,进行人工路径规划并在地面试验场进行验证性试验。开展模拟环境试验研究,模拟目标星表的温度、气压、辐照、重力等参数,对探测车进行复杂环境测试,检验探测车的环境适应性能和运行可靠性。利用室内土槽试验台,进行探测车车轮-模拟星壤的相互作用试验,测量车轮的滑转率及牵引特性等动力学参数,对比分析不同构型、不同尺寸参数车轮的牵引性能,优化移动系统的尺寸和结构,为探测车移动系统设计提供试验数据参考。因此,对星表环境仿真与地面验证技术进行研究是亟须解决的关键科学问题之一。

2 科学问题背景

随着航天科学与工程技术的发展,人类不断开展地外星球探测任务,带动着地外星球探测技术的发展。根据探测形式的不同,火星探测器可分为飞越探测器、环绕探测器和着陆探测器等。其中,着陆探测器又分为着陆器(Lander)和探测车(Rover)。星球探测车辆的技术指标一般包括移动能力、导航控制能力、测控能力、能源能力、科学探测能力、数据管理能力等方面。上述技术指标决定了星球探测车辆在任务执行过程中的主要能力,需要结合任务要求、技术基础等因素综合考虑,通过仿真、试验等手段论证、确定。

探测车辆的移动能力主要体现在移动速度、越障能力、转弯半径、行驶里程、爬坡能力、静态稳定角等方面。移动系统大致可分为履带式、轮式、腿式、轮腿结合式。移动系统设计时,要考虑探测车运动的形态学,设计出适合复杂地形条件的移动机构,并对移动系统的动力性能和通过性进行深入研究,分析形状、尺寸、重量和功率等关键参数之间的相互关系,选取最优值,改进移动系统的性能。对移动机构研究的范围包括:运动学分析、静态分析、准静态分析、动态分析、灵敏度分析等。

探测车辆的遥操作受到天地距离远、操作时延大、先验信息少、目标星球表面环境复杂多变等因素影响,需结合自身的性能和获取的远端区域地图,以及光照、星历、能源、温度和位置等信息,为探测车制定任务层面的探测计划,并在满足各种全局约束和能力约束的条件下进行行为规划,最终通过指令序列控制探测车完成巡视探测任务。地外星球探测任务期间,每次日凌持续时间长。在此期间,探测器上下行链路受太阳噪声而恶化,地面测控站、地面应用站无法与探测器建立联系。这要求探测器必须具备更强的自主管理能力,以便在地面授权的前提下,探测器能自主完成一定工作任务,同时保证探测器在某些故障和应急情况下,进行故障的诊断、隔离和恢复。针对长时间日凌、大时延通信的任务特点,需研究长期自主运行管理、自主故障诊断与恢复、未知环境下的环境感知与建模、复杂地形下自主全局定位、自主巡视与生存等关键技术。导航控制能力包括:静态定姿能力、动态定姿能力、紧急避障时间、紧急避障距离、自主行驶距离等。

空间的航天器相比星球探测车辆在运行过程中，要经受复杂多变的、恶劣的地外星球热环境考验。对于不同地外星球探测对象，探测车将面临不同的极端热环境的考验。对于太阳系内天体的探测，探测车可能遇到的极端热环境因素包括：极端低温环境、极端高温环境、低/高气压环境、弱光照环境、沙尘环境等，这些极端环境因素通常以组合形式出现，对探测器热控系统产生重要影响。作为重要支持服务分系统之一的热控系统需要在热环境温度变化大，仪器设备允许温度范围小，电能、重量等十分有限的条件下，确保探测车内的所有仪器设备在全部任务阶段均保持在合适的温度范围。

星球探测车辆工作的目标星球表面环境恶劣，受距离遥远，以及地外星球环境高温、低温、沙尘等环境影响，探测车的地面试验验证工作异常复杂，需要开展探测车环境研究、环境的工程效应分析，以及地面环境效应模拟方法研究。在任务执行过程中，由于目标星球表面环境存在较大的不确定性，探测车的设计需要适应各种环境可能的变化范围。探测车作为一种在地外星球表面开展巡视探测的新型移动平台，技术指标要求高，技术跨越大，产品继承性差，新研设备多，需要通过大量的试验进行验证。探测车工作模式复杂，工作过程包括驶离着陆平台、星表功能测试、星表科学探测等阶段，要经历为期 1 个月以上的日凌阶段，遇到沙尘暴等特殊情况需要经历休眠唤醒等特殊的工作过程。资源约束苛刻严格，探测车设计时，会遇到十分严格的重量、功耗、体积等多方面的耦合约束。为了对设计进行验证确认，在探测车的研制过程中必须开展大量的不同层次的验证试验。因此，在探测车的研制过程中，需要利用关键技术阶段的各种模型样品开展大系统级、系统级、分系统级、单机级等不同层次的地面验证试验。这些试验包括常规航天器必做的试验项目，更多的是结合探测车的巡视探测任务目标及目标星球表面环境特点设计的大量专项试验，保证地外星球巡视勘察任务目标的顺利实现。

3 科学问题研究进展

月球和火星探测车的移动系统种类比较多，载人登月车以四轮为主，无人探测车以六轮摇臂式独立驱动机构为主，其他还有湖南大学研制的菱形四轮月球车，北京航空航天大学研制的可变直径轮月球车等。根据美国的火星探测经验：六轮被动摇臂-转向架式火星车在火星表面行驶时多次发生车轮沉陷，且爬坡能力不佳。针对此问题，中国祝融号火星车采用六轮主动悬架式移动系统，通过悬架的主动变形，不仅可以实现车体高度调整、抬轮、蠕动前行等，还可改变系统质心的相对位置，对于改善火星车的通过性能以及稳定性具有重要意义。未来星球探测车的发展至少包括两个方面：一是结构形式更多样化，如基于仿生的腿式、跳跃式星球车，可以实现对常规轮式探测车不能到达的地带进行探测研究；二是功能增强，虽然结构形式变化不大，但是体积更大，在运动能力、稳定性、探测能力、容错性和智能性等诸多方面将会有显著提升，以完成更复杂的探测任务。

从火星车的技术发展历程看，随着敏感器、车载计算机和控制算法的发展，星球探测车辆的自主能力越来越强，从只能完成简单的任务，发展到可以完成比较复杂的科学探测任务，所需人工干预越来越少，效率则越来越高。祝融号火星车可以在地面完成火星车移动感知火星日单元规划，按照地面规划盲走移动加车上自主避障移动结合模式，保持每个火星日内火星车的高效长距离移动以及大范围载荷移动探测。在导航地形相机图像地形重构精度范围内采用地面规划盲走移动，精度范围外采用自主避障移动，以最大化拓展每日巡视距离。每个导航点上，基于局部感知获取移动目标的火星表面图像，地面完成导航点视觉定位、火星表面地形重构，计算移动综合代价图，并完成火星车移动路径策略规划。障碍识别是保证探测车安全行驶和完成任务的关键技术，星球探测车辆多使用立体相机影像及其派生产品进行障碍识别，主要包括基于三维信息的方法、基于单张影像的方法和结合二维三维信息的方法。在火星巡视探测中，地形分类对于障碍识别和路径规划有很好的支撑作用，也是环境感知的重要组成部分。

星球探测的发展要求热控技术在新环境适应能力、轻小型化、涉核探测器的热电综合利用、低温环境保持等方面进一步发展。火星表面探测，要求热控系统能够在白昼尽可能充分利用太阳能，包括热能的收集、储存；而在夜晚，需要尽可能利用被动热控措施，解决低气压环境的设备保温问题。更远的地外星球探测，除太阳能以外，需要考虑不同功率规模的核能综合利用。地外星球探测器的系统集成，不仅要考虑大功率密度设备和器件的散热问题，还要考虑探测器热控与系统总体、结构设计的结合，包括平台的热设计与特殊设备内部热设计的耦合。考虑到地外星球环境模拟的复杂性及成本，热平衡试验的一个发展趋势是以验证热数学模型为主要目的。在未来的地外星球探测任务中，火星表面探测需要的热能收集、储存设备，低气压条件的高性能隔热材料（如气凝胶），热开关、阀门等硬件的小型化，以及尘暴等环境的适应性等，都是重要的研究方向。除传统的热控硬件外，“嫦娥三号”探测器首次采用了重力辅助两相流体回路，引入同位素热能解决月夜生存难题。由于受到系统资源的约束，使得热控硬件的轻小型化需求变得更加突出，包括阀、热开关、发动机热防护隔热屏等产品。在月球探测器系统设计中，已开展了轻小型化的研究工作。

探测车辆的试验主要分为单机产品试验、分系统级试验、系统级试验、大系统级试验。单机产品试验项目众多，包括防尘试验、颠簸试验、低温存储试验等。分系统重点试验项目包括探测车与环绕器之间 UHF 频段和 X 频段器间通信试验、探测车沉陷后的脱困试验、考核集热窗膜结构的充气与排气试验、太阳电池片防尘试验、星表光谱太阳电池片光照试验、基于图像中地理特征的视觉测程试验、自主规划移动试验等。系统级试验包括内场试验和外场试验两项专项试验。室内试验场综合试验的目的是测试探测车的移动性能、导航与控制性能和任务支持性能，确认工作程序的正确性。外场试验项目包括绝对定位、相对定位、地方时确定、三维地形恢复、长距离自主移动和任务过程演练等。

主要参考文献

[1] 贾阳，孙泽洲，郑旸，等. 星球车技术发展综述[J]. 深空探测学报(中英文)，2020，7(5)：419-427.

[2] 高峰，孙鹏，崔莹. 深空探测车辆与我国月面巡视探测器研制进展[J]. 航空制造技术，2009，(08)：34-37.

[3] 李伟康. 载人月球车可折展悬架设计及性能研究[D]. 哈尔滨：哈尔滨工业大学，2021.

[4] 贾阳，张天翼，田鹤，等. 祝融号火星车的试验验证[J]. 实验技术与管理，2021，38(10)：1-5.

[5] 潘冬，李德伦，袁宝峰，等. 火星车系统动力学建模与仿真分析[J]. 深空探测学报(中英文)，2020，7(05)：437-444.

[6] 于登云，孙泽洲，孟林智，等. 火星探测发展历程与未来展望[J]. 深空探测学报，2016，3(02)：108-113.

[7] 邓宗全，范雪兵，高海波，等. 载人月球车移动系统综述及关键技术分析[J]. 宇航学报，2012，33：675-689.

[8] WANG Q，JIA Y，TAO Z，et al. Discuss on Mars mobile agent technologies[J]. Spacecraft Engineering，2015，24(4)：27-32.

[9] 张辉，卢皓，于天一，等. "祝融号"火星车遥操作技术[J]. 深空探测学报(中英文)，2021，12(8)：582-591.

[10] 彭松，尺清，郑旸. 火星车自主功能方案设计[J]. 国际太空，2020(07)：14-18.

撰稿人：王建(北京航空航天大学)　高海波(哈尔滨工业大学)
贾阳(北京空间飞行器总体设计部)

特殊功能车辆作业装置与底盘一体化建模与协同控制

Integrated Modeling and Collaborative Control of Special Function Vehicle Chassis and Operation Device

1　科学问题概述

特殊功能车辆作业装置与底盘高效协同控制是有效提高作业效率的关键，研究作业装置与底盘间的相互作用具有重要意义。研究底盘系统与作业装置的运动学和动力学建模方法,开展针对带有作业装置的车辆系统运动学与动力学耦合机理研究,分析作业装置与底盘间的系统动力学行为,探究影响整车性能的底盘系统及关键部件与作业装置的相互作用规律,开展以协同规划与优化控制为目的的系统优化模型构建,并在此基础上,实现底盘与作业装置的一体化设计。内容包括:作业装置与底盘耦合机理研究、能量与载荷特性研究、系统动力学分析、任务驱动的作业装置与底盘一体化模型构建、作业装置与底盘协同控制方法。主要科学问题如下:

1.1　如何揭示作业装置与底盘耦合机理并构建一体化模型

特殊功能车辆同时具备作业装置与底盘,前者用于实现特定的作业任务,后者用于实现车辆的自主机动。车辆底盘可分为轮式、履带式、复合式等多种类型,具有复杂的动力学或运动学模型;同时,作业装置也多种多样,包括但不限于机械臂、武器站、消防装置、反恐装置、医疗装置等。在特定作业环境和特定空间中,车辆的作业装置与底盘围绕作业任务的有效协同是提高作业效率的关键,而特殊功能车辆作业装置与底盘之间存在相互耦合作用。开展针对作业装置与底盘的耦合机理研究,构建特殊功能车辆作业装置与底盘的一体化模型具有非常重要的意义,是亟须解决的关键科学问题之一。

1.2　如何建立特殊功能车辆作业任务模型与环境模型

特殊功能车辆作业需要在特定的作业环境中完成规定的任务,在构建整车系统模型的基础上,需要确定车辆作业任务特点和作业环境,建立任务模型和作业环境模型,提炼出任务约束和环境约束。比如工程作业车辆挖掘机或装载机,需要通过车载或环境中的传感器得到作业环境的相关参数,同时需要描述车辆行驶环境;军用侦察或打击功能车辆表述目标在环境中的位姿、危险度等,同时也需要对行驶环境进行描述,这就需要对作业环境和任务进行建模。在无人化作业场景中,如何更进行有利于作业效率提升的任务和环境表述,是协同控制中的重要科学问题。

1.3　如何建立特殊功能车辆作业装置与底盘协同规划优化控制方法

现有的特殊功能车辆多采用作业装置与底盘分离式的规划控制策略,尽可能对作业装置控制与底盘控制解耦,缩小控制量维数以降低控制难度。然而,特殊功能车辆的作业装置与底盘的控制结果会产生相互干扰与相互依赖,分离式规划控制方法难以保证解的全局最优性并且带有相对控制延迟,进而影响整体控制效果。特殊功能车辆作业装置与底盘协同控制方法是基于上述建立的一体化模型,采用单一整体式规划控制器对作业装置与底盘两个模块同时进行规划控制,以克服分离式规划控制策略的缺陷。但具备优点的同时，协同规划控制策略也增加了单一控制器对应控制量维数，提升了控制量求解难度，如何构建高效的协同规划控制方法也成为亟须解决的关键科学问题之一。

2 科学问题背景

近年来，随着装备制造能力的提升与人工智能技术的发展，各种有人或无人的特殊功能车辆应运而生，在国防军事、抗震抢险、消防救灾、医疗救助、通信中继、矿产开发、农业生产等领域取得了广泛应用，并呈现出了蓬勃的发展态势。当前，我国对特殊功能车辆具备极大的使用需求，但是国内现有的特殊功能车辆，特别是无人特殊功能车辆在技术上不够成熟，在作业效率方面表现不佳，难以在特定场景下高效、准确地执行无人作业任务，具体存在以下两个方面的关键技术难题：作业装置与底盘耦合机理研究和系统化建模难题，以及作业装置与底盘的协同规划控制难题。

2.1 装置与底盘耦合机理研究和系统化建模难题

特殊功能车辆为适应不同的地形场景，会具备各式各样的底盘类型；为执行不同的作业任务，会搭载多种多样的作业装置。特殊功能车辆的作业装置与底盘之间存在复杂的耦合作用，如底盘起伏颠簸对作业装置姿态产生的影响、上装姿态的变化带来的整车转动惯量改变、作业装置行进间执行任务时反作用力对底盘运动的干扰或冲击等。目前，国内外现有的相关建模研究多集中于小型的机器人层面，缺乏对多种类型特殊功能车辆的耦合作用分析与系统化的建模，没有实现特殊功能车辆作业装置与底盘的一体化动力学或动力学模型构建，并缺乏系统能量与载荷特性等特殊功能车辆整车系统特性研究。

2.2 功能车辆作业任务模型与环境模型

特殊功能车辆作业需要在特定的作业环境中完成规定的任务，建立任务模型和作业环境模型，提炼出任务约束和环境约束。其难点是同一车辆需要执行各种不同的任务，需要在各种不同任务中提炼出统一的特征，同时能够准确地描述各类不同的任务；同样，作业环境和行驶环境也是复杂多变的，甚至是动态变化场景，准确地提炼表述各类场景，有利于将车辆底盘模型、作业装置模型和行驶环境、作业环境模型有机结合起来，达到最优控制效果。

2.3 装置与底盘的协同规划控制难题

常规的分离式规划控制策略具有相对控制延迟、难以获取全局最优解等缺陷，没有充分发挥特殊功能车辆的优势。作业装置与底盘的协同规划控制将特殊功能车辆看成一个整体来设计规划控制器,根据环境场景与任务需求同时进行作业装置的运动规划与底盘的运动规划,并基于规划的结果进行实时的跟踪控制。协同规划控制的策略可以弥补分离式规划控制策略的缺陷,在更大的解空间内求取满足要求的可行解,提升特殊功能车辆的工作效率。但是,协同规划控制策略对系统模型提出了更高要求,增加了控制量维数,也提升了求解难度。目前,国内外的相关研究多集中于小型机器人层面,实车效果有待进一步检验。

综上所述,针对特殊功能车辆特别是无人特殊功能车辆工作效率较低的问题,亟须深入研究整车特性,揭示作业装置与底盘之间的耦合规律,构建整车一体化的系统模型,并基于构建的系统模型进行新一代特殊功能车辆的设计与整车协同控制研究,弥补传统分离式规划控制策略的缺陷,从而进一步提升特殊功能车辆的作业效率,推动我国的特殊功能车辆行业以及相关产业的快速发展和进步。

3　科学问题研究进展

3.1　特殊功能车辆作业装置与底盘一体化建模

目前可以分为基于动力学的一体化建模方法与基于运动学的一体化建模方法两大类。①基于动力学的一体化建模方法将作业装置和底盘间的耦合作用作为内部因素考虑,通常采取拉格朗日方程或牛顿-欧拉方程对整车进行系统模型搭建。在基于动力学模型进行系统建模与规划控制时,不可避免要考虑地形、地貌以及作业环境等对特殊功能车辆的影响,考虑因素较多,建模过程复杂,一些特性参数难以准确获得并且会随着底盘的行进与上装的转动而实时改变,离线建立的模型准确性严重下降,会影响控制算法性能。除此之外,由于移动平台和操作臂之间的强耦合效应,描述二者耦合作用的函数很难直接求得,势必要对相关耦合效应进行分析,并对模型作适当的规约。②基于运动学的一体化建模方法相比基于动力学的建模方法简单许多,重点描述了底盘位姿变化与作业装置位姿变化的相互影响,在简单场景中具备较好的使用效果,但在低附着道路环境以及高冲击工作场景下暴露出模型不准确的缺点。综上所述,目前针对特殊功能车辆作业装置与底盘的耦合机理研究不够深入,仍然以两者分离式建模居多,一体化建模研究相对薄弱。对作业装置与底盘之间的耦合机理进行进一步研究,建立一种新型的一体化系统模型具备较大的现实意义。

3.2　功能车辆作业任务建模与环境建模

目前主要集中在有人控制的作业环境,以及基于感知技术的环境建模方法。而且主要集中在行驶环境建模,而对于任务模型和作业环境模型,目前研究成果很少,没有引起足够重视。行驶环境建模方法，主要集中在地面分割、环境要素提取、可通行区域表述等，一般用二维平面和三维曲面栅格来表述功能车辆的行驶场景。随着自动化作业任务的发展，也有类似行驶环境表述方法来描述作业环境的研究成果。

3.3 特殊功能车辆作业装置与底盘协同规划控制方法

可概括为强协同方法与弱协同方法两种。①强协同方法又可称为直接耦合方法，即直接采用单一规划控制器同时进行作业装置与底盘的运动规划与跟踪控制，相比传统的分离式规划控制策略改变较大，求解空间更大，求解难度更高，但是可以更大程度上探索控制空间，从而求解到全局最优解。②弱协同方法又可细分为基于迭代的方法与基于补偿的方法，前者是通过作业装置的规划控制结果与底盘规划控制结果进行多次组合迭代优化，若干次数后获取最终运动规划轨迹，并利用各自的控制器进行跟踪控制；后者是通过信息的传输，在底盘运动规划控制时考虑上装任务需求，在上装转动规划控制时考虑底盘实时状态，利用优化算法、强化学习、深度学习等策略对规划控制量进行补偿，以改善分离式控制的缺点。弱协同方法相比传统的分离式规划控制策略可以探索更多空间，得到更优解；相比强协同方法，它的求解速度、求解难度有所降低。综上，可认为作业装置与底盘的协同规划控制是单智能体多模块控制的一种，属于无人化装备研究的分支之一，研究成果多集中于小型机器人领域，目前研究尚不成熟，具备较大研究价值。

主要参考文献

[1] 罗欣，丁晓军. 地面移动作业机器人运动规划与控制研究综述［J］. 哈尔滨工业大学学报，2021，53(01)：1-15.

[2] 李玮. 机器人同时移动与作业的运动规划研究[D]. 杭州：浙江大学，2020.

[3] 陈慧岩，张玉. 军用地面无人机动平台技术发展综述[J]. 兵工学报，2014，35(10)：1696-1706.

[4] Wang Z P, Zhou T, Mao Y, et al. Adaptive recurrent neural network control of uncertain constrained nonholonomic mobile manipulators[J]. International Journal of Systems Science, 2014, 45(2): 133-144.

[5] Tanigaki K, Fujiura T, Akase A, et al. Cherry-harvesting robot[J]. Computers and Electronics in Agriculture, 2008, 63(1): 65-72.

[6] 王荣浩，邢建春，王平，等. 地面无人系统的多智能体协同控制研究综述[J]. 动力学与控制学报，2016，14(02)：97-108.

[7] Korayem M H, Dehkordi S F. Derivation of motion equation for mobile manipulator with viscoelastic links and revolute-prismatic flexible joints via recursive Gibbs-Appell formula-

tions[J]. Robotics and Autonomous Systems, 2018, 103: 175-198.

[8] Zhou Q B, Rui X T, Wang G P, et al. An Efficient and Modular Modeling for Launch Dynamics of Tubed Rockets on a Moving Launcher[J]. Defence Technology, 2021, 17(6):16.

[9] Zhong G, Kobayashi Y, Hoshino Y, et al. System modeling and tracking control of mobile manipulator subjected to dynamic interaction and uncertainty[J]. Nonlinear Dynamics, 2013, 73(1): 167-182.

[10] Auat, Cheein F, Carelli R. Agricultural Robotics: Unmanned Robotic Service Units in Agricultural Tasks[J]. IEEE Industrial Electronics Magazine, 2013, 7(3): 48-58.

撰稿人:龚建伟(北京理工大学)

强冲击下底盘的载荷传递特性及载荷控制

Load transfer law and load control of chassis under super impact service

1　科学问题概述

特种车辆具有轻量化、越野能力高、公路机动性强等特点,在现代国防、救援等极端服役工况中得到了大量应用,如车载火炮、车载人工降雨发射平台等。在特种车辆底盘的服役过程中,不仅有强冲击载荷的作用,而且结构本身还会出现冲击疲劳强度退化,使得底盘结构的可靠性、安全性问题不断突显,迫切需要对强冲击下冲击疲劳强度退化、底盘的载荷传递特性及载荷控制等影响安全性的问题进行深入研究。目前,专门针对强冲击载荷服役下底盘结构的冲击疲劳强度退化、载荷传递规律及载荷控制的研究严重不足。为实现新构型轮式特种车辆承载超强循环冲击载荷,迫切需要揭示强冲击载荷对底盘结构的作用机理及传递规律,突破轻量化底盘结构的减载控制的技术瓶颈。其科学问题包括:

1.1　如何揭示循环强冲击下底盘结构的疲劳强度退化机理

为确保特种车辆行驶叠加特种作业情况具有高可靠性和安全性,需有特殊的底盘构型。然而,在循环强冲击载荷作用下,底盘结构由于冲击疲劳引起的强度退化将出现新的规律,加之特种车辆工作环境恶劣,例如高低温环境、湿热、越野等,使得底盘结构的强度退化机理变得尤为复杂,因此特种车辆的疲劳强度退化机理成为关键。现有的疲劳强度退化机理多集中在底盘结构受机动随机载荷和平稳低过载的作用,未见考虑循环强冲击载荷的疲劳强度退化机理研究。因此,科学、准确的特种车辆服役周期疲劳强度退化机理是目前亟须解决的关键科学问题之一。

1.2 如何构建强冲击下底盘结构的载荷传递模型

循环强冲击载荷服役下特种车辆的载荷传递包括上装与底盘的耦合作用、底盘结构的冲击响应、底盘支撑结构与地面的耦合作用、冲击载荷缓冲作用等模型。现有的载荷传递模型没有考虑循环强冲击载荷的作用引起的底盘结构强度退化效应，使得底盘结构的响应规律无法反映其实际性能演化规律，导致底盘结构的载荷传递模型适用性不足、准确性低、载荷缓冲机理数据和规律不明等问题，应用场景存在局限性。因此，如何构建合理可靠的循环强冲击载荷作用下底盘结构的载荷传递模型是目前亟须解决的关键科学问题之一。

1.3 如何对强冲击下的底盘结构进行载荷控制

特种车辆的底盘结构既要承载循环强冲击载荷，又要实现轻量化，而且还要确保不影响底盘结构本身的行驶机动性和可靠性，这增加了对强冲击载荷进行载荷传递控制的难度。然而，常规的载荷控制方法不仅难以对强冲击载荷进行有效缓冲，而且在长期恶劣的服役环境下，强冲击载荷循环作用下的可靠性也难以保证。目前，缺乏高效可靠的载荷控制方法和核心关键技术。因此，如何利用载荷传递规律建立循环强冲击载荷下的载荷控制方法是亟须解决的关键科学问题之一。

2 科学问题背景

近年来，随着科技的飞速发展，特种车辆在特定场景以及特殊作业运输等领域得到了广泛的应用，如国防和救援领域。强承载、高机动性是特种车辆的重要发展方向，强承载说明底盘结构可承受载荷大，对底盘的强度要求高，而高机动性又要求控制重量，使得强承载和轻量化的矛盾更加突出。当前，我国高度重视特种车辆的发展和应用。然而面临底盘结构在循环强冲击载荷作用过程中的峰值载荷控制、轻量化设计等问题，给特种车辆的发展带来了挑战，亟须开展结构的冲击疲劳强度退化机理、强冲击载荷在底盘结构中的传递规律、底盘结构载荷控制方法研究，揭示底盘结构在超强冲击载荷作用下的载荷释放规律，建立载荷缓冲控制模型和评估方法，为抗循环冲击载荷的底盘新型结构设计提供理论支撑。目前，超强冲击服役条件下底盘结构的载荷传递规律及减载控制主要存在以下三个技术瓶颈：

2.1 强冲击下底盘结构的载荷传递及疲劳强度退化机理

揭示底盘结构的载荷传递及疲劳强度退化机理是合理设计特种车辆底盘结构的基

础,也是提升特种车辆性能的核心技术之一,科学准确的载荷传递及疲劳强度退化机理是特种车辆结构合理布局的核心。国内外现有研究大多采用动力学或有限元软件计算各关键零部件的受力状态,以此判断结构设计是否合理,缺乏循环强冲击下底盘结构的疲劳、断裂等理论体系,特别是循环强冲击载荷在底盘结构传递过程中随时间和空间的传递规律,以及底盘结构的强度退化或失效机理研究不足,难以支撑特种车辆的进一步发展。

2.2　强冲击载荷服役条件下底盘结构的准确建模

特种车辆服役环境极其恶劣且复杂多变,底盘结构工况繁多,给底盘结构的准确建模带来了很大的困难。现有的底盘模型大多基于有限元或动力学软件,并进行了一定的简化,未深入探究循环强冲击载荷的能量输入特性、底盘结构与承载物体的连接方式、底盘支撑与土壤的力学模型以及底盘内部的力学传递机理等,缺乏从时空耦合、界面力学行为、相互作用机理等方面的深入剖析,底盘结构建模的准确性有待提升。而且,现有研究未开展对底盘结构建模的准确性验证研究,对模型的可信性说服力不足。

2.3　强冲击载荷下的底盘结构载荷控制

特种车辆的底盘结构复杂,参数众多,服役环境恶劣,给底盘结构的减载控制带来了很大的难度。针对现有特种车辆底盘结构强承载、高机动性的设计需求,需要在减重的同时进行减载控制,现有的研究多基于优化设计的思想或采用缓冲器,通过设置合理的目标需求或缓冲器的合理布置来完成结构设计。在减载控制过程中,底盘减载缓冲控制原理、缓冲结构参数筛选的准确性、仿真模型的精度和效率兼具的合理性、参数优化的全面性、缓冲器性能的演化等问题研究不足,有待进一步开展深入的探索。

综上所述,针对循环强冲击载荷服役条件下底盘结构的载荷传递规律及减载控制难题,亟须深入研究循环强冲击载荷服役条件下底盘结构冲击疲劳强度退化机理、冲击载荷的传递机理,构建循环强冲击载荷服役条件下底盘结构的准确模型,开展底盘结构的减载控制研究,形成循环强冲击载荷服役条件下底盘结构的载荷传递规律及减载控制理论体系,为抗循环强冲击载荷的新型底盘结构设计提供理论支撑,对特种车辆的快速发展具有重要意义,科学价值显著。

3　科学问题研究进展

3.1　循环强冲击载荷对特种车辆底盘结构的作用机理研究

通常采用理论分析、实验研究和数值仿真三种手段进行研究。①理论分析从结构动力学理论出发,建立研究对象的微分控制方程,根据给定的边界条件进行求解。然而,对于大多数工程问题难以直接对控制方程进行求解，通常仅能在合理的假设后得到简单结构的估算公式。对于循环强冲击载荷作用于底盘这种复杂结构的机理，理论研究的局限性很大，现有的研究缺乏成熟的载荷传递和性能退化理论体系。②实验研究是最直观可信的方案，能够真实地还原底盘结构在各工况下的响应特性。但是由于实验中底盘结构可能在强冲击作用下发生不可逆的毁伤，因此相关研究的成本极高。缩比实验虽然能够节约成本，但采用缩比模型进行实验很难完全满足相似性定律。③相较于理论和实验研究，理论结合数值研究能模拟冲击作用下复杂结构的响应特性，得到底盘结构在循环强冲击载荷作用下的物理场分布进而直观地分析载荷传递规律，更重要的是还能发现并分析冲击载荷对底盘结构的性能退化和失效机理等。

3.2 循环强冲击载荷作用下特种车辆底盘结构的载荷传递模型

主要分为结构动力学建模、刚柔耦合动力学建模和结构损伤破坏建模。①对于结构动力学分析，目的是结构的变形进行分析，进而校核其刚强度。针对循环强冲击载荷作用下底盘结构的分析，可能涉及几何非线性和材料非线性问题。有限元法是目前主流的方法，此外，无网格法也是开展结构动力学分析的一类方法，相比于有限元法，它不依赖于网格，有更高的精度，但是计算效率较低，发展既高效又具有高阶连续的方法一直是研究热点。②刚柔耦合动力学建模在计及底盘的柔性效应下分析底盘的大位移动力学特性，主要分为矢量力学和分析力学两大体系。矢量力学的主要代表是 Newton-Euler 法，该方法主要考虑惯性力、主动力和约束力、弹性力之间的平衡，物理含义明确但是消除约束力困难，计算复杂。分析力学有 Lagrange 方程、Hamilton 原理、Kane 方法等为代表。Lagrange 方程和 Hamilton 原理是以能量的观点建立起来的方程，系统的真实运动是满足某个泛函的极值条件，由此得到动力学微分方程。Kane 方法引入偏角速度、偏速度，用广义速率代替广义坐标，利用虚位移原理建立柔性多体系统的动力学方程，消除了不做功的约束内力。为了考虑刚体运动和弹性变形之间的耦合作用，发展了浮动参考坐标法和绝对节点坐标法。浮动参考坐标方法在柔性体上建立一个参考坐标系，该参考系随柔性体一起发生刚体运动，柔性体的运动表示为浮动坐标系的刚体运动与相对于浮动系的弹性变形之间的叠加。绝对节点坐标法在全局坐标系下定义单元的节点坐标，节点坐标包括节点处的位移和斜率，不使用无穷小或有限转角作为节点坐标。在浮动参考坐标系或绝对节点坐标法描述的运动基础上推导出的动力学方程，同时考虑了刚体位移、弹性变形及二者之间的耦合。通常情况下采用浮动参考坐标系法分析小变形问题，而对于大变形问题则采用绝对节点坐标系法。③结构损伤破坏建模主要分析底盘结构在强冲击载荷作用下的断裂、损伤等行为。传统有网格算法在结构毁伤研究中面临着挑战，基于网格的有限元方法难以模拟裂纹间断，发展了扩展有限元法用于结构裂纹扩展分析，而基于欧拉表述的算法需要额外算法来追踪复杂物质界面。无网格算法由于不依赖网格，可以自由改变粒子间的连接关系，能方便地模拟裂纹间断。同时，基于 Lagrange 表述的无网格算法能自动追踪物质界面，极大简化了多相流数值模拟的难度。例如近年来发展的无网格物质点法采用 Lagrange 质点进行离散求解，可以有效地处理固体结构的超大变形问题。

3.3　循环强冲击下的底盘结构的载荷控制

主要通过对结构的优化设计和缓冲结构的设计来实现。结构优化设计是指在给定的设计指标和限制条件下，运用最优化原理和方法，在计算机上进行自动寻优计算，从而选定出最优设计参数，使设计指标达到最优值的设计。①根据设计变量性质的不同，结构优化设计一般可分为 3 个层次：拓扑优化、形状优化和尺寸优化。这 3 种优化设计分别对应于产品设计的不同设计阶段，即概念设计、基本设计和详细设计。拓扑优化是指在设计空间内寻求结构材料最佳的分布形式或结构最佳的传力形式，其主要用于求解工程结构受力、位移等的最合理形式，有助于发掘目前还未知的最优结构拓扑；形状优化是在优化设计中设计人员对模型有了一定的形状设计思路后所进行的一种细节设计，它通过调整工程结构内外边界形状来改善结构性能和降低工程结构造价，主要用来发掘工程系统构件的合理内外边界形状；尺寸优化是在优化设计中设计人员对有一定形状的模型进行的详细设计，它是以结构的尺寸参数为设计变量，在满足一定的边界条件和约束条件下，寻求一组尺寸参数使结构性能的某种典型指标（如应力、质量、位移）达到最优。②目前常用的缓冲器有弹簧缓冲器、橡胶缓冲器、液压缓冲器、金属橡胶缓冲器、弹性胶泥缓冲器、磁流变液缓冲器等形式。弹簧缓冲器、橡胶缓冲器、金属橡胶缓冲器等适用于缓冲容量不大的场合，对于强冲击载荷不适用；利用磁流变液的特性制成的磁流变装置具有控制调节具有无级连续变化性能，且响应速度快等优点；液压缓冲器为速度相关型缓冲器，其特点是缓冲容量大，通过调整流液孔结构尺寸改变阻抗力大小，可获得稳定的缓冲性能，冲击能量的消耗主要是阻尼耗能，复位反弹小。液压缓冲器在机动车辆、机械工业、国防工业等领域得到广泛应用，但是，液压缓冲器的缺点是结构复杂、体积质量大等问题。新型的针对冲击载荷缓冲控制原理、方法和关键技术亟须进一步进行深入研究突破。

主要参考文献

[1] 梁传建. 大口径火炮发射载荷传递规律及结构优化研究[D]. 南京：南京理工大学，2016.

[2] Ma J, Chen G S, Ji L, et al. A general methodology to establish the contact force model for complex contacting surfaces [J]. Mechanical Systems and Signal Processing, 2020, 140: 106678.

[3] Xue Z P, Li M, Jia H G. Modal method for dynamics analysis of cantilever type structures at large rotational deformations[J]. International Journal of Mechanical Sciences, 2015, 93: 22-31.

[4] Chen Y Z, Guo X, Zhang D G, et al. A novel radial point interpolation method for thin plates in the frame of absolute nodal coordinate formulation[J]. Journal of Sound and Vibration, 2020, 469: 115132.

[5] Qu Y D, Li X, Kong X Q, et al. Numerical simulation on dynamic behavior of reinforced concrete beam with initial cracks subjected to air blast loading [J]. Engineering Structures, 2016, 128: 96-110.

[6] 陈卫东，刘澜，路胜卓，等. 改进物质点法及其在爆炸与冲击动力学中的应用[J]. 哈尔滨工程大学学报，2021，42(11): 1671-1678.

[7] Inocencio C, Joan B, Ramon C, et al. Topological derivative-based topology optimization of incompressible structures using mixed formulations[J]. Computer Methods in Applied Mechanics and Engineering, 2022, 390: 114438.

[8] Hoo M L, Kang K L, Gil H Y. Topography and size optimization of composite structure to control buckling temperature and thermal buckling mode shape[J]. Thin-Walled Structures, 2022, 171: 108686.

[9] Ullah B, Trevelyan J, Matthews P C. Structure optimization based on the boundary element and level set methods[J]. Computer and Structures, 2014, 137: 14-30.

[10] Huang X, Li Y, Zhou S W, et al. Topology optimization of compliant mechanisms with desired structural stiffness[J]. Engineering Structures, 2014, 79: 13-21.

撰稿人：陈龙淼(南京理工大学)

陆空平台与环境交互作用特性及作业控制方法

Environmental interaction characteristics and operation control method of air-land platform

1 科学问题概述

我国70%以上的城市、50%以上的人口分布在气象、地震等自然灾害频发的地区，2000年至2018年间，仅地震导致的直接经济损失就达1.14万亿元。为此，国务院、应急管理部等国家机构发布的《国家突发公共事件总体应急预案》《安全生产应急救援工作要点》等文件指出，加强应急救援装备建设是我国应对重大突发事件、灾后应急救援的重大需求。当前，地面机器人已在灾后救援中取得了卓越成效，然而，当建筑楼层较高或存在内部坍塌、通道受阻等情况时，仅依靠地面机器人难以及时在黄金救援时间内到达灾情现场。在此背景下，具有陆空两栖机动能力的无人搜救装备应运而生，得益于其立体机动能力，陆空两栖平台能够突破高层建筑环境条件制约，解决灾后高层建筑进入难与机动差等问题，有望成为提高灾后救援效率的重要技术途径。陆空平台由于涉及多种运动模态的切换与耦合，且作业环境具有复杂性和随机性，因此一系列科学问题亟待梳理与解决。

1.1　强空间约束下陆空作业平台动态特性突变机理

为应对灾后救援等特种作业要求，陆空平台需要进入建筑内部、地下空间等封闭环境进行作业。由于作业时存在环境、机动载体以及作业载荷之间的耦合交互，作业平台靠近物理环境作业时其流场分布、入流量等将在周向微观元素分布内发生非均匀变化，导致作业平台升阻系数、功率系数等宏观特性参数产生突变。因此，如何参数化空间约束条件，揭示作业平台在单一或组合约束条件下的动态特性突变机理是实现其在灾情环境下稳定作业的理论基础，也是目前亟须解决的关键科学问题之一。

1.2　平台陆空模态摄动与扰动实时补偿作业控制方法

灾后复杂环境具有随机性强、封闭性强等特点，其中非结构化的地面特征会造成两栖平台姿态高频变化，导致平台状态估计误差，从而造成系统摄动；与环境之间的物理交互作业将产生无法避免的系统扰动。以上问题都为两栖平台的稳定作业控制带来了严峻的挑战。目前，针对地面或飞行平台的作业控制研究大多以开放空间为前提，缺乏针对复杂封闭空间的核心控制机制研究。因此，揭示环境特征对两栖平台稳定性的作用机理，构建具备快速估计收敛、自适应动态补偿能力的控制方法是两栖作业平台应重点解决的关键科学问题之一。

1.3　平台立体空间智能行为决策机制

陆空作业平台集成了地面行驶和空中飞行两种机动能力，具有地面行驶、空中飞行及其过渡过程等多种运行状态。不同运行状态下机动特性、控制性能、能耗特性、感知能力及作业能力具有显著差异，对复杂空间作业机动平台的运行安全和综合效能有显著影响，因此建立合理、高效的陆空双模态行为决策机制至关重要。现有的陆空双模态行为决策机制集中在机动特性与能耗特性上，极少涉及控制品质、感知能力及作业能力等影响因素。因此，如何构建复杂空间约束的作业机动平台陆空双模态智能决策机制是目前亟须解决的关键科学问题之一。

2 科学问题背景

我国是世界上遭受自然灾害影响最为严重的国家之一，灾害种类多、发生频率高、分布地域广、受灾损失大是我国的国情。2020 年，我国城市化率已超 60%，新增 200m 以上高层建筑 56 座居世界首位。因此，提高高层建筑搜救技术水平是人民生命财产安全的重要保障，也是国家应对重大突发事件、灾后应急救援的迫切要求。在此背景下研发具备行驶和飞行能力的作业平台受到了广大研究与工程技术人员的重视，《全球工程前沿 2020》报告指出“作业型飞行机器人”已成为机械与运载工程领域 TOP10 工程研究前沿问题，其“耦合效应、高性能作业控制”等科学问题仍有待更深入的研究。目前，两栖平台在复杂封闭空间中主要存在环境耦合交互、高性能作业控制、多模态行为决策三方面的瓶颈：

2.1 约束下陆空平台动态特性预测难题

复杂环境灾后救援要求陆空作业平台能够在近地面、近墙壁、近封顶等强空间约束条件下稳定工作，因此存在环境-机动载体-作业载荷三者之间的耦合交互。当前关于作业平台受环境特征影响的研究大多集中在地面效应上，未能兼顾空间约束的随机性与多变性，缺乏对于地面、壁面、封顶等组合空间约束的综合考虑。因此，应深入探索陆空平台与环境的耦合机理，构建平台多尺度动态预测模型，为平台控制器设计奠定理论基础。

2.2 复杂环境特征的陆空多模高效作业控制难题

陆空作业平台执行救援任务时，由于空间约束变化、平台状态突变、外部接触作业等因素，将导致无法避免与忽视的摄动和扰动，当摄动和扰动的幅值与频率发生变化时，都将对作业平台的固有运动模态、稳定裕度、能控性等特性产生影响，对其高效稳定控制带来巨大挑战。

2.3 空间智能行为决策技术难题

陆空作业平台中陆空多模态行为具有显著的机动特性、控制性能、能耗特性、感知能力及作业能力差异，并受复杂未知环境的气动、接触、光线、回波等干扰。现有的通过性与能耗特性陆空模态行为决策方法的适应性、鲁棒性与安全性问题有待解决。由于未深入探究环境干扰对陆空作业平台多模态控制性能的影响机制，以及不同陆空模态下环境感知与状态估计的局限性与不确定性，在复杂环境作业的陆空作业平台陆空双模态行为决策的评价指标选取的合理性与完备性有待提升。因此，现有方法难以实现复杂环境作业的陆空作业平台多模态行为决策的正确与鲁棒，确保机动平台的作业安全与高效。

综上所述，针对陆空作业平台在复杂空间中的搜索救援作业难题与需求，亟须揭示强空间约束下陆空作业平台动态特性突变机理，突破陆空模态摄动与扰动实时补偿控制方法，构建平台立体空间智能行为决策机制，形成两栖平台在复杂空间作业的理论与技术研发体系，对应对重大突发事件，灾后应急救援具有重要战略意义，具有重要科学价值与工程应用前景。

3　科学问题研究进展

3.1　强空间约束下陆空作业平台动态特性突变机理

目前主要围绕作业环境、机动载体、与作业载荷三者的交叉耦合动力学特性开展。①针对机动载体与作业环境之间的耦合问题的研究，主要是利用滑移网格、计算流体动力学（CFD）数值模拟等智能算法。Ai 等人基于 CFD 数值模拟，建立了涵道螺旋桨的黑箱模型，并通过统计与差值的方法预测了涵道平台的动态响应特性。以上研究均将地面特征视为定常参数，在假设地面特征不发生改变的基础上完成了对平台动态特性的研究与分析。Mi 针对涵道式飞行平台在起伏变化的水面起飞与降落问题开展了系统研究，基于滑移网格技术，将环境因素的影响从静态特征推广到瞬态变化，并对该环境因素影响下的平台气动特性进行了理论推导与仿真验证。②针对机动载体与作业载荷之间的耦合问题，主要包括将作业载荷视为“被动作用”与“主动作用”两种研究思路。对于作业载荷“被动作用”研究思路，Hamaza 等人设计了一种单自由度机械臂，用于灾后环境传感器安装等工况，并且将机械臂对飞行载体的作用视为机体坐标系内固定方向的未知扰动力矩，通过飞行载体自身的鲁棒性来保证其作业时的稳定性。类似地，Suarez 等人为飞行作业平台设计了一种专用的两自由度轻量化机械手，从而通过减少作业载荷质量与惯量的方式减轻其对飞行平台产生的扰动。对于作业载荷“主动作用”研究思路，Abuzayed 等人将作业载荷对飞行平台的作用等效为飞行平台的质量分布变化，通过设计质心补偿机制来保证平台的稳定控制。此外，Zhang 等人以及 Nguyen 等人建立了完整的作业载荷动力学模型，通过数值计算的方法，得到作业载荷对飞行载体的作用力与力矩。Buzzatto 等人则通过安装六轴力/力矩传感器的方式，直接测量作业载荷对飞行载体的作用力与力矩。上述研究为深入开展陆空作业平台动态特性突变机理的研究提供了重要借鉴，但与作业环境的耦合研究大多集中在地面效应上，未能兼顾空间约束的随机性与多变性，缺乏对于地面、壁面、封顶等组合空间约束的综合考虑。

3.2　模态摄动与扰动实时补偿作业控制方法

目前主要围绕作业平台增稳控制方法的研究展开。针对作业平台运动控制系统的研究主要基于辅助结构补偿、顶层传感器反馈补偿以及控制算法补偿等几个方面。辅助结构补偿方面,Naldi 等人为作业平台设计了专用的接触机构,利用结构补偿的方法实现了平台稳定性控制;2019 年度国际无人机会议(ICUAS)针对飞行作业平台稳定性控制研究进行了集中研讨,会上提出了多种反馈补偿与算法补偿的控制结构,对飞行作业平台稳定性控制方法的研究产生了重大的推动作用。其中具有代表性的为:基于视觉补偿的控制方法,提高了平台的作业精度与稳定性,实现了平台稳定抓取的动作;基于运输载荷变化的控制算法,并通过实验结果分析了该控制算法对平台稳定性的影响;面向多级作业载荷系统的时域滚动最优控制方法,实现了多级载荷的稳定协同作业。以上研究在飞行作业平台控制算法、反馈补偿等方面取得了较好成效,但是,当前大多研究是以开放旋翼式构型为载体、以开阔空间为前提,缺乏对于飞行作业平台在强空间约束下的失稳机理分析,及相应的增稳控制研究。

3.3 陆空作业平台双模态行为决策问题

主要包含基于规则的搜索方法和基于数据的学习方法。①基于规则的搜索方法。Zhang 等建立环境的三维地图表示陆空两种模式的可通过区域,根据陆空两种模式及其转换过程的能量消耗和运行时间设定代价函数,采用 A^* 或者混合 A^* 算法搜索最佳行驶路径,选择恰当位置进行陆空模态转换。该方法未考虑两栖机动平台与环境的交互作用及不同模式下感知能力的局限性和结果的不确定性,难以保证在复杂环境下规划路径的有效性;②基于数据的学习方法。采用深度强化学习方法,考虑两栖机动平台与环境交互作用以及运动过程连续动力学行为,基于实物平台运行数据建立近似价值函数,通过学习迭代获得满足复杂动力学约束及环境干扰下的最佳陆空双模态运行路径。该方法需要丰富的运行数据用于训练策略,目前主要在仿真环境中进行验证,尚未应用到实物平台系统中。

主要参考文献

[1] MI B. Numerical investigation on aerodynamic performance of a ducted fan under interferences from the ground, static water and dynamic waves[J]. Aerospace Science and Technology, 2020, 100: 105821.

[2] SUAREZ A, PEREZ M, HEREDIA G, et al. Cartesian aerial manipulator with compliant arm[J]. Applied Sciences (Switzerland), 2021, 11(3): 1-20.

[3] ABUZAYED I, ITANI A R, AHMED A, et al. Design of lightweight aerial manipulator with a cog compensation mechanism[J]. 2020 Advances in Science and Engineering Technology International Conferences, 2020: 14-18.

[4] J Zhao, et al. A game-learning-based smooth path planning strategy for intelligent air-ground vehicle considering mode switching[J]. IEEE Transactions on Transportation Electrification, 2022.

[5] H J T Suh, X Xiong, A Singletary, et al. Energy-efficient motion planning for multi-modal hybrid locomotion[A]. 2020 IEEE/RSJ International Conference on Intelligent Robots and Systems[C]. Las Vegas: IEEE, 2020: 7027-7033.

[6] B Araki, J Strang, S Pohorecky, et al. Multi-robot path planning for a swarm of robots that can both fly and drive[A]. 2017 IEEE International Conference on Robotics and Automation[C]. Singapore: IEEE, 2017: 5575-5582.

[7] C Xiang, Y Wang, Y Ma, et al. Structured robust control-loop design with input saturations for tandem ducted fan vehicle[A]. 2015 International Conference on Unmanned Aircraft Systems[C]. Denver: IEEE, 2015: 914-919.

[8] D Wagner, M Hromčík. Robust pitch attitude hold with MRAC for a nonlinear light combat aircraft model[A]. 2017 21st International Conference on Process Control[C]. Strbske Pleso: IEEE, 2017: 71-75.

[9] Z Zuo, S Mallikarjunan. L1 adaptive backstepping for robust trajectory tracking of UAVs[J]. IEEE Transactions on Industrial Electronics, 2017, 64(4): 2944-2954.

[10] W Fan, C Xiang, H Najjaran, et al. Mixed adaptive control architecture for a novel coaxial-ducted-fan aircraft under time-varying uncertainties[J]. Aerospace Science and Technology, 2018, 76: 141-154.

撰稿人:王伟达(北京理工大学)　樊伟(北京理工大学)

软支承面与车辆交互作用动力学特性及控制方法研究

Study on dynamic characteristics and control method of interaction between soft bearing surfaces and vehicles

1　科学问题概述

一般将天然易变形支承面称为软支承面,其可能包含以下四组成分:固体矿物颗粒,不同形态和状态的水,气态夹杂物,有机物和有机矿物化合物。诸如雪壤、沙滩、沙漠、火壤、月壤等在内的软支承面与车辆推进机构之间的交互作用机理,与道路与车辆推进机构的交互作用存在很大的差异。载荷作用下的软支承面呈现明显的塑性特性和颗粒材料的流动特性。对车辆与其行驶于软支承面的交互作用机理的研究，对于发展应用于探索极地环境的极地车辆、火星表面探索的火星车辆、水陆两栖车辆等特种越野车辆具有明确的理论意义，能够为在软支承面行驶车辆的优化设计提供理论指导。因此，在对此类车辆推进机构及其驱动控制方法等设计时，有必要对车辆与软支承面的交互作用耦合动力学特性进行深入研究。其中需要解决的科学问题包括：

1.1 如何揭示车辆推进机构与软支承面交互作用机理

包含雪壤、土壤等在内的软支承面常表现为具有硬化特性的塑性材料和具有内聚力流动特性的颗粒材料，软支承面的微观几何结构、所处的温度环境、密度以及时间效应、载荷加载速率等，对构成软支承面介质的宏观力学特性可能会有显著影响。在车辆驱动、从动、制动等行驶状态下，推进机构与软支承面的交互作用特性差别很大，和道路与车辆交互作用相比明显不同，载荷作用下的软支承面沉陷特性对车辆的纵向、侧向和垂向动力学特性都有很大的影响。推进机构与软支承面间的交互作用特性直接决定了车辆的动力学表现。因此，如何揭示不同车辆行驶状态下，推进机构与软支承面之间的交互作用机理，是目前亟须解决的关键科学问题之一。

1.2 如何表征软支承面下车辆的动力学特性

复杂环境下的地形地貌和多变的软支承面力学特性对车辆的机动性有着深刻影响。针对车辆各项性能研究中，现有的车辆动力学模型中对软支承面与车辆及其推进机构的影响考虑较少。尤其在支承面大沉陷工况下，未沉陷地面对车辆的侧向和纵向的交互作用与铺装路面机理差异显著。在不同的车辆行驶状态下，在软支承面的塑性扩展区域所划分的无限区域和有限区域，在车辆载荷作用下支承面构成介质的硬化特性和颗粒流动特性，与车辆推进机构间的交互作用力差别也很明显。如何对不同宏观力学特性下的软支承面进行划分，分析典型环境下的车辆动力学特征，探索不同行驶环境下的车辆行驶边界，进而实现多用途环境下车辆动力学特性表征，也是目前亟须解决的关键科学问题之一。

1.3 如何实现软支承面下车辆行驶的稳定性控制

基于模型等的车辆稳定性控制技术目前已经大量应用于道路车辆，其在软支承面下的车辆行驶表现却差强人意。松软地面的低附着特性、压力沉陷特性，使得车辆很快进入不稳定的行驶状态，且未沉陷地面环境对车辆的侧向力和纵向力，也会使得车辆在跟随目标路径方面有着较大的困难。对车辆行驶状态的预测，对沙滩和雪壤等松软地面的载荷沉陷宏观特性的预测，可以使得车辆可以提前预知和规避潜在的风险。如何建立车辆行驶状态及松软地面载荷沉陷状态的预测方程，进而研究不同典型软支承面下的车辆行驶控制方法，也是目前亟须解决的关键科学问题之一。

2 科学问题背景

推进机构与土壤的交互作用在各类轮式和履带车辆中有着较多的研究，推进机构与雪壤环境的交互作用在寒冷环境车辆机械中也有相关文献报道。软支承面力学特性受温度环境、时间效应、空隙大小、含水率以及微观结构等的影响，不同状态下材料参数数量级变化较大，且由于其塑性硬化特性和颗粒流动特性，使得车辆推进机构与软支承面交互作用力具有很强的非线性特性。车辆推进机构与软支承面交互作用力的描述不够准确，使得车辆的通过性、行驶安全性、稳定性得不到保障。要从根本上提高软支承面下车辆的行驶性能，需要从雪壤、土壤、沙滩等软支承面的力学特性出发，结合车辆推进机构与软支承面的交互作用力特性，优化车辆的推进机构构型，基于车辆的稳定性控制方法，研究低附着、变附着、不同雪壤沉陷下的车辆动力学控制方法。因此，对于软支承面下的车辆行驶性能研究，存在以下技术瓶颈：

2.1 推进机构与软支承面交互作用特性

具有大颗粒的砂石土壤可以用离散的颗粒材料表示，具有微观颗粒的雪壤、土壤也常表现为具有硬化特性的塑性材料。作为连续介质的软支承面材料，其弹性部分对交互作用的宏观影响较小，压实后可以承载较大的载荷；无限区域的松软地面在垂向载荷下有较大的下陷量，其未下陷部分对推进机构的侧向动力学有着较大的影响。作为离散颗粒的软支承面材料，其颗粒接触属性会对交互作用力和颗粒流动特性产生较大的影响。如何划分典型的软支承面类型，建立不同的支撑面力学模型，进而研究推进机构在不同软支承面下的交互作用特性，为软支承面下的车辆推进机构进行优化设计是需要深入研究的。

2.2 软支承面下车辆动力学特性表征问题

现阶段尽管考虑较低的路面附着系数可以解决大部分车辆在雨雪等湿滑路面的动力学研究，但是推进机构在软支承面下的压力沉陷特点，使得推进机构与软支承面之间的交互作用力与道路路面的交互作用力有着较大的差异。软支承面的压力沉陷特性对车辆纵向、侧向、垂向的动力学模型有较大的影响。如何建立车辆在不同软支承面环境中载荷沉陷下的车辆动力学特性表征模型，进而预测行驶于软支承面环境下的车辆状态和地面变形机理，为车辆行驶控制方法提供理想的状态、地面变形以及交互作用力信息也是值得开展研究的。

2.3 软支承面下车辆行驶的稳定性控制

现阶段,道路环境下的车辆稳定性控制技术的应用,已经大大提高了车辆在道路环境下的行驶性能。针对极地冰雪环境探索、火星表面行驶、沙滩作业等应用场景下的车辆性能要求,与道路环境下有着较大的差别。极地低附着、火星表面松散土壤颗粒等极端环境,使得车辆极易出现不稳定的行驶状态,提前预测车辆的行驶状态来规避潜在的风险,对此类应用场景下的车辆行驶稳定性有着巨大的作用。软支承面的压力沉陷特点对车辆纵向、侧向运动有着较大的影响,考虑压力沉陷和车辆未来状态的控制方法,可以极大提高车辆的通过性、机动性。

综上所述,为提高车辆在软支承面下通过性能,从软支承面构成介质的力学特性出发,研究车辆推进机构与软支承面的交互作用特性,进而优化推进机构的结构,建立软支承面下的车辆动力学预测模型,探索不同类型地面下的车辆动力学边界,研究考虑车辆在软支承面压力沉陷的车辆推进机构设计及其行驶控制方法,对极端环境下特种越野车辆的研究和开发具有重大意义。

3 科学问题研究进展

现有的文献主要对软支承面介质的力学性能和推进机构在该松软介质中的交互作用力的研究,车辆在松软介质中的动力学特性的研究多是对现有车辆在离散元/有限元地面介质中的宏观动力学特性进行数值仿真,针对软支承面下的车辆行驶控制方法研究也鲜有文献报道。

在软支承面介质的力学性能研究中,美国寒区研究与工程实验室(CRREL)与美国陆军工程兵团于20世纪80年代前后对雪的力学性能做了大量的实验研究,形成系统的实验报告。作为一种由冰晶和空气组成的多空隙材料,它的宏观力学特性受环境温度、雪微观结构等众多因素的影响,密度是影响雪力学特性最主要的因素。载荷作用下的雪经常会表现出明显的塑性特性。Shapir 等人通过试验测得到了不同雪密度下的弹性模量泊松比的范围,在 100 ~ 900kg/m^3 的密度范围内,雪的弹性模量的变化超过了 4 个数量级,且雪的弹性模量是雪密度的非线性函数。300 ~ 400kg/m^3 密度范围的雪可以代表车辆行驶的大部分初雪环境,低于此密度的雪对车辆行驶在雪中的宏观力学性能影响较小,所以常取该密度范围内的雪进行研究。R Perla 等人用剪力框架室外试验和旋转叶片装置进行雪的剪力试验,得到了雪的剪力屈服强度和温度、雪密度之间的关系。Blaisdell 等人进行了环剪仪和轮胎在雪中的剪力变形试验,这些试验确定了应用于雪的 Drucker-Prager 塑性材料模型的内聚力和内摩擦角的取值范围分别为 3.2kPa ~ 72kPa 和 15.2° ~ 22.5°。Abele G 等人对雪进行的压缩试验确定了密度为 200kg/m^3 的雪的材料硬化参数,用来表征雪在产生塑性体积应变后的材料硬化特性。

月壤是由一些矿物碎屑、结晶岩碎屑、各种玻璃等物质组成的厚度不均的粉状风化物质。在 Apollo 和 Luna 探月计划中,宇航员对月壤样品进行了采样。科学家根据月壤样品的颗粒度大小进行的分级筛选,将颗粒度大于 1cm 的样品称之为月岩,颗粒度小于 1mm 的部分称为月尘,颗粒度小于 1cm 的样品称为月壤。月球探测车与月壤的交互作用机理,同车辆与雪壤的交互作用机理一样,对月球车的行驶性能有着决定性的影响。日本京都大学的 Takayuki 和 Hiroshi 等人基于土壤不连续特性,提出了一种土壤颗粒的微观离散元力学模型,并通过贯入试验测量和离散元数值计算的方法验证颗粒力学模型的精度和适用性。吉林大学的邹猛博士使用颗粒流程序细观分析了微重力条件下驱动轮与月壤相互作用关系,得出了驱动轮下月壤颗粒的运动轨迹、孔隙率变化、速度分布、接触力场等规律以及微重力条件下驱动轮的牵引性能。北京航空航天大学的李雯博士使用颗粒流程序细观分析了车轮月面牵引通过性的影响因素,并应用该仿真分析法探讨了不规则形状颗粒群系统的生成策略和模拟月壤颗粒的细观分析模型确定方法。2010 年,吉林大学对模拟月壤进行的制备和力学性能的实验研究,建立了应用于离散元数值仿真的月壤模型颗粒大小、内聚力、内摩擦角等材料参数和颗粒接触属性在内的月壤材料模型,通过建立轮壤交互作用力的离散元数值仿真与实验对比,进行月球车辆松软地面通过性的研究。

在车辆推进机构与软支承面的交互作用研究中,CRREL 结合早期外场实验,拟合了雪的塑性材料有限元模型,用于车轮与雪壤的交互作用力数值仿真。Robert B. Haehne 等人经过对不同雪硬度下的试验数据进行分析,确定了相同密度下软雪和硬雪的弹性模量、硬化参数等塑性材料数据,并设计圆盘加载试验进行两种材料参数的验证。Sally Shoop 对轮式车辆在雪中的行驶阻力、下陷量等交互特性进行了数值仿真,并与试验车辆进行了数据比较,各项仿真指标与试验数据有着较高的拟合度。Jonah H. Lee 对车轮与雪壤交互作用下的雪的应力分布、接触作用力做了有限元仿真,通过不同滑移率下的实车试验,发现车辆的运动阻力、轮胎下陷量以及纵向刚度的仿真结果与试验值的拟合度较高,牵引力模型拟合度较差。

以轮胎模型作为道路环境下的车辆动力学特性研究的基础,已经发展出计算简单、拟合精度高的半经验模型,如魔术公式、Unitire 统一模型。但车辆推进机构与软支承面之间的交互作用力与道路环境下的交互作用力有所区别。如车辆在软支承面上有较大的下陷量时,推进机构未压实地面对车辆的纵向、侧向动力学行为有着较大的影响,车辆转向时的载荷转移又会加剧车辆一侧的地面下陷,从而减小车辆的稳定性边界。如何建立考虑松软地面压力沉陷特性下的车辆动力学预测模型和典型的软支承面行驶环境,将成为未来软支承面车辆动力学行为研究的基础,且该方面的研究在国内外鲜有文献报道。2011

年前后，Jonah H. Lee 在阿拉斯加进行的车辆与雪壤环境的交互作用力实车试验用来对雪壤环境下的车辆行驶性能的数值仿真模型进行验证和优化。2020 年，意大利学者 Cutini，Maurizio 等人在芬兰对冬季轮胎进行实车试验，重点研究车辆牵引性能的试验方法，文章旨在开发改进的测试设施和轮胎-冰面的交互作用模型。在刚性轮、充气轮胎和履带等典型推进机构以及其他新型推进机构与软支承面交互作用为基础的车辆动力学和控制技术将会成为未来主要研究方向。

主要参考文献

[1] G L Blaisdell, Richmond P W, Shoop S A, et al. Wheels and tracks in snow: validation study of the CRREL shallow snow mobility model[J]. U. S. Army Cold Regions Research and Engineering Laboratory, 1990.

[2] R Alger, Osborne M. Snow characterization field data collection results[J]. Keweenaw Research Center, 1989.

[3] H Nakashima, H Fujii, A Oida, et al. Parametric analysis of lugged wheel performance for a lunar micro rover by means of DEM[J]. Journal of Terra-mechanics, 2007, 44: 153-162.

[4] 邹猛，李建桥，贾阳，等. 月壤静力学特性的离散元模拟研究[J]. 吉林大学学报. 2008, 38(2):383-387.

[5] 李建桥，邹猛，贾阳，等. 月球车轮与月壤相互作用动力学模拟研究[J]. 农业机械学报，2008，39(4):1-5.

[6] 陈斌. 基于模拟月壤的轮壤关系研究[D]. 吉林：吉林大学，2010.

[7] J. H. Lee, D. Huang, T. H. Johnson, et al. Slip-based experimental studies of a vehicle interacting with natural snowy terrain[J]. Journal of Terramechanics, 2012, 49(5):233-244.

[8] J H Lee. Finite element modeling of interfacial forces and contact stresses of pneumatic tire on fresh snow for combined longitudinal and lateral slips[J]. Journal of Terramechanics, 2011, 48(3):171-197.

[9] M Cutini, M Brambilla, P Toscano, et al. Evaluation of drawbar performance of winter tyres for special purpose vehicles[J]. Journal of Terramechanics, 2020, 87:29-36.

[10] 闫清东，科蒂耶夫，魏巍，等. 极地车辆车轮与雪壤交互作用模型研究综述[J]. 车辆与动力技术，2021(04):55-62.

撰稿人：魏巍(北京理工大学)

特种重载车辆队形重构与分布式协同控制

Special heavy-duty vehicle platoon reconstruction and distributed cooperation control

1　科学问题概述

作为常用陆地机动装备的重载特种车辆承载质量大、轴数长且结构较为复杂，需具有运载能力强、运输速度快、对路面破坏小等特点。不仅需要单车独立作业能力，必要时也需要通过多车编队或拼接一体化，完成更复杂的作业任务。由于野外非结构化环境具有不确定性，如沙漠、沼泽、荒野、崎岖山路等恶劣道路，重载特种车辆需具备优良的机动和可靠性能。如何利用电动化、智能化和网联化助力重载特种车辆的安全性，拓展其功能性和适应性，提升战场生存能力，从而完成特定的应急救援、战场运输、后勤支援任务，仍有一系列关键科学问题需要研究。多车协同控制是重载车辆实现高机动作业的必由之路，需要在新理论、新方法和新技术方面突破技术瓶颈，以及不同学科的交叉融合应用。

1.1　平稳作业约束下适应非结构化环境的队形重构动力学机理

考虑复杂多变的非结构化环境、车辆动力学/运动学特性、车车通信的错误时滞影响，以及动态平稳作业的任务需求，需要探寻满足队形重构条件的动力学极限。通过分析重载车辆队列的动力学特性机理，定量的厘清队形重构边界，建立面向不同任务和地形进行队列拓扑优选模型是有待解决的关键科学问题之一。

1.2　车队多智能体分布式协同控制

对于各个车辆独立运载时，需要研究基于分布式架构的多智能体协同编控制策略，实现协同避撞和队列运行。多车自动编队行驶功能包括多辆汽车组成的编队以期望的车速和几何队形建立并保持编队运动、满足特定任务的队形快速变换、编队避撞等。针对目前存在的队形变换灵活性、编队决策智能性差等问题，需要进一步提高多车编队的机动性和安全性。研究适应不同编队需要的模型驱动、数据驱动或这两者混合驱动的多车分布式协同决策和控制方法，实现重载特种车辆类人、高效的运载作业任务值得探讨的关键科学问题之一。

1.3　重载车队状态参数自适应辨识与协同匹配

重载特种车辆既可以分散成独立的驱动模块独立作业，也可以结合成一个整体系统，实现更为复杂的重载作业任务。因此，对于重载特种车辆结构特性、连接方式和通用接口提出了更高的要求。由于重载车辆质量大、尺寸长、响应慢，需要研究由于车辆状态参数的动态变化对车队拓扑架构的影响，建立配置可重构的车队系统动力学模型。建立上层感知和车辆下层控制之间更为紧密的耦合模型，尽可能利用车载传感器信息实现多车状态参数的主动辨识、自适应补偿和协同匹配，是实现车辆纵/横/垂向耦合动力学控制的基础。考虑到重载特种车辆系统组成复杂，如何在感知或通信部分失效情况下，依靠他车或自身冗余的感知冗余信息获得环境信息并更新自身状态参数，最终完成车辆冗余控制模式下的预定任务是有待研究的关键科学问题之一。

2 科学问题背景

特种重载车队已从传统的辅助跟车驾驶系统转变为以“智能化，网联化”为全新特征的分布式协同无人驾驶系统。特种重载车队的发展也从原来的被动跟车控制，扩展到多车系统分布式运动控制、生态式协同控制、多智能体集群运动控制等方向，呈现出鲜明的多领域的交叉与融合技术特征。同时，特种重载车队智能化的发展也面临着诸多挑战，如非结构化环境、车辆动力学特性的异质性、切换通信拓扑、在干扰时滞下多车队列稳定性等。这些挑战造成现阶段的智能车队难以适应复杂道路环境，易陷入恶劣行驶环境感知难、自主集群协调行驶决策难、复杂运行路况控制难等困境。通过深度学习与大数据建模，虽在一定程度上能提高特种重载车队的智能行驶水平，但未能全面揭示给予智联网特种重载车队系统的底层逻辑和物理内涵，未能充分解析智联网特种重载车队各要素的基本属性与运动规律，尚未突破高度不确定与复杂化场景下智能自主集群协同决策与控制瓶颈，这些关键问题制约了特种重载车队智能化水平提升，成为其智能化安全落地的重大障碍。为促进智能特种重载车队系统逐步实现本质安全，亟待挖掘智能车队系统发展背后的科学问题与物理机制，发展得以扩展智能车辆通用性、智能性、安全性、鲁棒性的新理论、新方法和新技术。

非结构化环境的要求和上装运载尽可能平稳的限制，需要将特种重载车辆由传统的平面运动扩展多车协同的纵-横-垂向耦合运动，这意味着运动自由度和控制难度将大幅提升。因此，需要考虑来自地形不平度限制和重载车辆运动学/动力学的约束，研究多车队列拓扑重构的机理模型和极限边界；同时，由于重载特种车辆结构组成复杂，需要考虑在恶劣环境下利用机器备份，在远程遥控或自主驾驶下安全完成设定的运输任务。特别在车载传感器或通信设备部分失效情况下，提高车辆在性能降级模式下的协同控制能力尤其十分必要。

车编队行驶时，如何基于车联网实现灵活的队形变换，便于完成避撞和特殊功能，需要深入厘清背后的分布式控制机理。目前，人工智能和机器学习是场景建模与语义理解的有力工具，对解决无人车队决策规划问题有所帮助。强化学习在智能体与环境交互中寻找一种状态到动作的映射,通过试错最大化长期奖励达到学习的目的。因此,可将多智能体的强化学习应用于多车编队的分布式控制中,当编队车辆由基于模型的最优控制转为数据驱动的自学习控制,可提高拟人化决策控制的智能程度。

重载特种车辆,既需要单独分布式运载,有时也需要统一成整体运载特大型物体,因此,根据任务可拼接、可分散的车辆构型十分重要,有助于车辆运输的灵活性和机动性。面向非结构化环境,泛化车队列中同质/异质车辆的标准化接口,离不开重载车队列可重构动力学建模和状态参数辨识。由于重载汽车空载、满载质量变化大,重心、尺寸参数也随行驶工况急剧变化,驱动、制动、转向等执行机构响应延时大,因此需要融合感知传感器和车载传感器信息,对车队中的重载车辆进行多车状态参数实时辨识和补偿。

3　科学问题研究进展

随着现代汽车智能化和网联化的发展,整合了无线通信、先进车辆控制、复杂环境感知和自主决策等先进技术的多车队列控制在未来汽车核心技术中所占的比重会越来越大。当前,美国、日本和欧洲等世界主要汽车强国和地区在多车队列控制方面已开展了诸多研究工作。基于车车通信的智能协作自适应巡航控制系统,即 CACC (Cooperative Adaptive Cruise Control)系统问世,在队列纵向控制方面,可以减小车辆间距,提升队列稳定性。尤其对于大型商用车队而言,还可以实现很好的节油效果。此后,掀起了关于车辆编队行驶的研究热潮。相对欧美等发达国家和地区,我国智能车队发展起步较晚。2009 年,国家自然科学基金委员会举办"中国智能车未来挑战赛",吸引多个高校和研究机构参与,为自动驾驶技术的交流和发展起到了良好的促进作用,同时,工信部、科技部、交通运输部等国家部委都以不同的方式支持智能汽车的发展。近年来,车辆队列控制的研究热点也从 CACC 的一维纵向控制转向车辆二维的纵/横向运动控制。其中,最常用的动力学模型是跟随领航者模型,在智能汽车、无人机和移动机器人领域被广泛应用。车辆跟随法使队列中车辆的横向动力学之间耦合,这可能会导致队列的横向动力学不稳定,且横向误差随着队列增长而增加。对于控制系统稳定性分析,目前常用的判定方法有 Lyapunov 稳定性分析方法、H_∞ 控制理论和结构奇异值理论。

此外,随着"机器人革命"有望成为第三次工业革命的战略观点的提出,在中国乃至全世界掀起了一场机器人的研究热潮。工信部发布的《工业和信息化部关于推进工业机器人产业发展的指导意见》政策出台使得工业机器人,特别是重型物流自动导引车 AGV (Automated Guided Vehicle),已形成一个完整的产业链,其市场规模不断扩大。其中,2016 年 KUKA 公司创新研发了 AGV 协同机器人以及多 AGV 联动的矩阵式生产概念,推出一款全向移动智能重载 AGV—omniMove,它可以多车拼接以获得加长负载效果,整体能够在极小空间内以毫米级精度运输高达 90t 重的飞机部件。2018 年,西飞公司针对模块化柔性飞机装配生产线设计了一种通用型 AGV,其采用四组操舵驱动轮实现全向移动,可以方便适用于机翼、机身等各类大部件装配工装的背负移动,对于大型工装可以采用多台 AGV 联组移动,从而将厂房面积缩小了 38% ,并将自动化制孔设备闲置率降低了 40% 。同时对于复杂应用场景,多机器人集群协作逐渐成为提高任务执行效率的最有效途径,以集群编队行驶进行特定任务已经实现。早在 1994 年,日本名古屋大学研制一种动态可协同运动的多机器人系统 CEBOT,采用去中心化的分布式设计,将各机器人按照具备的功能划分为不同的子单元,子单元之间可以进行组合协同,提高了多机器人的灵活性,自适应能力和可扩展性强,能够高效完成任务。2018 年,京东物流自主研发在物流仓库的多移动机器人智能协同控制系统,各移动分拣机器人独立集成了物联网、视觉检测、协同决策规划等技术,并作为物流无人管理系统中最小的作业单元,其大量出现在数万平方米的物流仓库中并替代人完成货物的出入库、搬运及分拣工作,单日分拣量达到 20 万单以上,实现管理无人化、运营高效化和决策智能化。

伴随着人工智能技术的普及应用,环境感知、智能决策、控制执行、车路协同技术、高精度地图与定位及智能测试评价技术产生重大突破,传统车队正加速向新一代智能车队迈进。智能车辆队列基于互联通信技术的自动驾驶协同控制系统,相对传统单车控制其优势在于控制系统作用对象为组群网联车辆队列,凭借协同控制系统与多传感器信号高效读取与反馈协作保证安全跟车行驶。常用的车辆编队协同控制方法包括:人工势场法、虚拟结构法、模型预测控制、图论、多智能体强化学习等。在车辆队列安全稳定行驶基础上,加以功能性决策设计,可以有效在面对复杂非结构化环境时提高运输通过效率。

通过搭载先进的车载传感器、控制器、执行器等装置,并融合现代通信与网络技术,智能特种重载车队可实现车与 X(人、车、路、后台等)智能信息交互共享,具备复杂的环境感知、智能决策、协同控制和执行等功能,可实现安全、高效行驶。在通过无线通信网络连接组成的多车系统中,车辆队列可基于车车通信和车路通信获取通信范围内其他网联车辆和道路的信息,并利用该信息进行分布式的决策与控制,从而实现整个系统的协同控制。在分布式队列控制中的每辆车均具有独立的控制器,车队中任意车辆退出均不影响编队重组,因此,分布式控制在节点数量众多、道路环境复杂的智能车辆编队中相比集中式控制应用更为广泛。在多车系统的分布式协同控制过程中,网联车辆、通信网络和行驶道路的特性均会对整个系统的性能产生重要的影响,特别是要充分考虑重载车辆的动态响应特性和面对的非结构化道路环境设计车队控制策略。

主要参考文献

[1] Wilko S, Javier A, Daniela R. Planning and Decision-Making for Autonomous Vehicles[J]. The Annual Review of Control, Robotics, and Autonomous System, 1, 2018: 187-210.

[2] Zheng Yang, LiEben Shengbo, Wang Jianqiang, et al. Stability and Scalability of Homogeneous Vehicular Platoon: Study on the Influence of Information Flow Topologies[J]. IEEE Transactions on Intelligent Transportation Systems, 2015, 17(1).

[3] S Shalev-Shwartz, et al. Safe, Multi-Agent, Reinforcement Learning for Autonomous Driving [J/OL]. arXiv:1610.03295v1, 2016.

[4] Li JN, Sun LT, Tomizuka M, et al. A Safe Hierarchical Planning Framework for Complex Driving Scenarios based on Reinforcement Learning[C]. 2021 IEEE International Conference on Robotics and Automation (ICRA), 2021.

[5] 吴超贤. 装有液力缓速器的重型车车队协同控制策略研究[D]. 武汉:武汉理工大学, 2020.

[6] Rajamani R, Tan H, Law B K, et al. Demonstration of integrated longitudinal and lateral control for the operation of automated vehicles in platoons[J]. IEEE Transactions on Control Systems Technology, 2000, 8(4): 695-708.

[7] Dey K C, Yan L, Wang X, et al. A Review of Communication, Driver Characteristics, and Controls Aspects of Cooperative Adaptive Cruise Control (CACC)[J]. IEEE Transactions on Intelligent Transportation Systems, 2016, 17(2): 491-509.

[8] Bernardo M, Salvi A, Santini S. Distributed Consensus Strategy for Platooning of Vehicles in the Presence of Time-Varying Heterogeneous Communication Delays[J]. IEEE Transactions on Intelligent Transportation Systems, 2015, 16(1): 102-112.

[9] Xu L, Zhuang W, Yin G, et al. Modeling and Robust Control of Heterogeneous Vehicle Platoons on Curved Roads Subject to Disturbances and Delays[J]. IEEE Transactions on Vehicular Technology, 2019, 68(12): 11551-11564.

[10] 周世正. 基于深度强化学习的多机器人协同导航[D]. 杭州:浙江大学, 2019.

撰稿人:杨波(武汉理工大学)　裴晓飞(武汉理工大学)　于良耀(清华大学)
吴学雷(北京航天发射技术研究所)　王旭(中国人民解放军某部)

特种车辆高功率密度动力系统极端环境适应性设计

The theory of high-power density system design for special vehicles based on extreme environmental adaptability

1　科学问题概述

随着特种车辆技术的进步,其动力系统正不断向着小型化、集成化、高功率密度化的方向发展。同时特种车辆的应用范围也随着国家的建设不断向环境条件更加极端的区域,如极寒、高原、高热和高湿的区域扩展,对其动力系统的环境适应能力提出了更高的要求。此外,移动载具的电子化和信息化水平提升,也要求其动力系统的能量输出模式更加多元化和灵活化。然而目前针对特种车辆动力系统的研究主要集中在其功率密度和排放性能的改善上,对于极端环境的适应性研究才刚刚起步。为提高特种车辆动力系统的极端环境适应性,攻克极端环境下动力系统快速起动、稳定运行、多元能量输出等关键技术,在新理论、新方法和新技术方面突破技术瓶颈,一系列关键科学问题有待研究。具体可以分为如下三部分内容：

1.1 低环境热密度燃烧理论与缸内稳定着火机制

高功率密度动力系统目前主要依赖高强化柴油机作为动力来源,其高原或高寒工况下缸内充量密度和温度的降低均会导致燃油喷雾所处的环境热密度降低,从而使着火和燃烧过程恶化。尤其是在低温下,燃油喷雾的着火过程从简单的单阶段着火转变为复杂的、存在负温度系数区域的双阶段着火,以及低密度下的高当量比燃烧过程,均降低了动力系统在高原和高寒工况下的动力输出水平和稳定性。目前从燃烧动力学角度对低温及低空燃比下的缸内着火与燃烧过程影响尚不充足。因此,科学、准确地阐明缸内低温动态失火机理、阐释低密度氛围的燃烧动力学机理及其恶化机制、摸清缸内稳定燃烧的边界条件和优化方法是目前亟须解决的关键科学问题之一。

1.2 高原高寒环境润滑系统多相流动与润滑机理

高功率密度动力系统的在极端环境下的工作性能受到缸内热力状态、整机阻力矩以及电池容量等多种作用的耦合影响。在低温环境下机油黏度升高和在高原环境下机油气化空穴导致的润滑失效是制约整个动力系统环境适应能力的另一主要因素。受限于低温低压环境下润滑管道出现的两相流和低温高黏流体润滑机理的研究较为薄弱,目前对极端环境下整机层面多因素动态耦合作用的影响研究较少。因此,科学、准确地阐明低温低压环境下的多相流动与润滑机理、建立相应的流体机械设计理论、提出满足极端环境应用的润滑系统边界条件是目前亟须解决的关键科学问题之一。

1.3 极端环境能流耦合机制与高效能量管理方法

高功率密度动力系统在极端环境下的热力和动力氛围构建所需功率大,又根据不同部件的空间、结构要求在极端环境下对加热或制冷方式的要求不同。同时,在低温环境下车载蓄电池的电容量和放电能力大幅度衰减,也制约了动力系统的工作能力。因此,如何科学、准确地分配极端环境下辅助系统的能量和流体工质分配、实现极端环境下有限能量的高效利用、并提出一种能实现动力系统废热高效换热与轴功多元能量稳定输出的综合能源供应系统设计方法，成为目前亟待解决的关键科学问题之一。

2　科学问题背景

近年来，乘用车向着混动化、智能化方向不断发展，同时特种车辆对驱动功率和电能供应需求也持续提高，对动力系统高功率密度化水平的要求不断提高，导致其在低温和高原环境下的起动与驻车供能问题日益凸显。目前解决动力系统冷和高原起动问题的途径主要围绕提升动力舱温度和进气温度上，无法摆脱对蓄电池电能供应的依赖，严重制约了动力系统的环境适应能力和驻车模式下动力系统电能输出的能力。亟须针对特种车辆动力系统极端环境适应性进行研究，建立一套完备的设计理论。目前主要存在以下三个技术瓶颈：

2.1　低环境热密度燃烧理论与缸内稳定着火机制

动力系统的起动过程涉及缸内气体流动、喷雾着火、热功转换和动阻力矩匹配等多个复杂过程。低温或低大气压力环境会导致整机充量工质状态、缸内热力氛围建立、喷雾雾化燃烧、工质能量损失和运动副阻力等多个因素发生变化，导致整机的着火、起动以及转速升高过程变得十分复杂。现有的研究结果集中在低温或低密度稳态环境下缸内失火机理上，对整机层面缸内临界着火热力氛围确定、动态滞燃期对着火成功率的影响以及整机动阻力矩匹配层面的研究涉及较少，鲜见考虑整机从火焰产生到做功克服阻力矩的系统性研究。

2.2　高寒环境润滑系统多相流动与润滑机理

低温环境下机油黏度的显著升高不仅使各个润滑副的运转阻力明显增大，还会引起机油泵处出现机油吸空、机油压力失稳等故障，从而导致低温下整车阻力矩急剧升高，转速攀升困难，甚至熄火。在高原环境下，由于环境大气压力的降低，机油流动过程中会出现空化现象，在管道内形成多相流现象，造成机油压力波动和润滑副机油供应断续等问题，同样会导致起动过程动阻力矩失衡，严重制约了特种车辆动力系统对高原环境的适应能力。目前对这些极端环境下多相流动和润滑问题的研究较为缺乏，也未构建起极端环境下满足动力系统正常运转的临界许用条件体系。

2.3　极端环境能流耦合机制与高效能量管理方法

提高进气、冷却水和润滑副温度是目前解决特种车辆动力系统低温冷起动问题的主要方式。目前主要采取进气火焰预热、进气电加热、缸内电热塞加热以及冷却水加温锅加热等措施对进气和冷却水进行加温。这些措施均需要消耗电能以保证辅助装置的持续运行。然而,在低温环境下,车载蓄电池的电容量衰减十分严重,显著制约了加热机构的加热功率和持续时间,从而限制了柴油机的冷起动性能。目前针对高原环境下的起动和低转速工作性能的研究较为欠缺,采用电涡轮是一种较为可行的技术手段,然而此技术仍然严重依赖电池的电能供应能力。此外,随着特种车辆的电子化、信息化水平提高,在原地驻车阶段车载电子信息设备工作和乘员舱环境保持均需要消耗电能。传统以柴油机发电提供电能的方式,耗油量和噪声较大,限制了特种车辆的使用范围。同时上述辅助措施均是根据各个零部件单独设计、匹配,系统结构复杂、零部件数量多、存在能量冗余和效率低下的问题。

3　科学问题研究进展

3.1　低环境热密度燃烧理论与缸内稳定着火机制

目前,研究主要围绕在低温稳态环境下柴油喷雾着火特性及临界热氛围的确定方面。研究人员在定容燃烧试验装置上模拟柴油机压缩上止点时刻缸内的温度和压力,在稳态环境下进行燃油的喷射,并观测其着火过程,从而提出柴油喷雾在不同环境热氛围下的滞燃期以及临界着火条件;也有通过试验和仿真相结合的方法对临界着火温度附近柴油喷雾的着火过程进行研究,获得了不同关键组分和双阶段着火过程的转化机制随不同热氛围以及喷射策略的变化规律。高原环境下着火过程的研究与低温着火类似,采用的补偿措施主要是面向大负荷和高转速工况对进气增压系统进行改善,而针对增压器高效工作区间以外的功率损失机制与功率恢复方法的研究较少。近年来,电涡轮的出现给起动和低转速工况下的高原功率恢复提供了可能,但仍然缺乏低转速和低空燃比下的燃烧过程研究以及针对高原工况起动和低转速下的增压匹配设计方法研究。另外,在实际发动机中,缸内热力氛围时刻发生变化,喷雾着火过程实际上发生在动态热力氛围下。对于动态滞燃期的研究刚刚起步,针对实际发动机中动态热氛围下的着火过程以及临界着火条件的研究还比较少见。

3.2　高原高寒环境润滑系统多相流动与润滑机理

目前围绕低温下机油流动性能的研究仍聚焦在低温流体黏度特性研究和改进剂对机油低温流动性能的提升上,而对于机油泵低温吸空、主油道流动阻力和关键润滑副低温润滑失效机理的研究尚为欠缺。对于低压下的机油空化和管道内两相流问题的研究也鲜有报道。此外,缸内成功产生火焰并不意味着发动机能够成功起动。缸内燃烧产生的压力需要克服来自缸套、主轴承、供油系统、配气系统等运转部件产生的阻力矩,并在较短时间内使发动机的转速升高到怠速转速,才标志发动机起动成功。因此,需要综合考虑缸内的做功能力和整机阻力矩的匹配关系,才能够保证发动机顺利起动,而目前关于这一方面的研究还比较缺乏。

3.3 极端环境能流耦合机制与高效能量管理方法

目前国内对进气和机体采用了两套独立的加热机构,结构复杂,工作稳定性差,且需要持续耗电。而对于未来移动载具,不仅需要高度紧凑的结构设计,还需要在驻车状态下实现热量、冷气、电能的联合输出。国外目前采用的小型发动机辅机技术只需要少量电能输入以起动辅机,就能基本实现热量和电能的持续稳定输出。对于车载蓄电池的低温容量衰减问题,已有学者通过电池内部局部短路的方式实现了电池核心温度的快速升温和容量的快速恢复。而对于制冷的需求,尤其是应用于高冲击载荷的特种车辆上的制冷设备则始终是一个技术瓶颈。目前虽然针对动力系统各个零部件处的极端环境工作条件保障均有较为成熟的方案,但是针对不同环境条件和应用场景下各个零部件对温度、压力的要求并没有成体系化的理论支持。同时,各个零部件分别采用了独立的解决方案,存在着大量的冗余结构和能量浪费现象。目前,仍然缺乏实现动力系统准确、高效能流分配以及高效热管理方面的研究。

主要参考文献

[1] Dinesh K, Murugesan L, Nagarajan M, et al. Experimental Investigation of Six Cylinder Turbocharged Di-Diesel Engine ColdStartability [C]. SAE Technical Paper Series, 2014-01-1372.

[2] Dardiotis C, Martini G, Marotta A, et al. Low-temperature cold-start gaseous emissions of late technology passenger cars [J]. Applied Energy, 2013, 111: 468-478.

[3] Lippert A M, Stanton D W, Rutland C J, et al. Multidimensional simulation of diesel engine cold start with advanced physicalsubmodels [J]. International Journal of Engine Research, 2016, 1(1): 1-27.

[4] Manabu H, Toru N, Yoshihiro I, et al. Improvement of Combustion Stability under Cold Ambient Condition by Mixture Control [J]. Sae International Journal of Engines, 2013, 6(2): 1021-34.

[5] 莫玮,鄂加强,赵延明. 严寒条件下车辆柴油机冷启动性能研究[J]. 内燃机工程, 2002, 23(5): 3.

[6] 王忠,叶飞飞,马金荣,等. 柴油机冷起动阻力矩试验研究[J]. 车用发动机, 2008, 000(002): 10-13.

[7] 刘海斌,史建锋,苗秋露,等. 大功率军用柴油机起动加温器[P]. CN201241781Y[P]. 2009.
[8] 王英如,杨良均. 柴油机电加热器[J]. 拖拉机,1992(5):2.
[9] 王涛. PTC柴油机进气预热器的使用及常见故障排除[J]. 汽车科技,2000(1):3.

撰稿人:黎一锴(北京理工大学)　李耀宗(中国北方发动机研究所)
诸葛伟林(清华大学)

水陆两栖车辆水陆融合动力学特性与作业控制

Dynamics with the land and water interactions and operation control of amphibious vehicles

1　科学问题概述

水陆两栖车辆是一种能兼具水上航行和陆上行驶的特种车辆,需要融合水陆两种动力特性,其发展涉及车辆动力学、船舶力学、流体力学、材料学、自动控制、导航和机械等多个学科。水陆两栖车辆近年来在不断向着多样化、高速化、无人化和智能化发展,特别是我国对于应急管理和灾害救援的迫切需求,对水陆两栖车辆提出了在特殊和复杂极端环境下的水陆两栖应用问题。目前对水陆两栖车辆的研究,更多集中在军事领域中的应用,为拓展水陆两栖车辆在国民经济建设,尤其是抢险救灾领域的复杂极端环境下的需求,需要提出极端复杂环境的动力学模型,研究特种作业环境下的控制方法,建立满足水陆极端环境融合作业需求的两栖车辆总体设计方法。针对水陆两栖车辆面临着在复杂水陆作业环境的识别和在该环境下的作业控制,尤其是涉及水陆两栖车辆水陆融合动力学与水下作业控制等关键问题,需要形成水陆两栖的新理论、新方法和新技术。具体可以分为如下三部分内容:

1.1　如何建立水陆两栖车辆在复杂水陆环境下的动力学模型

动力学模型的构建是研究两栖车辆在特种作业环境尤其是复杂水陆交界地带中运动特性的基础,模型构建的有效性和准确性直接影响车辆运动控制和作业控制策略。两栖车辆在水陆相互融合环境中的运动建模问题非常复杂,在建模中首先需要考虑陆地行驶尤其是沙滩礁石等地行驶动力学的需求,同时受非线性流体动力的影响,水陆两栖车辆受到的驱动力、外界作用力、浮心等参数时刻变化,车辆的作业性能直接由其控制系统的自适应性和鲁棒性决定。因此在系统设计中,须考虑车辆在复杂水陆环境下的动力学特性和作业需求等多种因素。在复杂水陆环境以及出入水过程中，车辆面临高非线性、强干扰和模型参数多的挑战，因此，如何建立水陆两栖车辆在复杂水陆环境下的动力学模型是目前亟须解决的关键科学问题之一。

1.2　如何建立水陆两栖车辆在特种作业环境下的控制方法

目前，水陆两栖车辆技术的发展面临诸多挑战，如长续航能力、作业控制技术、导航定位技术、环境识别技术等。在诸多挑战之中，水陆两栖车辆特种作业环境下的控制方法和技术则是其未来发展的关键所在。不同于陆上汽车或水面船舶等单一工作场景对象，水陆两栖车辆在此基础上还面临着水陆转换的问题，水陆转换和跨介质需要非常精密的操控方法，需要根据工作任务实现水陆全场景工作模式的实时转换，能够实现陆上、水面和水下作业控制功能。目前常用的控制方法是比例积分微分（PID）控制技术，算法简单且容易实现，但不足之处在于其参数整定过程烦琐，且对两栖车辆这种非线性控制对象控制效果不甚理想。因此，研究具有高效、准确、强鲁棒性等特点的作业控制方法，是实现水陆两栖车辆在应急救援、浅海、岛礁等场景下甚至自主无人的环境下完成水面、水下以及陆上作业任务的重要保障。

1.3　如何建立满足水陆融合作业需求的两栖车辆总体设计方法

受到波浪、洋流、风速的影响，水陆两栖车辆在高速航行过程中的稳定性将会受到复杂的水动力学的作用。两栖车辆不同于船舶或水下航行器，需要同时满足陆上和水上的运动需求，其总体设计不能够完全根据水动力的需求进行设计。两栖车辆总体涉及总体外形、总体布置、载体结构和主要系统的相互匹配关系。两栖车辆的总体外形和总体布置是其总体设计需要解决的重要问题，是设计者根据水陆两栖车辆使命任务和战术技术性能指标要求选择和设计的，需要兼顾其水面、水下和陆上机动的整体集成技术，考虑车辆的结构形式和材料、航行性能、工作深度以及任务载荷的使用要求和性能等。因此，如何建立满足水陆融合作业需求的两栖车辆总体设计方法是目前亟须解决的关键科学问题之一。

2　科学问题背景

随着全球气候变暖，我国自然灾害风险进一步加剧，极端天气趋强趋重趋频，台风登陆更加频繁、降水分布不均衡导致发生洪涝，特别是城市的洪涝灾害和次生灾害，对特种水陆两栖车辆的研发和应用提出了一系列的问题。为了适应洪涝区域车辆在复杂水陆交界环境下的运用，需要建立动力学模型；为保障在地下水淹环境的应急救援、深海、远洋等环境下完成水面、水下以及陆上作业任务，需要提出特种作业环境下的控制方法；为了满足陆上和水面环境的应用需求，需要建立满足水陆融合作业需求的两栖车辆总体设计方法。面向应急救援等极端复杂环境的需求，发展水陆两栖车辆这种特种装备，还存在以下三个技术瓶颈：

2.1 两栖车辆在复杂水陆环境下的动力学模型不清

两栖车辆在水陆交界和水中环境工作时不同于陆上，其运动包括6个不同方向的自由度，具有高度非线性、时变、强耦合的特点；而且还面临流体动力学参数不确定、波浪和海流对其进行扰动，航行过程中的重心和浮心变化等问题，因此，为了正确描述两栖车辆的行驶姿态，要建立能够准确反映两栖车辆姿态变化的动力学模型，在计算过程中该模型必须满足实时性和准确性的特点，能够对车辆受到的碰撞力、水动力以及动力系统需要输出的推进力等进行准确解算，指导控制系统完成作业控制。

2.2 两栖车辆在特种作业环境下的控制方法不准

现役水陆两栖车辆的安全航行与水下航行的操控是目前两栖车辆服役过程中面临的重要问题，例如：两栖车辆高速行驶过程中水动力特性尚未完全清晰，复杂水陆环境对两栖车辆安全行驶的影响机理尚不明确，两栖车辆的精确控制难以实现等。此外，两栖车辆在陆地、水下以及水陆交界面处具有不同的受力特性和运动学规律，必须要探索根据周围环境自动改变车辆模式的自适应转换方法。最重要的是，水陆两栖车辆的无人化是大势所趋，为了适应新时期的发展需要，必须要紧密围绕水陆两栖车辆，着力解决无人车辆的模块化设计、车辆水动力机理研究以及车辆先进控制策略研究，因此，系统地研究两栖车辆在陆地、水面和水中不同工作场景下航行时的受力特性和运动学规律，并提出一套高效准确的作业控制方法是当前亟待解决的难题。

2.3 水陆融合作业需求的两栖车辆总体设计方法不全

现有的两栖车辆均沿用“车下水”或“船上岸”的总体设计思路，兼顾水面、水陆融合和陆上机动的车辆总体设计方法是建立水陆两栖车辆时需要解决的重点研究内容。水陆两栖车辆是一种兼备水、陆双重行驶功能，可以完成水下探测、近海登陆等任务的特种作业车辆，在特有的地理环境中具有不可替代的作用。随着人工智能技术的飞速发展，以机器学习为代表的各种智能方法已拓展到航行器总体、水动、强度、结构设计等各个方面，极大地提升了设计效率和效果。为了实现水陆两栖车辆的自动控制，研究者需要将智能方法融合到两栖车辆全生命周期的各个设计环节，努力实现两栖车辆在水面、水下和陆上工作时对外部环境的智能感知与预测，进而通过多尺度、多学科以及多物理场建模融合的方法对工作过程中产生的各种数据进行分析，实现车辆的总体设计。

3　科学问题研究进展

针对水陆两栖车辆在复杂水陆环境下的动力学模型的研究，为了确切地描述水陆两栖车辆的运动状态，通常将车辆的运动分解为浮心的空间运动及其绕浮心的转动，因此需要选择合适的坐标系作为参考基准。目前，国际上主要有两大坐标定义：一种为国际拖曳船模水池会议（ITTC）推荐的坐标系定义，称为通用坐标系或 ITTC 坐标系；另一种为俄罗斯等国家流行的非通用坐标系定义，称为 CCCP 坐标系。这两种坐标系定义的不同之处在于坐标轴的方向不同，但是其所依据的原理是相同的。通常会利用运动方程组描述其运动过程，这是研究无人车辆水下运动、精确预报空间运动轨迹的基础。实际无人车辆运动是六自由度的，是相互耦合的，在计算时常采用分组解耦的方法。它将复杂系统分解为较为简单的几个系统，而掠取子系统之间的交联耦合作用。解耦子系统的维数即状态变量个数一般较少，这一过程通常也称为降维。对于水陆两栖车辆，把六自由度空间运动分解为纵向运动、侧向运动和横滚运动三个子系统是常用的简化方法。在一定条件下，简化研究方法在工程精度内是合理的。这种分解的前提是假设各个子系统之间无耦合，或耦合作用很小，可以忽略。另外，忽略其他运动自由度的影响，尤其在正横浪下研究单自由度水陆两栖车辆横摇运动和控制具有较强合理性和实际意义。

针对水陆两栖车辆在特种作业环境下的控制方法的问题，主要是针对自主水下航行器开展研究，控制系统通常分为底层自动控制软件和高层智能控制软件。底层自动控制软件用于对航行器运动和姿态进行控制，对自身状态进行检测，包括设定和指令装置、观测设备和传感器敏感元件、控制器、驱动机构等。高层智能控制软件则主要用于对航行器进行智能控制与决策，包括智能控制计算机、含有知识库的应用软件等。其作用主要是辅助操作人员或自主地定制航行器的任务规划或作业规划，对感知的外部环境信息进行处理，接受指挥人员的监控，发送自身状态信息或环境信息，向下一级发送指令。

对于自主水下航行器的控制，目前使用的方法有比例积分微分（PID）控制、自适应控制、模糊控制以及神经网络控制。其中 PID 控制是水下目标控制领域最具代表性的控制方式之一，但是对于两栖车辆这类复杂的控制对象而言，它无法满足设计要求，因此常与其他研究策略相结合完成控制任务。自适应控制器相比于经典控制器而言，最突出的特点为系统自身参数并不是一成不变的，而是依据输入输出数据变化，通过持续的在线辨识来优化自身系统参数，进而达到理想工作状态。由于自适应控制器能增强系统对外界干扰和车辆自身动力学特性变化的适应性，所以自适应控制十分适用于水陆两栖车辆这种工作环境复杂多变的控制对象。模糊控制的基础理论能够完成非线性任务，它具有显著的优点：响应迅速、方便规则修改等，在自主式水下潜航器的控制应用中具有较好的效果。

除此之外，国内外针对陆上车体的控制已经有了充分研究，但是对于水陆两栖车辆而言,不仅需要实现水中、陆上的多自由度控制,还需解决的最大问题是水陆交界面处工作模式的快速转换。这个问题国内外还未有专家学者进行研究,需要我们进一步去探索,实现在水陆交界面处车辆快速、准确地转换,进而根据工作任务实现陆上越野、水面悬浮与水下深潜等一系列功能,拓宽水陆两栖车辆的应用场景。

针对满足水陆融合作业需求的两栖车辆总体设计方法的研究,需要确定两栖车辆的综合技术参数与指标,选择车辆的主要总成类型及其应有的技术参数,以及总成各部件之间的互相连接方式等内容,完成驱动形式、部件选择、外形设计、部件布置等工作。对于水陆两栖车辆而言,最重要的环节就是实现两栖车辆在陆地和水中航行时的减阻提速,基于此目标,国内外展开的研究主要包括:可收放悬架技术、滑行艇体技术、喷水推进技术、动力水翼技术、动力气垫技术等。针对水陆两栖车辆,还需要设计水陆转换时的形态变换机构以及开展潜水方面的关键技术研究,如潜水工况下的密封技术、潜水状态下车辆的姿态控制以及如何实现车辆的潜浮等。两栖车辆既要考虑陆上行进的平稳性、快速性,又要考虑水中航行时的快速性、耐波性等问题,属于明显的系统工程,需要相关科研人员进行更加深入的研究。

主要参考文献

[1] 居乃鵕. 两栖车辆水动力学分析与仿真[M]. 北京:兵器工业出版社,2005.

[2] 徐国英,王涛. 两栖车辆水上动态性能数值模拟方法及其应用[M]. 北京:国防工业出版社,2009.

[3] Shi Y,Gao X,Pan G. Design and load reduction performance analysis of mitigator of AUV during high speed water entry[J]. Ocean Engineering,2019,181: 314-329.

[4] 黄领才,雍明培. 水陆两栖飞机的关键技术和产业应用前景[J]. 航空学报,2019,40(01):18-34.

[5] 王书玉,张玮,李磊. 水下无人运输车辆关键技术及发展趋势[J]. 舰船科学技术,2021,43(21): 1-5.

[6] Sun C,Xu X,Wang L,et al. Research on hydrodynamic performance of a blended wheel-track amphibious truck using experimental and simulation approaches[J]. Ocean Engineering,2021,228: 108969.

[7] 余飞. 带有潜水功能的水陆两栖快艇总体设计及其关键技术研究[D]. 镇江:江苏科技大学,2015.

[8] 朱仁庆,杨松林. 船舶流体力学[M]. 北京:国防工业出版社,2015.

[9] 应业炬,赵连恩. 船舶快速性:第2版[M]. 北京:海洋出版社,2017.

[10] Shi B,Su Y,Wang C,et al. Study on intelligent collision avoidance and recovery path

planning system for the waterjet-propelled unmanned surface vehicle[J]. Ocean Engineering,2019,182:489-498.

撰稿人:王国玉(北京理工大学)　黄彪(北京理工大学)　陈泰然(北京理工大学)

复杂使用环境下特种车辆寿命演变规律及等效损伤机理

Life evolution law and equivalent damage mechanism of specialized vehicles under complex operating environment

1　科学问题概述

试验验证是摸清特种车辆性能底数、把好质量关口、牵引车辆研发与使用的关键手段。随着特种车辆使用环境、运用模式及结构功能的日趋复杂,传统针对单一环境、单个模式、单体部件的试验验证理论方法已不能满足新形势下的特种车辆试验考核需求。为有效支撑特种车辆关键技术试验验证,确保特种车辆管用好用耐用,着眼特种车辆使用环境构设、运用规律表征、损伤机理揭示等关键环节,在新理论、新方法、新技术方面实现试验能力跃升,仍有一系列关键科学问题有待系统深入研究。

1.1　如何表征与构设特种车辆复杂多因素综合使用环境

特种车辆试验环境条件设置是否科学,直接影响特种车辆试验结果的有效性。特种车辆使用环境主要包括物理环境、电磁环境和网络环境。物理环境包括特种车辆使用过程中所经历的各类自然环境(路面、气象、海拔等),电磁环境包括自然电磁环境、民用电磁环境和特种车辆自扰互扰信号等,网络环境包括服务层、节点级、通信链的网络威胁模式。未来特种车辆试验突出极限边界条件下的复杂多因素综合环境考核,传统特种车辆试验环境多为单一物理环境或若干标准物理环境的组合,难以适应新形势下特种车辆“横向到底、纵向到边”试验考核要求。因此,如何科学表征并准确构设特种车辆不同使用环境,特别是复杂多因素综合使用环境,是目前亟须解决的关键科学问题之一。

1.2　如何辨识特种车辆全系统使用剖面及寿命演变规律

科学辨识特种车辆使用剖面及寿命演变规律是特种车辆试验工况设置的基础,直接影响特种车辆试验方法的合理性。使用剖面是指不同使用环境下特种车辆操纵件、运动件、寿命件、承载件以及全系统使用激励的统计学特征,寿命演变规律是指特种车辆耐久性特征随着全寿命周期内使用剖面的变化规律。目前，对于特种车辆使用剖面及寿命演变规律的研究主要集中在单体部件，设备级、系统级、整车级的特征与规律研究还很薄弱。大量数据表明，简单依靠单体部件特征规律完成系统级耐久性试验难以精确复现系统或整车在复杂使用工况下的寿命演变规律。因此，如何科学辨识特种车辆全系统使用剖面及寿命演变规律，是目前亟须解决的关键科学问题之一。

1.3 如何揭示特种车辆多环境多任务等效损伤机理

等效损伤机理是开展特种车辆试验室模拟试验和强化试验的前提，直接影响试验模型的准确性。目前损伤机理研究主要针对摩擦片、减振器、轴承、绝缘栅双极型晶体管(IGBT)等单一部件及单一任务环境展开，特种车辆是由大量部件、子系统构成的复杂系统，其损伤特征与激励源都发生显著变化。特种车辆全系统机、电、液、控多场耦合作用特征突出，激励源呈现为高原高寒、复杂电磁激励及路面负载等多环境和多任务特征，损伤表现形式、激励与损伤的映射关系、等效损伤加载条件等更加复杂，单一任务环境下的部件级损伤模型难以满足特种车辆系统级试验需求。因此，如何揭示特种车辆多环境多任务等效损伤机理，是目前亟须解决的关键科学问题之一。

2 科学问题背景

以应急救援车辆、坦克装甲车辆、大型工程机械和特殊功能作业运输车辆等为代表的特种车辆是营造我国和平发展环境和现代化建设的重要保障。《国家中长期科学与技术发展规划纲要》将重大特种车辆的可靠性列为重点研究方向，传统特种车辆试验方法主要以部件稳态或部分动态试验为主进行性能验证，难以为系统或整车可靠性提升提供有效数据和技术支撑，与可靠性关联的设计边界条件不清、损伤机理不明、等效/加速试验方法缺乏，使得传统的试验理论和手段无法适应新形势下特种车辆可靠性提升的需求，亟须建立针对特种车辆试验验证与评估方法理论和技术体系。目前，特种车辆试验验证与评估方法主要存在以下三个技术瓶颈：

2.1 车辆复杂多因素综合使用环境难题

多因素综合使用环境是研究特种车辆可靠运行的基础，影响设计及试验边界条件的确定。将物理环境、电磁环境和网络环境等使用环境通过数学方法进行抽象表征转化为特种车辆设计的约束指标，是多因素综合使用环境研究的核心。国内外现有研究多集中于基于部件或子系统层面的约束指标确定方法，缺乏复杂系统功能逻辑、结构物理关联约束条件下系统指标向部件级或者零件级指标分配或者转化的深入研究，制约了特种车辆的精细化设计。特别是针对电磁环境的数学表征及分配等方法缺失、干扰机理研究不足，无法支撑特种车辆安全性能的全面评估。

2.2　车辆全系统使用剖面及寿命演变规律难题

特种车辆全系统使用剖面及寿命演变规律是台架试验剖面等效转化及试验效果评估的基础,也是特种车辆设计载荷谱制定的核心技术之一,科学准确的服役性能退化及失效机理是特种车辆性能及可靠性评估方法的核心。国内外现有研究多集中于技术指标等稳态性能的评估及验证等理论技术,缺乏全域工况全寿命周期使用剖面综合应力统计规律、性能退化及失效的系统性研究,同时,摩擦元件、大功率 IGBT、旋转轴系等核心部件在全寿命周期内运行服役性能衰退数据样本有限、机理研究不足,系统和整车级寿命演变规律尚无科学、系统的研究方法及理论体系,无法支撑试验验证剖面准确设计及性能的全面评估。

2.3　车辆多环境多任务等效损伤机理难题

特种车辆一般都是集机、电、液、控等多因素为一体的复杂系统,系统损伤机理复杂,不仅与多应力因素叠加的幅值、频率相关还与应力顺序等密切相关。现有的系统级的退化损伤表征及评估、损伤与失效机理一致性等问题有待解决。由于未深入探究多环境多任务条件下多种因素对关键部件服役状态的复合影响机制,缺乏从时空耦合等多维视角对关键零部件的等效损伤、加速模型准确性进行分析,全运行工况下损伤及退化评估指标选取合理性有待提升,尚未建立适应多环境多任务的系统、整车全寿命周期损伤关联耦合规则,缺乏多退化形式识别及状态评估模型,导致无法实现科学、准确的等效试验和加速试验,只能在实车上进行验证,从而导致研发周期长、成本高,可测性、可操作性降低。

综上所述,针对特种车辆试验验证与评估难题,亟须深入研究特种车辆服役环境及使用剖面的表征方法,构建全生命周期性能衰退及失效模型,突破失效及退化机理一致性技术,形成特种车辆试验验证与评估方法技术体系,实现在台架上对特种车辆复杂运行环境、工况进行快速准确的试验验证,对于提升我国特种车辆可靠性,研发管用好用耐用的特种车辆具有重要意义。

3　科学问题研究进展

3.1　使用环境表征与构设

目前研究主要针对车辆使用过程中所经历的各类极端自然环境,主要包括高寒、高温、高原环境等,并对整车、部件及车内系统等多级别的环境影响机理进行了试验研究与理论分析。①James H. Lever 等人模拟了 1400kg 载人车辆的雪地通过性试验,通过对比不同雪壤条件下机器人的行进阻力、雪壤结构变化情况，分析了离地间隙、电机扭矩等因素对雪地机动性的影响。Maurizio Cutini 等人提出了采用户外测试设施进行雪地轮胎性能测试的方法。中国北方车辆研究所的缑宇翔等建立了装甲车辆模拟环境试验标准体系，指导了低温起动、恒定湿热、履带热平衡、履带牵引特性、除霜性能和车内含尘量测定等试验方法研究和行业标准制定。②在电磁使用环境方面，目前主要集中于车内电器及通信设备抗干扰能力研究，通过建立车内电器或电子元件的模拟电子环境，对不同环境下的电器工作性能进行监测与评估。③网络环境构建主要针对车联网安全方面展开，研究人员针对汽车信息系统面临的安全威胁，总结归纳了国内外有关车载嵌入式系统漏洞的研究现状并对漏洞攻击途径进行分类，分析了不同攻击途径的基本原理和实现途径。武警工程大学研究人员针对车载网网络易遭受安全威胁的问题，采用移动通信的群组管理模式，以属性签密和属性群签名为基础，设计了一个基于属性密码的车载网安全通信认证方案。

3.2 任务剖面与寿命演变规律

特种车辆的全寿命周期要经历多个任务剖面，需要承受各种环境应力变化的危害。由于特种车辆是一个复杂的机、电、液、控综合的系统，因此在复杂使用工况和环境下，各子系统均会表现出不同的性能衰退、恶化形式。由于寿命演变规律各有不同，目前的研究主要集中在对单一部件或设备在给定工况和环境下研究其寿命演变规律，缺乏系统和整车级综合寿命演变机理和模型研究。有研究人员构建了较为系统的特种车辆作战试验任务剖面内容体系，包括装备作战试验背景、活动、力量编成、组织关系和环境需求等要素。多重应力叠加容易造成性能衰退及耐久性问题，目前主要以结构耐久性为主开展研究工作，现有的结构耐久性分析主要以经济寿命预测为目标，而特种车辆关键结构耐久性指标多为给定可靠度/耐久度下的寿命。给定寿命的可靠度的优化则属于可靠性优化问题，即基于可靠性的优化设计（Reliability-based Optimization，RBO），在国外 RBO 方法工程上应用范围较广，并取得了较大的效果。由于疲劳台架试验结果的准确性取决于输入载荷谱的有效性，且特种车辆工作时传动系统承受着较大的随机载荷，因此系统级、整车级抗疲劳设计及试验始终是相关人员的研究重点。目前，我国机械产品的可靠性鉴定试验标准一般采用 GJB 899A—2009，此标准是基于产品寿命分布服从指数分布制定的，然而机械产品的寿命却大多服从或者近似服从于威布尔分布。有限寿命演变数据样本的现状制约了关键零部件和整机寿命规律的科学制定。

3.3 损伤机理

随着电驱动、传动系统在特种车辆上的逐渐应用，特种车辆机、电、液、控融合的属性越来越强，因此其等效损伤机理也由传统的单一机械形式损伤扩展到机电液控多形式综合损伤失效,目前对等效损伤相关研究主要集中于机械承载件、摩擦元件、液压液力元件、电子元器件、电机控制等单一部件或设备上,缺乏对特种车辆子系统、系统或整车机等效损伤方面研究。①在机械损伤方面,尽管机械零部件受损类型划分繁多,但都有着相同的基本原理,即受冲击或长时间受到循环荷载作用下的零部件,最高应力处的局部晶粒出现微裂纹并逐步发展为大裂纹,最终导致断裂的疲劳过程。按照发展阶段可将零部件疲劳损坏分为三类,分别是形成裂纹、裂纹扩展和瞬断。分析常规疲劳破坏可知,绝大部分零部件疲劳都是从亚表面开始的,从大晶粒处发生穿晶断裂后形成亚微观裂纹,这种初始破坏由于裂纹微小而不易被发现,在继续工作过程中不断受到外荷载影响,让裂纹沿着应力方向进一步扩大,最终导致严重的零部件受损。为了研究复杂循环载荷下的疲劳问题,一般需要用到损伤累积的概念和损伤累积法则,并且在不同水平的循环载荷作用下存在等效损伤状态。典型的疲劳试验包括耐久性(疲劳)试验、损伤容限(裂纹扩展)试验和剩余强度试验。疲劳试验通常采用一个较大的疲劳分散系数,即耐久性试验要完成2~4倍设计寿命试验,损伤容限试验完成0.5~1倍设计寿命试验。针对结构疲劳分析方面,逐渐形成了较为成熟的方法,包括名义应力法、局部应力应变法、裂纹扩展分析法以及疲劳可靠性设计方法等;同时对随机载荷作用下的结构寿命分析提出了线性、非线性损伤累积理论。②电机、电控、电气等子系统的性能退化和寿命演变规律也受到越来越多研究人员的关注,对电气系统损伤研究主要集中于电机的故障模式分析、零部件失效机理分析、寿命分布类型、可靠性模型、等效试验方法以及电机的可靠性评价等方面。③整车正常运转离不开各种润滑、冷却油液,而油液同样可以反映出部件、系统或整车损伤信息,研究人员通过对某型特种车辆变速器齿轮传动系统进行了油液光谱分析,利用最大熵原理获得了该型车辆变速器油液光谱浓度的最无偏概率密度函数和最无偏概率分布;利用分形理论分析变速箱零部件磨损机理,揭示了各阶段磨损失效机理和分形维数及磨损表面形貌之间的表征关系。

主要参考文献

[1] LEVER J H,DENTON D,PHETTEPLACE G E,et al. Mobility of a lightweight tracked robot over deep snow[J]. Journal of Terramechanics,2006,43(4):527-551.

[2] CUTINI M,BRAMBILLA M,TOSCANO P,et al. Evaluation of drawbar performance of winter tyres for special purpose vehicles[J]. Journal of Terramechanics,2020,87:29-36.

[3] 缑宇翔,张保军,郭强. 装甲车辆模拟环境试验标准研究[J]. 环境技术,2020(S1):1-5.

[4] Fatemeh Afsharnia, Afshin Marzban, Mohammadamin Asoodar,et al. Preventive maintenance optimization of sugarcane harvester machine based on FT-Bayesian network reliabili-

ty[J]. International Journal of Quality & Reliability Management,2020.

[5] 李博,李彤,常成,等. 车载嵌入式系统漏洞攻击研究现状与展望[J]. 单片机与嵌入式系统应用,2018,18(4):11-15.

[6] 秦大同,谢里阳. 疲劳强度与可靠性设计 [M]. 北京:化学工业出版社,2013.

[7] VALDEBENITO M A,SCHUELLER G I. A survey on approaches for reliability-based optimization [J]. Structural and Multidisciplinary Optimization,2010,42(5):645-63.

[8] 刘勤. 特种车辆结构耐久性分析与优化设计方法研究 [D]. 沈阳:东北大学,2017.

[9] 万一品,宋绪丁,员征文. 装载机工作装置的疲劳试验及疲劳可靠性评估[J]. 华南理工大学学报(自然科学版),2020,48(08):108-114.

[10] 闻华殿. 某型特种车辆油气弹簧减振阀关键部件疲劳可靠性研究[D]. 杭州:浙江大学,2021.

撰稿人:徐保荣(陆军实验训练基地第四实验训练区)　张金乐(中国北方研究所)
刘城(北京理工大学)　李贻斌(山东大学)

特种车辆复杂作业环境下健康管理与智能运维

Health management and intelligent maintenance of specialized vehicle under complex operating environment

1　科学问题概述

随着高科技的不断注入,特种车辆呈现出高复杂程度、高集成化、高智能化、高效化日益增强,对其可靠性、维修与保障的要求也越来越高,特种车辆健康管理与智能运维技术是任务成功提升的重要抓手、是实现视情维修和自主式保障的触发器、是降低使用风险与全寿命周期费用的有效保证,然而目前的理论与方法难以适用特种车辆在高温、高湿环境及强冲击路况等恶劣工作条件。为实现特种车辆运行状态自主评估及故障精准诊断,实现智能运维,攻克关键部件损伤失效机理、多源强冲击传递及特征提取、诊断与预测模型构建关键技术,在新理论、新方法和新技术方面突破技术瓶颈,一系列关键科学问题有待研究:

1.1　如何揭示特种车辆复杂作业工况下关键部件损伤机理

我国陆地疆域广阔,但是以山地为主伴随高原、沙漠、丘陵、森林等复杂地形地表环境,同时也常伴随严寒、酷热、潮湿等恶劣气候环境,特种车辆随着结构复杂度、多系统集成度及其多任务特性，常工作于上述恶劣环境中。随着特种车辆复杂度、集成度的增加，以及复杂工作环境，使得系统发生故障的潜在可能性增大，故障表现形式也呈现多样化，一旦系统发生故障，可能会引起链式反应，导致整个系统的功能失效，造成任务失败，甚至影响操作人员的生命安全。现有特种车辆的故障机理沿用常规车辆的方法，忽略了时变的复杂作业工况。因此，科学、准确的特种车辆恶劣环境下关键部件损伤失效机理是目前亟须解决的关键科学问题之一，是影响特种车辆健康管理与智能运维的基础因素。

1.2　如何提取强噪声背景下非稳态早期弱冲击信号特征

特种车辆行驶过程中恶劣的地表环境常触发强冲击载荷，如意外碰撞等。以往对车辆的振动检测忽视瞬态高频强冲击作用，难以获得车体振动强度空间分布全面信息，对机械部件损伤故障感知能力差。同时路面冲击、车辆多部件冲击等与强烈噪声在车体振动信号的时域、频域叠加耦合，使车体振动信号具有非平稳、强耦合、低信噪比的特点，造成轴承、齿轮、发动机等部件故障早期弱信号特征提取困难。因此，如何提取强噪声背景下车辆关键部件非稳态早期弱冲击信号特征是目前亟须解决的关键科学问题之一。

1.3　如何构建精准的特种车辆故障诊断与预测模型

特种车辆健康管理与智能运维需建立典型故障的诊断与预测模型，需面对机械设备故障诊断研究中普遍存在的人工选择特征覆盖面窄、适应性不足及小样本数据问题。面对结构多样、工况多变的特种车辆，故障案例数据的匮乏将造成特征提取结果不完善、诊断模型训练不充分，显著降低传统特征提取方法、诊断与预测模型的准确性。因此，如何利用故障机理融合监测数据构建机理与数据联合驱动的特种车辆精准的故障诊断与预测模型是亟须解决的关键科学问题之一。

2　科学问题背景

2.1　车辆恶劣环境下关键部件损伤失效机理难题

当前机械故障诊断与预测研究多从数据出发，应用各类信号处理方法从多源监测参数中挖掘故障特征，驱动故障诊断模型，对机械故障机理研究重视不足。已知单一的数据驱动诊断方法由于数据不足、特征有限等问题不可避免地存在诊断模型过拟合或欠拟合问题，造成实际故障诊断准确性较低；而已有的故障机理研究多针对各类旋转机械，如轴承、齿轮、转子等，研究对象工况平稳，对复杂机械装备及变工况、恶劣环境下的机械故障机理研究很少。特种车辆受环境、工况及任务影响，其底盘、发动机、减震器等典型部件故障机理复杂，缺少对强冲击作用机体损伤、多场耦合润滑失效、变工况下磨损加速劣化等故障机理的研究工作，严重不利于特种车辆健康管理与智能运维工作的开展。

2.2 车辆多源强冲击传递规律及故障弱特征提取难题

特种车辆存在显著的多系统集成、结构复杂、运行工况多变等特点；路面冲击、动力装置冲击等强冲击载荷作用于复杂结构，其传递规律与动力学耦合特性不清晰，进而造成对车体结构振动响应测试与分析难度大，如何进一步从机体振动信号中提取机械故障早期弱信号特征更加困难，一方面需基于故障机理研究，掌握故障信号产生及演化规律，定向指导故障特征挖掘；另一方面需克服多源强噪声干扰，实现复杂时频域信号的自适应分解。

2.3 车辆故障诊断与预测模型难题

当前机械故障诊断预测方法的研究主体趋势是智能化新方法的应用，包括大数据分析、深度学习、迁移学习等方法不断被应用到机械设备故障诊断研究中，其中以深度神经网络为代表的数据驱动诊断预测模型是研究热点。但是，其存在需通过层层迭代计算获得模型参数，现有参数的初始分布设置，如高斯分布、Xavier 与 He 初始化等，导致其随神经网络梯度下降的计算过程变得不可控，即诊断过程黑箱；同时参数最终分布也存在不确定性，造成有效特征挖掘复杂度上升、模型计算效率下降等问题。各类机械装备，包括特种车辆，受限于高质量故障案例数据的匮乏，将进一步加大上述困难。应指出，将传统机理知识驱动的故障诊断方法与机器学习方法结合，增强特征提取、故障诊断方法对小样本、新样本数据处理的准确性、可解释性与自适应性是解决特种车辆故障诊断与预测模型难题的重要途径。

3 科学问题研究进展

3.1 车辆恶劣环境下关键部件损伤失效机理

Raki S 等人针对某特种车 12 缸柴油机连杆断裂故障，实验室条件下发动机测试期间通过线性有限元（FE）方法评估最大载荷下连杆的应力状态，发现裂缝位置与最高应力区一致。综合分析发现造成失效的主要原因为不充分的加工、没有抛光和断裂区域的应力集中。Farrahi G H 等人通过结合使用多体动力学和有限元方法，模拟在标准化机动过程中由于疲劳损伤引起的车身结构点焊失效。研究的结果表明，对车身的损坏并不总是与车速成正比，而这取决于路面的粗糙程度，研究同时表明熔核直径对点焊疲劳寿命也有显著影响。Wang B 等人研究了造成地铁车辆转向架框架疲劳损伤的各类影响因素。通过正常运行条件下进行有针对性的现场测试,获得了动态应力和运行状态数据。测试对比分析了轨道波纹、车轮多边形、轨道接头、速度和载荷等外部激励因素,发现伴随车轮多边形的钢轨波纹是转向架损坏的主要原因。Su C 研究了变速箱的悬挂装置中的球面万向节的降解行为和失效机制,针对运行设备维护过程中发现的裂纹和黏性问题,通过一系列方法对失效接头的物理、化学、力学性能和表面形貌进行表征,发现安装过程中引入的腐蚀性溶剂是失效的根本原因,橡胶中填料颗粒的尺寸过大和偏析以及橡胶的高交联密度进一步加剧了失效。然而目前的研究缺乏考虑恶劣工作环境对损伤机理的影响,与特种车辆的适用性弱,导致故障损失机理不清晰,难以实现高精度的故障诊断与预测。

3.2　特种车辆多源强冲击传递规律及故障弱特征提取

针对单通道振动信号输入不能全面表达故障特征信息及齿轮箱故障早期诊断问题,叶壮等人提出了一种新的深度神经网络(Deep neural network,DNN),即模型-多通道加权卷积神经网络(Multi-channels weighted convolutional neural network,MCW-CNN),并应用于齿轮箱振动信号特征学习和故障诊断。首先,采用经验模态分解(Empirical mode decomposition,EMD)对振动信号进行处理,得到多通道一维信号突出振动信号的故障特征,并将其转化为多通道图像输入,从而充分发挥卷积神经网络(CNN)在图像特征提取上的优良性能,将齿轮箱故障诊断问题进一步转化为 CNN 更为擅长的多通道图像识别问题;其次,针对各通道图像频率和带宽的不同,在卷积层采用动态感受进行图像特征提取,全面提取多通道图像特征细节;针对各通道图像携带冲击特征的强弱不同,提出了基于峭度加权的多通道融合方法,增强了冲击特征强的通道故障特征。最后,通过故障诊断仿真试验和齿轮箱故障诊断试验验证所提方法的有效性。试验结果表明,MCW-CNN 可有效提取振动信号的故障特征,识别正确率明显高于典型的深度学习方法和传统的分类器。汤宝平等人针对随机噪声和局部强干扰影响经验模态分解(Empirical mode decomposition,EMD)质量的问题,提出一种形态奇异值分解滤波消噪方法,并将其与 EMD 相结合形成一种新的故障特征提取方法。该方法首先对原始振动信号进行相空间重构和奇异值分解(Singular value decomposition,SVD),根据奇异值分布曲线确定降噪阶次进行 SVD 降噪,再形态滤波,最后把消噪后的信号进行 EMD 分解,利用本征模模态分量(Intrinsic mode function,IMF)提取故障特征信息。对仿真信号和实际轴承故障数据的应用分析表明,该方法能有效地提取轴承故障特征,诊断轴承故障,还可以减少 EMD 的分解层数和边界效应,提高 EMD 分解的时效性和精确度。赵学智等人针对奇异值分解(Singular value decomposition,SVD)的频率分离问题,研究了 SVD 对单个频率的分离条件,发现 SVD 分离单个频率的效果取决于各频率的幅值差异。若不同频率的幅值很接近,则 SVD 就不能分离这些频率,由此提出一种频率添加 SVD 算法。为了提取原信号中的特征频率,先对原信号添加该频率的理想正弦信号,使原信号中该频率成分和其他频率的幅值产生差异,从而实现对该频率成分的提取,从理论上证明此算法的可行性。仿真信号处理实例表明,即使对于频率值非常接近的两个频率,频率添加 SVD 算法亦可将它们准确分离,分离结果波形误差小,克服了原来 SVD 频率分离算法的缺陷。将此算法应用于某转子系统的振动特征提取,准确地提取到振动的高阶倍频,发现高阶倍频振幅的周期性波动特征,并分析这种振幅周期性波动的原因。王建国等人针对随机噪声干扰滚动轴承故障特征信号提取这一问题,提出一种基于奇异值分解滤波降噪与局域均值分解(Local mean decomposition,LMD)相结合的故障特征提取方法。该方法首先对原始振动信号在相空间重构 Hankel 矩阵并利用 SVD 方法进行降噪处理,再对降噪后的信号进行 LMD 分解,将多分量的调制信号分解成一系列生产函数(Product function,PF)之和,最后结合共振解调技术对 PF 分量进行包络谱分析提取故障特征频率。通过数值仿真和实际轴承故障数据的分析对比,表明该方法提高了 LMD 的分解能力,可有效辨别出滚动轴承实测信号的典型故障,提高滚动轴承故障的诊断效果。王玲玲等人提出了一种基于自适应分子分解补偿的方法。使用这种方法,可以消除大部分由小波截断和干扰造成的影响。基于源小波的幅度谱是平滑的假设,首先构造一组基于信号时变特性的自适应 Gabor 框架将信号变换到时频域,然后提取缓慢变化的在时频域的每个窗口中的分量(小波的时变幅度谱)。然后反转吸收补偿滤波器参数使用每个窗口中的相关系数定义的目标函数,以获得相应的补偿滤波器。最后使用这些滤波器来补偿每个窗口中的时间频谱,然后将时间频谱转换为时域以获得吸收补偿信号。通过使用自适应分子分解,该方法可以适应来自地震的孤立和重叠的地震信号。在特征提取方面,已有较多针对振动信号特征提取的研究,但重点在于信号频域分解,对振动信号时变传递路径的研究很少,也缺乏对周期性振动时域冲击特征的关注,难以实现恶劣工作环境下特种车辆多源强冲击耦合作用下的故障特征提取。

3.3 特种车辆故障诊断与预测模型

针对峭度指标无法利用瞬态冲击特征循环发生导致其难以区分脉冲噪声和循环瞬态冲击和无法准确识别共振频带等问题,陈祥龙等人提出平方包络谱相关峭度新指标,并结合 Morlet 小波滤波和粒子群优化算法,提出一种滚动轴承最优共振解调方法,以某型特种车变速箱输出轴滚动轴承为研究对象,采集滚动轴承故障试验数据,验证了平方包络谱相关峭度在检测循环瞬态冲击和识别最优共振频带中的有效性和优越性。基于案例的推理方法可以根据系统过去和现在的运行数据记录有效地预测系统未来的健康状况,因此可以应用于故障预测与健康管理框架,是一种数据驱动的问题解决方式。Qicai Wu 等人根据地面特种车辆的实际应用需要构建了基于案例的推理模型,该模型包括实例表示、实例检索、实例重用和模拟退火算法,来解决正常/异常状态的确定和健康性能程度的确定。此外,还建立了状态分类问题和健康判断问题的案例检索和案例重用规则。在权值分配方法中,提出了一种基于模拟退火算法的特征属性权值优化方法。该方法将基于案例的推理与机器学习相结合,是一种数据驱动的方法。利用基于物联网的多源传感数据,结合人工智能和大数据处理技术,实现机械设备的预测维护,可以显著提高机器的使用寿命,降低机械故障诊断时的人工成本。Min Huang 等人对多源遥感数据融合模型和融合算法进行了研究和讨论。首先,比较分析了联合实验室融合模型和分层融合模型。然后,对各种基于神经网络和深度学习的融合算法,包括 D-S 证据理论及其在机械故障诊断和故障预测中的应用进行了研究和比较。研究结果表明,探索和设计一种更智能的融合模型,结合不同融合算法的有益特性具有挑战性,对推动故障诊断与预测的发展具有一定的价值。针对专用矿车,提出了基于故障预测与健康管理(PHM)理论的实时监测、故障诊断和健康管理的解决方案。首先,设计了一种应用服务体系结构来描述如何实现矿用专用车 PHM 系统,以满足故障诊断和健康管理的需要。其次,详细介绍了 PHM 平台系统的各个业务模块,包括内部功能和交互。第三,它所研究的模型和方法,提出了各种服务模块,可用于实现目标的监测、诊断和健康管理参数。最后,基于所提出的模型和方法,开发了特种车辆 PHM 系统,实际应用结果表明,PHM 系统设计能够为矿用特种车辆提供故障诊断和健康管理服务,对 PHM 在车辆领域的实施和推广具有重要价值。然而,目前的诊断与预测模型以数据或模型驱动为主,各有优化,然而针对故障案例数据的匮乏时,将造成特征提取结果不完善、诊断模型训练不充分,显著降低传统特征提取方法、诊断与预测模型的准确性。

主要参考文献

[1] Raki S, Bugaric U, Radisavljevic I, et al. Failure analysis of a special vehicle engine connecting rod[J]. Engineering Failure Analysis, 2017, 79: 98-109.

[2] Farrahi G H, Ahmadi A, Kasyzadeh K R. Simulation of vehicle body spot weld failures due to fatigue by considering road roughness and vehicle velocity[J]. Simulation Modelling Practice and Theory, 2020, 102168.

[3] Wang B, Xie S, Jiang C, et al. An investigation into the fatigue failure of metro vehicle bogie frame[J]. Engineering Failure Analysis, 2020, 118(3): 104922.

[4] Su C, Pan A X, Gong Y, et al. Failure analysis on rubber universal spherical joints for rail vehicles[J]. Engineering Failure Analysis, 2021, 126(5): 105453.

[5] 叶壮，余建波. 基于多通道加权卷积神经网络的齿轮箱振动信号特征提取. 机械工程学报，2021，57(01)：110-120.

[6] 汤宝平，蒋永华，张详春. 基于形态奇异值分解和经验模态分解的滚动轴承故障特征提取方法. 机械工程学报，2010，46(05)：37-42+48.

[7] 赵学智，叶邦彦，陈统坚. 频率添加奇异值分解算法及其在故障特征提取中的应用. 机械工程学报，2021，57(10)：10-20.

[8] 王建国，李健，万旭东. 基于奇异值分解和局域均值分解的滚动轴承故障特征提取方法. 机械工程学报，2015，51(03)：104-110.

[9] RAMTEKE S M，CHELLADURAI H，AMARNATH M. Diagnosis of Liner Scuffing Fault of a Diesel Engine via Vibration and Acoustic Emission Analysis. Journal of Vibration Engineering & Technologies，2020，8：815-833.

[10] 张西宁，郭清林，刘书语. 深度学习技术及其故障诊断应用分析与展望[J]. 西安交通大学学报，2020，54(12)：1-13.

撰稿人：伊枭剑(北京理工大学)　孟会行(北京理工大学)　张进杰(北京化工大学)

CHAPTER FOUR

第4章
机场和水路运输移动作业装备与作业工程

全球经济的快速发展推动了交通运输行业规模的不断扩大,作为封闭场景的机场和港口特殊水域内的作业运输与装备也在不断发展。无论是在机场飞行区、航站区和公共区环境中面向飞机、旅客、货物和场道设施进行作业的机场作业车辆及装备,还是针对港口散货、集装箱及件杂货等多类货物在码头岸边、堆场、集疏港区等的港口作业运输系统,随着科学技术的不断进步,特别是近年来新能源、智能机器人、卫星定位导航及高速移动通信网络等赋能技术的高速发展,本领域正处于向智能性变革演化的发轫期。针对航空领域发展,我国自2019年以来陆续发布了《"四型机场"建设行动纲要》《机场无人驾驶设备应用路线图》《智慧民航建设路线图》等指导文件,更明确提出了智慧机场发展下"作业与服务智能化"目标是"飞行区保障作业无人化、航站楼服务智能化、航空物流关键设备自动化"。2020年,交通运输部联合多部委印发了《关于大力推进海运业高质量发展的指导意见》,明确提出了港口要作为海洋强国和海运强国的重要支点,支持智慧港口建设。

机场和水路运输移动作业装备与作业工程始终围绕地面交通场所内核心需求,在相关运载工具技术的进步下,借助多学科交叉融合同步向前发展。本领域的学科内涵和外延正在加速演化,领域的科学问题也随之发生变化。为此,梳理好本领域的科学问题,催生或提炼出行业与学科交叉的学术生长点具有重要意义。

伴随着全球经济的高速发展,机场和水路运输移动作业装备与作业工程的发展开始从标准化、自动化向电动化、智能化、无人化演变。国内外的机场、港口通过部署以物联网、无线通信网络、云计算、人工智能等为核心技术的作业过程智慧解决方案,已初步实现远程遥控、协同作业、路径规划、碰撞预警等技术的商业化应用。

然而,随着交通运输密度与频度提升等重大挑战的来临,机场和水路运输移动作业装备与作业工程还存在很多不足：一是现有车辆定位限于室外场景，亚米级精度适合于行走，但无法涵盖室内、临近飞机的作业任务，未能满足车辆底盘与作业机构协同完成精细作业任务的需求。二是完全的作业自动化、智能化和自主化还远未实现，依赖人工仍然是主要特征，飞机牵引、货物安全检查、货物拼板、机下保障、飞机检查等多个场景自动化程度低，影响了整体作业效率与安全。三是作业协同性不足影响运行效率，缺乏异构多主体协同作业能力、集群作业能力。这些关键问题制约了机场、港口运行向着更为安全、高效、经济、绿色方向的发展，也就成为制约机场和水路运输移动作业装备与作业工程发展的瓶颈。

展望未来，机场和水路运输移动作业装备与作业工程作为主要完成地面与运载工具衔接交互任务的工具，必将不断吸纳多种变革性赋能技术去适应运载工具与机场和港口封闭场景技术的不断变化，满足不断变化的行业运行模式的需要，通过技术手段不断减少机场、港口地面运行不安全事件、进一步提高作业效率降低飞机、船舶在港周转时间、不断提供低成本的作业运行模式增强机场运营效益、不断通过模式和工具创新降低机场和港口封闭场景内的排放，实现可持续发展。为此，针对未来发展需求中的关键瓶颈，需要梳理出机场和港口封闭场景运行中的作业运输与装备的研究核心和关键科学问题。

机场作业车辆与作业工程方面研究的发展趋势主要关注四点：一是进一步自动化、无人化所要求的更加精细化、智能化工具，如在靠机作业、牵引作业、飞机检测中的毫米级别自动定位及智能作业车辆；二是高效率高安全性要求的协同化、集群化，如跑道安全性能控制集群化、机场除冰关联作业集群化、无人驾驶货物车队与其他作业车辆协同化；三是更多飞机保障场外任务场内化，机场飞机航线检测、发动机在翼维护；四是旅客货物服务场内外衔接。研究核心在于机场特种车辆无人化、特种车辆底盘-上装协同、智能机器人、多体-多智能体作业等。

在港口、水路运输移动作业装备与作业工程方面，战略焦点从控制资源逐步转化为精细管理资源，从优化内部流程到为生产管理系统的数字化和港口机械操作的无人化，港口生产运营系统也呈现出以机器代替人力、以多种信息技术与港口生产运营相融合的特征，港航全物流链的数据共享成为可能乃至常态化，港口之间的数据共享推进加速，数据规范、共享机制、应用场景的探索加速。港航企业通过数字化、自动化技术推动港航生产工作方式进入新的历史发展阶段。因此，探索港口作业运输系统发展历程背后的驱动机制并挖掘其科学内涵，能更好推动新一代智慧港口理论和技术发展。

机场特种车辆-飞机无人化耦合作业基础理论

Fundamental theories on unmanned coupling tasks of airport ground support equipment' s to aircraft

1　科学问题概述

在现代航空运输中,大多数事故发生于飞机地面作业期间,其中80%以上是由人为因素导致。机场飞机地面作业人工依赖性强、自动化程度低,是影响航空运输旅客出行及作业效率的主因之一。因此,飞行区保障作业无人化是高质量航空运输发展趋势。目前,机场执行飞机服务作业任务的特种车辆或装备,多数需要与飞机进行对接耦合运行,如飞机牵引车、飞机救援转移车辆装备、行动不便旅客登机车、移动式登机桥、集装货物装载机、散装货物装载机、航空食品车、航空垃圾接收车等。由于存在结构精确对接慢、耦合动力精确传递与稳定控制等难题,目前无法实现无人化作业。针对机场特种车辆-飞机无人化耦合作业需求,迫切需要突破系统建模仿真、飞机部位智能识别、耦合系统运动控制以及作业安全检测等关键技术瓶颈,涉及的主要科学问题如下:

1.1　如何揭示特种车辆-飞机耦合结构的接触动力学机理

围绕发生飞机耦合的靠机、牵引及救援作业,如何揭示靠接舱门、抱轮、顶升转移等强约束条件下的动力传递和结构耦合机理是实现无人化作业的关键。然而由于接触方式、传力方向、激励形式以及工况场景等复杂因素影响,对耦合部件的作用力、运动、感知等研究尚不充分、不系统,对系统整体动力学架构设计也缺乏统一研究思路,对耦合作业的场景建模和行为仿真、耦合结构安全分析、装备创新及无人化作业实现都构成了挑战。因此,揭示特种车辆-飞机耦合作用中的接触动力学和系统耦合机理,是目前亟须解决的关键科学问题之一。

1.2　如何建立特种车辆对飞机耦合部位的自动寻的方法

实现特种车辆-飞机耦合作业无人化的关键是执行作业任务的车辆能够搜索、捕获、识别及跟踪到正确的飞机耦合部位。作业车辆需要在移动搜索过程中捕获目标飞机并根据作业任务识别和跟踪到正确的飞机耦合部位,并在此后的作业过程中持续地检测车辆对接机构与飞机耦合部位之间的相对位置。而机型相似度、外观图案、舱门相似度及机场地形与光照环境等影响了飞机耦合部位自动寻的实现。目前只可见对于视野内飞机整体和旅客登机舱门的识别研究,建立飞机耦合部位的搜索、捕获、识别及跟踪全过程的自动寻的方法是关键科学问题之一。

1.3 如何建立耦合对接及位姿协同的高精度运动控制理论

耦合作业运动的高精度自动化实现和姿态保持是安全、高效作业的必然要求。然而车辆动力、底盘性能、作业机构构型、结构刚度、系统控制精度、飞机对接部位以及作业要求等多种因素的影响限制了耦合作业运动共性机理的掌握，现有研究与应用以人工操作为出发点，停留在单一作业车辆的动力、底盘性能、作业机构构型与结构刚度方面，没有从共性层面以无人化作业为目标考虑系统运动高精度实现的研究，也未见针对飞机与车辆的相对位置与耦合姿态在作业中出现干扰时保持稳定安全的研究。为此，研究车辆底盘-作业机构对接协同的运动学、动力学、机构高精度运动控制、结构稳定性自适应控制、对接机构柔性接触等内容，建立特种车辆抵近、对接及耦合姿态安全保持的运动理论是其关键科学问题之一。

1.4 如何建立耦合系统-环境全局冲突预警方法

保证系统结构和运动安全是特种车辆-飞机耦合作业的首要要求，作业中的多种操作或干扰可能发生影响飞机持续适航安全的事件。现有作业安全依赖于作业人员间口头协调、操作精准、现场监控及作业后重点部位检查等人工行为，缺乏在作业过程中自动监控、预测及避免碰撞地面人员和车辆、损伤飞机等不安全事件发生的方法。作业中飞机、车辆、环境、感知、控制、传动、执行等多系统之间耦合动态特性复杂，为安全检测增加了难度。为此，如何针对飞机不同耦合作业结构、工作环境与工况特点建立局部作业安全自动监测方法，并建立系统运行场景下的全局运动冲突预警方法，是需要解决的又一科学问题。

2 科学问题背景

随着中国民航运输规模的不断扩大，各大国际枢纽机场的日高峰起降架次均突破了1000 架次，这对于飞机在地面作业的安全和效率均提出了更高要求。而受到飞机周边作业空间限制和劳动力成本的上升等因素的影响，增加人员车辆数量并单纯依靠人工操作的作业模式越来越难以为继。航空地面服务设备与飞机碰撞、非正常接触导致的飞机直接或间接损失每年约为 40 亿美元，发生飞机损坏的概率是每一万架飞机发生 0.9 次。我国各大机场也有地面服务设备碰撞飞机的事故发生，2013—2017 年，四年内共发生了 32 起飞机在地面受损的事故。例如：2017 年，西安咸阳机场集装货物装载机撞伤东航 MU2628 次航班的飞机，导致航班取消带来经济损失。

在机场地面运行中，靠机作业、飞机牵引及飞机救援等特种车辆-飞机耦合作业均有专门的设备标准、规范和操作要求，当前要求仍以人工作业为基本假设，而人为因素占据了航空地面事故发生原因的80%以上，也是地面作业时间长的主要原因之一。因此，无人化作业成为未来机场作业发展的目标。

美国、欧盟、中国等航空运输强国及相关国际组织均提出了机场无人化运行发展计划，如国际航空运输组织（IATA）在2018年推荐了四十多个民航无人驾驶车辆的应用案例，如登机桥、飞机牵引车、摆渡车、行李车、除冰/除雪车、维护车等，并探讨了更多自主车辆可应用的作业场景。机场地面特种车辆作为机场飞行区或货站、行李房等室内外地面场合执行作业任务的主要工作载体，随着无人驾驶、新能源、机器视觉、传感器、高速通信网络和导航等技术的高速发展，正在成为一类地面智能移动与作业系统。然而，特种车辆-飞机耦合作业实现无人化还有赖于多个关键技术瓶颈取得突破。

2.1　耦合作业无人化依赖于系统建模仿真技术的突破

特种车辆-飞机耦合系统建模仿真技术是研究耦合作业的关键。由于涉及特种车辆和飞机两个系统耦合连接为一个系统并整体进行运动的过程，对接部位的相互连接、接触关系、耦合后结构及动力传递是建模的难点所在。还包括耦合作业时与机场地面环境的作用关系都需要通过对机理的研究加以阐明后，建立正确的模型来模拟。

2.2　耦合作业无人化依赖于飞机耦合部位智能识别技术的突破

飞机耦合部位的识别是耦合作业的关键技术。无论是在车辆接近飞机、上装机构运动靠近飞机耦合部位、作业过程中的距离保持以及出现干扰时的碰撞发生或避让等阶段，对飞机耦合部位及与其相对位置的确定都需要进行持续的检测。飞机耦合部位智能识别技术对应于人工靠机作业中的目视检测。

2.3　耦合作业无人化依赖于自动耦合运动控制技术的突破

特种车辆行驶到达预定飞机耦合部位附近后，需要启动举升机构到达对应飞机耦合部位的高度附近，然后对接机构伸出直到接近飞机耦合部位的规定位置大致范围内，最后由微动机构完成对接，并保持位置姿态相对稳定。为保证作业安全，实现耦合作业无人化要在底盘行走、平台举升、接近运动以及微动耦合对接等各阶段进行自动作业并能结合飞机耦合部位识别技术根据所处相对位置进行阶段自动切换。耦合作业车辆在大载荷、高重心、室外不确定环境干扰下会发生侧倾、摆晃等情况，在自动作业中，目前各类对接飞机设备主要采用的传感器监控与报警、分段接近限速以及对接部位防撞缓冲等技术不再能确保消除飞机结构碰撞损伤风险，对接机构对飞机耦合部位的位姿保持技术是实现安全作业的关键。

2.4 耦合作业无人化依赖于安全检测以及作业安全控制技术的突破

特种车辆-飞机耦合系统的连接关系复杂、惯量大、运动体积大，现有的飞机作业中飞机结构强度测试基于稳态实验线性映射方法，无法满足复杂动态工况下测试的实时性和准确性。此外，耦合作业中飞机结构监测的最优测点设计、状态在线辨识、运行及寿命安全风险评估等测试与评价方法研究还未开展，飞机过载预警与保护技术有待提高。同时，进行高效耦合作业，要针对人员车辆及物资安全，解决车-机间短距离相互感知、自主运动路径协同规划、车辆运动冲突预警与自主调整等问题，目前尚未有相关共性技术出现。

综上所述，针对机场特种车辆-飞机耦合作业无人化问题，亟须深入研究揭示特种车辆-飞机耦合作用的动力学机理、飞机耦合部位的自动寻的方法、特种车辆抵近、对接及耦合姿态安全保持的运动、系统与飞机周边环境冲突预测方法，突破特种车辆-飞机耦合系统建模仿真技术、飞机耦合部位智能识别技术、自动耦合与位姿保持技术、安全检测以及作业安全控制技术，建立飞机对接作业无人化技术体系，实现安全、高效机场飞机地面作业，提升我国机场特种车辆与装备基础理论与关键技术水平。

3 科学问题研究进展

3.1 特种车辆-飞机耦合动力学

针对特种车辆-飞机耦合动力学机理，目前偏向于耦合后动力学建模、线控架构设计和失效容错设计。在对接耦合方面，研究牵引车与飞机连接成为系统后的整体准静态运动模型的建立、仿真及运动控制，针对高速多体运动的动力学研究少见；在靠接耦合方面，研究准静态抵近接触的过程较多，针对耦合后稳态控制，只可见被动防冲击结构设计，未见多工况多干扰的机理分析、仿真与实验研究。针对应急耦合未见自动建模和仿真工作的研究报道。针对耦合系统动力学的共性问题，如接触传力分析方法、飞机结构动响应与损伤分析方法等未见系统性研究展开。

3.2 机场环境中对于飞机整体及局部的搜索、识别及测量

机场环境中对于飞机整体及局部的搜索、识别及测量研究还处于初步探索阶段。现有利用图像处理等手段识别飞机及其大致机型的研究主要集中于雷达图像或远程遥感图像等遥距低分场景。在机场地面环境中利用轮距/轴距测量等几何特征测量识别飞机的技术未得到广泛应用，基于图像处理和深度学习等人工智能手段识别飞机机型的研究也未见显著进展。在飞机舱门的识别方面，目前研究可以在舱门位于视野内时通过与先验数据匹配来检测舱门，未考虑从飞机全局到指定舱门的搜索-捕获过程。因此，现有舱门

识别技术应用在旅客登机桥自动靠接飞机舱门中需要登机桥和泊位飞机的预靠工作完成后才能进行。针对飞机其他耦合部位的识别尚未见报道。

3.3　机场特种车辆的耦合运动及控制理论

针对机场特种车辆的耦合运动及控制理论，目前主要是设置靠近和对接两阶段运动的方式，靠近作业只有底盘运动；接近机构独立完成对接运动、底盘不参与对接运动，车辆对接稳定性通过车辆支腿确保，采用分段分级限速的方式结合传感器检测来保证对接精度，最终仍依赖于人工操作和目视检查确认，自动化程度低，应对突发情况无快速反应能力。目前可见的自主耦合仅在旅客登机桥有实现案例，通过内外摄像机捕捉舱门和引导桥接口运动具有一定借鉴作用。然而旅客登机桥是半固定结构，属于航站楼外延设备，活动自由度低，无底盘与上装的协同运动。

3.4　耦合作业过程飞机安全

关于耦合作业过程飞机安全，目前主要采用传感器预警、传感器探测触发运动停止及冲击缓冲装置等方式。采用传感器预警方式一般使用红外、雷达、超声波、激光等距离传感器或视觉传感器进行距离判断预警再依靠人工目视注意复核来控制接近程度，避免碰撞飞机；采用光电开关、压力传感器或其他碰撞检测传感器在检测到过小距离、过大压力时可触发报警、紧急制动及车辆发动机关机等动作，具有了一定抗干扰作用；在耦合靠机运动中，采用防撞材料或大变形结构作为缓冲装置来避免对飞机结构的损伤也是主要技术之一。在乘用车领域已广泛应用的碰撞预警及主动干预技术对车辆靠接飞机作业的主动防护具有借鉴作用，但在低速、复杂三维空间环境条件下的防撞效用需要进一步研究。

主要参考文献

[1] Zuo J, Xu G, Fu K, et al. Aircraft type recognition based on segmentation with deep convolutional neural networks[J]. IEEE Geoscience and Remote Sensing Letters, 2018, 15(2): 282-286.

[2] Aldhubaib F. Generic aircraft model recognition by two shape factors: in the resonance region[J]. IET Radar, Sonar & Navigation, 2020, 14(1): 81-88.

[3] Tabares D A, Mora-Camino F. Aircraft ground operations: steps towards automation[J]. CEAS Aeronautical Journal, 2019, 10(3): 965-974.

[4] B Andonovski, J Wang, D M Tham. Development of a novel visual feature detection-based method for aircraft door identification using vision approach[J]. IEEE International Conference on Control & Automation (ICCA), 2017: 618-623.

[5] Schmidt M. A review of aircraft turnaround operations and simulations[J]. Progress in Aerospace Sciences,2017,92: 25-38.

[6] 李湛. 航空地面设备主动安全对接飞机系统研究[D]. 哈尔滨:哈尔滨工业大学,2020.

[7] Ren B,Deng W,Tomm C,et al. Vision-based forward collision warning system design supported by a field-test verification platform[J]. IEEE,2014:492-497.

[8] 李福海. 飞机地面牵引移动与停放安全技术研究[D]. 南京:南京航空航天大学,2016.

[9] 高红博. 半挂汽车列车转弯制动方向稳定性及控制策略研究[D]. 长春:吉林大学,2014.

撰稿人:王立文(中国民航大学)　赵言正(上海交通大学)　张威(中国民航大学)
秦嘉浩(中国民航大学)

新一代民机牵引系统设计、操控与监测方法研究

Research on the design,handling control and monitoring method for next-generation civil aircraft towing system

1 科学问题概述

中国民航航运运输规模连续15年稳居世界第二位,提高飞机离港作业综合效益的需求愈发迫切。目前,飞机离港首先由飞机拖车将其缓慢推出登机桥约50m后,航空发动机点火滑至跑道端头,等待起飞。当前低速、短距离、需多人协调作业的飞机离港推出作业模式会延长航空发动机地面低效工作时间,增加地面不安全事故风险,提高航空发动机折旧、燃油消耗等成本,增大航班延误概率,并导致能源浪费、环境污染。新一代飞机牵引技术,是通过拖车将飞机以较高速度(不低于40km/h)拉至跑道端头,航空发动机开始点火起飞,从而大幅减少航空发动机工作机时,延长发动机在翼时间,助力实现“双碳”目标。新一代飞机牵引作业具有速度高、多体耦合性强、运动协同操控难、运行安全监测体系缺乏等特点,存在一系列关键科学问题有待研究:

1.1 飞机牵引刚柔耦合动力学系统全工况多目标设计

由于航空发动机无法提供倒推动力自行“倒车”,飞机与拖车通过耦合机构铰接形成飞机牵引多体系统,由拖车提供驱动力实现飞机的地面移动作业。由于飞机质量大、轴距

长、质心靠后，在全速直线、转弯、紧急制动、频繁启停等工况下会导致与复杂铰接耦合动力学紧密相关的安全事故或隐患，如制动距离过大、侧翻/折叠、起落架动载荷过大、偏离飞行员操控意图、穿越跑道、零部件磨损等。以飞机起落架轮胎和抱轮机构为连接约束的飞机-拖车系统属于刚柔耦合系统，揭示飞机牵引耦合动力学系统载荷传递与转移机理，厘清部件、系统之间多重载荷、运动安全边界约束，以最优载荷、运动平稳与节能为目标，实现直行与转向时拖车牵引、分离式制动等全工况下高速重载飞机牵引刚柔耦合动力学系统的可靠性设计，是目前亟须解决的关键科学问题之一。

1.2　人-机-车-环耦合交互下飞机-牵引车多模式协同操控

目前，飞机低速牵引作业需飞行员、拖车、安全员、通讯员协调操作，存在沟通错误而导致安全事故风险，少人化或无人化是飞机牵引技术发展趋势。由于飞机惯性大，为保证飞机牵引运动安全，通常由飞行员实施运动操控而拖车跟随控制，而拖车作为唯一动力源提供飞机牵引动力。由于飞机接口约束，无法通过传统的机械传动系统传递飞行员的起步、加速、制动以及转弯等全工况运动操控意图，特别是实现车辆加速尤其困难；传感器安装位置局限性强，无法实现飞机全局与周围环境的准确感知；缺乏满足多工况、多约束条件下高速飞机牵引耦合系统安全运行的多执行机构协同控制方法；未见考虑人机/人因工程因素的飞机拖车系统人在环协同操控方法研究。因此，如何设计人-车-机-环交互的飞机-拖车多模式协同操控策略，在不增加驾驶员操纵负荷的前提下，实现准确体现飞行员操控意图的飞机-拖车系统全工况控制，是亟须解决的关键科学问题之二。

1.3　构建飞机牵引耦合系统全过程运行安全监测与预警体系

保证系统安全是飞机牵引作业的首要要求，飞机牵引作业中人、飞机、拖车、环境、感知、控制、传动、执行等多系统之间耦合动态特性复杂，为飞机牵引安全监测增加了难度。目前国际上仅通过低速飞机牵引实验测量起落架极限载荷、转向角度阈值，缺乏对全工况下飞机牵引作业过程载荷、运动等进行实时监测、预警保护和结构寿命预测的安全监测方法，也未建立保障飞机牵引作业运行安全所需的规章流程和应急处理制度。因此，如何构建飞机牵引作业全过程运行安全监测与预警体系，是目前亟须解决的关键科学问题之三。

2　科学问题背景

随着中国航空运输规模不断发展，低速、多人协作模式的传统飞机牵引安全隐患突出、效率低下，延长了航空发动机地面工作机时，增加了环境污染，无法满足中国民航高质量发展“安全、效益、服务、环保”的要求，亟须建立针对新一代人-机-车-环境交互的飞机牵引装备设计与协同操控理论和技术体系。目前，飞机牵引耦合动力学系统协同操控与安全监测主要存在以下三个技术瓶颈：

2.1 如何实现飞机牵引刚柔耦合动力学系统全工况多目标设计

飞机-拖车牵引对接结构、牵引装备底盘决定了飞机牵引耦合动力学特性，与飞机牵引作业安全和系统可靠性紧密相关。国内外现有研究多集中于低速、短距离飞机推/拖作业的准静态特性，对复杂工况下飞机拖车系统动力学建模方法及动态特性研究不足，特别是高速重载动态工况下刚柔耦合铰接处纵横垂方向的载荷传递、各接地点载荷转移与接触摩擦特性，对高速化、少人化或无人化飞机牵引装备基于运动学/动力学建模与分析的多目标设计方法研究匮乏，无法支撑高速全工况下飞行员操纵意图感知、随动协同操控的飞机牵引装备可靠性设计。

2.2 如何实现人-车-机-环耦合交互的飞机-拖车多模式协同操控

飞机牵引系统控制源与动力源分离、飞机通信接口约束性强、运行环境工况复杂、系统运动耦合性强、感知/执行机构分布多、飞机与环境准确感知困难，目前未见飞机牵引系统全工况协同操控方法研究。现有唯一的机舱与外界语音通信方式在全气候、极端工况条件下的实时性差和安全鲁棒性低等问题有待解决，更缺乏牵引工况飞行员操纵意图、飞机与环境交互的多模式感知、准确快速辨识，以及多执行部件协同控制、安全冗余设计、人机/人因工程分析等理论与方法，无法实现人-车-机-环交互的飞机-拖车系统多模式协同操控，阻碍了安全、高效、经济的飞机牵引高速化、少人化/无人化发展进程。

2.3 如何实现飞机牵引耦合系统作业全过程运行安全监测与预警

飞机牵引系统铰接耦合复杂、飞机惯量大、高速运行状态复杂，现有的针对低速飞机牵引作业中起落架强度测试基于稳态实验线性映射方法，无法满足复杂动态工况下测试的实时性和准确性要求。此外，飞机牵引作业最优测点设计、状态在线辨识、运行及寿命安全风险评估等测试与评价方法研究还未开展，飞机牵引过载预警与保护技术有待提高，作业大数据还未有效用于基于模型、概率的系统安全运行状态监测、维修预测研究，缺乏飞机牵引作业运行阶段与空管、场道、其他装备之间的不安全风险评估、应急处理方案、常规管理制度，目前无法实现飞机牵引作业全过程运行安全监测方法和安全控制体系构建。

综上所述，针对新一代民机牵引耦合系统协同操控与安全监测难题，亟须深入研究全工况飞机牵引动力学耦合机理与多目标控制方法，突破人-车-机-环耦合交互的飞机-拖车多模式协同操控技术瓶颈，构建飞机牵引耦合系统作业全过程运行安全监测与预警体系，形成下一代飞机牵引装备设计技术体系，实现飞机牵引作业的高速化和少人化，对于进一步提升我国飞机地面安全运行保障水平，促进智慧机场发展具有重要意义，科学价值显著。

3　科学问题研究进展

3.1　飞机牵引刚柔耦合动力学系统全工况多目标设计

针对飞机牵引刚柔耦合动力学系统全工况多目标设计研究，主要包含重载牵引系统耦合动力学建模、线控系统设计和失效容错设计。①飞机牵引系统实质为铰接多体耦合系统，主要通过虚拟样机、解析法、试验法研究其运动学、动力学机理。然而，虚拟样机建模方法自由度规模大、变步长求解方法实时性低，解析法通常模型简化过多，试验法危险系数、成本较高。半挂车通用铰接或鞍座动力学模型无法准确模拟飞机牵引系统耦合动态特性。②目前国内外主要利用集中式或分布式控制系统实现车辆线控转向、驱动、制动功能，针对不同系统架构建立动力学模型，实施不同的控制策略提高系统的稳定性、制动安全等性能。飞机牵引系统中仅允许对拖车进行线控系统设计，制动、驱动模式与传统的线控车辆存在区别，高速行驶时系统舒适性、稳定性、制动安全问题突出，现有的线控系统无法实现全作业工况要求，但具有一定的参考意义。③分布式线控系统引入了传感器、控制器、执行电机等电子部件，增加了系统故障概率，基于故障诊断与隔离、基于分层架构的失效容错控制方法在高速紧急工况下难以保证容错控制的实时性和连续性。

3.2　人-机-车-环耦合交互的飞机-拖车多模式协同操控

针对人-机-车-环耦合交互的飞机-拖车多模式协同操控方法研究，主要包含飞机与环境感知、驾驶意图感知、人机协同决策、协同操控方法。①环境感知可通过差分全球定位系统(GPS)、载波相位差分技术(RTK)惯导、激光雷达、摄像头、毫米波雷达等多源传感器信号融合来实现，但飞机拖车系统中由于飞机接口约束，仅允许在拖车上安装传感器，无法实现大飞机全局与环境的准确感知。②目前有通过语音信号、车辆尾灯识别来传递或辨识驾驶意图，但在恶劣环境下存在漏报、误报风险，可靠性较低；还可以通过机械传动与运行状态辨识操纵意图，但无法实现飞机牵引作业中的加速操作。③人机协同决策包括基于车道偏离时间、基于当前位置、基于位置偏差阈值、基于道路场景感知和基于稳态预瞄模型的决策方法。基于车道偏离时间决策方法预警精度受运行轨迹、路况等影响，基于当前位置决策方法预警时间较短、驾驶员反应时间不足，基于位置偏差阈值决策方法难以准确观测行驶速度，基于道路场景感知决策仅处于理论研究阶段、尚不具备应用条件，基于稳态预瞄模型决策依赖车辆动力学特性、需较多传感器限制了其应用。④协同操控方法可用经典线性控制理论或现代控制理论设计控制器，包括基于模型和基于向量场的控制方法，通过设计时间系统控制器以实现协同操控，对实现飞机牵引作业中机械、光、电等多模式协同操控具有一定的参考意义。

3.3 飞机牵引耦合系统作业全过程运行安全监测与预警

针对飞机牵引耦合系统作业全过程运行安全监测与预警研究,主要包含基于大数据的智能监测、安全预警技术、基于物理模型的线下预测、运行管理体系构建。①基于线上大数据的智能监测方法是通过飞机牵引作业真实数据,通过回归模型、时间序列法、趋势外推法等概率方法,或通过深度学习、机器学习等智能算法预测安全风险,计算速度快,但模型无法反映真实物理失效机理,在解释性方面有待提高。该方法需建立系统运行的大数据平台,但目前我国飞机牵引状态监测手段缺乏。②安全预警技术包括机械、视觉、听觉、触觉预警。机械预警依靠于机械装置、可靠性高,如飞机有杆拖车所用到的拖杆,采用剪切销来实现拉/推过载保护;视觉和听觉预警在环境噪声或复杂交通场景下容易导致人视听觉过载;而触觉预警必须要求保持接触。多模式协同预警效果和可接受程度有待深入研究。③基于模型的线下预测方法通常是考虑几何、结构、连接及物理机理等细节建立动力学或有限元模型,并结合飞机多工况牵引作业实际数据,进行结构或运行安全评估和预测。但飞机牵引系统复杂,核心数据缺乏,且飞机牵引实验存在成本高、偶然性大、周期长等问题。④飞机牵引作业运行管理体系目前仅针对当前短距离、低速、需多人作业的飞机牵引作业流程与规范,未对下一代飞机拖车作业运行模式、空管冲突、路径规划、故障类型、应急处理方案等开展研究。

主要参考文献

[1] Wang H, Lv X, Zhang W, et al. Study on vibration characteristics of the towbarless aircraft taxiing system[J]. SAE International Journal of Vehicle Dynamics, Stability, and NVH, 2022, 6(2).

[2] Ni J, Hu J, Xiang C. Control-configured-vehicle design and implementation on X-by-wire electric vehicle [J]. IEEE Transactions on Vehicular Technology, 2018: 1-1.

[3] 梁修天. 分布式驱动电动汽车纵横向运动协调控制关键技术研究与实现[D]. 合肥: 合肥工业大学, 2021.

[4] Yu H, Cheli F, Castelli-Dezza F. Optimal design and control of 4-IWD electric vehicles based on a 14-DOF vehicle model[J]. IEEE Transactions on Vehicular Technology, 2018, 67(11). 10457-10469.

[5] 张雷, 王子浩, 孙逢春, 等. 四轮轮毂电机驱动智能电动汽车转向失效容错控制研究[J]. 机械工程学报, 2021, 57(20): 141-152.

[6] Peng H, Chen X. Active safety control of X-by-wire electric vehicles: A survey[J]. SAE

International Journal of Vehicle Dynamics, Stability, and NVH, 2022, 6(2).

[7] 解本铭,韩明明,张攀,等. 飞机牵引车语音识别的动态时间规整优化算法[J]. 计算机应用,2018,38(06): 1771-1776 + 1789.

[8] Itoh T, Yamada S, Yamamoto K, et al. Prediction of driving actions from driving signals [M]. Springer US, 2009.

[9] 吴乙万. 人机协同下的车道偏离辅助驾驶关键技术研究[D]. 北京:北京理工大学,2013.

[10] Seeber R, Holzl S L, Bauer R, et al. Optimization-based iterative learning speed control for vehicle test procedures[J]. IFAC Papers On Line, 2019, 52(5). 516-522.

撰稿人:席军强(北京理工大学)　于会龙(北京理工大学)

航空物流装载与运输自动化作业及安全监测

Automated Tasks of Aeronautical Logistics' Loading and Transportation with Safety Monitoring

1　科学问题概述

《"十四五"民用航空发展规划》指出,我国民航运输业将持续保持较高的增长速率。民航旅客运输量、货邮运输量持续增长,2019 年,我国前五十的机场中有三十个处于货运饱和状态,然而目前的旅客托运行李、货物、邮包等航空运输物品在地面运输阶段各环节仍然依靠人工处理为主,存在劳动强度大、设备自动化程度低、作业效率低、物品破损丢失等问题,严重制约着航空交通运输规模和服务质量的进一步提升。为实现航空运输物品地面运输全过程的自动化,攻克自动装卸、物流车队自动驾驶及机场物流运输安全控制等关键技术,在新理论、新方法和新技术方面突破技术瓶颈,一系列关键科学问题有待研究:

1.1　如何揭示航空运输中异构物品到容器的自动装载机理

航空运输物品外形形态多样、包装材质软硬不一、重量尺寸差别巨大,而装载物品的航空集装箱、集装板、行李车斗在空间形状、尺寸上也类型多样,因此研究异构航空运输物品的智能识别、准确重构、柔顺抓取机理并设计在线智能码放算法是自动装载的关键核心。现有研究物品分类识别不能完整区分百种以上的不同类型可运输航空物品,且面临超长尾问题;物品三维重构无法平衡效率与精度;自动取放的柔顺性和类型兼容未能解决;且面临在线码放规划问题的 NP-complete 理论不可解性和实际规划算法散码严重问题。因此,揭示航空运输物品的异构自动装载机理是目前亟须解决的关键科学问题之一。

1.2 如何建立航空地面物流车队室内外自动驾驶方法

航空集装箱、集装板、行李车的物流地面运输具有复杂室内外场景衔接运行的特点,一般为1~7车拖-挂编队运行。机场中行李房、货站室内空间结构复杂、飞行区室外又存在飞机流及其他特种车辆流交错的复杂地面交通环境,高精度、高动态的定位方法尚未突破;不同物品运输车队的行驶会产生不同的“甩尾”效应,作为路径规划和轨迹跟踪控制的基础,车队高精度动力学建模及特性分析尚待开展;同时,针对车队自动驾驶控制的物流牵引车线控底盘模型,也有待建立。因此,车队室内外自动驾驶方法是机场地面物流作业自动化的又一关键问题。

1.3 如何构建机场自动化物流作业的安全监测与风险控制模型

自动化物流作业模式对参与者、运输物品、车辆和环境的安全产生了新挑战。如何在室内复杂空间结构场景中确保自动装载的过程安全,如何在室外飞行区车队行驶过程中克服人、车、飞机的动态变化和多电磁干扰特征检测和避免冲突,在飞机机下装卸作业时确保车、机安全是实现自动化作业的前提。因此,建立自动化物流作业的室外环境安全风险监测与风险控制模型是需要解决的另一关键科学问题。

2 科学问题背景

2019年仅中国民航旅客运输量便高达6.6亿人次,旅客托运行李量超过了3亿件。即使是在新型冠状病毒感染疫情严重影响下,2021年度中国民航旅客运输量高达4.4亿人次,旅客托运行李量超过了2亿件。在货运方面,航空运输的规模伴随着疫情的出现,反而出现爆炸性增长,前景一片看好。目前航空运输中的行李和货物在搬运装卸、地面运输、上下飞机等环节处理仍然主要依靠人工完成。据统计和调研,一个枢纽机场的搬运工作人员每天需要搬运约高达9.72t的航空运输物品。因此,时常会发生人员流动性大、劳动损伤频发且物品损坏、丢失、错运等事件,多个人工环节作业引发了效率低下,航班地面运行时间不可控。因此,亟须建立针对机场地面物流自动化运输技术体系。目前,机场地面物流设备自动化主要存在以下三个技术瓶颈:

2.1 航空运输物品的智能识别分类、柔顺抓取和在线智能码放难题

国内外现有研究多集中于航空运输物品的尺寸检测和硬质物品抓取等理论技术,缺乏对物品软硬质地识别和分类抓取技术进行系统性研究,特别是针对兼顾柔软和异形物品的抓取夹爪构型和柔顺控制技术研究不足。同时,异构的航空运输物品的码放布局属

于在线三维异构装箱问题,是非确定性多项式难题,无法获得其精确解。当前研究集中于离线三维装箱问题,无法适用于机场物流码放规划场景。在满足实际约束条件的情况下,如何简化码放模型给出可行且高效的码放规划算法获取高填充率是目前的难点。

2.2　机场物流车队自动驾驶难题

在目前的机场物流车队运行中,一个牵引车头牵引多个行李挂车、集装板挂车或集装箱挂车行进,拖车和挂车非完全刚性连接且车辆数量较多,多体系统的动力学特性较为复杂,目前机场物流车队的动力学建模、轨迹规划及自动控制研究尚不充分;同时,机场无人驾驶车队的运行面临复杂多变天气条件,如何保证全天候工况航空器、人员、车辆、设备设施安全是常态化运行面临的最大挑战,此外深度学习算法需要庞大的数据训练系统,数据库及仿真模拟环境缺乏是难题之一;运动控制执行动作的实现受路面峰值附着系数、质心侧偏角、坡度等影响,如何针对多源异构传感系统的时序混杂和冗余互补特性进行关键状态与参数估计是一大难点;此外,机场无人驾驶路侧融合感知系统从系统级层面是否匹配机场交通、道路安全的监管需求,包括感知能力、后台计算能力、传输能力等,目前并无全面的评估方法或评价指标,很难开展精准验证;受限于机场的高安全要求,路端对车辆平台的信息接入和传输网络规划和建设存在不足,是在机坪构建交通规则和发展车路云协同的一大难点。

2.3　机场物流自动化场景安全监控建立难题

自动装载场景是围绕机场室内复杂结构空间的高度集成化、多机器人联动控制与人机协同交互环境;机场物流车队无人驾驶技术的应用必须满足机场安全隐患零容忍的高安全要求,其难点尤其在于飞行区机坪区域,一是涉及人、车辆、飞机等多因素的动态变化和复杂电磁干扰且交通量大,单纯的通过全球定位系统(GPS)的定位将无法满足其安全性保障的需求,因此采用 GPS 定位、惯性导航、机器视觉、激光雷达的多传感器融合定位将成为有效的解决方案,但是多传感器数据融合过程中数据的统一性、实时性将难以保障;二是随着无人化机坪的发展,会存在有人无人驾驶混行的过渡阶段,有人驾驶的行为难以进行精确预测,混行状态下协同实时性要求极高,决策控制均需要在毫秒级以内;此外,在飞机机下作业时,与协同车辆以及飞机的相对运动及不安全事件识别与避免也缺乏有效技术。

综上所述,针对机场地面物流设备自动化作业问题,需要揭示航空运输中异构物品到容器的自动装载机理,破解研究航空运输物品的智能识别分类、柔顺抓取和在线智能码放难题;建立航空地面物流车队室内外自动驾驶方法,攻克机场物流车队自动驾驶难题;构建机场自动化物流作业的安全监测与风险控制模型,突破机场物流自动化场景安全监控建立难题,实现机场物流作业全流程自动化,对于提升我国航空运输效率与安全水平具有重要的科学价值。

3 科学问题研究进展

3.1 航空运输物品自动装卸

在物品识别与分类研究方面,主要有基于行李三维点云的行李智能识别及测量,利用神经网络的方法构建分类模型,利用机器视觉识别行李尺寸信息。①基于神经网络的分类模型设计是目前的研究热点,主要是利用深度学习和卷积网络与航空行李数据结合,分析其分类特点。根据应用场景和分类目的的不同,神经网络架构的设计也需要调整。②利用机器视觉获取航空行李的信息,其研究领域主要为图像识别和目标测量。基于机器视觉和深度学习算法的分类模型准确率和分类速度都有待提高。在航空行李柔顺取放方面,路径规划主要从单目标和多目标两方面设计;在取放构型上,目前关于机场行李取放机器人构型、夹具多采用关节型工业机器人以及平板传送、两杆夹持以及吸盘等执行器在适用范围上还有很大局限。在码放规划方面,目前主要应用的是离线规划和智能规划两类:①基于多规则的行李在线码垛算法,针对行李尺寸、重量和类型的不规则性,直接使用常用的离线算法如“砌墙法”“核心骨架法”“组合块法”“关键点法”等,由于航空运输物品传送的全局不可知性,在线码放效果不好。②主要利用启发式、强化学习式等智能算法,由于样本量等问题,还不能取得很好效果。为在线情况下提高填充率,有必要考虑预分类及加入缓存调序算法。

3.2 机场物流车队自动驾驶

在车队动力学特性分析方面,有研究运用 ADAMS 软件对机场货运牵引车动力学进行仿真,使牵引车在复杂的多载荷作用下,实现“人-车-路”三位一体相互作用,或采用 Pro-E、ADAMS、ANSYS 软件的机械系统联合仿真进行接口分析;针对物流车队的高精度高动态室内定位导航,激光雷达和视觉两种方法较为普遍,具有可靠稳定、低成本及配置灵活等优势。为适应复杂环境的导航定位任务,单一类型的传感器越来越无法满足现场苛刻需求,如何将多种传感器组合使用,充分发挥各自的特长,是近年来国内外研究的热点问题;针对车队轨迹的精确控制,国内外的研究重点以及现阶段的重点问题也在于智能车辆对障碍物的识别,精确控制在于对所遇到的状况及时准确的处理并在此基础上规划出行驶的路径;障碍物的识别目前主要根据图像的处理来实现,其中包括图像的预处理,图像的滤波和图像的二值化,其中二值化可以简化并加速图像的数据处理,得到的二值化图像经过进一步处理还可以得到几何特征更加精准化的图像目标;无人车行为决策主要基于规则算法,代表性方法为有限状态机和基于学习算法两大类,其中基于学习算法的无人车行为决策系统研究目前已取得显著成果,根据原理不同主要可分为深度学习相关的决策方法与基于决策树等机器学习理论的决策方法,其中端到端卷积神经网络决策系统与ID3决策树法是典型案例;在基于车-路-云融合的机坪运输无人驾驶交通规则研究方面,目前的人工单一调度规模小且效率低下,国内外虽均有在调度系统方面进行研究开发,但基本还达不到能实际应用的程度。有必要进一步开发多车协同以及车路云协同的智能调度技术,提高资源利用率和运作效率,降低运作成本和安全风险。

3.3　机场室内外作业场景安全监测

主要集中如下:①全局视觉安全作业保护技术,为实现人机安全的目的,基于Deep SORT目标跟踪算法对行人检测结果进行处理,获取同一行人的运动信息。根据行人跟踪结果,借助相机模型,改进算法功能实现世界坐标系下行人运动速度的获取。最后,结合视觉处理信息和机器人运动设计并实现了人机安全系统。通过利用行人的位置信息和速度信息,实现对机器人运动的安全决策控制。②智能仿真验证及监管平台,为克服传统电控设备操作、调试都需现场进行,无法提前做准备的缺陷,利用机器人和智能化技术手段实现仿真试验的自动执行、记录和监管,构建基于机器人的智能化仿真验证及监管平台。对所研究的行李智能识别、快速抓取及精准控制方法、在线高效码垛算法和大数据自学习技术通过仿真监管技术进行仿真;在室外场景监测方面,基于多传感器融合的三维场景感知是环境模型精准动态识别的有效手段,目前移动载体的定位会选用不同的感知传感器,例如相机、激光雷达、轮式里程计和惯性测量单元(IMU)等。其中相机和激光雷达等设备用于感知移动载体所在外部环境,通过观测匹配估计机器人的相对运动和在环境中的位置,在复杂环境中基于单个传感器的定位方案,往往会因为传感器自身特性的限制而无法正常工作。多传感器融合定位算法经过多年的研究,已经取得了一定成果,但仍然存在多方面的难点和挑战,主要体现在多传感器外参标定问题、多传感器融合定位算法的通用性问题、传感器的组合问题,该方面的研究也是当前多传感器融合定位应用于室外复杂环境时的主要发展趋势。在检验车辆安全性方面,主要的是基于道路场景的车辆测试方法,此外,还有基于信息熵的特殊区域环境复杂度计算模型、交通环境因素定量评价等。目前,场景复杂度模型没有针对自动驾驶汽车的自身数据进行综合分析,场景分类也大多基于自动驾驶功能、事故等维度,没有区分不同类别场景的难易度或复杂程度,从而无法依据分类选取出适用于自动驾驶道路测试的典型场景。在决策系统的安全性方面,目前研究方向为在自动驾驶系统的安全性研究中引入系统理论过程分析(STPA)方法为代表的现代安全分析方法,获得了良好的效果。

主要参考文献

[1] 李建华,李锦文. 多约束三维装箱问题的研究综述[J]. 计算机软件与应用,2012,15(17):1-3.

[2] 刘朝阳,穆朝絮,孙长银. 深度强化学习算法与应用研究现状综述[J]. 智能科学与技术学报,2020,2(4):314-326.

[3] 陈君毅,刘力豪,周堂瑞,等. 城市自动驾驶决策系统安全分析与策略设计[J]. 同济大学学报(自然科学版),2020,48(12):1810-1817.

[4] S. Xu, R. Wang, H. Wang, et al. An optimal hierarchical clustering approach to mobile LiDARpoint clouds[J]. IEEE Trans. Intell. Transp. Syst. ,2020,21(7):2765-2776.

[5] Lc A,Mb A,Ls B,et al. LIDAR-camera fusion for road detection using fully convolutional neural networks-ScienceDirect [J]. Robotics and Autonomous Systems, 2019, 111: 125-131.

[6] 全球首个机场行李运输无人物流车项目落地香港[J]. 物流技术与应用,2020,25(03):84-86+88.

[7] 闫大禹,宋伟,王旭丹,等. 国内室内定位技术发展现状综述[J]. 导航定位学报,2019,7(04):5-12.

[8] Lajoie P Y,Ramtoula B,Chang Y,et al. DOOR-SLAM: Distributed,Online,and Outlier Resilient SLAM for Robotic Teams[J]. IEEE Robotics and Automation Letters,2020,5(2):1656-1663.

[9] Shi S,Gao T,Gao D,et al. Inertial navigation aid indoor navigation based on the establishment of accurate magnetic reference map[J]. Journal of Physics: Conference Series,2021,1802(4):042022 (8).

撰稿人：毛刚(中国民用航空总局第二研究所)　杜明谦(中国民用航空总局第二研究所)
杨秀清(中国民用航空总局第二研究所)　向勇(中国民用航空总局第二研究所)

飞机地面积冰演化及怠速协同除冰方法

Aircraft ground icing evolution and idling cooperative deicing method

1 科学问题概述

随着我国民航业的快速发展,冬季航班除冰雪作业已成为影响航班飞行安全和准点率的重要因素。近年来,我国冬季降雪带不断南移,具有除冰需求的机场数量不断增加,多工况下进行飞机地面除冰的需求不断提出,如可缩短等待时间的发动机怠速除冰和可缩短作业时间的协同除冰等。而新工况除冰也引发了很多问题,如怠速吸入、尾流危险区、协同作业监控等,一系列关键科学问题有待研究。

1.1　如何揭示飞机地面积冰演化行为机制

冬季冰雪状态下机场除冰雪作业能力直接影响飞行安全和航班准点率,预测和感知飞机地面积冰状态及演变趋势,针对不同的积冰参数和形态,科学调配除冰资源,优化调控除冰作业,是构建飞机除冰雪智能作业平台和机场协同决策体系的必要前提。目前,对于飞机积冰行为的研究多为针对飞机空中飞行状态下重点部位积冰冰型的研究,尚未形成完整的复杂气象条件和不停航除冰雪作用下飞机地面积冰类型分类及形态演化作用机制。因此,科学阐明飞机地面积冰/除冰机理,揭示飞机地面积冰/除冰行为演变机制,预判飞机地面积冰行为转变趋势都是目前亟待解决的科学问题。

1.2　如何获取飞机地面怠速射流除冰参数调控规律

以喷洒除冰液为主的射流除冰是当前使用最为广泛的飞机地面除冰方式,然而,由于回收成本高、技术难度大,大流量喷射除冰作业产生的除冰废液对环境存在不可逆转的污染问题。民航发动机怠速下,吸入流场和尾流热流场共同产生热流耦合危险区,作业车辆进入危险区易造成倾翻、作业臂与飞机碰撞等严重安全事故。而作业车辆距离危险区边界较远时,又造成除冰作业效率降低、单位体积液体除冰强度减弱、除冰液用量加大等问题。此外,不同风速、气象条件、不同机型等多因素的耦合作用使得发动机怠速除冰热流场耦合机理变得尤为复杂。因此, 阐明不同作业工况下射流融除冰作用机理、获得射流除冰参敏调变规律、拓展喷嘴组件排布思路,从而构建基于喷射参数优化、多元信息反馈的射流除冰作业智能调控方案和运行平台都是目前亟待解决的科学问题。

1.3　如何构建飞机地面除冰多机器人异构任务协同控制方法

寻求安全高效的飞机地面除冰技术是飞机除冰保障的重难点问题。人工智能技术快速发展和航班密度的快速增加,当前飞机集中除冰技术在保障效率和先进性方面已经滞后于民航科技的快速发展。因此,探索性地设计飞机地面多机器人除冰异构任务协同控制技术,研究机型多样化、机体不同区域、不同曲面构型的作业方法与任务规划,研究机体特定部位多喷嘴作业轨迹优化、目标跟踪与安全边界,探索除冰液射流后推力、大范围作业空间下自主移动平台及上装机构动力学模型及耦合规律,研究多机器人协同的车-车运动规划及安全控制,提出上装机构的车-机近距离轨迹跟踪和避障方法,设计基于多机器人协同的飞机地面除冰系统及运行评价方法都是亟待解决的科学问题。

1.4 如何构建除冰作业运行安全控制与作业质量检验方法

由于怠速除冰产生的热流危险区,需要对除冰作业运行过程进行全程安全监控,包括基于规划轨迹的作业实时偏差控制,进行风险预判预警、避险控制和应急控制。并且,相对于关机除冰,怠速除冰需要更多的作业车辆参与,使得多车辆协同作业难度增大。此外,由于安全区和喷射距离增大,为保证除冰作业质量和效率,需要引入实时智能检测方法对作业质量进行检验。目前,对于飞机怠速除冰作业过程监控、除冰作业过程中特种车辆协同作业信息、车辆安全作业规范流程信息以及除冰作业后效果检验方法,尚缺乏系统性的理论研究。由于怠速除冰目前还在推广中,尤其是在大中型机场多模块、多类型特种车辆协同作业的怠速除冰运行模式下,如何基于对除冰作业轨迹、用液量、车辆耗能、特种车资源智能分配、数据智能采集、除冰效果智能检测分析等核心技术研究,建立除冰作业运行安全控制与作业质量检验方法是亟须解决的关键科学问题之一。

2 科学问题背景

近年来,受全球气候变化趋势影响,我国降雪范围逐年增大并且冰霜天气多发,除冰作业的需求愈发迫切。当前机场经验化、人工化、单体化为主的除冰作业模式无法满足除冰作业高效化、智能化的发展需求。飞机怠速除冰(也称“飞机慢车除冰”)和协同除冰等新作业方式成为研究方向,目前主要存在以下技术瓶颈:

2.1 飞机地面积冰/除冰行为演化行为的识别与预判的难题

①飞机地面积冰雪特性参数直接影响除冰作业参数配置,进一步影响机场除冰作业资源调度和机场整体协同调度方案的确定。然而,机身积冰雪参数及其类型演变行为是一个涉及多物理场多时空尺度的复杂相变传热微物理过程。目前,现有的理论方法和仿真预测技术尚不能实现对飞机积冰/除冰过程中冰型转变和参数演变的精准预测。②不停航的除冰雪作业模式和持续降水的外界环境使得飞机机身冰雪覆盖行为演化变得更加复杂,对积冰/除冰过程中冰雪生长和融脱行为的同步虚拟重构是智能除冰作业实施的重要支撑。现有的监测技术和检测手段尚不足以实现积冰形态演变和关键节点的精准识别和预判。③飞机二次结冰时间裕度的准确控制直接影响机场除冰作业资源配置与除冰作业调控,间接影响机场协同决策,二次积冰机理与除冰作业显著异于一次积/除冰。综上,积冰/除冰过程中冰雪演化行为及演化界限的识别和预判仍然是阻碍机场智慧除冰雪作业平台建立的瓶颈。

2.2　怠速除冰热流场耦合导致飞机地面射流除冰参数智能调控难题

①射流融除冰行为涉及冰雪融化相变传热、冰雪与机身黏附力破坏削弱、射流流动换热等多物理场耦合机制。目前，机场射流除冰作业尚处在低级的人员控制喷射除冰作业模式，积冰消融脱落机理、喷射作业过程中参敏调变规律和能耗损失分析尚未开展。②机型、冰型多样化和除冰作业高效化的发展趋势对喷嘴构型提出了新的要求，可滑移重构的喷嘴组件和智能喷射模式将逐步取代当前除冰车载人操作的作业模式。目前，新型的喷嘴组件方案尚在研究阶段，喷嘴构型、排布方式、重组滑移路线、位姿控制、动力学稳定控制方案等均有待深入研究。综上，优化喷射参数，构建智能调控喷嘴作业的方法与技术仍然是制约射流除冰作业智能化发展的瓶颈。

2.3　飞机地面除冰多机器人协同控制方法与智能除冰技术难题

①飞机地面智能除冰技术包含除冰多机器人布局构型，车-车/车-机作业路径与时序协同，移动底盘除冰单体机器人作业轨迹规划、动力学控制和安全协同控制方法及技术评估。现有飞机地面除冰仍旧停留在人工作业的集中除冰技术层面，缺失了对多机器人协同除冰的布局构型、时序协作和机型差异的研究，对多机器人协作下异构曲面除冰方法及任务规划方案未进行超前设计。②飞机地面除冰复杂场景下环境、作业安全约束和除冰多任务分配未深入研究，探索除冰液射流后推力扰动机理及抑制补偿方法，提出自主移动底盘及上装机构最优轨迹控制策略，针对多机器人作业的负载均衡和安全协作控制难点有待解决。设计自主移动底盘及上装除冰机构，研究自主移动底盘、底盘上装运动协同运动规律，建立速度、位姿和稳定性约束的单体机器人动力学模型，提出车-车/车-机协同的射流喷嘴时空轨迹优化与避障方法等也是面临重点和难点，这一系列问题也需要很好地解决。③飞机地面智能除冰技术的流程、时间约束和作业安全性的评价，单体除冰机器人的底盘及上装协同控制和除冰效能的验证方法是除冰新技术评价必须面对的问题。因此，研究飞机地面多机器人整体布局、时序协作及协同控制，设计多机器人协同作业的智能除冰系统及评价方法是飞机地面除冰技术超前探索必须解决的问题。

2.4　构建除冰作业运行安全控制与作业质量检验方法的技术难题

①“双碳”目标对机场除冰作业提出了节能环保方面的要求，然而怠速除冰模式下喷射距离增大，准确划分作业安全区域，建立怠速除冰发动机热流场安全域识别模型，探究作业过程车-车/机安全风险机理及预测预控机制是除冰作业安全控制必须首先解决的关键难题。②我国绝大多数机场除冰过程监控和能效评价方法尚未成熟，研究大范围微量残冰快速精准检测技术，建立基于多元评价的除冰过程安全监控及能效评价体系，研究多

模块协同的除冰作业效果智能检验方法，对除冰效果的智能表征和整体运行效率的智能检验是保障除冰作业质量的核心技术。目前还未见对飞机怠速除冰作业过程监测、除冰作业过程中特种车辆安全运行控制及规范流程的研究，除冰效果检验的核心关键方法和技术也缺失。虽然中国民航局已在国内几大机场推广了怠速除冰运行模式，但均未开展怠速除冰模式下多车辆作业运行安全控制和除冰作业质量检验方法的相关研究。

综上，设计考虑积冰消融演化的除冰保障节点动力学因素、除冰作业参数调控以及车-车、车-机异构多任务协同的智能除冰系统，构建基于机理分析、参数调控、任务协同及安全监控和评价的飞机地面除冰方法体系，对探索引领国际领先的飞机地面除冰新技术具有重要意义。

3 科学问题研究进展

3.1 飞机地面积/除冰热动力学行为

针对飞机地面积/除冰热动力学行为演化机制的研究，目前主要围绕积/除冰机理与演化行为特性、积/除冰过程预测与监测方法，及二次结冰/除冰行为演化研究三个方面。①在积/除冰行为研究方面，现存的理论模型对结冰过程的刻画越来越细微，但是绝大多数研究是针对飞机高空结冰所开展，对于飞机地面积冰情况的研究甚少，二者在积冰条件和积冰形态上差别甚大，现存绝大部分模型无法直接应用于飞机地面积冰。因此，开展飞机地面积冰雪机理及行为演化机制的研究仍然是十分必要的。②在积/除冰过程预测与监测方面，现存的预测模型对气象参数的采集越来越全面，反映出了多环境因素对积冰行为的影响，但现存模型甚少考虑持续降水和除冰作业所导致的积冰形态的突变，也尚未得出积冰形态演化的转变条件。因此，识别飞机地面积冰雪典型形态突变界限和阈值，准确研判飞机地面积冰雪污染等级及演变趋势仍是科学调控除冰作业流程和除冰资源所亟须开展的研究工作。③在二次积冰/除冰行为研究方面，目前，国内外对二次积冰时间安全裕度的研究甚少，对于二次积冰形成机理与生长演化行为以及二次除冰作业的研究尚属空白。因此，研究机身除/防冰液残留的能量体系下飞机地面二次积冰机理及演化行为，形成飞机地面二次积冰时间裕度调控方案及二次除冰作业调度方案，是机场协同除冰作业亟须补充的研究工作。

3.2 流体喷射过程热压流损失与除冰参敏调变

针对流体喷射过程热压流损失与除冰参敏调变规律的研究，目前的研究主要围绕飞机除冰作业参数配置、射流喷嘴构型优化及位姿调控和除冰效能反馈等方面。①在飞机除冰作业参数配置方面，主要围绕除冰液喷射、蒸汽射流喷射方式展开，基于积冰融化过程全程多维度追踪技术以及除冰过程能量损耗分析等手段，研究除冰效率影响因素，获得了喷嘴结构、喷射参数优化及冰液加热调压控制方案。但目前的研究并未考虑积冰形态类型的影响。②在射流喷嘴构型及位姿参数控制方面，目前主要围绕从喷嘴构型、喷嘴排布与数量优化等方面开展研究。通过正交化的实验研究和数值模拟，探究了除冰液喷射过程温度场和流场间的参敏调变规律，优化设计了喷嘴构型、结构参数和喷嘴排布；研究了射流轨迹及能量损耗、喷嘴组件性能优化及调控喷嘴阵列参数。但是对于喷嘴位姿、射程距离等直接影响除冰能效的关键作业参数的研究甚少。

3.3 飞机地面除冰多机器人协同方法与智能除冰系统

针对飞机地面除冰多机器人协同方法与智能除冰系统研究，主要从多任务异构智能体的协同调度、地面保障流程优化和除冰技术装备实体的研究着手。①将停机位、除冰车和航班调度等抽象为资源受限的多目标优化调度问题，采用遗传算法、粒子群算法和神经网络等智能计算策略实现优化模型非劣解空间寻优。但是该研究方法由于多目标优化问题解空间固有的缺陷，很难获得全局最优解。②地面保障流程优化研究冰雪天航班牵引、加油、货物装载、旅客登机和除冰等典型流程的时间规划问题，探索冰雪天关键保障流程的优化和重构。但是该研究内容对保障环节内在动力学因素考虑过于简单，并不能全面反映除冰等保障节点的动力学和时间属性。③除冰技术装备实体研究方面，提出流场和温度场协同的高效换热方法，理论上指导换热装置的结构参数优化。基于柱塞泵体结构运动学分析方法提出优化泵组初始相位和基于蓄能器的流量补偿方式，上述理论成果均由于制造工艺复杂、成本高昂等原因未工程推广应用。红外线除冰技术靶向除冰液的环境污染，但存在红外加热对机体局部结构损伤和加热吸收效率低下等技术缺陷。因此，综合考虑自主移动底盘及底盘上装运动学与动力学因素，研究车-车、车-机多任务协同作业的多机器人除冰技术非常必要。

3.4 除冰作业运行安全控制与作业质量检验

针对构建除冰作业运行安全控制与作业质量检验方法的研究，目前研究主要包括除冰多区域运行稳定性和作业流程连续性两类。①针对并行除冰任务下的多模块除冰资源现状所提出的基于多 Agent 协商的飞机地面除冰资源的运行架构，能够面向全局协同下的联合体招投标机制优化除冰资源以提升任务均衡性，但作业效果的量化并未全方位体现。通过分析不同模块下除冰时间演化机理及管理框架仍无法得出运营参与方决策信息中所存在的瓶颈。面向不利气象条件的多元信息感知框架下的参数优化和各模块运行风险预测方法，虽对整体运行安全保障态势有一定感知能力，但无法突破先验知识的结构约束。②对于除冰流程下的除冰作业效果，通过功能共振分析方法的适用性来检验除冰流程可能引发的飞行安全问题,参考了飞机地面除冰运行标准流程,但并未形成闭合完整的体系架构。应用模糊逻辑集成式功能共振分析方法可以达到量化除冰作业流程的安全效能的目标,但无法自主智能检验微观作业效果及其产生的影响,目前尚未推广应用。

主要参考文献

[1] Janjua Z A ,Turbull B,Hibberd S ,et al. Mixed ice accerrtion on aircraft wings[J],Physics of Fluids,2018,30(2):027101.

[2] Lian W,Zhao L,Xuan Y,et al. A modified spongy icing model considering the effect of droplets retention on the ice accretion process [J]. Applied Thermal Engineering,2018,134 :54-61.

[3] YI Xian,WANG Qiang. Prediction Model of Aircraft Icing Based on Deep Neural Network, Transactions of Nanjing University of Aeronautics and Astronautics,2021,38(4):535-544.

[4] Mengli Wu,Qi Nie,Yunpeng Li,et al. Multi-objective optimization of a new special-shaped tube for heating deicing fluid. Journal of Thermal Analysis and Calorimetry,2019,138(2):1487-1498.

[5] 罗振兵,夏智勋,邓雄,等. 合成双射流及其流动控制技术研究进展[J]. 空气动力学学报,2017(2).

[6] 方国强,赵哲,李玉鑫,等. 即热式飞机除冰车加热系统设计[J]. 机械研究与应用,2016,29(6):4.

[7] 郭宇晴,姚丹亚,张毅,等. 从集群智能角度分析协同驾驶:综述和展望. 控制理论与应用,2021,38(7):875-886.

[8] 李东禹. 约束条件下的多智能体协同控制方法研究[D]. 哈尔滨:哈尔滨工业大学,2019.

[9] 王冠. 全方位移动平台运动控制技术研究[D]. 北京:北京理工大学,2015.

[10] 杨友胜,张建平,聂松林. 水射流喷嘴能量损失研究[J]. 机械工程学报,2013,49(2):7.

撰稿人:龚淼(中国民航大学)　陈斌(中国民航大学)　崔静(中国民航大学)

机场无人驾驶车辆调度理论与集群控制方法

Scheduling theory and clustered control method for unmanned vehicle in the airport

1 科学问题概述

机场环境内的交通运行是不同区域的不同类型目标在高度管制和一定自主性混合模式下不断切换运行的复杂场景，目前场面运行对航空器、车辆、人员、业务感知分析程度浅、运行主体间存在信息孤岛、活动目标主动协同弱、全局决策智能化不足等问题导致运行安全保障压力大、场道通行效率低，直接引入城市交通场景的无人驾驶车辆技术将会加剧机场运行安全保障压力，严重威胁机场运行安全，降低运行效率。机场航空器活动区道路交通管理规定、方式与城市交通驾驶场景的要求差异较大，需考虑航空器的时变信息、场面复杂状态以及场面时变扰动等，城市交通场景的无人驾驶车辆技术无法满足民航专业无人驾驶应用的需求。国内外面向城市交通场景提出的智能调度理论和集群控制方法尚未考虑机场运行规则和航空器时变状态，无法直接满足民航无人驾驶场景安全需求和民航无人驾驶应用的需求。因此，亟须针对民航机场对运行安全和运行效率的保障需求，结合航空器时变信息、复杂场面时变状态等，研究机场无人驾驶车辆的调度理论与集群控制方法。

1.1 如何建立机场无人驾驶车辆的调度理论

机场中各项作业复杂交叉，机场无人驾驶车辆所处的环境复杂多变，对安全性的要求很高。现有的调度理论集中分析费用、耗时、效率等约束，对机场的航空器时变信息、场面复杂状态等特定属性研究涉及较少，国内未见考虑复杂机场作业约束的机场无人驾驶车辆的调度理论。因此，建立科学、准确的机场无人驾驶车辆调度理论是目前亟须解决的关键科学问题之一。

1.2 如何构建多服务协作的机场无人驾驶车辆集群控制方法

当前复杂的集群系统难以建立有效的数学模型，进行定量分析与控制。在民航领域，包括四十多种机场无人驾驶地面服务特种车辆，如登机桥车、飞机拖车、行李车、除冰除雪车、员工摆渡车、维护车和乘客摆渡车等，如何建立系统模型并设计具有鲁棒性的多服务协作机场无人驾驶车辆集群控制策略是目前亟须解决的关键科学问题之一。

1.3 如何构建有人-无人混合运行管控机制

当前有人-无人混合运行尚停留在调度级、任务级，尚未将有人-无人混合运行做到动作级。在未来，随着越来越多的无人驾驶车辆进入民航领域，有人-无人混合运行将会提升场面复杂度，并对机场的安全稳定运行带来巨大威胁。如何构建高效安全的有人-无人混合运行管控机制对四型机场的建设意义深远，是亟须解决的关键科学问题之一。

2 科学问题背景

近年来，工信部、公安部、交通运输部三部委印发了《智能网联汽车道路测试管理规范(试行)》，国家发改委、工信部等 11 个部委联合出台《智能汽车创新发展战略》，工信部发布《汽车驾驶自动化分级》，《中华人民共和国国民经济和社会发展第十四个五年规划和2035 年远景目标纲要》《中国制造 2025》均指出将大力推进无人驾驶车辆的发展。基于国家政策的支持，越来越多的团队正在开展无人驾驶车辆的相关研究，越来越多的无人驾驶车辆供应商试图进入民航领域。然而，机场作业相互交叉且非常复杂，安全性要求较高，传统的无人驾驶车辆调度理论与集群控制方法无法直接应用到民航领域，亟须建立针对机场特性的机场无人驾驶车辆的调度理论与集群控制方法。目前，机场无人驾驶车辆的调度与集群控制主要存在以下三个技术瓶颈：

2.1 机场无人驾驶车辆的调度难题

机场作业相互交互且非常复杂，机场无人驾驶车辆的调度受到诸多约束，如场面面积、航空器状态、地面工作人员信息等。国内外现有研究多集中于理论分析，模型过于简化，缺乏系统性的实验研究，无法支撑机场无人驾驶车辆在场面安全高效运行，难以推动无人驾驶车辆在机场范围内的应用进程。

2.2 多服务协作的机场无人驾驶车辆集群控制难题

机场特种车辆较多，各类车辆的运行规则迥异，均具有一定的特殊性和差异性，且会受到航空器状态、其他车辆状态、地面人员信息、场面态势等约束。多服务的机场无人驾驶车辆难以做到安全高效地协同运行，其集群控制策略是亟待突破的难点。目前，国内外对无人驾驶车辆的集群控制研究较多，如基于一致性算法的协同控制，但大部分方法的实际应用性能尚待优化，面向民航领域的应用验证较少。因此，目前的相关集群控制方法还难以直接运用到机场无人驾驶车辆的集群管控。

2.3 有人-无人混合运行管控难题

随着无人驾驶技术的进步与应用示范，民航领域将会呈现有人-无人混合运行的状态。工作人员的状态、地面人员的信息、场面态势、航空器位姿、车辆状态等均会约束系统的运行，如何做到安全、高效的混合运行，是建设四型机场亟须解决的关键问题。目前，国内外对有人-无人混合运行的理论研究较多,但针对民航领域的研究较少,且大部分尚未开展实验验证和应用示范,难以指导机场场面的有人-无人混合运行管控。

综上所述,针对机场无人驾驶车辆,亟须结合机场运行规则、航空器时变信息、复杂场面时变状态等,深入研究其调度方法,构建多服务协作的机场无人驾驶车辆集群控制方法,突破有人-无人混合运行管控难题,形成机场无人驾驶车辆的智能调度与集群控制技术体系,推动我国机场车辆向无人化、自动化、智能化发展。

3 科学问题研究进展

3.1 机场无人驾驶车辆调度方法

针对机场无人驾驶车辆调度方法的研究,目前主要围绕以下几种运动规划方法开展研究:①基于采样的规划算法是在已知全局环境信息的前提下,对环境采样,得到一系列节点,并将节点以某种方式连接建立路图。其中快速扩展随机树(Rapidly-exploring Random Tree,RRT),Dynamic Domain RRT,RRT* 等算法能够在建立路图的过程中就得到路径;而3D Voronoi,快速扩展随机图(Rapidly-exploring Random Graph,RRG)和概率路图(Probabilistic Roadmap,PRM)通过采样的方法在环境中建立了路图后,还需要使用其他基于图或节点的路径规划算法在路图上搜索可行路径;②人工势场法是在障碍物周围建立排斥势场,从起点到终点构建吸引势场,采用梯度下降的方式求解路径,具有易于实现的特点,这种算法通常效果很好,计算速度快,还可以与控制算法结合,而缺点是可能陷入局部极值,属于既不完备也不最优的方法;③基于节点的规划方法是在分解图上进行的路径搜索,经典的方法有 Dijkstra,A*,D*,在此基础上的改进方法有LPA*,Theta*,D*-Lite 等,这类算法在给定的图中是完备且最优的,对于解决高维运动规划问题,基于栅格的上述方法虽然在理论上可行但是会遇到计算量过大的问题;④基于仿生学的规划方法模仿生物行为来解决实际优化问题,如人体的神经网络和种群进化,常用的方法有神经网络算法(Neural Network,NN),遗传算法(GeneticAlgorithm,GA),文化基因算法(MemeticAlgorithm,MA),粒子群算优化法(Particle Swarm Optimization,PSO),蚁群优化算法(Ant Colony Optimization,ACO)等,仿生的方法的优点是不需要对复杂的环境建模,其中蚁群算法应用广泛,它模拟蚂蚁种群合作寻找路径的行为,搜索最短的路径,类似于最优控制方法,大部分情况效果不错,但对于复杂问题容易陷入局部极值,属于既不完备也不最优的方法,同时,蚁群算法等优化算法在高维空间会遇到收敛慢、出现更多的局部最优等问题;⑤基于优化的非线性数学模型规划方法将环境信息和系统建立数学模型,并构造代价函数,把环境约束和动态约束建立不等式和等式方程组,以此来约束代价函数,通过求解不等式来得到可行路径,如混合整数线性规划(Mixed. Integer Linear Programming,MILP),二进制线性规划(Binary Linear Programming,BIP)等,这些方法虽然可以生成能近似最优解,但目标函数和可行解空间通常是非凸的,因此优化过程可能会远离可行解。上述五类方法的理论研究较多,但针对机场无人驾驶车辆的相关研究较少。

3.2 多服务协作的机场无人驾驶车辆集群控制

针对多服务协作的机场无人驾驶车辆集群控制方法的研究,主要存在如下三方面问题:①收敛速度是系统的一个重要特性,大多数结果都是渐进一致或者有限时间一致的,对于一些特定的系统,对收敛时间有更加严格的需求,固定时间的控制理论便应运而生,但是多智能体系统固定时间一致性的结果还不够完善,尤其是高阶非线性系统,或者是考虑有向图的一些结果尚待优化;②事件触发控制问题近年来得到了学者们的一致广泛关注,但是有限时间和固定时间一致性的事件触发机制的研究还相对较少,因此有限时间和固定时间事件触发一致性是集群控制领域一个有待解决的难题;③现有的事件触发协同控制和有限/固定时间协同控制的研究主要集中在理论上的一些研究成果,鲜有基于机场无人驾驶车辆的实验验证的研究工作。

3.3 有人-无人混合运行管控

针对有人-无人混合运行管控机制的研究,主要停留在城市场景的车辆理论研究阶段,并在超视距感知与碰撞、基于车路协同的运行控制、冲突消解与智能滑行引导等关键技术领域取得部分阶段性成果,但目前尚未推广应用于机场无人驾驶车辆的有人-无人混合运行管控,全局态势感知不精准、多主体间协同不足、一体化管控水平较低等问题严重制约场面运行效率。

主要参考文献

[1] 倪俊,姜旭,熊周兵,等. 无人车大数据与云控制技术综述[J]. 北京理工大学学报,2021.

[2] Ye M, Hu G. Distributed Nash equilibrium seeking by a consensus based approach[J]. IEEE Transactions on Automatic Control,2017,62(9):4811-4818.

[3] 董滔,李小丽,赵大端. 基于事件触发的三阶离散多智能体系统一致性分析[J]. 自动化学报,2019,45(7):1366-1372.

[4] Liu J, Yu Y, He H, et al. Team-triggered practical fixed-time consensus of double-integrator agents with uncertain disturbance[J]. IEEE Transactions on Cybernetics,2020.

[5] Latombe J C. Robot motion planning [M]. Boston: Kluwer Academic,1995.

[6] Yang L, Qi J, Song D, et al. Survey of robot 3D path planning algorithms[J]. Journal of Control Science and Engineering,2016(1).

[7] Kavraki L E, Svestka P, Latombe J C, et al. Probabilistic roadmaps for path planning in high- dimensional configuration spaces[J]. IEEE Transaction on Robotics & Automation, 1996, 12(4): 566-580.

[8] Mesehian E, Habibi G. Robot path planning in 3D space using binary integer programming[J]. International Journal of Mechanical System Science and Engineering, 2007, 23(1): 26-31.

[9] Lynch K M, Park F C. Modern Robotics: Mechanics, Planning, and Control[M]. Cambridge University Press, 2017.

撰稿人：吴宏刚(中国民用航空总局第二研究所)　何东林(中国民用航空总局第二研究所)
王国强(中国民用航空总局第二研究所)　易奎(中国民用航空总局第二研究所)

机场道面除冰雪集群作业理论及控制方法

Cluster operation theory and control method for de-icing and snow removal of airport runways

1　科学问题概述

据不完全统计，我国约60%的机场在冬季可能面临冰雪天气的影响，冰雪覆盖场道导致机场保障能力下降甚至关闭机场，因此迫切需要强化机场道面除冰雪作业能力以保证航空器的安全起降及航班正点率。针对不同冰雪条件，机场运行保障决策者需控制多类型异构特种车辆(如除雪车、撒布车、转运车等)组成集群后系统性开展相应的除冰雪作业。然而，目前专门针对机场道面除冰雪集群作业相关理论及控制技术仍处于空白阶段。为解决机场道面除冰雪作业中车辆资源使用率低、集群作业方案生成缓慢等问题，达到提高机场应对积冰积雪应急作业能力的目的，需攻克机场道面除冰雪集群作业过程中的模型构建、过程优化、作业控制等关键技术，在新理论、新方法和新技术方面突破技术瓶颈，一系列关键科学问题有待研究：

1.1　如何构建时空约束的机场道面除冰雪集群作业模型

机场道面是一个大面积、少障碍、多限制的特殊作业环境，通常由停机坪、联络道、跑道等部分组成。不同的作业区域有着不同的作业等级要求及时间限制，因此进行除冰雪作业时，需要优先保证重点区域。目前，针对机场道面积冰状态的预报和预警技术仍处于起步阶段，不同机场所面对的天气、区域布局等情况不同，自身所承载的运力任务不同，机场所拥有的作业设备也不同，但是所需要考虑的基本因素有：航班密度、降雪量大小、作业面积、作业限制时间等。然而，现有除冰雪集群作业模型鲜有考虑不同区域下的多层次除冰作业模型及生成对应的作业方案。因此，科学完备且面向时空约束的机场道面除冰雪集群作业模型是目前亟须解决的关键科学问题之一。

1.2 如何设计机场道面除冰雪集群作业多维度耦合的过程优化方法

当进入冰雪季之后，机场相关人员必须对所有作业车辆进行维护修理以保证除冰雪作业车辆可使用，而机场道面除冰雪作业的前提是对不同区域冰雪状态探测并发出相应的预警信息。机场运行决策者人员根据机场道面的分布、作业资源等任务和资源维度等形成各区域对应的除冰雪作业模型，并在集群作业后检测其是否满足航空器安全起降的摩擦系数要求。现有除冰雪作业过程没有考虑环境、工况、区域构型、资源分布情况等多种因素对集群作业能力和质量的影响，应用场景存在较大局限；并未针对不同降雪程度及运行模式下除冰雪集群作业能力的量化及优化从而导致资源出现较大浪费。因此，如何构建合理可靠的任务-构型-资源-容量等多维度耦合的机场道面除冰雪集群作业过程优化方法是目前亟须解决的关键科学问题之一。

1.3 如何生成机场道面除冰雪集群作业协同控制策略

机场道面作业宽度、作业能力、集群类型等限制了除冰雪作业车辆在跑道、滑行道及部分机坪等大面积、少障碍作业环境中的高效除冰雪作业。为了充分发挥作业车辆的动力学特性并提高作业速度，保证作业道面不遗漏，一次作业后道面满足适航要求；同时满足减少作业时间并提高作业效率，需要集群作业编队中不同类型机场除冰雪作业车辆按照预定路径协同开展规定作业任务。集群作业完成后需要根据不同区域的摩擦系数测试结果客观评估作业质量从而确定是否满足航空器推出放行及起降的要求。因此，研究机场道面除冰雪集群作业协同控制策略成为目前机场实现冰雪环境下不停航运行亟须解决的关键科学问题之一。

2 科学问题背景

近年来，随着旅客运输量和航班起降架次的持续稳定增长，保证航空器的安全起降及航班正点率日益成为工作重点。作为影响我国高纬度机场冬季运行保障的关键，机场除冰雪的效率和质量成为制约不利条件下航班正点率提升的原因之一。我国机场除冰雪设备产品档次较低、配置简单、以仿制为主、品种繁多，没有形成标准化的作业模式，无法保障机场在积冰积雪的条件下正常稳定运行，因此亟须建立机场道面除冰雪集群作业相关理论技术体系。目前，机场道面除冰雪集群作业理论及控制方法主要存在以下三种技术瓶颈：

2.1　时空约束下的机场除冰雪集群作业模型难题

机场道面除冰雪功能多样化、大型化、标准化、即时化成为未来的发展趋势。因此，在现有除冰雪装备的基础之上如何增加集群作业功能，一次作业即可完成整个道面除冰雪任务成为构建集群作业模型的首要难题。另外，提高作业速度或转弯掉头会出现作业面遗漏等情况，这限制了作业质量和作业效率的提升，因此，需要车辆低速行进并构建面向不同区域和道面构型的集群作业模型。然而，现有研究多集中于单一道面的作业模型构建，面向复杂冰雪环境动态演化的时空约束的除冰雪集群作业模型研究不足，无法支撑道面除冰雪集群作业的过程优化及协同控制。

2.2　机场道面除冰雪集群作业多维度耦合的过程优化难题

机场道面除冰雪作业一般是由多种类型车辆组合而成，根据实际天气情况和道面情况合理地选择车辆进行除冰雪作业。机场道面除冰雪作业通常选用撒布化学制剂法和机械物理法，在降雪初期或温度处于零度以下跑道有结冰预警的情况下，采用撒布融雪剂、除冰剂的方法以保证机场正常运行。当道面的摩擦系数低于临界值后，采用扫雪、吹雪等机械式物理法进行作业。由于机场作业方式选择及过程优化无法实现多维度耦合且目前尚未形成完善的理论体系，机场运营决策者只能通过历史经验及相关规范确定相应的作业过程及制定预案，亟须解决面向未来少人化的机场运行模式下集群化除冰雪作业的过程优化问题。

2.3　机场道面除冰雪集群作业协同控制难题

传统除冰雪作业主要是以经验为主，且以一次作业为单位，作业时间不超过 30min，作业区域分散，区域间关联性小。当机场道面的摩擦系数大于 0.4 时，机场道面恢复使用状态。为保证机场道面除冰雪一次性作业的质量和作业过程中通信稳定性，需要研究多种类型装备间协同作业路径及控制策略的生成方法，其中涉及多装备组合集群作业。国内外研究学者对集群作业的研究主要集中于城市道面维护、大型农田维护等常见的作业环境，对于机场道面这种特殊的作业环境的研究较少。目前《民用机场运行安全管理规定》表明机场的跑道、滑行道、机坪以及车辆服务通道能够在冰雪条件下同步开放使用原则，避免因局部原因而影响机场的开放使用。但针对机场道面除冰雪集群作业过程仍未实现多层次、多区域、多任务间的协同控制。

综上所述，针对机场道面除冰雪作业模型及协同控制难题，亟须构建时空约束下的机场道面除冰雪集群作业模型，设计机场道面除冰雪集群作业多维度耦合的过程优化方法，研究机场道面除冰雪集群作业协同控制策略生成方法,形成机场道面除冰自主集群作业理论技术体系,对提升我国机场安全运行能力、推动智慧民航和四型机场建设具有重要意义,科学价值显著。

3 科学问题研究进展

3.1 机场道面除冰雪集群作业模型构建

针对机场道面除冰雪集群作业模型构建问题的研究,目前对于机场环境的除冰雪研究很少,除冰雪作业模型构建主要集中在城市道路除冰雪作业优化方面。除冰雪作业可视为网络模型优化问题,通过采用容量弧线路径问题的数学模型使车辆的运行路径最短。采用动态规划算法来减少整体除冰雪作业时间,通过考虑转弯限制、路线平衡以及可变车速等因素为每条作业路径设定不同的优先级,通过优先清除优先级较高的作业路面保证道路最大通行度。在资源有限的情况下提出一种基于时空网络的除雪模型,形成的区域合作战略能够提高资源利用率并减小对环境的污染。考虑街道复杂网络、车辆运行限制、资源使用和补给限制等因素开发并分析三种不同的优化模型:混合整数规划模型、约束规划模型、通过迭代改进搜索启发式过程模型。通过远程控制实现车辆的自动编队除雪,这一实验为除冰雪作业研究提供了新方向。

3.2 机场道面除冰雪集群作业多维度耦合

针对机场道面除冰雪集群作业多维度耦合的过程优化方法,目前面向多维度耦合的过程优化理论主要集中于城市道面维护、大型农田维护等常见的作业环境,但由于集群作业具有一定的通用性,在研究机场道面作业优化时可以借鉴其他作业环境的集群作业方法的相关理论基础。一般来说,多设备组合作业是目前的主流趋势,通常应用于作业面积大,作业路径复杂的场所。例如,新型农业中大面积耕种和收获,城市道面的冬季除冰雪等。目前,对车辆集群作业优化研究主要集中在研究机械集群作业的整体过程中子过程的平滑衔接优化和机械集群间的协同优化。在作业中,通常根据作业过程分成相应的机械子群,然后选用排队论、蚁群算法等智能方法研究各个机械子群作业过程中最优车辆数量、车辆调度策略等。目前常用的机械设备集群间协同优化方法为:集中协调优化、分布协调优化、集中和分布相结合的协调动态优化等。面对大型复杂的农业生产系统,明确每台机器作业区域、作业顺序、作业时间,实现优化作业时间,降低作业成本的目标。通过对作业过程分解并对分解后的过程进行协同优化研究从而保证整个公路隧道建设的安全。而通过对城市道面除冰雪从作业区域设计、资源存放位置、车辆调度方法、雪堆置点等内容的全面总结和描述,实现城市道面冬季除冰雪作业时间缩短,资源节约,提高降雪期间城市道面的通行能力目标。

3.3　机场道面除冰雪集群作业协同控制策略

机场道面除冰雪集群作业协同控制策略生成方法研究，集群中除冰雪作业车辆及装备都可以理想化为一个自主作业单位。在多自主体系统控制领域中，国内外研究学者基于如移动机器人等小型、同构的自主体，历经多年研发在队形优化等问题上构建了多主体协同集群控制技术，主要包括跟随领航者法、基于图论法、虚拟结构法和基于行为法。①基于跟随领航者法的集群协同控制方法将研究目标分成执行领导职能的自主体和执行跟随职能的自主体，在研究过程中给定领导自主体运行轨迹或目标，并使跟随自主体跟随领导自主体协同运动。②由于图和队形之间有着一定的相似度，图中的节点类似于集群中的自主体，图中节点之间的连接方法类似于集群单元间的通信连接，因此在研究集群协同控制时可借用丰富的图论知识能够得到更加理想的控制策略。③虚拟结构法即把理想集群看作不可变动的刚性结构，每个自主体相对应于刚性结构上的某个特定点，当自主体处于运动状态时，集群中的自主体跟随对应刚性结构上的对应点协同运动。④基于行为的集群协同控制方法是指对于目标结果进行逐步分解为各种基本行为，随后对所有基本行为进行设计，但是需要保证对于各种基本行为的设计是有效的。当所有基本行为逐步完成后，所有自主体到达协同控制策略所设定的预期目标位置。上述协同控制方法虽在其他领域得到广泛应用，但面向复杂环境态势下的机场道面除冰雪集群作业过程，还需要根据实际情况开展深入研究。

主要参考文献

[1] Liu G, Ge Y, Qiu T Z, et al. Optimization of snow plowing cost and time in an urban environment: A case study for the City of Edmonton[J]. Canadian Journal of Civil Engineering, 2014, 41(07): 667-675.

[2] Hajibabai Dizaji L. Scheduling and routing of service trucks and planning ofear source replenishment locations for winter roadway maintenance[J]. Dissertations & Theses Gradworks, 2015, 35(04): 34-47.

[3] Langevin A, Lehuede F, et al. Solving the large-scale min-max K-rural postman for snow plowing[J]. Networks, 2017, 70(03): 195-215.

[4] Kinable J, Hoeve W J V, Smith S F. Optimization models for a real-world snow plow routing problem[C]//International Conference on AI and OR Techniques in Constriant Programming for Combinatorial Optimization Problems. Springer International Publishing, 2016: 229-245.

[5] Xiao Y,Liu L. Leader-follower formation of vehicles with velocity constraints and local coordinate frames[J]. Science China(Information Sciences),2017(07): 81-95.
[6] 陈浩,雷斌,高全杰. 基于领导者的群体机器人编队及导航控制[J]. 武汉科技大学学报,2016,39(03):219-223.
[7] 李冠男. 基于图论法的多水下机器人编队控制研究[D]. 沈阳:沈阳理工大学,2015.
[8] Beard R W,Ren W. A decentralized scheme for spacecraft formation flying via the virtual structure approach[J]. proceedings of the American Control Conference,2004,27(01): 73-82.
[9] Dong L,Chen Y,Qu X. Formation control strategy for nonholonomic intelligent vehicles based on virtual structure and consensus approach[J]. Procedia Engineering,2016,137: 415-424.
[10] Balch T,Arkin R C. Behavior-based formation control for multi-robot teams[J]. IEEE Transactions on Robotics&Automation,2016,14(09):926-939.

撰稿人:邢志伟(中国民航大学)　李彪(中国民航大学)

飞机航线运行自主检查与自动维护方法

Method on autonomous inspection and automated maintenance for aircraft airline operation

1 科学问题概述

根据国际机场协会(ACI)的数据统计,中国境内共7家机场入选2020年全球最繁忙十大机场。随着我国航空客货流运输周转量迅速增加,其面临安全和效率两大问题日益凸显。对航空交通而言,保持飞机尽可能长时间在航线运行、尽量减少外场检测与维修直接关系到运输需求的满足和经济效益,然而目前专门针对机场封闭场景下飞机自主巡检维护装备的研究仍属空白。为攻克以飞机自主巡检载具为代表的机场特种车辆涉及共性关键技术,在新理论、新方法和新技术方面突破技术瓶颈,以下一系列关键科学问题有待研究:

1.1 如何建立机场地面航线飞机损伤特征检测方法

航线飞机巡检作业过程是确保后续飞行安全的重要环节,包括大尺度飞机蒙皮雷击点识别、中尺寸轮舱起落架超声检查以及小尺寸紧固铆钉锈蚀检测等十余个检测场景,涉及目视、超声、涡流和红外等多种检测数据，同时检查效果受到恶劣气象条件和低照度环境的影响，尤其是对于飞机发动机进行在翼内部损伤检测等受限于内部低辨识度和狭小环境。因此，飞机缺陷特征自主检测的复杂度和难度极大。然而现有目标识别和缺陷检测方法，大部分采用传统图像处理方法并结合机器学习算法进行识别，或者利用内窥镜的孔探技术，感知信息单一，缺乏针对飞机缺陷检查场景识别和检测方法的系统性研究。因此，如何建立机场地面航线飞机损伤特征检测方法是亟须解决的关键科学问题之一。

1.2　如何构建关键部位内部复杂小空间的损伤处理方法

在飞机关键部位如起落架、航空发动机等处，内部空间结构狭小和复杂的特点极大地增加了微损伤处理的复杂程度和难度。如针对飞机发动机叶片积垢、微裂纹、缺口和卷边等多种微损伤形式，在翼处理方法有限。国内外在发动机损伤在翼处理方面，只有采用装备小型化技术的打磨装置接近实用化，并且仅对执行常规打磨作业进行了一定研究；叶片在翼清洗过程包含气-液-固三相流动，多相多场的耦合作用增加了污染物洗脱力学模型的构建难度。国内外污染物洗脱力学模型未考虑液滴尺寸、温度和边界层润湿程度、清洗多相流流动规律等多种因素对清洗流场的影响，难以适用于发动机在翼清洗这种复杂工况。此外，考虑关键部位复杂狭小空间约束，处理方法的优化决策和小型化实现方法尚待研究。因此，如何构建关键部位内部复杂小空间的损伤在线处方法是亟须解决的一个关键科学问题。

1.3　如何建立自主稳定运行的航线飞机检测与维护作业运动控制方法

航线飞机巡检作业专业性强、时间紧、安全责任大，同时易受到人为经验因素、不同检查方法和复杂机场运行环境的耦合影响，极容易与航空器发生干涉碰撞。现有的机场特种车辆运行轨迹规划，未考虑飞机周边作业场景安全性，尤其在局部小场景作业方面，高精度运动控制是保证作业安全和高效的必然要求。为了适应发动机内部复杂狭小空间、运行工况和安装误差等约束，实现末端执行器的无损进入、稳定作业及自动调姿，要求机械臂兼顾高运动灵活性和稳定性。航线飞机在机场环境的自主检测与维护要建立集载运车辆、机械臂和末端执行器的跨尺度复杂耦合系统，需要研究系统的运动学、静力学和动力学一体化建模方法，解析各环节运动、力和变形映射规律，构建考虑工作空间、精度、稳定性和负载能力等多维度指标的高柔性载具协同运动控制方法，实现末端执行器的精准定位。显然，如何建立机场环境中自主稳定运行的航线飞机检测与维护作业运动控制方法是亟须解决的关键科学问题之一。

1.4　如何建立航线飞机自主巡检维护车辆的模块化设计方法

航线飞机自主巡检维护车辆装备要考虑飞机周边的大范围空间运动、不同飞机部位的小场景检测和维护作业，部分需深入系统内部，涉及车辆底盘、靠近机构和多个检测维护末端执行器机构等的设计，在机场复杂环境条件下达到作业精度、行程、稳定性和负载的技术要求。现有特种作业巡检机器人研究主要面向单一作业任务且各模块功能技术参数的独立设计，导致功能性通用底盘、动力装置、作业装置和末端执行器的设计尤为复杂。考虑飞机自主巡检维护车辆共性功能需求的模块化设计方法研究尚属空白。因此，如何建立航线飞机自主巡检维护车辆的模块化设计方法是亟须解决的关键科学问题之一。

2 科学问题背景

中国民航在“十三五”期间发展迅速，机队规模达6747架，预计“十四五”末运输规模将接近甚至有可能超过美国成为全球第一。中国民航运输迎来了高速发展的机遇期，然而快速增长的客货运输量导致机场维修巡检工作量急剧攀升，其安全与效率的矛盾也日趋凸显。飞机巡检作业是保障民用航空器适航安全的重要手段，普遍存在作业时间紧、安全责任大、人工依赖度高、自动化程度低等问题，因此，飞机自主巡检与维护作业装备已成为机场地面特种载具未来发展的必然趋势。然而，复杂机场运行环境、新型检测技术的融合和自主化协同作业的涌现等，对航线飞机巡检作业提出了新的挑战，亟须建立针对飞机自主巡检装备关键技术的理论和技术体系。目前，飞机自主巡检与维护装备主要面临以下技术瓶颈：

2.1 航线飞机损伤特征检测难题

飞机巡检效率涉及飞机自主巡检载具稳定性和控制、现场维护经验、巡检作业流程等多个因素，加之受到飞机检测场景复杂、外界环境干扰较多等问题的影响。然而，飞机局部目标的图像提取存在幅面大、特征信息小、表面为不规则曲面等特点，对图像采集和分析会有较大影响；飞机发动机内部低辨识度和狭小操作空间限制，缺乏针对多种微损伤类型的精确在翼检测方法研究。目前，国内外研究机构和航空企业均建立了飞机维修检测数据案例库，但均未开展基于机场特种车载系统的缺陷检测研究工作。因此，缺少动态场景适应性的飞机局部目标识别和缺陷检测共性关键技术难题的研究。

2.2 关键部位损伤在线处理难题

飞机起落架、航空发动机等微损伤在翼处理涉及复杂狭小空间环境内的作业，对损伤处理装备的小型化提出极高要求。此外，损伤类型多、损伤形式随机等大大增加了在翼处理的复杂性和难度。目前飞机损伤在翼处理方面的研究，只有采用装备小型化技术的打磨装置更接近实用化，但是该装置只能执行常规打磨作业，尚无法完全实现对叶片积垢、微裂纹、缺口和卷边等多类型损伤的处理；针对发动机在翼清洗过程往往伴随着清洗液液滴的破碎与聚合、垢质颗粒物的脱离与聚集等现象，为高效处理带来了挑战。因此，目前尚没有可以综合考虑飞机关键部位内部复杂狭小空间约束和多种类型损伤处理要求的在线处理方法。

2.3　机场环境中航线飞机自主检测与维护稳定精确运动控制难题

目前，国内外机场主要依靠融合北斗、全球定位系统（GPS）和场面监控雷达等数据信息，并引入算法进行定位监控和运行路径规划，但复杂的运行场景和机场信号干扰导致机场特种车辆与飞机危险接近，甚至发生碰撞的事件仍时有发生。为保证作业安全，机械臂需要具备高运动灵活性，从而实现末端执行器无损进入发动机等的内部复杂狭小空间并进行位置姿态等微动操作。如发动机在翼清洗喷嘴位姿的控制是影响清洗效果的关键因素之一，如何快速、精准地完成喷嘴位姿的自动调节是发动机在翼清洗的核心。目前还未见在翼清洗装备自动识别调节喷嘴位姿的研究，在翼清洗装备难以实现精准将清洗液送入发动机内涵道。因此，考虑工作空间、精度、稳定性和负载能力等多维度指标的运动控制方法需要进一步研究。

2.4　航线飞机自主巡检维护车辆的模块化设计难题

车辆底盘、移动臂和作业机构等模块的一体化集成设计是飞机自主巡检维护的硬件平台基础。国内外现有研究，大多集中于特种作业机器人的设计方法和精度控制等理论技术，缺乏面向机场飞机维修作业专用自主载具的系统性研究，特别是面向稳定性和高精度检测的模块一体化设计研究不足，无法支撑机场封闭场景下飞机的安全、准确、高效多样性巡检与维护。

综上所述，针对飞机航线运行自主检测与维护方法共性关键技术难题，亟须深入研究建立机场地面航线飞机损伤特征检测方法，构建关键部位内部复杂小空间的损伤在线处理方法，建立自主稳定运行的航线飞机检测与维护作业运动控制方法，突破航线飞机自主巡检维护车辆的模块化设计方法，形成具有自主知识产权的航线飞机自主检测与维护装备及技术体系，支持国产大飞机和国产发动机未来运行保障，促进机场特种车辆创新理论化、系统化。

3　科学问题研究进展

3.1　飞机损伤检测方法方面研究

相关研究主要包括基于多源异构数据的处理方法、基于数据采集的运载设备研究以及基于数据采集的缺陷识别算法研究三类。①基于多源异构数据的处理方法是利用运载设备在执行任务过程中,会从多源途径中收集大量数据,这些数据中隐藏有对最终决策有价值的信息,因此为有效利用这些信息,需要对采集到的多源异构数据进行融合。②基于数据采集的运载设备研究,目前主要研究方向是无人机、爬壁机器人与运载车三类,由于无人机在机场中受航空管制影响,无法在机场内飞行。爬壁机器人研究虽较多,但存在检测时间长,易对飞机蒙皮造成损伤等缺点,并未在实际中广泛应用。③基于数据采集的缺陷识别算法研究是实现对飞机蒙皮以及其他项目检测的主要手段,目前国内外对此研究较多,主要分为运用神经网络算法与其他检测算法两部分。发动机内部检测方法包括视觉检测、涡流检测、超声检测等,受到发动机内部操作空间限制,目前在翼检测主要依靠基于内窥镜的孔探技术、叶片在翼视觉图像检测。内窥涡流集成化的原位检测技术,获得了很高的缺陷检测准确率。针对多种微损伤类型的精准在翼检测方法仍需进一步研究。

3.2 飞机损伤积垢在线处理方法方面研究

针对发动机等内部复杂狭小空间的损伤在翼处理方法的研究,目前主要从喷射洗脱、机械式和非机械式处理方法三方面展开研究。①航空发动机内涵道污染物洗脱过程是清洗液与气路部件表面污染物撞击并发生相对运动时,污染物发生去除的现象,涉及水锤作用、水楔作用、流体剪切力作用和离心力作用等耦合洗脱的过程。目前国内外学者主要集中于清洗液与垢质撞击过程中的水锤和水楔作用,忽略了发动机在翼清洗过程的离心力和流体剪切力的耦合作用,亟待建立内涵道多相多场的洗脱力学模型来全面描述航空发动机在翼清洗的洗脱过程。②机械式方法主要采用刚性直杆结构的维修打磨装置,但仅可以执行常规的打磨作业,尚无法完全实现对叶片积垢、微裂纹、缺口和卷边等多类型损伤的处理。③超声辅助磨削技术、激光熔覆、表面强化也是典型的航空发动机叶片维护方法,为了适应发动机损伤在翼处理所涉及的复杂狭小空间环境的约束,上述损伤处理方法的小型化实现技术有待进一步研究。

3.3 机场车辆自主运行作业运动控制的研究

大场景运动目前主要围绕机场特种车辆定位方法和机场特种车辆轨迹规划方法等两个方面。①机场特种车辆定位方法,主要是基于北斗、GPS、场面监视雷达、激光即时定位与地图构建(SLAM)点云匹配定位技术、惯性导航、车道线相对坐标等技术进行实时融合,使车辆具备在机场环境内站坪、隧道、航站楼周边道路、穿越滑行桥等各种环境下高精度定位。机场特种车辆定位方法呈现出安全管控的滞后特性,亟须针对飞机自主巡检载具运行过程的实时自主高精度定位开展研究。②机场特种车辆轨迹规划方法方面,在信息融合及智能信息提取技术的支持下,利用混杂自动机模型对飞机、车辆等主要运动目标进行静态、动态路径规划,实现了基于全方位视频传感器网络的机场特种车辆运行的环境状态综合感知和路径修正。然而,以上方法在实际应用中面临的“人-机-环”作业场景更为复杂。在作业运动控制方面,主要分为基于运动学模型和基于动力学模型两类,基于运动学模型控制的设计思想是将系统解耦为若干个独立的单输入单输出的位置闭环系统,未考虑系统的动力学特性和多输入之间的强耦合关系,控制精度不高。基于动力学模型的控制由于考虑了动力学特性对系统性能的影响,而具有更好的性能。航线飞机检测与处理是典型多环节的耦合作用过程,目前考虑工作空间、精度、稳定性和负载能力等多维度指标的高柔性载具协同运动控制与精准定位方法尚需进一步研究。作业结构稳定性和自作业方法方面可以通过主动结构控制和被动结构控制,主动控制主要借鉴土工工程领域结构控制的方法,利用调频质量阻尼装置的结构控制方法。

3.4　航线飞机自主巡检维护车辆设计

在特种车辆设计方面,现有巡检机器人根据驱动方式不同,主要分为无人机、轮式机器人、吸附式爬行机器人和巡线机器人等。其中,轮式机器人包括地面轮式和轨道轮式,地面轮式机器人高灵活性且更适用于机场平坦的路面环境,有利于飞机过站巡检的快速性。在高灵活性、高稳定性作业机构设计方面,为了适应飞机关键部位复杂狭小空间要求,国内外相关单位设计了具有多自由度的在翼维修打磨装置,但是该类装置主要基于刚性直杆,运动柔性差,限制了损伤处理范围。此外,将柔性连续型机器人技术引入发动机在翼微损伤检测与处理,通过柔性关节创新设计、驱动系统设计等,研发了多款高柔性的连续型机器人,但研究尚处于实验室阶段,在外形尺寸、运动精度、承载能力等方面还无法满足要求。

主要参考文献

[1] Rocha F, Garcia G, Pereira R F S, et al. ROSI: A Robotic System for Harsh Outdoor Industrial Inspection - System Design and Applications[J]. Journal of Intelligent & Robotic Systems, 2021: 1-22.

[2] H Towsyfyan, A Biguri, R Boardman, et al. Successes and challenges in non-destructive testing of aircraft composite structures[J]. Chinese Journal of Aeronautics, 2020, 33(03): 771-791.

[3] Pytka J, P Budzyński, Yszczyk T, et al. Determining Wheel Forces and Moments on Aircraft Landing Gear with a Dynamometer Sensor[J]. Sensors, 2019, 20(1): 1-15.

[4] Tzitzilonis V, Malandrakis K, Fragonara L Z, et al. Inspection of Aircraft Wing Panels Using Unmanned Aerial Vehicles[J]. Sensors, 2019, 19(8): 1-12.

[5] 刘芳,夏桂锁,温志辉,等.飞机蒙皮缺陷检测的现状与展望[J].航空制造技术,2021,

64(Z2):39-50.
[6] Ramalingam B ,Manuel V H ,Elara M R ,et al. Visual Inspection of the Aircraft Surface Using a Teleoperated Reconfigurable Climbing Robot and Enhanced Deep Learning Technique[J]. International Journal of Aerospace Engineering,2019,1:1-14.
[7] 韩世进,常城. 浅谈 CFM56-3 老龄发动机孔探检查及其工程管理[J]. 航空维修与工程,2021,5: 59-61.
[8] Dong X,Axinte D,Palmer D,et al. Development of a slender continuum robotic system for on-wing inspection/repair of gas turbine engines[J]. Robotics and Computer-Integrated Manufacturing,2017,44: 218-229.
[9] 王浩,王立文,王涛,等. 航空发动机损伤叶片再制造修复方法与实现[J]. 航空学报,2016,37(03):1036-1048.
[10] D Chaa,O G Diaza,Z Liao,et al. Development of a novel system for in-situ repair of aero-engine airfoil via pulsed laser ablation[J]. Journal of Manufacturing Systems,2020,55: 126-131.

撰稿人：王少萍(北京航空航天大学)　张超(北京航空航天大学)
林琳(哈尔滨工业大学)

跑道道面状况自主检查与处理方法

Methodology on intelligent inspection and autonomous handling of runway surface condition

1　科学问题概述

随着我国民航业高速发展,飞机起降量快速增长以及发动机喷出的高温高速气流对道面产生的影响,对机场跑道道面的结构状况和使用状况的要求越来越高,航空器相对于道面障碍与污染物来说相当脆弱,道面状况的异常可能会对机体结构造成严重损害。但目前国内对于机场道面状况自动化检测与自主作业设备的研究还处于空白,为实现机场道路运行安全,提高机场道面的使用效率,亟须实现机场道面自动化维护。因此,机场道面状况智能检测方法、检查系统自主定位、道面检测系统自主作业控制方法等一系列关键科学问题有待深入研究:

1.1　如何建立特征融合的机场道面状况检查方法

目前,国内机场的道面检测工作主要依靠人工定时进入跑道巡视完成,国际民航组织

(ICAO)规定每天必须检查四次。人工检测工作负荷重,检测精确度低,而且占用跑道时间长,降低了机场的运营效率。美国航空航天局要求车载移动道面状况探测可检测前方600英尺(182.88m)范围内的障碍物,检测尺寸要求达到可检测高度3.0cm和直径3.8cm的道面污染物与异物。由于检测的范围广,检测精度高,同时机场跑道道面环境复杂,标志线、道面接缝等均对异物检测和污染物识别造成很大的干扰,图像采集过程中环境光照变化使得检测更加复杂,摄像机的快速移动增加系统在较短的时间内精确识别的难度。同时结合特征识别、图像分割等信息融合检测技术较为复杂,目前对机场道面状况的精确快速检查无法实现。因此,克服环境对检测的影响,实现在较大区域内对于机场道面准确迅速的特征模式识别,研究快速移动的图像特征融合理论,形成在线的多模式融合机场道面检测方法,实现机场道面状况智能高效的识别是目前亟须解决的关键科学问题之一。

1.2　如何实现机场道面状况检查系统自动定位与自主导航

智能检查系统要求在扫描到机场道面状况出现问题时,需要自动定位故障的精确位置,规划最优轨迹到达指定作业位置,按照道面状况检测范围要求,从识别位置到指定作业位置有大约200m范围,距离较远,机场道面环境复杂,自动导航过程中感知周围环境,获取动静态障碍物等驾驶场景中道路元素的提取及识别技术较为复杂。因此,建立道面状况检查、自动感知、主动避障、自主寻迹多模式相结合的系统,面对突发状况有自主决策能力,精确高效地指定到达作业位置的智能化检查系统是目前亟须解决的关键科学问题之一。

1.3　如何建立机场道面状况检查系统自主作业控制方法

道面状况检测与识别装备到达指定作业位置,处理系统根据检测反馈对目标物进行摩擦系数检测,道面除胶,异物拾取等自主作业。目前对于自动作业的道面状况检测装备的研究还处于空白,由于道面检测精度要求高范围要求广,自动作业装置的尺寸也相对较小,增加了系统自动作业的难度,同时机构作业时,传动响应会降低检测装备的平稳性。道面污染物与异物种类的复杂使装备响应速率下降,作业过程中检查系统、定位导航系统、自主处理的协同控制也较难完成,因此机场道面状况检查装备的协同控制机理,自动作业设备的精确快速响应方法,是目前亟须解决的关键科学问题之一。

2　科学问题背景

目前,我国机场的跑道状况检测工作主要靠肉眼完成。而基于肉眼的污染物与异物检测有较多缺陷,比如注意力不集中,尤其当人感觉到疲倦时,且无线电通话极易导致注意力的分散;视觉感知的不一致性主要体现在两方面:一方面,个体的生理差异会导致对物体的识别不一致；另一方面，不同的视野区域具有不同的识别精度，物体的位置差异也会导致对物体的识别不一致。环境对判断的影响，不仅天气情况的差异会对判断造成影响，肉眼在某些特定环境下，也不能准确判断物体及其背景，例如跑道胎痕上的橡胶碎片、水坑中的灰暗金属。因此，传统的道面状况检查方法已不满足我国智慧机场的需求，亟须建立针对机场道面状况的智能检查和自动作业一体化装备。目前，机场道面状况智能检查与自动作业主要存在以下三个技术瓶颈：

2.1 特征融合的机场道面状况检测方法难题

目前，国内外研究者开发出了各种各样的跑道状况检测算法，但是这些算法大多是针对固定区域内构建背景模型，当背景区域发生变化时，算法往往不能够得到较好的效果。同时由于环境、拍摄时间等因素的影响，也会影响检测的准确性。目前所研究的跑道污染物与异物检测方法大多数采用摄像机固定的检测方法，这就需要在跑道边建造较高的塔架安装摄像机，对机场进行改造，同时较高的塔架也为飞机的起降带来了安全隐患。而且，固定安装的摄像机仅能够检测固定区域的道面状况，灵活性差，不能根据实际需求对滑行道、停机坪等区域进行检测，缺少对车载和移动装备的道面状况检测方法研究。

2.2 道面状况检测装备自动定位与自主导航难题

目前，机场道面状况检测系统智能化的污染物与异物精确定位较为困难，最优轨迹规划到达指定作业区域的装备缺少，机场道面复杂，定位导航系统受光照、天气等外界因素的影响较大，实现准确快速的响应，面对障碍的自主决策能力，路径的最优规划等都较为困难。现在对于自动导航设备主要问题是缺少对车辆加速度的约束，输出电机力矩的瞬时突变会对装备产生冲击震荡，同时缺少动态障碍物的速度信息、类别信息，会使得规划过程中难以避免复杂动态障碍物。不能保证平稳地对轨迹进行跟踪和控制，将造成自动导航位置偏离，轨迹精度下降等一系列问题。

2.3 道面状况检查系统自主作业控制难题

控制中心协调和控制着整个检查系统、定位导航系统、自动作业系统。三个部分虽然相互独立，但是又紧密相连，共同控制检查和自动作业系统的正常运转。在自动导航时，需要不断地通过传感器实时感知周围环境信息，并且控制器需要对传感器传回的信息进行处理，导航系统作出响应到达作业位置，自动作业系统进行污染物与异物清除，三个系统的高度协同控制才能保证除障作业顺利完成，由于污染物与异物尺寸较小，要求控制器具有较高的计算精度。但目前对于机场道面自动作业的装备研究几乎是空白，同时具备障碍处理能力与视觉处理能力的控制策略研究也较少，实时的数据采集与实时的障碍检测清除控制系统有待深入研究。

综上所述,针对机场道面状况检查方法与自动作业技术落后问题,亟须深入研究特征融合的机场道面状况检测方法,建立机场道面污染物与异物定位和自主导航方法,突破机场道面障碍自动处理协同控制理论,实现机场道面识别-检测-除障一体化集成技术,实现机场道面状况检测与清除智能化与高效化,对于提升我国飞机地面运行安全保障水平,促进智慧道路发展具有重要意义,其科学价值显著。

3　科学问题研究进展

3.1　机场道面状况检测方法

机场道面状况检测方法主要有基于单帧图像的目标检测方法、基于图像序列的目标检测方法和其他目标检测方法。①单帧图像实现目标检测的基本原理是利用像素信息对目标和背景进行分离,该分割方法的基本原理为首先假设图像中只包含背景和目标,于是根据灰度属性的相似程度或者相近程度将图像中的所有像素分为两类,具体的结果是:将灰度属性的相似程度高或者相近程度高的像素归为一类,将灰度属性的相似程度低或者相近程度低的像素归为一类。但缺点是分割的结果往往不够理想,其主要原因是实际图像的复杂性和多样性。②基于图像序列的目标检测方法是利用目标具有连续性和相似性,标检测主要利用这些特征进行目标检测,其中应用最广泛的光流法的实现需要基于一些假设条件:如物体不能被遮挡,且其表面平坦,在较小的时间片段内,物体上的某点亮度不会发生改变等。基于上述的假设条件,物体表面上点的运动代表了图像灰度模式的运动,可以导出瞬时速度场,从而实现对运动物体的检测。但是由于大部分的光流计算法都是非常复杂的,并且抗噪能力较差,因此如果在没有特殊硬件装置的条件下,光流计算法很难完成全帧视频流的实时处理。而且光流计算法的误差容易产生虚警,尤其是目标非常细小,在图像中只有几个像素的时候。③其他目标检测方法包括基于形态学的方法、基于统计模型的方法、基于小波分析的方法等,目前这些检测方法尚未广泛应用,其实用性有待进一步研究。

3.2　机场道面检测系统自动定位与自主导航系统

机场道面检测系统自动定位与自主导航系统主要分为启发式搜索和随机搜索两大类方法。①启发性的搜索这一类算法建立了确定的评估函数,这一类算法通常有较为快速的搜索速度,然而其求解过程中稳定性不足,尤其在机场道路这种复杂环境下,易出现重规划的现象,甚至使车辆陷入局部死锁状态。②随机搜索方法具有一定的不确定性,主要有随机路标图(PRM)法和快速扩展随机树(RRT)等算法。其中 PRM 算法属于多查询搜索算法，该算法通过在空间中随机选取大量的机器人位置和姿态来组成导航地图的节点集合，然后通过局部连接法将相邻节点连接起来，构成地图的边集，然后进一步根据这张无向图规划出最优路径。随机搜索算法建立了连续空间到离散空间之间的转换，再利用其他诸如 A* 等算法进一步在路线图上进行路径搜索，这种方式虽然能够其利用相对较少的采样点来求出最优解。但是这类算法在复杂环境下，会经常发生停滞的状况，难以在复杂的机场道面环境中应用。

3.3 机场道面污染物清除与异物拾取

我国对机场道面污染物清除与异物拾取机器人的研究比较晚，最开始只在部分科研机构和高校中进行相关理论研究。哈尔滨工业大学团队在 20 世纪末开始对除障机器人的路径规划算法展开了相关的研究，并制作出实验阶段的样机，将提出的路径规划算法和控制系统应用于样机中，能够在小范围区域进行重复率覆盖；浙江大学的团队也做了相关研究，利用除障机器人本身携带的超声波传感器对周围环境进行感知，通过局部环境覆盖和随机路径规划相结合的方式进行异物清除，完成清扫工作后，能够自主返回到充电处。另外，国内还有其他科研机构也对清扫机器人进行了研究，但是只有深圳的一家公司生产出了除障机器人产品，这款机器人的传感器只有防碰撞传感器，路径规划算法智能化低，仅采随机路径规划方式，因此，目前缺少道面检测除障一体化装备。

主要参考文献

[1] 李沙，李春娟. 机场跑道异物检测系统设计与算法研究[J]. 现代雷达，2021，43(06)：80-85.

[2] Qin Fei，Bu Xiangxi，Liu Yunlong，et al. Foreign Object Debris Automatic Target Detection for Millimeter-Wave Surveillance Radar[J]. Sensors，2021，21：11.

[3] 兰庭信，蒋进，尚帅，等. 机场跑道异物检测与定位技术研究[J]. 电光与控制，2021，28(09)：5.

[4] 周云霆，余南阳，范若琛. 跑道异物检测光学传感器舱环控系统实验研究[J]. 制冷与空调(四川)，2021，35(01)：27-31.

[5] LiuTao，Cui Hengrong，Wang Yuwei，et al. Adaptive leakage cancelation method in frequency modulated continuous wave radar for foreign object debris detection[J]. International Journal of RF and Microwave Computer-Aided Engineering，2021，31，3.

[6] Mario Manosalvas-Paredes，Nizar Lajnef，Karim Chatti，et al. Data Compression Approach for Long-Term Monitoring of Pavement Structures[J]. Infrastructures，2019，5(1)：1.

[7] Bruno Crisman，Giulio Ossich，Paolo Bevilacqua，et al. Degradation Prediction Model for

Friction of Road Pavements with Natural Aggregates and Steel Slags[J]. Applied Sciences, 2019,10(1):32.

撰稿人：祝恒佳(中国民航大学)　齐凯(中国民航大学)

自动化港口无人集卡运输调度配置仿真及优化

Simulation based planning and scheduling Dptimization of unmmaned container trucks in automated port

1　科学问题概述

自动化港口有效地满足港口提高效率和降低成本的需求，是现阶段港口建设的新方向。无人集卡具有包括无人驾驶、自动导航、定位精确、路径优化以及作业安全等众多优点，是提升港口自动化水平、作业效率和安全的重要支撑。然而，码头的作业效率不仅与桥吊有关，还受集卡、桥吊作业的影响。如何有效协调码头内部各环节作业，保证集装箱在码头高效流转成为码头运营者和学者们关心的重要问题。因此，亟待研究提出新的方法理论以解决港口无人桥吊与无人集卡的高效协同作业、提高自动化港口运转的系统韧性、实现多无人集卡的动态调度等难题。为突破上述理论瓶颈，需要解决的一系列关键科学问题包括：

1.1　待完善装卸搬运设备与无人集卡联合调度优化模型

为解决装卸搬运设备装卸时多环节作业协调问题，揭示复杂约束下自动化码头集装箱搬运作业设备动态调度机理。合理调度以确保码头的不同作业区域顺畅连接提高码头整体运营效率，加速集装箱在港口内部的周转。有必要深入挖掘港口实际生产过程中的不确定性和随机性因素，分析它们之间的关系，以及量化电量等能源约束对联合调度的限制条件等，从而优化桥吊与集卡的任务分配及作业序列，保证集装箱在港口内部高效运转。

1.2　动态环境下无人集卡协作调度仿真优化及决策模型

动态复杂环境的中的路径规划很多信息无法准确实时掌握，且路径规划存在复杂性和高时效性问题，难以通过单一控制理论或传统路径规划方法解决，要保证最优性在这种情况下是很难被实现的，在进行路径规划时，应当在安全性以及实时性之间进行平衡，在复杂环境下，不管决定使用何种性能指标，都必须要考虑目标吸引、动态安全性以及时间约束三个方面的内容。无人集卡作为自动化码头水平运输的设备，主要负责运输集装箱。

受桥吊和场桥装卸能力、水平运输距离和集装箱作业量增加等因素影响，水平运输环节是制约自动化码头发展的瓶颈。自动化码头无人集卡路径仿真优化内容包括：探索“模型+实例+仿真”方法对自动化港口无人集卡路径优化问题研究，不仅需要考虑静态和动态环境中的单一的无人集卡路径规划问题；同时也要考虑搬运作业设备协作调度与路径规划决策模型的构建问题，在保证系统稳定性和高效性的基础上，规划出一条从起点到终点间畅通的最短路径，避免规划的路径出冲突或死锁现象，保证规划的路径为全局最优的结果，从而实现最优系统运行效果。

1.3 多无人集卡动态配置调度及路径优化

自动化码头岸桥作业区、水平运输区、场桥作业区等多区域协同作业及动态变化的装卸船任务需求增加了多无人集卡协作调度及考虑主动避碰的路径规划问题复杂程度和求解难度，且多无人集卡的动态调度容易受到某些突发性事件的影响，如无人集卡在运输过程中发生故障等，也应该被考虑，外部的突发干扰会使得系统出现拥堵现象，显著降低效率和稳定性，也可能会极大地影响调度的结果，使得调度结果由于这样的现象而无法适用于实际的调度场景中，或者说由于效率和稳定性的不足，只能适用于特定的运输环境中，不具有通用性。考虑自动化港口运输系统在未知扰动下的资源动态配置，无人集卡续航时间与突发故障处理，得到具有最优的系统稳定性和运输效率的动态调度多目标规划模型，研究系统资源间的耦合关系对模型的影响，提出一些无人集卡动态调度及路径规划的高效调度方法，和考虑主动避碰的路径规划算法及探索通用性强的模型调度方法等，也是一系列具有实际意义的问题。

2 科学问题背景

近年来随着我国经济快速发展、经济开放度的不断提升，港口市场需求也在逐渐增加，到目前为止我国已成为世界第二大经济体和第一大贸易国。在此背景下，我国港口建设也迎来快速发展，并逐渐成为港口强国，港口货物吞吐量和集装箱吞吐量均居世界第一。港口作为我国对外贸易的门户，是对外运输的重要节点，然而在港口的实际运营中存在着投入资源浪费、产出不足等问题，因此对港口效率进行准确而及时的分析，对提高港口运行效率进而提高整个海运效率都具有重要意义。港口效率不仅代表了港口利用资源获取产出的能力，也代表了港口的竞争能力和经营管理水平。低效率的港口装卸能力还会直接影响到经济的发展，海运作为全球经济的大动脉，一旦发生堵塞，必然会影响到相关国家的直接经济利益。随着自动化港口建设进程不断推进，港口运营效率的问题有了新的转机，青岛港、洋山深水港自动化港口的建成使用开创了全球低成本、短周期、全智能、高效率、更安全、零排放的全自动化港口建设先河。

集卡运输作业调度作为港口运营中重要的一个环节,直接影响着港口的运营效率。在自动化港口建设的过程中,通过引入无人集卡能替代人力,解决了司机短缺、疲劳驾驶等问题,同时可帮助港口集团降低运营成本、提升运营效率、降低安全风险,实现港口由劳动密集型产业向自动化、智能化、无人化的升级转型。尽管无人集卡的引入在一定程度上降低了自动化港口的安全风险,提高了港口的运营效率,但是随着新技术的引入和港口运输作业系统的日趋复杂,原有的调度方式很容易跟不上港口复杂环境的变化,不能完全释放系统的动能,如在多无人集卡在运输的过程中不能根据资源的健康状态采用合理的调度策略,造成资源的浪费;混合交通场景因某个资源点故障时会引起整个系统的堵塞等。因此,迫切需要突破自动化港口无人集卡调度配置仿真及优化的技术障碍和瓶颈。

2.1　装卸设备与无人集卡联合调度优化和路径规划运作机理

传统作业下,建立的多阶段混合流水车间问题能够有效求解传统作业时的调度问题。然而桥吊同贝同步装卸作业时,集卡交替运输进口集装箱及出口集装箱,增加了码头内部的设备作业调度的复杂性,多阶段混合流水车间模型不能刻画集卡及桥吊的作业过程。但要解决桥吊同贝同步装卸作业下,桥吊与集卡的联合调度问题还面临着以下困难:①集卡在同一个作业循环中,运送 1 个进口集装箱和 1 个出口集装箱,比多阶段混合流水车间问题增加 1 个任务对象,桥吊、集卡的联合调度模型更加复杂;②多环节的联合调度涉及多种约束条件及变量,随着问题规模的增加,模型求解变得困难,如何完善模型和设计高效的求解算法是研究的一个重要问题。此外,对于水平运输问题,还需考虑系统及无人集卡自身的多个约束条件。通过完善建立桥吊与集卡联合调度模型、多无人集卡间的联合调度模型,优化桥吊与集卡、集卡与集卡的任务分配和作业序列,提高装卸和搬运效率,从而减少船舶的在港时间,节约码头作业成本。

2.2　自动化码头无人集卡路径仿真优化算法待提升

现阶段针对自动导引车(AGV)的路径规划算法大多比较成熟,但在进行无人集卡路径规划时不能简单地采用这些算法,应充分考虑现场工作环境和设备差异,应在深入分析传统 AGV 与无人集卡差异化的基础上,解决多无人集卡在实际运输作业中易发生冲突、堵塞的问题,提出基于有限状态机模型的实时路径规划方法。保证工作路径是最优的同时,考虑电量约束下自动化码头集装箱搬运设备调度及主动避碰路径规划动态调度问题建模,能有效地避免无人集卡在物流运输中的碰撞,减少系统调度过程中冲突的发生,提高系统的效率。

2.3　多无人集卡动态配置调度和优化方法仍显不足

现有动态配置调度和优化方法大多对系统韧性的考虑仍有欠缺,针对多无人集卡动态配置调度和优化方法仍需进一步研究，在自动化港口运输作业系统中，环境、系统资源的健康状态变得更加的复杂和不确定，复杂的工作环境和缺乏无人集卡的健康状态监测数据为系统的安全、高效运营带来挑战。

综上，亟须对自动化港口无人集卡调度配置仿真及优化进行深入理论研究，实现对该问题的清晰认知和理解。完善自动化港口无人桥吊与无人集卡联合调度优化模型，提升自动化码头无人集卡路径仿真优化算法、充分考虑多种影响因素对多无人集卡动态配置调度和优化方法进行改进，进一步实现释放自动化港口运输作业系统的动能，实现自动化港口安全高效运营，对于深度促进港口智能化管理具有重要指导意义，科学价值突出。

3 科学问题研究进展

现有自动化港口调度配置仿真及优化研究主要以 AGV 和传统集卡研究对象，相关进展如下：

3.1 装卸及搬运设备及无人集卡联合调度

针对装卸及搬运设备及无人集卡联合调度优化，目前，针对装卸搬运设备与无人集卡的联合调度问题，自动化港口多采用同贝同步装卸作业技术减少岸桥及集卡作业过程的空载距离，进而提高了岸桥的作业效率及集卡利用率。基于同贝同步装卸技术建立调度模型，通过优化岸桥与集卡的任务分配和作业序列，提高岸桥同贝同步装卸效率，从而减少船舶的在港时间，节约码头作业成本。这些研究通常只考虑港口垂直装卸及这些过程之间的衔接，而对无人桥吊与无人集卡联合调度优化在水平运输上的关注较少。针对无人集卡或 AGV 之间的联合调度问题，主要采用混合整数规划模型完成问题建模，进而考虑不同作业场景下的无人集卡或 AGV 调度模式，采用遗传算法、多阶段规划方法，以及事件驱动的任务分配方法进行问题求解，对码头水平运输区域的无人集卡或 AGV 调度具有一定指导价值。但是，由于现有研究多针对特定类型的码头环境进行无人集卡或 AGV 任务分配方法的研究，难以准确描述码头运输装备与岸桥、场桥的交互耦合机理。同时，仅研究无人集卡或 AGV 指派或调度问题难以准确引导控制层实现多无人集卡或 AGV 高效率协同运作，导致调度方案实际执行结果偏离预期，严重影响码头系统的生产计划。

3.2 自动化码头无人集卡路径

针对自动化码头无人集卡路径仿真优化，在实际作业过程中，码头水平运输区域存在道路资源不足等问题，当 AGV 数量增多时，道路冲突和车辆死锁等问题对于码头运作的影响重大。现有 AGV 可以通过物理设备进行避碰，但如果不能提前为其规划路径，在运行过程中将严重影响效率和安全。现有研究常采用区域控制方法进行 AGV 路径规划，利用 eM-Plant 等仿真软件构建 AGV 在交叉口行驶的仿真模型等。自动化集装箱码头常通过控制模型以限制速度的方法对停止策略、速度调整策略优化以到达降低道路冲突目的，或者以道路网络交通流为基础环境，提出防止港口车辆碰撞和堵塞的虚拟交通环策略，或基于区域控制的思想提出一种流量控制策略避免局部区域内的 AGV 拥堵，减少发生碰撞的概率。尽管近年来涌现出 AGV 防冲突规划方法，但是相关研究仅针对路径规划环节，尚未与调度环节形成有效的协同，亟须展开进一步研究。

3.3　多无人集卡动态配置

对于多无人集卡动态配置调度和优化，目前码头无人集卡路径规划问题的一大难点是很难求出最优解，随着码头运输区域无人集卡数量的增加，数学模型的构建和算法的求解效率是另一个挑战。要实现求解无人集卡多任务分配、解决多路径冲突问题及突发故障状况的约束等难题，这就要求调度算法的求解速度快、效率高，才能够满足实际生产过程中实时变化的多任务调度。现有研究常以考虑时间窗的方法进行无人集卡路径规划问题建模，并采用启发式算法或者求解器进行问题求解。尽管部分学者将人工智能算法应用于无人集卡调度和防冲突路径规划领域，但是相关研究通常仅能解决特定场景下的小规模问题。对于集装箱任务动态变化或者需要多作业区域无人集卡协同调度和路径规划的相关研究较少，无法在复杂运作环境下有效应对集装箱搬运设备动态调度及路径规划问题的高效求解。

综上，现有针对自动化港口无人集卡调度配置仿真及优化方法的研究尚缺乏全面系统的基础理论支撑。自动化港口无人桥吊与无人集卡联合调度优化模型不完善，复杂场景下自动化码头无人集卡路径仿真优化比较困难，同时考虑系统韧性多无人集卡动态配置调度和优化方法不清晰，这些关键问题制约了自动化港口无人集卡运输工作系统的快速发展，有必要逐一攻克，最终加快推动调度方法的改进，促进自动化港口高效运营。

主要参考文献

[1] 张笑菊，曾庆成，陈子根，等. 基于同贝同步装卸的岸桥与集卡联合调度优化模型[J]. 上海交通大学学报，2019，53(2)：188.

[2] 沈大勇，王晓，刘胜. 平行装卸：迈向智慧物流的智能技术[J]. 智能科学与技术学报，2019，1(1)：34-39.

[3] 张玲玉，霍佳震. 中国沿海港口分层效率研究[J]. 上海海事大学学报，2021.

[4] 赵越. 多式联运背景下的无人集卡调度研究[D]. 南京：东南大学，2020.

[5] Xiao H，Wu X，Qin D，et al. A Collision and Deadlock Prevention Method With Traffic Se-

quence Optimization Strategy for UGN-Based AGVS [J]. IEEE Access, 2020, 8: 209452-209470.

[6] Agra A, Oliveira M. MIP approaches for the integrated berth allocation and quay crane assignment and scheduling problem[J]. European Journal of Operational Research, 2018, 264 (1): 138-148.

[7] Toshiyuki Miyamoto, Kensuke Inoue. Local and random searches for dispatch and conflict-free routing problem of capacitated AGV systems [J]. Computers & Industrial Engineering, 2016, 91: 1-9.

[8] Luo J B, Wu Y. Modelling of dual-cycle strategy for container storage and vehicle scheduling problems at automated container terminals [J]. Transportation Research Part E-Logistics and Transportation Review, 2015, 79: 49-64.

[9] Baykasoğlu A, Madenoğlu F S, Hamzadayı A. Greedy randomized adaptive search for dynamic flexible job-shop scheduling [J]. Journal of Manufacturing Systems, 2020, 56: 425-451.

[10] Bruglieri M, Mancini S, Pezzella F, et al. A Path-based solution approach for the Green Vehicle Routing Problem [J]. Computers & Operations Research. 2019, 103: 109-122.

撰稿人：胡鸿韬(上海海事大学)　吕雅琼(武汉理工大学)

港口自主引导搬运与运输载具及其多域建模与协同控制方法

Automatous handling or conveying vehicles and their multi-domain domain modelling and collaborative control

1　科学问题概述

为了提高吞吐量，港口的运输载具通常具有体积大、运行场地狭小，以及低速、重载行驶、灵活转向与定位要求极高的特点，有些设备还拥有独立的大功率起升搬运工作装置。整机系统要求紧凑大功率传动，以及紧凑的传动布置与动力分配，通常要求具备全轮转向能力和调速能力。载具行走系统承受的运输载荷很大，需要低速、大扭矩传动，这必然带来紧凑大传动比传动需求。行走部分仅需克服行走摩擦力，整机的主要功率实际上消耗在货物的起升搬运上，需要极为先进的功率分流系统。因此，无人导引需要实现运输载具的协同控制，即整个无人导引的线控化。为此，自主引导输送系统需要研究解决下面一系列基本科学问题：

1.1　总体构型及匹配

总体布局构型、整机动力匹配、牵引特性研究,以及工作装置、动力和传动分配系统的多域建模分析。港口搬运设备体积大,为提高吞吐效率通常以较大规模集群行驶在狭小的港口场地行驶,在不同堆区与不同场桥设备协同的共同巷道里行驶和协作作业,整机布局要求苛刻。同时部分设备兼具行驶和装卸搬运功能,且动力装置各不相同。行驶与工作两套动力传动需要合理分配,并考虑由此引发的牵引特性建模分析问题,以及机械传动所产生的自动动力换挡变速系统建模、油门-挡位-速度控制、电驱动相关的调速系统建模等等。

1.2　行走控制

为保证输送和搬运的灵活性,自主引导输送设备大多基于轮胎行驶。由于所运输的货物体积大、重量大,每件货物重量不一且搬运作业过程中经常发生重心位置变化,因此胎-地耦合作用效应很大。在较大差异的轮压作用下两侧轮胎行驶瞬时速度不一,实现自主引导必须解决基本的行走可控问题。为此需要研究设备行走/转向行为的建模、运行轨迹与控制、带载运行/转向抗倾覆整体稳定性,这些基本问题对走行部至关重要。

1.3　复杂转向及悬挂系统

由于每个轮胎的承载能力有限,港口搬运设备通常采用多轴、多轮组行走系统。需要研究复杂转向与均载悬挂系统设计与优化方法。需要解决的基本科学问题包括:行走/转向/均载系统建模、结构优化、行驶/转向的倾覆稳定性建模等。

1.4　自主引导输送协调控制

类机器人的自主引导输送协调建模与控制,研究重点包括类机器人定位、行线检测两方面。无人搬运需要全过程的线控化,涉及无人导航的探测、定位、导向与路径规划、调速控制,多车辆的避障/避让与冲突消减。研究涉及基于视觉、雷达、激光、超声波、磁钉等多传感器融合实时测速、高精度定位、环境信息的采集。

1.5　主-从式长输送链动力学

以无人拖车-挂车为典型的具有主-从式的长输送链,拖车进行探测、牵引和引导,挂车则跟随前进、转向、制动。两者的轨迹很难保证完全相同,特别是拖车倒退行驶情况具有更强的非线性,需要对此进行动力学建模加以分析。

1.6　部件及系统可靠性

港口环境下货物搬运运输系统最重要的要求就是极端的安全、可靠性,出现故障的搬运设备不但仍然占用着调度系统资源，还对其余设备构成障碍，严重影响港口吞吐效率。除了需要对搬运设备进行系统层面的可靠性研究，还需要对关键零部件进行可靠性研究，如高效、长寿命、免维护的驱动/制动桥，以及紧凑的货物起升或者顶升机构。

2 科学问题背景

提高自动化码头效率的最大瓶颈不仅在码头前沿岸边集装箱起重机的装卸效率，运行中更多的时间实际消耗在码头前沿到后方堆场之间的水平转运运输，以及在堆场内部的卸、堆码。其中，水平转运的智能搬运系统有自动导引车(IGV、AGV)、自动跨运车(ASC)、无人集卡和自主导航拖车-挂车(ICT)等。堆场搬运车辆有叉车、堆高机、正面吊等。当这些装卸、搬运设备集群进行无人化协同作业时，一旦发生冲突或者故障就会导致整个运输系统效率下降、失控甚至会导致输送系统瘫痪。这些瓶颈限制了无人导引运输车辆的增加，制约着吞吐量的提升。

无人导引搬运系统除了具有车辆特征之外，还具有相应的搬运工作装置。与普通车辆不同的是，由于这些搬运工作装置带来的大输出功率需求，低速和重载的需求以及高重心带来的行驶抗倾覆稳定性。低速要求配备可靠的减速传动装置，重载则需要可靠的轮胎均载。而显著的重心变化，则导致车轮线速度不稳，给搬运设备受控行驶和转向带来挑战。输送货物尺寸大，在狭窄的场地定位、行驶、转向、避障和相互避让引发了更大的挑战。

此外，为提高水平运输效率，件杂货/集装箱码头还可以通过无人牵引车拖带多个无人拖车-挂车，形成“一拖二、一拖 N”行驶的自主引导运输，其中牵引车执行驱动带领和转向，而后面拖车带动力/转向/制动跟随牵引车向前运动。整个输送链长度将大大增加，给输送链本身的协调、输送链之间的避障带来挑战。当前对解决车轮线速度不同导致车辆偏离轨迹行驶的问题研究不够充分，对整个车辆的构型设计、无人驾驶中的轨迹控制等研究需求迫切。

3 科学问题研究进展

对于港口无人化运输的载具本体而言，现有的全自动化集装箱码头主要采用自动/智能导引车(AGV/IGV)进行集装箱的水平运输作业，而随着无人驾驶集卡(ICT)和自动驾驶跨运车(ASC)的成功研发和推广应用，集装箱水平运输载具将有技术路线上的显著分化：

3.1 定位和导航技术

传统的 AGV 通常采用码头场地磁钉和磁传感器引导，地面需要预埋磁钉，对港口基础设施建设要求较为苛刻，同时对于大量现有港口无法进行直接适配；新兴的 IGV、ICT 和

ASC 采用卫星定位和激光雷达、毫米波雷达相结合,视觉识别技术作为辅助。由于激光雷达存在分辨率较低、环境噪声敏感、场景复杂等问题,为了提高定位的精度和联合响应速度,需要结合多传感器融合技术,如多目视觉定位、三维点云测量和激光即时定位与地图构建(SLAM)等。多目视觉定位是作为辅助的定位手段,对电子地图以及场地雷达识别结果进行纠正和特征点匹配。三维点云测量和激光 SLAM 技术则能够实现对场地的快速场景扫描和三维点云的信息化建模。

3.2　驱动与传动

新型架构的 AGV/IGV 和 ASC 可以采用柴电或纯电驱动。其中充电可以集中化,单车无线充电广受关注。当前大部分 ICT 仅简单地将相对独立的传统水平运输车辆升级为自动化车辆,仍采用传统燃油车的底盘作为基础,对其电控单元(ECU)进行 I/O 和总线接口上的扩展,适合现有老港口的改造成本。最终 ICT 将从现在的柴油机驱动和 LNG 驱动,在未来逐渐过渡到由锂电池、氢能源电池驱动等方式,并在整体上采用驱动、导引和控制一体化线控驱动。

3.3　载具本体结构

无论是哪一种港口输送作业载具,都有尺寸大、载重量大、重心高、转向桥和悬挂载荷大的特征。ASC 由于其高承重悬挂底盘的结构特性,在这些问题上尤为突出。由于港口行驶区域局促、易受天气环境的影响,载具需要全轮转向协调,本身更容易出现路面附着系数低的情况。在转弯工况时所受的横向力经常接近极限或达到饱和状态,使动力学特性发生明显改变,严重时可能会出现过度侧滑、侧翻、偏离轨迹等危险。该问题突出表现为重载运输的大惯性作用效应与港口运输高响应控制速度的矛盾,以及如何满足港口环境多变下的环境适应性的需求,需要对其重载乃至超重载工况下的稳定性模型控制,尤其是对横向稳定性控制进行更深入的研究。基于分层结构的控制是目前的重要研究方向,通过对控制模型的分层,对轨迹信息和反馈信息分层处理,分配相应的输出信号,最终达成多电机的协同控制,进而提升港口运输载具各种极限工况下的动态控制效果;利用粒子群算法、神经网络等进化类算法设计优化控制器,以控制横摆力矩解决车辆在低附着路面转向时的稳定性问题。

3.4　载具对调度的响应以及场地协同

目前的无人化作业码头,其平面布局同传统码头一样可分为 3 个作业区域,即码头前沿作业区、水平运输作业区和堆场作业区。在港口无人运输系统中,同一时间有多台运输载具构成集群协调工作。对于集群的管控有三种方式:集控模式下每一台载具都直接与中央控制系统进行通信,中央控制系统实现统一的监控调度和控制。这种系统结构响应速度更高，但是通信速度以及可靠性受到上位机和场地环境的限制，通信带宽也限制了集群的规模，需要结合5G通信技术提高通信速度和实时性；分布式模式由载具组成车队，每台车载系统都能够与地面控制系统的上位机进行通信，同时车辆之间也能相互进行通信，后车可根据前车的姿态、速度、航向等信息，自行判断自身所处在整个车队中的位置；第三种模式是对单运输功能的载具，如AGV/IGV和ICT等分布式系统智能化和自主化，构成以载具为基本单位的多智能体系统，载具自主与上位系统、集群中其他个体以及场地其他自动化设备(例如有线/无线充电设备、自动化岸桥、自动化场桥等)进行协同工作；对于具有主动搬运装卸功能的ASC，考虑到其可以独立地在岸上和堆场之间进行单独的自主无人导引输送，其研究重点主要是设计整体车队的运行算法，提高运行效率，减少安全隐患，降低人工成本。

当前对动态环境下AGV避障与协同问题的研究方法是将复杂的动态障碍物环境下的AGV避障轨迹规划转化成了一个最优控制问题，同时建立了拥堵因素下多AGV无冲突路径规划问题模型；另一个是研究使用不同数量AGV对路径规划的影响，使用固定数量的码头起重机，对使用不同数量的AGV运输集装箱从泊位到存储区域内指定位置的时间进行分析；在码头使用可以同时搬运不止一个货物的多载AGV，通过比较多载AGV与单载AGV的作业时间，选取最优的AGV调度方法，降低AGV空载率和等待时间等。但是对解决工作车辆在发生故障时导致整个运输系统效率下降，甚至导致输送系统瘫痪的问题关注还不多，这可能由于当前的各类无人导引输送载具本身仍然很不成熟。

综上，现有自主引导输送的研究不能满足码头复杂多变的实际需求。如何利用新兴技术最大限度地提升码头输送作业系统的效率和稳定性是目前需要解决的关键科学难题。

主要参考文献

[1] 张德文. 智慧绿色集装箱码头[M]. 北京：清华大学出版社，2020.

[2] 何珍，楼佩煌，钱晓明，等. 多目视觉与激光组合导航AGV精确定位技术研究[J]. 仪器仪表学报. 2017，38(11)：2830-2838.

[3] 廖自力，阳贵兵，高强，等. 多轮独立电驱动车辆转向稳定性集成控制研究[J]. 兵工学报. 2017，38(05)：833-842.

[4] 张浩悦，程晓琦，刘畅，等. 基于全局稀疏地图的AGV视觉定位技术[J]. 北京航空航天大学学报. 2019，45(01)：218-226.

[5] 刘璇，王子航，张桐瑞，等. 港口重载AGV横向稳定的优化控制策略[J]. 华南理工大学学报(自然科学版). 2021，49(08)：113-121.

[6] 何均锋，李鹏，申艳红，等. 动态环境下AGV避障轨迹规划问题研究[J]. 重庆理工大学学报(自然科学版)，2022：1-10.

[7] Danijela Pjevcevic, Milos Nikolic, Natasa Vidic, et al. Data envelopment analysis of AGV fleet sizing at a port container terminal[J]. International Journal of Production Research, 2016, 55(14): 4021-4034.

[8] Zhou Y, Mao H, Yang D, et al. Research on Electronic Controlled Modification Technology of Chassis of Unmanned Heavy Truck[J]. Automobile Applied Technology, 2018.

[9] Rozsa Z, Sziranyi T. Obstacle Prediction for Automated Guided Vehicles Based on Point Clouds Measured by a Tilted LIDAR Sensor[J]. IEEE Transactions on Intelligent Transportation Systems, 2018, 99: 1-13.

[10] Vaquero V, Repiso E, Sanfeliu A. Robust and real-time detection and tracking of moving objects with minimum 2D LIDAR information to advance autonomous cargo handling in ports[J]. Sensors, 2019, 19(1): 107.

撰稿人：张氢（同济大学）　秦仙蓉（同济大学）　孙远韬（同济大学）

港口多设备异构体系的作业运输协作与柔性决策

Collaboration and flexible decision making of automatous handling operation among multi-heterogenous coordinating system in harbor

1　科学问题概述

港口是海陆联运的枢纽站。港口作业运输系统是一个由相互协作、多异构智能性主体组成的复杂广义耦合动态系统，具有时间和空间跨度大、各设备关联性强，多目标相互制衡等显著特点。唯有泊位、作业、运输与堆场等作业运输资源协同配合，方可保证整个系统的可靠性、鲁棒性和高效性。而当前主流的集中式协作体系结构模型存在各设备作业运行路径固定、缺乏自主搜寻最优路径的能力、作业空间利用率不高等瓶颈问题。为实现港口作业运输系统协作的鲁棒性、实效性和灵活性，亟须研发稳定可靠的新多设备协作体系结构、实时有效的冲突探测新方法和高效灵活的多设备柔性协调策略，突破相关关键技术瓶颈、解决相关关键科学问题：

1.1　如何构建新的港口作业运输多设备协作体系结构

港口作业运输协作体系中，集中式结构有控制瓶颈问题且各主体作业运输路径固化，而分布式结构则难以全局控制，不易实现且主体间冲突发生的概率增加，对突发情况和应急装卸作业的适应度欠佳。因此，为实现港口智能、高鲁棒性、高实效性灵活作业，如何从港口作业运输整体结构出发，构建新的多异构主体协作体系结构，实现作业与运输的单向和双向作业协同优化是首先需要解决的核心关键科学问题。

1.2 如何发展港口多设备冲突探测新理论与方法

港口作业运输设备众多、类型各异、作业各有分工，形成一个复杂高耦合的广义动态系统，设备之间协同作业、相互耦合、交互影响，冲突发生概率高。确定型冲突探测方法精确性较低，易出现冲突误警；随机型冲突探测方法精确性受不确定性因素和样本质量与数量影响，计算量大，易出现冲突漏警。因此，亟须在系统分析冲突产生原因与机制、不确定因素的分析与量化基础上，发展新的港口多设备冲突探测新理论与新方法，保障设备作业运输冲突预警的可靠性和实效性。

1.3 如何建立多设备动态柔性协作机制，实现有效及时的冲突解脱和多机路径规划

离散型冲突解脱方法效果受离散度影响，对多设备冲突和小时间尺度冲突有效性降低，连续型冲突解脱方法计算量大、冲突解脱效果受设备定位精度影响。因此必须建立新的混合冲突解脱方法，探寻引导协调与自主协调有机融合的多设备动态柔性协作机制，实现多时间尺度冲突解脱。

2 科学问题背景

泊位、作业设备、运输设备和堆场是港口作业运输系统的四大组成要素。随着港口自动化程度的不断加深，港口作业运输设备已逐渐具备环境感知、动态决策、行为控制与指令执行等多种功能。单设备运行无法满足自动化港口复杂的作业运输需求，必须多设备协同作业。

如果说设备等作业运输资源是港口的躯体，那么决策则是港口的大脑。决策和协同是保证港口高效、高精度及高品质作业的基础。多机协同分集中协同和分布协同，以当前第四代自动码头为代表的无人化码头，主要采用中央控制系统集中控制。即由中控室控制码头的自动导引车(AGV)运行，进行路径规划与协调调度，并与码头前端岸桥和后端场桥的工作衔接。为此，AGV 自身的各类传感器探测的信息都需要汇总到中控系统。这既增加了数据传输量，也增加了中控系统处理数据的负担，严重限制了 AGV 集群规模的增加。集中协调控制的难度随着 AGV 数量增加而呈现指数级增加，从而制约了码头通过增加 AGV 数量来提高装卸效率的能力，需要从多机协同整体体系结构出发，研究提高港口作业运输效率的新协同决策方法。

多设备协同作业的作业空间范围广，可操作程度大，自由度高，设备与设备之间相互联系、相互协作。港口作业运输设备的多机协同控制分为主从协同控制和共同作业控制。多机协同是智能控制领域的新技术，目前主要侧重于领航-跟随协同算法的研究，而未来

协同技术走向实用化除了领航-跟随算法，还需解决协同作业中的冲突探测与解脱和多机路径协同规划。

3　科学问题研究进展

任务分配是港口作业运输协同作业的一个重要评价指标，如何在作业前将每个任务合理分配给每个设备，或者在出现新的（突发的或者应急的）作业任务时重新调配设备的作业规划，使得港口作业运输高效，是港口作业运输协作中的难题之一。针对港口作业运输多设备协同作业过程中因突发状况引起的作业时间增加、某些作业任务无法完成、出现作业冲突等问题，发展新的多机协同动态任务分配机制，降低多设备动态任务分配机群代价。多机协同作业任务分配是指为整个作业运输机群设定一个评价指标，将一系列作业任务分配给特定设备，在任务能够被全部完成的同时使机群的整体收益最高。学者对机器人、无人机等任务分配技术研究较多，对港口作业运输设备的任务分配研究较少。在任务分配研究中，考虑任务成本的不确定性，以完成所有任务为目标，同时优先考虑更紧急的任务以及不同的预算阈值和任务的随机成本，是一个新的研究热点。

多机任务分配是研究如何将多个任务分配给多个设备执行，并在满足多种约束下使得作业效率最高。目前，大多文献只研究某一层面下的任务分配，即研究装卸作业或运输，而目标分配是任务分配领域一个研究较为广泛的问题。将任务分配与 AGV 路径规划问题统一考虑，利用各种智能进化算法获得分配结果。动态任务分配的基本思想是利用合同网机制的合同买卖、交换及置换等操作，进行任务的动态重分配。

根据控制量求解方法不同，路径跟踪方法主要包括与模型相关和与模型无关的路径跟踪方法。与模型相关的路径跟踪方法是根据运动学模型、位置、航向、路径参数确定设备的运动参数，令设备沿着预设的路径行驶。基于模型的路径跟踪方法大多都是在不计摩擦等情况的理想条件下建立的。与模型无关的路径跟踪控制方法主要包括比例积分微分（PID）控制、模糊控制以及模糊 PID 控制等方法。与模型无关的路径跟踪方法设计过程中只依赖于设备路径跟踪的位置偏差和航向偏差，不依赖于精准的数学模型，在直线路径跟踪领域、无准确数学模型路径跟踪领域具有较广泛的应用。

多机协同作业有多种作业模式，主要包括需要主-从配合的作业模式和无须配合的作业模式。需要配合的模式一般是指保持从机与主机的距离和偏角相对不变，多采用积分滑模控制，无须配合的模式只需要设备按规划路径作业，并在作业过程中避免碰撞即可。

多机协同作业过程中的通信主要包括底层通信、设备间的通信和与服务器的远程通信。其中底层通信是指设备传感器与控制终端的通信，每台设备都有独立的控制单元，目前设备底层通信常用的方案是 CAN 总线。设备间通信技术主要有无线数传电台、Zigbee、无线自组网设备等。设备与服务器远程通信主要用于设备上传自身位置、航向和作业等信息,以及服务器端下发作业任务等指令,目前常用的手段有 4G 和 5G。

港口作业运输设备的作业路径规划是指在满足港口作业规范的要求,实现作业区域不重、不漏前提下,对作业距离、时间、转弯次数、能耗等参数协同优化,进行多设备作业路径规划决策,寻找最合理的作业路径,是实现港口无人干预、自主作业的基础问题。多 AGV 路径冲突问题是近年来自动化码头 AGV 研究的重点,相关研究包括动态在线路径规划算法,如考虑 AGV 负载平衡及隐性时间,采用图论算法规划 AGV 的无冲突路径;对传统进化类优化算法进行任务优先级改进来检测和避免 AGV 死锁与冲突;避免路网拥堵的多 AGV 路径搜索方法;解决单向导引路径网络中各 AGV 间的碰撞和死锁问题的基于道路容量的 AGV 环路死锁搜索算法;将改进两阶段控制策略与遗传算法相结合来解决 AGV 路径冲突;用 AI 算法检测 AGV 路径冲突情况,并设定安全等待距离重新规划路径等。相关研究主要围绕无死锁、无冲突路径的规划,所采用的算法大多数在解决多 AGV 路径冲突问题时再次回到了任务调度或路径规划环节,增加了研究的复杂性和问题解决的难度,在既有任务分配和路径规划的基础上对多 AGV 路径冲突进行实时检测和解决的研究较少。

多机任务规划主要分为分布式任务规划和集中式任务规划,目前的研究热点是分布式任务规划。分布式任务规划不依赖于中心节点,具有鲁棒性,而且规划速度较快,可以实现动态在线规划。多主体理论中,群体中交互的主体通过相互协作,可以构建整体智能。基于行为的反应式多主体理论中,任务可通过行为表述,通过行为之间的抑制与包容,多主体可以松散耦合地分布式地实现行为的合作,从而构建整体的增长式的智能。基于角色转换的方式中,任务群体中的不同机器人在不同条件下被赋予不同的角色,协同完成总体任务。基于情绪阈值的任务规划方法中,各个机器人被赋予情绪,当对某个任务的急躁情绪值超过一定阈值,就会尝试去执行这个任务,当对某个任务的忍耐情绪值超过一定阈值,就会尝试放弃这个任务,群体中的各个机器人按照这种方式,分布式容错地合作执行总体任务。基于市场的方法是典型的分布式自组织方法,该方法模拟市场当中的拍卖行为,多个机器人都可以对任务投标,获胜机器人执行任务,如此迭代执行拍卖过程,最终完成总体任务,每个机器人都可以是竞拍者也可以是拍卖发起者。拍卖方法可以与其他方法相结合,完成较为复杂的群体任务。

主要参考文献

[1] 李斌,李文锋.基于 MAS 的集装箱码头物流系统协同生产调度体系[J].计算机集成制造系统,2011,17(11):2502-2513.

[2] 曾庆成,杨忠振.集装箱码头集成调度模型与混合优化算法[J].系统工程学报,2007,7(2):109-122.

[3] 泰应鹏,邢科新,林叶贵,等.多 AGV 路径规划方法研究[J].计算机科学,2017,44

(S2):84-87.

[4] 郭昆仑,朱瑾. 基于多智能体系统的自动化码头多 AGV 无冲突路径规划[J]. 制造业自动化,2021,43(08):83-89.

[5] 李娟,张昆玉. 基于改进合同网算法的异构多 AUV 协同任务分配[J]. 水下无人系统学报,2017,25(06):418-423.

[6] 张立,王茜竹,赵春江,等. 基于心智与扩展合同网的半自治多智能体任务分配[J]. 计算机集成制造系统,2015,21(11):2885-2892.

[7] Janati F, Abdollahi F, Ghidary S S, et al. Multi-robot task allocation using clustering method [J]. Robot Intelligence Technology and Applications, 2017, 447: 233-247.

[8] Lee D. Resource-based task allocation for multi-robot systems [J]. Robotics and Autonomous Systems, 2018, 103: 151-161.

[9] 张素云,杨勇生,梁承姬,等. 自动化码头多 AGV 路径冲突的优化控制研究[J]. 交通运输系统工程与信息,2017,17(2):83-89.

撰稿人:张氢(同济大学)　秦仙蓉(同济大学)　孙远韬(同济大学)

港口装卸与运输作业装置构型及其拓扑设计与控制

Configuration of portal handling or conveying units and their topology design and control

1　科学问题概述

根据港口装卸货源、作业方式的不同,需要配置不同的车辆及其对应的各种类型作业装置。随着各类新型港口装卸工艺的开发,与之配套有各类装卸、搬运作业机械和各类作业装置,给港口生产的核心问题,即装卸效率、安全性、可靠性带来重大挑战。设备是满足特定装卸工艺的,以集装箱港口为例,集装箱堆场的装卸搬运根据工艺不同可以是正面吊装、叉车堆垛、堆高等机型,而对于散货装卸来说可以用抓斗,斗轮等方式取料,其整体布局和作业装置及机构动作要求完全不同。为此,首先需要解决的是作业装置的机构构型与拓扑设计,并对影响作业装置性能的关键技术、因素进行研究。为突破上述技术瓶颈,一系列关键科学问题有待研究:

1.1　研究作业装置的机构构型及其拓扑优化问题

分别解决作业装置采用什么样的机构、怎样形成紧凑的机构,以及最佳的构件尺寸问题。港口机械的作业环境是相对封闭空间且造价极其昂贵，也对作业装置提出了更高要求：环保、高效，紧凑，同时满足强度、刚度、稳定性、疲劳与可靠性要求，同时也对其驱动装置的动力输出能力、可靠性、抗疲劳性能提出了极高的要求。

1.2 研究作业装置的防摇与精确定位机理与控制方法

为了提高港口的装卸效率，各类港口设备的运行速度都是尽可能快，同时受环境(如风载荷)影响，给作业装置带来了很大的冲击，振动，晃动，给作业装置的精确定位和防摇带来很大挑战，影响快速装卸的可靠性，使得货物不易准确快速运输到指定位置。

1.3 研究作业装置的智能电液控制方法

重载、冲击环境下，高速作业的驱动装置，需要大功率、大流量的液压动力或者大驱动电力，这需要有根据负载、速度进行灵活控制的智能电液控制、变频控制系统。

2 科学问题背景

装卸作业效率是港口的核心诉求，不断提高港口的年吞吐量才能满足航运发展并提高经济效率。为此，根据不同港口的条件和货源、货种，有不同的装卸工艺和与之配套的作业设备及作业装置。提高效率必然不断追求设备的高速、重载，同时不断提高其可靠性，以持续提高设备及其作业装置的有效利用率、同时保证安全生产。同时，需要尽可能多地布置设备以充分利用昂贵的码头投资，在设备大型化以提高作业范围的同时还对设备的紧凑性有严苛的要求，以保证设备在互不干扰的前提下进行协作。这样就带来了作业装置的构型与拓扑优化，以及随之而来的驱动、定位、动力、控制等科学难题。

对于港口水平运输装备诸如集装正面吊、堆高机等而言，该起吊方式又不同于起重机采用的柔性钢索起吊，是可操控的机械装置完成起吊或举，其动作、位置均可控，由电控液压元件执行，挂连集装箱的动作由机构自动完成，对它们的构型研究主要从机构学角度研究上升、下降，横向调整、回转(俯仰)、固定(连接)等。

而对于港口前沿设备来说，往往作业空间大，起升高度高(>46m)，行程长(>100m)，载荷大(>60t)，重载起升速度快(>75m/min)，其载荷传递往往是借助钢丝绳结合各种吊具来完成，吊具在小车起升或者开闭绳的牵引之下运动，其中吊具相当于动平台，小车则可视为静平台，绳索为驱动装置，且由于钢丝绳垂荡的不利影响，实际中往往还需要托板小车使得钢丝绳在水平段保持一定水平度，所以对钢丝绳-小车-吊具系统及本身装置的构型困扰着吊具定位、抓取、提取能力。

同时，集装箱装卸搬运过程的摆动与定位时的偏斜是影响港口作业效率的关键因素。此外，作业装置大幅度摇摆对于装卸搬运的作业安全、自身金属结构的疲劳寿命等也会产生较大的危害，所以通过构型布置及控制算法快速消耗摆动动能在港口装卸作业中是一个亟待解决的关键科学与技术问题。

对于作业装置的拓扑优化问题来说，有时候机械系统的作业状态不断变化使得其性能不断发生复杂的变化，即作业机构的动作有时使得目标函数与优化变量之间是一种非线性隐式关系，从而给常规的优化设计带来困难。以剪式抓斗为例，其中一项非常重要的任务是尽可能提高抓取物料与抓斗自身质量的比值（即抓取比）。目前，在抓斗应用过程中最大的矛盾是抓斗不能太轻，需要依靠自身重量才能插入料堆，而抓起来之后其自重却是无效的载荷。理论上讲，抓斗的抓取能力实际上是物料摩擦特性、抓斗自重、抓斗闭合力之间的复杂函数，而物料的挖掘是一个动平衡过程，阻力、黏聚力和力矩平衡方程是不定的；同时，挖掘模型中的各参数存在耦合关系，导致目标函数与设计变量之间的非线性隐式关系不利于优化算法的实施，一旦设计不当，将容易导致抓斗脱离料堆而抓不到物料。

3　科学问题研究进展

如前所述装卸作业效率是港口作业的核心，对于作业装置而言，要求结构简单，连接可靠迅速，控制灵活。

对于港口流动机械诸如正面吊机进行水平输送集装箱来说，是可操控的机械装置起吊，该装置从顶部起吊集装箱，利用一个带有锁定装置的顶吊架与集装箱连接，对他们构型研究主要倾向于从多个方向进行调整功能。目前虽然不同产品的吊接装置结构有所不同，但所要实现的功用及基本原理是类似的。集装箱正面吊运车的联箱装置一般可将视为上、中、下三层结构，上层主要完成调平功能。为了实现左右侧移，安装有侧移液压缸推动侧移梁在支撑梁中滑动。中间层的功能是实现集装箱相对起重臂的水平摆动。利用回转支承将上层的支撑梁与下部横梁铰接，并由液压马达通过蜗轮减速器驱动下层回转，以满足从任何角度吊取或码放集装箱。下层主要实现集装箱的装卡功能，由下部横梁、伸缩梁、伸缩液压缸等构成。装载前伸缩梁在伸缩液压缸推动下实现伸缩变距，以满足联箱装置对不同尺寸规格集装箱的装卡需要。

集装箱堆高车相对较为传统主要采用门架机构抱举集装箱，不便对集装箱进行调整操作，作业时重心有一定的偏移，因需布置配重导致整机质量较大，而通常港口前沿装备的作业装置往往作业空间大，所以其机构构造的研究主要是结合钢丝绳柔性元件来进行。钢丝绳的缠绕布置方式结合吊具或者抓斗等刚性装置加上平移小车实现作业性变幅，提升货物等功能。同时整个作业装置本身有时候也需要通过电机、油缸等方式改变作业装置姿态以适应船舶倾斜等影响，提高对箱效率。

而为了实现防摇要求，研究人员进行了大量工作，其中八绳防摇装置目前在堆场中得到了较为成熟可靠的应用,其自身具有一套相对复杂的钢丝绳滑轮缠绕系统,纯机械系统自身的抗干扰能力较强,即使在较猛烈的外界激励下,也能够很快地将摆幅缩减在安全范围之内。同时,系统带有的油缸纠偏系统使得吊具在定位偏斜时也能很快地校准目标位置完成作业。然而目前在对八绳防摇装置的研究中,理论模型上不够完善,系统动力特性分析上也还不够深入,比如绳索布局的改变对于其防摇特性的影响就很少有学者进行研究。

针对港口作业装置这一类构型设计问题,目前也有学者从并联机构角度进行研究其中吊具相当于动平台,小车则可视为静平台,绳索为驱动装置。由于绳索具有更好的柔顺性、更小的质量以及方便储存与释放的特点,使得绳牵引并联机构相较于传统刚性杆并联机构具有更多独特的性能优势。例如更小的质量惯性、更大的作业空间、更快的速度和加速度响应性能、负载能力强、柔顺性好、成本低以及快速重构等,非常适合港口工业化场景应用,如抓斗卸船机,岸边集装箱起重机装卸过程,目前,针对柔性驱动的并联机构构型综合方法还未形成体系,其主要原因是柔性驱动不能承受压力,无法像刚性驱动支链一样直接计算约束。

需要指出的是在航天领域,有部分研究学者开始探索模块化设计以最大程度地发挥绳驱机器人可重构能力。Seriani 等人提出了一种面向星际探索的模块化绳牵引并联机器人设计方案将机器人主体分为模组和末端执行器两部分。模组采用模块化设计,包含了绳索驱动模块和固定底座,缺点在于适用于没有固定基座的场景,对于特定环境的场景不适用,模块化不充分。

还可以看到,作业机构的动作往往使得目标与输入变量或者环境之间是一种非线性隐式关系所导致的复杂的耦合效应,对于这类不确定性的非线性动力学问题,对于每一稳定状态,可利用迭代法求解非线性平衡方程,但对于整个机械作业过程,其性能数值解是隐式不可解的,目前对这类问题可以采用蒙特卡罗法等全面试验方法对目标函数进行大样本全面仿真优化,从而获得较理想的优化结果。基于大样本仿真的蒙特卡罗法的优化结果往往被认为更接近真实解,用于各方法误差大小比较的基准,但是需要指出的是,诸如蒙特卡罗这类全面试验方法会随着设计变量个数、约束函数的复杂程度增加使得整个设计过程非常漫长,且不易达到设计要求和难以发现各设计变量与性能的确定关系。

目前研究试验设计结合数值模拟的方法解决这类耦合优化问取得了较好效果,能够很好地描述作业过程中输出和输入的关系,能够在较少的试验点数目情况下描述参数样本空间,通过模拟计算的数学实验,理化实验起到校核、验证的作用,分析这类优化问题中各个参数的影响作用,特别是耦合机制,能够明确参数间的作用机理具有良好的科学意义。

主要参考文献

[1] Zanotto D, Rosati G, Minto S, et al. Sophia-3: A Semiadaptive Cable-Driven Reha-bilitation

Device with a Tilting Working Plane[J]. IEEE Transactions on Robotics,2014,30(4):974-979.

[2] Seriani S,Gallina P,Wedler A. A Modular Cable Robot for Inspection and Light Manipulation on Celestial Bodies[J]. Acta Astronautica,2016,123:145-153.

[3] 孙远韬,秦仙蓉,孙文斌,等. 基于正交回归试验法的煤矿剪式抓斗优化设计[J]. 同济大学学报(自然科学版),2017,(12):1853-1858.

[4] 张氢,葛韵斐,陈淼,等. ARMG 吊具辅助钢丝绳牵引式主动防摇方法[J]. 哈尔滨工业大学学报,2020,52(01):36-42.

[5] 陶德馨. 工程机械手册-港口机械[M]. 北京:清华大学出版社,2017.

[6] 徐静安. 对基于"试验设计+模拟计算"耦合优化研究、设计方法的推广[J]. 上海化工,2017,42(05):9-15.

[7] 管彤贤. 我国港口机械的历史发展和技术创新[J]. 港口装卸,2015(05):4-7.

[8] 刘学文,王志,闫洪峰,等. 集装箱搬运车辆自装卸特点分析[J]. 起重运输机械,2020,(23):60-64.

撰稿人:张氢(同济大学)　秦仙蓉(同济大学)　孙远韬(同济大学)

面向港口冷链的自主作业设备与设施耦合技术

The coupling technology of intelligent operation equipment and port facilities for port cold chain

1　科学问题概述

随着经济发展及国民生活水平的不断提高,以生鲜、医药及生物制剂等为主要运输对象的冷链进出口需求大幅增加,但是仍然存在冷链运输链条中断频发、货物质量损失严重、流通浪费率高、冷链安全问题凸显等问题。尤其是在全球新冠肺炎疫情大背景下,以港口为代表的冷链进出口关键节点的冷链风险事件高发。究其原因,是由于现有冷链产业设备专业化和智能化程度低,冷链系统作业人工依赖程度高,导致节点冷链"无缝化"衔接程度低,冷链作业效率低下,且难以实现对冷链安全风险事件的有效监测、规避和控制。目前,港口冷链作业系统智能化升级技术的研究尚处于起步阶段,面向港口冷链作业需求的智能化和无人搬运作业设备,及其与港口设施、港口其他作业系统及港口信息系统等的耦合机理仍有待探索,具体来说,在新装备、新方法和新技术方面要突破技术瓶颈,一系列关键科学问题有待研究:

1.1 如何研发面向港口冷链作业需求及特点的无人搬运设备与协同控制技术

港口现有的无人作业设备多仅为面向普通货物作业需求的装卸设备，而冷链专业化作业多通过人工实现。面向港口冷链作业系统多层次、多线程的流程特征和对信息感知、环境监控及检验检疫的异质性需求，研发满足冷链特殊作业需求的智能无人搬运设备至关重要。通过系统剖析港口内部冷链专业化作业环节特征，提出港口冷链作业无人搬运设备的功能和技术需求，进一步研发智能化、专业化的冷链无人搬运设备。同时，针对港口冷链作业多环节、多层次、前后工序交叉耦合的特点，开展基于动态约束响应的港口冷链复杂作业系统智能协同控制研究，突破传统港口冷链系统孤立性控制、动态响应不协调的问题，可以提升港口冷链系统内作业全流程的智能程度并降低港口冷链作业对人工的依赖。因此，研发面向港口冷链作业需求的智能无人搬运设备与协同控制技术，是亟须解决的关键科学问题之一。

1.2 如何构建冷链无人装卸与搬运设备对港口设施的时空需求特征解析方法

港口冷链无人装卸与搬运的实现，要求港口设施能够有机融合冷链无人作业设备。现有综合性港口的设施布局优化理论，均为面向传统港口作业流程及传统作业设备的方法及模型，对于冷链特殊作业特征及无人作业设备的作业要求考虑不足。为容纳和发挥港口冷链无人作业设备的优势，对港口冷链无人装卸与搬运设备参数、场地参数、港口机械设施设备参数等进行深度特征量化挖掘，构建多源数据信息与港口非线性设施之间的时空动态互馈模型。并厘清港口冷链无人作业的关键衔接节点及作业要求，解析冷链无人装卸与搬运设备对港口设施的需求特征，避免冷链无人作业设备作业过程冲突和冗余，形成与港口设施具有高度时空适配性的冷链无人作业设备系统，这是助力港口冷链无人作业实现的关键，也是目前亟须解决的关键科学问题之一。

1.3 如何构建港口冷链智能作业系统与港口设施系统耦合技术

高质量的冷链系统要求冷链信息透明化、可追溯，冷链作业和运输中转衔接无缝化。智能化、专业化的无人搬运与装卸设备实现了冷链系统末端信息的主动感知及冷链系统内部作业流程间的流畅衔接，然而冷链全链条、港口全域的信息透明化，需解决冷链与其他作业、运输系统间，冷链作业系统与港口中控系统间的信息壁垒，避免强耦合关联系统内局部生产单元的信息感知缺失带来的全局不利性。冷链运输的无缝化衔接，需协同港口冷链无人作业系统与港口内部其他控制系统，实现对港口冷链智能作业系统中关键作业路径、信息流架构等的耦合，形成港口冷链作业全量设备群多源数据协同传感和与港口中控数据信息系统的深度集成。因此，如何构建港口冷链智能作业系统与港口设施系统耦合技术,是亟须解决的关键科学问题之一。

2　科学问题背景

对高品质生鲜产品、医药品等需求的不断攀升,使得冷链产业发展的瓶颈与痛点得到了前所未有的关注,冷链产业数智化赋能与安全保障能力提升的迫切性日益凸显。在以港口为代表的进出口的关键性门户节点,当前由于作业的智能化、专业化程度低,使得冷链作业系统人工依赖程度高,作业运输成本高昂,且冷链环境中断及安全风险事件频发。尤其是在全球新冠疫情的冲击下,低效、高风险、人工依赖程度高的港口冷链作业系统,作为冷链进出口第一道防线,成为阻碍疫情防控和人民食品、医药安全的保障的关键。目前,港口冷链作业系统智能化升级主要面临以下几个难题:

2.1　满足港口冷链作业需求及特点的无人搬运设备和协同控制技术缺乏的难题

港口内部冷链作业涉及信息感知、多次转场与搬运的作业需求。然而,现有港口无人作业设备的研发多关注面向普通货物装、卸及单纯运输型无人设备的研发,港口冷链无人搬运设备功能和技术需求的仍不清晰,尚无适用于港口冷链专业化作业需求的无人搬运设备,使得港口冷链作业人工依赖程度极高。人工作业带来了多重的不确定性和风险,包括极高的“物-人”疫情传播风险、人工操作失误带来的货物品质损失及流通浪费、冷链信息感知能力缺失等。专业化、智能化的港口冷链系统无人搬运设备和智能协同控制技术的缺乏,不仅阻碍港口整体智慧化升级,还成为冷链链条的风险防控、质效升级不可忽视的痛点。

2.2　冷链无人装卸与搬运设备对港口设施的时空需求特征不清的难题

现有的港口设施配置,多以普通集装箱、件杂货或干散货的作业需求和流程为主导,而仅将冷链作业作为附加业务,给予部分库场设施支持。港口在设施配置和布局规划时,对冷链作业流程和特殊作业需求的不清晰及忽视,使得港口冷链作业难以形成流畅的作业线,不同冷链无人作业设备间难以“无缝”衔接,进而打断冷链作业流程,引起额外的作业等待和冷链环境中断,最终导致了流通浪费以及生鲜、医药产品的质量安全问题。此外,在疫情防控常态化的背景下,缺乏设施支持及配套的布局使得港口冷链难以形成封闭、高效的作业环境,使得大量冷链货物的检验检疫工作难以高效开展,疫情外溢事故频发。

2.3　港口冷链智能作业系统与港口设施系统耦合技术缺乏的难题

港口冷链作业整体智能化、无人化的升级还需将港口冷链智能作业系统与港口设施系统有机耦合。现有的港口智慧化与无人作业方案与技术中,缺乏对冷链智能作业系统中关键作业路径、信息流架构等的耦合,无法充分发挥冷链无人作业设备的优势。一方面,冷链设备感知的信息数据与港口中控数据信息系统存在信息壁垒,形成了冷链链条港口节点的信息盲区,制约了冷链链条信息透明化和可追溯化的发展。另一方面,冷链智能作业系统与港口其他系统间耦合技术的缺乏,使得港口的公共资源难以得到充分利用,造成港口内部不同系统间的作业流程冲突。

3　科学问题研究进展

3.1　普通集装箱的港口无人搬运和物流园区等大型仓储无人搬运

无人搬运设备的研究目前主要围绕着基于普通集装箱的港口无人搬运设备和物流园区等大型仓储无人搬运设备两个方面。①面向普通集装箱作业的港口智能无人搬运设备研究主要是基于人工智能等技术,重点关注路径规划、设备避碰等问题,提出以“自动化岸桥 + 自动导引车/无人集卡编组 + 全自动场桥”为主的自动化设备群组,实现岸边装卸系统、水平运输系统和堆场装卸系统的无人操作。然而冷链货物运输存在着包括环境信息实时感知监控、多类型特殊作业任务穿插、堆存方式与普通货物不同等特性,传统仅关注物理移动的无人设备无法完全满足港口冷链货物的作业需求。②针对物流园区等大型仓储无人智能设备,研究人员已经提出了以“堆垛机 + 穿梭车”的方案取代原有的“人工叉车 + 手动分拣”的模式,提高了货物的运转效率,释放了仓储空间,实现了无人化的仓储转运方式。但是,由于物流园区场景相对较单一,港口场景多线程的复杂耦合作业流程和冷藏集装箱在港内的独特作业要求,无法将物流园区无人设备研究成果直接应用到港口场景。因此,仓储设备中自动化仓储设备无法适应冷藏集装箱港口装卸作业流程。综上所述,面向港口冷链作业需求及作业特点的无人搬运设备的功能和技术需求尚不清晰,设备的研发尚属空白。因此,亟须研发面向港口冷链作业需求及特点的无人搬运设备来实现港口冷链货物的高效运转。

3.2　港口内部设备与作业流程对港口设施需求特征或港口设施布局规划影响

现有针对港口内部设备与作业流程对港口设施需求特征或港口设施布局规划影响的研究主要面向普通集装箱、干散货等,按其研究所关注的范围,可分为与港口陆域设施相关和与港口水域设施相关的研究。①港口陆域设施包括码头前沿设施、后方堆场设施、交通设施和其他辅助设施,根据国内外相关文献综述分析,主流的研究是面向普通集装箱的港口陆域设施布局。②港口水域设施包括船舶进出港航道设施、锚地、港池等,根据国内外相关文献综述分析水域设施布局通常集中于航道布置形式、锚地容量和航道容量等方面的研究。现有港口设施布局优化均面向普通集装箱装卸对水、陆域设施尺度等进行研究，与港口冷链相关的研究，仅见货物库场规模的设计及规划。为充分发挥港口冷链无人作业设备的优势，要求港口设施在布局规划与配置优化时，必须清晰港口冷链无人作业设备的作业要求。因此，亟须解析冷链无人装卸与搬运设备对港口设施的需求特征，助力港口冷链系统无人智能化作业。

3.3　港口冷链智能作业系统与港口设施系统耦合技术

港口冷链智能作业系统与港口设施系统耦合技术，可分为信息流耦合与物理流程耦合两个方面。冷链信息流需与港口中控等现有信息系统实现高效的互联互通，而现有港口中控系统等的开发，主要面向普通集装箱，如美国休斯敦港采用的 CONICS 集装箱管控系统，能够进行自动化的装载和卸载作业，我国上海外高桥码头采用的港口管控系统具有集卡调度、堆场监控在内的 11 个功能系统，该码头运营系统大大提高了信息管控的智能化水平和码头的工作效率。然而，除具有常规的装卸作业信息外，冷链作业系统还包括实时环境信息、货物质量信息等，如何在无人设备实现了信息感知后，将与冷链作业系统有关的信息流融入港口信息系统，实现高精感知和信息的标准化及高效化传递，仍有待研究。此外，现有港口智能作业系统缺乏对冷链作业流程的考虑，从物理层面实现冷链作业系统与其他作业系统间的耦合，需精确识别冷链智能生产作业系统中关键作业路径，深入协同不同作业系统。因此，港口冷链智能作业系统与港口设施系统耦合技术研究迫在眉睫。

主要参考文献

[1] 田宇. 自动化集装箱码头生产调度集成优化研究[D]. 武汉：武汉理工大学，2020.

[2] Jenny Nossack, Dirk Briskorn, Erwin Pesch. Container Dispatching and Conflict-Free Yard Crane Routing in an Automated Container Terminal[J]. Transportation Science, 2018, 52(5).

[3] Ma N, Zhou C, Stephen A. Simulation model and performance evaluation of battery-powered AGV systems in automated container terminals[J]. Simulation Modelling Practice and Theory, 2020, 106.

[4] Yu N N, Li T K, Wang B L, et al. Reliability oriented multi-AGVs online scheduling and path planning problem of automated sorting warehouse system[J]. IOP Conference Series Materials Science and Engineering, 2021, 1043(2): 022035.

[5] 马千里. 不确定条件下港口冷链基础设施规模优化研究[D]. 大连：大连理工大学，2019.

[6] 王文渊.沿海港口航道通过能力研究[D].大连:大连理工大学,2011.
[7] Guo Z ,Xu Y ,Yu Y ,et al. Anchorage capacity reliability and redundancy optimization research in coastal ports[J]. Engineering Optimization,2020(2):1-20.
[8] Zhong M ,Yang Y ,Zhou Y ,et al. Application of hybrid GA-PSO based on intelligent control fuzzy system in the integrated scheduling in automated container terminal[J]. Journal of Intelligent and Fuzzy Systems,2020,39(1):1-14.
[9] 柳长满,张传捷,陈微波,等.国内沿海自动化集装箱码头关键技术发展趋势[J].中国港口,2021(01):17-23.
[10] L Heilig,S Voß. Information systems in seaports: a categorization and overview[J]. Information Technology and Management,2017.

撰稿人:郭子坚(大连理工大学) 王文渊(大连理工大学) 彭云(大连理工大学)
姜影(大连理工大学)

散货码头自主作业设施设备的健康监测及运维技术

Health monitoring, operation, and maintenance technology for intelligent production equipment and facility in bulk terminals

1 科学问题概述

散货码头是承担能源、基础原材料、农产品等大宗散货海陆转运的重要交通运输基础设施,保障散货码头稳定、高效地运行对社会、经济发展具有重大意义。随着我国世界一流智慧港口建设的推进,散货码头生产设施设备的智能化水平显著提高,但智能化生产设施设备的稳定运行面临全新难题,同时散货码头大型专用设施设备的故障发生对港口生产系统整体影响较大,因此迫切需要强化智能生产设施设备的健康监测与运营维护优化,确保散货码头生产作业的稳定与高效。目前,针对散货码头智能生产设施设备的健康监测及运维技术还处于空白。为实现散货码头智能设施设备的状态实时监测、故障精准预测与高效运维,研发智能健康监测装备、攻克多源监测数据解析与故障预测、运维协同优化等关键技术,在新装备、新理论和新技术等方面突破瓶颈,以下关键科学问题有待研究:

1.1 如何研发适配散货码头复杂环境的生产设施设备健康监测装备与布置优化技术

健康监测装备是采集散货码头智能生产设施设备实时状态数据、实现故障预测的基础。然而,散货码头采用皮带机、封闭筒仓、转接塔、大型堆取料机等专用的生产设施设备,存在除尘喷淋等独特的作业要素,健康监测设备的研制必须适配散货码头的生产环境,固定式监测设备的选位与移动式监测设备的巡检方案设计必须考虑与作业生产的协同。目前,码头设备健康监测仍主要采用人工巡检和定点力学传感器等方式,仍未见针对散货码头特殊生产环境进而分析健康监测装备和布置优化技术在提升码头作业效率与安全等方面的研究。因此,研发适应散货港口生产环境的健康监测装备,有效地布置监测装备,优化监测方案是目前亟须解决的关键科学问题之一。

1.2　如何构建散货码头智能生产设施设备的多源健康监测数据解析与故障预测模型

散货码头智能生产设施设备的健康状态动态感知依托于实时采集的监测数据。但是健康监测数据采集源头多样,固定式性能传感器与移动式巡检设备以不同频率采集不同维度与视角的设备健康数据,同时考虑散货码头复杂作业场景下的数据采集缺失与失真,现有数据解析技术难以满足散货码头生产设施的多源监测数据高速解析与整体健康状态精准描摹,也缺乏综合考虑散货码头工艺特征的生产设施设备故障预测方法,进而难以为其智能运维提供可靠的依据。因此,如何构建多源健康监测数据智能解析与故障预测模型是目前亟须解决的关键科学问题之一。

1.3　如何建立动态多主体协同的散货码头智能生产设施设备运维优化方法

散货码头智能生产设施设备分属于不同功能主体的同时又表现出高度耦合的特质,单一作业设备或生产线路的故障与维护均会对港口整体货物转运系统产生影响,散货码头智能生产设施设备的运营与维护必须综合考虑作业需求与数据驱动的故障预测,实现港口生产的效率与稳定性双重最大化。国内外已有的港口生产设备运营维护方法不仅缺乏针对散货码头多样且独特工艺特征的考虑,也在运营与维护之间、不同生产功能主体之间等多个维度之间缺乏协同。因此,如何建立动态多主体系统的散货码头智能生产设施设备运维优化方法是亟须解决的关键科学问题之一。

2　科学问题背景

随着交通强国国家战略的推进实施和世界一流强港的稳步建设,我国港口自动化、智能化水平不断提升,2020 年世界港口吞吐量排名前 10 名中中国港口占据 7 席。散货港口承担煤炭、矿石、粮食等与社会经济发展息息相关的大宗散货的海陆转运,在我国综合交通运输体系中占据重要地位,2020 年末,全国万吨级及以上泊位总计 2592 个,其中散货泊位 1454 个。然而散货码头针对不同货类采用多样化的智能生产设施设备及工艺流程,设施设备在生产作业中表现出高度的耦合特性,单一设备或部分系统功能的故障均会对港口整体的货物转运作业造成显著阻碍,延误到港车船作业,造成经济、环保等多个层面的损失。因此,必须针对散货码头智能生产设施设备进行全面的健康监测,开展有效及时的设备维护,组织高效的生产运营。为实现该目的必须解决健康监测装备研发、监测数据解析与故障预测、运维协同优化三个关键科学问题。

2.1 复杂环境的生产设施设备健康监测装备研发与布置优化

解决适配散货码头复杂环境的生产设施设备健康监测装备研发与布置优化问题是实现设备健康状态感知的基础。一方面,散货码头生产工艺流程多样,健康监测必须兼顾不同设施设备的工作、结构特点从微观力学性能与宏观外在表征等多个视角开展;同时散货码头作业环境复杂,存在粉尘浓度高、大面积喷淋等特殊生产场景,现有监测设备不能满足散货码头监测需求,无法有效完成全面、实时的设备健康数据采集任务。另一方面,现有监测设备的布置方法未能有效考虑散货码头生产工艺的特征,对固定监测单元的布设和移动巡检设备的路径、巡检方案设计不能与散货码头生产设施设备的作业协同,导致监测设备执行数据采集任务时与生产作业产生冲突,健康监测无法有效覆盖设施设备作业全流程,进而无法为设施设备的故障诊断与运维优化提供可靠的数据基础。

2.2 多源健康监测数据解析与故障预测

解决多源健康监测数据解析与故障预测问题是实现散货码头智能生产设施设备的运维协同优化的关键。散货码头智能生产设施设备的健康监测数据具备多源多维、实时动态等特点,单一监测设备提供的数据通常仅能反映设备单一视角下片面的健康状态,现有数据挖掘与分析技术难以耦合利用多源健康监测数据、提取高维状态表征,无法对生产设施设备进行动态、有效的整体健康状态刻画。同时,散货码头生产环境复杂,视频图像等数据的采集存在缺失、失真等问题,目前缺乏有效的数据推理与修补方法,进而难以对生产设施设备的健康状态进行精准的反映。此外,目前尚未有相关技术能够基于实时的设备健康状态监测,结合散货码头生产设备的动作频率特征、生产设施的工艺流程特质,对智能生产设施设备的健康状态演化和故障的发生进行有效分析预测,进而无法为设施设备的运营与维护提供决策的依据。

2.3 动态多主体协同的散货码头智能生产设施设备运维

解决动态多主体协同的散货码头智能生产设施设备运维优化问题是确保散货码头生产设施设备稳定、高效运行的核心。散货码头生产作业呈现多主体耦合特点,例如露天堆场与堆取料机组成陆域堆存作业系统,泊位与装船机组成码头前沿装船作业系统,不同主体系统间不仅通过皮带机紧密连接,不同系统内部设施设备的作业通常要保持同步协调。

因此单一设施设备的故障与维修，会造成连续运输系统的不可用，进而对散货码头生产作业造成较大影响。缺乏基于健康监测的智能生产设施设备运维协同优化技术，使得散货码头生产作业无法有效应对设备的故障与维修，使生产设施设备不能灵活利用作业空窗完成维护工作，在作业效率、经济和环保等多个维度造成损失。

3　科学问题研究进展

3.1　复杂环境的生产设施设备健康监测装备研发与布置优化

针对复杂环境的生产设施设备健康监测装备研发与布置优化问题的研究。目前生产设施设备健康监测装备的研发主要围绕基于嵌入式纳米纤维传感、红外线图像、大数据与物联网、智能机器人、可编程逻辑控制器（PLC）控制等技术展开。①嵌入式纳米纤维传感是将碳纳米纤维传感器材料嵌入生产设施设备结构材料中。凭借出色的机械鲁棒性、结构无创性、界面相容性以及压阻敏感性，碳纳米材料可以很容易地集成至复合材料内部，提供持续稳定的监测诊断信号，时刻为维护复合材料结构的安全健康保驾护航。该技术的难点在于技术方案的选择、原材料的选择、加工工艺的设计和一体化成型工艺的设计等方面。②散货码头生产作业设备缺陷部位的温度可能会出现不正常波动，影响设备表面温度分布，使其产生异常。由电流效应引起的异常发热会导致温度在短时间内急剧增加，造成设备局部烧毁，甚至可能引发火灾等重大安全事故。红外线图像技术用于健康监测的一般方法是将热图像与单个基准或参考图像进行比较来识别异常，但该种方法无法适应由工况改变引起的变化。当前，依托红外线图像技术，基于图像序列时空特征提取和沙普利加法特征归因聚类算法的精细化诊断等策略成为发展热点。③随着物联网与大数据的建设与发展，采用海量数据对生产设施设备开展健康监测和智能诊断成为可能。健康监测和智能诊断单元架构设计包括了感知层、信息汇聚层、健康监测和智能诊断应用层三个部分，也是该方法的三个发展方向。④近些年，智能机器人作为健康监测装备受到广泛重视。智能机器人对生产设施设备图像信息、语音信息等信号的识别误差使得健康监测数据采集效率低，给后续智能故障诊断带来难度。优化智能机器人的识别系统，提高系统的灵敏度是该技术发展的一个主要方向。⑤当前市场上，大多数码头生产设施设备主要采用继电器的硬件逻辑，仅提供基础的作业启停，报警功能。将 PLC、通信、人机界面应用到生产作业设备的控制系统中，利用可靠性综合分析研究，基于设备的典型故障模式、故障机理分析及模型建立，实现对生产作业设备的健康状态监测。另一方面，根据生产作业设施的布置优化研究提取出监测装备的布置优化研究主要有基于运筹优化理论的方法、基于仿真的方法两种。①基于运筹优化理论的研究方法已较为成熟，主要是利用运筹与优化的基本思想与高效求解算法相结合分析多重耦合条件下设备布置方案，求解得出最优设备布置方案。②基于仿真的研究方法,可以模拟比较各设备布置方案的运行情况,根据各个方案的模拟效果来选取较优的设备布置方案。

3.2 多源健康监测数据解析与故障预测

针对多源健康监测数据解析与故障预测的研究。目前对健康监测数据解析和故障预测主要是利用深度学习、机器学习等智能算法与线上大数据结合进行分析。以数据为驱动,对历史数据进行训练,形成对未来运行状态的评估。由于利用自组织神经网络、小波神经网络等浅层学习模型,难以表征散货码头智能生产设施设备和监测装备的复杂耦合关系、关联性。因此使用具有强大特征学习能力的深度学习对多源健康监测数据进行解析和故障预测已成为该领域发展趋势。基于卷积神经网络的时域频域信息融合异常数据诊断方法、基于机器学习压缩感知的结构健康监测数据重构方法、基于群稀疏感知卷积神经网络的结构健康监测连续缺失数据重构方法、基于长短期记忆(LSTM)网络的故障预测方法等机器学习方法已深入应用到多源健康监测数据解析与故障预测的研究中。现需将此类方法与散货码头特点相紧密结合,提出适用于散货码头生产作业特征的多源健康监测数据解析、数据补全、数据重构与故障预测方法,为设施设备运营与维护提供决策的依据。

3.3 散货码头智能生产设施设备运维协同优化

针对散货码头智能生产设施设备运维协同优化的研究。协同优化是指将各子系统的目标函数协调同步,使各目标函数的优化结果一致。目前,对码头生产设施设备作业的协同组织、协同调度优化通常以降低能耗、减少碳排放和提高系统整体作业效率为目标开展研究,最终搭建作业设备协同调度优化系统。常见的码头生产设施设备作业的协同组织、协同调度优化有装卸船作业环节和自动引导搬运车(AGV)水平运输作业环节协同调度、AGV 水平运输作业环节和自动化轨道式龙门起重机(ARMG)堆场装卸堆存作业环节协同调度、AGV 与 ARMG 集成调度、铁水联运装卸设备集成调度优化、设备调度与堆位分配协同优化、海铁联运列车装卸作业协同优化等方面。针对散货码头的生产设施,作业系统的协同优化逐步受到研究学者关注,但多集中于生产作业设施设备,没有将健康监测装备考虑到系统协同优化范围内,暂未形成基于健康监测的智能生产设施设备运维协同优化技术。亟须参照现有协同优化研究成果,针对散货码头生产作业特征,研究形成动态多主体协同的散货码头智能生产设施设备运维优化技术。

主要参考文献

[1] Ali M A, Umer R, Khan K A, et al. Graphene coated piezo-resistive fabrics for liquid composite molding process monitoring[J]. Composites Science and Technology, 2017, 148:

106-114.

[2] Fan G, Gupta S, Loh K J. Curing and subsurface damage monitoring of epoxy-based composites[J]. Structural Health Monitoring, 2019, 18(4): 1040-1055.

[3] Haralick R M, Shanmugam K. Textural Features for Image Classifi-cation[J]. IEEE Transactions on Systems, Man, and Cybernetics, 1973, SMC-3(6): 610-621.

[4] 徐小力,乔文生,马汉元,等. 机电设备运行状态健康监测系统研发及其工程应用[J]. 设备管理与维修,2014(S1):14-19.

[5] 李惠,鲍跃全,李顺龙,等. 结构健康监测数据科学与工程[M]. 北京:科学出版社,2016.

[6] Long W, Zhang Z, Long H, et al. Wind Turbine Gearbox Failure Identification With Deep Neural Networks[J]. IEEE Transactions on Industrial Informatics, 2017, 99: 1-1.

[7] Worden K, Farrar C R, Haywood J, et al. A review of nonlinear dynamics applications to structural health monitoring[J]. Structural Control and Health Monitoring, 2008, 15(4): 540-67.

[8] Xin J, Negenborn R R, Lodewijks G. Energy-aware control for automated container terminals using integrated flow shop scheduling and optimal control[J]. Transportation Research Part C, 2014, 44: 214-230.

[9] 赵倩儒. 考虑能耗的自动化集装箱码头作业设备协同调度优化[D]. 北京:北京交通大学,2021.

[10] Park T. Real-time scheduling for twin RMGs in an automated container yard[J]. OR Spectrum: quantitative approaches in management, 2010, 32(2): 593-685.

撰稿人:王文渊(大连理工大学)　郭子坚(大连理工大学)　彭云(大连理工大学)
姜影(大连理工大学)